Dizionario Siciliano-Italiano
- Primary Source Edition

Giuseppe Biundi

DIZIONARIO

SICILIANO-ITALIANO

DIZIONARIO
SICILIANO-ITALIANO

COMPILATO

DA

GIUSEPPE BIUNDI

PALERMO

PRESSO I FRATELLI PEDONE LAURIEL
Editori proprietari
—
1857.

Stabilimento tipografico-librario
dei FRATELLI PEDONE LAURIEL

PREFAZIONE

Il presente Dizionario Siciliano-Italiano, *che oggi presento al pubblico, è un nuovo lavoro che ho creduto indispensabile far succedere a quello impresso nel 1850 da' tipi di Giovanni Carini; affinchè alle grandi scorrezioni ed omessioni che allora ebbero luogo, si fosse riparato con altra opericciuola, la quale contenesse più esatte definizioni delle parole, maggior copia di frasi e di voci, ed una nitidezza ed esattezza tipografica necessarie in lavori di questa natura.*

Siffatto scopo io credo d'aver conseguito, quando si conosca che oltra dell'aver posta la massima cura nella compilazione del presente Dizionario quanto alla ricerca delle voci vernacole omesse o malamente collocate in quello del 1850, ho tenuto poi presente per le voci domestiche e d'arti e mestieri le opere del Carena, le quali m'han somministrato delle numerose correzioni nelle parole italiane che corrispondono alle nostre; come mi sono giovato del lavoro dello Ugolini per rettificare quelle che veramente non erano toscane, e non poteano purgatamente adoperarsi.

Soggiungo ancora, che molte voci del dialetto ho trovato, che nessun dizionario nostro avea registrato, e ch'era pur mestieri comprendere in questo che ora pubblico, essendo di comun uso; così pampèra, rusùni, stifizzàru, rollò, sfinciaru, sgràccu, stucchïùsu, sturciuniàri, suttaspècchiu, ticchíu, tièlla, tòzzula, trincialàrdu, tucchèttu, vugghiunèddu, zammucàru *e mille altri non trovansi nè nel Pasqualino, nè nel Mortillaro, ch'è il più completo ed il più pregevole di quanti ne abbiamo.*

Finalmente per la grammatica ho scelto quella che il sommo Ab. Meli premise alle sue composizioni poetiche; e pel lessico topografico, oltrechè a differenza di quello apposto nel Dizionario del 1850, l'ho circoscritto alle città, a' Comuni e luoghi rimarchevoli della Sicilia, ho poi notato non solo la diocesi a cui i Comuni anzidetti appartengono, ma anche il numero della popolazione, secondo i dati che ci presentano le ultime statistiche.

Ho fiducia che con questo nuovo lavoro avrò potuto rendermi assai più utile a' miei compatrioti, fornendo loro un mezzo comodo ed opportuno di adoprare con maggior proprietà nella scrittura voci veramente italiane; dapoichè la lingua della penisola è anche la nostra.

Palermo 28 gennaro 1857.

GIUSEPPE BIUNDI

BREVE GRAMMATICA

PER

GL' ITALIANI

DELL'AB. GIOVANNI MELI

---

§ I.

SU LA DESINENZA DELLE PAROLE

La *e* tanto frequente nell'italiano idioma, è rara nel siciliano dialetto, di modo che nemmeno si accorda col genere femminile; onde invece di *femine* si dice *fimmini*. Ciò reca un inconveniente negli articoli plurali femminili, che per distinguerli da' maschili vi abbisogna un aggiunto che esprima il genere; per esempio, dovendo dire: *una madre con due figlie*, deve dirsi in siciliano: *una matri cu dui figghi fimmini.*

La *i* al contrario è la lettera più favorita dai Siciliani, e si sostituisce per lo più alla *e*. Quindi quelle parole siciliane che terminano in *i*, nell'italiano finiscono in *e*, come *pani*, pane, *cani*, cane ec.

Della lettera *o* possiam dire ciò che accennammo della *e*; poco o niente è dessa frequentata dai siciliani, ma sostituiscono essi in sua vece la *u*, specialmente nel fine delle parole; quindi possiamo stabilire, che le desinenze siciliane in *u* passano nell'italiano in *o*, come *amicu*, amico.

Quelle in *ghia, ghi, ghiu* si cangiano in *glia, gli glio*, come *maravigghia*, meraviglia, *scogghi*, scogli, *cunigghiu*, coniglio.

Le due *dd* nel fine e nel mezzo ancora delle parole si cangiano in due *ll*, come *agneddu*, agnello, *agnidduzzu*, agnelletto.

§ II.

La *v* consonante nel principio delle parole spesso si cangia in *b*, come *varca*, barca, *vagnu*, bagno, *voi*, bue ec. ; si eccettuano *vostra*, *vita*, *veru* ed altri.

La doppia *rr* ne' futuri dei verbi si cangia in *r* semplice, come *farrò*, *dirrò*, farò, dirò ec.

La *u* vocale nel principio e nel mezzo ancora delle parole passa allo spesso in *o*, come *cunsigghiu*, consiglio, *cumannu*, comando, *unni*, onde.

Delle due *nn* la seconda per lo più si cangia in *d*, come *granni*, grande, *spanni*, spande ec.

La *sci* che gli antichi siciliani scrissero in *xi*, in moltissime parole passa in *fi*, come *sciumi*, flume, *sciuri*, fiore, *sciatu*, fiato ec.

La *r* nel mezzo delle parole passa per lo più in *l*, come *arma*, alma, *urtimu*, ultimo ec.

Chi, nel principio delle parole per lo più viene cambiato in *que*, come *chistu*, *chiddu*, questo, quello; *chia* in *pia*, come *chiaga*, piaga ec.

§ III.

DEI NOMI

De' Nomi per lo più i soli articoli, e non già le desinenze, distinguono il singolare dal plurale, come *lu pani* e *li pani*, *lu pasturi* e *li pasturi* ec.

Lu, negli articoli fa le veci di *il*, come *lu patri*, il padre.

§ IV.

DE' PRONOMI

Jeu	}	
Eu o	} Io.	*Nui*, Noi.
Iu	}	
Chiddu	}	
Ddu o	} Colui o quello.	
Dd'	}	
Chiddu	}	
Stu o	} Questo o Costui.	
Ssu	}	

Chista	}	
Sta o	}	Questa o Cotesta.
Ssa	}	

Iddu Egli, *d'iddu* di lui, *ad iddu* a lui.

Mia e	}	con articolo avanti significano me, te, come
Tia	}	

a mia, a tia, significano a me, a te.

Cui, spesso è nominativo, e vale *chi* , e la *i* non di rado si elide; come *Cui fu?* si pronunzia *Cu fu?* e corrisponde a *Chi fu?*

Ci, spesso significa *a loro* o *a lui*: come *ci dissi*, loro disse e disse a lui.

Nni, significa *ne*, che vale di questo, o di questa; come *nni osi*, ne volle; *nni detti*, diede di questo o di questa cosa ec. Molte volte però significa *ci* o *a noi*; come *Nui nni detti*, diede a noi di questa cosa.

Miu, meu e *mè* Mio
Tò	Tuo
Sò	Suo

Autru, autri o	}	altro o d'altri ec.
Nautru	}	
Nuddu		Nessuno
Nu e *na*		Uno e una
Chi		Che

§ V.

DECLINAZIONI DEL VERBO ESSERE

Sugnu,	Sono		*Semu*	Siamo
		Plur. *Siti*	Siete
Si,	Sei		*Sunnu*	Sono

Passato Imperfetto.

Plur.	*Eramu*	Eravamo
	Eravu	Eravate

Passato Indeterminato.

			Fomu	Fummo
Fusti	Fosti	Plur. *Fustivu*	Foste
			Foru	Furono

Futuro.

Saroggiu	Sarò		*Sarremu*	Saremo
Sarrai	Sarai	Plur.	*Sarriti*	Sarete
Sarrà	Sarà		*Sarrannu*	Saranno

DEL VERBO AVERE

Aju	Ho
Avi	Ha
Avemu	Abbiamo
Appi	Ebbi
Appiru	Ebbero
Avistivu	Aveste

Le terze persone singolari del passato indeterminato di quasi tutt' i verbi terminano col dittongo *au*, che nell' italiano si cambia in o, come *amau*, amò, *lodau*, lodò ec.

Nell' istessa guisa le prime persone singolari del futuro finiscono spesse volte in *ggiu*, che si muta nello italiano in o; come *furroggiu*, farò, *dirroggiu*, dirò ec.

§ VI.

AVVERBI, ARTICOLI EC.

'*Un* coll' apostrofo innanzi sign. *non*, come '*un ci vaju*, non vi vado.

Chiù, o chiuni	Più
'Nzoccu	Ciò che
Ccà	Qua
Ddà	Colà
Ddocu	Ivi, quivi, costà
Cu	Col o con
Unni	Dove, laonde, perciò
'Ntra	Tra, fra, nel, o in
'Nzusu	Su o sopra
Gnusu	Giù o sotto
Pri e pir	Per
Nu, nun o 'un	Non
Ca	Perchè o che
Addunca	Adunque

TAVOLA

DELLE

ABBREVIATURE

Acc.	—	Accrescitivo
Agg.	—	Aggettivo
Avv.	—	Avverbio e Avverbialmente
Dim.	—	Diminutivo
Dioc.	—	Diocesi
Distr.	—	Distretto
Fig.	—	Figuratamente
Franc.	—	Francesismo
In mod. avv.	—	In modo avverbiale
Int.	—	Interiezione
Met.	—	Metaforicamente
Mod. Sic.	—	Modo Siciliano
Part. cong.	—	Particella congiuntiva
Pegg.	—	Peggiorativo
Pop.	—	Popolazione
Post. avv.	—	Posto avverbialmente
Prep.	—	Preposizione
Propr.	—	Propriamente
Prov.	—	Provincia
S. f.	—	Sostantivo feminile
S. m.	—	Sostantivo maschile
Sup.	—	Superlativo
T.	—	Termine
V. a.	—	Verbo attivo
V. an.	—	Verbo anomalo
V. n.	—	Verbo neutro
V. n. pass.	—	Verbo neutro passivo
V. n. ass. o vn. ass.	—	Verbo neutro assoluto

DIZIONARIO

PORTATILE

SICILIANO-ITALIANO

A, prima lettera dell'alfabeto e delle vocali, e s'adopera come *per, in, nel* ec.

A babbalùci avv. *a chiocciola*

A bacchètta avv. cumannàri a bacchètta, vale *comandare con autorità*

A banèdda e a baniddùzza, avv. *socchiuso*

A bànni bànni, avv. *qua e là*

A baràttu, avv. *a vil prezzo*

A bàrca di sàrdi, avv. *alla carlona*

A bàsciu, avv. *di sotto;* fig. *per deretàno, flusso di ventre;* mettiri a basciu, t. di tipog. *disporre le pagine per situarsi in torchio*

A battagghiùni, avv. *in gran copia, abbondantemente*

A batticùlu, avv. *a disprezzo*

Abbabbasunàtu, agg. *sciocco*

Abbabbiri, v. n. *istupidire*

Abbacàri, v. n. ed a. *calmare, cessare*

Abbaccalaràtu agg. (di vesti), *negletto;* per *infiacchito*

Abbachiari, v. a. *calcolare, mi-* nutamente *osservare;* n. p. *indugiare*

'Abbacu, s. m. *abaco*

Abbàcu, s. m. *riposo*

Abbaddàri, v. n. d'arch. *torcere;* n. p. fig. *ubbriacarsi*

Abbadduttuliàrisi, v. n. p. *aggomitolarsi*

Abbadduttuliàta, s. f. *rissa*

Abbaffarisi, v. n. *satollarsi*

Abbagnàri, v. a. *inzuppare;* abbagnaricci lu pani, vale *aver gran gusto*

Abbajàri, v. n. ass. *latrare, abbajare;* abbajàri comu un cani (per dolore), sign. *soffrir grandemente;* abbajàri a la luna, *parlare inutilmente*

Abbalatàri, v. a. *lastricare, selciare*

Abbalìri, v. n. p. *valere, servirsi.*

Abbalintàtu, agg. *smargiasso*

Abballàri, v. n. *ballare, tremare, tripudiare*

Abballavirticchiu, s. m. *uomo del volgo in maschera*

Abbàllu, s. m. *ballo*

Abbampalavùri, s. m. *faccendiere*

1

Abbampàri, v. n. a. *accampare*

Abbanniàri, v. a. *bandire; vale anche mettere all'incanto; denunziare alla parrocchia*

Abbannùnu, s. m. *abbandono*

Abbarruirisi, v. n. p. *atterrirsi*

Abbarunàri, v. a. *detto di grano, ammonticchiare*

Abbasciàri, v. a. *abbassare;* per *diminuire, umiliare*

Abbàsta, avv. *basta che*

Abbastànti, avv. *abbastanza*

Abbastàri, v. n. e a. *bastare*

Abbastasàtu, agg. *di modi volgari*

Abbàstu, s. m. *riserva di grano, olio, ed altri generi di prima necessità, provvisione*

Abbattistàtu, *vedi musulinu*

Abbàttitu, s. m. *spossamento*

Abbattùtu, agg. fig. *vinto, avvilito, persuaso;* detto di febbre *vale esser affralito da febbre, febbricitante*

Abbauttìrisi, v. n. p. *sbigottirsi.*

Abbeccennàriu, s. m. *abbicci*

Abbèniri, v. a. *raggiungere;* per *accadere*

Abbentìziu, s. m. *profitto accidentale;* e avv. *accidentale*

Abbèntu, s. m. *avvento;* per *quiete, riposo*

Abbèrsu, avv. *a verso, convenevolmente*

Abbèrtiri, v. a. *avvertire*

Abbèstra, avv. *separatamente*

Abbèzzu, agg. *avvezzo*

Abbianchiàri v. n. a. *biancheggiare;* per *incanutire, detto di capelli*

Abbianchiatìna, s. f. *biancheggiamento*

Abbianchiatùri, s. m. *imbiancatore*

Abbiccàri, v. a. *beccare;* detto di uova vale *schiudere il guscio*

Abbicchiarinàtu, agg. *vecchiccio*

Abbiccì, v. *abbeccennàriu*

Abbicinàri v. a. *avvicinare*

Abbicinnàri, v. a. *detto di coltura di terreni, vale far la ruota agraria, avvicendare;* per avvezzare i cavalli a correre il palio, *avvezzare al corso*

Abbiddanàtu, agg. *rustico di modi*

Abbidìrisi, v. n. p. *avvedersi*

Abbifaràtu, agg. *gonfio*

Abbiffàri, v. n. t. d'arch. *traguardar colla biffa*

Abbijàri, v. n. *lanciare, spedire, mandare;* per parlare inconsideratamente, *mandar gli animali alla pastura, partire in fretta; battersela*

Abbijatùri, s. m. *bestia di branco che guida le capre o altri animali, guidajuola*

Abbìju, s. m. *luogo di pascolo per le bestie, pastura*

Abbigeàtu, s. m. *furto di bestiami, abigeato*

Abigeàriu, s. m. *ladro di bestiame, abigeo*

Abbìli, s. m. *bile, collera*

Abbiliàrisi, v. n. pass. *adirarsi, corrucciarsi*

Abbilìri, v. a. *avvilire;* n. p. *perdersi d'animo, avvilirsi*

Abbilinàri, v. a. e n. p. *avvelenare, avvelenarsi*

Abbillìri, v. a. *abbellire, ornare*

Abbilùtu, agg. d' *abbilìri*

Abbìnciri, v. a. *sorprendere,* e si dice anche del sonno

Abbintàri, v. n. a. *acquietarsi,* e v. a. *avventare*

Abbìntu, agg. *vinto, abbattuto, sopraffatto*

Abbirmàri, v. n. a. *bacare*

Abbirsàri, v. n. *ordinare, accomodare*

Abbirsàtu, agg. *ordinato, regolato*

A bìsta, avv. *sott'occhio*

Abbisicchiàrisi, v. n. p. *smagrirsi*

Abbisicchiàtu, agg. *dimagrito*

Abbissàri, v. a. *subissare;* fig. *distruggere, sopraffare*

Abbìsu, s. m. *avviso, annunzio*

Abbitèddu, dim. d'àbitu, s. m. *abitino, piccolo abito*

Abbiticchiàri v. avviticchiàri

Abbìtu, s. m. *albero, abete*

Abbivàri, v, n. *avvivare*

Abbiviràri, v. a. *abbeverare*

Abbiviratùra, s. f. *abbeveratojo*

Abbiviratùri, s. m. *irrigatore*

Abbizzàri, v. a. e n. p. *assuefare, avvezzarsi*

Abbizzatùri, s. m. ciò che si pone nel cappio della corda con cui si tien legata la soma, *chiavello*

Abbizzì, v. àbacu

Abbizziàri, v. a. e n. p. *dare e prendere il mal vezzo*

Abbòc ed abbàe, avv. *alla peggio, a babboccio*

Abbraccèttu, avv. l'incrocicchiare che si fa del proprio braccio con l'altrui, *a braccetto*

Abbràcciu e abbràzzu, s. m. *abbracciamento*

Abbraciàri, v. a. *rosolare*

Abbràciu, s. m. *panno grossolano, albagio;* 'ntra greci e greci nun si vinni abbràciu, vale, *fra due astuti non esservi accordo*

Abbramàri, v. n. a. *muggire, e bramare ardentemente*

Abbramàtu, agg. *avaro;* per *ghiotto*

Abbruciàri, v. a. *bruciare;* per *consumare, impoverire, desiderare;* abbruciàri d'amuri, *amare ardentemente, arder d'amore;* per *pizzicare, frizzare,* ec; abbruciàri di frevi, *febbricitare*

Abbruciatìzzu, s. m. *arsicciato*

Abbruciàtu, agg. *arso, bruciato;* fig. *indebitato;* detto di pianta, *adusto*

Abbruscamèntu e abbruscatina, s. m. e f. bruciamento superficiale, *abbronzamento*

Abbruscàri, v. a. *abbronzare, abbrustolare;* met. *frizzare;* abbruscàri lu pilu, *bastonare*

Abbrùscu, s. m. l'*abbrustiare;* sintìri fetu d'abbruscu, vale aver pericolo di busse

Abbuccàri, v. n. *cadere, piegare, versare, riversare, tombolare;* per *lasciarsi volgere;* t. de' sarti, vale piegar l'estremità degli abiti per cucirle, *ripiegare*

Abbucciàri, v. a. *truccare*

Abbucciatùri, s. m. chi sa ben truccare

Abbudàri, v. a. turar le commessure de' vasi di legno, *ristoppare*

Abbuddàri, v. n. p. immergersi a nuoto sott'acqua, *sommergersi*

Abbuddàta, s. f. l'atto dell'abbuddàri

Abbuddatùri, s. m. *marangone.*

Abbuffàri, v. a. *enfiare;* per

crucciarsi: mangiare e bere smoderatamente

Abbuffatizzu, s. m. *enfaticcio;* per *imbronciato*

Abbuffàtu, agg. *enfiato;* fig. *tronfio;* per *imbronciato*

Abbufficàri, v. n. *gonfiarsi*

Abbufficatizzu, s. m. *malsano*

Abbulìri, v. a. *annullare, cancellare, abolire*

Abbullàri, v. a. *bollare;* met. *uccellare;* presso i doganieri vale apporre il piombo alle mercanzie, *impiombare*

Abbullàtu, agg. *bollato;* met. di giusto peso

Abbunàri, v. a. *bonificare, abbonire;* t. mercantile, approvare, riconoscere una partita, un conto ec. *abbonare;* per *mallevare;* detto di terreno, *inzuppare;* detto di vasi di creta, *ristagnare,* far cessare un cattivo odore contratto; detto di teatro, usato come n. p. vale *associarsi, appaltarsi*

Abbunàtu, agg. *abbonito;* per *uomo dabbene;* per *ristagnato*

Abbunazzàri, v. a. far bonaccia, *abbonacciare;* detto di persona *imbonire*

Abbunnànza, s. f. *abbondanza*

Abbunnàri, v. n. a. *abbondare;* sign. anche il gemer de' vasi; abbunnàri in cautela, *esser cauto*

Abburatùri, s. m. *ramiere*

Abburgiàri, v. a. far le biche di grano, biade ed altro, *abbarcare, ammassare*

Abburticèddu, dim. d'abbòrtu, fig. *tisicuccio*

Abburtìri, v. n. a. *abortire,*

sconciarsi; fallire al segno

Abburtùta, s. f. *sconciatura*

Abbuscàri, v. a. *buscare;* per ricevere o dare busse

Abbutàri, v. a. *socchiudere*

Abbuttamèntu, s. m. *enfiamento;* per *infastidimento*

Abbuttàri, v. a. *enfiare, muovere a sdegno, adirare.* mangiare fuor di modo; n. per *ingravidare*

Abbuttatizzu, agg. *abborracciato, imbronciato*

Abbuttàtu, agg. *enfiato, broncio*

Abbuturàri, v. a. *satollare*

Abbuturàtu, agg. *satollo,* e sign. anche *corpacciuto*

A bon cùntu, avv. *per lo meno*

A bon locu vàja, avv. *alla buona ventura*

A bon prèzzu, avv. *a buon mercato*

A bonu bon'è, avv. *mediocremente*

A bòtta, avv. caminàri cu lu pettu a botta, vale procedere burbanzosamente

A brazza apèrti, avv. *con gran desiderio*

A brazzèttu, v. *abbraccèttu*

A bròcea, avv. innesto *a marza*

A bròdu, avv. *al brodo;* nun nni vuliri a brodu, vale ricusarsi

A brudicèddu, avv. *a brodetto*

Abròtanu, s. m. pianta, *abrotano*

A bùcca, avv. diri a... parlare presenzialmente

A bucca apèrta, avv. ristari a... vale esser gabbato, meravigliarsi

A buoca china, avv. *a tutto pasto*

A buccunèddu, avv. *a miccino*

A buè, giuoco fanciullesco che si fa nascondendosi a vicenda, capo a nascondere

A bugghiùni, e a bugghiunèddu avv. *a lesso*

A bulùni, avv. *a bizzeffe*

A campu apèrtu, avv. *lasciare in abbandono*

A canàli, avv. a forma di tegola

A cància e scància, avv. *scambievolmente*

A canna stìsa, avv. *senza interruzione*

A cannilicchia, avv. ripiegato a guisa di piccola tegola; si dice per lo più del cappello dei preti a tre punte

A cannòlu, avv. *a bocciolo*; fari a... vale *accartocciare*; curriri a... vale scorrere a guisa di sifone

A cantariàri, avv. *all'ingrosso*

A capiddàti, avv. col verbo *pigghiàri*, vale *accapigliarsi*

A capìzzu di Moru, avv. detto di cavàddu, vale color grigio e testa nera, *cavezza di Moro*

A cara pàtria, avv. detto di abiti, vale *all'antica*

A càricu, avv. *a peso, a biasimo*

A carni nùda, avv. *nudamente*

A carni vìnta, avv. *a disposizione*

A carrèra stìsa, avv. *velocemente*

A carti scuvèrti, avv. *spiattellatamente*

A càrricae scàrrica, avv. vale esimersi da un incarico addossandolo ad altri

A carruzzàta (pezzu), masso grande di pietra; vale anche met. persona di gran vaglia, e talora sciocca

A caru prèzzu, avv. *a prezzo alto*

A casa càuda o a casa di lu virsèriu, avv. *mandare a diavolo*

A castèddu, avv. *a monte*

A catamènu, avv. *di tempo in tempo*

A cavàddu, avv. esser sul cavallo; col verbo essiri, vale ottenere un buon esito da qualche negozio

A càuci, avv. *a calci*

A cavu cavusèddu, avv. col verbo *purtàri* sign. portare altrui sulle braccia incrocicchiate

Accà, modo sic. col quale si spronano le bestie da soma, *arri*

Accaciùni, ved. caciùni

Accadìri, v. n. a. accadere, avvenire

Accalàrisi, v. n. pass. sottomettersi

Accalumàri, v. a. *adescare*

Accaluràri, v. a. *riscaldare, accalorare*

Accanìrisi, v. n. p. *adirarsi, incrudelirsi, accanirsi*

Accanzàri, v. a. ottenere

Accapiddàrisi, v. n. p. *accapigliarsi*

Accupunàtu, agg. *indebolito, imbacuccato*

Accarizziàri, v. a. *far carezze, vezzeggiare*

Accarpàri, v. a. *afferrare*; ed anche star male in salute per catarro, febbre, ec. *rapprendersi, incatarrare*

Accasàri, v. a. *maritare, ammogliare*; n. p. accasarsi

Accàsu, s. m. *caso, avvenimento*

Accattàri, v. a. *comperare*

Accàttitu, s. m. *compra*

Accavarcàri, v. a. e n. *cavalcare*; fig. per *sopraffare*

Accènniri, v. a. *accendere*

Acchi, s. f. *acca*, ottava lettera dell'alfabeto

Acchi, prep. *perchè, poichè*

Acchiaccàri, v. a. strigner con cappio, *accappiare*; fig. *angariare*

Acchianàri, v. a. *salire, sollevare*

Acchianàta, s. f. *salita, erta*

Acchiancàri, v. n. far ceppo, *ceppare*, dicesi delle viti ed altro; *fermarsi, appillottarsi*

Acchiancularisi, v. n. p. *accoccolarsi*

Acchicchiàri, v. n. *sbirciare*

Accia, s. f. pianta *sedano, appio*

Acciaccàtu, agg. *impacciato*; per *infermiccio*

Acciàccu, s. m. *impaccio, infermità*

Accicàri, v. a. e n. divenir cieco, *accecare*

Accicciàri, v. a. e n. p. *afferrare, strignere, abbracciare, azzuffarsi*

Accimàtu, agg. che primeggia, *primario, maggiorente*

Accìna, s. f. seme del sedano

Accippàri, v. n. *abbarbicare, stabilirsi*

Acciuccàri, v. n. divenir chioccia

Acciuffàri, v. a. pigliar pei ceffi, *acciuffare*; per prender il grugno, *ingrognare*

Acciuffatizzu, agg. *mezzo accigliato*

Acciuncàri, v. a. e n. a. *storpiare*, divenire storpio

Acciuràri, v. a. stacciare il fior della farina; met. n. p. farsi ricco

Acciurràri, v. a. *afferrare*

Accòlitu, s. m. propr. colui che ha il quarto degli ordini minori, *accolito*; ed anche il candeliere che si porta dall'accolito; fig. per uomo che fa codazzo

Accollàri, v. a. e n. p. *addossare*

Accòllu, s. m. il trasferimento da una ed altra persona di un debito, *accollo*

Accòmmodu, s. m. *accomodamento, accordo, rimedio*

Accònciu, s. m. *agiato*

Accòrdiu e accòrdu, s. m. *accordo, convenzione*; posto avv. col'segn. *di*, vale concordemente, pacificamente

Accorgìrisi, v. n. p. *accorgersi, avvedersi*; per *antivedere*

Accòrtu, s. m. *avveduto, sagace, accorto*

Accravarcàri, vedi accavarcàri

Accrianzàtu, agg. *rispettoso*

Accruccàri e 'ncruccàri, v. a. *uncinare, affibbiare, curvare*

Accuccàri, v. a. guardare stupidamente, rubar con arte, *accoccare*

Accucchiàri, v. a. *accoppiare, cumulare, beffare*

Accuddàri, v. a. metter il giogo sul'collo, *accollare*; per gli altri significati v. accollàri

Accuddì e accussì, avv. *così e così*, in questo ed in quel modo

Accuffulàrisi, v. n. pass. *accoccolarsi*

Accufurunàtu, agg. di mal animo

Acculazzàri, v. a. t. d'ag. dicesi di talune frutta che per melume perdon la propria figura

Accuminzàgghia, s. f. *incominciamento*

Accuminzàri, v. n. *cominciare*

Accummudàri, v. a. *adattare, applicare, accomodare, accordare, assettare*; per venire in comodità, *adagiarsi*

Accummudàta, s. f. *accomodamento, acconciatura*; dim. accumudatèdda

Accumpagnàtu, agg. *accompagnato*; per eccedente di misura

Accumparàri, v. n. divenir compare

Accumpariri, v. n. *comparire*

Accumprimintàtu, agg. *compiuto*

Accunciàri, v. a. *accomodare, acconciare, assettare, adornare, abbellire, preparare*; per *conciare*; accunciàri pri li fèsti, vale ridurre in cattivo stato

Accunciatèddu, dim. d'accunciàtu, *agiatello*

Accunciàtu, agg. *accomodato, agiato*

Accunzàrisi, v. n. pass. divenir buono

Accupàri, v. a. *coprire, occultare*; e talvolta respirar con affanno, *infastidire, ansare*

Accupazzioni, s. f. *affanno, noja, afflizione*; per afa

Accupunàri, v. a. e n. p. *coprire, imbaccuccarsi*

Accupùsu, agg. che porta fastidio, o cattive nuove

Accùra (dari), guardare con cura

Accuràri, v. a. e n. pass. *affligere, accorarsi*

Accuratizza, v. accurtizza

Accurdàri, v. a. *concedere, rendere armonioso, pattuire, placare*; n. p. *pacificarsi*

Accurligghiaràtu, agg. *goffo, sguajato*

Accurtizza, s. f. *accortezza*

Accurzàri, v. a. *accorciare, abbreviare, sminuire*

Accùrzu, s. m. *scorciatoja*; vinènnu all'accurzu, vale venendo a conchiusione

Accusciamèntu, s. m. *combaciamento*

Accusciàri, v. a. *combaciare*; stringer con le cosce, congiungersi carnalmente

Accussì, avv. *così, mediocremente*

Accustànti, agg. di volto piacente

Accusturàri, v. a. cucir le costure *connettere*, t. dei fabbri

Accutturàri, v. a. cuocer bene; parlando di vino *stagionare*

Accutufàri, v. a. *bastonare, zombare*

Accuzzàri, v. a. trafiggere alla collottola; per *connettere*; per rompere la nuca al bue, *dinoccolare*; per far piegare il capo ad alcuno con violenza; n. p. *corrucciarsi*

Acèddu, v. ocèddu

A cènsu, avv. co' verbi dàri, pigghiàri, tèniri, vale *dare, prendere, tenere a livello*

A cintinàra, avv. *a centinaja*

A cintinàru, avv. *di cento in cento*

A certi tèmpi, avv. *in taluni tempi*

A cert'ura, mod. avv. *ad una data ora*

A chiàcchiari, mod. avv. jiri-sinni a... perdersi in chiacchere, *chiacchillare*

A chiàntu ruttu, avv. *a pianto dirotto*

A chiàru e scuru, col verbo pin-ciri, *chiaroscurare*

A chiùmmu, posto avv. vale perpendicolarmente; (cadiri a...) voler le cose con guadagno; (essiri a...) vale essere ubbriaco

Acidìri, v. n. ass. *inacidire*

Acìdiri, vedi ocìdiri

A cìmmalu, mod. avv. detto di stanza, vale a sghembo

'Acìru, vedi 'Agghiaru

Acitèra, s. f. vaso da tenervi aceto ed olio, *acetabolo*

'Acìtu, s. m. *àcido*

Acìtu, s. m. *aceto*

Acitùsa, s. f. erba, *acetosa*

Acitusèlla, s. f. *acetosella*, pianta

Acitùsu, agg. *acetoso, acido*

'Acìu, s. m. *destro*

A ciucèddu, modo avv. dei cuochi, maniera di condimento; fari unu a ciucèddu, vale raggirarlo

A còddu, avv. *d'avanzo, con indugio, con accrescimento*

A còddu sùtta, avv. *alla rotta*

A contralùmi, posto avv. *di contro al lume, a contrallume*

A cònza, avv. *a guisa*

A còrda stisa, posto avv. t. degli agrimensori, *a corda tesa*; vale anche *a dilungo*

A còrpu, modo avv. *tutt'insieme*

A còru, avv. *insieme*

A còsti mei, toi ec. avv. *a mio a tuo danno ec.*

Acqua, s. m. *acqua*. — Acqua giuggiàna, umore della bolla acquajuola; azzappàri all'acqua e siminari a lu vèntu, vale *fare un buco nell'acqua*; tantu va la quartara all'acqua sina ca si rumpi, *tante volte va la secchia al pozzo ch'ella ci lascia il manico e l'orecchia*; èssiri 'ntra l'acqua di l'arànci, vale essere in agitazione, in pericolo ec.; per *pioggia, sudore*

Acqua di rigìna s. f. acqua distillata, *acqua arzente*

Acqua dùci, s. f. *acqua potabile*

Acqualòra, s. f. *bolla acquajuola*; rumpiri l'acqualora, vale mandar l'acqua che sta contenuta nella placenta

Acqualòru, s. m. *acquajo*

Acqua nànfla, s. f. *acqua nanfa*

Acquavitàru, s. m. colui che vende acquavite, *acquavitajo*; per venditore d'acqua fresca *acquacedratajo, acquajuolo*

Acquavìti, s. f. *acquavite*

Acquazzìna, s. f. *rugiada, guazza*

Acquicèdda, s. f. *acquicella, spruzzaglia*

Acqui dùci, s. f. plur. modo basso *sorbetto*

Acquìgnu, agg. *acquoso*

Acqui tisi, s. f. plur. per denotare acque gelate, *sorbetto*

Acquùna, s. f. pioggia dirotta, *acquazzone*

A crapìcciu, avv. *a talento*

'Acri, s. f. per umor acre, *acredine*; agg. che ha del pungente, *acre*

A cridènza, avv. coi verbi dàri, pigghiàri ec. *a credito, a talento*

Acrimuniùsu, agg. *acrimonico*

A croccu, avv. *adunco*

A cùbbula, avv. *a cupola*

A cucciari, modo avv. *a sgra-nellare*

A cuda di rinnina, avv. t. dei fabbri, *a coda di rondine*

A cùgna, avv. t. delle arti, *a conio*

'Acula, s. f. uccello di rapina notissimo, *aquila*

A cuncavulùni, avv. *alla peg-gio*

A cuncumèddu, avv. *a coccoloni*

A cunigghiu, avv. t. dei cuochi, modo particolare di preparar talune vivande, principal-mente le fave

A cu po' ecchiù, avv. *a gara*

A cùrsa, avv. *a corsa*

A'curu veru e fausu, s. m. pianta *acoro*

A cutiddàti, avv. pigghiàrisi a cutiddàti vale *venire alle col-tellate*

Adàciu, avv. *lentamente, adagio*; adàciu adàciu, *piano piano*

Adàgiu, vedi muttu

Ad anca ed ancòna, avv. col verbo fari, vale *alla peggio*

Ad annàta, avv. *ad anno*

Ad armi cùrti, avv. *alle arme bianche*; fig. venire alle strette

Ad àstiu, avv. *ad astio*

Ad àutu, avv. *in su, in alto*

Addabbànna, avv. *di là*

Addamàtu, agg. *attillato, effe-minato*

Addammusàri, v. a. e n. fab-bricare a vòlta

Addàniu, s. m. *daino*; addaniéd-du dim. d'addàniu; così chia-masi anche la pasta di ca-ciocavallo ridotta a forma di daino

Addànti, s. f. pelle di daino con concia ad olio, *dante*

Addantìnu, dim. d' addànti

Addattàri, v. n. *poppare*; met. *incorporarsi*

Addàuru, s. m. pianta *alloro*

A ddà via, modo avv. *più in là*

Addecuttàtu, agg. *infermo*

Addèvu, s. m. *allievo*

A ddì ddì, vale andare a spasso

Addibilirisi, v. n. p. *indebolirsi*

Addiceàri, v. a. prender il mal vezzo, n. p. *avvezzarsi*

Addichiaràri, v. a. *dichiarare*

Addiggiriri, v. a. *digerire*: nun putiri addiggiriri ad unu, vale essergli noioso; fari ad-diggiriri, dilungare il conse-guimento d' un desiderio

Addijri, v. a. *scegliere*

Addimànna e addimànnita, s. f. *dimanda, petizione*

Addimannàri, v. a. *chiedere, domandare*

Addimannùni, s. m. *scroccone, sfacciato*

Addiminàri, v. a. *indovinare*

Addiminavintùri, s. m. *giun-tatore, zingaro, zingane*

Addimuràri, v. a. *tardare*

Addimuràtu, agg. *stantio*

Addinucchiàri, v. a. e n. *ingi-nocchiare, inginocchiarsi*

Addinucchiùni, avv. *ginocchione*

Addinutàri, v. a. *dinotare*

Addipènniri, v. d'pènniri

Addipinciri, v. dipinciri

Addipurtàrisi, v. dipurtàrisi

Addiscriziunàtu, agg. *discreto*

Addisiàri, v. a. e n. *desiderare, bramare*

Addisiccàri, v. a. *disseccare*

Addisignàri, v. a. *disegnare*

Addisirtàri, v. n. ass. *abortire*

Addittàri, v. a. *dettare*

Addivàri, v. a. *allevare*

Addivintàri, v. n. ass. *diventare*, *divenire*; addivintàri pruvuli, *sparire*

Addoddùi, posto avv. *a due a due*

Addoràri e 'ndoràri, v. a. *dorare*

Addoratùri, s. m. *doratore*

Addòttu, v. dòttu

Addrizzàri, v. a. *ridurre, addirizzare, ricorreggere, ridurre al giusto*

Addrizzu, s. m. *finimento*, fornimento di gioie

Addùbba, s. f. salsa di aglio, pepe ed acqua calda, che usano i contadini

Addubbàri, v. a. *addobbare, riparare, rimediare, rassettare, ornare, abbigliare*

Addugàri, v. a. dare in fitto, *appigionare*

Addugatina, s. f. *allogamento, affitto*

Addugghiàri, v. a. recar doglia di colica

Addumacannìli, s. m. *accenditojo*

Addumannàri, v. a. *domandare*

Addumàri, v. a. *accendere*; per incollerirsi; addumàri di frevi, vale arder di febbre, *febbricitare*

Addumisticàri, v. a. *domesticare, addomesticare*; per *mansuefare*

Addunàrisi, v. n. pass. *accorgersi*; per *esplorare*

Addùnca, part. cong. *dunque*

Addurmisciri, v. a. *addormentare, indolenzire, stupefare*

Addurmisciutizzu, agg. *sonnacchioso*

Addurmisciùtu, *addormentato*; per pigro, neghittoso ec.

Addutturàri, v. a. *addottorare*; n. p. farsi dottore, addottorarsi; in senso ironico vale lasciare gli studi

Adempiri, vedi adimpàri

Adiàntu biancu, s. m. pianta *adianto bianco*

Ad efèsio, modo avv. *sconsideratamente*

Ad ìchisi, modo avv. esser di cervello balzano

A dìcuti e dìssi, posto avv. a tu per tu

A dijùnu, avv. vale a stomaco digiuno

A dillùviu, posto avv. dirottamente

Ad occhi chiùsi, posto avv. *a chiusi occhi, inconsideratamente*

Ad ogni tanticchia, avv. *ad ogni ora*

Ad oricchia, avv. cantari o sunari ad.., vale cantare o sonare ad orecchio, senza cioè la cognizione dell'arte

Adornista, agg. pittore di fregi

Adragànti. s. f. sorta di gomma chesi trae dall'*astragalus tragacantha, adragante*

A drittu e a tòrtu, posto avv. in qualunque maniera

A drittu filu, modo avv. per linea retta

Adugnàri, v. a. pigliar con le unghia, *aggrancire, adugnare*; per giungere al conseguimento di qualche scopo

Adugnatùra, s. f. *commessura*

A dui bòtti, modo avv. celermente

A dui còrpa, vedi a dui botti

A dui unzi e vinti, posto avv. dicesi di busse, e vale in gran numero

Adumbrùsu, agg. *ombroso, sospettoso*

Ad usu, avv. *a modo, a foggia*

A facciabbuccùni, avv. *boccone*

A facciallària, avv. *supinamente*

A facciàzza, tua, mia ec. *a massimo dispetto*

A facci scupèrta, avv *palesemente*

A favàta, modo avv. t. d'agr. coltivar le fave per concimare le terre

A fèdda a fèdda, posto avv. *a fetta a fetta*

A fètu, posto avv. col verbo finiri, vale andare a vuoto

Affacciarèddu, col verbo fari, vale far capolino

Affacciàri, v. a. e n. p. mostrare o mostrarsi alla finestra, metter fuori la faccia, *affacciare*

Affacciàta, s. f. *facciata*

Affàcciu, avv. *dirimpetto*

Affacinnàrisi, v. n. pass. *affaticarsi, affacendarsi*

Affamàtu, agg. che ha gran fame, ed avaro

Affamigghiàtu, agg. aggràvato di famiglia

Affangàri, v. n. *affaticarsi*

Affannàri, v. a. *travagliare;* per guadagnarsi il vitto

Affàri, s. m. *affare;* donna di mali affari, *puttana*

Affarùzzu, agg. dim. d'affari, *affaruccio*

Affatturàri, v. a. far malìa, *affatturare*

Affazzunàrisi, v. n. pass. *rifarsi, raffazzonarsi*

Affazzunàtu, agg. *ben formato, ben fazionato*

Afferramànu, s. m. quelle strisce di cuoio che stanno dietro alle carrozze per sostenere i servitori, *coreggia*

Affettazlòni, s. f. atto ricercato e spesso effeminato, *affettazione*

Affiatàri, v. a. e n. pass. ben accordarsi con altri nel canto; per esser perfettamente d'accordo, *affiatarsi*

Afficcarèddu, agg. *insinuante*

Afficcàrisi, v. n. pass. *insinuarsi*

Affigghiàri, v. a. *affibiare, allacciare;* affigghiàri li naschi, vale incollerirsi

Affilàri, v. a. *affilare;* affilàri l'oricchi, vale star accuratamente a sentire

Affilàtu, agg. *acuto, tagliente;* col verbo aviri, vale aver desiderio

Affilicchiàri, v. n. dirigersi ad un luogo quatto quatto, avviarsi; per appuntar gli orecchi

Affimminàtu, agg. *effeminato*

Affina, avv. *insino*

Affinaitàri, v. a. assegnare i confini alle terre

Affinàtu, agg. di membra delicate, *affinato;* per *mingherlino*

Affirràgghiu, s. m. *afferratojo, manico, elsa*

Affirràri, v. a. *afferrare, cogliere, rubare, abbarbicare;* (modo basso) congiungersi carnalmente

Affizzlòni, s. m. *affezione*

Afflussionàtu, agg. *infreddato, incatarrato*

Affranchìri, v. a, *francare*; e n. p. rimborsare le spese, o riscattarsi nel giuoco

Affratiddàrisi, v. n. p. *dimesticarsi, affratellarsi*

Affrattariddàtu, o affrattariàtu, agg. *faccendiere, spedito*

Affriddaricci, v. n. pass. aver la febbre; *infreddare*

Affriggiri, v. a. *affliggere*, e n. pass. affliggersi

Affrittucòri, s. m. *meschinello*

Affrivàtu, agg. *voglioso, bramoso, affezionato; febbricoso*

Affrivigghiàrisi, n. p. aver la febbre; *febbricitare*

Affrivigghiatizzu e affrivigghiàtu, agg. *febbricitante, febbricoso*

Affruntàri, v. a. *affrontare*; riprendere altrui per cattiva azione, *svergognare*

Affrùntu. s. m. *vergogna, rossore, affronto*

Affruntùsu, agg. *vergognoso*

Affùca 'cavàddi , s. m. plur. erba marzolina, *pannocchina*

Affùca patri, s. m. pianta spinosa

Affucàri, v. a. *affogare, soffogare*

Affucàtu, agg. *affogato*; per oppresso

Affucàtu-affucàtu , modo avv. con gran prestezza

Affucùsu, agg. *aspro*; e ad uomo *intrattabile*

Affuddàri, v. a. e n. p. *affollare, affollarsi*

Affuddàta, s. f. lo affollarsi, *affollata*

Affumàri, v. a. *affumicare*; per non riuscir nell'intento, far vescia; detto di schioppo vale *sberciare*

Affumàtu, agg. *affumicato*; e ad uomo vale *da nulla*

Affumatùri, s. m. uomo che fallisce il colpo, sia cacciatore o altro

Affumicàri, vedi affumàri

Affunciàri , v. a. prendere il broncio *imbronciare*

Affunnàri, v. n. *sommergersi, affondare*

Affuranàrisi , v. n, *offuscarsi*; detto di tempo *ottenebrarsi*

Affurcàri, v. a. *impiccare*

Affussàrisi, v. n. pass. cader nel fosso, *profondare*

A fìla, avv. *in fila*

A filèra, posto avv. vale *in fila*

A filu di rìganu, posto avv. t. delle arti, ed è maniera particolare di tessuto

A finàita, posto avv. *confinante*

A finìri, posto avv. dicesi di cosa che s'assottiglia all'estremità

A fògghiu a fògghiu , avv. *a foglio a foglio*

A fòrficia, avv. a guisa di forbice, detto comunemente di scala

A fòrma, posto avv. *a foggia*

A frittèdda, posto avv. t. dei cuochi; ed è maniera di cuocitura delle fave fresche

A fròtta, avv. *a schiera, a torma*

A fruciùni, posto avv. copiosamente, *a sgorgo*

A frustustù , posto avv. *alla carlona*

A fùdda, avv. *in folla*

A funnu, avv. *a fondo*; per profondamente, perfettamente

A funtanèdda, in modo avv. *a spillo*

A furca, in modo avv. *a tripode*

A furma, avv. *a forma*

A gabba cumpàgnu , in modo avv. vale con finzione

A gabbèlla, avv. coi verbi pigghiàri, dàri, vale *gabellare*, prendere a gabella

A gàbbu, avv. per giuoco, *a gabbo*

A gàggia, avv. *a maglie*; si dice anche di tessuto leggiero

A gammallària, in modo avv. col verbo cadìri, vale *cadere a gambe levate*

A garagòlu, posto avv. vale di figura spirale, *a caracò*

Agàricu, s.m.t. bot. e di st. nat. *agarico bianco*, e *minerale*

'Agata, s.f. t. di stor. nat. *pietra agata*

Aggaddàri, v. a. e n. p. *rissare, azzuffarsi*

Aggagghiàri, v. a. *afferrare*

Aggammàri, v. a. *ribadire*

Aggangàri, v. a. *addentare*

Aggarbàri, v. a. *correggere, accomodare*

Aggarbizzàri , v. n. *garbeggiare*

Aggarifatu, agg. d'animale, e vale infiacchito dall'erba primitiva autunnale

Aggarràri, vedi acciurràri

Aggeràtu, s. m. *erba giulia*

'Agghia, vedi agghiu

Agghialòru e ugghialòru, s. m. piccolo vaso di creta per tenervi olio, *utello*; per bollicina che viene agli occhi *calazio, orzajuolo*

Agghiànnara , s. f. *ghianda*; si dice anche di talune conchiglie che hanno la forma della ghianda

Agghiàra, s. f. arena grossa mescolata con sassuoli, *ghiaja, ghiara*

Agghiarèdda, vedi gagghiarèdda

Agghiaròtu , s. m. *cavator di ghiaja*

Agghiàru, vedi masticògnu

'Agghiaru, s. m. sorta d'albero, vedi àzzaru

Agghiàstru, s. m. albero, olivo selvatico *oleastro*

Agghiazzàri, v. a. e n. *ghiacciare, diacciare*; n. p. divenir freddo , *infreddare, raffreddarsi*

Agghimmàri, v. n. farsi gobbo, *aggobbire*; per *bastonare*

Agghimmàtu , agg. divenuto gobbo; per *zombato*

Agghiòtta, s. f. dicesi propriamente d'una vivanda marinaresca fatta di pesci, cipolle ed olio; fari n'agghiòtta, vale dire o fare inavvedutamente qualche cosa

Agghìru, s. m. animale *ghiro*

'Agghiu, s. m. pianta *aglio*; dari l'agghi, vale *bastonare*; sapiricci d'agghiu vale *dispiacergli*

Agghiummariàri, v. a. e n. p. *aggomitolare, annaspare, divorare, azzuffarsi*

Agghiùnciri, v. a. *accrescere, arrivare*

Aggiurnàri, v. n. farsi giorno, *aggiornare*; per *protrarre*; parlando di tempo, *rischiarare*

Agghiùttiri, v. a. *inghiottire*; per *sopraffare, dimagrire*

Agghiuttùtu, agg. *inghiottito*; per *secco, smurto*

Aggiaccàtu, agg. *travagliato* per faccende; per *infermiccio*; per ben vestito

2

Aggiàccu, s. m. *impaccio, noja, intrigo*

Aggiarniàri, v. n. *impallidire;* per *gialleggiare*

Aggibbàri, v. n. *soggiacere;* per cedere malvolentieri

Aggigghiàri, v. n. *tallire;* per *pullulare*

Aggiràri, v. a. *ritornare, rimettere, ricondurre*

Aggirbàri, v. n. divenir selvatico, *inselvatichire*

Aggiri, v. a. *operare, agire;* detto di medicine, importa che abbian prodotto il loro effetto

Aggiu, s. m. *aggio*

Aggiuccàrisi, v. n. *appollajarsi;* detto dei cani, *accovacciarsi*

Aggiuccatùri, vedi giùccu

Aggiugghiàrisi, v. n. empirsi di loglio

Aggiugghiàtu, agg. *allogliato*

Aggiummàtu, agg. ter. d'agr., dicesi di terra riposata

Aggiuntamèntu, s. m. *radunamento*

Aggiuntàrisi, v. n. p. *ragunarsi*

Aggiustàri, v. a. *aggiustare, saldare i conti, bastonare;* e n. p. *correggersi, concordarsi*

Aggiùstitu, s. m. *saldamento;* per conciliazione

Aggivulàri, v.a. *agevolare, ajutare*

Aggradìri, v.n. *gradire, piacere, soddisfare*

Aggramagghiàri, vedi 'ngramagghiàri

Aggramignàri, v. a. e n. p. *rubar di nascosto, involare;* per *attrappare, azzuffarsi*

Aggrancàri, v. a. *rattrappare, rattrappire*

Aggranciàri, v. a. *abbrancare, aggrancire, involare*

Aggrancicàri, v. n. andar carpone, *rampicare*

Aggranfàri, v. a. e n. *aggrappare, cogliere, sorprendere* (dicesi di dolore)

Aggrastàri, v. a. *afferrare, avvinghiare, arrestare* per ordine della giustizia

Aggrattulàti (ceusi), voce bassa di comparazione tra il celso e il dattero

Aggravàri, v. n. *aggravare,* deteriorare in salute per malattia, *affliggere, tormentare*

Aggravàtu, agg. *aggravato;* per carico di famiglia, di debiti, ec.

Aggràviu, s. m. *ingiuria, torto, aggravio*

Aggraziàri, v. a. *assolvere, liberar dalla pena:* 'mpisu aggraziatu, un di coloro che condannati alle forche vengono assoluti dalla pena

Aggraziàtu, agg. *piacevole;* 'mpisu aggraziàtu, *graziato*

Aggrignàri, v. a. *accapigliare;* e n. p. *far a capelli*

Aggrinzàri, v. n. *increspare; ingrinzare*

Aggruppàri, v. a. *aggroppare, annodare, abboccarsi insieme;* aggruppàri li fila, vale *dissimulare*

Aggualàri, v. a. *pareggiare, agguagliare*

Agguantàri, v. a. prender con violenza, *agguantare;* nun putiricci agguantàri, vale non giungere, non reggere, rinnegar la pazienza

Aggubbàri, v. n. *divenir gobbo*

Aggubbàtu, agg. *gibboso, incurvato*

Aggucciàri, v. a. *coprire,* n. p. *riscaldarsi, accovacciolarsi*

Aggurgàri, v. n. *stagnare*; per far gorgo

Aggùriu, s. m. *augurio*; per ventura

Agguriùsu, agg. *faceto*, di buon augurio

A ghiòcu, posto avv. *per burla*

A ghiòrnu, posto avv. *a giorno*; parlandosi di vasi, vale esser vuoti; di affari, averne piena conoscenza; col verbo *essiri*, vale aver saldati i conti

'Aghiru e duci, vedi acitusèlla

A ghiurnàta, posto avv. *quotidianamente, a giornata*

'Agili, agg. *agile*

Aginzia, s. f. *agenzia*

A giru, avv. *a cerchio, a turno*

A gloria tua, sua, ec. avv. in modo ironico, *a cagion tua, sua*, ec.

Agnèddu, s. m. *agnello*; il fem. agnèdda, *agnella*; dim. agniddùzzu e agniddùzza

Agniddìna, agg. di pelle, lana, ec. *agnellina*

Agnòmu, s. m. *soprannome*

Agnu castu o lignu castu, s. m. pianta *vitice*

Agnùni, s. m. *angolo*

Agnuniàri, v. a. e n. p. metter negli angoli, *rincantucciare, incantonare*

Agnuniddu, s. m. *cantuccio*

A granciclùni, avv. *carpone*

A graniàri, in modo avv. *a spilluzzico*

A grànu a grànu, avv. *minutamente*

Agrèsta, s. f. uva acerba, *agresto*; sucu d'agrèsta, modo basso, *vino*

Agrèttu, s. m. succo di limone

Agristòlu, agg. dim. di àgru, *agretto*

'Agru, agg. *agro*

'Agru e dùci, agg. di comestibili preparati ad *agro-dolce*

Agruixddu, agg. dim. di àgru, *agretto*

Agrùmi, s. m. *agrume*; per luogo piantato ad agrumi, *agrumeto*

A grùppu, avv. *a torma, a groppo*

Aguànnu, s. m. *in quest' anno*

Aguantàri, vedi agguantàri

Agùgghia, s. f. *aguglia*, pesce noto

Agùgghia, s. f. *ago, aguglia*; per piramide, *guglia*; pirtùsu o funnu di l'agùgghia *cruna dell' ago*; 'nfilarisi 'ntra un funnu di agugghia, *assottigliarsi*

Agugghiàru, s. m. *agorajo*

Agugghiàta, s. f. *gugliata*

Agùgghi e spinguli, s. m. merciajo di cose pertinenti al cucire, e che va per le strade, *spillajo*

Agugghièra, s. f. *agorajo, buzzo*

Agugghiòla, s. f. *ago grosso, agone*

Agugghiòla, s. f. pianta *acicula*; cu fogghi tunni *crisettina*

Agumidda, vedi aumidda

Agunìa, s. f. *angoscia, agonia*

Aguràri, v. a. *augurare*; n. p. *lusingarsi, aspettare*

A gurgata, in modo avv. col verbo *macinari*, vale macinare a raccolta

Agùriu, vedi aggùriu

Agustàri, v. a. *osservare, gustare*

Agustinu, agg. d'agosto, *agostino*

Agùstu, s. m. *agosto;* fari agustu vale *dissipare,* ed anche *battersela*

A gùstu, posto avv. *a piacere*

A gùvitu, in modo avv. *ad angolo*

Aguzzìnu, s. m. ministro che serviva gli antichi tribunali, *littore*

Ahò, s. f. sonno dei bambini

Ajà, modo d' incitare le bestie da soma, *anda*

Ajài e ajajài, inter. *ahi!*

Ajèri, avv. *jeri*

A jèttati 'nterra, in modo avv. *col coltello alla gola*

A jèttitu, in modo avv. *a getto;* agg. ad uomo triviale, *ignorante;* di lavoro, *grossolano*

Ajna, s. f. pianta *avena*

A jippùni di mòrtu, posto avv. col verbo finiri, vale *finir male*

A jìri a bàsciu, in modo avv. *allo ingiù*

A jìri ad àutu, in modo avv. *allo insù*

A jìri addabbànna, in modo avv. *di là*

A jìri a manu dritta, in modo avv. *verso la destra*

A jìri a manu manca, in modo avv. *verso la sinistra*

A jìri ddà, in modo avv. *di là*

A jìri 'ngnùsu, in modo avv. *allo in giù*

A jìri 'nnarrèri, in modo avv. *più indietro*

A jìri 'nnavànti, in modo avv. *più in qua*

A jìri 'nsùsu, in modo avv. *allo insù*

A jittàrilu 'nterra, in modo avv. *al minor prezzo possibile*

'Aimu, agg. *azzimo*

A jòcu di fòcu, posto avv. vale *prestamente, con discordia*

'Aipa, s. f. uccello *smergo*

Airùni, s. m. uccello *aghirone*

'Aju, s. m. *ajo*

'Ajula, vedi gàjulu

Ajuntàri e agghiuntàri, v. a. unire, *congiungere*

Ajutàri, v. a. *ajutare;* n. p. *far presto*

Ajùtu, s. m. *aiuto*

'Ala, s. f. *ala;* èssiri cu l'ali caduti, vale esser umiliato

A la bestiàli, avv. *bestialmente*

A la bòna di Diu, posto avv. vale *trascuratamente*

A la bòna stràta, avv. *nel buon sentiero*

A la burginsàtica, posto avv. *alla contadinesca*

A la calàta di li tènni, posto avv. vale *alla fine del fatto, all'ultimo*

A la campagnòla, posto avv. *alla contadinesca*

A la campìa, posto avv. vale *in pianura solitaria*

A la canìna, posto avv. vale *a più non posso*

A la cavalirìsca, avv. *nobilmente, alla cavalleresca*

Alàcca, s. f. color rosso che si trova nella cocciniglia, *lacca*

Alàccia, s. f. sorta di pesce, *laccia, cheppia*

A la cèra, posto avv. vale *all'apparenza*

A la cuddàta di lu suli, posto avv. *al cader del sole*

A l' addrìtta, posto avv. *allo impiedi*

A l' affàcciu, posto avv. col verbo *siminàri,* vale seminare in terreno non arato; sta anche per *rimpetto, dirimpetto*

A la fràti cicca, vedi alla vasta-sisca

A la fuddìgna o fuddìsca, vedi alla pazzigna

A l'agghiòtta, posto avv. t. dei cuochi, ed è maniera di condimento

A la giràta, vedi a la turnàta

A la greca gricària, posto avv. voce dell'uso, ed è patto nei contratti dotali , per cui il marito resta padrone della dote appena nata la prima prole

A la gròssa, posto avv. col verbo *misuràri o pisàri*, vale pesare secondo il maggior peso , misurare alla maggior misura

Alagùsta, s. f. specie di gambero, *aliusta*

A la jurnàta, posto avv. vale *giornalmente;* col verbo *campàri*, vivere colla giornaliera fatica

A la jùta, posto avv. *all'andare*

A la làrga, posto avv. *di lontano*

A la lavìna, posto avv. dàri la facci a la lavìna, vale far di tutto per guadagnarsi il vivere

Alalònga, s. f. sorta di pesce, *amia;* per un uccello di mare detto rondine di mare

Alalungàra, s. f. ordegno per pescare le amie

A la mala stràta, posto avv. *nel cattivo sentiero*

A la mancùsa , avv. *mancina,* e per sim. *stentatamente*

A la mànu, agg. d'uomo, vale *garbato, piacevole*

A la mèrca, avv. col verbo *sparàri o tiràri*, vale *al segno, al bersaglio*

A la milanìsa, posto avv. apparecchio particolare di pasta

A la militàri, avv. *militarmente*

A l'ammucciùni, posto avv. *di nascosto*

A la 'mprèscia, posto avv. *alla infretta;* sùppa a la 'mprèscia, sorta di dolce

A l'annarbàta, posto avv. *in sul far dell'alba*

A lantèrna, posto avv. *vuoto;* detto di ventre, vale *digiuno*

A la nùda , posto avv. *nudamente*

Alaò, modo di ninnare i bambini, *ninna nanna*

A la pàra, avv. *ugualmente, del pari*

A la pàrti, posto avv. *a porzione;* a la pàrti di lu sfardàtu, vale *in luogo umile*

A la pazzìgna, posto avv. *pazzescamente*

A la pèddi, posto avv. col verbo *jiri,* vale esser nemico a morte

Alàpi, vedi pùma

A la pidùna, vedi a l'appèdi

A la purtughìsa , posto avv. maniera di apparecchiare alcuni manicaretti

A l'apostòlica, posto avv. *chiaramente*

A l'appèdi, posto avv. *a piedi*

A la purcìgna, posto avv. *sporcamente*

Alàri, v. n. *vogare*

A la rinfùsa, posto avv. *confusamente, alla rinfusa*

A la rìnga, posto avv. *di seguito*

A la rivèrsa, posto avv. *al rovescio*

A la scapiddàta, posto avv. *a più non posso*

A la scàrsa, posto avv. *con parsimonia*; detto di servi, vale senza dar loro il pranzo

A la scuràta, posto avv. *annottando*

A la scurdàta, posto avv. *dopo lungo tempo*

A la scuvèrta, posto avv. *palesemente*

A la sdirrèra, posto avv. *allo indietro*

A la sdòssa, posto avv. *a bardosso*

A la sfuggìta , avv. *fuggevolmente*

A la sicilìana, avv. *al modo siciliano*

A la spinsiràta, posto avv. *allo improvviso*

A la spruvista, posto avv. *alla improvvista*

A la squagghiàta di la nivi, posto avv. *a suo tempo*

A la stàcca , posto avv. *alla stracca*

Alàstra, s. f. pianta spinosa

Alàstra , s. f. *capretta :* pèddi alàstra, *pelle di capretta*

A la stranìa, posto avv. *senza ajuto*

A la strasàtta, posto avv. *allo improvviso*

A la stràta, posto avv. col verbo *mittirisi,* vale porsi in buon sentiero

A la sùrda e a la mùta, posto avv. vale *di nascosto, quietamente, a chetichelli*

A la suttìli, posto avv. col verbo *pisàri,* vale pesare al minor peso

A la tàrda, pasto avv. *al tardi*

A la traditurìsca, posto avv. *a tradimento*

A la trafìla, vedi trafìla

A la tùnna, posto avv. *senza eccezione*

A la turnàta, posto avv. *al ritorno*

A la vastasìsca, posto avv. *al modo dei facchini*

A lavatùri, posto avv. *a pendìo;* aviri lu cori a lavaturi, vale non avere affezione per alcuno

A la viddanìsca, avv. *rozzamente*

A la vògghia tua, mia ec. modo ch'equivale a *faccia Dio!*

Albanèddu, s. m. specie di uccello di rapina, *albanella*

Albànu, (albero) vedi arvànu

Alberànu, s. m. scrittura privata

Albùri, s. m. *alba*

Alcachèngi , s. m. pianta selvatica, *erba canina*

Alcuni vòti, avv. *alle volte*

Alèci, vedi sàrda

A lèggiu, posto avv. *pian piano, con moderazione*

A lènza, posto avv. col verbo *essiri,* vale *esser pronto*

A lèta fàcci, posto avv. *con sicurezza, con franchezza*

Ali, s. m. plur. *dadi*

Alias, voce latina, posta avv. *altrimenti*

A libru di mèdicu, posto avv. si dice di cose che dovendo star serrate si lasciano esposte

'Alica, s. f. *vigoria;* per possa, *voglia*

A li cannìli, posto avv. col verbo ridùrri, vale *agli estremi*

Aliccia, s. f. sorta di pesce, *acciuga*

A li curti, avv. *orsù, via*

A li fatti, avv. *alla fin fine*

A li lordi, posto avv. col verbo *viniri*, vale *venire a contesa*

A li manu, posto avv. col verbo *aviri*, vale *aver per le mani*; col verbo *viniri*, vale *azzuffarsi*

Alimeddi, s. f. una delle parti del corpo, *animella*

A linchia a linchia, posto avv. *a poco a poco, a goccia a goccia, a miccino*

A l'ingranni, vedi a la granni

Alipinti, s. m. uccello chiamato *beccafico, canapino o canaparola*

A li quattru e li cincu, posto avv. vale *prestamente*

A li stritti, avv. *alle strette*

A li scurciddi, posto avv. col verbo *jucàri*, vale far intendere il *falso per vero*

A li talài, posto avv. col verbo *mittirisi o stari*, vale *stare alle vedette*

A li tanti, posto avv. *radamente*

Aliteddu, s. m. *lieve soffio*

A littri di scatula, avv. col verbo *parrari*, vale *dir le cose chiaramente*

'Alitu, s. m. *fiato, alito*; per *coraggio*; per *compagnia*

A liveddu, posto avv. *orizzontalmente*

A li visti, posto avv. *alle vedette*

A li voti, posto avv. *talvolta*

Allaccaratu, agg. *vizzo, floscio, morbido*

Allafannatu, agg. *affaticato, ansante*

Allagnarisi, v. n. pass. *lagnarsi*

Allagnatu, agg. *corrucciato*

Allammicari, v. n. ed att. *gocciolare*; vale anche soffrir debolezza o tedio

Allammicaturi, vedi lammicu; vale anche *distillatore*

Allammicu, s. m. *gocciola*; per *distillatorio*; fig. afflizion d'animo, fastidio

Allampacucchi, vedi affamatu

Allampantiri, v. n. *divenir lampante, mancare*; (detto delle biade) *arrabbiare*

Allampari, v. n. *sbalordire, rimaner confuso, esser colto dal lampo*

Allampari, s. f. grosse lamprede che pescansi nelle acque di Messina, *murena*

Allampatizzu, agg. dim. di allampatu, e vale *sbalordito, affamato, ingordo*

Allanchiarisi, v. n. pass. *poltrire*

Allannari, v. a. vestir di latta o di lamine di ferro porte, casse, ec.

Allannunarisi, v. n. pass. *stare ozioso*

Allaparisi, v. n. pass. *ubbriacarsi*

Allapatu, agg. *assopito*; per *ubbriaco*

Allapazzari, v. a. *sprangare*

Allapitiari, vedi allappari

Allappari, v. a. *accerchiare, ronzare d'intorno*

Allargari, v. a. *allargare*; n. p. *allontanarsi*

Allargu, s. m. *riposo, quiete*

Allargu, avv. *discosto, lontano*; dim. allarguliddu, *poco discosto, lontanetto*

Allàrmu, s. m. *allarme*

Allascàrisi, vedi allaschìrisi

Allaschìrisi, v. n. *rilassarsi, infiacchirsi*

Allascùto, agg. *rilassato*

Allatinàri , v. a. *addottrinare*, dissodare il terreno

Allattàri, v. a. *allattare* ; per imbiancar le muraglie con la calce, *imbiancare*

Allattariàrisi, v. n. pass. *altercarsi*

Allattariàta, s. f. *altercazione*

Allattumàtu. agg. di pesce che ha certa polpa lattiginosa detta *latte di pesce*; vale anche uomo pigro, *nojoso*

Allavancàri, v. n. e n. pass. *inabissare*

Allazzaràtu, agg. di uomo, impiagato; per *magro* e *pallido*

Allazzàri, v. a. legar con laccio, *allacciare*

Allazzittàri, v. a. guernir con lacciuoli; dicesi propriamente degli abiti

Allègra còri, agg. *allegro, ilare*

Allellù a, è una espressione ebraica che significa *lodate il Signore*; si chiudèru l' allellùja, vale finì la festa, non è più tempo

Allèrta, avv. *cautamente, avvedutamente*

All'èssiri, posto avv. *allo stato di pria*

Allèstiri, v. a. *allestire, sbrigare*

Allèviu, s. m. *alleviamento*

'Alli, avv. *eccoli*; àllu, *eccolo*

Allianàrisi, v. n. pass. *confortarsi, rallegrarsi, dimenticarsi*; allianàrisi 'ntra li vrocculi, vale agire con frode

Allianàtu, agg. *alienato, distratto, dimentico*

Allibirtàri, v. a. vedi libiràri

Allicchittàtu, agg. di vino che ha del dolce, *melacchino*

Alliffaràri, vedi alliffàri

Alliffàri, v. a. e n. p. *attellire, lisciarsi, azzimarsi*; mettersi in pretenzione

Alligamàri, v.a. legar con l'ampelodesmo , detto in Sicilia ligàma; per legar semplicemente, vedi alligazzàri

Alligàri, v. a. *allegare*

Alligazzàri, v. a. legar fortemente, *accingere, avvincigliare*

Alliggiriri, v. a. *sgravare, alleggerire, scemare*

Allignaggiàri, v. n. polire i sarmenti della vite, lasciando il ramo che dee propagginarsi, *stralciare*

Allignàri, v. n. il barbicar delle piante, *allignare, barbicare*; per *indurare, persistere, continuare*

Allignàtu, agg. *allignato* ; per *indurato, magro*

Alligràri, v. a. *allegrare*; n. p. *rallegrarsi*

Alligrìa , s. f. *allegrezza*; per *ebbrezza*

Alligrulìddu, agg. *allegretto*

Alligrunàzzu, agg. *allegratore*

Alligrùni, vedi alligrunàzzu

Allintàri, v. a. *allentare* ; per *ritardare, scemare, affievolire*

Allippàri, v. n. *andar via, spulezzare*; far musco, coprirsi di musco

Allippàtu, agg. *muscoso*

Allisciàri, v. a. render pulito, *pulire, carezzare, piaggiare*:n. p *strebbiarsi*

Allisciumàri, v. n. *incatorzolire, intristire*

Allistamèntu, s. m. *indice, catalogo, lista*

Allistùri, vedi allèstiri

Allistunàri, v. a. t. dei fabbri, e vale apporre liste di tavola

Alliticàri, v. n. *contendere, contrastare, litigare*

Allitigatùri, s. m. *litigioso*

Allitticàri, v. n. pass. *infermarsi*

Allittiràtu, agg. e s. m. *scienziato, letterato*

Allivantàri, v. n. dicesi quando piove senza interruzione spirando levante

Alliviàri, vedi alliggiriri

Allividdàri, v. a. *livellare*

Allivitàri, v. n. *lievitare*

Allivitàtu, agg. *lievitato, fiacco, pigro*; per *stantio*

All'occhiu di lu suli, posto avv. *al calor del sole, a solatìo*

All'oppostu, avv. *al contrario*

All'ossu, posto avv. co' verbi *èssiri, arrivàri*, vale ridursi in povertà, o in bisogni

Allucàrisi, v. n. pass. *annidarsi, prender posto, frequentare*

Alluccàri, v. a. *scroccare, tòrre con artifizio*

Allucchìri, v. n. *stupefare*; e n. p. *sbalordire*

Alluccutìzzu, agg. dim. di alluccùtu, *mezzo stordito*

Alluciàri, v. a. *abbagliare, sedurre*

Allucinàri, vedi alluciàri

Allucintàri, v. a. *sedurre, incollerirsi*; entrare in pretenzione

Alluggiàri, v. n. ed a. *albergare, alloggiare*

Allumiunàtu, agg. dicesi di cosa che ha forma bislunga; vale anche *scempiato*

Allungàri, v. n. *accrescere, allungare*; per pigliar una strada lunga; per divenir bozzo; crescere di statura, *prolungare*; detto di liquidi vale *annacquare*

Allupàrisi, v. n. p. dicesi delle fave, come di altre frutta, biade, ec. *annebbiarsi*

Alluppiàri, v. a. e n. p. *alloppiare*; per dormir profondamente, *ubbriacarsi*

Allùra, avv. *allora, in tal caso*

Allurdàri, v. a. *imbrattare, insozzare, lordare*

All'urtimàta, posto avv. *alla fin fine*

All'ùrtimu, avv. *alla fine, all'ultimo*

All'urvìsca, posto avv. *ciecamente, inconsideratamente, sicuramente*

Allustràri, v. a. *pulire, lustrare*

Allustrastivàli, e allùstra, s. m. chi pulisce gli stivali, *lustrastivali*

Allustratùri, n. *pulitore*; fra noi si chiama con questo nome chi pulisce le scarpe, vedi allustrastivàli

Alluzzàri, v. n. *sbirciare, pretendere, aver voglia*

Almùziu, s. m. mantelletto usato dai vivandieri e secondari delle cattedrali o collegiate a foggia di cappuccio, *batolo*

Alòi, s. m. *aloe*, vedi zabbàra

A longa mànu, posto avv. *da lungi*

Alòsa, s. f. sorta di pesce, *cheppia, laccia*

Altèrcu, s. m. *altercazione, contesa*

A lu cadìri di la càsa, posto avv. *al peggio de' peggi*

A lu chiànu , posto avv. col verbo *mittirisi*, vale *svilupparsi, liberarsi*

A lu cchiù, posto avv. *al più*

A lu cùrtu, posto avv. *alla fine, in somma* ; jiri a lu curtu survizzu , vale far le cose presti e male per risparmio di fatica

A lu cuvèrtu, avv. *al sicuro*

A lu darrèri, posto avv. *di dietro*

A lu davànti, avv. *dinanti*

A lu drìttu, avv. *drittamente*

A lu dùppiu, avv. *a doppio*

A lu màncu, avv. *almanco*

Alùmi, s. m. *allume*

A lu munzèddu, posto avv. *indistintamente*

A lu pèdi, posto avv. *appresso, vicino*

A lu pèju, posto avv. *alla peggio*

A lu picu, posto avv. *indefessamente*

A lu prisènti, avv. *al presente*

A lu pùntu, avv. *appunto*

A lu riddòssu , posto avv. *a bacio*

A lu scùru, posto avv. *al buje*

A lu scuvèrtu, avv. *al sereno, scopertamente*

A lu sirènu, avv. *al sereno*

A lu staffèrmu , posto avv. *al dovere*

A lu stàgghiu, posto avv. *a cottimo*

A lu stòrnu, avv. vale in contro senso, *sconsideratamente*

A lu stracòddu, posto avv. *oltre la vista*

A lu stravèntu, posto avv. *all'aria aperta e fredda*

A lu strinciri di la chiàvi, posto avv. *in conclusione*

A lu tèmpu a lu tèmpu, posto avv. *pian piano*

A lu vèrsu, posto avv. *forse*

A lu visu, posto avv. *vivamente, al naturale*

A lu vòlu, posto avv. *di primo tratto e al volo*; sparàri a lu vòlu, vale *dar nel segno*

Alùzza, dim. di *ala, aletta*

Alùzzu, s. m. pesce *luccio*

Alvanèdda, s. f. pianta, *cennerina, cineraria*

A mala pèna, avv. *appena*

A manàla, posto avv. *a mani piene*

A mànu, posto avv. vale aver in pronto, star lavorando

A mànu a mànu, posto avv. *subito*

A mànu apèrta, pòsto avv. agg. *di schiaffo*, vale con tutta la mano

A mànu drìtta, avv. *a destra*

A mànu mànca, avv. *a mancina*

A mànu rivèrsa , posto avv. *rovescione*

Amaradùca, o murèdda di frutti, s. f. *dulcamara, salatro legnoso*

Amaràntu a tri culùri, s. m. pianta *fior di gelosia, maraviglia di Spagna*

Amarantulini, s.m. plur. pianta *amarantoide*

A maravigghia, posto avv. *ottimamente*

Amarèna, s. f. *amarasco* l'albero, ed il frutto *amarasca*;

amarèna 'ncilippàta *diama-rinata*

Amàri, v. a. *amare, desiderare, preferire*

Amariàri, v. a. *inamarire, amareggiare*

Amaricànti, agg. *amaretto, amaricante*

Amariggiàri, vedi amariàri

Amarizza, s. f. *amarezza*; per *disgusto, dispiacere*

Amarósticu, agg. *amaretto*

A martèddu, posto avv. col verbo *stàri*, tenersi a martello, non uscir di proposito

Amàru, agg. *amaro*; amaru mia, tia, ec. *povero me! povero te!*

Amarùmi, s. m. *amarezza*

A màzzu, vedi màzzu

Ambra, s. f. materia trasparente ed elettrica che trovasi nel mare, *ambra, succino*

Amènta, s. f. pianta *menta*; v'ha ancora l'amènta cataria, *erba gatta*, cirvìna, crìspa, pipirita, pulèju, e la rumàna

A menz'arànciu, vedi arànciu

A mènza cuttùra, vedi cuttùra

A mènza màcina, vedi màcina

A mènza mìnna, vedi minna

A mènza pànza, vedi pànza

A mènza scàla, vedi scàla

A mènza via, vedi via

A mènzu jòrnu, vedi jòrnu

Amicàrisi, v. n. pass. farsi amico; vale anche vivere in concubinato, *amicarsi*

Amiciùni, s. m. pegg. di amìcu; che va in cerca di compaghoni

Amicùni, s. m. accr. d'amìcu, *amicissimo*

A mìddi a mìddi, avv. *a migliaia*

A migghiàra, posto avv. *a mille*

Amintàstru, s. m. pianta *mentastro*

A minùtu, avv. col verbo *vìnniri*, vale vendere al minuto; col verbo *chiòviri*, vale *piovigginare*

A misàta, posto avv. *ad ogni mese*

A mistèriu, posto avv. fuor di proposito, *misteriosamente*

Amitàri, v. a. dar la salda, *inamidare*

Amitàru, s. m. facitor d'amido

A mitataria, posto avv. *a mezzadria*, detto di affitto di terreni

A mitàti, posto avv. *in metà*

'Amitu, s. m. *amido*

Ammaàri ed ammagàri, v. a. *allucinare, ingannare;* per *incantare*

Ammaccàri, v. a. *pestare, ammaccare*

Ammacchiàrisi, v. n. p. *nascondersi, fissarsi in un luogo, ammacchiarsi*

Ammacchiunàtu, agg. di giardino, *folto, denso*

Ammacciàri, v. n. *ostinarsi, incaponire*

Ammadduccàri, vedi 'mmadduccàri

Ammadunàri, v. a. *ammattonare*

Ammaddunàri, v. a. *ingannare, sedurre*

Ammagagnàri, v. a. *guastare, magagnare*

Ammagasinàri, v. a. *conservare,* riporre in magazzino

Ammagghiàri, v. n. di chi si confonde nel discorso, *ar-*

meggiare; per *desistere, ap-puntare*

Ammagghittàri, v. a. fornire di punte di ottone, ferro, o altro l'estremità di cordelline, nastri, ec.

Ammagnàtu , agg. *autorevole, altiero*

Ammajalìri, v. n. *impinguarsi*

Ammajalùtu, agg. *paffuto, gras-so*

Ammaisàri, v. a. *far maggese, o maggesare*

Ammalignàri, v. n. *incipignire, incrudelire*

Ammaliziàri, v. a. e n. p. *vi-ziare, alterare, scandalizzarsi*

Ammalucchìri, v. n. *confonder-si, smarrirsi, sbalordire*

Ammaluccùtu, agg. *stupefatto, sbalordito*

Ammammàrisi, v. n. p. *affe-zionarsi;* detto di vino, vale prender il sapor della feccia; parlando d' innesti *ammargi-nare;* di piante *abbarbicare*

Ammammulìrisi, vedi ammam-màrisi

Ammammulùtu, agg. *affezionato*

Ammancàri, v. n. *venir meno, mancare, sminuire*

Ammancatùra, s. f. dicesi dello scemamento in larghezza che si fa nel tessere o faticare le maglie; per colpa, *fallo*

Ammanicàri, v. a. mettere il manico

Ammanittàri, v. a. metter le manette, *ammanettare*

Ammannàri. v. a. detto di lino, canape, ec. *far manipoli*

Ammantàrisi, v. n. pass. so-praccaricarsi di vesti, *anneb-biarsi; annuvolarsi*

Ammanticàri, v. a. *coagulare;* dicesi del latte, *rappigliare*

Ammànu ammànu, posto avv. *presto presto, tosto*

Ammaraggiàrisi , v. n. pass. *mareggiarsi, sbalordirsi, con-fondersi*

Ammargiàri, v. a. *sovrabbon-dar d'acqua, allagare*

Ammargiatìzzu , agg. dim. di ammargiàtu, inzuppato d'ac-qua

Ammarinàri, v. a. metter del-l'aceto sul pesce fritto, *mari-nare, accarpionare*

Ammarinàtu, s. m. pesce mari-nato

Ammariùni, s. m. sorta di po-lipajo che abita nel mare di Palermo

Ammariddàri, v. a. *ammatassare*

Ammarrugglàri, v. a. apporre il manico

Ammarrunàri , v. n. *errare, sbagliare*

Ammartueàri, v. a. *bastonare,* e n. *ammalarsi*

'Ammaru , s. m. con questo nome chiamansi taluni cro-stacei, *gambero*

Ammascàri, v. n. *smargiassare*

Ammascariddàtu, agg. di grano vale *golpato*

Ammascàtu, agg. *spaccone*

Ammaschìri, v. n. *invizzire*

Ammasciaria, s. f. *ambasceria*

Ammasciatùri, vedi 'mmasciaturi

Ammastràri, v. a. t. d'agr. ri-mondare i rami superflui degli alberi

Ammataffàri, v. a. *mazzaranga-re, mazzapicchiare*

Ammataffàta, s. f. calcamento col mazzapicchio

Ammatassàri, v. a. ridurre in matassa, *ammatassare*

Ammattariddàtu, agg. *nerboruto*

Ammattìri, v. n. perdere il lucido, *oscurare*

Ammattumàri, v.a. assodare con ghiaia e calcina mescolata con acqua, *smallare*

Ammàtula, vedi 'mmàtula

Ammazzacanàri, v. a. intonacare un muro di calce e rottami di pietre o di fabbriche

Ammazzacàni, s. m. pianta, *apocino*

Ammazzaràri, v. a. *mazzerare*

Ammazzàri, v. a. con le ZZ dolci, dicesi delle frutta quando sono tra il verde e maturo

Ammazzàri, v.a. con le ZZ aspre, *uccidere, ammazzare*; n. p. per affaticarsi inutilmente

Ammazzatina, s. f. *uccisione*

Ammazzunàri, v.a. *ammazzolare*

Ammènna, s. f. *multa*

Ammicciàri, v. a. perder la mira al bersaglio, *colpire; per incastrare*

Ammigghiuràri, v. migghiuràri

Ammilàrisi, v. n. pass. dicesi di taluni ortaggi infestati dalla formica

Ammilàtu, agg. *melato, dolce, soave*

Ammiluccàtu, agg. di vino *corrotto*

Amminazzàri, v. a. *minacciare*

Amminàzzu, s. m. *minaccia*

Amminchialìri, v. amminnalìri

Amminnalìri, v. n. *sbalordire, stupefare*

Amminnàri, v.a. *multare, poppare*; n. p. *ammendarsi*

Amminutìri, e amminutàri v. a. *assottigliare*

Ammiràrisi, v. n. pass. prender la mira, o di mira

Ammòddu, posto avv. vale nell'acqua; col verbo jiri vale *sommergersi*; mèttiri ammoddu, *macerare*; fig. jirisinni ammoddu *(un negozio)* vale non riuscire

Ammòla-cutèdda, s. m. *arrotino*

Ammù, mod. imp. che vale *dàmmi*

'Ammu, s. m. ambo del lotto

Ammubbigghiàri, v.a. fornir di masserizie, *mobiliare*

Ammuccamùschi, s. m. uccello, *pigliamosche*; fig. *uomo indolente*

Ammuccàri, v. a. *ingozzare, malmenare, esser canzonato*; per lasciarsi corromper da doni, *pigliar l'imboccata*

Ammuccàta, s. f. *boccata, rabbuffo, riprensione*; per ammuccunàta, vedi ammuccunàta

Ammucciàgghia, s. f. *nascondiglio, ripostiglio*

Ammucciarèddu, vedi affacciarèddu

Ammucciàri, v. a. *nascondere*; per un giuoco fanciullesco, vedi Buè

Ammucciùni, avv. *di nascosto*

Ammuceàta, s. f. donativo che si fa altrui per farlo tacere, *ingoffo*

Ammudàtu, agg. *manieroso*

Ammuddicari, v. a. *condire con mollica di pane*

Ammuddimèntu, s. m. *torpore*

Ammuddìri, v. a. *ammollire, intorpidire*

Ammuddùtu, agg. *ammollito*; per *intorpidito*

3

Ammuffiri, v. n. *muffare*

Ammuffulàri, v. a. *ammanettare*

Ammuffùtu, agg. *muffato*

Ammugghiàri, v. a. *avvolgere*; n. p. per prender moglie, *ammogliarsi*

Ammugghiuliàri, v. a. *avvolgere con negligenza*

Ammuinàrisi, v. n. pass. *corrucciarsi*; a. *avvolgere*

Ammulàri, v. a. *arrotare*; ammulàri li denti, *dicesi di chi ha gran desio di mangiare*; li gàmmi, *chi dovrà camminar troppo*

Ammulàta, s. f. *arrotamento*

Ammulatìna, s. f. *arrotatura*

Ammulatùri, s. m. *arrotino*

Ammuntuàri, v. a. *nominare, mentovare*

Ammunziddàri, v. a. *ammonticchiare*

Ammurgàri, v. a. *ungere di morchia*

Ammurgàtu, agg. *morchioso*

Ammurràri, v. n. pass. *arenare*

Ammursagghiàri, v. a. *incatenare colle morse le fabbriche*

Ammursàtu, agg. *dicesi del vino, abboccato*

Ammursiddàtu, agg. *magrigno, mingherlino*

Ammurtìri, v. n. *sbigottirsi, mortificare, ammortire*

Ammurvàri, v. a. *ammorbare*

Ammuscàtu, agg. *muscoso*

Ammusciddàri v. a. *quando abbonda la pesca del tonno in modo che non v'ha dove riporsi*

Ammusciri v. n. *appassire, illanguidire*

Ammussàri o ammussàrisi, v. n. e n. pass. *ingrognare*

Ammustàri, v. a. e n. pass. *empirsi di mosto*

Ammustràri, v. a. *mostrare*; ammustràri l'agghi, *vale farsi temere*

Ammusturàri, v. a. *aromatizzare*

Ammusuluccùtu, agg. *babbaccione*

Ammutìri, v. n. *ammutolire*

Ammuttànti, agg. *rincrescevole*

Ammuttàri, v. a. *spingere con forza, accelerare*; *esser nojoso*

Ammuttùni s. m. *urto*

Ammuzzàri, v. a. *troncare*; ammuzzàri li tarùni, *decimare i tralci*

A mòddu, vedi ammòddu

A mòrti, posto avv. *mortalmente*

A 'mprèstitu, vedi 'mprestitu

Ampàra s. f. lo *staggire in prigione alcuno*

Ampullètta, vedi ampullina

Ampullìna, vedi 'mpullìna

'Amu, s. m. per quel piccolo strumento uncinato che si pone in cima alla canna da pesca, *amo, raffio*; per *ambo del lotto*

A muntàta, avv. *per l'erta*

A mùnti, avv. *da parte, in oblio*

A munzèddu, avv. *a mucchio, in gran copia*

A munziddùni posto avv. *in gran quantità, trascuratamente*

Amurèddi, s. m. plur. *i frutti del rogo o rovo*

Amuriddùzzi d'acqua, vedi amaradùca

Amuriggiàrisi, v. n. p. *amoreggiare*

A murìri, posto avv. vale *per forza, onninamente*

Amurusànza , s. f. *amorevolezza, amorosanza*

Amurùsu, agg. *amorevole, liberale*

A muzzicùni, vedi muzzicùni

A mùzzu posto avv. senza computo, ·o peso, o misura; col verbo *parrari*, vale *inconsideratamente*

Anagàlli; s. f. pianta *anagallide*

Anagìri, vedi fasulàzzu

Ananàssi , s. f. pianta , *ananasse, ananas*

'Anasu, s. m. pianta, *anice, aniso* o cìminu duci vedi

'Anatra s. f. sorta d'uccello , *anatra, anitra*; anatrèdda, altro uccello detto *mestolone*

A natùni, posto avv. *a nuoto*

'Anca, s. f. *anca*; nun putìri pigghiàri un purci all'anca, vale *essere grandemente impicciato*; pisciàrisi un'anca , vale *ridere sgangheratamente*; scialàrisi un'anca, vale *divertirsi molto*

'Anca e ancòna, sorta di giuoco fanciullesco; e posto avv. vale alla peggio

'Anchi, avv. *anche*; per nàtichi, vedi

Anchìtta, agg. di chi zoppica, *zoppicante*

Ancàta, s. f. inflessione di voce nelle desinenze delle parole che s'osserva ne' particolari dialetti de' diversi paesi

Ancìdda, s. f. pesce, *anguilla*

Ancilèddu, s. m. sorta di pesce, *esoceto*; affacciàri l'ancilèddi, dicesi per lagrimare

Ancìna, s. f. *angina*

Ancinàta, s. f. quantità di manipoli che può prender l'uncino

Ancìnu, s. m. *uncino*

Anciòva s. f. pesce, *alice, acciuga*

Anciuvarìna, s. f. acciughe assai piccole

Anciuvitèdda,s.f.dim.d'anciova

Anèddu, s. m. *anello*

A nènti, avv. *almeno*

'Anfa, s. f. riverbero d'aria infuocata, *afa*

Anfàri, v. a. *abbronzare*

Anfràttu, s. m. *disastro, intrigo*

Angarìa, s. f. *aggravio, angheria*

Angariàri, v. a. *angheriare*

Angulìddu , d. m. d'angulu, s. m. *angoletto, cantuccio*

Angulu s. m. *angolo*

Aniddùzzi , s. m. plur. sorta di pastumi

Anìmulu, s. m. strumento noto, *arcolajo, bindolo*

Annacàmentu, s. m. *dimenamento*

Annacàre, v. a. *cullare, ninnare, beffare, dimenare*

Annaculiàri, v. a. *agitare, dimenare, traballare*

Annagrìrisi, v. n. pass. *inagrire*

Annalòru, s.m. lavoratore prezzolato ad anno

Annàni, agg. dicesi di cosa che sta in ordine superiore

Annannàtu, agg. che ha il fare dei vecchi

Annarbàri, v. n. *aggiornare*; per *spiovere*

Annarcàri, v. n. *inalberare, impennare*

Annarmalìri v. n. *sbalordire*

Annarvuliàri, v. n. *incollerirsi*

Annasàri , v. n. prender la mira; per *ingrugnare*

Annascàri, vedi anniscàri

Annascàtu, agg. *ritorto*

Annatèddu, vedi annitèddu

'Annatu, s. m. *andito*

Annavaràtu, agg. *tentennato*

Annètta-àci, vedi biddacàru

Annètta-dènti, s. m. strumento noto, *stuzzicadenti*

Annètta-dènti, s. m. pianta, *visnaga, capo bianco*

Annettaricchi, s. m. piccolo strumento per pulire le orecchie, *stuzzicorecchi*

Annettapòrtu, s. m. chiatta destinata a nettare i porti, *netta-porti, cava fango*

Annichìliri, v. a. *invilire, annichilire*

Annigàri, v. a. *annegare;* annigàrisi 'ntra un gottu d'acqua, vale *perdersi di coraggio;* lassàri li panni a cui si annega, vale *uscir destramente da un imbarazzo lasciando altrui nella rete*

Annigghiàri, v. a. e n. p. *funestare, rattristare;* per debiti, figli, ec. vale gravarsi di debiti, figli ec.

Annìntra, avv. *addentro*

Anniricàri, v. a. *annerire*

Annirvàri, v. n. *star ritto*

Annitèddu, s.m. dim. di 'annitu vedi 'annatu

Annittàri, v. a. *nettare*

Anniuricàri, v. a. *annerire;* n. divenir nero; detto d'ulive, *vajare;* detto d'uva, *saracinare*

Annivàri, v. a. *ghiacciare,* render freddo colla neve

Annivàta s. f. *agghiacciamento*

A 'nnòcchiu, posto avv. (jittàri a) *rinfacciare*

Annòrdini, posto avv. (mettiri) *preparare*

Annòju, s. m. *noja*

Annòticu, agg. dicesi per dinotare l'età d'un anno degli animali bovini

Annurvàri, v. a. *accecare*

'Ansa, s. f. *occasione, opportunità, coraggio, ardire*

'Ansara s. f. *aro, cavolaccio di macchia*

'Anta, s. f. t. delle arti, *stipite*

Antacitàru, s. m. venditore e facitor di magnesia

Antàcitu, s. m. *magnesia*

Antepòniri, v. a. *anteporre*

Anticàgghia, s. f. *anticaglia*

Anticàmmara, s. f. *anticamera;* fari anticàmmara, vale aspettar molto in casa altrui pria d'esser introdotto a favellare

Anticucìna, s. f. stanza vicina alla cucina

Anticulìddu, agg. non molto antico, *antichetto*

Anticùni, agg. sup. *antichissimo*

Antipàticu, agg. *antipatico;* sup. antipaticùni

Antipàstu, s. m. t. dei cuochi, una delle vivande che si dà per potaggiò, *antipasto*

Antisagristìa, s. f. stanza che precede la sagrestìa

'Antu, s. m. così i contadini chiamano il luogo ove riposano in conversazione a mezzo del lavoro diurno

Ant'ùra, avv. *poco fa, dianzi*

A nui, vale *orsù,* or via

Anzerina, s. f. pianta *argentina*

Aò, modo di ninnare i fanciulli, e propriamente il lor sonno

'Apa, s. f. insetto noto, *ape*

A palòri, posto avv. (veniri a...) vale *contesa di parole*

Apalòru, ved. apàru ed appizzafèrru

A pani e tumàzzu, posto avv. *lentamente, freddamente*

A pàmpina di cànna, v. cutèddu

A pampinédda, posto avv. detto di occhi, vale *socchiusi*

A pappàta, posto avv. vale *smoderatamente, eccessivamente*

A partìta, posto avv. vale *pochi alla volta*

A partìtu, posto avv. *a cottimo*; mettiri la testa a...... vale *rientrare nel dovere*

A pàru a pàru, posto avv. *a coppia a coppia*

A pàru e spàru, col verbo jucàri, vale scommettere giuocando a pari o caffo; si la ponnu jucari a..... vale fra due cose cattive non esser differenza

Apàru o Fasciddàru, s. m. chi tien cura delle api, *apiaio*

A passàri, posto avv. *a di più*

A pàssu a pàssu, posto avv. *pian piano*

A pàssu di dàma, posto avv. dicono i portantini quel passo breve e dolce per le signore

A pàssu di furmìcula, posto avv. *adagio adagio, lentamente*

A pàssuli e fìcu, posto avv. *freddamente*

'Apatu, agg. *stupido*

A pavèntu, posto avv. senza mira, senza considerazione

A pèdi, posto avv. *a piè*; ogghiu *a pèdi*, è l' olio tratto dalle ulive colla sola pressione de' piedi

A pèdi chiànu, posto avv. *terragno*

A pèdi di vàncu, posto avv. *senza logica*

A ped'intèrra, vedi a pèdi scàusi

A pèdi scàusi, posto avv. vale *scalzato*

Aperitìvu, agg. *appetitoso*

A pèttu, posto avv. dicesi di balcone senza sporto

A pèttu di cavàddu, posto avv. vale *soverchiamente*

A pèzzi, posto avv. *a riprese*

A pèzzi ed a taddùni, posto avv. *interrottamente*; dicesi per lo più di pagamento d'un debito

A pèzzu, e a pèzzu a pèzzu, avv. *a pezzi, in pezzi*

A pìcca, o a pìcca a pìcca, posto avv. *a poco a poco*

A picchìdda, posto avv. dim. di a picca a picca

A piccarèdda vedi piccarèdda

A pìgnu, posto avv. con *assiduità*

A pìlu, posto avv. *a pelo*: col verbo canùsciri, vale conoscere esattamente ; (detto d'acqua), currìri a pìlu, vale scorrere appena da un sifone

A pìnna, posto avv. *a penna*; cimmalu a pìnna, cembalo di antica costruzione ove i martelletti erano a penna

A pinninu, posto avv. *in giù*

A pinnulùni, posto avv. *penzolone*

A pirtùsu fattu, posto avv. vale, *agevolmente*

A pisu, posto avv. secondo il peso, *a peso*; vinniri a pisu *vendere a peso*

A pizzicunèddu, posto avv. dicesi del bacio che si dà tenendo l'un l'altro le gote con le mani

A pizzùddu a pizzùddu, posto avv. *a piccoli pezzi*

A pòmpa, posto avv. *apparentemente*

Apostolicamènti, avv. *chiaramente*

Apòstulu, s. m. *apostolo*

Appaltatùri, s. m. *appaltatore*

Appàltu, s. m. *appalto*

Appacchianàtu, agg. *grassotto*

Appaciàri, v. n. *pareggiare*, agglustare i conti, pacificarsi

Appagnàmentu, s. m. *adombramento*

Appagnàrisi, v. n. *insospettire, temere, ombrare*

Appàgn, vedi appagnamèntu

Appagnùsu, agg. *ombroso*

Appaisanàrisi, v. n. pass. *paesare*

Appaluràrisi, v. n. *dar parola, obbligarsi a parola,* e propr. si dice dei fidanzati

Appanàrisi, v. n. *gravarsi di molto cibo*

Appanàtu, agg. pieno di cibo; o ripieno di pane

Appannàggiu, s. m. *appannaggio*; per apparenza

Appanzàrisi, lo stesso che appànarisi, vedi

Appappamùschi, vedi ammuccamùschi

Appappàrisi, v. n. pass. *mangiare smoderatamente, pappare;* per *trarre a sè*

Apparaggiàri, v. n. p. *pareggiare, confrontare*

Apparàri, v. a. *addobbare, parare;* ricevere ciò che altri porge, stender la mano, *sottomettersi*

Apparàtu, s. m. *paramento, parato;* per apparecchio, *apparato*

Apparicchiàri, v. a. *apparecchiare,* condir le vivande; maniera particolare con cui si preparano certi cibi, come melanzane, carciofi; anche il coniglio viene in questo modo preparato

Apparigghiàri, v. a. e n. vale *accoppiare,* e dicesi delle bestie ond'essere uguali di manto e di misura

Apparintàri, v. p. *imparentarsi, apparentarsi*

Appariri, v. n. *apparire, appassire*

Apparruccianàrisi, v. n. pass. procacciarsi molti avventori, clienti, ec.

Apparruccianàtu, agg. *che ha molti avventori*

Appartàtu, s. m. *appartamento, quartiere*

Appassulunàtu, agg. *dabben uomo*

Appattàri, v. a. *combaciare, congegnare, pareggiare;* n. p. *collegarsi*

Appennici, s. f. *appendice;* nun aviri nudda.... vale esser libero d'impacci

Appènniri, v. a. *appendere;* a la casa di lu mpisu nun si

pò appènniri l' ugghialòru, vedi ugghialòru

Appiocicàri, v. a. *inerpicare, rissarsi; appicciare il fuoco*

Appiccicù, s. m. *zuffa, rissa, contesa*

Appiccicùgghia, s. f. *fuscello*

Appidamèntu, s. m. *fondamento*

Appidamintàri, v. a. *fondare, gettar le fondamenta*

Appidicàri, v. a. *camminare in luoghi malagevoli*

Appigghiàri, v. n. *abbarbicare, pigliar fuoco, abbronzarsi, abbrostarsi*

Appigghiu, s. m. lo abbrostirsi delle vivande, *abbrostitura*

Appijuncàrisi, v. n. *ammalarsi, infermarsi*

Appijuncatizzu, agg. dim. d'appijuncàtu, *malsano, infermiccio*

Appinàrisi, v. n. pass. esser preso da cordoglio, *cordogliare*

Appinnicàrisi, v. n. pass. *addormentarsi, dormicchiare*

Appinnuliàrisi, v. n. pass. *spenzolarsi*

Appirsùnatu, agg. dicesi di chi è pervenuto al totale incremento della statura; per *alto, robusto*

Appisu, agg. d' appènniri, *sospeso, appeso*; scena appisa, *finzione*

Appitùri, v. a. *desiderare, appetire*

Appittimàrisi, v. n. pass. attendere a cosa con importunità

Appizzafèrru, s. m. uccello, *merope*; fig. *scroccone*

Appizzàri, v. a. *sospendere, conficcare, ostinarsi, perdere, fuggire, dar di barba, molestare*; appizzàri la laparda, vale fare il parassito

Appizzaròbbi, s. m. arnese dove si appiccano gli abiti, *appiccagnolo, cappellinajo*

Appizzutàri, v. a. *aguzzare*

Appoderàtu, s. m. voce d'uso, colui fra gl'impiegati ad un ufficio che ha cura d' esigere i soldi e distribuirli

Appodìri, v. n. *corrompersi, fermentare*

Appòju, s. m. *appoggiatojo, appoggio*

Apprensiòni, s. f. *imaginazione, apprensione, travedimento*

Apprèttitu, s. m. *fretta, ansietà, provocazione, ansia*

Apprisintàri, v. a. *presentare, ritirarsi, recedere, comparire, dedicare*

Apprittàri, v. a. *affrettare, nojare, pressare, provocare*

Apprittàtu, agg. da apprittàri; per *erto, ripido*

Apprittatùri, s. m. *provocatore*

Appròntu, s. m. *anticipazione*

Apprùdari, v. n. *approdare*

Apprumunàri, v. a. *percuotere, ammaccare*

Appruntàri, v. a. *apprestare, approntare, esibire, anticipare*; n. p. *comparire, offerirsi*

Appruvinzàrisi, v. n. pass. delle piante, *assiderarsi*

Appuggiàri, v. n. *poggiare*

Appujàri, v. a. *accostare, appoggiare, proteggere*; a lu muru vasciu tutti si cci appojanu, e vale che l'uomo debole è facilmente conculcato

Appuntàri, v. a. *appuntare, fermarsi, cucir leggermente, desistere, morire*

Appuntaspìnguli, vedi chiumazzèddu

Appuntiddàri, v. a. *puntellare, sostenere, ristorarsi*; si dice anche delle vivande quando sono abbondanti di sale, aromi, ec.

Appuntiddu, s. m. *puntello, ajuto, sostegno*

Appurpàri, v. a. *afferrare, investigare*

Appustàrisi, v. n. pass. *nascondersi*; per tendere agguato

Appustàtu agg. *nascosto*; appustàtu modu, vale *di proposito*

Appuzzàri, v. a. *attingere, chinarsi, sottomettersi*; perdere al giuoco della trottola

A prima avv. *anticamente*; *a prima vista*

A primu bòrdu, avv. *a prima giunta*

A primu bòttu, posto avv. *inaspettatamente*

A primu sàngu, avv. detto di scherma, vale alla prima scalfittura; *a primo impeto*

Aprìri, v. a. *disgiungere, allargare, aprire, fendere, manifestare, sbocciare, scaltrire*

Apròcchia, s. f. pianta spinosa, *calcatreppolo*

A proporziòni, posto avv. *proporzionatamente*

A pròva, posto avv. dare o pigliar alcuna cosa, colla prova; aviri la facci a prova di

bummi, si dice di chi ha faccia tosta; fabbricare, costruire a... vale *solidamente*

A pùgna, avv. fari a... *fare a pugni*; pigghiàri a...... vale *prendere a piene mani*

A pùnta di burcètta, avv. col verbo parràri, vale parlare studiatamente; *parlare in punta di forchetta*

A putìri jiri, posto avv. *a più non posso*

Apùzza, s. f. vezzeggiativo di apa

A puzzùni, posto avv. *capovolto*; col capo chino

A quànnu a quànnu, posto avv. *appena che, allorquando*

A quant' à, avv. *è molto, è un pezzo*

A quàttru a quàttru, avv. *a quattro a quattro*; col verbo vidìri...dicesi, quando qualcuno è ubbriaco

A quattr'òcchi avv. vedi òcchiu

Aquilòtta, s. f. dim. di acula, *aquilotto*; per una specie di pesce simile alla spigola (sic. spìnula)

A ràggia, posto avv. *ad onta, a dispetto*

A raggiàzza, posto avv. *a grave dispetto*

A rampicùni, posto avv. *salire arrampicandosi*

Arancìnu, s. m. dim. di arànciu: e dicesi fra noi una vivanda dolce di riso fatta alla forma della melarancia

Arancìnu, agg. di colore, *rancio*

Arànciu, s. m. albero, *arancio*; e il frutto *melarancia*:

a mènzu aranciu, vale di figura semicircolare'; mènzu aranciu, fig. vale *discolo*

Arari, v. a. *arare*

Aratàta, s. f. misura di una quantità di terra che può lavorare in un giorno l'aratro

Aratàtu e aràtu, s. m. terreno lavorato dall'aratro

Aràtu, s. m. *aratro;* ed agg. da arari

Arbanèdda di muncibèddu, s. f. albero *alberella*

Arbanèddu, s. m. modo basso, vedi tòccu

Arbisciri, v. n. *albeggiare*

Arbitriànti, s. m. *fittajuolo, coltivatore, trafficante*

Arbitriàri, v. a. *lavorare, coltivare*

Arbitriu, s. m. *arbitrio;* per un ordegno de'pastai; per le reti de'pescatori, ec.

Arburàta, s. f. *alba*

Arbùri, s. m. *albore*

'Area, s. f. pianta marina, *alga;* ed arca in tutt'i suoi significati

Arcàncilu, s. m. *Arcangelo*

Arcànu, s. m. *segreto, arcano*

Arcèa, s. f. pianta, *malva alcèa*

Arcèlla, s. f. *conchiglia bivalve, solène;* le varietà sono innumerevoli, ed hanno diverso nome

Arcèri, agg. *industrioso*

Archèmisi, s. m. t. di farm. *alchermes*

'Archi archi, avv. *ad archi*

Archiàri, v. a. costruire ad archi; per plegare ad archi *archeggiare*

Archicèddu, s. m. dim. di arcu

Archimia, s. f. arte di trasmutare e purificare i metalli;

metallo composto per alchimia, *alchimia*

Archimilla, s. f. pianta, *piede di leone*

Architettàri, v. n. *architettare;* per *macchinare*

Architràvu, s. m. *architrave, epistilio*

Architricliniu, s. m. dicesi di chi tratta le cose intime di altri

Archivàriu, vedi arcivàriu

Archiviu, vedi arcivu

Arcidiàvulu, s. m. più che diavolo, *arcidiavolo*

Arcinfanfaru, s. m. colui che millantandosi di grand'uomo si fa conoscere per iscempio, *arcifanfano*

Arcimìsa, s. f. pianta, *artemisia*

Arcirùni, acc. di arcèri

Arciròtta, s. f. uccello, *beccaccino reale, pizzardella;* fari l'arciròtta, vale *schermirsi, tergiversare*

Arciuniàrisi, v. n. *mettere studio, industriarsi*

Arcivàriu, s. m. *archivista*

Arcivu, s. m. *archivio*

Arcòva, s. f. *alcovo, arcoa*

'Arcu, s. m. *arco;* per quel ponte levatojo fatto di legno o altro che adattasi in mezzo alle strade per passar da un fabbricato all'altro, *cavalcavia*

Arcu di Nuè, s. m. *iride, arcobaleno*

Ardènti, agg. che arde; per *veemente, eccessivo, pungente*

Ardìcula, s. f. pianta spinosa, *ortica*

'Ardìri, v. a. *abbruciare, ardere, infiammare*

Ardìri, s. m. *ardire*

Ardìtina, s. f. *arsione*

Ardùri, s. m. *arsura*; e met. desiderio immenso

Ardùtu, vedi àrsu

Arèddara, s. f. pianta, *èllera*

Arèmi, s. m. un dei quattro semi che stan dipinti nelle carte delle minchiate, o anche nelle comuni, *danari*

Arènga, s. f. pesce, *aringa*

A rèsta, avv. *a resta*

Arètta, s. f. uccello, *airone minore*

Arèsta, vedi agrèsta

'Arganu, s. m. ordegno con cui si alzano e s'abbassano oggetti di molto peso, *argano*

Argèntu, s. m. uno dei metalli preziosi, *argento*; per *monete*; per argintaria vedi; argentu vivu, sorta di metallo, *mercurio*

Argintarìa, s. f. *argenteria*

Argintèri, s. m. *argentajo*

Argintìna, s. f. pianta, *argentina*

Argintìnu, agg. di colore, *argentino*

'Arìa, s. f. *aria, aspetto, apparenza, boria, canzonetta*; ed anche l'*aja* dove si batte il grano; inchiri l'ària, vale distendere i covoni sull'aja, *inajare*

Arìàta, s. f. *somiglianza*; rassomiglianza di due visi

A rìàtta, vedi a rigàtta

Arìàzza, s. f. *alterigia, orgoglio*

Aricciòla, s.f. pesce noto, *leccia*

Arìddaru, s. m. seme di frutta, *granello, acino,* ec.

Arìètta, dim. d'àrìa, piccola canzone

A rifùrgiu, posto avv. *in gran copia*

A rigàtta, posto avv. *a gara, ad emulazione*

A ringhèra, vedi a fìlèra

A rìngu, posto avv. *in fila*

A rìsicu, posto avv. *a rischio*

'Arìu, s. m. *aere*; ariu nèttu un avi paura di trona, vale chi non ha fallato non ha da temere

Arìùsu, agg. *arieggiato, borioso*

'Arma, s. f. *anima*; per *arme*; lu megghiu pezzu di l'arma, detto di persona che ci è cara; la sant'arma e la bon'arma, dicesi di chi è trapassato

Armalàzzu, s. m. pegg. d'armàli, *animalaccio*

Armalùzzu, s. m. dim. d'armali, *animaluccio*

Armàli, s. m. *animale*

Armalunàzzu, vedi armalàzzu

Armàri, v.a. e n. p. *armare, fornire, difendersi, aprir bottega, animare*

Armarìa, s. f. *armeria*

Armàriu, s. m. *armadio*

Armicìnu, s. m. sorta di drappo leggiero, *ermisino*

Armiggi, s. m. dicesi degli strumenti di ciascun' arte, *armi*

Armu, s. m. *animo*; figghiu d'armu, vale *figlio adottivo*; per *coraggio, ardimento, animo*

Armùìni, s. m. frutto del corbezzolo, *corbezzola*; per 'mbriàcula vedi

Armùzza, dim. di arma

A ròggiu, posto avv. vale *esattamente*

Aroi biancu, s. m. uccello, *airone maggiore*

Aromatàriu, s. m. *speziale*

Arpa, s. f. strumento, *arpa*; per sorta d'uccello, *aquila reale*

Arpàzza, vedi vutùru

Arpia, vedi culòccia

Arraccamàri, v. a. *ricamare*

Arraccamatùri, s. m. *ricamatore*

Arraccàmu, s. m. *ricamo*

Arracchiàri, v. n. dicesi di chi non giunge ad un completo sviluppo di parti, *rappicinire, intristire*

Arracchiàtu, agg. *indozzato*

Arracciccà, modo di sollecitare le bestie da soma, *arri*

Arraccumannàri, v. a. *raccomandare*

Arraccumannìzza, s. f. *raccomandazione*

Arraciuppàri, v. a. *racimolare, raspollare, raccorre, rubacchiare*

Arraciuppatina, s. f. *racimolatura*

Arradicàri, v. n. *radicare*, internarsi, fare il callo

Arradicchiàri, v. a. applicare sulla carne degli animali l'erba detta fra noi radicchia (vedi) per vescicarlo

Arradduzzàri, v. n. *diradare*

Arragghiàri, v. n. *ragliare, cantazzare, cantar male*

Arragghiu, s. m. *raglio*

Arraggiàri, v. n. *arrabbiare*; morir di desio, o di dispetto

Arraggiatìzzu, agg. pegg. *arrabbiatellaccio*; di colore, vale troppo vivo; per *rabbioso*

Arramàrisi, v. n. p dicesi delle vivande che son viziate dal verde rame; e quando il rame per l'umidità manda fuori il verde rame

Arramàtu, agg. da arramàri

Arrancàri, v. n. camminare a stento, *arrancare*

Arrancàta, vedi rancàta

Arrancìtiri, v. n. divenir rancido, *rancidire*

Arrancitùsu, agg. vedi rancitùsu

Arrapàri, vedi rapàri

Arrappàri, v. n. *increspare, aggrinzare*

Arrapucciàri, vedi rappucciàri

Arrasàri, v. a. levar via dallo stajo colla rasiera il colmo che sopravanza alla misura, *appianare, uguagliare*

Arrasàtu, agg. *pareggiato*; si dice anche dei drappi che somigliano nella loro tessitura al raso

Arrascàri, v. a. *raschiare, raspare, graffiare, scroccare*

Arrascatina, vedi arrascatùra

Arraspàri, v. a. *grattare, adulare*

Arrassàri, v. a. *scostare, allontanare*

Arrassimigghiàri, v. n. *rassomigliare*

Arrassumigghiu, s. m. *rassomiglianza*

Arràssu, avv. *discosto, lontano*; dim. arrassulìddu, *poco distante*

Arrastiàri, v. n. andar dietro l'orme della fiera, *ormare*

Arraumiàri, vedi rimasticàri

Arrazzàri, v. n. *desistere*; aver difficoltà

Arrennamèntu, s. m. *arrendamento*

Arrennatàriu, s. m. *arrendatore*

Arrènniri, v. a. *rendere, arrendere*, fruttar guadagno

Arrepitàri, v. n. *ripetere*; per arripitàri vèdi

Arrèri, avv. *di nuovo, dietro*

Arrètru, s. m. *frutto decorso*

Arribbuccàri, v. a. *rimboccare, ribadire*

Arribbuffàri, vedi ribbuffàri

Arribbuttàri, vedi ributtàri

Arricanùsciri, vedi ricanùsciri

Arriccattàri, v. a. *ricomprare, riscattare*

Arricìviri, vedi ricìviri

Arricintàri, v.a. lavar di nuovo, *rilavare*

Arricintàta, s. f. il rilavare

Arricintatùra, s. f. l'atto ed il residuo del fluido ove rilavasi

Arriciuppàri, vedi raciuppàri

Arricògghiri, v. a. *ragunare, raccogliere, morire*

Arricriàri, v.a. e n. p. *ricreare, ristorarsi*

Arricriu, s. m. *conforto, ristoro*

Arricugghitùri, vedi ricugghitùri

Arricugghiùtu, agg. *raccolto*

Arricumpinsàri, vedi ricumpinsàri

Arriddubulàri, v. a. *duplicare, raddoppiare*

Arriddùciri, v. a. e n. p. *ridurre, divenire, diventare*

Arriddussàrisi, v. n. p. mettersi in luogo riparato dal vento

Arriffàri, v. n. giuocare alla riffa, *arriffare*

Arriffàrisi, v. n. p. *accigliarsi*

Arriffatìzzu, agg. acc. *alquanto accigliato*

Arriffàtu, agg. *accigliato*

Arrificàri, vedi rificàri

Arrifilàri, v. a. *ritagliare*

Arrifinàri, v. a. *ingentilire, ripulire, perfezionare*

Arrifodàri, v. a. *succingere*

Arrifranchìrisi, v. n. p. *riscattarsi, rifarsi nel giuoco*

Arrifriddàri, v. a. *raffreddare, infreddarsi*; n. p. *sbigottirsi, perdersi d'animo*

Arrifriddatùra, s. f. *infreddatura*

Arrifriscàri, v. a. *rinfrescare, percuotere, rammentare*

Arrifriscàta, s. f. *rinfrescamento*; all'arrifriscata, vale sull'imbrunire

Arrifrìscu, s. m. *rinfrescamento, conforto, alleggiamento*

Arrifruntàri, v. a. *rimproverare*

Arrifùnniri, v. a. *rifondere, riarare*

Arrifusàri, v. a. guastar la forma dei caratteri preparati per la stampa

Arrifutàri, vedi rifutàri

Arrigalàri, vedi rigalàri

Arrignàri, v. a. *durare, perdurare, regnare*

Arrigòrdu, s. m. *ricordo, ammaestramento*

Arrigurdànti, s. m. *ricordatore*; colui che nelle ore estreme ci conforta a ben morire

Arrigurdàri, v. a. *ricordare, confortare*

Arrijuncàri, v. a. *rammorbidire, macerare, adagiare*

Arrijùnciri, v. n. *compitare*

Arrimarràri, v. a. *infangare, inzaccherare*

Arrimazzàri, v. a. *stramazzare, dimenare, attapinare*

Arrimazzàtu, agg. *stramazzato*;

vrocculi arrimazzàti, broccoli bolliti ed accomodati con olio, sale ed aromi

Arrimazzùni, s. m. *stramazzone*

Arriminàri, v. a. *dimenare, rimestare, rubacchiare*; n. p. *destreggiarsi, ingegnarsi*

Arriminàta, s. f. *dimenìo*

Arrimiscàri, v. a. *rovistare, ricercare, rivoltolare*

Arrimiscàta, s. f. il rovistare

Arrimòrdiri, vedi rimòrdiri

Arrimpugnàri, vedi rimpugnàri

Arrimuddàri, v. a. *rammollire, raddolcire, intenerire, placare*

Arrimunnàri, v. a. *potare, cimare*; metter fuori la secondina

Arrimunnatùri, s. m. strumento di ferro per potare, *potatojo*

Arrimurchiàri, v. a. *rimorchiare*

Arrinàri, v. a. tirar pel capestro le bestie da soma; per *proseguire*; dicesi anche di terre che per inondazione si coprono d'arena

Arrinèsciri, vedi rinèsciri

Arringàri, v. n. *orare, continuare*

Arringraziàri, vedi ringraziàri

Arrinigàri, v. n. *rinnegare, maledire, detestare*

Arrinuvàri, vedi rinuvàri

Arriparàri, v. a. *rimediare, riparare*; n. p. *difendersi*, mettersi al coverto

Arripèzzu, s. m. *rappezzo, supplimento*; per *pretesto*

Arripigghiàri, v. a. *riprendere, ricuperare, ristorare*; n. p. *riaversi*, contendere con parole

Arripìgghiu, s. m. *pretesto*

Arripitàri, v. a. *ripetere*; rimembrare con dolore, piangere il morto

Arripizzàri, v. a. *rappezzare, racconciare*; prender le difese, - *rabberciare*

Arripizzatìzzu, agg. pegg. *pezzente, poveraccio*

Arripizzàtu, agg. *rappezzato, lacero*

Arriplicàri, vedi riplicàri

Arripòsu, s. m. *quiete, riposo*

Arriprènniri e arriprìnniri, v. a. *ammonire, sgridare, riprendere*

Arripuddìri, v. n. *indozzare, intormentire, intristire*; cessare dal lavoro per indisposizione

Arripugnàri, vedi ripugnàri

Arripusàri, v. n. *riposare, dormire, far dimora, fidare*

Arripusatìzzu, agg. assai riposato; per *ozioso, scioperone*

Arriquatràri, v. a. *riquadrare*

Arrisaccàri, v. a. *scuotere, risaccare*

Arrisaccùni, s. m. *risaccamento*

Arrisarcìri, vedi risarcìri

Arrisàutu, s. m. *risalto*

Arrisbigghiàri, v. a. e n. p. *risvegliare, destarsi*

Arrisbìgghiu, s. m. *confusione, scompiglio*

Arriscattàri, vedi arricattàri

Arriscàttu, s. m. *recuperamento, riscatto*

Arrisciucàri, v. a. e n. *prosciugare*

Arriscòtiri, vedi riscòtiri

Arrisèdiri, v. n. *risedere*; far sedimento, *posare*

Arrisintìrisi, v. n. *risentirsi*

Arrisèttitu o arrisèttu, s. m. *riposo, ricetto*

4

Arrisicàri, v. n. mettere in cimento, *arrischiare, arrisicare*

Arrìsicu, s. m. *rischio, pericolo*

Arrisiddiàri, v. n. raccorre i residui, *rassettare, racconciare*

Arrisidùtu, agg. *posato*

Arrisinàri, v. n. dicesi di chi non ha un completo sviluppo, *intristire, incatorzolire, indozzare*

Arrisinàtu, agg. *affienito, incatorzolito, indozzato*

Arrisittàri, v. a. e n. p. *rassettare, maritarsi, morire*; render limpido (dei liquori); detto di fabbrica , quando trova il suo sodo col proprio peso, *assettare*; per dar situazione ai figli o altre persone che ci appartengono , *collocare*

Arrisòrviri, v. a. e n. p. *deliberare , risolvere , determinarsi*

Arrisotàri, v. n. impaurirsi per subitaneo spavento, *trasalire*

Arrispigghiàri , vedi arrisbigghiàri

Arrispigghiarìnu , s. m. quel suono d'oriuolo che a tempo determinato ci sveglia dal sonno, *sveglia*

Arrispigghiatèddu, agg. dim. di arrispigghiàtu, *appena desto*; per un po' vivace; dicesi anche di chi ammalato mostrasi meno prostrato di forze

Arrispùnniri, v. n. *rispondere*

Arristàri, v. a. *trattenere, arrestare, render prigione, restare attonito, deluso*

Arristivàri, v. n. dicesi delle bestie restìe, *indietreggiare, incaparbire*

Arrisuscitàri, v. n. *risuscitare*: per prender vigore

Arritagghiàri, v. a. *ritagliare, accorciare, tosare, cincischiare*

Arritiràri, vedi ritiràri

Arritirzàri, v. a. àrare la terza volta, *terzare*

Arrittamèntu, s. m. *erezione*

Arrittàri, v. n. detto del membro virile *ergere* .

Arrittàtu, agg. *eretto*; pegg. arrittatizzu, vale anche *irritato*

Arrituccàri, vedi rituccàri

Arritunnàri, v. a. *ritondare*

Arrivàri, v. n. *giungere, arrivare, riuscire*

Arrivèniri, v. n. *rìnvenire*

Arrivintàri, v. n. *affaticarsi , arrabbattarsi*

Arrivirsàri, v. n. *imperversare, vomitare*; vedi sbutàri

Arrivìsciri, v. n. *rivivere*

Arrivitticàri , v. a. piegar le estremità, *rimboccare*

Arrivùgghiri, v. a. *ribollire*

Arrivugghiùtu, agg. *ribollito*: detto di vino, vale tratto da uve fermentate, ma non ispremute, *crovello*

Arrivulàri, v. n. svegliarsi a un tratto; vedi sgriddàri

Arrivulùni, s. m. *sussulto*

Arrivutàri, v. a. *rivoltare*

Arrizzàri, v. a. *arricciare*; arrizzàri lu muru, *arricciare il muro*; li biancarii *dare il riccio* ; li càrni *commuoversi grandemente, abbrividire*

Arrizzugnàri, v. n. *raggrinzare*

Arrobbacòri, s. m. *lusinghevole, rubacuori*

Arrobbagaddùzzi, s. m. detto per ispregio ad uomo malvestito, *cencioso*

Arròzzula-bàddi, vedi scravàgghiu

Arrubbàri, v. a. *rubare*

Arrubbatìna, s. m. *rubamento, furto*

Arruccàri, v. n. *impietrire*, fermare una cosa in luogo alto che non cada, dimorar lungamente; detto dei docciona-ti, *grommare*

Arrucculiàri, v. n. *guajolare, gagnolare*

Arruciàri, v. a. *inaffiare, bagnare*

Arruciàta, s. f. *inaffiamento*

Arruciatùri, s. m. *inaffiatojo*

Arrugnìri, v. n. contrarre rogna

Arruinàri, vedi ruinàri

Arrullàri, v. a. *arruolare*

Arruncàri, v. a. *potare*; detto dei tonni, vale ferirli longitudinalmente per indi gher-mirli

Arrunchiàri, v. a. *raggricchia-re*; per *cedere*, *raccorciare*

Arrunzàri, v. a. *ammontare, sentar la vita*, *abborracciare*; in senso osceno congiungersi carnalmente

Arrunnàri, v. n. *rondare*

Arrusicàri, v. a. stritolare coi denti, *rodere*, *mordere*

Arrussicàri, v. n. divenir rosso, *arrossire*, *irritarsi*

Arrùstiri, v. a. *arrostire*; impoverire per disgrazie, per debiti

Arrùstu, s. m. *arrosto*

Arrutàri, v. a. *ragunare*, *unirsi a crocchio*

Arruttàri, v. a. *ruttare*

Arrùttu, s. m. *rutto*

Arrutulàri e arrutullàri, v. a. diecsi del grano quando si

crivella; per arruzzulàri vedi

Arruzzulàri, v. a. *rotolare*; correre o parlare a precipizio

Arruzzulùni, s. m. *urtone*; in modo avv. *rotolone, con gran fretta*

Arsanàli, s. m. *arsenale*

Arsènacu, s. m. *arsenico*

Arsira, s. f. *jeri sera*

'Arsu, agg. *arso*; fetu o sapùri d'arsu, quell'odore o sapore d'abbruciato, detto *empireu-ma*

Artèa, s. f. pianta, *altea*

Artètica, s. f. infermità, *artri-tide*; aviri l'artètica, *essere un frugolo*

Artigghiarìa, s. f. *artiglieria*

Artigghièri, s. m. *artigliere*; per *bombardiere*

A rufuliùni, vedi rafuliùni

A rumpicòddu, avv. *a rompi-collo*

Arùta, s. f. pianta, *ruta*

A rutuliàri, posto avv. vendere al peso di un rotolo

A ruzzulùni, avv. *prestamente, ruzzoloni*

Arvanètta, s. f. vaso piccolo di terra per conservarvi delle confezioni, *barattolo*, *albe-rello*

Arvànu, vedi plàtanu

'Arvulu, s. m. *albero*

Arvùzzi, s. m. pianta detta *a-sfodelo*, *porrazzo*

'Arziu, posto avv. *per esempio*; ad àrziu ad àrziu, *al più al più*

A sàccu, posto avv. dicesi di calzare od altro che veste oltre la misura

A sammuzzùin, posto avv. *a capo chino*

A sàngu càudu, posto avv. *subitamente*

A sàngu frìddu, posto avv. *riposatamente, maturamente*

A sautampìzzu, vedi sautampìzzu

A sautariùni, vedi sautùni e sotùni

A sbàrdu, posto avv. *a torme, a schiera*

A sbòzzu, posto avv. *per approssimazione, probabilmente*

A sbùrdiri, posto avv. *soverchiamente, soprammodo*; pigghiàri a.. vale *strapazzare, malmenare*

A scacchèttu, posto avv. *a scacchi*

A scàccu, posto avv. *in procinto, in pericolo*; *a scacchi*

Ascalìgna, vedi ascatùri

A scància e mància, posto avv. *scialacquando*

A scànciu, posto avv. *in vece, in iscambio*

A scarcagnùni, posto avv. *scalcagnato*

A scàrda a scàrda, posto avv. *a poco a poco, a spilluzzico*

A scardìcchia, dim. di scàrda

Ascàri, v. a. *tagliare il legno in pezzi, fendere*

A scàrpa, posto avv. *a foggia di scarpa, a scarpa*

A scàrrica canàli, posto avv. vale *discaricarsi d'un peso addossandolo ad altri*

A scattafèli, posto avv. *incessantemente*; vèniri o currìri a... vale *precipitosamente*

A scattàri, posto avv. *a più non posso*

Ascàtu, agg. da ascàri, *fesso*

Ascatùri, s. m. *colui che fende legna da ardere*

'Aschi, s. f. plur. *schegge*

Aschiàri, v. a. *scheggiare*

A schibbèci, posto avv. *a schimbescio, a sghembo*

'Ascia, s. f. *strumento per tagliare il legno, asce, ascia*

Asciàri, v. a. *rinvenire, ricuperare; trovare*

Ascìdda, vedi scìdda

A sciddicalòra, posto avv. *a declivio*

Asciluccàrisi, v. n. *esser colpito e guasto dallo scirocco*

Asciluccàtu, agg. *infievolito, spossato*

A scìnniri, posto avv. *a pendìo*

Asciruppàrisi, vedi asciucàrisi

Asciucàri, v. a. *disseccare, asciugare*; met. *soffrire*

Asciucavùtti, s. m. *dicesi di chi beve assai, bevone, bevitore*

Asciunèddu, s. m. dim. di asciùni, *strumento per tagliare il ceppo delle canne*

Asciùni, s. m. *quel ferramento fatto a somiglianza d'ascia che gli aratori usano per acconciare gli aratri*

Asciùttu, o asciucàtu, agg. *asciutto*; per *scusso, spiantato*; per vino, vale *forte*

A scòppu, vedi scòppu

A scòtula pànza, vedi crèpa pànza

A scurritùri, posto avv. con la parola *ferru*, vedi catinazzòlu; con la parola *làzzu*, vedi làzzu

Ascutàri, v. a. *ascoltare, ubbidire*

A sdìri, posto avv. col verbo pigghiàri, vale *contraddire*

A secùnna, posto avv. *secondochè*

A sènziu cuètu, posto avv. *quietamente*

A sènzu meu, to, so, ec. posto avv. *secondo me, te, lui, ec.*

A sèstu, posto avv. *in ordine*

A sfardàri, posto avv. col verbo pigghiàri, vale *contraddire, strapazzare*

A sfunnèriu, posto avv. *soprabbondevolmente*

A sgàngu, posto avv. col verbo parràri, vale *ironicamente*

A sguàzzu, posto avv. col verbo pinciri, *a guazzo, a tempera*

A sguìnciu, posto avv. *di traverso, a schiancio*

A sìccu, posto avv. *a secco*

A signu, posto avv. *a tal segno, a tal grado*

Asima, s. f. malattia, *asma*

A simàna, e a simanàta, posto avv. *settimanilmente*

A siminèriu, posto avv. *a semiragione*

A simuliàri, posto avv. col verbo chiòviri, vale *piovigginare*

Asinèddu, s. m. pesce, *asello*

Asiniàri, v. a. *beffare, amoreggiare, lusingarsi*

Asinu, s. m. *asino*

A sirpiàri, posto avv. *ad andirivieni*

A sirvìziu, posto avv. col verbo èssiri o stàri, vale *fare il valletto*

A sòlu, posto avv. col verbo mèttiri, vale *distruggere*

A sòlu a sòlu, posto avv. in diversi piani, *a suolo a suolo*

A sotùni, vedi sotùni

A spàcca e pìsa, posto avv. col verbo vìnniri, vale *ingannare, opprimere*

A spàsa, posto avv. *a pendìo*

A spàssu, posto avv. coi verbi jìri o mannàri, *andare o mandare a spasso*; per *rigettare*; èssiri a spàssu dicesi di chi è disimpiegato

A spècchiu, posto avv. *lucidissimo*

A spìca, posto avv. tessuti, o altro a similitudine di spighe

A spìsi d'autru, posto avv. *a spese altrui*

A spìtu, posto avv. a similitudine d'uno schidione

A ssa bànna, vedi a ssa via

Assaccarèddi, s. m. plur. *dubbiezze, angosce*

Assaccàri, v. n. *boccheggiare*

Assaccùni, s. m. *boccheggiamento*

Assajàrisi, v. n. p. *arrischiarsi, attentare*

Assammaràri, v. a. infondere nell'acqua le biancherie per la prima lavata, *dimojare*

Assammaratùra, s. f. l'acqua che rimane dall'assammaràri

Assangàtu, vedi sangùtu

Assantucchiàri, v. a. *occultare, nascondere*

Assapurìri, vedi 'nsapurìri

Assassunàri, v. a. friggere leggermente, *soffriggere*

A ssa vìa, posto avv. *verso costà*

Assautàri, e assaltàri, v. a. *assaltare*

Assèntu, s. m. *assegnamento*

Assessùri, s. m. giudice che assiste al consiglio dei magistrati, *assessore*

Assèttitu, s. m. *assetto*; per *sedile*

Assiccàri, v. a. si dice della

farina quando si torna a stacciare ; scuotere. e tagliare i frutti dell'albero; per *sparagnare*

Assicchiàrisi, v. n. pass. *smagrire, dimagrire*

Assicunnàri , v. a. *secondare, seguitare , ripetere* ; metter fuori la seconda

Assicuràri, v. a. *assicurare, incoraggiare*

Assicutàri, v. a. *correr dietro, inseguire*; assicutàri lu granu, vale esser avarissimo o poverissimo

Assignuràtu, agg. chi vuol mostrare aria di nobiltà, o veste abiti da signore

Assimigghiàri, v. n. e n. p. *assomigliarsi*

Assimìgghiu, s. m. *ritratto, assomiglio*

Assiminzàri , v. a. cacciare il seme dal lino pestandolo

Assimpicàri, v. n. patir sincope, *sincopizzare*

Assintàrisi, v. n. pass. *assoldarsi*; in senso attivo si dice anche del danaro dato a conto pel giuoco del lotto

Assintinàrisi, v. n. p. *corrompersi*, puzzar di sentina

Assintumàri, vedi assimpicàri

Assipalàri, v. a. *assiepare*

Assirinàri , v. a. esporsi alla serezzana; n. p. *infreddarsi*

Assiringàtu, agg. di figura, *magro, sottile, mingherlino;* di voce *spiacevole, stridula*

Assitàrisi, v. n. p. *assetarsi*

Assittàri, v. a. e n. p. *assettare, sedersi, vestir bene*

Assittatùri, s. m. *scanno, seggio* (propr. di pietra)

Assolutìsimu , s. m. l' operare indipendente

Assolutista, s. m. chi opera senza riguardi

Assòrviri, v. a. *assolvere*

'Assu, s. m. de' dadi, *asso*

Assubbitàri, v. a. *sopraggiungere, giungere, trovare*

Assuccaràri , v. a. *torturare, angosciare*; termine delle arti, vale trarre pian piano le funi che reggono qualche peso, finchè si situi al suo posto

Assudàri, v. n. *assodare* ; per *fermare, stabilire, perpetuare*

Assuggittàri, v. a. e n. p. *sottomettersi, obbedire*

Assulàri, v. a. *appianare ;* per esporre al sole, *soleggiare*

Assulacchiàri e assulicchiàri , v. a. esporre al sole, *soleggiare*

A ssu làtu, posto avv. *verso cotesta parte*

Assumigghiàri , vedi assimigghiàri

Assummàri, v. a. *sommare, progredire* in un' opera, *crescere, salire a galla, sopravvenire inaspettatamente*

Assuppàri, v. a. *inzuppare, attinger notizie, penetrare*

Assuppa viddàni, agg. di acqua, e vale pioggerella durevole, *spruzzaglia*

Assurtàtu, agg. *avventurato, avventuroso*

Assurvùtu, agg. *assolto*

Assuttigghiamèntu, s. m. *assottigliamento, noja, travaglio , tribolazione, avarizia, spilorceria*

Assuttigghiàri, v. a. *assottigliare, industriare, osservare mi-*

nulamente, *usar parsimonia,
avarizia*

Assuttirràri , v. a. *sotterrare,
sopraffare, avvilire*

'Asta, s.f. *asta;* àsti di carròzzi,
stanghe; mèttiri all'àsta, *in-
cantare*

A st'agnùni, posto avv. *in que-
st'angolo*

A st'agnunìdda, dim. d' agnùni

A sta bànna , posto avv. *per
questa parte*

A sta vìa, posto avv. *per que-
sta via, per questa parte*

A stàgghiu , vedi a lu stàg-
ghiu

Astèdda, s. f. *assicella*

Astiàri, v. a. *istigare;* e n. p.
incollerirsi

A sticchi e nicchi, posto avv.
col verbo mittìrisi, vale *con-
tendere, bisticciare*

Aslicèdda, s. f. dim. di àsta

'Astiu, s. m. *livore, astio*

Astinìrisi, v. n. p. *astenersi*

A stizza, posto avv. *a dispetto*

A stìzza a stizza, posto avv. *a
goccia a goccia*

A stizzàna, posto avv. *a goccia
a goccia, a spilluzzico*

A stizzìdda, dim. di stizza

A stòmacu diùnu, posto avv. *a
digiuno*

Astracàtu, s. m. pavimento di
terrazzo, *battuto*

A straccùni, posto avv. *inces-
santemente, faticatamente*

Astrachèddu, dim. d'àstracu

'Astracu, s. m. *terrazzo;* avìrili
all'àstracu, vale essere adi-
rato; vidirisilla di l'... starsi
lontano

A strasàttu, avv. dicesi di la-
voro, *a cottimo*

A strascinùni, posto avv. *stra-
sciconi*

Astràttu, agg. *astratto;* pel sugo
del pomidoro concentrato

A strìnciri, posto avv. si dice
di cose che vanno assotti-
gliandosi, o che si approssi-
mano al lor termine

Astròlacu, s. m. *astrologo, zin-
gano;* detto anche addimina-
vintùri, vedi

A strudimèntu , posto avv. *a
dispetto, ad onta*

A st'ùra, avv. *a quest'ora*

Astùta-cannìli, s. m. *spegni-
tojo*

Astutàri, v. a. *spegnere,* concor-
dare una lite, *uccidere*

A sucu di caramèla, posto avv.
dicesi di persona troppo at-
tillata

A sucunèddu, vedi sucunèddu

A sucuzzùni, vedi sucuzzùni

A sudùri di frùnti, posto avv.
con grande stento

A suspèttu, vedi a dispèttu

A tàci màci , posto avv. vale
pagando ognuno la rata, *a
lira e soldo*

A tàgghiu, posto avv. dicesi di
cosa che cade a proposito

A tàgghiu di lavànca , posto
avv. *in sommo rischio*

A tali signu , posto avv. *tal-
mente*

'Atamu, vedi àtimu

A tanticchia a tanticchia, posto
avv. *a spilluzzico*

A tantùni, posto avv. *tentone*

A tàvula misa e pani minuzzà-
tu, posto avv. vale *comoda-
mente*

A tèmpu, avv. *già tempo*

A tèmpu a tèmpu, posto avv.

vale *pianamente* , *a poco a poco*

A tempu giùstu, posto avv. *opportunamente*

A tempu sò, avv. *a suo tempo*

A testa a puzzùni, posto avv. *a capo chino*

A tèsta cuèta, posto avv. *tranquillamente, riposatamente*

A timpèsta, vedi timpèsta

A timpulàti, vedi timpulàti

A timpulùni, vedi timpulùni

A tinghitè, posto avv. *a bizzeffe*

'Atimu, s. m. *atomo*

A tira· ed allènta, posto avv. vale in modo contraddittorio

A tira tu e tira eu, vedi a tira ed allènta

A tirrènu vìrgini , posto avv. senza prevenzione, a prima giunta

A tìru, avv. *a tiro;* parlandosi di caccia, vale alla giusta, distanza per colpire

A tiru di bàdda o di pirticùni, posto avv. alla distanza dei passi che può colpire la palla o la migliarola

A tirùni, posto avv. *a dilungo*

A tòccu, vedi tòccu

A tòrciri, posto avv. col verbo jiri, vale *a ritroso,* ed anche sul cattivo sentiero

A trattèttu, posto avv. *di nascosto*

Atrìgna, s. f. frutto, *prugnola*

Atrignòlu, s. f. specie di susina simile alla prugnola

A tròffa, posto avv. *a torme, a truppa*

A truppèddu, vedi truppèddu

Attaccàgghia, vedi 'ttaccàgghia

Attaccagnatìzzu, agg. *infermiccio*

Attaccagnàtu, agg. *infermo*

Attaccamèntu, s. m. *legamento;* vale anche passione verso una persona; per 'ngarzamèntu vedi

Attaccàri, v. a. *legare, attaccare, appiccare, altercare, piatire, contrastare , sfidare*

Attaccatùra, s. f. *attaccatura*

Attàccu, s. m. *relazione, affinità, corrispondenza, altercazione, ingordigia, assalto*

Attaccunàtu, agg. *tanghero*

Attalianàtu, agg. di chi affetta il toscano

Attalintàtu, agg. fornito di capacità, d'ingegno

Attangàri, v.a. *puntellare, stangare*

Attapanciàri, v. a. *aggavignare, catturare*

Attaragnàri, v. n. *agghiacciare, ammalare, infermare*

Attaragnatìzzu, agg. mezzo assiderato, *infreddato*

Attargiàri, ʋ. a. *oltraggiare*

Attassàri, v. a. *sentir freddo, rattristare, sbigottirsi*

Attassàtu, agg. *gelato, afflitto , corrucciato, avvilito*

Attè! inter. *vè!;* colla particella ca prende forza di argomento comparativo

Attematicàri , v. n. *ostinarsi, incaponire*

Attematicàtu, agg. *ostinato, fisicoso*

Attèniri, v. n. col verbo fàrisi, vale *intestare, ostinarsi*

Attènniri, v. n. *attendere, badare,* mantener la promessa

Attenziunàtu, agg. *attento;* di buone maniere , *costumato , compito*

Attillàrisi, v. n. p. *adornarsi, raffazzonarsi, acconciarsi*

Attillàtu, agg. *attillato*

Attimpunaria, s. f. *denunzia*

Attimpùni, s. m. *denunziatore*

Attintàri, v. n. *orecchiare, origliare*

Attirantàri, v. a. e n. *stirare, morire, intirizzirsi*

Attirantàta, s. f. *stiramento*

Attirrunàtu, agg. dicesi delle frutta, vedi *tirrùni*

Attisàri, v. a. e n. rendere, o divenir teso

Attisiri, v. n. riprender vigore, *ringiovanire*

Attistàri, v. n. pass. *intestare, incaponire*

Attitàri, s. n. detto de' notai *rogare*

Attizza-fòcu, s. m. *attizzatojo*; fig. *istigatore*

Attizza-làmpi, s. m. detto a' sagrestani, vale *smoccolatore*

Attizza-lìti, s. m. *istigatore*

Attizzàri, v. a. *smoccolare*; per *incitare*, seminar zizzania, *attizzare*

Attizzatùri, s. m. strumento, *smoccolatojo, attizzatojo*; e ad uomo, vale *istigatore*

Attizzunàri, v. a. e n. p. *annerire*

Attrappàri, v. a. *arraffare*; per *sorprendere, abbrancare, attrappare*

Attrassàri, v. n. *indugiare*

Attrassàtu, agg. *indugiato, intermesso*; vale anche uomo inesperto, ignorante

Attràssu, s. m. *indugio*; per somma non pagata, *decorso*

Attràttu, s. m. materiale preparato per qualsivoglia uso

Attràttu, agg. d'attràiri, *attrappato, rattrappito*

Attrincàtu, agg. *scaltrito, trincato*

Attrivimèntu, s. m. *temerità, ardire, presunzione*

Attrivìrisi, v. n. p. *arrischiarsi, ardirsi*

Attrivìtu, agg. *temerario, ardito*

Attruvàri, vedi *truvàri*

Attunnàri, v. a. *attondare*; per *tosare*; per andar via, *partire*

Attuppàri, v. a. *turare*; fig. corrompere, *rimediare, nascondere*

Attuppatèddu, s. m. testaceo chiamato *elice nalicoide*; si raccoglie nei nostri campi e si bandisce nelle mense; per una specie di pasta

Atturniàri, v. a. *circondare, attorniare, assediare*

Atturra-cafè, s. m. strumento per abbrustolare il caffè, *abbrustalojo*

Atturràri, v. a. *abbrustolare, abbrustolire*

Atturratina, s. f. l'atto dell'abbrustolare

Atturràtu, ugg. *abbrustolato*

Attùrru, vedi atturratina

Attussicàri e 'ntussicàri, v. a. *amareggiare, attoscare*

Attuvàriu, s. m. sorta di medicamento, *elettovario*

A tumilài, avv. *trarcuratamente, alla carlona*

A tùmminu, posto avv. vale in abbondanza, *a tumolo*

A tu pri tu, posto avv. col verbo mittìrisi, vale porsi a contesa, *stare a tu per tu*

A tutta cùrsa, posto avv. *precipitosamente*

A tutti bòtti , posto avv. col verbo 'nsignàrisi , vale avvezzarsi a tutt' i disagi

A tutti survìzza, posto avv. vale di coppa e coltello, da sella e da basto

A tutt' usi, posto avv. vale buono per tutto

A tuttu pàstu, posto avv. *a tutto pasto*

A tuzzulunèddu, posto avv. *a poco alla volta*

A tuzzulùni, vedi a tuzzulunèddu

Aucèddu, vedi ocèddu

Aucìdiri, vedi ocìdiri

Augustàli, agg. nome di moneta d' oro antica di valuta d' un florino, o un quarto d' oro, *agostaro*

Aumìdda, vedi camumìdda

'Ausa, s. f. t. dei calzolai, indica quelle foglie di pelle che si mettono per aumentare il volume della forma di legno secondo il bisogno

Ausànza, posto avv. *nel modo che si usa, a maniera*

Ausàri, v. n. aver ardimento, ardire, *osare*; in senso attivo vale *alzare*, modo basso, vedi jisàri

Autàru, vedi otàru

Autàru majùri, vedi otàru majùri

Autìzza, vedi otìzza

'Autri vòti , posto avv. *altre volte*

Autrimènti, avv. *altrimenti*

'Autru, pron. *altro*

'Autu, agg. *alto*

Autùra, s. f. *altura*

Autùri, vedi otùri

'Ava, s. f. *avola, nonna*

Avantaggiàri, v. a. *aggrandire, vantaggiare, eccellere, esuberare*

Avantàggiu, s. m. *vantaggio, profitto, utilità*

A vantàggiu, posto avv. *al di sopra, a cavaliere*

Avantalòru, s. m. *borioso, millantatore*

Avantàri, v. a. *esaltare, vantare*

Avantarsìra, avv. *la sera di jer l' altro*

Avantèri, avv. *jer l' altro*

Avantiràzzu , avv. *già tempo, tempo fa*

Avanzàri, v. a. *trapassare, superare, avanzare, aggrandirsi*; avanzàri pòstu, vale *insolentire*

Avànzu, s. m. *residuo, rimangnte, avanzo*

A vèli gònfi, posto avv. vale *favorevolmente*

Avèna, vedi ajìna

A vèniri a mìa, a tìa, ec. *verso me, verso te*

A vèrsu to, miu, avv. *a modo tuo, mio*

A vìa, avv. *per mezzo*

Avimmarìa, s. f. *ave Maria*

A vinci pèrdi, avv. *negligentemente*

A vìnu, avv. vale *ubbriaco*

Avìri, v. aus. *avere*; per conseguire , reputare , stimare , provvedere, contrariare

A virsèriu, avv. *a perdizione*

Avirsèriu, s. m. *aversiere, averserio*

A vìsta , posto avv. *innanzi, sotto gli occhi*

A vìti, posto avv. a maniera di vite

Avògghia, modo di esprimere il poco o nissun conto che

facciasi di qualche perdita; si usa pure per indicare come una cosa sia superiore al desiderio

A vògghia mia, tua sua, posto avv. *a piacer mio, tuo* ec.

A vòlu, avv. *di volo*

Avu, s. m. *bisavo*

A vùcca di fùrnu, posto avv. si dice di un'apertura qualunque non proporzionata

A vùcca di lùpu, posto avv. si dice di quella scarpa che monta quasi al collo del piede

A vùcca di tana, posto avv. vale *in acconcio, in punto*

Avvalìrisi, v. n. pass. *avvalersi*

Avvaluràri, v. n. *avvalorare*

Avvampàri, v. n. *avvampare, ardere*

Avvicinnamèntu, s. m. lo *avvicendare, avvicendamento*

Avvicinnàri, v. a. *alternare, avvicendare*

Avvicinnàtu, agg. *da avvicendare, avvicendato*

Avvinatu, agg. si dice dei vasi ausati al vino, *avvinato*; si dice pure di chi abbia bevuto molto vino, *avvinato*

Avvintàri, vedi abbintàri

Avvìntu, vedi abbìntu

Avvinturàri, v. n. *arrischiare*; n. p. *avventurarsi, tentare*

Avvinturùsu, agg. *avventuroso*

Avviràrisi, v. n. pass. *avverarsi*

Avvirmàri, v. n. divenir verminoso per corruzione, *inverminare, inverminire, bacare*

Avvizziàri, v. n. e n. p. *guastare, corrompersi, avviziare*

Auzzìnu, s. m. così chiamarono alcuni tribunali i loro sergenti che portavano altrui le notificazioni dei loro ordini *cursore*

A zibbèffu, posto avv. *abbondantemente, a bizzeffe*

A zighi zàchi, posto avv. dicesi dell'andamento d'una linea ad angoli saglienti ed entranti, *a zig zag*

'Azzaccanàri, v. n. vale chiudere il bestiame nel gagno; n. p. *bruttarsi di zacchere, o di fango*

Azzaccanàtu, agg. di azzaccanàri, *zaccheroso*

Azzalòra, s. f. albero, *lazzeruolo*; il frutto del *lazzeruolo, lazzeruola*

Azzannàri, v. a. guastare il taglio d'un coltello o d'un ferro qualunque, *rintuzzare*; azzannàri la cirivèddu, vale affaticare il cervello o ragionando, o volendo trattar di cose che superino la intelligenza, *travagliare, balestrare*; si usa pure per far danno, p. e. nun ci pòttiru azzannàri un pilu, modo prov. che vale, non gli poterono arrecar il benchè menomo danno

Azzannatùra s. f. il guastarsi del taglio del coltello o altro ferro, *tacca*

Azzappàri, v. a. *zappare*

Azzappàri o zappuniàri, v. n. si dice quando i cavalli o altri animali percuotono il terreno, *raspare*

Azzarèttu, s. m. *acciajo raffinato*

Azzariàri, v. a. congiungere il

ferro e l'acciajo per mezzo del fuoco farne strumenti da taglio *inacciajare*

Azzariàtu , agg. d' azzariàrî ; per uomo vale *duro, inflessibile*

Azzarinu, s. m. quel ferro tondo che usano i calzolai per affilare il loro coltello *acciaino*; per *acciajuolo, fucile, acciarino* ; presso noi si chiama pure con questo nome quello strumento di fili di acciaio , di forma triangolare dal quale si trae il suono battendolo con una bacchettina di acciaio, *sistro*; per agg. di colore simile a quello dell'acciajo

Azzàru, s. m. *acciajo, acciaro*

'Azzàru , s. m. albero, *acero*

Azziccàri, v. n. pigliare il nerbo della cosa, apporsi, dare o tirar nel segno; per *dar dentro*

Azziccàtu, agg. di azziccàri, si usa pure per esprimere che una cosa sia nè più nè meno di quanto debba essere

Azziddaràrisi, v. n. pass. provare una giaja vana e fantastica; per aver gran paura; scornarsi per parole pungenti

Azzimmàri, v. a. *assaltare, assussinare*

Azzimmiddàri , v. a. allettare gli uccelli con lo zimbello, *zimbellare*; per met. far colpo, riuscire in qualche impresa

'Azzimu, agg. senza fermento,

contrario di lievito , e dicesi del pane, *azzimo*

Azzitàrisi, v. n. pass. *promettersi sposo*

Azzizzàri , v. a. *raffazzonare , ripulire, strebbiare, azzimare*; n. pass. vale *arricchirsi, acquistare una fortuna*

Azzò, cong. esprime la cagione o il fine di una cosa, *acciò*. Omu di azzò, vale *uomo di importanza, di abilità*

Azzòlu, agg. aggiunto di colore, *turchino, bujo, azzuolo*

Azzuccàri, v. n. venir innanzi (proprio delle piante) *allignare, barbicare*

Azzuddaràrisi, vedi azzaccanàri

Azzuffàri , v. a. *far venire a zuffa, azzuffare*; e n. p. *azzuffarli*

Azzulàri , v. a. dare il colore *azzuolo*

Azzuliàta, s. f. buona quantità , e s' intende sempre di busse, *carpiccio*

Azzuppàri , v. a. *far divenire zoppo, azzoppare*; e n. p. *divenir zoppo, azzoppire*

Azzuppatina s. f. *lo azzopparc*

Azzuttàtu, agg. dicesi di terreno che non ha pendìo, e fa palude, vedi *zotta*

B

B, seconda lettera dell'alfabeto, e prima delle consonanti

Baàscia, s. f. *concubina , puttana*

Baascìscu, agg. *concubinesco*

Babbalàcchiu, agg. *sciocco, babbaleo*

Babbalucèddu, s. m. dim. di

babbalùciu, *chiocciolina, lumachetta*

Babbalùci, o babbalùciu, s. m. *chiocciola, lumaca*

Babbanarìa, vedi babbaria

Babbànu, agg. *sciocco, scimunito, babbuasso*

Babbaria s. f. *sciocchezza, scempiataggine*

Babbàu, voce detta per far paura ai bambini *trentavecchia*; coprendosi il volto corrisponde a far baco, far baù bau

Babbàzzu, agg. *sciocco, babbaccio*

Babbiàri, babbaniàri, v. a. simular sciocchezza, ed anche burlar qualcuno trattandolo da gonzo

Babilònia, s. f. propriamente è il nome di una città della Caldea; fig. si usa per esprimere la confusione, e il tumulto che fa molta gente disordinata, *babilonia*

Bàbbu, agg. *babbione, sciocco*

Babbuìnu, s. m. *babbuino, papione*; dicesi anche ad uomo contraffatto di viso, o che ha difetto di mente;—babbuini diconsi anche i confrati vestiti del sacco di penitenza, ossia di cappa e cappuccio, *battuti*; per quel libretto con cui i fanciulli imparano a compitare

Bacara, s. f. vaso a forma di orcio, *orciuolo*

Baccagghiàru, vedi baccalàru

Baccalàru, s. m. sorta di pesce, *nasello*; met. si dice pure la parte vergognosa della donna, *potta*

Baccariàri, v. n. il muovers che fa il liquore nel vaso agitato, *guazzare*

Bacchètta, s. f. mazza sottile, *verga, bacchetta*; cumannàri a bacchètta, vale con *suprema autorità, comandare a bacchetta*; bacchètta di li robbi, *scudiscio*; di fucile, di pistola ec. *bacchetta*

Bacchiarèddu, dim. di bàcchiaru, e dicesi ai bambini

Bàcchiaru, agg. *grassotto, paffuto*

Bacchittèri, s. m. si dicono così coloro che hanno cura che vada con ordine la processione, *ramarri*

Bacchittiàri, v. n. *scudisciare*; per punire di bacchètta, *bacchettare*

Bacchittiàta, s. f. l'atto dello scudisciare

Bacchittìna, dim. di bacchètta *scudiscella*; per vacchittìna vedi

Bacchittunarìa, s. f. astratto di bacchettone *bacchettoneria*

Bacchittùni, s. m. si dice di chi ostenta una vita spirituale, *bacchettone*

Baciamànu, s. m. *baciamano*

Baciàri, vedi vasàri

Bacilètta, s. m. proventi cumulati che appartengono a molti

Bacilèddu vedi vacilèddu

Bacìli, vedi vacìli

Bacillaràtu, vedi bagilliràtu

Baciùllu, agg. *sempliciotto, baccello, baciocco*

Bàculu, s. m. *bacolo*

Badagghiàri, v. n. *sbadigliare, sbavigliare, badigliare*; per *sbarrare*

Badàgghiu, s. m. il badiglia-

5

re *sbadiglio, badiglio*; fari ba-
dàgghi, vale aver fame, es-
ser privo di mangiare o di
altra cosa; è pure uno stru-
mento che si mette ai ragaz-
zi in bocca per castigo onde
impedir loro di parlare, *sbar-
ra, bavaglio*; t. dei fabbrica-
tori, legno posto a traverso
per impedire e riparare chic-
chessia, *traversa*

Badalòccu, s. m. vaso di le-
gno per conservar salumi,
od altro, *bariglione*

Bàdda, s. f. *palla*; per l' ar-
nese su cui si tessono lavori
di trine, *tombolo*

Baddariàna, vedi valeriàna

Baddèri, s. m. arnese che ser-
ve a tener fermo il tombolo

Baddòttula, s. f. *donnola*; su-
càtu di la baddòttula, si dice
di chi è assai magro

Baddùni, s. m. sorta di palla
fatta di cuojo, o di panno,
ripiena di pelo, con cui gio-
cano i ragazzi, *pallone*; ju-
càrisi ad unu a lu baddùni,
modo prov. vale tirare uno
ad ogni sua voglia; per palla
coperta di borra e cucita a
più suture, *palla, bonciana*;
dàri a lu baddùni, dare
alla palla

Badduttuliàrisi, vedi abbad-
duttuliàrisi

Baddùzza, s. f. *piccola palla,
pallotta*; è anche una sorta
di giuoco

Badètta, s. f. *spia*; per lo
spiare, *spiamento*

Bàffa vedi cucùzza

Baffiàri, v. n. stridere inter-
rottamente e con voce sot-

tile ed acuta, ed è proprio
dei bracchi quando inseguo-
no le fiere, *squittire, bociare*

Baffiàta, s. f. *lo squittire*

Bàffu, agg. vedi bacchiaru

Bagàgghiu, s. m. *bagaglio*

Bagascèri, s. m. voce bassa,
si dice ad un uomo che fre-
quenta le puttane, *putta-
niere*

Bagàscia, vedi baàscia

Bagascïàri, v. n. stare, usare
o vivere in bordello, *bor-
dellare, sbordellare*

Bagasciarìa, s. f. modo da put-
tana, *puttaneggio, puttanerìa,
lezio, lezia*

Bagasciòtta, s. f. vezz. di ba-
gàscia, voce bassa, *sgualdri-
nella, puttanella*

Bagasciscu, agg. degno o so-
lito di bagàscia

Bàgghiu, s. m. *cortile*; dim.
bagghicèddu

Baggianarìa, s. f. *baggianata*;
per *alterigia*; per affettata
lisciatura, *strebbiatezza*

Baggiànu, agg. *burbanzoso*

Baggianiàrisi, n. p. *vantarsi,
burbanzarsi*

Baggillèri, s. m. t. di grado
proprio dei frati, *baccelliere,
baccelliero*

Bagilliràtu, s. m. astratto di
bagillèri, *baccelleria*

Bagnàri, vedi vagnàri

Bagnòlu, vedi vagnòlu

Bàgnu, s. m. *bagno*

Bagùllu, vedi baùllu

Bàja, s. f. *baja*; per dar la
soja, *sojare*

Bajàrdu, s. m. istrumento di
tavole per comprimere la vi-
naccia

Baina, s. f. *mattone*; lavagna che forma parapioggia nella parte superiore dei balconi e delle finestre

Bainètta, vedi bajunètta

Bajulètta, vedi pugnulètta

Bajulidda, s. f. nocciola vincitrice del giuoco

Bajunètta, s. f. *bajonetta*

Balànza, vedi valànza

Balàta, s. f. pietra grossa di superficie piana, *lastra*; aviri pri balàta di sàli, dicesi quando la presenza d'alcuno ci è incomoda; dim. balatèdda; come agg. di terreno vale *magro, calestro*

Balatàri, v. a. *lastricare*

Balatàru, s. m. per la parte superiore della bocca, *palato*; per la parte scannellata della pila dove stropicciansi le robbe, *lavatojo*

Balatàtu, agg. e s. m. *lastricato*

Balatùni, accr. di balàta, *lastrone*

Balcunàta s. f. terrazzino lungo un edificio, *balconata*; pei parapetti della balconata, *ringhiere*

Balcùni s. m. *balcone*

Baldacchìnu, s. m. *baldacchino*

Balduìnu, vedi barduìnu

Balèstra, s. m. strumento per saettare, *balestra*; fari vidiri li cosi cu la balestra, vale *scarseggiare*; di scupetta, *trabocco*; di carrozzi, *rosta*

Balì, vedi bàgghiu

Baliàticu, s. m. prezzo di allattamento dei fanciulli, *baliatico*

Baliàtu, s.m. ufficio nel quale si ha la balìa, ed il tempo nel quale s'esercita, *baliato*; per la dignità del balì, *baliaggio*

Bàlla, s. f. quantità di roba messa insieme, e rinvolta in tela o altro, *balla*

Ballàri, vedi abballàri

Ballòtta, s. m. dim. di bàlla, vale l'unione di più risme di carta;—è anche vaso di terra, *barattolo*

Bàllu, vedi abbàllu

Ballùni, vedi pallùni

Bamminàru, s. m. *cerajuolo*

Bamminèddu, s. m. dim. di bammìnu, *bambinello*

Bamminiddùni e bamminùni, accr. di bàmminu; per *bamboccione*

Bammìnu, s. f. *bambino*

Bànca, s. f. di notaj ec. *banco*

Bancarèddu, s. m. piccolo banco dei calzolaj, *deschetto*

Bancaròzzu, s. m. quel banco ove i rivenditori di libri situano la loro merce

Bancarùtta, s. f. *bancarotta*

Bancàta, s. f. *bancone*

Banchèri, s. m. *banchiere*

Banchètta, s. f. *banchina*; pel viale lastricato lungo il mare, *passeggio*

Bàncu, vedi vàncu

Bancunàta, s. f. rialto di muro o altro; per quella parte delle pareti delle stanze ch'è prossima al pavimento

Bànna, s. f. *banda*; sta anche per banda musicale

Bannèra, s. f. *bandiera*; bannèra di cannavàzzu, dicesi ad uomo leggiero, *banderuola*

Bannètti, s. m. plur. *bando*;

appizzàri li bannètti, vale ma-
nifestare i fatti propri, *sbro-
dellare*; i fatti altrui *spette-
golare*

Banniàri, vedi abbanniàri

Bannilòra, s. f. *banderuola*

Bannìri, v. a. *imbandire*

Banniricchia, s. f. dim. di ban-
nèra, *banderuola*

Bannìtu, vedi sbannùtu

Bannitùri, s. m. *banditore*

Bannizzàri, vedi abbanniàri

Bànnu s. m. *bando*

Baragùnna, s. m. *scompiglio*,
tumulto, *moltitudine d'uomini*

Barattàri, v. a. *dissipare*, *non
curare*; vedi sbìnniri

Barattèri, s. m. *rivendugliolo*

Baràttu, s. m. *sciupio*; vinniri o
accattàri a baràttu, vale a
vil prezzo

Bàrba, vedi vàrva

Barbajànni, vedi varvajànni

Barbàreddu, s. m. cavallo da
còrsa, *barbero*

Barbìtta, s. f. *barbetta*

Barbuttiàri, v. n. *barbottare*

Barbuttizzu, s. m. *borboglio*,
frastuono, *confusione*

Barbùtu, agg. che ha molta
barba, *barbuto*

Bàrca, vedi vàrca

Barcàccia, s. f. specie di ba-
stimento, *accone*

Barcalòru, s. m. *barcajuolo*

Barchìtta, vedi varchìtta

Bàrcu, s. m. fiore, *barco*

Barcùni, s. m. *balcone*

Bàrda, vedi vàrda

Bardalòru, vedi vardalòru

Bardàscia, s. m. *bardassa*, *gio-
vanaccio*, *garzoncello*

Bardascïàri, v. n. far da bar-
dassa

Bardasciùni, s. m. pegg. di
bardàscia, *bardassonaccio*

Bardèdda, vedi vardèdda

Bardigghiu, s. m. sorta di selce
di color turchino bujo; agg.
di colore, *azzuolo*

Bardìschi, s. m. *bastonate*

Barduìnu, s. m. voce bassa,
asino

Bàrra, vedi listùni; aviri na
bàrra'ntèsta, *aver le traveg-
gole*

Barrababàu, vedi babàu

Barràcca s. f. stanza o casu-
pola bassa di legno, tela o
altro per coprirsi e difen-
dersi, per farvi bottega ec.
baracca: detto di donna,
vale di statura alta e pin-
gue; attaccàri barràcchi met.
vale promuover dispute, ris-
se ec.

Barraccùni, s. m. *bisca*, *bi-
scazza*

Barrèra, vedi catìna

Barriàri, v. n. *truffare*, *barra-
re*; vedi barricàri

Barricàri, v. a. *sbarrare*, *stec-
care*

Barricàtu, s. m. *barricata*; per
palizzata

Barricèddu, s. m. *bargello*

Barrìli, vedi varrìli

Barritùdini, s. m. *trufferia*, a-
varizia

Bàrru, s. m. *barattiere*, *baro*,
barro — aviri lu mali di lu
bàrru, vale fare una cosa
al più tardi, *giuntatore*

Bàsca, s. f. *agitazione*, *smania*

Baschïàri, v. n. *smaniare*

Bascià, s. m. *bassà*

Basilicò s. m. pianta, *bassilico*,
ocimo

Basiliscu, s. m. anfibio, *basilisco*; per un spaventevole animale che favoleggiavano gli antichi; fari lu basiliscu, vale conservar lungamente senza bisogno qualche cosa

Basinella, s. f. tessuto a colore che serve per lo più di soppanne

Basinu, s. m. specie di bambagina simile al fustaneo, *basino*

Bàssu, agg. *basso, umile*; s. m. per cantante che ha voce di tuono grave

Bassetta, s. f. giuoco di carte, *bassetta*

Bastàrda, s. f. carrozza chiusa

Bastàrdu, s. m. *bastardo*

Bastàsu, vedi vastàsu

Bastunàca, vedi vastunàca

Bastuniàri, vedi vastuniàri

Batìa, s. f. *badia, abbadia*

Batiòta, s. f. *monachella*; e agg. *monacale*

Batìssa, s. f. *abbadessa*

Batissàtu, s. m. dignità di abbadessa, *badia*

Battàgghia, s. f. *battaglia*

Battagghièddu, s. m. dim. di battàgghiu, *grilletto*

Battàgghiu, s. m. quel ferro attaccato dentro della campana che, quando è mossa, battendo in essa la fa suonare, *battocchio, battaglio*

Battagghiùni, s. m. *battaglione*; a battagghiùni vedi

Battaria, s. f. *batteria, frastuono*; per quello sparo fatto ad un tempo di molti fuochi artificiali che fanno grande strepito, *gazzàrra*; battaria di cucina, arnesi in gran nu-

mero che servono alla cocitura delle vivande

Battenti, s. m. quella parte dell'imposta d'uscio o finestra che batte nello stipite, *battitojo*

Battiàri, vedi vattiàri

Battilòru, s. m. colui che riduce l'oro in lama o foglia, *battiloro*

Battimànu, s. m. *plauso*

Battimèntu, s. m. *battimento*; per *schermaglia*

Bàttiri, v. n. *battere*; per *duellare, insistere*; nel giuoco del tresette è una operazione per la quale si braman dal compagno le migliori carte

Battìsimu, s. f. *battesimo*; per fronte, per anima

Battista, s. f. sorta di tela finissima, *battista*

Battistràta, s. m. *battistrada*

Battitùri, s. m. legno con cui si pareggia il carattere, *battitoja*; dicesi anche dello allievo del torcoliere che somministra l'inchiostro sopra le pagine da stamparsi; per *battiloro*

Battitùna, s. f. *tremore, battito*

Battizzàri, vedi vattiàri

Battùgghia, s. f. *pattuglia*

Battugghiàri, v. n. *rondare*

Bàu, voce usata per far paura ai ragazzi, *bau*; è anche il latrato del cane

Bàva, vedi vàva

Bavalùci, vedi babbalùci

Bàvaru, s. m. *bavero*

Baviàri, vedi vaviàri

Bavijòla, vedi vaviòla

Baùllu, s. m. *baule*; vale an-

che gibbosità, gobba; dim.
baullèddu; baullèddu di cu-
stura , arnese su cui cuci-
scono e lavorano le donne,
cuccino

Baùtta, s. f. maschera vene-
ziana, *bautta*

Bazzariòtu, s. m. *rigattiere*

Bàzzica, s. f. specie di giuòco
di carte, *bazzica*

Bazzichïàri, v. n. *temporeggia-
re*

Bècca di dùtturi, s. f. *toga*

Beccàccia, vedi gaddàzzu

Beccaficu , s. m. uccello, *ca-
naparola*; sarda a beccaficu,
modo particolare di preparar
questo pesce

Beccamòrtu. s. m. *becchino*

Bèccu, s. m. *becco;* per *capro*

Bèdda!, inter. *capperi!*

Bèddu, agg. *bello*

Bèddu bèddu, avv. *adagio*

Bèddu chïàru, posto avv. *chia-
ramente*

Bèddu pulìtu, posto avv. *bel
bello*

Bèddu pùpu, s. m. *bellimbusto*

Bèddu spìcchiu , vedi bèddu
pùpu

Bedduvidìri, s. m. pianta, *boc-
cadileone*

Bèffa, vedi trizziàta

Beffàri, vedi trizziàri

Bemòlli, s. m. plur. *lezie*

Benedìciti, voce latina, modo
di ossequio, di prendere il
commiato ec.

Benfàttu, s. m. *bonificamento*;
agg. *benfatto*

Benfratèllu, s. m. vale *impor-
tuno, appiccaticcio*

Beniamìnu, s. m. si dice del
figlio più amato, *cucco*

Benassài, avv. *benone*

Bènna, s. f. *benda*

Bennàri, v. a. *bendare*

Benservìta, s. f. *benservito*

Benvinùta , s. f. salutazione,
dare il ben tornato

Benvulìri, s. m. *benvolere*

Bergamòttu , s. m. specie di
cedro, *bergamotto*

Bersò s. m. *cerchiata*

Bèrta, vedi pànza

Bestèmia, s. f. *bestemmia*

Bestemiàri , v. n. *bestemmia-
re*

Berzuàli, s. m. varietà di calce
carbonata , il cui colore è
giallastro, *bezzuarro*

Bètta la nèvula, nome che u-
niscesi alle voci jiri comu ec.,
e vale vagare senza alcun
profitto

Bettònica, vedi bittònica

Biancarìa, s. f. *biancheria*

Biànchèttu , s. m. materia di
color bianco, *biacca*

Bianchïàri, vedi abbianchiàri

Biàncu, agg. *bianco*

Bianculìddu, agg. dim. *bian-
colino*; per una sorta di pera

Biancumanciàri, s. m. sorta di
vivanda fatta di latte rap-
pigliato, *biancomangiare*

Biancùra, s. f. *biancore*

Beatìddu, escl. *beato lui!*

Bicchèri, s. m. *bicchiere*

Bicchìgnu, agg. ad uomo o a
voce che somiglia quella del
becco, o che patisce corizza

Bicchìna, s. f. pelle concia del
becco

Bicchìnu, s. m. *beccuccio*

Bicchirèddu e bicchirìnu, dim.
di bicchèri, *bicchierino*

Bicchiròttu, s. m. *bicchierotto*

Bicchirùni , s. m. accr. *bic-chierone*

Biccùmi, s. m. il fetore delle pecore, capre e simili

Bicòcca, s. f. vale propr. piccola rocca, *bicocca* ; ma si adopera come agg. dispreggiativo di paese

Biddàca, s. f. *fogna, chiavica*

Biddacàru, s. m. *votacesso, fognajuolo*

Biddàzzu, agg. *fresco, vegeto*

Biddiecchiu , dim. di bèddu , *bellino*

Biddicu, vedi viddìcu

Biddizza, s. f. *bellezza*

Biddòcculu , dim. di bèddu , *belluccio*

Bidè, s. m. (franc.) arnese per lavar le parti basse, *bidè*

Bifara, s. f. strumento, *piffero* ; per una varietà di fico

Bifurcu, s. m. *furbo, scellerato*

Bigliardèri, s. m. che tiene il bigliardo

Bigghiardu, s. m. nome d'un giuoco detto: trucco a tavola, *bigliardo* ; per la tavola stessa dove si fa il giuoco

Bigghièttu, vedi vigghièttu

Bigghiòlu, vedi bugghiòlu

Bigòttu, agg. *ipocrita, graffiasanti*

Bili, s. m. *bile*

Bilici, s. f. *valigia*

Billàfii, vedi millàfii

Binidichi ! escl. per *dovizia, pinguedine* e simili

Binidiciri, v. n. *benedire, proteggere*

Binignàri, v. n. *degnare*

Bippita, vedi vippita

Birba, s. f. *allegria, gioia*

Birbantaria , s. f. *birbonata, birboneria*

Birbina, s. f. pianta, *verbena*

Bircunarìa, s. f. *bricconeria*

Bircùni, s. m. *briccone*

Biribìssu, s. m. sorta di giuoco di carte, *biribisso*

Birricu, s. m. veste che usano i villici

Birritta, s. f. *berretta*

Birrittàru, s. m. *berrettajo*

Birtùzza, vedi martùzza

Bisàzza, vedi visàzza

Bisbigghiu, vedi *bisbiglio*

Biscòttu, vedi viscòttu

Bisèsi, s. m. plur. *testicoli*

Bisintèriu, s. m. *mesenterio*

Bislàccu, vedi sbirlàccu

Bismùtu, vedi marcasìta

Bistiòlu, vedi vistiòlu

Bisu, s. m. tonno giovine, *pelamida*

Bisùgnanti, modo d'esprimere un dubbio, *pare , sembra , importa che*

Bivànna, s. f. *bevanda*

Bivèri, s. m. *vivajo*

Biviràggiu, vedi viviràggiu

Biviràtura, vedi abbiviràtura

Biviri, vedi viviri

Bivirùni, vedi vivirùni

Bivitùri, vedi vivitùri

Biunnizza, s. f. *biondezza*

Biùnnu, agg. di colore *biondo*

Biunnulìddu, s. m. pianta, *centaurea*

Bizzi , nun putiri diri bizzi , vale *non poter dir galizia*

Bizzòcca, s. f. *pinzochera*

Blandùni, s. m. candela grossa di cera, *cero* ; per la vite dello strettojo, *chiocciola*

Blandùra, s. f. *piacevolezza. amabilità*

Blùnna, s. f. sorta di tessuto di seta alquanto rado

Blù, agg. di colore *azzurro*

Bòccia, s. f. *palla*; per vaso *boccia*

Bòja, s. m. *boja, carnefice*

Bòffa, s. f. *guanciata*

Bommàci, s. m. cotone filato, *bambagia*

Bommò , s. m. pianta delle Indie, *bambù*

Bompassàggiu, s. m. *protezione, favore* che si accorda ad alcuno perdonandone i falli

Bomprùdi , escl. *buon pro ti faccia!*

Bonamànu, s. f. ciò che si dà ad alcuni operai, e particolarmente ai cocchieri da nolo al di sopra della convenuta mercede, *mancia*

Bonapèzza, vedi bonavògghia

Bonarìu, agg. vale senza litigio

Bonàrma, s. f. indica *defunto, trapassato*

Bonavògghia, termine che esprime ironicamente cattivo uomo, *impiccato*

Bonìfica, s. f. *malleveria*

Bonificàri, v. a. *mallevare, bonificare*

Bonificatùri, s. m. *mallevadore*

Bonviàggiu, posto avv. modo d'accomiatarsi; per inter. *alla buon'ora!*

Bonu ! escl. *capperi!*

Bòtta, s. f. *colpo, percossa*; botti d'unzi, vale *somme considerevoli*

Bòtta 'ntra botta, avv. *momentaneamente, immediatamente*

Bòttu, s. m. *scoppio, rumore*

Bòzza, s. m. vaso per ghiacciare l'acqua ec. *cantimplo-*

ra ; bozza-naca , specie di cantimplora situata su due aste

Bòzzi, s. f. enfiatare al collo

Bòzzu, vedi vòzzu

Bràca vedi vràca

Bracàli, vedi vracàli

Braccàmi s. m. *fruscone*

Bràcciu, vedi vràzzu

Bracèra, s. f. vaso di rame da contener fuoco, *braciere*

Bracchiàri, v. n. *braccheggiare*

Bràcia, s. f. *brace*; tiràri bracia a lu so cuddurùni, vedi cuddurùni

Braciòli, vedi purpètti

Bràmi, vedi abbràmi

Bramòria, s. f. *avarizia*

Bràssica marìna , s. f. cavolo marino, *soldanella*

Bravazzarìa, vedi sbravazzàta

Bravàzzu, vedi smargiàzzu

Bravìzza, s. f. *braverìa*

Briccunària, s. f. *bricconeria*

Briccuniàri, v. n. *bricconeggiare*

Brìgghia, s. f. *briglia*

Brigghiàri, v. n. *scherzare, ruzzare*

Brìgghiu, s. m. *rocchetto, rullo*; per *ruzzo*; jocu di brigghia, è un giuoco che si fa con pallottole di legno e certi pezzi cilindrici ritti della stessa materia che si pongono in giro , e nel cui centro sta il pezzo più grosso detto : re di li brigghia, *matto*; le pallottole debbono far cadere i rulli

Brigghiùtu, s. m. *giocondo, petulante*

Brìnnisi, s. m. *brindisi*

Brìsca, s. f. sorta di calesse

Brivillu, s. m. arnese campagnuolo per battere il sommacco

Bròcca, s. f. *brocca, pertica, radica, marza, pollone, anfora*

Bròcciu, s. m. *calesse, biroccio*

Bròcculu, vedi vròcculu

Brògna, s. f. trombetta marina, *conca di Tritone*

Bròmu, s. m. animale marino, *polla marina*

Bròscia, s. f. spazio di terra fra solco e solco, ove gettansi i semi, *porca*

Brùca, s. f. albero, *tamerice*

Brucchiàri, v. a. *potare*

Brucchiàta, s. f. *potagione*

Brùccula, vedi vrùccula

Bruciarèddu, s. f. spighe di grano primaticce; met. *abbruciamento*

Bruciòlu, s. m. piccoli tumoretti alla cute, *sudamini*

Bruciulùni, s. m. acc. di bruciòlu; si chiama anche certa vivanda di carna ravvolta, con dentro varì condimenti, *maccatella*

Bruculùni, s. f. *gonfiezza*

Brudacchiàrisi, v. n. pass. *millantarsi*

Brudacchèri, vedi vrudacchèri

Brudacchiùsu, vedi vrudacchiùsu

Brùddu, s. m. *allegria, ruzzo*

Brudèri, vedi vrudèri

Brugisòtta, vedi burgisòtta

Bruìli, agg. *grassone*

Brunnizza, vedi vrunnìzza

Brùnnu, vedi vrùnnu

Brùnzu, s. m. *bronzo*

Brunzinu, agg. di colore, *bronzino*

Brùsca, s. f. strumento di setole per pulire i cavalli, *brusca*

Bruschèttu, s. m. carne di majale attaccata alla cute

Brùscia, s. f. grosso pennello, *pennella*

Bruttìmi, s. f. ciò che si cava dai cessi vòtandoli, *sozzume*; per bruttezza

Brùttu, agg. *brutto, isconvenevole*; per buccinu vedi

Brùtu, s. m. *bruto*; fig. *crudele*

Bùa, vedi bubùa

Bubbùa, voce puerile c sig. dolore, scalfittura, *bua*

Bubbùni, s. m. *bubbone*

Bucàli, s. m. *boccale, mesciroba*

Bùcaru, s. m. ocra rossa, *bolo armeno*

Bùcca, vedi vùcca

Bùcca di lu faràticu, s.f.t. delle tonnare, imboccatura del terzo spartimento

Buccàgghiu, vedi vuccàgghiu

Buccapèrta, s. f. apertura fatta ne' piani della nave per cammicare da un piano all'altro, *buccaperta*

Buccèri, vedi vuccèri

Bucchìnu, s. m. *beccuccio*

Bucciàta, s. f. urto di due palle, *urtata, spintone*

Buccinu, s. f. piccola palla, o altro segno al quale giocando alle pallottole, alle piastrelle ec. si cerca di approssimare, *lecco*

Buccitèdda, dim. di bòccia, *pallina*

Buccòlica, s. f. *buccòlica*; ed in gergo dicesi il mangiare

Bùccula, vedi vùccula

Bùcculu, s. m. riccio di capelli, *bioccolo*

Buccùnïari , v. n. *sbocconcellare*

Bùda, s. f. sorta d'erba, *tifa*

Buddàci, agg. *credulo;* sta anche per *villano*

Buddàci, s. m. sorta di pesce

Budèddu, vedi vudèddu

Budrè, s. m. sorta di cintura, *budriere*

Budurïàrisi, v. n. pass. *allegrarsi, conturbarsi*

Buè, sorta di giuoco fanciullesco, detto *capanniscondere*

Bùfalu, s. m. animale, *bufalo*

Bùffa , s. f. anfibio , *rospo , botta*

Buffètta, s. f. *tavola , buffetto, tavola, tavolino*

Buffïttùni, s. m. *bancone*

Buffunaria, s f. *buffoneria*

Buffunàzzu, s. m. *sollazzatore*

Buffùni, s. m. *buffone*

Buffuniamentu , s. m. *beffa , baja, beffe*

Buffunïàri, v. a. *beffare, buffoneggiare*

Buffunïàta, s. f. *beffa*

Buffunïatùri, s. m. *allegro, faceto;* per *giuntatore*

Bugghiòlu o bigghiòlu, s. m. vaso di legno , *bigoncella , bugliuolo;* fig. *assurdità, errore*

Bùgghiu, s. m. pesce, *pastinaca*

Bugghiulàta, s. f. quantità di materia da riempire un bugliuolo

Buggìa, s. m. per menzogna; per piccola candela, *bugia,* vedi palmatòria

Buggiàcca, s. f. tasca da cacciatori, *carniera ;* tasca per riporvi la munizione, *gibeciere*

Bujàru, vedi vujàru

Buicèddu, vedi vuicèddu

Bùlbu castàgnu, s. m. pianta, *fior di Lambrusca*

Bulïu, s. m. *fervore, ardenza*

Bùlla s. f. *bolla*

Bullàri, vedi abbullàri

Bullatùra, s. f. impronta del suggello, *bollo*

Bullètta, s. f. *polizina, polizzetta*

Bullittìnu, vedi bullètta

Bùllu , s. m. istrumento per suggellare, *suggello;* per un arnese di ferro usato da' calzolai per imprimere un segno sopra il buco della bulletta lasciato nel suolo della scarpa, *stella*

Bulògna , s. f. coperta della toppa, o rota dello schioppo

Bumbïàri, vedi bummïàri

Bùmbulu, vedi bùmmulu

Bùmma , s, f. palla di ferro incendiaria, *bomba;* avìri la facci a prova di bùmmi, vale senza rossore

Bummalìddu , s. m. dim. di bùmmalu, *bernoccolino*

Bùmmalu, vedi bùmmulu

Bummàrda, s. f. *bombarda*

Bummardàri, v. a. *bombardare*

Bummïàri, v. a. *bombardare*

Bummò, s. m. pollone dell'albero detto *bambù*

Bummulìddu , s. m. dim. di bùmmulu, *bomboletta;* facci di bummulìddu, vale piccola, ritondetta ed alquanto grossa

Bùmmulu, s. m. sorta di vaso, *bombola*; per quell'enfiato che fa la percossa, *bernocchio, bernoccolo*

Bunàca, s. f. giubbone di velluto usato per lo più dai cacciatori; fig. *uomo cattivo*

Bunacaria o bunacàta, s. f. azione da bunàca

Bunàzza, s. f. mare in calma, *bonaccia*

Bunèttu, s. m. *parrucchino*; e sorta di berretta usata dai soldati, (franc.) *bonetto*

Buràci, s. m. *borace*, materia che si trova nelle miniere dei metalli preziosi

Burbuttìzzu, vedi barbuttizzu

Burcètta, s. f. piccolo strumento per prendere le vivande, *forchetta*

Burcittùni, s. m. accr. di burcètta, *forchettone*

Burdèddu, s. m. *bordello*

Burdìari, v. n. t. de' mar. *bordeggiare*; fig. *tentennare, barcollare*

Burdillìnu, s. m. strumento da corda, *chitarrino*

Burdillùni, s. m. specie di tessuto doppio di lana, seta o cotone

Burdunàru o vurdunàru, s. m. *mulattiere*; per una camera di rete nella tonnara

Burdùni, s. m. bastone da pellegrino, *bordone*; per grossa trave, *bordone*; costura lineare dei guanti, *cordone, cordoncello*;per quello dei pasticci, torte, ec.*risalto, orliccio*; per l'orlo della moneta, *cordone*

Burdùra, s. f. *frangia, bordo*

Burghitànu, s. m. abitator di borghi, *borghigiano*

Burgisàtu, s. m. l'arte della coltivazione; adunanza di contadini, o luogo dove abitano

Burgìsi, s. m. *fittajuolo, colono, bracciante*

Burgisòtta, s. f. varietà del fico comune, *brogiotto*

Bùrgiu, s. m. ammasso di paglia, grano ec. *barca*; per *pagliajo*; burgiu di fènu, *maragnuola*

Bùrgu, s. m. *borgata, borgo*, raccolta di case fuori le mura della città

Burinàri, v. a. *intagliare*, lavorare a bulino

Burinu, s. m. strumento, *bolino, bulino*

Burlèri, s. m. *burlone*, vedi juculànu

Burlòttu, s. m. sorta di nave, *brulotto*; met. agg. *adiroso*

Burnìa, s. f. sorta di vaso, *alberello*; sgarràri la burnìa, vale prendere una cosa per un'altra; burnìa di spiziàli, *vaselli medicinali*

Burniòla, dim. di burnia

Burniùni, s. m. accr. di burnìa

Burò, o brò, s. m. voce francese, *stipo, sgrigno* o altro per iscrivere; sta anche per *uffizio*

Bùrra, s. f. lo stesso che burla

Burracchiàri, v. a. e n. *burlare, scherzare, motteggiare*

Burràccia, s. f. fiasco da viandanti, *borraccia*

Burrània, vedi vurrània

Burràsca, s. f. *procella, burrasca*

Burraschïari, v. n. piovere in-
terrottamente

Burrascùna, acc. di burràsca

Bùrru, vedi vùrru

Burrùni, s. m. *abbozzo*

Bùrza, vedi vùrza

Burzacchìni, s. m. plur. *stivali*,
bottaglie

Burzìgghiu, s. m. *borsellino*; sta
anche per *valsente*

Bùsa, s. m. gambo dell' ampe-
lodesmo, vedi ddìsa

Bùsa di fèrru, s. m. *ferrino*,
ferruzzo

Busàru, s. m. uomo che vende
l' erba detta ddìsa vedi

Busàta, s. f. quantità di lavoro
delle calze che riempie un
ferruzzo

Buscàgghia, vedi vuscàgghia

Bùsciu, vedi vùsciu

Bùsciula, vedi vùsciula

Busciulàru , s. m. *giogaja*; e
carnosità che viene sotto al
mento delle persone grasse

Busìdda, dim. di bùsa

Busıllis , voce che indica *im-
paccio, imbroglio*

Bùssula, s. f. *bussola*; per pa-
ravento, *usciale*

Bussulèttu, s. m. vasetto per
iscuotere i dadi, *bussoletto*

Bussulòttu, s. m. cilindretto di
cuoio o metallo in forma di
bicchiere che serve a giuochi
di mano, *bussolotto*; fari lu
jòcu di li bussulotti , vale
raggirar con ciarle, tergiver-
sare

Bùssulu, s. m. vasetto di legno
per raccorre i partiti, *bussolo*;
per *ballottazione*

Bùstu, s. m. *petto, busto* ; per
quella piccola veste armata
di stecche che strigne il cor-
po alle donne, vedi cèrru

Busunàgghia, s. f. carne infima
del tonno, *bozzimaglia*

Busunàta, s. f. colpo o mazzo
di fusti segati

Busunèttu , s. m. strumento
chirurgico, *bottone*; è anche
un piccolo vaso di rame per
cucina, *romajuolo*

Busùni, s. m. fusto secco delle
biade; è anche una sorta di
freccia, *bolzone*

Butaràca, s. f. l'ovaja del pe-
ce seccata, *buttagra*

Butiràru, s. m. macchina dove
si confeziona il butiro, *zan-
gola*

Butìru, s. m. *burro*

Buttàcciu, s. m. piccola botte,
bottaccio, vedi quartalòru

Buttafàrri, vedi bisèsi

Buttafòra, s. m. *buttafuori*

Buttàna, vedi bagàscia

Buttàru, vedi vuttàru

Buttïàri, v. n. parlare in gergo,
sbottoneggiare; sparare arme
da fuoco; fig. *spetezzare*

Buttïàta, s. f. *schioppettio*

Butticèdda, s. f. leggierò scop-
pio, *schioppettio*

Buttìgghia, s. f. *bottiglia, buf-
foncino*

Buttigghiarìa, s. f. luogo dove
si conservano le botti di vino
o altri liquori, *canova*

Buttigghiùni , s. m. accr. di
buttìgghia

Bùttitu, vedi bùttu

Bùttu, s. m. *getto*

Buttunàru, s. m. colui che fa
o vende bottoni, *bottonajo*

Buttunèddu, s. m. dim. di but-
tùni, *bottoncello*

Buttunèra, s. f. *bottoniera*

Buttùni, s. m. *bottone*; per la boccia di taluni fiori; per quella specie di bottone che sta in cima alla spada che serve all'esercizio della scherma, e che dicesi *fioretto*

Butùru, vedi vutùru

Buzzacchiu, s. m. uccello, *albuzago*

Buzzaràri, v. a. *soddomitare*; met. per *malmenare, maltrattare*

Buzzaruni, s. m. *soddomita*

Buzzitèdda o buzzicèdda, dim. di bòzza vedi

Buzzòlu, s. m. cornice su cui posa lo stipite delle finestre *davanzale*

Bùzzu, agg. di cavallo infermo, *bolso*; sta anche per *tozzo*, aggiunto a figura, *bozzacchiuto*

Buzzurùtu, agg. *disuguale*

Buzzùsu, agg. *gozzuto*

C

C, terza lettera dell'alfabeto; sta per numero romano e vale *cento*

Ca, pron. *che, il quale*

Ca, vedi ccà

Càbbala, s. f. *cabala*

Cabbalista, s. m. *cabalista*; met. *rigiratore*

Cabbaràsi, s. m. erba *strafizzeca*

Cabbasisa, s. f. frutto tuberoso, *trasi, dolcichini*

Cabbasisi! voce amm. *cacasego!*

Cabbèlla, vedi gabèlla

Cabùbbu, vedi cappòttu

Caburràsi, vedi cabbaràsi

Cacaddùbbii, agg. che dinota uomo fisicoso, *cacapensieri*

Cacaficati, s. m. *fisicaggine*

Cacaficu, s. m. *fisicaggine*

Cacafòcu, vedi scupètta

Cacamarrùggiu, s. m. uccello, *forasiepe*

Cacanidu, s. m. si dice l'uccello che nasce l'ultimo; met. l'ultimo de' figli

Cacàos, e cacàu, s. m. pianta, *caccao, cacao*

Cacarèdda, s. f. flusso di ventre, *cacajuola*

Cacàri, v. a. *cacare*; cacàri gròssu, vale essere ampolloso; caca a l'addritta, *cacasodo*

Cacariàrisi, vedi cacàri

Cacarùni, vedi cacarèdda; sta anche per uomo timido, pauroso

Cacasipàla, vedi pàssaru

Cacàta, s. f. *cacata, cacatura*; per *meta*, coll'e stretta; dispregiativo di donna *cacatessa*

Cacaticchiu, s. m. *arroganza, sussiego*

Cacatònica, si dice di chi è sfratato

Cacàtu, agg. di cacàri; met. per *borioso, allegro*

Cacatùri, s. m. *cesso*

Cacàzza, s. f. escremento di piccoli animali, *cacatura*: detto degli occhi, *cispa*; degli orecchi *cerume*; di ferru, *scoria*

Cacazzàru, s. m. chi scacazzu

Cacazziàri, v. a. imbrattar la carta d'inchiostro, *impegolare, impiastrare*; per mandar fuori gli escrementi, *scacazzare*

Cacazziàta, s. f. *scacazzio*

6

Cacàzzi di palùmmi, s. m. plur. colombina

Cacazzìna di fèrru, s. m. scoria, scea

Cac àzzu, s. m. paura, battisoffiola

Càcca, s. f. merda, cacca; si dice propr. ai fanciulli per tutto ciò che non dee da loro toccarsi; sta anche come dispregiativo d'uomo o di cosa

Caccamu, s. m. pianta, loto; è anche il frutto del loto, bacche di loto, bagola

Càccia, s. f. caccia; per cacciagione, bandita; per andar in cerca

Càccia-diàvuli, s. m. si dice di persona vivace; per scongiuratore, caccia diavoli

Caccialànu, s. m. strumento uncinato, cavastracci; si dicono anche i ricci, o altro di figura spirale

Caccialèbri, vedi lattilèbra

Cacciamùschi, s. m. ventaglio da cacciar mosche, cacciamosche

Cacciàri, v. a. cacciare, discacciare, incitare

Cacciàri, v. n. cacciare, dar la caccia

Cacciàta, s. f. cacciamento

Cacciatùra, s. f. sorta di veste de' cacciatori, giubbone

Cacciatùri, s. m. cacciatore

Cacciavèntu, s. m. uccello, acertello, gheppio

Cacìcia, s. m. pianta, guadarella

Cacciòttu, vedi cazzòttu; sta anche per una sorta di cappello di pelo senza preparazione gommosa

Cacciuttàru, vedi cazzuttàru

Càciu, s. m. cacio

Caciùni, s. m. cagione, occasio-

ne; dari caciùni, dar adito

Cacòcciula, s. m. pianta, carciofo; cacòcciuli domèstici, mazzaferrata

Cacucciulìdda, dim. di cacòcciula; pel calice del cardo selvaggio che mangiasi bollito pria di sbocciare

Cacumìdda, vedi camumìdda

Caddèmia, s. f. moltitudine

Caddòzzu, s. n. pezzo di legno, di salsiccia, ec. rocchio

Càddu, s. m. carne indurita, callo; per quella specie di callo che viene al cavallo sotto l'articolazione del ginocchio, castagno

Càddu! inter. capperi!

Caddùni, s. m. sorta di uva, duracina

Caddùsu, agg. calloso; detto di alcune frutta, duracine

Cadduzzùni, s. m. accr. di caddòzzu; si dice pure ad uomo alto, omaccione

Cadèra, s. m. arnese da sedervi, seggiola

Cafè, s. m. pianta nota dell'Arabia e dell'America, i di cui semi abbrustolati e macinati servono ad una bevanda deliziosa, caffè; per bottega di caffè

Cafèaus, s. m. voce turchesca, chiosco

Cafèsa, s. f. ponte di legno; nun aviri cafèsa, si dice ad uomo che non ha giudizio

Cafìata, agg. di acqua, e vale tinta leggermente di caffè

Cafìsu, s. m. vaso di misura per olio, ed è la quinta parte d'un quintale; accr. cafisùni

Cafìttaria, vedi surbittaria

Cafittèra, s. f. vaso per cuocervi il caffè, *caffettiera*

Cafittèri, s. m. chi manipola e vende la bevanda del caffè, *caffettiere*

Caforchiu, vedi crafòcchiu

Cafuddàri, v. a. *stivare*; sta anche per *bastonare*, *ingojare*

Cafunaria, s. f. *rozzezza*, *goffaggine*

Cafùni, agg. *rozzo*, *ruvido*

Cagghiàri, vedi quagghiàri

Caggiùni o caciùni, s. m. *cagione*

Cagnulèddu, dim. di cagnèlu, *cagnolino*; sta anche per piccola pistola

Caiccu, s. m. piccola barca, *caicco*; sta anche fig. per *emissario*, *mandatario*

Caicùni, s. m. buco della carbonaja per appiccarvi il fuoco

Cajèlla, s. f. veste da camera, *cioppa*, *cioppone*

Cajònza, s. f. asta con cui si giuoca al trucco, *asta*

Cajòrda, s. f. *sozza*, *puttana*

Cajula, s. f. ornamento del capo che usano le donne albanesi in Sicilia

Cajurdàzza, cajurdùna, accr. di cajòrda

Càla, s. f. seno di mare, *cala*

Càlaciu, s. m. vaso sacro, *calice*

Calaciùni, s. m. strumento musicale, *calascione*; met. *balocco*; pegg. calaciunàzzu

Calafatàri, v. a. ristoppare i navigli, *calafatare*

Calamarèra, s. m. arnese che contiene taluni utensili da scrivere, come calamajo, polverino, ec.

Calamàru, s. m. *calamajo*; è anche una sorta di mollusco, *totano*, *lolligine*

Calaminnùni, s. m. *sciocco*, *babbione*

Càlamu, s. m. seta dei bozzoli, *straccio*; per un liquore fatto di sapa con aggiunta di spirito

Calàndra, s. f. uccello, *allodola maggiore*, *panterana*

Calandrèdda, s. f. uccello, *calandrino*

Calandrùni, s. m. uccello, *calandra maggiore*

Calapìnu, s. m. gran vocabolario, *calepino*

Calàri, v. a. *calare*, *condiscendere*, *notare*, *discendere*, *inghiottire*, *trasportare*; calàri la nègghia, vale presentire un sinistro; càlati jùnca ca passa la chìna, vale cedere altrui per necessità

Calasciùni, vedi calaciùni

Calàta, s. f. *calata*, *discesa*; alla calàta di li tènni, vale *alla fine*

Calàtu, s. m. trasporto del frumento nei pubblici granai; agg. *calato*; calàtu calàtu, avv. vale *quatto quatto*

Calatùri di sacchètta, s. m. *borsajuolo*, *tagliaborse*

Calavràchi, s. m. giuoco, vedi belladonna

Calavrisèlla, s. f. sorta di giuoco, *tresette*, *calabresella*

Calavrìsi, s. m. sorta d'uva nera, *canajuola*; così anche chiamasi il vino che si fa dalla stessa uva

Calculiàri, v. n. *calcolare*, *giudicare*

Calendàri, v. a. *scrivere, notare, registrare*

Calèngia, s. f. pianta, *erica*

Calennàriu, s. m. *calendario*

Calènni , s. f. il primo giorno dei mesi, *calende;* per *occasioni, circostanze,* ec.

Càlia, s. f. ceci abbrustolati

Caliàri, v. a. *abbrustolare;* fig. *consumare*

Caliàtu, agg. *abbrostolato;* moddu e caliàtu, si dice ad uomo destro che infinge semplicità, *infinto*

Caliatùra, s. f. *abbronzamento*

Calmaria, s. f. *calma, calmeria;* per *tregua*

Calinùccu, s. m. plur. panno lano con lungo pelo, *cammucca*

Calòma, s. m. fune con cui i buoi tirano il carro; per fune annessa alla freccia da pescare; dari calòma, vale frapporre ostacoli

Calòmi, s. m. plur. funi che servono a legar le reti da pesca

Calòscia, s. m. sorta di sopra scarpa, *galoscia*

Calvarcàri, vedi carvaccàri, o cravaceàri

Calumàri, v. a. *allentare, calomare;* fig. *adescare;* vedi accalumàri

Calumèri, s. m. chi guida la prima coppia dei buoi nel carro

Calùri, s. m. *calore*

Càlvu, vedi scafaràtu

Camàra, vedi asina

Camarèddu, vedi asinèddu

Camàrra, s. f. *moltitudine;* sta anche per quelle strisce di cuojo che si attaccano alla musaruola delle bestie, *camarra*

Camarrunèddu, s. m. pianta, *titimalo*

Camàru, vedi àsinu

Camèlla o gamèlla; s. f. quello arnese a guisa di piccol tegame di latta o rame che portan dietro le spalle i soldati nelle grandi marce, *gamella*

Camèu, s. m. *cammeo*

Camiàri, v. a. *scaldare,* e dicesi del forno o altro dove s'accende fuoco

Camiatùri, s. m. *fornajo*

Camìddu, s. m. quadrupede, *cammello*

Camillòttu, s. m. sorta di tela di pelo, *camojardo*

Caminàri, v. n. *camminare,* operare, muoversi

Caminàta, s. f. *camminata;* per *sollazzamento, diporto*

Camìnu, s. m. *cammino;* per *via, sentiero;* per luogo della stanza ove si fa fuoco, *camino*

Càmmara, s. f. *camera*

Cammaràrisi , v. n. mangiar grasso; colla part. *non,* vale non impacciarsi, non intromettersi, non prender parte

Cammaràta, s. f. *camerata, compagnia*

Cammarèdda, dim. di càmmara

Cammarèri, a, s. m. e f. *cameriere, cameriera*

Cammarìnu, s. m. *camerina*

Càmmaru, s. m. cibo di carne, *carnaggio;* paròli di càmmaru, vale *oscenità*

Cammarùni, s. m. accr. di càmmara, *camerone*

Cammicètta, s. f. ornamento delle donne di diversi tessuti, *camicino*

Cammiciòttu, s. m. soldato albanese

Cammìsa, s. f. *camicia*

Cammisòlu, s. m. camicia da uomo

Cammisu, s. m. veste lunga usata dai preti nelle celebrazioni dei divini uffici, *camice*

Cammùccu, vedi calmùccu

Camòmmu, s. m. arboscello aromatico, *amòmo, cardamomo minore*

Cam'òra, avv. *attualmente, al presente, in questo momento*

Camòrchiu, s. m. pezzo di legno con cui si stipa la carbonaja accesa, *bietta*

Campa, s. f. insetto, *bruco*; di l' api, *cacchione*; di l' olivi *cantaride*

Campàli, agg. *campale*; met. *avverso, disgraziato*

Campàna, s. f. *campana*; vaso di cristallo; vòlta di fogna, *squilla*; campana di lignu, vale affettata sordità; starisi 'ncampana, *silenzioso, sornione*

Campanàru, s. m. chi fonde le campane, *fonditore*; chi suona le stesse, *campanajo*; per campanile, torre da campane; per le interiora degli animali, *viscere, entragno*

Campanàzza, accr. di campàna, *campanaccio*

Campanèdda, s. f. dim. di campàna, *campanello*; per quelle bolle che fa l' acqua quando piove, *gallozzola*; vedi ciancianèdda

Campanèddi, s. m. plur. fiori campaniformi

Campanèddi bianchi, s. f. plur. pianta, *vilucchio*; vedi vràchi di cùcca

Campaniàri, v. n. *scampanare.* met. *indugiare*

Campaniàta, s. f. *scampania*; met. *burla, bravata*

Campaniddàru, vedi campanàru

Campanìnu, s. m. antico edile in Palermo

Campànti, agg. *industrioso, procacciante*

Campanùni, accr. di campàna. *campanone*

Campàri, v. n. *vivere, nutrirsi, guadagnare, alimentare*

Camparìa, s. f. luogo dove preparansi i salsumi del tonno

Campàtu, agg. *alimentato, spesato*

Campèri, s. m. *campajo, guardiano*

Campìa, s. f. campagna aperta, *campo*; met. *abbandono*

Campiàri, v. n. *vagare*: vedi anche campiggiàri

Campìci, s. m. albero, *campeggio*

Campiggiàri, v. n. *ornare, abbellire*

Campiùni, s. m. *campione*; sta anche per *mostra, modello, campione*

Càmpu, s. m. *campo*; col verbo dàri o pigghiàri, vale dar occasione. prender ardire

Campùtu, agg. *robusto, corpulento*

Càmula, s. f. *tarlo, tignuola.* met. persona molesta

Camulìri, v. n. esser roso dalla tignuola, *intignare, intarlare*; camulìrisi lu senziu, lu cirivèddu, ec., *sottilizzare, lambiccarsi il cervello*

Camulùtu, agg. *intignato. intarlato*

Camumidda, s. f. pianta, *camomilla*

Camùrra, s. f. malatolta che riscuotesi da' giuocatori, *scrocco*

Camurria, s. f. sorta di malattia venerea, *gonorrea*; met. *noja, fastidio*

Camurrista, s. m. colui che toglie a' giuocatori forzosamente un tanto sul guadagno, *scroccone*

Canàgghia, s. f. *canaglia, bordaglia*; fig. per *moltitudine*, *plebaglia*

Canalàta, s. f. fila di tegole; per l' acqua piovana che scorre dalla gronda; per incavatura dove scorre l'acqua, *valletta*

Canàli, s. m. *canale, tegolo, tegola*

Canalùni, s. m. accr. di canàli, *gronda*

Canapè, s. f. letticciuolo ad uso di sedere, *canapè*

Canàriu, vedi pàssaru

Canàta, s. f. *riprensione*

Canàzzu, s. m. accr. di càni

Cancarèddu, dim. di càncaru vedi

Cancariàri, v. a. riprendere aspramente, *rabbuffare*

Cancariàta, s. f. *rabuffo*; fari 'na cancariàta ad unu, vale ammonirlo

Càncaru, s. m. strumento di ferro che serve per le imposte, *cardine, ganghero*; masculìnu *arpione*, fimminìnu *anello*; per tumore, *cancro*; aviri li cancari, vale esser in collera, *aver le paturnie*; per escl. *canchero!*

Cancèddu, s. m. chi governa i cavalli, *guidatore, vetturale*; sta anche per uomo rozzo che fa tutto male, *ciarpiere*; per misura di 12 tumoli, che serve solamente per le sanse; per cancèllu vedi

Cancèllu, s. m. imposta di bastioni di ferro o di stecconi, *cancello*; per *prigione*

Canciamèntu, s. m. *cambiamento*

Canciànti, agg. che cangia, e dicesi per lo più di colori o che mutano facilmente, o che veduti sotto diverso angolo diversamente si mostrano, *cambiante*

Canciàri, v. a. *cangiare, cambiare, deviare, tradìre, abbandonare, mutar viso*

Canciarràta, s. f. colpo dato col cangiaro

Canciàrru, s. m. sorta di spada, *cangiaro*

Canciàta, s. f. *cangiamento*; fari na vota canciàta, vale andarsene con arte, *svignare*

Cancillàri, v. a. *cancellare*; per tòr via

Cancillaria, s. f. *cancelleria*

Cancillàta, vedi 'ncancillàta

Cancillèri, s. m. *cancelliere*

Cànciu, s. m. *cambio*

Càncru, s. m. *cancro*

Candìri, v. a. *candire*

Cànditu, agg. di zucchero, *candì*

Cànditu, agg. *candito*

Cànfara, s. f. pianta, *canfora*

Canfaràtu, agg. *canforato*

Canfarèdda, s. f. pianta, *santolina*

Càni, s. m. *cane*, e le sue varietà: bracco, corso, levriere, barbone, ec.; molti sono gli adagi in Sicilia che riguardano il cane, e che danno varia intelligenza a questa parola, or vale dolore acuto, ora uomo crudele, ora di mal affare, or avaro, ec.; come ancora vale il ferro cavadente, quello che tiene la pietra focaja nello archibugio, lo strumento de' bottaj con cui mettono i cerchi nelle botti, infine è una specie di pesce detto *gasterosteo* ec.; fari 'na vita di cani, vale faticata, infelice; èssiri di li cani, esser senza ajuti; aviri un cani appizzàtu, soffrire acutissimo dolore; lassàri mòriri comu un cani, vale abbandonare; càni per cattivo cantante; di cani e cani, detto per vendetta; orvu cani, vale *cieco*

Canigghìa, s. f. *crusca*; fari 'na canigghia, vale ridurre in minutissimi pezzi; pànza di canigghia, detto ad uomo, vale panciuto

Canigghiàta, s. f. *tritamento*; per un medicamento di crusca bagnata con liquori medicinali

Canigghiòla, s. f. *forfora*

Canigghiòttu, s. m. pane di farina con cruschello, *pane inferigno*

Canigghiùsu, agg. *cruscoso*

Canìmi, s. f. puzzo di cani sucidi

Caninu, agg. di cane; e di fame, vale fame divoratrice

Canittèri, s. m. chi governa i cani, *canattiere*

Canilutìni, s. f. *crudeltà, fierezza*

Cànna, s. f. pianta, *canna*; per gola; per canna d'archibugio, *canna*; per misura d'otto palmi; ovu di canna, *cannocchio*; riducìrisi cu na canna a li mànu, vale *impoverire*; èssiri na canna màsca, vale *insacchito, debole*; jirisinni canni canni, vale *andare in brodetto*; darì cànna, proteggere alcuno in modo da farlo insolentire; mèttiri cu la testa a la canna, vale *calunniare, scardassare*; per canna d'organo; canna d'india, sorta di pianta palustre delle Indie, *canna d'india*

Cannaliàri, v. a. *travagliare, infiammare, ardere, abbruciare, scottare*, estuar di febbre

Cannàra, s. f. graticcio di canne per vari usi, *cannajo*

Cannarìni, vedi cannaròzzu

Cannaròzzu, s. m. canna della gola, *esofago*; cannaròzzu fausu, *trachea*

Cannàru, s. m. chi fa stoje, cannicci ec.

Cannàta, s. f. colpo di canna; sta anche per vaso di terra cotta, *boceale*; lu vecchiu di li cannàti, vale *decrepito*; dim. cannàtedda

Cannatàru, s. m. venditor di *stoviglie, stovigliaio*

Cannatèddi, s. m. plur. pianta, *cerinta*

Cànnava, s. f. stanza di riporvi grasce, *canova*; per ripostu vedi

Cannavàru, s. m. chi custodisce la canova, *canovajo*

Cannavàta, s. f. luogo desti-

nato alla coltura della ca-
nape, *canapaja*

Cannavàzzu, s. m. *canovaccio*;
per pezzuola, *straccio* ec.

Cannavèttu, s. m. tela grossa
di canape; per canape più
fine e gentile, *garzuolo*

Cannavignu, agg. *canapino*

Cànnavu, s. m. pianta, *canape*

Cannavùsa, s. m. il seme della
canape, *canapuccia*

Cannèdda, s. f. aromato che
cresce nelle Indie, *can-
nella*; per pezzo di canna
tagliato tra un nodo e l'al-
tro, *cannello*; per quel le-
gno a guisa di bocciuolo di
canna, con cui s'attinge il
vino dalla botte, *cannella*;
per sifone da dove scorre l'ac-
qua nelle fontane, *sifone*;
cannèdda di gamma, *stinco,
fusolo*; termine d'agr. vale
astuccio di canna che i mie-
titori mettono nelle dita della
mano sinistra, perchè la sega
non li offenda, *digitale*

Canniàri, v. a. misurare colla
misura di una canna; can-
niàrisi l'ossu, *crepolare*; detto
di api, vale l'andar e ve-
nire di questi insetti dal-
l'alveare

Canniggiu, s. m. il misurare
con la canna, ch'è fra noi
un'asta della misura di otto
palmi, *misuramento*

Cannìla, s. f. cera lavorata,
candela; di sivu, candela di
sego; detto a persona, vale
stuccherole; sta anche per
lucerna; ridurri a li cannìli,
vale *esser debole*; cannìla di
picuràru, pianta il cui fiore

è una lanugine che occupa
la cima del gambo, *tifa,
mazzasorda*; per una specie
di mosca, il cui ventre è
risplendente, *lucciola*; per
altro insetto che non ha ali,
ma che luce come la luc-
ciola, *lucciolato*

Cannilàru, s. m. facitore o ven-
ditore di candele, *cerajuolo*

Cannilèri, s. m. arnese per
mettervi le candele di ce-
ra, sego ec. *candeliere*; ti-
niri lu cannilèri, vale re-
star perdente in alcuna con-
tesa

Cannilicchia, s. f. dim. di can-
nila

Cannilòra, s. f. il giorno della
purific. di Maria Vergine,
candelaja; per le candele che
in tal giorno si distribuisco-
no, *ceri*

Cannilòtta, s. f. candela piut-
tosto grande, *candelotto*

Cannìstra, s. f. *carozza*

Cannistràta, s. f. quantità di
cose ch'entra in un canestro

Cannistràtu e 'ncannistràtu, s.
m. sorta di cacio che fab-
bricasi in Sicilia

Cannistrèddu, s. m. dim. di
cannistru, *canestrino, cane-
struolo*; per *lavatecca*

Cannìstru, s. m. *canestro*; vin-
niri cannìstri vacanti, *adu-
lare*; di piscaturi, *lavario*

Cannittìgghiu, s. m. argento
battuto, *granone, boglione,
cannutiglia*

Cannìtu, s. m. *canneto*

Cannizzàru, vedi cannàru

Cannizzàtu, vedi 'ncannizzàtu

Cannizzòla, s. f. dim. di cànna,

e canna selvatica, *cannuccia* ; cannizzòla di màrgi , canna palustre

Cannizzu, s. m. tessuto di canne fesse , *canniccio* ; stoja per seccarvi frutta o altro, *cannajo*

Cannòlu, s. m. *cannello, bocciuolo*; per tubo, sifone; per cannellino d'onde sgorga l'acqua, *ugello* ; per qualunque oggetto di forma cilindrica; quantità di flato, puzzo ec.; per una sorta di dolce a guisa di cannello fatta di pasta tenera, ripiena di crema e ricotta raffinata

Cannulàru , s. m. si dice di cosa sproporzionatamente lunga, e propr. del viso

Cannulicchia di màri, s. m. plur. testaceo, *solene*

Cannulicchiu, dim. di cannòlu, *cannellino*

Cannunàta, s. f. *cannonata*; per peto, coreggio ; accr. cannunatùna

Cannunèri, s. m. *cannoniere*

Cannùni, s. m. canna grossa; è anche pezzo di artiglieria, *cannone*

Cannuniàri , v. a. *cannoneggiare, scannonezzare*

Cannuniata e cannuniamèntu, s. f. e m. *cannoneggiamento*

Canònacu, s. m. *canonico*

Cantacùccu, col verbo tagghiàri a.., vale tagliare i rami degli alberi sino al tronco, *scapezzare*

Cantàmplora, s. f. vedi bozza

Cantarànu , s. m. masserizia di legname per conservarvi robba, *cassettone*

Cantàri, v. n. *cantare*; fig. lasciar dire, non dar retta e simili

Cantàru, s. m. misura di peso di rotoli cento di Palermo, *cantàro*

Càntaru, s. m. *pitale*

Cantèrchiu, col seg. *di*, posto avv. vale *di nascosto*

Cànti cànti , posto avv. *lateralmente*

Cantiàri, v. a. e n. p. *cansare, evitare, discostarsi, allontanarsi*

Canticchiu e cantìddu , dim. di càntu, *cantuccio*; di canticchiu , avverbial. *di nascoto*

Cantinèri, s. m. propr. chi ha cura della cantina, *cantiniere*; ma più comunemente chi vende vino a minuto, *vinattiere*

Cantunèra, s. f. angolo esteriore delle fabbriche, *cantonata*

Cantùni s. m. stipo che situasi agli angoli delle mura, *forziere*

Cantùri, s. m. *cantore*

Canunacàtu, s. m. *canonicato*

Cantùsciu, vedi andrié

Cañùmi, s. f. *fetor di cane*

Canuscènti, agg. *conoscente*

Canuscènza, s. f. *conoscenza*

Canùsciri, v. a. *conoscere*

Canùzzu , dim. di cani, *cagnuolo*

Canzàrisi, v. n. pass. *cansarsi, discostarsi, guardare, custodire*

Canzùna, s. f. *canzone*; fig. *avvertimento*

Càos, s. m. materia prima dell'universo non ancora coordinato, *caos*; per *confusione*

Capacitàti, s. f. *capacità*

Capànna, s. f. *capanna*

Capàrra, s. f. *arra, caparra*

Caparrùni, s. m. dicesi di chi lascia che altrui goda della propria donna, *becco*; sta anche per *furfante*

Capàzza, co' verbi nun capìri, nun sintìri, nun sapìri, vale *non intendere, non sentire, non comprendere*, e dicesi *bocciata* unendola ai detti verbi colla negazione

Capìcchiu, s. m. *capezzolo*

Capicciòla, s. f. filato di seta stracciata, *filaticcio*

Capiddàru, agg. di colore simile al castagno, *capellino*

Capìddèra, s. f. *capellatura, zazzera*

Capìddi d'àncilu, s. m. plur. zucca tagliata a piccoli pezzi, e confettata

Capìddi di la Maddalèna, s. m. plur. pianta detta *cimbalaria*

Capìddu, s. m. *capello*; pigghiàrisi pi li capìddi, vale *azzuffarsi*; mittìrisi li manu a li capìddi, vale *essere in imbarazzo* ec.

Capìddu vènniru, s. m. pianta, *capelvenere*

Càpiri e capìri, v. a. *capire, comprendere*; sta anche per *giudicare, capere, contenere*

Capìstru, s. m. *capestro*

Capitanìa, s. f. uffìzio o dignità di capitano, *capitananza, capitaneria*

Capitànu e capitaniu, s. m. *capitano*

Capitàri, v. n. *arrivare, succedere, venire innanzi; attrappare, rubacchiare*

Capitèddu, s. m. capo della colonna, *capitello*; per le correggiuole che sono nelle teste dei libri, *capitello*; per una specie di liscivia, *capitello*

Capitìnia, s. f. bottoncino che si mette in capo al fuso per tener ferma la cocca, *coccarola* (vedi Carena vocab. d'arti e mestieri)

Capitùni, s. m. sorta di seta grossa, *capitone*; chiamasi anche un pescitello di acqua dolce, *ghiozzo*; dicesi anche capitùni una grossa anguilla che pescasi ne' mari di Napoli, e che preparasi con aceto rappreso, detta jilatina vedi

Capivèrsi, s. m. plur. cominciamento di scrittura, *capoverso*; per norma di ragionare

Capìzza, s. f. fune con cui si tiene legato il capo del cavallo, *cavezza*

Capizzàli, s. m. l'aggregato di sacre imagini che tengonsi al lato del letto che sta presso la muraglia; per quel vasetto di serra cotta, di cristallo, o di metallo variamente ornato appeso accanto al letto, per tenervi acqua benedetta, *piletta, secchiolina* (v. Carena vocab. domestico)

Capìzzu, s. m. *capezzale*; cunzàri lu capìzzu, vale *accusare*

Capizzunàta, s. f. colpo di ca-
vezza , *scapezzonata* ; per
forte riprensione

Capizzùtu, agg *temerario, au-
dace*

Capòna, s.f.sorta di ballo; met.
vale *disdetta, avversità*

Càppa, s. f. *mantello, cappa,
piviale*; càppa di ciminìa *ca-
panna*

Cappari, avv. *capperi*

Cappèddu, s. m. *cappello*

Cappiddàta , vedi scapiddàta ;
per quanto può entrare in un
cappello

Cappiddèra, s. f. *cappelliera*

Cappiddèri, s. m. *cappellajo*

Cappiddìcchiu o cappiddùzzu,
dim. di cappèddu , *cappel-
luccio*

Cappillànu, s. m. *cappellano*

Cappillèttu , s. m. pezzo di
cuojo che sostiene il toma-
jo, *cappelletto*; per cappello
da donna, *cappellino*

Cappillùni, s. m. la parte prin-
cipale degli edifici sacri, *tri-
buna*

Cappillùzza, dim. di cappèlla,
cappelletta

Cappòttu, s. m. *cappotto, fer-
rajuolo, pastrano*; sutta cap-
pòttu, avv. vale di *nascosto*

Cappùccinu, s. m. *cappuccino*

Cappùcciu , s. m. *cappuccio ,
scapolare*; per una sorta di
cavolo e di lattuga, *cappuc-
cio, lattuga cappuccia* ; per
un arnese con cui si cola
il vino, *calza* .

Capricciu, vedi crapicciu

Caprinèdda, s. f. pianta, *pso-
rale*

Capriòlu, s. m. *capriuolo*

Càpu , s. m. *capo*; per fune
grossa , *canapo* ; sia anche
per *promontorio*; per *prin
cipio*; per *bandolo*; presso i
tessitori è il principio della
matassa; capu di mulinu, è un
riparo che si fa ne' fiumi *pe-
scaja*

Capubànna, s. m. direttore di
bande musicali

Capucàccia , s. m. soprinten-
dente della caccia, *capocac-
cia*

Capucòllu, s. m. spezie di vi-
vanda porcina salata, *capo-
collo*

Càpu d'annu, s. m. il prin-
cipio dell'anno, *capo d'anno*

Càpu di casa, s. m. *capo di casa*

Capufùscu, s. m. uccello, *ca-
pinera* .

Capulavùru , s. m. *capolavoro*

Capuliàri, v. a. *tagliuzzare, mi-
nuzzare, triturare*; fig. *soper-
chiare*

Capuliàtu, s. f. carne minuta-
mente tagliata; agg. di capu-
liàri

Capuliatùri, s. m. legno ove si
tagliuzza la carne

Capulìsta, s. m. essere in capo
di lista

Capumàstru, s. m. capo e so-
printendente di fabbriche, o
di altre arti e mestieri *ca-
pomaestro*

Capunpòsta, s.m. capo dei mu-
lattieri, *guidatore*

Capunàta e capunatìna, s. f.
sorta di vivanda composta di
petronciani, o altro, mesco-
lata con vari condimenti, *ma-
nicaretto*

Capùni, s. m. *cappone*, gallo

castrato; per simil. detto ad uomo, *eunuco*; per pesce, *ippuro*

Capupòpulu , s. m. *sedizioso* ; met. *capriccioso*

Capupòstu, s. m. *caporione*

Càpu-ràisi, s. m. scafo di nave d'onde si ferisce il tonno : vedi anche ràisi

Capuràli, s. m. *caporale* ; per sergente della giustizia, *birro*, *berroviere*

Capurètina , s. m. bestia che guida le altre, *bardotto*; fig. guidatore , ed anche chi si fa capo di una moltitudine per guidarla ad una data azione, *primajo*

Capurrùnna, s. m. *bargello*

Capusbannùtu, s. m. *capo bandito*

Capuscòla, s. m. nelle arti e nelle scienze chi ha molti allievi o imitatori, *caposcuola*

Capusquàdra, s. m. *caposquadra*

Capustòrnu, s. m. malattia dei cavalli, pecore ec. *capostorno*

Caputòrtu, s. m. uccello, *torcicollo*, *tortocollo*

Capùta, s. f. *capacità*; sta anche per vaso da contener liquori, *recipiente*

Capùtu, agg. di capìri, *capito*

Capuzzìari, v. n. *sonnacchiare*; dicesi però di chi non è coricato a letto

Capuzzìàta , s. m. *sonnolenza*, *cascaggine*

Carabòzzu, s. m. prigione di soldati, *casamatta*

Caragòlu e garagòlu, s. m. pianta, *caracò* ; per certi fregi di figura spirale, *caracò*

Caramèla, s. f. sorta di dolce fatto di zucchero cotto

Carapàtria, vedi a carapatria

Carapè, vedi canapè

Carapègna, s. f. sorta di bevanda di latte ghiacciato e zucchero

Caratàriu, s. m. chi prende in appalto, *appaltatore*

Caratteri, s. m. maniera di scritto, *carattere*; lettere di stampa; per le abitudini, affetti o pensieri che stampansi nell'anima; qualità, come di ambasciadore, ec., indole o disposiz.. naturale; omu di caratteri, vale *fermo*, *costante*

Caratterista, s. m. chi rappresentando sui teatri sa sostenere le parti di più personaggi

Caràtu, s. m. peso, ventiquattresima parte dell'oncia; per grado di perfezione; per le parti in cui si divide un' intrapresa sociale, *carato, azione*

Caravàzza, s. f. pianta, *zucca lunga*

Caravigghiàru, s. m. chi vende più caro degli altri

Carbiàri, vedi garbiàri

Carbùnculu, vedi cravùnchiu

Càrca, s. m. *mollitudine, calca*

Carcagnàri, vedi 'ncarcagnàri

Carcagnòlu, s. m. nerbo in fine della polpa della gamba, *garetto*

Carcàgnu, s. m. *calcagno*; ammularisi li carcàgni , vale camminare assai ; liccàri li carcàgni, vale *adulare*, ec.

Carcàra, s. f. edifizio murato per cuocere calcina, o fonder vetri ed altri metalli, *fornace*

Carcaràru, s. m. *fornaciajo*

Carcaràzza, s. f. uccello, *gazza, gazzera*; per donna ciarliera, *cicaluzza*; per istrumento disarmonico

Carcariàri, v. n. il gridar delle galline, *schiamazzare*; fig. per *cicalare, cinguettare*; il bollìr dell'acqua o di altri liquidi nella pentola, *scrosciare*

Carcaròzza, s. f. *teschio*

Carcaròzzu, s. m. rialto di terreno, *prominenza*

Carciàri, v. a. cavar sangue dalla cute con lo scarificatore, *scarificare*

Carciuniàrisi, vedi arciuniàrisi

Carculàri, v. n. *calcolare, riflettere*

Càrculu, s. m. *calcolo*; met. *riflessione*

Cardacia, s. f. *dolore, cardialgia*; fig. per *ambascia, fastidio*; detto ad uomo, *increscioso, seccafistole*

Cardaciàri, v. a. recar noja, o fastidio, *vessare*; n. pass. patir cardialgia

Cardaciùsu, agg. *nojoso, molesto*

Cardàri, v. a. separare col cardo, la parte più grossa dalla fina del lino, canape, lana, ec. *pettinàre, scardassare, carminare*; fig. *graffiare, sparlare*

Cardàru, s. m. fabbricante o venditor di cardi, da scardàssare, *cardajo*

Cardasìta, e cardatùri, s. m. *cardatore, pettinatore*; per lo strumento che scardassa, *pettinatore*; per colui che pettina, o straccia i bozzoli della seta, *ciompo, scardassiere, stracciajuolo*

Cardèdda, s. f. pianta, *cicerbita, sonco*

Cardiddu, s. m. uccello, *cardello, carderello*

Càrdini, s. m. *cardine, ganghero, arpione*

Càrdu, s. m. pianta, *carduccio gobbo*; strumento di fili di ferro per scardassare, *scardasso, cardo*

Cardùbulu, s. m. insetto, *calabrone*

Cardunàta, s. f. luogo seminato di cardi, *cardeto*; è anche il terzo prodotto de' carciofi

Cardùni, s. m. pianta spinosa mangiabile, *cardone*; chiamasi anche così una sorta di pasta

Cardunìzzi, s. m. plur. talli dei cardi secchi, *seccume dei cardi*

Cardùsu, agg. *tedioso, seccafistole*

Carèra, s. f. *tessitrice*

Carèri, s. m. *tessitore, tesserandolo*

Cariddi, prop. scoglio rimpetto Scilla, all'entrar del porto di Messina; èssiri tra Scidda e Cariddi, e vale essere in perplessità

Caristia, s. f. penuria di cose necessarie alla vita, *carestia*

Caristùsu, agg. ad uomo vale *avaro*, o che vende a caro prezzo; a paese vale *carestoso*

Caritàti, s. f. *carità, pietà, compassione*

Càriu, agg. *carioso*

Carizia, s. f. *carezza*; met. sta per *giunta, soprassello*, ed anche iron. per *busse*

Càrma, s. f. *calma*

Carmàri, lo stesso che calmàri vedi

Carmicìnu, agg. *chermisino* .

7

Carminàri, v. a. *pettinare, carminare*, vedi cardàri.

Carmùciu, s. m. coniglio giovane, *c-onigliolo*; per ischerzo si dice a ragazzo, *marmocchio*; e a ragazza *pulzelletta*

Carnaciùmi , s. f. *carnagione*; fig. per *indole, carattere*

Carnàggiu, s. m. ciò che i fittajuoli dànno a' padroni al di là del canone, *rigaglia*

Carnàla, s. f. *sepoltura, carnajo, tomba, lezzume*

Carnàli, agg. *carnale*

Carnàzzu, s. m. *carniccio*; ritagli di pelle pe' legatori di libri, *limbello*

Carnèra, s. f. *strage, macello*

Carnètta, s. f. *carnefice, inumano*

Càrni, s. f. *carne*; carni di dunzella, colore rosaceo; sta anche per *lussuria*; pezzu di mala carni, *malvivente*; stari bonu 'ncarni, vale essere alquanto complesso

Carnignu, agg. a colore, *carnicino*

Carnilivàri, s. m. *carnovale*

Carnivalàta, s. f. festa carnovalesca, *mascherata*

Carnizzèri, vedi chianchèri

Carnùtu, agg. *carnoso*

Carnùzza, dim. di carni; carnùzza di latti, vale carne tenera

Caròyna, s. f. *carogna*; fig. per uomo vile, *dappoco*, ec.

Caròtula, s. f. pianta, *carota*

Caròzzu, s. m. mento prominente, *bazza*; è anche una misura, la quarta parte del modjo siciliano

Carpètta, s. f. coperta per lo più di cartone che serve d'invoglio alle scritture , *cartella* (V. Carena, Dizion. dom.)

Carpiàri, v. u. affrettare il passo, *accelerare, festinare*

Carpiàta, s. f. lo affrettare il passo, *avacciamento*

Carpiatìna, s. f. rumor lieve di passi, *calpestio*

Carpintiàri , v. a. lavorar di pialla, *piallare*

Carpiùni, s. m. pesce, *carpio*

Carràbba, s. f. vaso di vetro, *caraffa, guastada*

Carrabbèdda, dim. di carràbba, *caraffino*

Carrabbùni, s. m. vaso di vetro con pancia grande, *caraffone, inguistara*

Carràcchia di sònnu, s. f. voglia grandissima di dormire, *cascaggine, sonnolenza*

Carracchiàri, vedi 'ncarracchiàri

Carràcci ccà, modo d'incitare le bestie, *arri*

Carràta, s. f. piccola botte, *botticella*

Carratèddu, s. m. *botticella, caratello*; agg. per sim. *grassotto*

Carrèttu, s. m. *carretta, baroccio*

Carriàggiu, s. m. *carrozza*

Carriàri, v. a. *carreggiare*, mutar domicilio, *sloggiare*; per *condurre*

Carriatìna, s. f. *il carreggiare*

Carriatùri, s. m. colui che porta, *bajulo*

Càrrica, s. f. *carica*; per *ubertà, caricatura, peso, sonnolenza*

Càrrica e scàrrica, terreno disuguale

Carricàri, v. a. *caricare, fruttare, aggravare*; carricàri l'arvuli, vale esser abbondanti di frutti

Carricàtu, s. m. quantità di oggetti che entra in una carretta o altro; tràsiri 'ntra lu carricàtu, vale *offendere*

Carricàtu, agg. *aggravato, oppresso*; per *ubertoso*

Carricatùra, s. f. *soperchieria, aggravio*

Carricatùri, s.m. luogo per caricar navi, *caricatore*

Càrricu, s. m. *carico*; e agg. di oggetto che ha un colore caricato, *carico*; detto ad uomo vale *ubbriaco*

Carrinàta, s. f. vale spesa che non sorpassa un carlino siciliano

Carrinèddu, s. m. piccola moneta d'argento che vale un carlino; è anche una forma di pane del prezzo d'un carlino

Carrinu, s. m. moneta del valore di cinque bajocchi, *carlino*

Carrittaria, s. f. *rimessa, stanza* dove mettonsi le carrozze

Carrittàta, s. f. quanto può contenere una carretta, *carrettata*

Carrittèddu, dim. di carrèttu, *carrettino, carriuola*

Carrittèri, s. m. chi guida la carrètta, *carrettiere*

Carrittiàta, s. f. gita di persone in carretta

Carrittigghiu, s. m. *bubbolo* pieno di polvere

Carròzza, s. f. *carrozza*; jìrisinni 'ncarròzza, vale riuscire agevolmente in un'opera

Càrru, s. m. *carro*; mettiri lu càrru avànti di li voi, dicesi di chi trova difficoltà pria che la cosa avvenga

Carrùbba, s. f. albero, *carrubbo*; ed il frutto *carrubba*

Carrubbèdda, s. f. uova della amia; colpo dato con due dita; carrubbèdda di càssia, frutto dell'acacia

Carrùbbi! escl. *capperi!*

Carrubbìna, s. f. *carabina*, arma da fuoco

Carrubbinàta, s. f. colpo di carabina, *carabinata*

Carrucciàri, v. n. *tracannare*

Carruzzàta, s. f. quanto può portare un carro, *carrata*; per quantità di peso o misura; per *mascherata* in carrozza

Carruzzèdda, s. m. dim. di carròzza, *carrozzino*

Carruzzèri, s. m. *carradore, carpentiere*

Carruzziàrisi, v. n. pass. andar in carrozza per diporto

Carruzziàta, s. f. *spasseggio* in calesse

Carruzzìnu, s. m. piccolo cocchio, *carrozzino*

Carruzzùni, s. m. propriamente la carretta che tirano i buoi; met. persona vecchia e cadente

Càrta, s. f. *carta*; da giuoco, *carte*; carta suca, *carta sugante*; carta di sciu, *carta marezzata*; carta cacàta, *scarabocchio*

Cartabònu, s. m. strumento che serve a lavorar di quadro, *quartabuono*

Cartapìsta, s. f. carta fatta di straccia grossolana, *cartapesta*

Cartàru, s. m. *cartajo*; putìa di lu cartàru, *cartoleria*

Cartàsu, agg. di sapore subacido, *afro*

Cartàta, s. f. ciò che cape in un foglio di carta

Cartazza, pegg. di carta, *cartaccia*

Cartèdda, s. f. *cesta, corba*

Carteggiàri, v. a. tener commercio di lettere con altrui, *carteggiare*

Cartèlla, s. f. pezzo di carta per iscrizioni, lotterie, ec. *cartella*; per le tabelle del giuoco della tombola

Cartèllu, s. m. *manifesto, cartello*; per quello dove si scrivono gli spettacoli o le opere da rappresentarsi in teatro, *cartellone*; pel cartello che appendesi al collo dei rei, *cartello*

Cartèra, s. f. fabbrica di carta, *cartaja, cartiera*; per quello involto che serve a conservare le scritture, *cartella*; per un arnese di mogone, o di altro legno simile fatto a più piani per mettervi scritture, libri, ec.

Cartiàri, v. n. guardare un libro o una scrittura carta per carta, *carteggiare*

Cartiddàru, s. m. facitor di corbe, *panierajo*

Cartiddàta, s. f. misura d'una corba ripiena, *una corba*

Cartiddàzza, s. f. pegg. di cartèdda

Cartòcciu, s. m. carica di polvere di cannone ravvolta in carta o altro, *cartoccio*

Cartulègi, s. m. vecchie schede, *cartucce*

Cartulìna, s. m. dim. di carta, *cartuccia*

Cartulìnu, s. m. *cartolino*

Cartunàzzu, s. m. accr. di cartùni, *cartonaccio*

Cartuncìnu, s. m. dim. di cartùni vedi

Cartunèttu, s. m. dim. di cartùni, *cartonetto*; per modello piccolo di pittura, *cartonetto, cartone*

Cartùni, s. m. *cartone*

Cartusìnu, s. m. la quarta parte d'un foglio di stampa, *carticino*

Cartùzza, s. f. dim. di càrta, *cartuccia*

Càru, s. m. e agg. *caro*; per *grato, giocondo, amabile*

Carugnùni, s. m. *disadatto, vile*

Carusàri, v. a. *tondere, tosare*; parlando di cavalli

Carusèddu, s. m. vasetto di terra, *salvadanaio*; fari carusèddu, *risparmiare, ammassar danaro*; fig. per *ragazzuolo*

Carùsu, s. m. *ragazzuccio*

Carutulàru, s. m. *carotajo*

Caruzzèddu, s. m. dim. di caròzzu, *bazzino*; accr. caruzzùni, *bazzaccia*

Carvaccàri, vedi cravaccàri

Carvàna, s. f. pianta, *ricino*

Carvàna, s. f. *carovana*

Carvanitàti, s. f. *impulitezza*

Carvànu, agg. *inelegante, dozzinale*

Carvunàru, s. m. *carbonajo*

Carvùnchiu, vedi cravùnchiu

Carvunèddu, s. m. dim. di carvùni, *carboncino, carbonetto*

Carvunèra, s. f. luogo dove riponesi il carbone, *carbonaja*; sta anche per carcere

Carvunèttu, agg. di colore, e vale *molto carico*

Carvùni, s. m. *carbone*

Càrzara, s. f. *carcere*

Carzaràri, v. a. *carcerare*

Carzarèri, s. m. *carceriere*

Càsa, s. f. *casa*; per l'aggregato d'una famiglia; casa càuda, casa del diavolo; casa sdirubbàta, casa diruta, *stamberga*; èssiri di casa e putìa, *bazzicare*; casa tirràna, vedi catoju; fattìvu di casa, uomo dedito agli affari domestici; criàta di casa, *fantesca*

Casàcca, s. f. sorta di giubbone, *casacca*; per tutto ciò che veste largamente

Casàli, s. m. mucchio di case in contado, *villaggio, casale*; lassàri o fàri currìri lu casàli, vale non curare, lasciare in abbandono per aver peggio

Casalìnu, s. m. *casolare*

Casamùlu, s. m. *mulo*

Casàta, s. f. i componenti una famiglia, *casata*

Casazza, pegg. di casa, *casoccia*

Cascamòrtu, col verbo *fari*, vale far l'innamorato, *cascamorto*

Cascanìa, s. f. *crosta*

Cascavaddàru, s. m. colui che vende cacio ed altre grasce, *pizzicagnolo, caciajuolo*

Cascavàddu, s. m. cacio fatto col latte della vacca, *caciocavallo*

Cascavaddùzzu, s. m. dim. di cascavàddu; per *caciocavallo fresco*

Cascèri, s. m. *cassiere*

Cascètta, s. f. la parte delle carrozze dove siede il cocchiere, *cassetta*; per *pitale* vedi càntaru

Càscia, s. f. *cassa*; per quella parte ove sta riposto tutto l'ingegno delle macchine; per *puttana*, ec. per arnese dove ripongonsi i morti, *cassa*; gran cascia, tamburo grande da bande militari, *catuba*; per il luogo dove i mercanti ripongono i danari; cascia di dènti, denti artificiali che uniti fra di loro situansi in bocca di chi è privo de' naturali; per *catriosso*

Casciabàncu, s. m. *cassapanca*

Casciarìzzu, s. m. *cassettone*; sta anche per *iscaffale, scansia*

Casciaròtu, e casciàru, s. m. colui che costruisce le casse, *cassettajo*

Casciàta, s. f. quanto può portare un carro, *carpento, carrata*

Cascitèdda, s. f. dim. di càscia, *cassetta*

Cascittìnu, s. f. *cassettino*

Cascittùni, s. m. quadrati fatti per fregio

Casciunèddu, dim. di casciùni; è anche l'arnese ove beccano gli uccelli, *beccatoio*

Casciùni, s. m. cassetta che si tira fuori dagli armadj, o altro arnese simile, *cassone*

Casèdda, s. f. *casella*; per ispazio di terreno quadro, *ajuola*; per iscaffale a vari scompartimenti, *scansia*

Casèntula, s. f. verme, *lombrico*

Casèrma, s. f. *caserma*

Casiddèra, s. f. buche fatte dai ragazzi in terra pel giuoco delle palle, *buche*

Casiddùzza, s. f. dim. di casèdda, *casellina*

Casiggiatùri, s. m. legnajuolo che lavora per quel che serve a rendere abitabile una casa, *falegname*

Casimiru, s. m. panno estero, *casimir*

Casina o casinu, s. f. e m. casa di delizia in campagna, *casino*

Casòttu, s. m. casa posticcia di legname, *casotto*

Càspita! voce amm. *cappita!*

Caspitìna! inter. *cappiterina*

Cassàri, v. a. *cancellare, cassare*; per *ferire*

Cassariàrisi, v. n. pass. passeggiare pel cassero

Cassariàta, s. f. passeggiata pel cassero

Cassariòta, s. f. *sgualdrina*

Càssaru, s. m. una delle strade principali di Palermo detta *Cassero*; in marineria il mezzo ponte della nave, *cassero*; cassaru cassaru, avv. *lealmente*

Cassàta, s. f. specie di torta fatta di ricotta raddolcita con zucchero, *torta*; è anche un sorbetto fatto a guisa di detta torta; fig. *donna pingue e leggiadra*; per macchia d'inchiostro, *scorbio*

Cassatèdda, dim. di cassàta; ovu a cassatèdda, vale fritto con lo strutto e lasciato nella forma che presenta sulla padella o sul tegame appena esce dal suo guscio; cassatèddi di Pasqua, *torterelle*

Càssia, s. f. pianta, *acacia*; quella che ha i fiori odorosi, *gaggia*

Cassìta, s. f. legni del telajo che

tengono il pettine per cui passano i fili della tela, *cassa*

Castàgna, s. f. albero, *castagno*; e il suo frutto *castagna*; castàgna vugghiùta, *succiola*; senza scòrcia o allèssi, *balogia*; castagni munnalòri, *caldarroste*; mòddi, *anseri*; pani di castagna, *castagnaccio*; dim. castagnèdda, *castagnetta*

Castagnàru, s. m. venditor di castagne, *castagnajo*

Castagnòlu, s. m. legnetto o travicello di castagno, *castagnuolo*; agg. di colore simile al guscio della castagna, *castagnolo*

Castàgnu, agg. di pelo, o mantello di cavallo, *castagno*

Castèddu, s. m. *fortezza, castello*; per mucchio di chicchessia, *monticello*; fari castèddi in aria, *arzigogolare*

Castiddàzzu, s. m. castello rovinato, *castellare*

Castigàri, v. a. *punire, castigare*

Castigàta, s. f. *castigamento*

Castigghiùni, s. m. sorta di frumento bianco

Castìgu, s. m. *gastigo*

Castillèttu, s. m. ingegno con cui si coniano le monete, *castelletto*; per uno degli ufficiali del Regio Lotto

Castòru, s. m. animale anfibio la di cui pelle e pelo servono a far cappelli e guanti, *castoro*; per il pelo e la pelle di esso animale, *castoro*

Castràri, vedi crastàri

Casturìnu, s. m. sorta di panno lano leggiero e fino

Càsu, s. m. *caso, avvenimento*; per *sorte, destino*; per *propo-*

sito, *soggetto*; mittèmu càsu, vale *poniam caso*; 'ncàsu, vale *se*

Casùbula, s. f. veste che porta il prete sopra gli altri paramenti, *planeta*

Casulàru, s. m. luogo dove si fabbricano il cacio, il burro ec. *cascina*

Casuliàri, v. a. andar di casa in casa, *bazzicare*

Casumài, avv. *qualora*, *se mai*

Casùncula, s. f. *casipola*

Casùna, s.f. accr. di càsa, *casone*

Casùzza, s. f. dim. di càsa, *casuccia*

Catacài, s. m. sorta di barca, voce turchesca

Catacògghiri, v. a. *cogliere*, *persuadere*, *accalappiare*

Catacùmmi, s.f. plur. *catacomba*

Catafàrcu, s. m *catafalco*; per *mucchio*, *massa*, *catasta*

Catalèttu, s. f. *bara*, *cataletto*

Catalògna, s. f. pianta palustre, *androsace*

Catambòta, s. f. *capitombolo*

Catamènu o catamìnu, s. m. tempo determinato; a catamìnu, avverbial. *di tempo in tempo*

Catamiàri, v. a. e n. p. *muovere*, *spignere*, *ciondolare*, *dimenare*

Catàmmari catàmmari, avv. *pian piano*, *adagio*, *lentamente*

Catapanàta, s. f. *avversità*, *riprensione*

Catapanìa, s. f. l'ufficio del catapànu

Catapànu, s. m. antico magistrato addetto a giudicare le liti che insorgono nei mer-

canti, *grascino*; sta anche per *isgherro*

Catapèzzu, agg. ad uomo, vale *disutile*

Catapòzzuli! escl. *zizole!*

Catapòzzulu, s. f. pianta, *catapuzia*

Catapràsima, s. f. impiastro, *cataplasma*; fig. uomo tedioso

Catarràtta, s. f. cecità che viene per un velame agli occhi, *cateratta*; per cascata d'acqua; per *sotterraneo*, *catacomba*; per quella porta che serve a chiudere l'apertura d'una vasca, *gora* ec.

Catarràttu, s. m. imposta che serve a chiudere i piani superiori nelle scale, *levatojo*; per le serrature che stanno alle porte delle città e delle fortezze *cateratta*; per sorta d'uva vinifera

Catàrru, s. m. *catarro*

Catarrùni, s. m. pegg. *catarrone*

Catarrùsu, agg. *catarroso*

Catàru, s. m. fabbricante di secchie di legno, *bottaio*, *catinajo*

Catàscia, s. f. *bozzima*; per una erba detta branca ursina, ed altra grassùdda, vedi

Catàsta, s. f. *catasta*, *ammasso*

Catastàri e accatastàri, v. a. *ammonticchiare*; per imporre il catasto, *catastare*

Catàstu, s. m. registro e stima dei beni stabili, *censo*, *catasto*; per imposizione su di essi beni

Catatùmmuli, s. m. plur. specie di fungo

Catachìsimu, s. m. *catechismo*

Catèrva , s. f. moltitudine di persone, *caterva*

Catètaru, s. m. *catetere*

Catiàri, v. n. attingere acqua col catino, secchia ec.

Catina, s. f. *catena*, monile d'oro; per giogo, schiavitù, legame

Catinazzòlu , s. m. serratura mobile, *paletto*

Catinàzzu, s. m. *catenaccio*; fari catinàzzu, si dice di un'arma quando non piglia fuoco; li catinàzzi di lu còddu, *nodo del collo*

Catinèdda, s. f. dim. di catina, *catenella*; per una specie di ricamo

Catinètta, s. f. *cilicio*

Catinigghia, s. f. *catenella, pendaglio*

Catòju, s. m. stanza terragna

Catòlicu, agg. *cattolico*

Catràma, s. f. *catrame*; dàri catràma, vale tener a bada

Catrècia, s. f. *spina dorsale*; per l'ossatura del cassero dei polli, *catriosso*

Càttara ! escl. *capperi!*

Cattiva, agg. *vedova*

Cattivànza, o cattivitàti, s. f. *vedovanza*

Cattivèllu, s. m. specie di tessuto di seta di seconda qualità, *filaticcio*

Cattìvu, s. m. *vedovo*

Catturàri, v. a. *catturare*

Càtu, s. m. strumento per attigner acqua, *secchia*

Catùbbu, agg. *malanno*

Catùgghia, s. f. voce di scherno, vale persona *infima, rustica, insolente, berghinella*

Catuniàri , v. a. *importunare, borbottare, mormorare*

Catùniu, s. m. *molestia, borbottamento*

Catuniùsu, agg. *importuno, nojoso, borbottatore*

Catusàtu, s. m. *acquidotto, acquidoccio*

Catùsu, s. m. *doccione*

Càva, s. f. buca sotterranea fatta per estrarre qualche materia utile all'industria, *cava*; di sàli, *salina*; di sùrfaru, *solfanaria, zolfara*

Cavaddàru, s. m. chi guida il cavallo, *cavallaro*

•Cavaddàzzu, s. m. *cavallaccio*

Cavaddinu, agg. *cavallino*; musca cavaddina, *mosca culaja*

Cavaddiscamènti, avv. *ignorantissimamente*

Cavaddittu, s. m. piccolo cavallo, *cavalletto*; sta anche per quello strumento che sostiene le tele de' pittori, *cavalletto*; per quello arnese dove i malfattori ricevon frustature, *gogna*

Cavàddu, s. m. *cavallo, destriero*; cavaddu di cùrsa, vedi giannèttu; cavaddu bàju, *caval bajo*; fasòlu, *balzano*; di carròzza, *da tiro*; scùgghiu, *castrato*; fàrbu, *falbo*; muschïàtu, *bardo moscato*; mirrìnu, *grigio*; palùmmu, *bardo*; sardìscu, *sardesco*; fruciùni, *frigione*; di vàrda, *da basto*; di ràzza, *stallone* — A cavàddu dàtu nun ci circàri sèdda, a caval donato non si guarda in bocca

Cavàddu marinu, s. m. animale anfibio, *ippopotamo*

Cavaddùni, accr. di cavàddu, *cavallone* ; per gonfiamento

delle acque del mare, *cavallone*

Cavaddùzzu, s. m. dim. di cavàddu; cavadduzzu marinù, insetto di mare, *ippocampo*

Cavadènti , s. m. arnese di ferro per trarre i denti, *cane*

Cavàgna, vedi fascèdda

Cavagnèdda, dim. di cavàgna

Cavalèri, s. m. *cavaliere*

Cavaliròttu e cavalirùzzu, s. m. dim. di cavalèri

Cavallarìa, s. f. milizia a cavallo, *cavalleria*

Cavallarìzza, s. f. *scuderia*

Cavallarizzu, s. m. *cavallerizzo*, colui che ammaestra i cavalli

Cavallina, s. f. *inganno, cavalletta*

Cavallittu, s. m. legni confitti a guisa di trespolo per fabbricare, *capra*

Cavàllu, s. m. figura delle carte da giuoco e degli scacchi, *cavallo*

Cavallùni, vedi cavaddùni

Cavarcàri, v. a. e n. *cavalcare*; per *sopraffare*

Cavàta, s. f. *cavata* ; cavata di sàngu, *salasso*

Cavatàcci, vedi scippatàcci

Cavatùni, s. m. sorta di pasta grossa

Cavatùra, s. f. l'atto del cavare, *cavatura*

Cauciàri, v. n. trarre dei calci, *calcitrare*

Cauciàta, s. f. *calcitrazione*

Cauciatùri, s. m. e agg. *calcitroso*

Caucina, vedi quacina

Caucinàzzu, vedi quacinàzzu

Caucisi, vedi quacisi

Càuciu, s. m. *calcio*; dari un càuciu, met. vale *rinunziare, ributtare*

Càuda, s. f. l'infocar de' ferri nelle fucine; dari la cauda, vale *beffare*

Càudu , s. m. *caldo* ; e agg. caldo, *iracondo*

Càudu càudu, avv. *prestamente*

Cavèsa, s. f. capo; per *ingegno*

Caviàli, s. m. vedi capitali; per le uova del pesce storione, *caviale*

Cavìgghia, s. f. *cavicchio*; pezzo di legno per impedire la uscita di un fluido, *zaffo*; per piccola faccenda; per legnetto che sta al manico degli strumenti da corda, *bischero*; per quello che s' adatta ai clavicembali , arpe e simili, *piroli*; circàri cavigghi, *sofisticare*; mèttiri cavigghi, mettere ostacoli; pezzo che fa parte del telajo dei tessitori

Cavigghiùni, s. m. piccolo legno che si conficca ne' muri o in terra per diversi usi, *piuolo, appicagnolo*

Cavillàri, v. n. *cavillare*

Cavìllu, s. m. *cavillo*

Cavillùsu, agg. *cavilloso*

Cavìolu, s. m. persona grande e disadatta, *personcione*

Caviulàzzu, pegg. di cavìolu, *disutilaccio*

Caviulùni, accr. di cavìolu, *melensissimo*

Caulicèddi, vedi cavulicèddu

Caulìddi, vedi càvulu

Càulu, vedi càvulu

Càusa, s. f. *lite, causa*; per metà di calzoni, vedi càusi

Causànti, vedi quasànti

Causatùri, vedi quasatùri

Causètta, vedi quasètta

Càusi, s. m. plur. *calzoni*

Causittèri, vedi quasittèri

Causittùni, vedi quasittùni

Causunèddi, vedi quasunèddi

Causùni, vedi quasùni

Cautelùsu, agg. *guardingo*

Càvu, s. m. *cavo, cavità*

Cavucavusèddu, col verbo purtàri, vale portare persona in due con le mani incrocicchiate, *portare a predelline*

Cavulicèddu, s. m. pianta, *colza*, vedi razzi

Cavulicìddàru, s. m. venditore di erbe selvagge bollite

Càvuli di ciùri, vedi vròcculu

Càvulu, s. m. pianta, *cavolo*; agghiùnciri pipi a li càvuli, vale far pel suo peggio

Càzza, s. f. sorta di cucchiajo di ferro, *mestola, cazza*

Cazzalòra, s. m. vaso di rame, *casseruola, cazzeruola*

Cazzàri, v. a. proprio della marineria, tirare a sè la fune, *alare, cazzare*

Cazzaria, s. f. *bagattella, bordelleria*

Cazzèttu, s. m. per ischerno, *ometto, omicciuolo*

Cazzìàri, v. n. *trastullarsi, scazzellare*

Càzzica, s. f. *capitombolo*; fari cazzica, far capitombolo; cazzica! escl. *cappita!*

Cazzicatùmmula, s. f. *capitombolo*; met. col verbo fari, vale *arrendersi, divenire*

Cazzòla, s. f. mestola che usano i muratori, *cazzuola*; facci di cazzòla, vale assai lunga

Cazzòttu, s. m. pugno dato nel mento, *cazzotto*; per cacciòt-

tu, pane molle acconciato con cacio, burro, ec.

Càzzu, s. m. membro virile, *cazzo*

Cazzulèdda, s. f. dim. di cazzòla

Cazzulètta, s. f. piccol vaso da profumi, *profumiera*

Cazzuliàri, v. n. *dondolare, gironzare*

Cazzuliàrisi, v. n. pass. affaticarsi inutilmente, *anfanare*

Cazzuliàta, s. f. *finzione*

Cazzulìgghiu, s. f. sorta di manicaretto, *cibrèo*

Cazzùni, s. m. *disutile, cazzaccio*

Cazzuttàru, s. m. venditor di cazzòtti, o pani molli acconciati con cacio, burro e carne insalata

Cazzuttiàta, s. f. zuffa a pugni; met. diverbio

Cazzuttùni, s. m. accr. di cazzòttu

Ccà, e ccàni, avv. *qua*; di ccà ccà, *fin da ora*

Cci cci, voce con cui chiamansi i polli, *billi billi*

Cècu, agg. *cieco*

Cèdda, s. f. *cella*

Cèddara, s. f. giuoco da fanciulli

Cèdiri, v. n. *cedere, concedere, cadere*

Cedulàri, v. a. avvisare per via di cedola, o scrittura privata

Cefàlica, s. m. sorta di tabacco

Cèfalu, vedi mulèttu

Cèlu, s. m. *cielo*; per *aere*; a celu apèrtu, vale piovere dirottamente

Censualista, s. m. *enfiteuta*

Cènsu, s. m. prestazione annua, *canone*

Centannàli, agg. *centenario*

Centennàriu, vedi centannali

Centòna, s. f. confusione di voci *chiucchiarlaja*

Cèntu, s. m. *cento*

Centumìla, s. m. *centomila*

Centunèrvi, s. f. pianta, *piantaggine*

Centupèddi, s. m. il secondo ventricolo degli animali, lo *sfogliato*

Centupèdi, s. m. insetto col corpo lungo, e due piedi in ciascun anello, *centogambe*

Cèra, s. f. aspetto, *cera, luchera*

Cèrca, s. f. *cerca;* fari la cerca, chieder la limosina, propr. de' frati mendicanti

Cèriu, s. m. candela grossa, *cereo, cero*

Cèrnia, s. f. pesce, *orfo*

Cèrniri, v. a. *stacciare, abburattare*

Cèrru, s. m. ciocca di capelli, *cerfuglio;* per piccola quantità di lana, *bioccolo;* per sorta di vestimento, vedi bùstu

Cèrsa, s. f. albero, *quercia*

Cerùssa, vedi bianchèttu

Cersavòi, s. m. pianta, *cartamo*

Cèssu, agg. *ceduto;* per *diruto, pericolante*

Cèusa, s. f. albero, *gelso, moro;* e il frutto *gelsa, mora;* per quelle rilevanze che vengono sulle unghia del cavallo, *cerchione*

Chèccu, agg. *troglio, tartaglione*

Chèrchiri, s. m. pianta, *cicerchia*

Chi, part. rel., *chi, il quale, che*

Chiacchèttu, s. m. dim. di chiàccu, *cappietto;* met. per *furbo, maligno*

Chiàcchiara, s. f. *chiacchierio, ciarla, chiacchiera;* senza fari chiàcchiari, sign. *tosto, immantinente*

Chiacchiariàri, v. n. *discorrere, chiacchierare, favellare*

Chiacchiarètta, s. f. dim. di chiàcchiara; per favellare semplicemente

Chiacchiariàta, s. f. *chiaccherata*

Chiacchiarùni, s. m. *chiaccherone*

Chiàccu, s. m. *nodo, cappio, capestro;* mèttiri lu chiaccu a la gùla, *sopraffare, opprimere;* èssiri cu lu chiaccu a la gula, vale essere all'ultimo termine; chiaccu di fùrca, *capestraccio*

Chiàga, s. f. *piaga*

Chiamàri, v. a. *chiamare;* per *gridare, convenire, citare*

Chiamàta, s. f. *chiamata;* per flusso di ventre, *citazione*

Chiàmu, s. m. *chiamamento, chiamo;* per lo strumento che usano i cacciatori per chiamar gli uccelli

Chiàna, s. f. *pianura, landa:* per *pialla*

Chianàri, v. a. *piallare*

Chianàta, agg. *piallata*

Chiànca, s. f. bottega da vender carne, *beccheria;* per *ceppo;* chianca di lu strinciùri, la base dello strettojo; per masso di zolfo; chianca di corna, detto per ispregio ad uomo che soffre in pace qualunque torto

Chiancarùtu, agg. dicesi d'uomo corto e paffuto, *tangoccio*

Chianchèri, vedi guccèri

Chianchiàri, v. a. *macellare*

Chianchiàta, s. f. *il bussare*

Chiànciri, v. n. *piangere*; farla chiànciri ad unu, vale *vendicarsi*

Chianciulìnu, agg. *lagrimoso*

Chianciùta, s. f. *pianto, piagnimento*

Chiancùni, s. m. quel ceppo dello strettojo che comprime le gabbie; per uomo grosso e goffo

Chiancùtu, vedi chiancarùtu

Chianèdda, vedi tappìna

Chianèddu, vedi chianòzzu

Chianètta, s. f. strumento dei fontanieri per cavar acqua simile ad un elmetto; met. cappello sdrucito ; 'ncarcari la chianètta, vale percuotere alcuno sul cappello posto in capo

Chianicèddu, vedi chianiòlu

Chianiddàru, vedi pantufalàru

Chianiòlu, s. m. dim. di chiànu, *pianetto*

Chianiulèddu , s. m. dim. di chianiòlu

Chianòzzu, s. m. strumento da falegname, *pialla*

Chiànta, s. f. *pianta*; vigna novella ; chianta di la manu, palma della mano; chianta di lu pèdi, *pianta*

Chiantamèntu , s. m. *piantamento*

Chiantàri, v. a. *piantare*; chiantàri manu ad unu, vale fargli violenza; per *abbandonare*

Chiantàtu , agg. da chiantàri, *piantato*; fig. *avaro*

Chiantatùri, s. m. *foraterra*

Chiantèdda, s. f. striscia di cuojo che mettesi tra il suolo e il tomajo della scarpa, *tramezza*

Chianticèdda , s. f. dim. di chiànta, *piantolina*

Chiantìmi, s. f. piantarelle da trapiantarsi, *polloneto*

Chiàntu, s. m. *pianto*

Chiànu, s. m. e agg. *piano*; a pedi chiànu, vale a pian terreno

Chiànu, avv. *piano, lentamente*

Chiànu-chiànu, avv. *pianamente*

Chianùni, s. m. pialla grande

Chianùra, s. f. *pianura*

Chianuzziàta, s. f. *piallata*, colpo di pialla

Chianuzzèddu, s. m. dim. di chianòzzu

Chiàppa, s. f. *natica*; chiappa di ficu, dicesi di quei fichi fessi e secchi posti l'un contro l'altro; per una piastra di metallo che termina per lo più con un occhiello, *rampa, rampino, raffio*

Chiàppara, s. f. pianta , *cappero*

Chiapparàta, vedi cacàta

Chiapparatùna, accr. di chiapparàta

Chiapparùtu, agg. che ha del grosso e del piatto

Chiappinàzzu , agg. pegg. di chiappìnu

Chiappìnu, agg. uomo tardo nel cammino e nell'oprato

Chiappitèdda , s. f. dim. di chiàppa

Chiappunàzzu , s. m. pegg. di chiappùni

Chiappùni, s. m. pietra quadrilunga per fabbricare ; detto d'uomo, vale *pigro*; per cosa piatta e schiacciata

Chiàra, s. f. albume dell'uovo, *chiara*; fari la chiàra a lu vinu, vale chiarificarlo

Chiaravàllu, s. m. *almanacco*; met. agg. *menzognero*.

Chiarèllu, s. m. met. *vino*

Chiarchiarèddu, s. m. dim. di chiarchiàru

Chiarchiàru, s. m. *pietraja*

Chiaria, s. f. *albore*

Chiarìri, v. a. *chiarire*; n. p. *cerziorarsi*

Chiarizza, s. f. *chiarezza*

Chiàru, s. m. met. *vino*

Chiàru, agg. *limpido*, *chiaro*; beddu chiàru, avv. apertamente ; agg. d' uovo , vale *sterile*, *subventaneo*; ad uomo vale *impotente*

Chiàru, avv. *chiaramente*

Chiaruscùru, s. m. *chiaroscuro*

Chiàsima, s. f. *ruggine*

Chiàssu, s. m. *rumore*, *chiasso*

Chiàtta, s. f. barca, *piatta*

Chiattìdda, s. f. insetto, *piattola*

Chiattizza, s. f. *grassezza*; per cosa piatta e schiacciata

Chiàttu, agg. *piatto*; per *grasso*

Chiattuliddu, agg. dim. di chiattu

Chiattunàta, s. f. *piattonata*

Chiattunèddi, s. m. sorta di pesci alquanto piatti

Chiattuniàri, v. a. *piattonare*

Chiavàri, v. a. *conficcare* ; in senso osceno, usare il coito, *chiavare*

Chiavàta, s. f. il chiavare

Chiavàtu , agg. di cavaliere , *ciambellano*

Chiavèddu, s. m. *cavicchio*

Chiavèra, s. f. anello con cui son legate le chiavi ; presso gli òriuolai un archietto in giro al quale son poste le chiavi da oriuoli di diverse dimensioni

Chiavèri, vedi chiavittèri

Chiàvi, s. f. *chiave*

Chiavittèri , s. m. *magnano* , *chiavajuolo*, *toppallacchiave*

Chiavùzza, s. f. dim. di chiàvi

Chiàzza, s. f. *piazza*

Chiazzàta, s. f. *chiassata*

Chiazzètta, s. f. dim. di chiàzza

Chiazzittèdda , s. f. dim. di chiazzètta

Chìca, s. f. *piega*

Chicàri, v. a. *piegare*

Chicàtu, agg. da chicàri, *piegato*

Chicatùra, s. f. *piegatura*

Chicatùri, s. m. strumento usato dai bottai per piegare le doghe

Chicchïamèntu, s. m. il balbettare, *balbuzie*

Chicchïàri , v. n. *tartagliare* , *balbettare*

Chicchïàta, s. f. il balbettare, *tartagliamento*

Chichicèdda, s. f. dim. di chìca, *piegolina*

Chichirichì, voce del galletto, *chicchirichi*

Chìddu, pron. *quegli*

Chièricu, s. m. *chierico*

Chièrchiri, vedi chèrchiri

Chifarùsu, agg. corto e gobbo, *caramogio*

Chifaurùsa, s. f. nocciola vuota e gobba

Chiffàri, s. m. *occupazione*, *briga*, *affare*

Chifìla, s. f. gomma che si trae dall'adragante, *adraganti*

Chìlu, s. m. *chilo*

Chìna, s. f. *piena*

Chìna, s. f. pianta, *china*

Chinìssimu, agg. sup. di chìnu

Chinìzza, s. f. *pienezza*

8

Chinòttu, agg. accr. di chìnù, *grassotto*

Chìnu, agg. *pieno*

Chìnula , s. f. giuoco di càrte alquanto complicato

Chiòviri, v. n. *piovere*

Chiòvu,, s. m. *chiodo*; chiantàri li chiòva ad unu, vale accusarlo ingiustamente

Chiràgra, s. f. *chiragra*

Chirchirìddu, s. m. *cocuzzolo*

Chirurgìa, s. f. *chirurgia*

Chirùrgu, s. m. *cerusico*

Chissi, voce onde si cacciano i gatti

Chissu, pron. *cotestui; cotesto*

Chìstu, pron. *questi, questo*

Chitàrra, vedi citàrra

Chiù, vedi chiùi

Chiudènna, s. f. *imposta*

Chiùdiri, v. a. *chiudere*

Chiùi e cchiùi, avv. *più*

Chiùjiri, lo stesso che chiùdiri vedi; chiuj chiùj, *serra serra*

Chiumazzèddu, s. m. dim. di chiumàzzu, *guancialino*; chiumazzèddu di spìngulì , *torsello*

Chiumàzzu, s. m. *capezzale*

Chiumazzùni , s. m. accr. di chiumàzzu ; per cuscino da sedie, sofà ec. *piumaccio*

Chiummalòra, vedi ghiummalòra

Chiummìnu , s. m. strumento per trovare l'altezza dei fondi o le diritture, *piombino*

Chiummìnu , agg. *piombino , piombato*

Chiùmmu, s. m. *piombo* ; per migliarole, vedi pirtiçùni

Chiummusèddu, agg. dim. di chiummùsu

Chiummùsu, agg. *piomboso*; met. *nojoso, pesante*

Chiunnaccà, avv. *più in qua*

Chiunnaddà, avv. *più in là*

Chiuppiàri, v. n. parlar aspro

Chiuppìri, vedi scuppàri

Chiùppu , s. m. *pioppo* ; fra chiùppu, *frataccio*

Chiùrma, s. f. *ciurma*; pei marinai che servono al governo di una nave, *marinaresca*

Chiurmàgghia, s. f. *ciurmaglia*

Chiùsa, s. f. *bandita*

Chiùsu, agg. *chiuso*; per *cupo*

Chiusùra, s. f. *conclusione*

Chiuttòstu, e cchiuttòstu, avv. *piuttosto*

Chiuvàna, vedi acqua

Chiuvàra, s. f. arnese che serve a far la capocchia a' chiodi, *chiodara*

Chiuvàrda, vedi ciàrda

Chiuvàru, s. m. facitor di chiodi, *chiodaruolo*

Chiuviddicàri, v. n. *piovigginare*

Chiuvìddu, s. m. dim. di chiòvu, *chiodetto*

Chiuvùsu, agg. *piovoso*

Ci, talora avv. *qui, qua, o di qui, li, vi*; pron. *ci, gli, loro*

Ciàca, s. f. *ciotto, ciottolo, sasso*

Ciacàri e 'nciacàri, v. n. *selciare*

Ciacàta, s. f. colpo di ciotto, *ciottolata*

Ciacàtu e 'nciacàtu, agg. *selciato*

Ciàcca, s. f. *screpolatura, fenditura*

Ciaccàri, v. a. *fendere*; e n. p. *screpolarsi, aprirsi*; detto di terreno, *scassinare*

Ciaccàtu, agg. da ciaccàri, *fesso*

Ciaccatùra, s. f. vedi ciàcca

Ciàcchiti, voce indicante il suono di cosa che si schiacci o cada, *ciacche*

Ciàccula, s.f. *fiaccola*; per quella lanterna che serve ad uccellare o pescar di notte, *frugnolo*; per fascio di frasche o gambi dell'ampelodesmo che s'accendono la notte per condursi in vie oscure, *fiaccola, facella*

Ciacculiàri, v. n. andar la notte a sorprender con fiaccole taluni volatili, *frugnolare*

Ciachètta, s. f. dim. di ciàca, *ciottoletta*

Ciacùdda, s. f. *sassolino*

Ciacùni, s. m. *ciottolone*

Ciafagghiùni, s. m. pianta, *cerfuglione*

Ciàfalu, agg. *scimunito, bighellone*

Ciàffa, s. f. *zampa*

Ciaffàta, s. f. *zampata*

Cialòma, s. f. *chiucchiurlaja, bisbiglio*

Ciambèlla, s. f. movimento nobile del cavallo nello stesso luogo, *ciambella*

Ciàmma, s. f. *fiamma*

Ciammillòttu, s. m. *ciambellotto*

Ciàmpa, s. f. *zampa*

Ciampàta, s. f. *zampata*

Ciampèdda, s. f. *piastrella*

Ciampiddùzza, s. f. dim. di ciampèdda

Ciampillètta, s.f. *ciambella* farina intrisa di uova, burro, e zucchero a guisa di anello

Ciampitèdda, s. f. dim. di ciampa, *zampetta*

Cianchèttu, s. f. arnese imbottito di bambagia che usano alcune donne per dar contorno alla vita

Ciancianèdda, s. f. *sonaglio*

Ciancianiddùzza, dim. di ciancianèdda

Cianciulìnu, vedi chianciulìnu

Ciàncu, s. m. *fianco*

Ciantràtu, vedi ciantrìa

Ciantrìa, s. f. *cantoria*

Ciàntru, s. m. *cantore*

Ciàppa, s. f. addoppiatura fatta alle cigne, cignoni e simili, per mettervi fibbie, cinture o altro, *ciappa*

Ciappètta, s. f. arnese di metallo o altro per affibbiare, *borchia*

Ciàppula, s. f. *trappola*

Ciaramèdda, s. f. strumento da fiato composto d'un otre e tre canne, *cornamusa*

Ciaramiddàru, s. f. suonator di cornamusa

Ciaramiddùzza, s. f. dim. di ciaramèdda

Ciaramìta, s. f. pezzo di vaso di terra rotto, *coccio*

Ciàrda, s. f. malattia che vien sopra l'unghia del cavallo, *giarda, giardone*

Ciardèllu, agg. *dappoco, ciofo*

Ciardùni, s. m. pasta a guisa d'ostie mescolata con zucchero e ridotta a cartoccio, *cialdone*

Ciarlatànu, s. m. *ciarlatano*; per *ciarlone*

Ciarmàri, v. a. *ammaliare, ciaramellare*

Ciarmàtu, agg. da ciarmàri

Ciarmatùri, s. m. *ciurmadore*

Ciàrmu, s. m. *ciurmeria*

Ciarmullàri, v. n. *ciacciamellare, ciaramellare*

Ciàrpa, vedi sciàrpa

Ciarratànu, vedi ciarlatànu

Ciaschèra, s. f. *fiasca*

Ciaschitèddu, s. m. dim. di ciàscu, *fiaschetto*; fari comu li ciaschitèddi, *ballonzare*

Ciàscu, s. m. *fiasco*

Ciascùni, s. m. accr. di ciàscu

Ciascùnu, pron. *ognuno, ciascheduno*

Ciatàri, v. n. *respirare, fiatare*; ciatàri gròssu, vale esser adirato; per *ansare*

Ciatatìna, s. f. *ansia, ansima*

Ciàtu, s. m. *fiato*; livàri lu ciàtu, vale *opprimere*; pigghiàri ciàtu, *respirare*; nèsciri lu ciàtu, *affannare, stancare*

Ciatùni, s. m. accr. di ciàtu

Ciàula, s. f. uccello, *gazza, gazzera*; met. per *cornacchia*

Ciaullàri, vedi ciarmuliàri

Ciauliàta, s. f. *cicalamento*

Ciàuru, s. m. *odore, fragranza*; per *indizio*

Ciavarèddu, s. m. *capretto*

Cibbàri, v. a. *cibare*

Cibbèdda, s. f. palo cui si attacca la cavalla per farla coprire

Cibbòriu, s. m. *tabernacolo, ciborio*

Cibbu, s. m. *cibo*

Cicàla, s. f. insetto, *cicala*; per un giuocherello da ragazzi che ne imita lo stridore

Cicalàzza, pegg. di cicàla

Cicalèdda, dim. di cicàla, *cicaletto*

Cicaliàri, v. n. *cicalare*

Cìcara, s. f. *chicchera*

Cicarèdda, dim. di cìcara

Cicarùni, pegg. di cìcara, *chiccherone*

Cicatrìci, s. f. *cicatrice*

Cicatrizzàri, v. n. *cicatrizzare*

Cicàri, vedi accicàri

Cicchitèdda, s. f. sorta d' uccello, *occhio-cotto*

Cicchiti, il suono del ghiaccio o del vetro quando si fende, *crich, cri cri*

Cicciulu, vedi cèrru

Cicculatèra, s. f. *cioccolattiera*

Cicculatèri, s. m. *cioccolattiere*

Cicculàtti, s. m. *cioccolato, cioccolatte*

Cicèrbita, s. f. pianta, *cicerbita*

Cicèrchia, s. f. pianta, *cicerchia*

Cicì, voce detta ai bambini, vedi pipì

Cì cì e ccì ccì, voce con cui si chiamano i polli, *bille bille*

Cìcia, s. f. e dim. ciciarèdda, chiamasi il membro dei ragazzi

Cicìddu, s. m. vezzegg., *bimbo, bamboccio*

Cicigghiu, s. m. sorta di lucertola, *cicigna*

Cicìra, vedi cìciru; pigghiàri la cicìra, *sbevazzare, zizzolare*

Cicirèddu, s. m. sorta di pesce piccolo senza squame

Cicirimigna, s. f. pianta, *cardo*

Cicirittu, s. m. dim. di cìciru

Cìciru, s. m. pianta, *cece*; per una specie di carattere da stampa, *cicero*

Cicirùni, s. m. chi spiega nei musei ed altrove le rarità, *cicerone*; per uccello, *ortolano*

Cicisbèu, s. m. *cicisbeo, vagheggino*

Cicògna, s. f. uccello, *cicogna*

Cicòria, s. f. pianta, *cicoria*

Cicùta, s. f. pianta, *cicuta*

Cicutària, s. f. pianta, *cicutaria*

Ciddaràriu, s. m. *cellerario*

Ciddùffu, s. m. sorta di uva

Ciddùzza, s. f. dim. di cèdda, *celletta*

Ciditùri, s.m. luogo dove si macellano le bestie, *ammazzatojo*

Cidulùni, s. m. *cedolone*

Ciéra, s. f. vedi seggia; cunzàmu cièri, chiamasi colui che acconcia masserizie rotte, *rattoppatore*

Cifra, s. f. *cifra*

Cifràri, v. a. *cifrare*

Cignàli, s. m. vedi porcu sarvàggiu

Cignu, s. m. uccello, *cigno*

Ciiràru, s. m. vedi siggiàru

Ciirèdda, s. f. *seggiolina*

Cilàri, vedi ammucciàri

Cilèbbra, vedi carrùbba

Cilèccu, s. m. *panciotto*

Cilènna, s. m. strumento per dar lustro alle tele e a' drappi, *mangano*; per l'acqua preparata con gomma ed altre materie vischiose ove intingonsi i drappi o le tele per sottoporsi al mangano, *salda*

Cilèppu, s. m. *giulebbe*

Cilèstru, vedi azzòlu

Ciliccàzzu, s. m. pegg. di cilèccu

Cilicchèddu, s. m. dim. di cilèccu

Ciliccunèddu, s. m. dim. di ciliccùni

Ciliccùni, s. m. *farsettone*

Cilìndru, s. m. *cilindro*; per il rotolo, ch'è uno strumento di pietra d'un sol pezzo che serve ad appianare il terreno *ruzzolone, cilindro*; presso gli stampatori è il cilindro che porta l'inchiostro su' caratteri, *rullo*

Cilinnàri, v. n. il lustrare le tele e i drappi per mezzo del mangano per dar la salda, *insaldare*

Cìliu, s. m. macchina trionfale sacra portatile

Cilìziu, s. m. *cilicio*

Cilliràriu, s. m. *cellerario*

Cìma, s. f. *cima*

Cimalòri, s. m. plur. frutta di ortaggi che nascono in cima

Cimàri, v. a. e dicesi prop. del vino in botte, *misurare*

Cimàsa, s. f. *cimasa*

Cimatùri, s. m. misuratore di vini

Cimèdda, s. f. canna per pescare all'amo

Cìmicia, s. f. insetto, *cimice*

Cimiddalòru, s. m. pescatore che adopera la lenza

Cimiddiàri, v. n. *tentennare, barcollare, traballare*

Ciminàuru, s. m. pianta, *comino*, ed il seme del comino

Ciminèddu, vedi òrvu

Ciminìa, s. f. *fumajuolo*

Ciminnìta, s. f. sorta di uva che ha gli acini bislunghi

Cimìnu e ciminu dùci, vedi ànasu

Cimitèriu, s. m. *cimitero*

Cimmalària, vedi capiddi di la Maddalèna

Cimmalàru, s. m. fabbricator di cembali, *cembalajo*

Cìmmalu, s. m. *pianoforte, clavicembalo*

Cimòrru, s. m. infermità che viene a molti animali, *cimurro*

Cimùsa, s. f. striscia grossolana nell'orlo de' panni, *cimossa*; della tela *vivagno*

Cinàbriu, s. m. color rosso, *cinabro*

Cinànca, s. f. malattia che produce un grande appetito, *bulimia*

Cinànca, s. f. insetto che nasce sotto la lingua de' cani, *litta*

Cincannàli, agg. *quinquennale*

Cincèdda, s. f. fascia con cui si cingono le donne nel puerperio

Cinchèdda, s. f. parola che si usa col verbo fari, come p.e. farinni quantu.... vale farne delle brutte

Cinchìna, s. f. *cinquina*

Cincìli, s. m. *gengiva, gengia*

Cinciri, v. a. *cingere*

Cinciùtu, agg. *cinto*; per *stretto*

Cìncu, n. num. *cinque*

Cincucèntu, n. num. *cinquecento*

Cincufògghi, s. f. pianta, *cinquefoglie*

Cincuràna, s. f. moneta di rame, del valore di cinque grani

Cincuranèdda, dim. di cincuràna; è anche una forma di pane che costa cinque grani

Cinga, s. f. *cinghia*; màstru di cinga, vedi siggittèri

Cingàta, s. f. *sferzata, piattonata*

Cìnghi, s. f. plur. *cinghiatura*

Cinghiàri, v. a. *vergheggiare*

Cinghiàta, s. f. l'atto di percuotere con cinghia

Cìngulu, s. m. *cordiglio, cintura, cintola*

Cinicèdda, s. f. dim. di cèna, *cenetta*

Cinnamòmu, s. m. pianta, *cinnamomo*

Cinniràta, s. f. ranno imperfetto, *cenerata*

Cinniràzzu, s. m. *ceneraccio*

Cinnirèdda, s. f. *cinigia*; per persona che durante lo inverno sta sempre vicino al fuoco, *cova il fuoco*

Cìnniri, s. f. *cenere*; cìnniri di fèzza, è quella che si ottiene dalla combustione della feccia del vino

Cinnìrinu, agg. *cenerino, cenerognolo*

Cinnirùsu, agg. *ceneroso*

Cinaglòssa, s. f. pianta, *cinoglossa*

Cinquànta, n. num. *cinquanta*

Cinquantaduràna, s. m. moneta d'argento di tal valore; cinquantaduràna lisciu, *monello*

Cinquantìna, s. f. *cinquantina*; per *bottaccione*

Cinquantìnu, agg. di persona ch'è nella età di cinquant'anni; per una misura di chiodi

Cìnta, s. f. *cinta*; per *cintura, cintola*; cinta di tèsta, *cefalalgia*; acqua di cinta, l'acqua che sgorga da taluni massi

Cintìgghiu, s. m. *cintolo*; tra noi si dà questo nome a quelli fregiati di gemme, o che contengano monete d'oro

Cintimulàru, s. m. *mugnaio*; e propriamente colui ch'è addetto a far girare il mulino, che in dialetto dicesi cintìmulu vedi

Cintìmulu, s. m. *mulino*; fari firriàri lu cintìmulu, vale *raggirare*

Cintinàru, s. m. *centinajo*

Cìntula, s. f. *cintura*

Cintùra, s. f. fascia di panno o di cuojo con la quale l'uomo cingesi a mezzo della persona per portar la spada, e quella che portan certi frati, *cintura*

Cinturètta, s. f. *anello*

Cinturinàru, s. m. *correggiajo*

Cinturittèdda, s. f. dim. di cinturètta, *anellino*

Cinturittùni, s. m. accr. di cinturètta, *anellone*

Cinturùni, s. m. *budriere, cintiglio*

Ciòcca, s. f. gallina che ha cessato di far le uova, *chioccia*; per ciocca di capelli

Ciòciu, s. f. *ciofo, ciompo*

Cioffa e ciòffu, s.f. e m. *ciocca*

Ciolàzza, s. f. donna ciarliera, *cicaluzza*

Ciolazziàri, v. n. *cicalare*

Ciòlla, s. f. donna imprudente, *scempiata* ; pel membro dei ragazzi

Ciòppa, vedi ciùcca

Cioràri, v. a. *annasare, odorare*

Cioriàri, v. n. *putire*

Ciòspa, s. f. *concubinetta, puttanella*

Ciòtula, s. f. *ciotola*

Ciparèddu, s. m. pianta, *scirpo*

Cìppi o ccìppi, s. m. plur. strumento con cui si serrano i piedi ai prigioni, *ceppo*; cìppi di vràzza, di gàmmi, ec. dinota robustezza

Cìppu, s. m. *ceppo*, vedi zùccu; pezzo di legno sul quale i buccieri tagliuzzano la carne; per *progenie*; per qualunque pezzo di legno grosso e informe, *toppo*

Ciprèssu, s. m. albero, *cipresso*

Cipùdda, s. f. pianta nota, *cipolla*; per una deformità che viene nell'osso del piede

Cipuddàta, s. f. *cipollata*

Cipuddàzza, acc. e pegg. di cipùdda

Cipuddàzzu, s. m, pianta, *cipolla squilla*; vedi scilla

Cipuddòtta, dim. di cipùdda

Cipuddìna, s. f. *cipollina*

Cipuddìnu, s.m. pietra screziata simile al porfido, *cipollaccio*

Cipuddùsu, agg. *cipolloso*

Cipuddùzza, dim. di cipùdda, *cipolletta*

Cipullètta, s. f. *bulbo*

Cìra, s. f. *cera*; cira di Spagna, *ceralacca*; a cìra, avv. *perfettamente , per l' appunto, a pennello*

Ciràru, s. m. *cerajuolo*

Ciràsa, s. f. albero, *ciliegio*; *ciliegia* il frutto; ciràsa di sciorta, *marchiana*

Cirasèdda , dim. di ciràsa

Cirasòlu, agg. *ciliegiuolo*

Ciràtu, s. m. sorta di medicamento, *cerotto*

Ciràula, s. f. *cianciatrice*

Ciràulu, s. m. *cerretano* ; per *loquace*

Circàri, v.a. *cercare, procurare, rintracciare*; n. p. *industriarsi, affaticarsi, ingerirsi*

Circàru, s. m. *cerchiajo*

Circatùra, s. f. *cercatrice*; per *cercamento*

Circatùri, s. m. *cercante*

Circèdda, s. f. sorta di pendente da orecchi, *cerchiello*

Circhèddu, s. m. dim. di cìrcu, *cerchiello, cerchietto*

Circhèttu, s. m. cembalo senza fondo; per quel cerchio di ferro che mettesi per saldezza alle testate del mozzo della ruote, *buccola*

Circhiàri, v. a. *cerchiare*

Circhitèddu, dim. di circu, *cerchiello*

Circhittàru, s. m. suonator di circhèttu

Circhittèddu, dim. di circhèttu

Circu, s. m. *cerchio*; per luogo dove si rappresentano spettacoli, *circo*; circu di nàca, *arcuccio*; di la còppa, *trabiccolo*

Circulàri, v. n. e att. *circolare*

Circulazìoni, s. f. *circolazione*

Circulu, s. m. *circolo, cerchio*

Circundàri, v. a. *chiudere, circondare*

Circundàriu, s. m. terre che stanno dattorno ad un paese, *circondario*; in Sicilia nell'ordine giudiziario determina i luoghi dove estendonsi le giurisdizioni dei giudici, degli agenti di polizia, ec.

Ciricòeculu, s. m. *coccola, testa, coccia*

Cirifògghiu, s. m. pianta, *cerfoglio*

Cirimònia, s. f. *cerimonia*

Cirìmula, s. f. girellina di lame di ferro, ottone, ec. che ponsi in giro a' cembali; si dice anche per sim. di cosa leggiera

Cirimulèdda e cirimulìcchia, dim. di cirìmula

Cirimuniàli, s. m. *cerimoniale*

Cirimuniàta, s. f. dimostrazione di civiltà per apparenza, *formalità*

Cirimuniùsu, agg. *cerimonioso*

Cirinèddu, dim. di cirinu

Cirìnu, s. m. *candeluzza*; s'intende oggi anche il zolfanello

Cirivèddu, s. m. *cervello, cerebro*; per *genio*; cirivèddu ad ichisi, vale *stravagante*; nè-

sciri lu cirivèddu, *ammattire*; azzannàri lu cirivèddu, far perdere il cervello

Cirividdàta, s. f. sorta di salsiccia fatta di carne e cervella di porco, *cervellata*

Cirividdàzzu, s. m. accr. di cirivèddu, *cervellaccio*; per uomo di ingegno

Cirividdìgnu, agg. *incostante, cervellino*

Cirividdùni, accr. di cirivèddu

Cirividdùzzu, s. m. dim. *cervelluzzo*

Cirnèca, s. f. una specie di cane, *segugio*; per ricerca accurata, *braccheggio*; fari la cirnèca, vedi cirnichiàri

Cirnèra, s. f. *cerniera*

Cirnichiàri, v. n. *braccheggiare*

Cirnìgghiu, s. m. *vaglio*; per una specie di gelso

Cirnitùra, s. f. *abburrattamento, vagliatura*

Cirnitùri, s. m. *vagliatore*

Cirnùta, s. f. *abburrattamento*

Cirnutèdda, dim. di cirnùta

Cirnùtu, agg. *crivellato*

Ciròbisu, s. m. intonaco simile al mastice o alla pece, *propoli, pissocèro*

Ciròttu, s. m. *cerotto*

Cirrinciò, s. m. uccelletto, *forasiepe*

Cìrru, s. m. sorta di pesce; per scìrru vedi

Cirrùtu, agg. *ricciuto*

Cirruvìu e ciurruvìu, s. m. uccello, *piviere*

Cirsùdda, s. f. pianta, *calamandrca*

Cirtìzza, s. f. *certezza*

Cirvèri, s. m. *lupo, cerviero*

Cirvicèddu, s. m. dim. di cèrvu, cerbiotto

Cirvìnu, agg. cervino

Cirviòttu, a, s. m. e f. cerbiotto, cervetta

Ciriùsu, vedi ciurùsu

Ciruttèddu, dim. di ciròttu

Cisca, s. f. secchio, moltra

Cischitèdda, dim. di cisca, secchiello

Cisèddu, s. m. cesello

Cisiddàri, v. a. cesellare

Cisiddatùra, s. f. cesellamento

Cisiddatùri, s. m. cesellatore

Cissànti, agg. cessante

Cissàri, v. n. cessare, tacere

Cissaziòni, s. f. cessazione

Cista, s. f. tumoretto che viene alla pelle, ateroma

Citàri, v. a. citare

Citarra, s. f. chitarra

Citarràru, s. m. facitor di chitarre

Citarràzza, pegg. di citarra, chitarraccia; agg. di cosa dissonante

Citarrèdda, dim. di citàrra, chitarrina; citarreddi chiamansi anche i carciofi tagliati per lungo in più pezzi e fritti involgendoli nella pasta preparata con molto lievito

Citarrìnu, s. m. chitarrino

Citarrista, s. m. suonator di chitarra, chitarrista

Citarrùni, accr. di citàrra, chitarrone

Cità e citàti, s. f. città

Citatèdda, s. f. cittadella

Citatinànza, s. f. cittadinanza

Citatìnu, s. m. cittadino

Citatoriàli, agg. a littra, citatoria

Citràcca, s. f. pianta, cetracca

Citràtu, s. f. albero, cedrato, cedrangolo; pel cedrato di china

Citrìgnu, agg. denso, fitto

Citrìnu, agg. di cedro, sandalo

Citròlu, s. m. pianta, cedriuolo; detto per ischerno ad uomo sgraziato, mellone

Citru, s. m. vedi citràtu

Citrulèddu, s. m. dim. di citròlu

Citrulùni, s. m. accr. di citròlu; per babbione

Citrunàta, s. f. scorza di cedro bollita nel miele

Citrunèdda, s. f. pianta, cedornella

Cìu, aggiunto al verbo diri, con la negazione, vale star zitto

Cìu-cìu, voce indeclinabile, che importa parlar dimesso

Civàri, v. a. cibare; n. p. cibarsi; per innescare il fucile, o altra arme da fuoco, innescare

Civàta, s. f. la quantità di polvere che basta ad innescare

Civatùri, s. m. fiaschetto e bocciuolo, ove i cacciatori tengono il polverino, misurino (V. Carena, Dizion. d'arti e mestieri)

Ciùcca, s. f. abito bruno, gramaglia

Ciuccàta, s. f. covata; ed anche una quantità di pulcini usciti dal guscio

Ciuccàzza, pegg. di ciòcca

Ciucchiàri, v. n. il dar segno delle galline che divengan chiocce

Ciucchitèdda, s. f. dim. di ciòcca

Ciùcciu, s. m. asino

Ciucculatèra, vedi cicculatèra

Ciucculiàri, v. n. chiocciare

Ciucèddu, s. m. specie di manicaretto; fari unu a ciucèddu, vale *trappolarlo*

Ciuciàri, v. n. *ciarpare*

Ciuciaria, s. f. *dappocaggine*

Ciuciàstra, vedi sàrpa; per *concubina*

Ciuciulèu, voce scherzevole, *ruffa*

Ciuciuliàri, v. n. il pispigliar dei pulcini, *pigolare*; per *bisbigliare, susurrare*

Ciuciuliàta, s. f. *susurrio, pispilloria*

Ciuciuliu, s. m. *bucinamento, cicalio*

Ciuciùna, s. f. detto a donna sciocca, *guastamestieri*

Ciuciunaria, s. f. *balordaggine*

Ciuciunàzza, pegg. di ciuciùna

Ciuciùni, s. m. *ciarpiere, baciocco*

Ciùffa, s. f. *broncio*

Ciùffu, s. m. *ciuffo*

Ciuffitèddu, s.m. dim. di ciùffu, *ciuffetto*

Ciuffunè, s. m. *ricciolino*

Ciuffùni, accr. di ciùffu

Ciuffùtu, agg. che ha gran ciuffo; si dice anche di galli e galline che han poca cresta, ma folte penne e gran ciuffo in testa, *padovano*

Ciufìa, s. f. caligine di vista; per *broncio, cruccio*

Ciuliàri, v. n. *pigolare, pipilare*

Ciullàri, v.n. *trincare, sbevazzare*

Ciulliàri, v. n. *folleggiare*

Ciumàra, s. f. *fiumana, fiumara*

Ciumarèdda, dim. di ciumàra

Ciùmi, s. m. *fiume*

Ciumicèddu, dim. di ciùmi

Ciuncànzia, s. f. *rattrappatura*

Ciunchitùtini, s. f. lo stesso che ciuncànzia

Ciùnciulu, s. m. pianta, *correggiuola*

Ciùncu, agg. *storpiato, rattratto, monco*

Ciùnna, s. f. *fionda*; per quel sassolino che legasi allo spago e di cui si servono i ragazzi per avviluppare gli aquiloni mentre stan per aria

Ciunnàri, v. a. *graffiare*

Ciunnàta, s. f. il graffiare, *graffio*

Ciunnàtu, agg. *graffiato*

Ciunnùni, s. m. *graffio, sfregio*

Ciuppùni, accr. di cioppa vedi

Ciuràmi, s. f. *fiorame*

Ciuràru, s. m. *fiorista*

Ciurèra, s. f. villetta da fiori

Ciurèttu, s. m. dim. di ciùri, *fioretto*; nel plur. vale *testicoli* di quadrupedi comestibili; per quella spada con cui si impara a schermire, *fioretto*; per una specie di carta da scrivere e da stampa, *fioretto*; per una qualità di zucchero

Ciùri, s. m. *fiore*; per il migliore di chicchessia; per la *caligine* che ricovre le foglie e le frutta delle piante; per quella parte delle pelli a cui è sotto il pelo o la lana, *buccio*; per ricamo; per la *muffa* del vino, *fiore*; per gioventù, *fior degli anni*; per regaluccio; per sorta di tabacco; per una varietà di broccoli, vedi

Ciuriàri, v. a. *fregiare di fiori*

Ciuriàtu, agg. *affiorato*

Ciurìri, v. n. *fiorire*

Ciurlàri, v. n. *gorgogliare*; per tracannare avidamente

Ciurlàta, s. f. l'atto del ciurlàri

Ciurruvìu, s. m. vedi cirruviu

Ciurùsu, agg. detto comunemente di uova, e vale bollite tra sodo e tenero, *mezzellone*, *bazzotto*

Ciùsca, s. f. *pula*, *loppa*; per *crusca*; fig. per *danari*

Ciuschitèdda, s. f. crusca più minuta

Ciuscialòru, s. m. *soffietto*

Ciuscialu ca vòla, in forza di s. vale cosa sottile, minuta

Ciuscialùci, agg. detto ad uomo vale *semplice*, *cucciolo*

Ciuscianèspuli, agg. *inabile*, *spiantato*

Ciusciànti, s. m. modo basso per dinotare lo schioppo

Ciusciàri, v. a. *soffiare*; per *incitare*, *prodigalizzare*, *rinfrescare* (detto di vivande calde); per *brezzeggiare* (detto di vento)

Ciusciamèntu, s. m. *soffiamento*

Ciusciàta, s. f. *soffiatura*

Ciusciàtu, agg. *soffiato*

Ciusciatùra, s. f. *soffiamento*; ed anche *soffiatrice*

Ciusciatùri, s. m. *soffiatore*

Ciùsciu, s. m. *soffio*

Ciuscùsu, agg. *cruscoso*

Ciutulèdda e ciutulidda, dim. di ciòtula

Ciutulùna e ciutulùni, accr. di ciòtula

Civilèddu, agg. alquanto civile

Civili, agg. *cittadinesco*, *civile*; per *decente*; term. legale che stabilisce la differenza da criminale, *civile*

Civu, s. m. *midollo*, seme dei frutti

Clarinèttu, s. m. strumento da fiato, *chiarino*, *clarinetto*

Clàustru, s. m. *chiostro*

Climatèricu, agg. *climaterico*; per *periglioso*

Closùra, s. f. *clausura*

Coacèrvu, s. m. per calcolo, conto scritto, *rimostranza*

Coartàri, v. a. *coartare*

Còccanu, s. m. arnese che fa parte delle lumiere, *braccio*, *rampino*

Coccinigghia, s. f. insetto, *cocciniglia*

Còcciu, s. m. *bacca, coccola, acino*; per *granello*; di carvùni, *mozzicon di carbone*; di curùna, *globetto*; di càmula, *forellino della tarma*; di gesuminu, di zàgara, *un fiorellino*; di sudùri, *goccia*; di làgrimi, *stilla*; per la cinquantesima parte dell'oncia, *grano*; detto ad uomo, vale *furbo, scaltrito*; per piccola enfiatura, *bollicina, coccia*; dari còcciu, vale *condiscendere*; per *cocciniglia*; per una sorta di pesce detto in Italia *pesce prete*; di granàtu, *chicco*; di riso, *risone*; di trippa, *buttero*

Còcciuli, vedi còzzuli, e cròcchiuli

Còccu, s. m. albero delle Indie, *cocco*

Còciri, v. a. *cuocere*; per *molestare, tormentare, burlare*; in senso n. *stagionare*

Còcu, s. m. *cuoco*

Còcula, s. f. seme di alcuni frutti, *coccola*; per *palla*; òmu cu li còculi, vale *astuto*

Còdda, s. f. *colla*

Còddu, s. m. *collo*; per la parte più alta de' fiaschi, bottiglie, ec. *collo*; coddu di pùzzu, gola *del pozzo*; di camìnu, *gola*; rumpìrisi lu còddu, vale *pervertirsi*; farisi lu còddu lòngu, *indugiare*; fari 'na cosa tiràtu pri lu còddu, vale *malvolentieri*; 'ncòddu, *sul collo*; jittàri 'ncòddu ad autru vale *addossare ad altri*; livàrisi di 'ncòddu, *distrigarsene*; purtàri 'ncòddu, met. vale *tollerare*; rutta di còddu, *alla malora!*; coddu virdi, vedi ànatra; a rumpicòddu, avv. *precipitosamente*

Coerziòni, s. f. *costrignimento*

Còfanu, s. m. vaso rotondo tessuto di strisce di legno, co- *fano*

Còffa, s. f. *sporta, bugnola:* còffa d'ògghiu o di vinàzzu, *gabbia*; avìrinni cu li còffi, vale *a ribocco*; dari la còffa, vale *licenziare, dar puleggio*

Cògghiri, v. a. *cogliere, spiccare, raccorre, sorprendere, scovrire*; per porre amore; *andare, strigner le spalle, rappiccinirsi, morire*; cògghiri friscu, *pigliare un'imbeccata*; dinàri, *raggruzzolare*; li capiddi, *pettinarsi*; filu, sita, ec. *dipanare, aggomitolare*; 'na 'nfirmitàti, *infermarsi*; bìli, vedi abbiliàrisi; cardùna, vale *ridursi al verde*; nun cugghirinni nènti, vale non restar nulla di qualche cosa; a lu cògghiri di li firriòla, avv. *alla fin fine*

Còlira e còlura, s. f. *collera, stizza, cruccio, doglianza, rammarichio*

Còliri, v. n. *giovare*

Collettàri, v. a. elevare a co-

mune luoghi abitati, *sottoponendoli alle leggi comunali*

Collettùri, s. m. *collettore*

Colletturìa, s. f. ufficio del collettore, *collettoria*

Còllu, s. m. carico di mercanzie, *fardello, collo*

Colludìrisi, v. n. p. *convenire*; unirsi ad altri per ingannare qualcuno

Còma, s. f. affezione letargica, *coma*

Com' a dìri, posto avv. *cioè, come a dire*

Còmica, s. f. per l'arte drammatica

Còmicu, s. m. e agg. *comico*

Commendatùri, s. m. *commendatore*

Commèntu, s. m. *comento*

Commissariàtu, s. m. ufficio del commessario, *commessariato*

Commessàriu, s. m. *commessario*

Commissionàri, v. a. dar carico, *commettere, imporre, diputare*

Commìssu, s. m. *commesso*

Còmmoda, s. f. *pitale*

Commodìnu, s. m. *scrigno*

Commodità e cummudità ti, s. f. *commodità*

Còmmodu, s. m. *comodo*

Compòniri, v. a. *comporre*

Comporzionàriu, agg. *consorte*

Còmu, avv. *come*

Comucchì, avv. *poichè*

Comùni e cumùni, s. m. *comunità, comune*; agg. *comune*; locu cumùni, *cesso*

Comu si, avv. *come se*

Con, vedi cu

Cònca, s. f. *conca*; per *pozzanghera, lacuna, fossa, ricetto*

Concatinàri , v. a. *collegare* , *concatenare*

Concavu , s. m. e agg. *concaro*

Concavulùni, s. m. *scompiglio*; a concavulùni, avv. vale *alla peggio*

Conchiùdiri, v. n. *conchiudere*; per *morire*

Conciliàbulu , s. m. *combriccola*, *conciliabolo*

Conciliàri, v. a. *conciliare*

Concistòriu, s. m. *concistoro*

Concitatìnu, vedi cuncitatìnu

Conciùra, vedi cunciùra

Concòciri, v. a. *concuocere*

Concretàri, v. a. *conchiudere*

Còndilu, s. m. composto di più medicamenti che diviene un sol farmaco

Condòminu, s. m. *condomino*, *compadrone*

Confabulàri, v. n. *confabulare*

Cunfìni, s. m. *confine*

Cunfìnu, s. m. proprio de' rei, *avere il confino*

Cunfurtìni , s. m. plur. certe confezioni delte *confortini*

Congèdu, vedi cuncèdu

Connuttùri, s. m. *pigionale*

Cònsùntu, agg. *consumato*; per *tisico*

Consuntùri, s. m. *prodigo*

Contèrva, vedi contrajèrva

Contestùra, s. f. fil del discorso

Cònti, s. m. *conte*

Contìsa, vedi cuntìsa

Còntra, prep. *contra*; per una delle parti degli animali bovini

Contrabbannèri, vedi contrabbannista

Contrabbannìsta, s. m. *contrabbandiere*

Contrabbànnu, s. m. *contrabbando*

Contrabbàssu, s. m. strumento grande a corde, *contrabbasso*

Contracanciàri, v. a. *contraccambiare*

Contracànciu, s. m. *contraccambio*

Contrafàri, v. a. *contraffare*; n. p. *deformarsi*

Contrafòdera, s. f. *contraffodera*

Contragèniu, avv. *malvolentieri*

Contralìttra , s. f. *contrallettera*

Contralòru, s. m. *controllore*

Contralùmi, s. m. *contrallume*

Contrammèsta , vedi contrafòdera

Contranatùra, in forza d'avv. e di s. *contrannaturale*

Contrapìlu, s. m. *contrappelo*

Contrapisciùni, s. m. parte della gamba dell'animale bovino

Contrapìsu, s. m. *contrappeso*

Contrapòstu, s. m. *contrapposto*

Contrapuntàri, v. a. *contraddire, criticare, attraversare*

Contrasìgnu, s. m. *contrassegno*

Contratèmpu , s. m. *contrattempo*

Contravelènu, s. m. *contravveleno*

Cònza, s. f. *acconciamento*; per *conditura, ingrediente*; per *concime, coltura*

Conza-cièri, s. m. acconciatore di sedie sdrucite

Conzalèmmi, s. m. chi ristaura i vasi di creta fessi, *concialaveggi, conciabrocche*

Conza-quadàri, s. m. *calderaio ambulante*

Cònzu, s. m. vedi cònza; per *conditura, belletto*

9

Còppa, s. f. *braciere*; per *tazza*

Còppi, s.m. plur. uno dei quattro semi delle carte da giuoco, *coppe*

Còppu, s. m. *cartoccio*; per *bossolo, spegnitojo, lanternone*

Còppula, s. f. *berretta*

Copu-tòrtu, s. m. una specie di uccello

Corbellàri, vedi curbillàri

Còrda, s. f. *corda*; di erba, *bremo*; di giummàra, vedi giummàra; per una misura degli agrimensori ; ballarìnu di còrda, *funambolo*; nel plur. *cordame, sartiame*; di sosìzza, vale serie di rocchi; per *capestro*

Cordàtu, agg. uomo di senno

Cordògghiu, s. m. *cordoglio*

Còri, s. m. *cuore*; per *centro*; di malu còri, *malvolentieri*; parràri lu còri, *prevedere*; càdiri di lu còri, *venire in disistima*; nèsciri lu còri, *bramare*; vèniri lu còri, *giubilare*; còri a lavatùri, *tranquillone*; strinciri lu còri, *assottigliare*; tuttu còri, *generoso*; fàrisi tantu di còri, *far cuore*; avìri lu còri comu na granfa di pùrpu, vale *esser avaro*; prùnu di còri, vedi prùnu

Còriu, s. m. *cuojo*

Cornacchìna , agg. di polvere purgativa, composta di antimonio, cremon di tartaro ec; si usa anche in sost.

Cornacòpii, s. m. plur. bandelle di ferro che stan sugli altari, e dove s'appiccano i moccoli, *spigolo*; per *cornucopia*

Còrnu, s.m. *corno*

Còrpu, s.m. *colpo*

Corrùmpiri, v. n. e n. p. *corrompere*

Corrùttu, agg. *corrotto*

Cortèccia, vedi quartèccia

Còrtici, s. m. *china-china*

Còru, s.m. *coro*; parràri a còru, vale far cicaleccio

Còrvu, s.m. uccello noto, *corvo*

Còsca, s. f. la parte più dura delle foglie , *costola* ; per membrana carnosa delle frutta, *buccia*

Còscia, s. f. *coscia*; e se di bestia grossa *coscio*; t. dei fallegnami e vale i pezzi di legno più grossi d' uno strettojo , *torcolo* ; còscia di lu pònti, *coscia di ponte*

Còsta, s. f. *costu, costula*

Còstitu, s. m. giudizio dello antico foro

Còstu, s. m. *costo*

Còta, s. f. *raccolta, colta*

Còttaru, s. m. sorta di bastimento inglese, *cutter*

Còttu, s. m. vivanda cotta, *cotto*; per mosto cotto, *sapa*; agg. *cotto*; per lasso, malconcio—cui l'ama cotta e cui l'ama crùda, *a chi calza a chi non calza*; manciàrisi lo còttu e lu crùdu, *sciupar le proprie sostanze*; còttu a lu sùli, *abbronzato*

Còtu , agg. *colto* ; còtu còtu , avv. *quatto quatto*

Còzzu, s. m. *coppa, occipite* ; avìri na cosa darrèri lu còzzu, temere qualche sinistro vicino; cu lu còzzu addabbànna, modo di negare; còzzu di pàni, *orliccio*

Càculi, s. f. nel num. plurale,

bagattelle, masserizie vili, miscea

Crafòcchiu, s. m. *buco, bugigattolo;* crafòcchi crafòcchi, *buckeralo*

Crafucchièddu, dim. di crafòcchiu, *bucheretto*

Crafucchiùni, s. m. accr. *bucone*

Crài, indecl. *domani;* jirisìnni crài crài, vale estenuarsi, consumarsi lentamente

Cràniu, s. m. *cranio*

Cràpa, s. f. *capra*

Crapàra, s. f. guardiana di capre, *capraia*

Craparèddu, o craparicchiu, dim. di crapàru

Craparìa, s. f. luogo o stalla per le capre, *caprile*

Crapàru, s. m. *caprajo;* per *lattajo*

Crapàzza, s. f. accr. e pegg. di cràpa

Crapèttu, s. m. *capretto*

Crapiàta, s. f. miscuglio di vini diversi

Crapiccèddu, s. m. dim. di crapicciu

Crapicciu, s. m. *capriccio*

Crapìgnu, agg. somigliante a capra

Crapinu, agg. di cràpa, *caprino*

Crapiòla, s. f. *capriola, cavriola*

Crapistàta, s. f. colpo di capestro

Crapìstu, s. m. *cavezza, capestro*

Crapittèddu, dim. di crapèttu, *caprettino*

Cràpiu, s. m. vedi capriòlu

Crapiulè, s. m. franc. *calessino*

Crapularìa, s. f. *crapulosità*

Crapùni, s. m. *caprone;* per *vigliacco*

Crapùzza, s. f. *capretta*

Crastamìgna, voce bassa, *bravata, lavacapo*

Crastàri, v. a. *castrare*

Crastàtu, s. m. agnello grande *castrato;* per la carne del castrato

Cràstu, s. m. *castrone;* per *bozzo*

Crastùlli, s. m. plur. *fantoccini*

Crastùni, s. m. *lumaca, chiocciola*

Cravaccàri, vedi cavarcàri

Cravùnchiu, s. m. *carbonchio, fignolo*

Cravunchiùni, accr. di cravùnchiu

Crèddu, s. m. chiamasi così una orazione che comincia: *credo*

Crèmisi, s. m. colore rosso vivo, *cremisi*

Cremùri, s. m. *cremore*

Crepalòssu, s. m. uccello, *ossifrago*

Crepapànza, vedi a crepapànza

Crèsia, vedi Chiesa

Crèttu, agg. di bambolo, *scriato*

Criànza, s. f. *creanza*

Crianzèlli, voce dell'uso, *complimenti, cerimonie*

Criàri, v. a. *creare*

Criàta, s. f. *fantesca*

Criatàzza di càsa, propr. cattiva serva, *fantescaccia*

Criatèdda, dim. di criàta, *servuccia*

Criatèddu, dim. di criàtu, *servitorino*

Criàtu, s. m. *servo, fante*

Criatùra, s. f. *creatura, fanciulletto, allievo*

Criaturèdda, s. f. dim. di criatùra

Criaturèddu, s. m. *fanciullino*

Criatùri, s.m. *creatore*,per *fanciullo*

Cricchi.e cròccu, parole d' uso; juncirisi cricchi e cròccu, dicesi di persone che si bisticciano; cricchi e cròccu e mànicu di ciàscu, dicesi quando i litiganti sono astuti

Cricchia, s. f. *cherica*; per *cresta*; met. per *testa, capo*; per una malattia venerea detta cricchi di gàddu

Cridènza, s. f. *credenza, credito*

Cridinzèra, s. f. la moglie del credenziere

Cridinzèri, s. m. *credenziere*

Cridiri, v. a. e n. p. *credere*; per *supporre*

Cridùtu, agg. *creduto*

Crinèra, s. f. *criniera*

Crini, s. m. plur. *crine*

Cripa, s. f. *grinza, crespa*; per *fenditura*

Cripàri, v. n. *crepare*; cripàrisi di li risa, sganasciarsi dalle risa

Cripatùra, s. f. *fenditura*; per quella malattia nella quale gl' intestini cadono nella borsa, *crepatura*

Cripàzza, s. f. *crepaccio*

Cripiàri, v. a. *qualcire*

Cripiàtu, agg. *qualcito*

Cripintàrisi di li risa, v.n. pass. scoppiar dalle risa

Criscènti, agg, *crescente*

Criscènza, s. f. *crescenza*

Criscimèntu, s. m. *incremento*

Criscimògna, s. f. *attecchimento*

Crìsciri, v. n. *crescere*; per *rincarare, invigorire*

Criscitùra, s. f. *crescenza*; nel lavoro delle calze è l'accre-scimento d' un numero di punti

Crisciunèddu di ròcca , s. m. pianta del sapor del crescione

Crisciùni, s.m. pianta, *crescione*

Crisciùtu, agg. *cresciuto, adulto*

Crisima, s. f. *cresima, crisma*

Crisimàri, v. a. *cresimare*

Crisimàtu, agg. *cresimato*

Crisma, vedi ogghiu-sàntu

Crispèddi , s. f. plur. frittella fatta di pasta soda, *crespello*

Cristallàmi , s. f. quantità minuta di cristalli, *vetrame*

Cristallàru, s. m. venditore di cristalli, *vetraio*

Cristallìna, s.f. erba, *cristallina*

Cristàllu, s. m. *cristallo*

Cristarèdda, o tistarèdda, s. f. uccello, gheppio, *acertello*

Cristàudi, s. m. plur. infermità che viene ai fanciulli, *morviglione*

Cristèri, s. m. *cristeo, lavativo*

Cristianèddu, s. m. voce d' uso, *scaltrito*

Cristiànu, s. m. che professa la religione di Cristo, *cristiano*; per *savio, prudente*; malu cristiànu, *cattivo*; accr. cristianùni, *valente*

Crìta, s. f. *creta*

Critàciu, agg. *cretaceo*

Critàzza, s. f. pegg. di crita, *fango, melma*

Crìttu, agg. da cridìri, *creduto*

Critùsu, agg. *cretoso*

Crivàru, s. m. *vagliajo, stacciajo*

Crivàta, s. f. *stacciata*

Crivatèdda, dim. di crivàta

Crivèddu, s. m. *crivello*

Crivicèddu e crivìddu , dim. *stacciuolo*

Crividdàri, vedi cèrniri

Crivillàtu, vedi cirnùtu

Crivillùsu, agg. *cacapensieri*

Crivu, s. m. *staccio, buratto, vaglio, cribro;* fari comu un crivu d'occhiu, *bucherare, foracchiare*

Cròcchiula, s. f. *conchiglia;* fig. agg. per *scarna, gracile;* per *amorosa*

Cròccu, s. m. *crocco, rampino, raffio*

Cròpa, s. f. fastello di spine

Cròpanu, vedi abitu, (albero)

Cròzza, s. f. *teschio, cranio;* per *macigno;* per *gruccia, stampella*

Crucchèttu, s. m. *crocchetto, ganghero;* crucchèttu fimmininu, *maglietta*

Crucchicèddu, dim. di cròccu, *uncinetto*

Crucchiàri, v. n. *uncinare, grancire, rapire*

Crucchittèddu, s. m. dim. di crucchèttu, *gangherello, gangherino*

Crucchialidda, s. f. dim. di cròcchiula, *conchiglietta;* per *vecchierella*

Crucchiulùni, s. m. accr. di cròcchiula, *nicchione*

Crucèra, s. f. *crociera*

Crucètta, s. f. *crocetta*

Crùci, s. f. *croce;* per *pena, tribolazione, tormento;* mèttiri 'ncrùci, vale *pregare,* ed anche *annojare, provocare;* la sànta crùci, *alfabeto;* cruci di via, *quadrivio;* fàrisi la crùci, *cominciare*

Cruciàri, v. a. *tormentare, crociare*

Cruciàta, s. f. *crociata,* lega dei Cristiani per ricuperare Terrasanta

Cruciàzza, accr. di crùci, *crocione*

Crucicchia, dim. di crùci, *crocetta*

Crucìfari, s. m. plur. ordine di chierici regolari detti *padri ministri degl'infermi*

Crucìfaru, s. m. *crocifero;* per moneta del valore di tre tarì

Crucifiàrisi, v. n. pass. far segni di croce

Crucifiggiri, v. a. *crocifiggere*

Crucifissàru, s. m. scultore di crocifissi, *crocifissaio*

Crucifissèddu, s. m. dim. di crucifissu, piccolo crocefisso

Crucifissiòni, s. f. *crocifissione*

Crucifissu, agg. e s. m. *crocefisso*

Crucifissùri, s. m. *crocifissore*

Cruciùni, accr. di cruci, *crocione*

Crudìgnu, agg. *crudetto;* detto di pane, *crojo*

Crudilàzzu, pegg. di crudìli, *crudelaccio*

Crudìli, agg. *crudele*

Crudìzza, s. f. *crudezza, crudità*

Crùdu, agg. *crudo;* per *immaturo, crudele;* manciàrisi lu cottu e lu crùdu, vale *dissipare*

Cruduliddu, agg. dim. di crudu, *crudetto*

Crudùzzu, s. m. *coccige,* osso della pelvi

Crunichèdda, agg. dim. di crònica, *cronichetta*

Crùsca, vedi ciùsca

Crùsta, s. f. crosta, per *lordura, sozzume;* crùsta làttea, *lattime;* per la pelle che si secca sopra la carne ulcerata, *schianza*

Crustàna, s. f. *guidalesco*, vedi custàna

Crustanèdda, dim. di crustàna

Crustàta, vedi lustràta

Crustidda e crusticèdda, dim. di crùsta

Crustìnu, s. m. *crostino, crostello*

Crustinèddu, dim. di crustìnu

Crùstuli, s. m. paste dolci cotte nel forno

Crustùni, accr. di crùsta, *crostone*

Crustùsu, agg. *crostoso, crostuto*

Cruvàtta, s. f. *cravatta, gorgiera*

Cruzzàzza, accr. e pegg. di cròzza

Cù, prep. *con*

Cùbba, s. f. specie di volta a guisa di cupoletta, *arco, volta, cupola*

Cubbàita, s. f. *copeta*

Cubbaitàru, s. m. venditore di copeta

Cùbbu, agg. *nubiloso, cupo*

Cùbbula, s. f. *cupola*

Cubbulidda, s. f. dim. di cùbbula, *cupoletta, cupolino*

Cubbulìnu, s. m. *capannuccio*

Cubbulùni, s. m. accr. di cubbula, *cupolone*; per la parte superiore della carrozza che serve di coperta, *cielo, mantice*

Cubèbbi, s. m. frutto, *cubebe*

Cùcca, s. f. *civetta, coccoveggia*

Cuccàgna, s. f. nome di paese favoloso, *cuccagna*; luogo dove si espone ogni comestibile per darlo al pubblico; fari cuccàgna, vale tòr di mano altrui alcuna cosa, *arraffare*

Cuccagnisi, agg. *mangiapane*

Cuccanèddu, dim. di còccanu

Cuccàrda, s. f. *coccarda*

Cuccarèddu, s. m. giovine stolido, *castroncello*

Cuccètta, s. f. letticciuolo che sta entro i legni mercantili o da guerra, *cocchietta*

Cùcchia, s. f. *coppia, paio*

Cucchïamèntu, s. m. *beffeggiamento, derisione*

Cucchiàra, s. f. *cucchiajo*; per *mestola*; cucchiàra pirciàta, *schiumatojo*

Cucchiaràru, s. m. arnese di cucina, ove si appiccano i cucchiaj, *cucchiajera*

Cucchiaràta, s. f. *cucchiajata*

Cucchiarèdda, s. f. dim. di cucchiàra, *cucchiarino*

Cucchïàri, v. n. *coccoveggiare, beffeggiare*; per andar in traccia

Cucchiariàri, v. n. rimenar con cucchiajo, *scodellare*; per intramettersi in una briga, *donneggiare*

Cucchiaridduzza, dim. di cucchiarèdda

Cucchiarìna, o cucchiarìnu, dim. di cucchiàra, *cucchiarino*

Cucchiàru, lo stesso che cucchiàra; fari lu cucchiàru, far bocca brincia

Cucchiarùni, s. m. accr. di cucchiàru, *cucchiajone*

Cucchïàta, vedi tirziàta

Cucchièri, s. m. *cocchiere*

Cucchièttu, s. m. dim. di cùcchiu, *avaretto*

Cucchignu, vedi cuccarèddu

Cucchiròttu, dim. di cucchièri

Cucchirùni, accr. di cucchièri

Cucchitèdda, dim. di cùcca

Cùcchiu, s. m. *spilorcio, sordido*

Cuccia, s. f. grano lesso e condito

Cucciàri, v. a. *sgranellare;* per *spesseggiare, frequentare*

Cucciddu o cuccitèddu, dim. di còcciu, s. m. *granelletto*

Cuccinigghia, s. f. *cocciniglia*

Cucciùtu, agg. *granito;* per *acinoso*

Cùccu, s. m. *cucù, cuculo;* per *baggeo*

Cuccùni, s. m. uccello, *gufo reale*

Cuccuviu, s. m. il canto delle civette

Cucènti, agg. *cocente*

Cucìna, s. f. *cucina*

Cucinèdda, s. f. dim. di cucìna, *cucinetta;* pappa cucinèdda, vedi pàppa

Cucinèra, s. f. *cuciniera*

Cucinu, s. m. *cugino*

Cucinùzzu, vezzegg. di cucìnu

Cucitìna, s. f. ciò che si paga per la cuocitura delle vivande

Cucitùra, s. f. *cuocitura*

Cuciùtu, agg. *cotto*

Cucìvuli, agg. *cottojo, cocitojo*

Cucù, sorta di giuoco di carte

Cucùcciu, s. m. *colmatura;* per *apice*

Cucucciùta, s.f. uccello, *allodola capelluta*

Cucùddi, s. m. plur. pianta, *margheritina*

Cucùddu, s. m. *bozzolo*

Cucuìicchi di fasòla, s. m. plur. sorta di legume, *orobo, erro*

Cuculìdda, s. f. dim. di còcula, *coccolina*

Cucuìiddi di frumèntu, s. m. plur. *veccia*

Cucùlla, s. f. *cocolla*

Cuculùni, s. m. *cogolo*

Cucummarèddu, s. m. dim. di cucùmmaru, *cocomeretto*

Cucùmmaru, vedi citròlu

Cùccumu, vedi cùncumu

Cucururù, s. m. voce del gallo, *cuccurucù*

Cucurugnànu, agg. ad uomo, *bozzacchiuto, cucciolo*

Cucùzza, s. f. pianta, *zucca, cocuzza;* met. per *spia, delatore;* per *occipile, occipizio*

Cucuzzàru, s. m. venditor di zucche; sta anche per riportator di fatti altrui

Cucuzzàta, s. f. zucca candita

Cucuzzèdda, s. f. *zucchetta;* per *bozzolo*

Cucuzzùni, accr. di cucùzza, *zucca grossa*

Cùda, s. f. *coda;* cuda di stiddi, di vesti, ec. *strascico;* di mitra, *bendoni;* cuda cavaddina, pianta, *coda di cavallo;* cuda rùssa, uccello, *codirosso;* cuda di martèddu, *granchio*

Cudàta, s. f. colpo di coda; per carne bovina della parte della groppa, *groppa di culaccio*

Cudatàriu, s. m. chi sostiene il lembo delle vesti prelatizie, *caudalario*

Cudàzza, s. f. pegg. di cùda, *codazza*

Cuddàna, s. f. tit. di marinai, fune che legano i pescatori ad una delle loro reti detta sciàbica

Cuddaràzzu, s.m. pegg. di cuddàru, *collaraccio*

Cuddarèddu, vedi vavìola

Caddarèttu, s. m. *collaretto*

Cuddàri, v. n. *travalicare, declinare, tramontare*

Cuddaricchiu, vedi cuddarèddu

Cuddarinèddu , s. m. *gorgierina*

Cuddarìnu, s. m. *gorgiera*

Cuddàru, s. m. *collare*; se con sonagli, *sonagliera*; cuddàru di firriòlu, *bavero*; per il collare di ferro che mettesi ai rei, *gogna*

Caddarùni, s. m. accr. di cuddàru, bavero grande

Cùddàta, s. f. *calata, tramonto*

Cuddàzza, s. f. pegg. di còdda

Cuddèttu, s. m. *colletto*

Cuddiàri, v. n. volgere e rivolgere il collo, *squaraguardare, scoprire, mirare*

Cuddiàta, s. f. l'osservare allungando il collo

Cuddìsi, abitante dei Colli; vedi Coddi nel Dizionario geografico posto in fine del volume

Cuddùra, s.f. *cerchia*; sta anche per *entragno*; cuddùra di pàni vedi guciddàtu

Cuddurèdda, s. f. *chiocciolino, ciambelletta*

Cuddurìddùzza, dim. di cuddurèdda

Cuddurunèddu, dim. di cuddurùni

Cuddurùni, s. m. accr. di cuddùra; per *focaccia*; per molta carne che abbia persona pingue al collo , *giogaia* (detto per ischerzo)

Cuddùzzu, s. m. dim. di còddu; dicesi di chi per malore porta il collo piegato

Cudèra, s. f. *groppiera*

Cudètta, s. f. vedi cudìdda

Cudiàri, v. n. muover la coda, scodinzolare; per seguitare i passi altrui, *ormare, codiare*

Cudiàta, s. f. l'azione di cudiàri

Cudicìna, s. f. vedi cudigghiùni

Cudìdda, s. f. dim. di cùda, *codetta*

Cudìgghiu, s. m. *codiglio*

Cudigghiunèddu , dim. di cudigghiùni

Cudigghiùni , s. m. *codazza , mozzo, coccige, codione, coda*

Cudìnu, s. m. così chiamasi una ciocca di capelli pensolanti che portavano gli antichi dietro al collo, *codino*

Cudirùni, s. m. accr. di cudèra

Cudurussùni, s. m. uccello, *codirossone*

Cuetamènti, avv. *quietamente*

Cuèti, s. f. *quiete*

Cuètu, agg. *quiete*; per *savio*

Cufanèddu, s. m. *cofinetto*

Cuffàru, s. m. facitor di bugnole

Cuffàzza, accr. e pegg. di còffa, *sportona*

Cuffètta, s. f. *corbellotto*

Cufficèdda e cuffitèdda , s. f. dim. di coffa , *sporticella , sportellina*

Cuffitèddi, o ciancianèddi, s. m. plur. pianta, *briza*

Cuffulùni, avv. *a coccoloni*

Cufinàru, s. m. *cofanajo*

Cufinàzzu, accr. e pegg. di cufìnu

Cufinèddu, dim. di cufìnu, *cofanetto*

Cufìnu, s. m. *cofano, corbello*; pi pigghiàri anciddi, *mazzacchera*

Cufùni s. m. *fornello*

Cufurùna, vedi tartùca di terra

Cufurùni, agg. *pigro, tardo*

Cugghiandrèddu, s. m. pianta, *anagallide*

Cugghiàndru, e cugghiànnaru, s. m. pianta, *coriandolo*

Cugghitina, s. f. *raccolta*

Cugghitrici, s. f. *raccoglitrice*

Cugghitùra, s. f. lo stesso che cugghitrici

Cugghitùri, s. m. *raccoglitore*

Cugghiuna, s. f. *derisione*

Cugghiunaria, s. f. *coglioneria*

Cugghiunàzzu, s. m. *mazzamarrone*

Cugghiunèddu, s. m. dim. di cugghiùni, *coglioncello*

Cugghiùni, s. m. *coglione*; met. per uomo *inetto, scialto*

Cugghiuniàbili, agg. che si può burlare

Cugghiuniàri, v. a. *burlare, schernire*

Cugghiuniàta, s. f. *coglionatura*; per *frode*

Cugghiuniatèdda, dim. di cugghiuniàta

Cugghiuniàtu, agg. *deriso, beffato*

Cugghiuniatùna, s. f. gran corbellatura

Cugghiuniatùri, s.m. *derisore*

Cugghiunìsimu, s. m. *ruzzo*

Cugghiutìzzu, agg. *raccogliticcio*

Cugghiùtu, agg. *collo, ricolto*

Cugnàri, v. a. *coniare*

Cugnàta, s. f. *cognata*; per *scure*

Cugnatèdda, s. f. *scuricella*

Cugnàtu, s. m. *cognato*

Cugnatùzzu, cugnatùzza, dim. di cugnàtu e cugnàta, *cognatino, ina*

Cugnèttu, s. m. aggiunto ad uomo, vale *cuzzolo, bozzacchiuto*; è anche una delle parti che compongono la camicia

Cugnitèddu e cugnicèddu, dim. di cùgnu

Cugni-mòddi, s. m. plur. pianta, vedi lattuchèdda mòdda

Cugnintùra, s. f. *opportunità*

Cugninturèdda, dim. di cugnintùra

Cugninturùna, accr. di cugnintùra

Cugnòmu, s. m. *cognome*

Cugnòttu, lo stesso che cugnèttu, vedi

Cùgnu, s. m. *cuneo, conio, bietta*

Cugnùnciri, vedi cognùnciri

Cugnùntu, agg. *congiunto*; dicesi anche colui che, dopo il superiore, presiede ad una confraternita

Cui, pron. pers. relativo, *chi*

Cuirèttu, s. m. specie di casacca, *cojetto*

Cuitàri, v. a. *quietare, raddolcire, addormentare, rappacificare*

Cuitèddu, agg. alquanto cheto

Cuitùdini, s. f. *quietudine, mansuetudine, riposo*

Cuitùni, accr. di cuètu

Culàri, v. a. *colare, gocciolare, bagnare, inzuppare*

Cularìnu, s. m. *ano*; per *culaja*

Culàta, s. f. colpo di culo, *culata*; per *colamento*; chiamasi anche culàta l'imbiancatura di panni-lini fatta con cenere ed acqua bollente messavi sopra, *bucato*

Culàtu, agg. *colato, inzuppato, umido*

Culatùri, s. m. strumento per

colare, *colatojo*; culatùri di pàsta, *reticino, scotitojo*

Culazióni, s. f. *colezione, merenda*

Culaziunàta, s. f. vedi culazióni

Culazzàta, s. f. percossa col culo , *culata* ; col calcio dello schioppo, pèrcossa d' archibugio

Culàzzu, s. m.detto di schioppo *culatta, calcio*

Culazzùni, s. m. *lembo, falda*; si dice met. *giovinastro, pippionaccio*

Culè o culèttu, s. m. cuscinetto che metteansi pria talune donne estremamente magre al di dietro

Culisèu, s. m. detto per ischerzo, *culo*

Cullàna, s. f. *monile, collana, bietta*

Cullètta, s. f. *dazio, raccolta*

Cullèggiu, s. m. *collegio*

Culliggiàli, s. m. *collegiale*

Culliggiàta, s. f. chiesa che ha il capitolo dei canonici, *collegiata*

Culmarèddu, s. m. la più alta parte dei tetti, *comignolo* ; estremità di fabbricati , *cima, apice*

Culòccia, s. f. uccello, *arpia*

Culònna, s. f. *colonna*; per riserva frumentaria; nel plur. vale *coscia*

Culòstra, s. f. il primo latte dopo il parto, *colostro*

Culòvria, s. f. anfibio, *colùbro*

Cultivàri, v. a. *coltivare, lavorare*

Cùltu, agg. *colto*; s. m. *culto*

Cùlu, s. m. *culo*; dari lu culu a la balàta, vale ridursi in po-

vertà ; avìri 'ntra lu culu, vale *disprezzare* ; avìri lu fruarèddu 'nculu, vale aver fretta; avìri cosi di culu, aver pericoli, avversità; sùstu di culu , *importunità* ; stàri 'nculu di nàutru, vale esser soggetto; tèniri 'nculu vale *non curare*, ed anche *dispregiare*; mènzu culu, *bardassa*; culu di citròlu, la parte del cedriuolo che s' avvicina al peduncolo

Culumbrìna, s. f. sorta d' artiglieria, *colubrina*

Culunnàta, s. m. quantità ed ordine di colonne, *colonnato*; per una moneta d' argento coniata sotto Carlo III e Ferdinando I, del valore di tarì 12 e gr. 10, cosiddetta per esservi in una delle facce due colonne

Culunnèllu, s. m. grado della milizia, *colonnello*

Culunnètta, s. f. è un arnese a guisa di colonna che si pone vicino al letto per mettervi l'orinale, vedi rinalèra; dim. di culònna, *colonnino*

Culuràru , s. m. venditor di materie coloranti

Culùri, s. m. *colore*; èssiri tutti d' un culùri, vale nella stessa condizione; culùri di fàcci, è quel rosso naturale che tinge il nostro volto; per *finzione, scusa, pretesto*; vèniri 'nculuri, prender buono aspetto; pigghiàri culùri, aquistare la dovuta perfezione; fàrisi di milli culùri, detto ad uomo, vale esser sorpreso in fallo

Culurìri, v. a. *colorare, tignere*,

abbellire, arrestare, accomodare

Culuritu, s. m. maniera di colorire, colorito; e agg. colorito

Culuruna, agg. acc. di còlura

Cumànna cumànna, modo imperativo, e si dice a chi affetta impero o autorità

Cumannamèntu, s. m. comando, editto, legge

Cumannàri, v. a. imporre, comandare, ordinare, padroneggiare

Cumannàtu, agg. imposto, comandato

Cumànnu, s. m. comando, ordine

Cumàrca, s. f. compagnia, adunanza

Cumbaciàri, v. n. combaciare

Cumèddia, s. f. commedia

Cumèta, s. f. cometa

Cumidiànti, s. m. persona che agisce in commedia, comico

Cummaranza, s. f. l'esser commare

Cummarèdda, s. f. dim. di cummàri, comarina

Cummàri, s. f. comare

Cummarùzza, vedi cummarèdda

Cummattènti, agg. combattente

Cummattimèntu, s. m. combattimento

Cummàttiri, v. a. e n. combattere, vessare, infastidire, contrastare; per persuadere, affaticarsi, azzuffarsi

Cummàttitu, s. m. fastidio, vessazione, molestia

Cummègna, s. f. convenzione, accordo

Cummèttiri, v. n. commettere, affidare

Cummigghiàri, v. a. nascondere, coprire, copulare

Cummigghiàtu, agg. occultato, coperto; fig. furbesco, scaltro

Cumminàri, v. a. combinare, trappolare; n. p. per accadere

Cummirciànti, agg. trafficante

Cummirciàri, v. a. commerciare

Cummissaria, s. f. commessaria, commessariato

Cummitàri, vedi cunvitàri

Cummògghiu, s. m. coperchio, coperta; di lu nicissàriu, turacciolo, carello; fig. per pretesto

Cummòviri, v. a. commuovere

Cummuditàti, s. f. comodità, agiatezza

Cummugghièddu, s. m. dim. di cummògghiu, coperchino

Cummùta, s. f. commutazione

Cummuzioni, s. f. commovimento, commozione

Cumpaginàri, v. a. compaginare

Cumpàgini, s. f. compagine

Cumpàgna, s. f. compagna; si dice anche della moglie

Cumpagnìa, s. f. compagnia; per unione, lega; cumpagnìa di làtri, ladronaja; càmmara di cumpagnìa, stanzone; carròzza di.... vale capace di molte persone

Cumpàgnu, s. m. compagno; cumpagnu di lu fùsu, fusajuolo; per marito

Cumpanàgghiu, s. m. si dice delle cose che si mangiano col pane, companatica, camangiare

Cumpanaggiàrisi, v. n. sparagnare, risparmiare

Cumparàri, v. a. comparare,

paragonare; per accumparàri vedi

Cumparàtu, s. m. l'esser compare, *comparatico*; agg. *paragonato*

Cumparèddu, dim. di cumpàri

Cumparènza, s. f. appariscenza, *comparsa*; per *doppiezza*

Cumpàri, s. m. *compare*

Cumpariggiu, s. m. *comparatico*

Cumpariri, v. n. apparire, comparire

Cumpàrsa, s. f. *comparsa*; è anche termine giuridico per comparire in giudizio; nella commedia si dicono comparse quelle persone che non parlano e che servono agl'interlocutori, *comparsa*

Cumpartìri, v. a. distribuire, *compartire*

Cumparùzzu, dim. di cumpàri

Cumpassiàri, v. a. compassare, *esaminare*

Cumpassiunàri, v. a. *compassionare*

Cumpassòttu, s. m. compasso *mezzano*

Cumpàssu, s. m. strumento geometrico, *compasso*; mittirisi cu lu chiùmmu e lu cumpassu, vale andar consideratamente

Cumpatìri, v.n. *compatire*, compassionare

Cumpatrònu, s.m. difensore del foro antico prescelto tra coloro che aveano esercitato magistratura

Cumpatrùni, s. m. *compadrone*

Cumpattàri, v. a. confrontare, *pareggiare*; n. *calzare*

Cumpattàtu, agg. confrontato, *agguagliato*

Cumpatùtu, agg. compatito, *scusato*

Cumpènsa, e cumpènsu, s. f. e m. *compensazione, ricompensa, retribuzione, compenso*

Cumpètiri, v. a. appartenere, spettare, convenire, *competere*

Cumpetitùri, s. m. *competitore*

Cumpiàciri, v. a. compiacere, secondare, *aderire*

Cumpièta, s. f. l'ultima delle ore canoniche, *compieta*

Cumpinsàri, v. n. *compensare*

Cumpìri, v. n. *compiere*

Cumpitènti, agg. competente, *conveniente*

Cumpitènza, s. f. *competenza*

Cumpitìzza, s. f. cortesia, *compitezza*

Cumpitu, agg. ad uomo, compito, *educato*

Cumplissiòni, s. f. complessione, *portamento*

Cumplòttu, s. m. *congiura*

Cumpòniri, v. a. comporre, inventare; si dice anche degli stampatori che traendo i caratteri delle cassette le riducono a discorso; per *abboccarsi* colla parte avversa

Cumpòstu, agg. composto, *pattuito*

Cumpràri, v. a. *comprare*

Cumprènniri, v. a. capire, comprendere, *contenere*

Cumprimiri, v. a. comprimere, pigiare, *calcare*

Cumprubàri, v. a. confrontare, *agguagliare*

Cumprumèttiri, v. a. compromettere, mallevare, promettere, *rischiare*

Cumprumìsa, s. f. *promessa*

Cumprumissàriu, s. m. *arbitro, compromessario*

Cumprumissiòni, s. f. *promessa, promessione, rischio*

Camprumìsu, o cumprumìssu, agg. *promesso*

Cumprupriitàti, s. f. *comproprietà*, proprietà comune a diverse persone

Cumpruvàri, v. a. *comprovare*

Cumpùnciri, v. a. *compungere*

Cumpunènna, s. f. *trufferia, trappolleria, malatolta*

Cumpunìrisi, v. n. pass. *comporsi, abbellirsi, adornarsi*

Cumpurtàri, v. n. *comportare, procedere, condursi*

Cumuditàti, s. f. *comodità, agio, opportunità*

Cumunèri, s. m. titolo di officio ch'esercitasi da' così detti beneficiati, o vivandieri della chiesa Metropolitana di Palermo

Cumùni, s. m. *comune;* per *cesso, destro;* per *comunità*

Cumùnia, s. f. lo stesso che cumuni

Cumunicàri, v. a. *comunicare, praticare, conversare;* parlando di strade, *sboccare, riuscire;* per somministrare o ricevere il Sagramento dell'Eucaristia, *comunicare, comunicarsi*

Cumunichìnu, s. m. il luogo delle chiese appartenenti a comunità di donne dove si somministra il Sagramento dell'Eucaristia

Cumuniòni, s. f. *comunione*

Cumunità e cumunitàti, s. . *comunità, colleganza*

Cuncatinàri, v. a. *concatenare*

Cuncèdiri, v. a. *concedere*

Cuncènzia, vedi cuscènza

Cuncèrtu, s. m. *concerto, concento, accordo*

Cunchicèdda, dim. di cònca, *conchetta*

Cunchìgghia, vedi cròcchiula

Cunchìmi, s. f. *sperma*

Cunchìri, v. n. *maturare*, o esser per maturare

Cunchìulu, agg. *maturo*

Cunciàri, v. a. *lordare, bruttare, cacare*

Cunciàtu, agg. *sporcato, intriso*

Cunciatùra, s. f. *imbrattamento*

Cuncignàri, v. a. *congegnare;* per *commettere, combaciare*

Cuncintràri, v. a. *concentrare, ispessire, rapprendere*

Cuncipìri, v. a. *apprendere, concepire, ideare*

Cuncirtàri, v. a. *ordire, concertare, rappattumare*

Cuncitatìnu, s. m. *concittadino*

Cunciùra, s. f. tutto ciò che si premedita a carico d'altri, *congiura*

Cunciuràri, v. n. *congiurare*

Cunciziòni, s. f. *concezione;* per l'immacolato concepimento della Vergine Madre di Dio, *concezione*

Cuncòciri, vedi concòciri

Cuncràviu, s. m. *conventicola, combriccola*

Cunculìna, s. f. catino di rame, *còncola, conchetta*

Cùncuma, s. f. parola che si riferisce sempre in singolare, e vale cattiva scelta; come cùncuma di làtri, vale schiuma di ladri, *ladronaja*

Cuncumèddu, s. m. piccolo vaso di rame, *orcino, orciuolo*; a cuncumèddu, avv. vale *coccoloni*

Cùncumu, s. m. vaso di rame, *cuccuma, cogoma*

Cuncùrriri, v. n. *concorrere*

Cuncutrìgghiu, s. m. animale, *coccodrillo*

Cundiscinnènza o cunniscinnènza, s. f. *condiscendenza*

Cundùciri, vedi cunnùciri

Cundùtta, s. f. *condotta, contegno*; per *processione*

Conduttùri, s. f. *condottiere*; per colui che appigiona una casa, *conduttore, pigionale*; per tubo di comunicazione, *conduttore*

Conduzioni, s. f. *appigionamento, allocagione*

Cunètta, s. f. medaglina che tiensi appesa al rosario, *medaglia*

Cunfarisi, v. n. pass. *affarsi, addirsi, confarsi, convenire*

Cunfètta, s. f. aromato qualunque vestito di zucchero, *confetto*

Cunfidàri, v. n. pass. *confidare*

Cunfidàta (a la), avv. *confidenzialmente*

Cunfidatu, agg. *confidato*; si dice anche di amico intrinseco

Cunfiddiu, voce che viene dal latino *confitear*

Cunfidènti, agg. *confidente*

Cuntidènza, s. f. *confidenza*

Cunfinfaràri, v. n. aver congruenza, verisimiglianza, *accordare, calzare, giungere a tempo*

Cunfirma, s. f. *conferma*

Cunfirmàri, v. a. *confermare, mantenere, approvare*

Cunfiscàri, v. a. *confiscare*

Cunfissàri, v. a. *confessare*; per far quietanza; n. pass. dire i falli al sacerdote, *confessarsi*

Cunfissiòni, s. f. *confessione*

Cunfissunàriu, s. m. *confessionario*

Cunfissùri, s. m. *confessore*; pel sacerdote che confessa, *confessore*

Cunfittèra, s. f. vaso da tener confetti, *confettiera*

Cunfittèri, s. m. venditor di confettura, *confettiere*

Cunfittùra, s. f. *confettura*

Cunfraternità, s. m. *confraternita*

Cunfruntàri, v. a. *confrontare*; per *pareggiare*

Cunfùnniri, v. a. *mescolare, confondere, convincere, svergognare*; perdersi di coraggio

Cunfurtàri, v. a. *confortare, refocillare, ristorare*

Cungilàri, v. n. il rappigliarsi delle cose per soverchio freddo, *congelare*

Cuniàri, vedi cugnàri

Cuniatùri, s. m. che conia, *coniatore*

Cunìgghia, s. f. la femina del coniglio; per donna prolifica

Cunigghiaria, vedi cunigghièra

Cunigghièddu, dim. di cunigghiu, *conigliuolo*

Cunigghièra, s. f. luogo per riporvi conigli, *conigliera*

Cunìgghiu, s. m. *coniglio*

Cunigghiunìsi, s. m. nativo di Corleone città di Sicilia, *corleonese*

Cunnannàri, v. a. *condannare*; fari'a cunnannàri ad unu, vale far risolvere una quistione; cunnannàrisi a na bànna, vale *appillottarsi*

Cùnnu, s. m. parte vergognosa della donna, *conno*

Cunnùciri, v. a. *condurre*, *guidare*; n. pass. *pavoneggiarsi*, *lardare*, *indugiare*, *baloccarsi*

Cunnutàti, s. m. plur. contrassegni propri d'alcuno, *connotati*

Cunnùtta, vedi cundùtta

Cunnùttu, s. m. *condotto*, *acquidoccio*, *fogna*, *chiavica*; agg. di cunnùciri, *condotto*

Cunòcchia, s. f. *rocca*; cunòcchia di ròta, vedi miòlu; nun acchianàri 'ncunòcchia, vale *non riescire*; per un'erba detta *fior di Pasqua*

Cunsari e cunzàri, v. a. *acconciare*, *adornare*, *preparare*, *conciare* (detto di vini), *rassettare*, *imbellettarsi*; detto di tempo, *abbonacciarsi*, *rabbellirsi*

Cunsaria, vedi cunzaria

Cunsariòtu, vedi cunzariòtu

Cunsèrtu, s. m. specie di cuffia, *tocco*

Cunsèrva, s. f. luogo dove si conservano olì, acqua, ec. *conserva*; per frutti confettati, *conserve*; di cunsèrva, avverbial. vale *in compagnia*, *di conserva*

Cunsiddiràri, v. a. *considerare*, *contemplare*, *interessarsi*, *rispettare*

Cunsigghiàri, v. a. *consigliare*

Cunsigghièri, s. m. *consigliere*

Cunsigghiu, s. m. *consiglio*

Cunsìgna, s. f. il consegnare, *consegnazione*

Cunsignàri, v. a. *consegnare*

Cunsintìri, v. n. *concorrere*, *consentire*; si dice anche dei vasi di vetro, terra cotta, ec. quando son fessi

Cunsirvàri, v. a. *conservare*

Cunsìstiri, v. n. *consistere*, *contenersi*

Cunsòlu, s. m. sta per *consolazione*, *conforto*; per imbandigione funerea

Cunsulàri, v. a. *consolare*, *confortare*; iron. conciar male

Cunsulìssa, s. f. la moglie del console

Cunsultàri, v. n. *consultare*, *consigliare*; colla negazione vale *dissuadere*

Cùnsulu, s. m. *console*

Cunsumamèntu, s. m. *consumazione*, *sperpero*

Cunsumàri, v. a. *consumare*, *dissipare*, *impoverire*, *desiderare ardentemente*, *compiere*

Cunsumazìoni, vedi cunsumamèntu

Cunsùmu, vedi cunsumazìoni

Cunsùntu, s. m. *consunto*, *tisico*

Cunsuntùri, s. m. *scialacquatore*, *prodigo*

Cunsunzìoni, s. f. *consumazione*; per *tisichezza*, *marasmo*

Cuntàggiu, s. m. *contagio*, *contagione*

Cuntaggiùsu, s. m. *contagioso*

Cuntànti, agg. *contante*; per danaro contante

Cuntàri, v. a. *numerare*, *contare*, *stimare*, *apprezzare*, *raccontare*; aver possanza

Cuntàtu, agg. *contato*, *raccontato*

Cuntatùri, s. m. *narratore, ragioniere, computista*

Cuntaturìa, s. f. *scrittojo da ragionieri, computisteria*

Cuntègnu, s. m. *contegno*

Cuntèndiri, v. a. *contendere*

Cuntèniri, v. a. *contenere*; n.p. per *astenersi*

Cunticèddu, s.m. dim. di cùntu, *storiella, novelletta*; per *conticino*

Cuntintàri, v. a. *contentare, soddisfare, acconsentire*

Cuntintizza, s. f. *contentezza*

Cuntinuàri, v. a. *continuare, seguitare, persistere*

Cuntìnuu, agg. *continuo*

Cuntìsa, s. f. *contesa*

Cuntìssa, s. f. *contessa*

Cuntistàbili, s. m. *servo del Senato, tavolaccino*

Cutradìciri, v. a. *contraddire*

Cuntrafàri, v. a. *contraffare, imitare*

Cuntràiri, v. a. *contrarre*

Cuntrària, avv. dicesi a la..., *al contrario*

Cuntrariùsu, agg. *contrarioso*; e fig. *seccante*

Cuntrastàri, v. n. *contrastare, opporre*

Cuntràstu, s. m. *contrasto, disputa, litigio*

Cuntràta, s. f. *strada, contrada*

Cuntrattàri, v. a. *contrattare, obbligarsi*

Cuntràttu, s.m. *contratto, scrittura pubblica*

Cùntu, s. m. *calcolo, conto, racconto*

Cunucchiàta, s. f. *quantità di materia a filarsi che entra nella rocca, pennecchio*; e posta nella rocca, *roccata*

Cunucchièdda, dim. di cunòcchia, vedi

Cunvèrtiri, v. n. pass. *convertire*

Cunvìnciri, v. a. *convincere*

Cunviniènza, s. f. *convenienza*

Cunvìniri, v. n. *convenire*

Cunvintìnu, s. m. *conventino*, piccolo convento

Cunvirsàri, v. n. *conversare*

Cunvirtiri, v. a. *convertire*; n. p. *ravvedersi*

Cunvirtùtu, agg. di cunvìrtiri

Cunvìttu, vedi siminàriu

Cunvìviri, v. n. *convivere*

Cunvògghiu, s. m. *convoglio*

Cunvucàri, v. a. *convocare*

Cunzàri, v. a. *acconciare, abbellire, preparare, condire*; detto di pelli e di vini, *conciare, rassettare, imbellettarsi*; detto di tempo, *abbonacciarsi*

Cunzarìa, s. f. *luogo dove si conciano le pelli, concia*; dove si vendono, *pellicceria*

Cunzariòtu, s. m. *colui che concia le pelli, conciatore, pelacane*; chi li vende, *cojajo*

Cunzàrru, s. m. *mucchio di pietre, pietraja*

Cunzatùra, s. f. *acconciamento, conciatura*

Cunzatùri, s. m. *restauratore, rinnovatore*

Cupèrchiu, vedi cuvèrchiu

Cupiàri, v. a. *trascrivere, copiare*; fig. *imitare*

Cupiàtu, agg. *copiato*

Cupiatùri, s. m. *copiatore*

Cupièdda, dim. di còpia, *copiuccia*

Cupigghiùni, s. m. *arnia, copiglio*

Cupirchièddu, vedi cuvirchièddu

Cupirtizzu, vedi cuvirtizzu

Cupirtùra, vedi cuvirtùra

Cupista, s. m. *copista*, *manuense*

Cupiùni, s. m. cartolare che contiene una rappresentazione teatrale

Cuppèlla, s. f. vasetto fatto di cenere di corna, in cui gli orefici dànno la pruova all'argento, *coppella*; argèntu di cuppèlla, vale argento fino; s'intende anche per *deretano*

Cuppètta, vedi vintùsa

Cuppicèdda, dim. di còppa, piccol braciere

Cuppicèddu, dim. di còppu, *cartoccino*

Cuppinèddu, dim. di cuppinu

Cuppinu, s. m strumento di cucina a guisa di mezza palla, *ramajuolo*

Cuppulàru, s. m. *berrettajo*

Cuppulètta, s. f. piccola berretta usata dagli ecclesiastici, *berrettino*

Cuppulùni, s. m. accr. di còppula, *berrettone*

Cuppunàra, s. f. strumento dei bottaj a guisa di trivello, *cocchiumatojo*, *trivellone*

Cuppùtu, agg. *concavo*, *fondo*

Cupriri, vedi cummigghiàri; cupriri per *incrociare*, *coonestare*, coprirsi il capo

Cupùni, s. m. *cocchiume*

Cùra, s. f. *sollecitudine*, *cura*; per cùda vedi

Curaddàmi, s. f. *corallume*

Curaddàru, s. m. chi lavora il corallo grezzo, *corallajo*; per cavator di coralli

Curàddu, s. m. *corallo*

Curallina, s. f. *corallina*

Curàri, v. a. *curare*, *medicare*, *procurare*, *apprezzare*

Curàta, s. f. carne della coscia dell'animale bovino, *groppa di culaccio*

Curatèdda, s. f. interiora degli animali quadrupedi, *coratella*, *frattaglie*

Curàtu, s. m. *curato*; agg. di curàri

Curàtulu, s. m. *fattore*, *castaldo*

Curàzza, s. f. armatura, *corazza*

Curàzzu, s. m. pegg. di còri, *coraccio*

Curbillàri, v. a. *uccellare*, *corbellare*

Curcàri, v. a. e n. pass. adagiarsi nel letto, *coricarsi*; pel tramontare del sole; per *abbassare*; per *annighittire*; va cùrcati, vale *vatti con Dio*

Cùrciu, agg. vedi cùrtu; detto ad animale *codimozzo*

Curcurù, detto avv. (a...) vale pagamento che faccian molti in parti uguali, *a lira e soldo*

Curdàmi, s. f. *funame*

Curdàru, s. m. fabbricatore o venditor di funi, *funajo*, *funajuolo*; jiri nnarrèri comu lu curdàru, vale *peggiorare*

Curdàru, s. m. uccello, *nottolone*

Curdèdda, s. f. tessuto stretto per legare o affibiare, *cordellino*, *nastro*, *stringa*

Curdèri, s. m. legnetto posto nel manico degli strumenti da còrda che tien tese le corde, *cordiera*

Curdiàri, v. a. misurare la superficie dei campi (prop. dell'agrimens.)

Curdiàtu, agg. *misurato*

Curdiatùri, s. m. lo stesso che agrimensore

Curdicèdda, dim. di còrda, *cordellina*

Curdigghiu, s. m. funicella di cui cingonsi i frati di S. Francesco, *cordiglio*

Curdinu, s. m. dim. di còrda, *funicella*; sta anche per oriuolo appeso, vedi ròggiu

Curduàna, vedi curduvàna

Curdunàta, s. f. percossa data col cordiglio

Curduncìnu, s. m. *cordoncino*; è anche una specie di tessuto di cotone

Curdùni, s. m. *cordone*; per grossa corda; funicella pièna di nodi che portano i frati di S. Francesco, *cordiglio*; sta anche per rialto di terra, scavamento o altro per cingere uno spazio; circonferenza di monete, *granitura*; curdùni è un distintivo di varì ordini cavallereschi, *cordone*

Curduvàna, s. f. cuojo detto *cordovano*, o *marrocchino*; tiràri la curduvàna, vale *differire, procrastinare*

Curialàta, s. f. *trufferia, astuzia*

Curiàli, s. m. *curiale*; dispr. *monello, giuntatore*

Curialùni, accr. di curiàli

Curiàmi, s. m. quantità di cuojo, *cojame*

Curina, s. f. prop. le foglie del cerfuglione, con le quali si fan cordicelle, vedi ciafagghiùni; per *centro*

Curinèdda, vedi curunèdda

Curiùni, s. m. prop. sacerdote che in Roma era destinato alla celebrazione delle feste e de' sacrifici, *Curione*; per un nome dato a figura mobile che prende diverse posizioni bizzarre e grottesche, vedi Don Curiùni

Curiùsu, agg. *curioso*; per *balzano*

Cùrma e cùrmu, s. f. e m. *cima, colmo*

Curmarèddu, vedi culmarèddu

Curnacchìna, vedi cornacchìna

Curnalòra, s. f. fune con cui legansi le corna a' buoi per guidarli

Curnàru, vedi pittinàru

Curnàta, s. f. *cornata*; sta anche per *sopruso, aggravio*

Curnètta, s. f. strumento musicale, *cornetta*

Curnèttu, s. m. dim. di còrnu, *cornetto*; per uno strumento da fiato, *cornetta*

Curniàrisi, v. n. *svillaneggiarsi*

Curnici, s. f. *cornice*; è anche quell'ornamento di legno che circonda un quadro, *cornice*

Curniciùni, s. m. fregio degli edifici, *cornicione*

Curniòla, s. f. *corniola*; è anche una specie d'uva duracina

Curniòlu, s. m. albero che rende il frutto simile all'oliva, *corniolo*

Curnutaria, agg. a bècca, sta per *soperchieria, sopruso*

Curnutàzzu, pegg. di curnùtu, vedi

Curnùtu, agg. *cornuto*; sta anche per *becco, bozzo*; curnùtu e bastuniàtu, si dice di chi ha ricevuto un torto senza riparazione

Cùrpa, s. f. *colpa, fallo*

Curpànza, s. f. lo stesso che cùrpa

Curpàri, v. n. *peccare, colpare, cagionare*

Curpàzzu, s. m. pegg. di còrpu, *corpaccio*

Curpèttu, s. m. *corpetto, giubboncello*

Curpiàri, v. a. *ferire, colpire*

Curpiàtu, agg. *colpito, sbudellato*; sta anche per *foracchiato*

Curpicèddu , dim. di còrpu , *corpicello*

Curpìri, v. a. *colpire, dar nel segno*

Curpìtu, agg. di curpìri

Curraria, s. f. nome antico dell'ufficio della posta; è anche detto pel servigio del messo reca lettere

Currèggiri, v. a. *correggere*

Currènnu, avv. *subito, immantinente*; cùrrènnu currènnu, *subito subito*

Currènti, s. f. *corrente*, che ha un movimento progressivo; per li filari degli embrici

Currènti, agg. che corre, *presto, sciolto, spedito*; comune, *ordinario*

Currèri , s. m. *corriere, corriero*

Curria, s. f. cintura di cuojo, *coreggia*; sta anche per *guiggia, cordino*

Curriàri, v. n. correre qua e là, *scorrazzare*

Curriàta, s. f. l'atto dello scorrazzàre, *scorrazzamento*

Curriculu, s. m. cocchio a due ruote, *calesso, calessino*

Curri cùrri, s. m. *pressa, corri corri*; avv. *celermente*

Curridatùri di pèddi, s. m. colui che vende o concia le pelli, *cojajo*

Currintùni, s. m. uccello, *calandro*

Currièla, s. f. specie di cassa larga, *carriuola, sappidiano*

Carriòttu, s. m. piccolo vaso di legno a doghe, *bariglione*

Curriquàgghia , s. m. garzone dei cacciatori; met. per persona ligia ad alcuno, *servisiario*

Cùrriri, v. n. correre, *bucinarsi, decorrere, gocciolare, moccicare*; detto di vasi, *trapelare, stillare*; cùrriri pri S. Petru e S. Paulu, vale essere in gran pericolo; stidda chi cùrri, destino che aspetta

Curritùri, s. m. *corridore*; per andito, *corridojo*; per corsia, *embrice, coperchio, stanza*

Curriùni, s. m. grossa coreggia, *coreggione*

Currivàrisi, v. n. pass. *crucciarsi, sdegnarsi*

Currivu, s. m. *cruccio, dispetto*

Currivu, agg. *corrivo, volubile*

Cùrrula, s. f. strumento di legno per alzare pesi, *carrucola, girella*; aviri li cùrruli, vale *correr velocemente*

Cùrsa, s. f. *corsa*; avv. a cùrsa, *velocemente*

Cursalèttu, s. m. il corpo della corazza, *corsaletto*

Cursàli, vedi cursàru

Cursàru, s. m. ladro di mare, *corsaro*

Cursè, (francesismo) vedi cèrru

Cursèttu, vedi cursè

Cursia, s. f. *corsia*

Cùrsu, s. m. *corso*; aviri cùrsu un'affari, vale avere avviamento; cursu di stiddi, di la vita, ec. *corso*; mittìrisi 'ncursu, *pigliar corso*; robba di cùrsu, vale da dozzina

Cùrti, s. f. *corte, magione, servitù*; famiglia de' Re

Curtigghiàra, s. f. donna bassa, *pettegola, plebea*

Curtigghiaria, s. f. *squajataggine*; per *contesa*

Curtigghiarisimu, vedi curtigghiaria

Curtigghìaru, s. m. *basso, plebeo, squajato*

Curtigghiu, s. m. vicolo ove abita la gente più bassa del popolo, *chiasso, ronco*

Curtiggiàna, s. f. dama di corte, *cortegiana*

Curtiggiànu, s. m. *cortigiano*

Curtìli, s. m. spazio interno delle case da dove piglian luce, *atrio, cortile*; vedi bàgghiu; per *chiostra*

Curtina, s. f. *cortina*, tenda intorno al proprio letto; per gli architetti è una parte delle mura di una fabbrica; per una parte delle fortificazioni

Curtinàggiu, s. m. *cortinaggio*

Curtisìa, s. f. *cortesia*

Curtòttu, agg. *bassotto*, si dice di statura

Cùrtu, agg. *corto*; di curtu e cùrtu, avv. vale assai vicino; essiri a li cùrti, vale esser vicino a fare, ad accadere; a li cùrti, avv. *orsù, via*; di cùrtu, vale *di recente*

Curvàcebiu, s. m. uccello, *cornacchia bigia*

Curvàtta, vedi cruvàtta

Curvètta, s. f. specie di bastimento, *corvetta*

Curviàri, v. a. andare in traccia, *uccellare*

Curùna, s. f. *corona, ghirlanda, rosario*; tiniri 'ntesta pri curùna, vale non curare

Curunàri, vedi 'ncurunàri; curunàri l'opra, vale *compire, terminare, perfezionare*; sta anche per *rovinare*

Curunàru, s. m. facitore o venditor di corone, *coronajo*

Curunèdda, dim. di curùna, *coroncina*; chiamasi anche con questo nome un pesciolino detto *argentina*

Curùzzu, dim. di còri

Cusà, avv. *forse, chi sa?*

Cuscènza o cuscènzia, s. f. *coscienza*

Cuscitèdda, dim. di còscia

Cusciàla, s. f. parte superiore della calza, *cosciale*; per quei pezzi di legno che mettonsi in mezzo al timone

Cusciàri, v. n. *vagare, gironzare*

Cusciatùra, s. f. muro aggiunto ai fianchi d'un arco o d'una vòlta per contrabbilanciare la sua spinta, *rinfianco, strombatura*; per le parti laterali d'una carrozza o altro legno, *fiancata*; pei lati o cosce d'un portone, *fiancata, coscia*; per quei grandi bastoni sopra i quali si reggono gli scalini delle scale a piuoli o simili, *staggi*

Cuscinàta, s. f. copertura di cuscini posti in lungo su corpi duri; pel guancialetto che mettesi in giro al capo dei bambini affinchè cadendo non si maltrattino, *cercine*

Cuscinèttu, dim. di cuscìnu

Cuscìnu, s. m. guanciale imbottito di materia soffice, *cuscino*

Cùscusu, s. m. pasta di semola ridotta in granelli, *semolino*; cùscusu asciùttu o duci, specie di dolce fatto col semolino

Cùsiri, v. a. *cucire*; sta anche per *unire, congiungere*; cùsiri e scùsiri, vale dir male d'alcuno

Cusirìnu, s. m. seta sottilissima da cucire

Cusitùra, s. f. *cucitura*; per *giuntura, sutura*

Cusitùri, s. m. *sarto, cucitore*

Cussalùti, avv. *evviva!*

Cussì, avv. *così*

Custàna, s. f. piaga delle bestie da soma, *guidalesco, spronaja*; àrdiri la custàna, vale aver interesse; sta anche per *travicello* in forma quadrilunga

Custanùni, accr. di custàna, in senso di *travicello*

Custànza, s. f. specie di tela fina; per *costanza, fermezza*

Custàri, v. n. *costare*; vale anche esser caro di prezzo; per *assicurare*

Custarìzzu, s. m. tralcio nato sul ceppo della vite, o di altre piante

Custarèddi, s. m. plur. carne delle coste degli animali comestìbili, *costereccio, polpa costale*

Custàtu, s. m. luogo dove son le costole, *costato*; per la ferita fatta nel petto del Redentore

Custèra, s. f. *spiaggia, costiera*; per falda di monte

Custiàri, v. n. *costeggiare*

Custicèdda, s. f. dim. di còsta, *costolina*

Custiggiàri, vedi custiàri

Custipàri, v. a. *importunare, seccare*; vale anche in senso n. pass. *incatarrarsi*

Custipaziòni, vedi costipazioni

Custrìnciri, v. a. *costringere, moderare*

Custruìri, vedi costruiri

Custudìri, v. a. *guardare, custodire*

Custùra, s. f. *costura*; aggiustàri li custùri, vale *bastonare, correggere*

Custurèra, s. f. *sarta*

Custurèri, s. m. *sarto*

Custurùni, s. m. accr. di custùra, prominenza della cucitura

Cusùna, s. f. accr. di còsa, *capolavoro, capodopera*

Cusùtu, agg. *cucito*

Cusùzza, s. f. dim. di cosa, *cosuccia, coserella*; per *bagattella*; per *dolciumi*; detto a ragazzi, *cialdette*; per voce puerile con cui intendousi frutta, ciambelle ec. *chicca*

Cutèddu, s. m. *coltello, pugnale*; sta anche per *mestichino*, ch'è quel coltello di cui servonsi i pittori per portar i colori sopra la tavolozza e mescolarli al bisogno; avìri un cutèddu a lu cori, vale aver angoscia; èssiri dui cutèdda 'ntra na guàina, vale non esser mai d'accordo; mèttiri lu cutèddu a la gùla, vale *costringere, violentare*; camminàri supra un cozzu di cutèddu, vale non dar motivo a doglianza

Cuticaria, vedi zutichizza

Cuticchia, s. f. *pietruzzola*

Cuticchiùni, accr. di cuticchia, *ciottolone*

Cuticùni, agg. *zotico*, *intrattabile*

Cutiddàta, s. f. *coltellata*

Cutiddàzzu, accr. di cutèddu

Cutiddèri, s. m. *coltellinajo*

Cutiddiàrisi , v. n. pass. *accoltellarsi*

Cutiddiàta, s. f. *schermaglia*

Cutiddìna, s. f. sorta d' arme, *coltella*

Cutiddùzzu, s. m. dim. di cutèddu, *coltellino*

Cùtina, s. f. *cotenna*

Cùtra, s. f. *coltre*

Cutricèdda, dim. di cùtra , *coltrella*

Cutriciùni , s. m. panno con cui avvolgonsi i bambini tra le fasce, pezza di rinvolto e sopprappezza (V. Carèna, Diz. dom.)

Cutrìgghia, s. f. coperta da letto per inverno, di lino, cotone, o seta ripiena di bambagia, *coltrone*

Cutrùfu, s. m. vaso di vetro a bocca larga che si veste d'una erba secca, e serve a contener liquori, *carraffa*; per sim. ad uomo, *caramoggio*

Cuttèttu, s. m. specie di gonna, anticamente usata dalle donne

Cuttìgghia, s. f. specie di veste armata da stecche, *busto*

Cuttìzzu, agg. *stracotto*

Cutuliddu, agg. alquanto cotto, *cotticcio*; vale anche *ubbriachello*

Cuttunàta, vedi cuttunina

Cuttunèddu, s. m. dim. di cuttùni ; per la neve quando vien giù a fiocchi, *nevischio*

Cuttùni, s. m. pianta, *cotone*

Cuttuniàri , v. a. *restrignere*, *violentare*

Cuttunìgnu, agg. *bambagioso*

Cuttunina, vedi cutrigghia

Cuttùra, s. f. *cottura*; a menza cuttùra, *cotticcio*; cuttùra di vinu, vale vino già maturo e soave; passàtu di cuttùra, si dice ad uomo o a donna avanzati in età

Cutturiàri , v. a. *costrignere* , *importunare*

Cutturiàtu, agg. *sforzato*, *sollecitato*

Cuttùttu , avv. *sebbene*, *tuttochè*

Cuttuttuchìssu, avv. *con tutto questo*

Cutugnàta, s. f. conserva di mela cotogne, *codognato*

Cutugnitu, s. m. luogo piantato a cotogni

Cutùgnu, s. m. albero, *cotogno*, e il frutto *melacologna*, *peracotogna* ; aviri lu cutùgnu , vale esser addolorato ; agghiùttiri cutùgna, soffrire ingiurie; dàri cutùgna, *disgustare*

Cutulàri, v. a. far cadere i frutti dagli alberi, *scuotere*

Cutulàta, s. f. *scotimento*; per *mortalità*

Cutulatìna, vedi cutulàta

Cutulatùri, ura, s. m. e f. *scotitore, scotitrice*

Cutuliamèntu , s. m. *dimenio*; per *beffa, giarda*

Cutuliàri, v. a. *dimenare* ; sta anche per *uccellare, burlare*

Cutuliàta, s. f. *agitazione, burla*

Cutuliàtu, agg. di cutuliàri

Cutuliùni e cutulùni, s. m. *scossa, crollamento*; per *celione*

Cutupiddi! inter. *no, affatto no*

Cùva, s. f. *covatura, dentizione*

Cuvàri, v. a. *covare*

Cuvàta, s. f. *covata*

Cuvatizzu, agg. ad uova, *stantio, barlacchio*; arruttu d'ova cuvatizzi, *rutto che sa di rudore*

Cuvèrchiu, s. m. *coperchio*; di crita, *testo*; di l'àciu, *carello*

Cuvèrta, s. f. *coperta*; di lìttra, *coperta delle lettere*; di la navi, *ponte superiore della nave*; di tavola, vale salvietta, piatto e posata, *coperta*

Cuvèrtu, agg. di cupriri

Cuviàri, v. a. *agguatare, cercar di nascosto*

Cuviàtu, agg. *insidiato*

Cuvirchièddu, s. m. dim. di cuvèrchiu, *coperchino*; per frode, *inganno, pretesto*

Cuvirtizzu, s. m. *tetto*

Cuvirtùni, s. m. panno che copre la cassetta del cocchiere, *copertorio*

Cùviu, agg. *uomo cupo, doppio, finto*; lupu cuviu, vale *astuto*

Cuzzarrùni, s. m. *ciglione*

Cuzziàri, v. a. tagliuzzare il bordo delle forme del pane, o conformare il pane a orliccio tagliuzzato pria di cuocerlo

Cùzzica, s. f. escremento che si genera nelle piaghe, *crosta*; per piccola parte di chicchessia, *minuzzolo*; per moccio riseccato e induruto; detto ad uomo vale *nojoso, increscevole*

Cuzzicùsu, agg. *nojoso, fastidioso, molesto*

Cuzziddu e cuzzitèddu, dim. di còzzu; parlando di pane vale *frusto, bricia*

Cuzzulùni, s. m. capo senza capelli, *calvizio, zuccone*

Cuzzùtu, agg. ad uomo, di grossa nuca

D

D quarta lettera dell'alfabeto, terza fra le consonanti; nei numeri romani vale cinquecento

Da, segnacaso, *da, sino, per*

Dabbànna, vedi ddaddabbànna

Dàdu, s. m. *dado*

Dàgali, s. m. terreno declive

Dagali, s. m. sorta di cintura, *balteo, pendaglio*

Dàinu, vedi addàinu

Dàli, avv. *orsù*

Dàlla dàlla, avv. *dalle dalle*

Damascàtu, vedi domascàtu

Damaschìnu, agg. di ferro, *domaschino*; per una sorta d'uva e di rose bianche, *domaschino*

Damàscu, vedi domàscu

Dammaggèri, s. m. *facidanno*

Dammaggiàri, v. a. far danno, *danneggiare*

Dammàggiu, s. m. *danno*; nè gattu fu, nè dammaggiu fici, si dice di cosa passata sotto silenzio

Dammaggiùsu, agg. *danneggiatore*

Dammiciàna, s. f. grande bottiglia vestita di vimini, che serve a contener liquori, *damigiana*

Dammusàtu, vedi dammùsu

Dammusiddàru, s. m. custode della segreta

Dammùsu, s. m. muro in arco,

vólta, *centina*; se di mattoni, *volterrana*; per *segreta*

Dannàrisi, v. n. p. *dannàrsi*

Dànnu, s. m. *offesa, detrimento, danno*

Dannùsu, agg. *dannoso, nocivo*; che reca mal di stomaco

D'apprèssu, avv. *dietro*

Dàrbu, s. m. sorta di misura di acqua, quarta parte della zappa vedi

Dàri, v. a. *dare, vendere, percuolere, fruttare*; dari chi diri, *tribolare*; dari còrda, *allettare, lusingare*

Darrèri, avv. *addietro*; sta anche per *deretano*

Dàttula, s.f. frutto della palma, *dattero*; di màri, sorta di conchiglia, *dattero di mare*

Dàtu e dàtu chi, avv. *posto che, dato*

Davànti, avv. *alla presenza, davanti*; livàrisi di davànti, vale *sparire*

Davànzi, lo stesso che davanti vedi

Daùra, avv. *per tempo*

Dàziu, s. m. *gravezza, imposizione, dazio*

Ddà, avv. *là*

Ddaddabbànna, avv. *di là*

Ddanguliàrisi, v. n. pass. *dondolarsi*

Ddangulùni, s. m. *dondolone*

Ddànti, vedi addànti

Ddìsa, s.f. pianta, i di cui gambi servono a molti usi, *ampelodesmo*

Ddisalòru, s. m. chi raccoglie i fusti dell'ampelodesmo

Ddòcu, avv. *costi, costà*

Ddòsa, vedi dòsa

Ddritta, vedi dritta

Debbòsciu, s. m. (gallicismo) *deboscio*

Dèbuli, s. m. *debolezza*; per *affetto, inclinazione d'animo*, agg. *fiacco, debole*

Decadiri, v. n. *decadere, scadere*

Decantàri, v. n. *pubblicare, celebrare, decantare*; per *travasare*

Dèci, nome num. *dieci*

Decidiri, v. a. *decidere*

Dècimu, s. m. *decimo*

Decollàri, v. a. *decollare*; met. *finire*

Decullìsta, agg. *indiscreto, sermesta*; fari lu decullìsta, vale mostrar autorità

Deculònna, s. m. cerotto per posteme, *diaquilonne*

Decurionàtu, s. m. magistrato dei Decurioni, *decurionato*

Decuriùni, s. m. colui che appartiene al magistrato che bada all'amministrazione del municipio, *decurione*

Decùrsu, s. m. trascorrimento di termine, *decorso*

Dèda, s. m. specie di pino selvatico, *teda*

Dedùciri, v. a. *dedurre, scemare*

Defàttu, avv. *infatti*

Dèficit, s. m. voce latina, *disavanzo*; per *deficienza*

Delìriu, s. m. *vaneggiamento, delirio*

Demaniàli, agg. *appartenente al regio patrimonio, demaniale*

Demàniu, s. m. *patrimonio regio o pubblico, demanio*

Dènti, s. m. *dente*; i denti propriamente sono gl'*incisivi*; scaggbiùna, i *canini*; gànghi, molari o mascellari; per quelle parti in taluni strumenti che son simili a' denti, *dente*; tirari cu li dènti, vale *stentare*; munnàrisi li dènti, vale restar deluso

Dèntici, s. m. pesce noto, *dentice*

Depènniri, v. n. *dipendere, dependere*

Depèrdiri, v. n. *scemare, peggiorare*

Depòniri, v. a. *deporre, sgravarsi*; per *far posatura*, detto di taluni fluidi

Destrùdiri, vedi strùdiri

Detràiri, v. a. *detrarre, diffalcare*

Dètta, s. f. *debito, detta*; accattàri na dètta, vale comprare un debito.

Dìa, s. f. *dea*

Dià..., s. m. voce sincopata da diàvulu, vedi

Diamànti, s. m. pietra preziosa, *diamante, adamante*

Diàmbra, s. f. composto cordiale ove entra la polvere d'ambra

Diàntani, vedi diàscacci

Diàrrachi, escl. *diacine!*

Diarrìa, vedi scisa

Diàscacci, escl. *diascane!*

Diavularìa, s. f. *diavolaria*; per *malignità, intrigo*

Diavulàzzu, pegg. di diàvulu, *diavolaccio*; si dice anche di uomo scaltro

Diavulìcchi, s. m. plur. specie di zuccherini composti collo spirito di cannella, garofano ec., *diavolini*

Diàvulu, s. m. *diavolo*; per *malvagio, scaltro*; fari comu un diàvulu, vale esser sulle furie; poviru diàvulu, vale *sventurato*

Diavulùni, accr. di diàvulu; sono anche così chiamati vari dolciumi, sorbetti ec.

Di beni 'mmègghiu, vedi mègghiu

Di bon pìsu, vedi pìsu

Di bònu e bònu, avv. *pacificamente*

Dìca, s. f. *oppilazione*, male prodotto dalla inedia; per *noja, travaglio*

Di càni e càni, avv. *a dispetto, adirosamente*

Di càsa, vedi càsa

Di ccà, vedi ccà

Di ccà ccà, avv. *da ora innanzi, da questo momento*

Di ccà 'nnavànti, avv. *da quind'innanti*

Di cchiù, vedi cchiù

Dicèmmiru, s. m. l'ultimo mese dell'anno, *dicembre*

Dichïàrisi, v. n. p. *rammaricarsi, nicchïare, angustiarsi*

Di chiàttu, vedi chiàttu

Dichïùsu, agg. *nojoso*

Dicidòttu, n. num. *diciotto*; parràri pri dicidòttu, vale esser soverchiamente loquace

Dicìna, s. f. *decina*

Dicinnòvi, n. num. *diciannove*

Dicirìa, s. f. *diceria, ragionamento, bucinamento*

Dicissètti, n. num. *diciassette*

Di còri, avv. *di cuore*

Di cuntànti, vedi cuntànti

Di cuntìnu, vedi cuntìnu

Di cùrtu, vedi cùrtu

Di darrèri, vedi darrèri

Di ddà, vedi ddà

Diddì o ddiddì col verbo jìri,

vale andare a diporto, e si dice a' fanciulli

Di dìntra, vedi dìntra

Diesìlla, s. f. la seguenza nella messa di requie che recitasi a refrigerio de' morti, *dies irae*

Di fàcci, vedi fàcci

Difènniri, v. a. *difendere*; per *riparare, custodire, preservare*

Diffùnniri, v.a. *spargere, diffondere*

Di fìlu, vedi fìlu

Di fìrmu, vedi fìrmu

Di fòra, vedi fòra

Di frùnti, vedi frùnti

Di gàla, vedi gàla

Di gàna, vedi gàna

Di gèniu, vedi gèniu

Digerìri, v. a. *digerire*; colla negazione, vale non poter sopportare, soffrire a malincorpò

Digerìtu, vedi digirùtu

Digirùtu, agg. *digesto, digerito*

Digitàli, s. f. pianta med., *digitella*

Digiunè, s. m. parola franc. che scrivesi *déjunnée, colezione*

Di gran tempu ccà, vedi tèmpu

Di jèttitu, vedi jèttitu

Dijttàrisi, v. n. pass. *indebolire*; sta anche per *umiliarsi*

Di jòrnu, vedi jòrnu

Dijunàri, v. a. *digiunare*

Dijùnu, s. m. e agg. *digiuno*

Di jùsu, vedi jùsu

Di lànzu, vedi lànzu

Dilicatìzza, s. f. *delicatezza, gracilità, sottigliezza*

Dilicàtu, agg. *delicato*; per *sottile*

Dilluviàri, v. n. piovere strabocchevolmente, *diluviare*;

per mangiare fuor modo, *divorare*

Dillùviu, s. m. *diluvio*; per *abbondanza, copia*; per mangiare smoderatamente, *voracità*

Di lòngu, vedi lòngu

Di lòrdu, vedi lòrdu

Di lu 'ntùttu. avv. *del tutto*

Di lu rèstu, avv. *del resto*

Di mala gàna, avv. *a malincuore*

Di mala vògghia, vedi di malagàna

Di mali 'mpèju, avv. *di male in peggio*

Dimànna, vedi dumàuna

Dimannàri, vedi addimannàri

Dimannùni, vedi dumannùni

Di màuu, avv. *inopportunamente*; si usa in senso ironico

Di 'mmènzu, avv. col verbo livàri, *davanti o dal centro*

Dimùra, s. f. *dimora*

Dimuràri, vedi addimuràri

Dinàri, s.m.plur. una de' quattro semi che stan dipinte nelle carte da giuoco, *danari*; sta per *danajo*

Dinàru, s. m. *danajo*; sta anche per la sesta parte del grano; dinàru d'àqua, una quantità d'acqua ch'è la 16ª parte della zappa, vedi

Dinarùsu, agg. *danajoso*

Di nèttu, vedi nèttu

Dinòcchiu, s. m. *ginocchio*

Dintàli, s. m. strumento villesco ove attaccasi il vomere dell'aratro, *dentale*

Dintàmi, s. f. ordine di denti, *dentame, dentatura*

Dinticàru, s. m. denti che sporgono in fuori, *grugno*

Dìntra, avv. *dentro*

Dintùzzu, dim. di dènti, *denti-cello*

Di pàru, avv. col verbo mèttiri, vale non risparmiar alcuno nello svillaneggiare o nel bastonare

Dipèndiri, v. n. *dipendere*

Di picu, vedi picu

Dipinciri, vedi pinciri

Dipennènti, da dipènniri, *dipendente*

Di pìsu, vedi pìsu

Di pizzula, vedi pizzula

Di pòcu, avv. *per poco*; cosa di pòcu, inter. *capperi!*

Di pocu momèntu avv. *da nulla*

Di pocu tèmpu ccà , avv. *da poco tempo in qua*

Dipòi, avv. *dappoi*

Diportamèntu, s. m. *andamento, diportamento*

Di propòsitu, avv. *a bella posta*

Di pùnta, avv. *con la punta, di punta*

Dipurtàrisi , v. n. *diportarsi, comportarsi, regolarsi*

Di quànnu'nquànnu, vedi quànnu

Diri, v. a. *manifestare, dire, rispondere*

Diri, s. m. *discorso, ragionamento*

Di rivòlu, vedi rivòlu

Disa, vedi ddisa

Disamuràtu , agg. *disamorato, privo di affetto*; de'frutti, vale *insipido*

Disària, s. f. *mortificazione*

Disarmàri, v. a. torre le armi, *disarmare* ; per scomporre i pezzi d'una macchina, *disgregare*

Disavvèzzu, agg. *divezzo*

Disbùrzu, s. m. *disborso, sborso*

Discàlu , s. m. *sceno, scemamento*

Discapitàri, vedi scapitàri

Discaricàri, v. a. *discaricare*; per *disobbligarsi, discolparsi*

Discàricu, s. m. *discarico, discolpa, giustificazione*

Discifràri, v. a. *diciferare*

Discinniri, v. n. *scendere, provenire, trarre origine, originare*

Disciògghiri, vedi sciògghiri

Discipprìna, s. f. *insegnamento, disciplina, regola*

Discìpulu, s. m. *discepolo*

Discisu, agg. *disceso*

Discriziòni, s. f. *discrezione*

Discriziunàtu, agg. *discreto*

Discu, s. m. *disco*; sta per *leggio*

Discularìa, s. f. *sciagurataggine*

Disculu, s. m. *discolo, ribaldo*

Discùrriri, v. a. e n. *ragionare, favellare, discorrere, discutere*

Discùrsu, s. m. *discorso, ragionamento*

Disèrramu, agg. *inetto, gagliòffo, ribaldo , poltrone, vagabondo*; vedi èrramu

Disèrtu, s. m. luogo solitario, *deserto*; sta per *aborto*

Disfìziamèntu, s. m. *noia, disgusto*

Disfiziàrisi, v. n. *disgustarsi, disgradire*

Disfiziàtu, agg. *sdegnato, disgustato*

Disfìziu, s. m. *cruccio, indegnazione*

Disgùstu, s. m. *disgusto, amarezza*; per *dissapore, discordia*

Disiccàri, v. a. *diseccare*; n. p. *inaridire, diseccarsi*

Disiddèriu, s. m. brama di possedere alcuna cosa che non si abbia, *desiderio*

Disignàri, v. a. *delineare, effigiare, disegnare*; per *indicare*

Disìgnu, s. m. *disegno*; per *pensiero, progetto*

Disimpignàri, v. a. *disimpegnare*; per *favorire, difendere*; n. p. *disobbligarsi*

Dislucàri, v. a. levar dal luogo, *dislocare;* per *lussare*

Dislucatùra, s. f. *lussazione, dislocamento*

Disparu, agg. *dispari*

Dispènsa, s. f. *distribuzione, dispensa;* per la stanza ove si tengon cose da mangiare, *dispensa*

Dispiàciri, v. n. *dispiacere, dispiacersi*

Dispiaciri, s. m. *molestia, dolore, dispiacere*

Dispinsàri, v. a. *dispensare, esentare, astenersi*

Dispiratizzu, agg. *adiraticcio;* vale anche con grandi bisogni, *spiantaticcio*

Dispiràtu, agg. *disperato, spiantato*; per abbandonato dai medici, senza speranza di salute

Dispiratùni, accr. di dispiràtu

Dispisàri, v. a. *spendere;* fare a meno di una cosa

Dispittaria, s. f. *dispetto*

Dispittùsu, agg. *dispettoso*

Dispòniri, v. a. *ordinare, disporre, testare;* n. pass. *prepararsi*

Disradicàri, vedi sdirradicàri

Dissalàri, v. a. *dissalare*

Dissangàtu, vedi sdissangàtu

Dissiggillàri, v. a. levare il suggello, *dissuggellare*

Dissipillìri, v. a. *diseppellire*

Distantèddu, agg. dim. di distànti, *lontanetto*

Distànti, agg. *lontano, distante;* per *diverso, differente*

Di stàti, avv. *di state*

Distènniri, v. a. *distendere*

Distèrru, s. m. *sbandimento, esilio*

Distìllu, s. m. *distillazione;* per *corizza*

Distirràri, v. a. cacciare in esilio, *rilegare, confinare*

Distirràtu, agg. *esiliato, sfrattato;* impr. detto de' servi di pena

Distògghiri, v. a. *distorre*

Distràiri, v. a. *distrarre;* e n. p. *ricrearsi*

Distrìttu, s. m. territorio o parte di una provincia, *distretto;* per contrada; nella nostra distribuzione territoriale i distretti sono divisioni della provincia

Distrùdiri, v. a. *struggere, distruggere, consumare*

Distruttùri, s. m. *desolatore, consumatore, distruggitore;* per *prodigo*

Di sùbbitu, avv. *subitamente;* morti di sùbbitu, vale *subitanea*

Disnguagghiànza, s. f. *disuguaglianza*

Disugualàri, v. a. privare della egualtà, *sguagliare*

Disunciàri, v. a. *disenfiare*

Di supèrchiu, avv. *soverchiamente*

Di sùpra, avv. *di sopra;* stàri di sùpra, *vegliare, custodire*

Di sapracchiù, avv. *di soprappiù*

Disurvicàri, v. a. *disotterrare*

Disussàri, vedi sdisussàri

Di sùsu, avv. *di sù*; pigghiàri di susu, vale *sopraffare, imbaldansire*

Di sùtta, avv. *di sotto*; ristari di sùtta, vale esser perditore; essiri di sùtta, vale essere inferiore; avìri di sùtta, vale in suo potere

Di tàgghiu, avv. *di taglio*; mèttisi di tàgghiu, vale, rammassar danaro

Di tànnu, avv. *d'allora, d'allora in poi*

Di tàntu 'ntàntu, avv. *di quando in quando*

Di tèrzu in tèrzu, vedi tèrzu

Di tròttu, vedi tròttu

Ditta, s. f. buona fortuna in giuoco; vale anche società o compagnia di negozio

Dittàri, vedi addittàri

Dittèriu, s. m. *motto, sentenza*

Dìttu, s. m. e agg. *detto*

Di tuttu pùntu, avv. vale *compiutamente, di tutto punto*

Diu, s. m. Ente Supremo, *Dio*

Divacàri, vedi sdivacàri

Divànu, s. m. specie di sofà, *canapè*

Divàriu, s. m. *differenza, divario*

Di vàrva e mustàzzu, avv. *ad onta, a dispetto, impunemente*

Diversìvu, agg. che diverte, *diversivo*; tra noi intendesi per passatempo, interruzion di lavoro

Divèrtica, vedi rivèttica

Di vicìnu, avv. *da presso*

Divìdiri, v. a. *separare, disunire, dividere*

Di vidùta, vedi di vìsta

Divìdùtu, agg. *diviso, separato*

Divìgghia, s. f. fascio di virgulti, o altro per farne scope, *granata*

Divinàgghia, s. f. *divinamento, divinaglia*

Divintàri, vedi addivintàri

Divìri e duvìri, vedi

Divirtimèntu, s. m. *divertimento, diporto, sollazzo*

Divirtimintùni, accr. di divirtimèntu

Divirtimintùzzu, dim. di divirtimèntu

Divirtìrisi, v. n. pass. *sollazzarsi, divertirsi*

Di vìsta, avv. *avvenente, grazioso, gentile*

Di vòlu, avv. *velocemente*

Divutàzzu, s. m. *graffiasanti*

Divutèddu, agg. dim. di divòtu, dicesi agli accattoni

Divuziòni, s. f. *divozione, affettazione, riverenza, ossequio*

Do, sincope di *Don, Donno*, signore; titolo che si dà alle persone civili

Dòccu e ddòccu, s. m. specie di tessuto doppio di lino, da *dock* voce straniera

Dògghia, s. f. *doglia*; per *dispiacere, dolore*

D'oggi 'npòi o 'nnavànti, avv. *da ora in poi*

D'oi 'ndumàni, avv. vale *di giorno in giorno*

Dòlìri, v. n. *dolere, dolersi, dolorare*; la lingua batti unni lu denti doli, vale parlare spesso di cosa che si ha interesse di ottenere

Domànna, vedi dumànna

Domaschinu, agg. di uva; di ago, vale *sottile*; di ferro, vale che abbia la tempera di damasco

Domàscu, s. m. sorta di drappo all' arabesca, *damasco*

Domiciliàri, agg. *domiciliario;* visita domiciliàri, vale perquisizione domiciliaria

Domiciliàri, v. n. p. *albergare, soggiornare*

Dòmina, vedi patrùna; per reliquia sacra, *breve*

Dominò, s. m. sorta di mantello nero che va sino a' piedi, *dominò* (voce straniera)

Dòminu, vedi patrùni

Dòmu, s. m. chiesa cattedrale, *duomo*

Don, vedi Do

Donatìvu, s. m. *dono, donativo;* offerta di danari che facevano in tempi passati al Sovrano i suoi sudditi, *donativo*

Donchisciòtti, s. m. *spaccamonti, tagliacantoni*

Doncuriùni, s. m. nome dato ad una figura mobile, che prendea posizioni bizzarre

Dònna, s. f. *donna;* titolo di signoria femm.; per *moglie;* donna di mal' affari, *meretrice;* donna di teatru, *comica, cantante, o ballerina;* donna di fòra, *fantasma, spettro;* per una delle figure dipinte nelle carte da giuoco, *donna*

Domninnarèddu, s. m. dim. di donninnaru

Donninnaricchiu, vedi donninnarèddu

Donninnarisimu, s. m. *zerbineria*

Donninnaru, s. m. *milordino, zerbino, vagheggino*

Donnùddu, s. m. voce che significa uomo da nulla, *bietolone*

Donquànquaru, s. m. *conciaste, arcifanfano;* col verbo fari, vale mischiarsi ne' fatti altrui volendo fare il dottore

Dòppu, avv. e prep. *dopo*

D'ora 'nnavànti, avv. *d' ora innanti*

D'ora 'npoi, avv. *quind' innanti*

Doràri, vedi 'ndoràri

Dòrmiri, v. n. *dormire;* 'nnària 'nnària, *dormicchiare;* dormi patèdda ca lu grànciu vigghia, vale prepararsi ad una vendetta; dòrmiri cu la manu a la mascidda, vale star sicuro della promessa o del fatto altrui; cui àvi fitti nun dòrmi, cioè chi ha qualche pensiero che l'agita non può star tranquillo

Dormitòriu, s. m. luogo nei conventi o in altri istituti, addetto alla dormizione, *dormitoio*

Dòsa, s. f. quantità determinata di medicinali o altro, *dose;* dàri la dosa, vale *avvelenare*

Dòta, s. f. *dote, dota;* met. per *provvisione*

Dotàri, v. a. *dotare;* per assegnare una rendita, *dotare*

Dotàriu, s. m. ciò che oggi chiamasi donazione volontaria del marito a favor della moglie, *dotario*

Dòti, vedi dòta

Dòttu, agg. *dotto;* s. m. è anche

una sorta di pesce detto in Italia *scrittore*

Dràgu, s. m. *drago*, animale favoloso

Dragùna, s. f. propr. gallone di seta guernito di frange d'oro e d'argento che s'intreccia al pugnale della spada o della sciabla degli uffiziali, *dragona* ; fra noi s'intende per spallino de' militari , vedi spalbna

Dragunàra , s. f. *acquazzone*, *bufera*

Dragùni, vedi dràgu; è anche un animale quadrupede innocuo che vive nelle Indie Orientali e in America; per un pesce simile allo scarafaggio; per soldatesca

Drittizza, s. f. *dirittezza*

Drittu, s. m. e agg. *dritto*, *giusto*; per *balzello*; per la ragione civile, ecclesiastica o canonica, *dritto*; avv. *dirittamente*

Drittùra, s. f. linea retta, *dirittura*; a drittùra, avv. *subito*, *senza opposizione*

Drittùsu, agg. ad uomo che si vale bene della man destra, il contrario di mancùsu; ambidestro poi è detto chi si giova tanto della dritta che della manca

Drugaria, s. f. *drogheria*

Drughèri, s. m. *droghiere*; chi vende droghe

Dubbitàri, v. n. *dubitare*; per *temere*

Dùbbiu, s. m. e agg. *dubbio*

Dubbiùsu, agg. *dubbio*

Dùbblu, vedi dùbbulu

Dubbràri, v. a. zappare in giro agli alberi, *scalzare*, *discalzare*

Dubbrèttu, s. m. veste lunga usata dalle antiche donne Siciliane, *guarnacca*

Dùbbulu, vedi dùppiu

Dùbla, s. f. moneta d'oro, *dobla*

Dublùni, s. m. moneta d'oro del valore di due doble, *doblone*

Duccariàri, vedi 'nnaccariàri

Dùccia, s. f. *cannello*, *doccia*

Dùcca, vedi varvajànni

Ducèddu, s. m. sorta d'uva, *dolcipappola*

Dùci, s. m. cosa dolce, *dolciume*

Dùci, agg. *dolce*; sta per gustoso solamente; detto ad uomo, vale *trattabile*; ai ragazzi, *avvenente*; acqua duci, *acqua potabile*; nun essiri duci di mussu, vale *non esser trattabile*

Dùci, avv. *dolcemente*

Duciàzzu, vedi sdignùsu

Duciùra, s. f. *dissuria*, difficoltà di orinare negli animali

Ducizza, s. f. *dolcezza*

Dùdici, n. num. *dodici*

Dudicìna, n. num. *dozzina*

Dùga, s. f. *doga*

Dugàna, s. f. luogo dove si scaricano le mercanzie, *dogana*

Dugghiànza, s. f. *doglianza*

Dugghicèdda, s. f. dim. di dògghia, *doglierella*

Dugranàta, s. f. il prezzo di ciò che costa due grani

Dùi, nome num. *due*; a doddùi, vale a coppia; fari un còrpu 'ndùi, vedi còrpu; vale anche un numero indeterminato, come dui fila di pasta, dui ciràsi, dui cèusi ec.; èssiri dui cutèdda 'ntra na guaina, vale odiarsi mortalmente

Dulirisi, n. pass. *dolersi*

Duluréddu, s. m. *doloretto*

Dulùri, s. m. *dolore*

Dulurùsu, agg. *doloroso*

Dumàni, avv. *domani*; mègghiu òji l'òvu, ca dumàni la gàddina, vale contentarsi del poco, che rischiarlo per un guadagno maggiore ed incerto

Dumanassìra, avv. *doman dassera*

Dumàni mattina, avv. *domattina*

Dumànna, s. f. *domanda*; per *richiesta*

Dumannàri, v. a. *domandare, richiedere, questuare, accattar limosine, mendicare*

Dumànnita, lo stesso che dumànna, vedi

Dumìnica, s. f. *domenica*

Duminicànu, agg. dell'ordine di S. Domenico, *domenicano*

Duminicarìa, lo stesso che dumìnica, vedi

Duminichìna, s. f. plur. giorni di domenica in quaresima, che si passano in moderati divertimenti

Dùnca, part. cong. *adunque, dunque*

Dùnni, avv. *donde*

Dunnïamèntu, s. m. *lentezza, infingardaggine*

Dunniàrisi, v. n. *dondolarsi*

Dunniatùri, s. m. *tentennone, ciondolone*

Dùppia o ddùppia, s. f. moneta d'oro, *doppia*

Dùppiu, agg. *doppio, finto*; detto di tessuti, *spesso, fitto*

D'ura in ura, avv. *d'ora in ora*

Duràca, s. f. sorta d'uva bianca, *uva duracina*

Duràna, s. f. moneta sicil. di due grani

Duranèdda, s. f. forma di pane che costa due grani

Duràri, v. n. *durare, continuare*; dura cchiù na quartàra ciaccata, ca una sana, si dice di persona inferma che vive più di altra di buona salute

Durizza, s. f. *durezza*; per *rigidezza, asprezza*

Durmiènti, agg. che dorme, *dormente*; per sim. son chiamate così le lumache terrestri, vedi attuppatèddu

Durmigghiùsu, agg. *sonnacchioso, dormiglioso*

Durmìri, vedi dòrmiri

Durmùtá, s. f. *dormita, dormizione*

Durmutèdda, dim. di durmùta

Durmutùna, accr. di durmùta

Dùru, s. m. *durezza, duro*; e agg. *sodo, duro, difficile, intrattabile*; per *caparbio*

Durulìddu, agg. dim. di dùru, *duretto*

Dulicèdda, dim. di dòti

Duttrìna, s. f. *dottrina*; duttrìna cristiàna, catechismo della Cristiana Religione

Duttùra, s. f. *dottoressa*

Duttùri, s. m. *dottore, maestro, barbassoro*; sta anche per *medico*

Dutturicchiu, dim. di duttùri

Dutùna, accr. di dòti

Duvìri, s. m. *dovere*

Duzzìna, vedi znzzàna

Duzzinàli, vedi zuzzanàli

E

E, s. f. quinta lettera dell'alfabeto, e seconda delle vocali, *e*; coll' accento terza persona sing. del verbo èssiri

Ebanista, vedi scritturiàru

Èbanu, s. m. albero indiano ed africano, che dà un legno di color nero, *ebano*

Ebbrèu, s. m. ebreo; met. vale *usuraio*

Ecceòmu, s. m. voce latina, vale imagine rappresentante Gesù Cristo N. S. flagellato, *Ecce Homo*

Eccètera, voce latina, che esprime reticenza, *eccetera* ; met. *culo*

Èccu, avv. *ecco, adunque*

Ècu, s. m. *eco*

Educànna, s. f. donzella rinchiusa in monastero per educarsi, *educanda*

Effètti, s. m. plur. beni stabili, *poderi*

E jimmisi, posto avv. vale *e di più*

Egualàri, v. a. *agguagliare*; per render uguali e lisce le diverse parti d'un lavoro, *egualire*

Elà, ìnter. lo stesso che *olà*

Eleànza, s. f. *eleganza*

Elèttu, agg. *scelto, eletto*; per membro del magistrato civico, *eletto*; pe' numeri delle lotterie, onde dicesi : *primo eletto, secondo eletto* ec.

Elìggiri, v. a. *scegliere, eleggere, deputare*

Èlla, e èlla ddòeu, voce dello schermitore nel trarre la stoccata

Emènna, s. f. *emenda*

Emìru, s. m. titolo di dignità presso i Musulmani, *emir*

Empiàstru, vedi 'mpiastru

Enòrmi, agg. *eccedente*; vale anche *nefando, scellerato*

Enormìtà, s. f. *enormità, malvagità*

Entràgni, s. m. plur. le interiora degli animali, *entragno*

Entràta, s. f. *entramento*; per *rendita, vestibolo degli edifici*; vale anche pidàta, vedi

Eppùru, avv. *eppure*

Epulùni, s. m. met. *ricco*

Eràr:u, s. m. tesoreria del pubblico, *erario*

Erbuàriu, s. m. venditore o raccoglitore d' erbe medicinali , *erbolajo*; vedi irvalòru

Ercamitàti, vedi erramitàti

Èrcamu, vedi èrramu

Ereditèra, s. f. *erede*

Eremìta, vedi rimìtu

Eremitàggiu, vedi rimitàggiu

Eresìa, s. f. *eresia*; met. *sproposito*

Erèticu, s. m. *eterodosso, eretico*; per *incredulo*

Ergàstulu, s. m. carcere ristretto, *ergastolo*

Èrgu, avv. voce lat. *ergo, dunque*

Erìgiri, v. a. *innalzare, ergere*; n. p. *ergersi*

Eritèra, vedi ereditèra

Èrnia, s. f. tumore all'addome, *ernia*

Erniùsu, agg. che ha ernia, *ernioso*

Èrpeti, s. f. tumori erisipelati che vengono alla pelle, *erpete*

Èrpici, s. m. istrumento d'agricoltura, *erpice*

Erramitàti, inter. *oh il mal nato! il maluriosol*

Èrramu, s. m. *errante, vagabondo, ozioso*; per *rozzo, inculto, paltoniere;* vedi scintinu

Erràri, v. n. *errare;* per *vagare, sbagliare, ingannarsi*

Errùri, s. m. *errore, sbaglio*

Èrva, s. f. *erba;* mal' erva, vale *cattivo uomo;* fàrisi la facci comu l'erva, vale *impallidire*

Erva biànca, s. f. pianta, *erba bianca*

Erva carvàna, vedi carvàna

Erva cavalèra, vedi scabiùsa

Erva di cunigghiu, vedi tèucriu

Erva di gaddinèddi minùri, s. f. *archimilla*

Erva di gaddìni, vedi munsiddùra

Erva di gnàgnaru pilùsa, s. f. *cupidone*

Erva di la Madònna, vedi amenta rumàna

Erva di la virtù, vedi fèrra

Erva di li pidòcchi, vedi cabbaràsi

Erva di lu rimitu, s. f. *globularia*

Erva di li màisi, s. f. *conizza*

Erva di malu pirtùsu, s. f. *marovero*

Erva di Palèrmu, s. f. *stecade*

Erva di pappagàddu, vedi gilusìa

Erva di pirniei, s. f. *dente camino*

Erva di pitittu, vedi finòcchiu

Erva di pòrcu, vedi gulàru

Erva di purrètti o purrittària, o erva di quàgghi, vedi girasùli

Erva di S. Filippu, vedi abitu

Erva di S. Franciscu, vedi bùgula

Erva di S. Giuvànni, vedi pirieò

Erva di S. Mircùriu, vedi curdunèddu di S. Franciscu

Erva di S. Maria, vedi sirpintària

Erva di S. Apollonia, vedi ranùnculu

Erva di sèrpi, s. f. *umbilico di venere*

Erva di stidda, s. f. *occhio di bue*

Erva di trèu, vedi trèu

Erva di trònu, o spàraci di trònu, s. f. *lauro alessandrino*

Erva di vèntu, s. f. *parietaria*

Erva di vìtru, vedi soda

Erva fitènti o di càni, s. f. *anagiride;* ed anche *vulvaria*

Erva grassùdda, vedi josciamu

Erva mèdica, s. f. *erba medica*

Erva pipìrta, s. f. *crescione volgare*

Erva pulicàra, vedi erva di màisi

Erva sànta, vedi tabbàccu

Erva sensitiva, vedi sensitiva

Erva stìdda, vedi coronòpu

Erva tirrèstri, s. f. *ellera terrestre*

Erva te, siciliana, s. f. *botride volgare*

Erva tùrca, s. f. *poligono minore*

Ervètti, s. f. plur. *erbucce*

Eruttàri, v. a. mandar fuori, *eruttare;* sia anche per arruttàri vedi; per *isfogare*

Esalàri, v. n. uscir fuori salendo in alto, *esalare;* per *ricrearsi*

Esàlu, s. m. *conforto, ristoro, passatempo*

Esaltizza, s. f. *esattezza*

Esàttu, agg. *esatto*; per *puntuale*; per *riscosso*

Esattùri, s. m. *esattore*

Esclusiva, s. f. *ripulsa, esclusione, esclusiva*

Escuriàri, vedi scuriàri

Esecutòria, s. f. approvazione regia delle bolle pontificie, detto con frase latina *regio exequatur*

Esecutòriu, agg. *esecutivo*; per agg. di ordinanza del magistrato, *esecuzionale*

Esèmpiu, s. m. *esempio*; per e-*semplare, modello*

Esemplàri, v. a. *trascrivere, copiare, effigiare, esemplare*

Esentàri, v. a. *privilegiare, e-sentare*

Esèquii, s. f. pompa funebre, *esequie*

Eseguiri, v. a. *eseguire*

Esercitàri, v. a. *esercitare*; per *tribolare*

Esercìziu, s. m. *pratica, esperienza, esercizio*

Eseredàri, v. a. *diseredare*, privare dall'eredità

Esibìri, v. a. *esibire, offerire*

Èsi èsi, vedi jèsi jèsi

Esiggiri, v. a. *esigere, riscuotere*

Esìliu, s. m. *esilio*; per *solitudine*

Èsimu, s. m. *nonnulla*

Esistùtu, agg. di esìstiri, *esistito*

Esitàri, v. a. *vendere, alienare, pagare, spendere*; star dubbioso, *esitare*

Esorcistàri, v. a. *scongiurare, esorcizzare*

Espedlènti, s. m. *compenso*; per modo di trarsi d'imbarazzo, *ripiego, espediente*

Esperiri lu drittu, v. a. t. del foro, vale *imprender causa, dimandar ragione*

Esplosiòni, s. f. *esplosione*; per *escandescenza*, sfogamento di collera

Espòniri, v. a. *dichiarare, esporre*

Espòstu, agg. *esposto*; per *trovatello*

Espressìva, s. f. *dichiarazione, manifestazione*; espression di parole, *espressione*

Esprèssu, agg. *espresso*; s. m. corriere fuor d'ordine, *straordinario*

Esprimiri, v. a. *esprimere*

Èssiri, v. sost. *essere, esistere*

Èssiri, s. m. *essenza, esistenza*

Est, s. m. punto dell'orizzonte donde si leva il sole, *est*

Està o estàti, s. m. *està, estate*

Estènniri, v. n. *stendere, estendere*

Estensùri, s. m. voce dell'uso, *giornalista, gazzettiere*

Èstimu, s. m. *stimazione, apprezzamento*

Estinguiri, v. a. *estinguere, spegnere*; per pagare un debito

Estinziòni, s. f. *estinzione*; per soddisfacimento di debito

Estìsu, agg. *esteso*

Estivàri, v. n. abitare in luogo ombroso per fuggire il caldo, mettersi ad uggia

Estràiri, v. a. *estrarre*

Estràneu, agg. *estraneo, forastiere*, vedi stràniu

Estràttu, s. m. materia più eletta cavata per mezzo d'operazioni chimiche da altre materie, *estratto* ; per *midollo*, *quintessenza*; estrattu di pumadamùri, succo di pomidoro concentrato al fuoco ed al sole

Estremunzioni, s. f. sagramento della Chiesa che si amministra a' moribondi , *estrema unzione*

Estrimiàrisi, vedi strimiàrisi

Etàli, s. f. *età, etade*

Etichètta, s. f. costumanza precisa, stile esattissimo delle corti, *etichetta*; pel polizzino che si appone a cèrte cose e che ne indicano il nome, la qualità ec. *etichetta* ; met. *quistione, disputa*

Eu, pron. pers. *io*

E vàja, vedi vàja

Evancèliu, s. m. scrittura del nuovo testamento, *vangelo*

E via, vedi e vàja

F

F, sesta lettera dell'alfabeto che pronunziasi *effe*

Fàbbrica e fràbbica, s. f. *fabbrica, edifizio*; per il luogo dove si lavora qualche manifattura, *fabbrica*

Fabbricàri, v. a. *edificare, fabbricare*; per *immaginare*

Fabbricàtu, agg. *fabbricato*; in forza di sost. *edificio*, *fabbrica*

Facchina, s. m. soprabito da uomo, *giubbone*

Facchinarìa, s. f. *inciviltà, inurbanità*

Facchinàta, vedi facchinarìa

Facchinàzza, s. f. pegg. di facchina

Facchinàzzu, pegg. di facchìnu

Facchinèdda, dim. di facchina

Facchìnu, vedi vastàsu

Facchinùni, accr. di facchina

Fàcci, s. f. *faccia, volto*; per *muso, superficie, apparenza , arditezza*; vutàri facci, vale *fuggire*; jiri 'nfacci ad unu , vale *pregare,abbordare*; a prima facci, vale sulle prime; 'nfacci, vale *dirimpetto;* dàri o pigghiàri facci, acquistar perfezione

Faccialàta, s. f. *bravata, rabbuffo*

Facciàli, s. m. arnese di panno che covre il volto, *bacucco*

Facciàri, v. a. ridurre a faccette, e si dice delle pietre , gemme o altro, *affaccettare*

Facciàta, s. f. lato d'un edificio, *facciata*; per *prospetto*

Facciàtu, agg. ridotto a faccette, *affaccettato*

Facciàzza, accr. e pegg. di facci, *facciaccia*

Faccicchia, vedi facciùzza

Faccicùtu, vedi facciùtu

Faccifarìa, s. f. *simulazione, apparenza, doppiezza*

Facciòlu, s. m. *doppio, finto, furbo*

Faccipròva o faccipròvi, s. m. il venire di faccia à faccia con qualcheduno per conoscer la verità, atto d'affronto

Facciularìa, s. f. *doppiezza, simulazione*

Facciùni, accr. di facci, *faccione*

Facciùtu, agg. di faccia polposa, carnosa, *grassottone*

Facciùzza, s. f. dim. di facci, *faccetta*

Facènda o facènna, s. f. *faccenda*

Faciàna, s. f. uccello, vedi gàddu faciànu

Faciàna, s. f. pesce, *perlone*

Facinnèri, s. m. *faccendone*, *serfaccenda*

Facinnùni, lo stesso che facinnèri, vedi

Fadàli, s. m. vedi fodàli

Fadèdda, vedi faudèdda

Fadiddàzza, vedi faudiddàzza; vale anche uomo che si fa menar dalle donne, *pascibietola*

Fadìgghia, vedi fodìgghia

Fadillinu, vedi fodillinu

Faènza, s. f. nome di stoviglia che pria veniva da una città di tal nome, conosciuta col nome di *majolica*

Fagghiàri, v. n. t. del giuoco, non aver del seme di cui si giuoca, *fugliare*

Fàgghiu, s. m. *faglio*

Fagòttu, s. m. strumento da fiato, *fagotto*; per involto, *fardello*

Fàgu, s. m. albero, *faggio*

Faìdda, s. f. scintilla, *favilla*

Faiddùni, s. m. pollone, rampollo; per sim. *pustola*, vedi còcciu

Faiddùzza, s. f. dim. di faidda

Faìna, s. f. animale della grandezza d'un gatto, *faina*

Faittòn, s. m. calesso scoperto a due ruote, *faeton*, *faetonte*

Fajànca, avv. *di fianco*; sta anche per *incidentemente*, *transitoriamente*

Falacùni, s. m. ramo o pollone tagliato dal suo ceppo, *troncone*, *broncone*

Falànga, s. f. pancone che serve di ponte nelle barche per traghettare le merci da terra, e viceversa

Falangàggiu, s. m. *ancoraggio*

Fàlbu, agg. di mantello di cavallo, *falbo*

Fàlci, vedi fàuci

Falciàri, v. a. *falciare*

Fàlcu, vedi falcùni, *falco*

Falcunèri, s. m. colui che governa i falconi, *falconiere*

Falcùni, s. m. uccello di rapina, *falcone*, *lodolajo*

Faldistòriu, s. m. una delle sedie che usano i prelati nelle chiese, *faldistorio*

Fallènza, s. f. *fallimento*

Fallignàmi, vedi mastru d'àscia

Fallìri, v. n. *fallire*, mancar di danari

Fallìri, s. m. peccato, errore

Fàllu, s. m. *fallo*, *errore*

Fallùtu, agg. *fallito*; sta anche per uomo senza danari, *scusso*

Falsàriu, agg. *falsario*, *falsardo*

Falsèttu, s. m. voce acuta profferita con istento dagli organi di canto, *falsetto*

Falsificàri, v. a. *adulterare*, *falsificare*, *falsare*

Fàlsu, vedi fàusu

Fàlta, s. f. *diffalta*, *falta*

Faltàri, v. a. *faltare*, *diffalcare*

Faltèri, s. m. colui che nelle cattedrali o collegiate, ha incarico di notare i mancamenti di quei che sono obbligati ad intervenire, per poi scemare a costoro la parte del pagamento

Famèlicu, agg. *famelico*; met. *avido, bramoso*

Fàmi; s. f. *fame*; per *carestia*; fami canina, *bùlimo*

Fàmicia, s. f. t. de' calzolai, ed è la parte più stretta della scarpa vicino il calcagno, *fiosso*

Famìgghia, s. f. *famiglia*; per *casato*

Famìgghiu , s. m. garzone di stalla, *stallone, stalliere*

Famìgghiùna, s. f. accr. di famigghia, e vale numerosa o illustre famiglia

Fàmulu, s. m. *servo, famulo*

Famùsu, agg. *famoso, celebre*

Fàna, s. f. cenno lontano di una cosa che si vuol fare

Fanalèddu, dim. di fanàli, *lucernetta*

Fanàli, s. m. *fanale*; per *lanternone*, o fanale che tiensi nei grandi cortili; per *lampione*, fanale delle carrozze

Fanàra, s. f. *fiaccola, fiamma*

Fanatichèddu, dim. di fanàticu

Fanàticu , agg. *fanatico* ; per *fantastico, stravagante*

Fanaticulìddu, agg. dim. fanàticu

Fanaticùni, agg. accr. di fanàticu

Fanatìsimu, s. m. *fanatismo*

Fanèlla, s. f. sorta di pannina leggiera, *flanella, freneła*

Fanfarra, s. f. composizioncella brillante di trombe e timpani, *fanfàra*; per l'aggregato degli strumentisti militari

Fanfarricchia, vedi meli d'àpa

Fanfaricchiàru, s. m. venditore della fanfaricchia

Fanfarlichi , s. m. plur. voce

che significa *spelda , spella*, biada nota

Fanfulìcchi , s. m. plur. bozzoli de' bigatti indozzati, *falloppo*

Fanfarricchiu, s. m. *diavoletto*; per ragazzo *rispo, vivace*

Fangòttu e fagòttu s. m. per *fardello*; piatto grande di figura ovale, *fiamminga*

Fàngu, s. m. *fango, moja, mota, belletta, limaccio, melma*

Fangùsu, agg. pieno di fango, *limaccioso, fangoso*

Fàni, s. m. plur. fuochi che facevansi dalle torri, poste sul littorale della Sicilia in tempi di contagio o altro accidente, e che sostituivansi a' segni telegrafici per dare avviso dello approdo di qualche legno, *falò*

Fannònia, s. f. *bugia, fandonia*

Fanò, vedi ciàccula

Fantaria, s. f. *fanteria*

Fantasìa, s. f. *fantasia*; per *bizzarria, opinione, pensiero*

Fantàsima, s. f. *fantasma*; pariri na fantàsima, vale esser magro , o soverchiamente preso da terrore

Fantasticàri, v. n. *fantasticare, ghiribizzare*

Fantàsticu, agg. *bisbetico, umorista, lunatico*

Faràcicu, s. m. facchino di tonnaja

Faràticu, s. m. uomo che ferisce il tonno; vedi vastàsu di tunnàra; per una delle camere della tonnara

Farbalà e falbalà, s. m. *falpalà*; vedi stratàgghiu

Fàrda, s. f. pezzo di tela che

cucito con altri per la lunghezza compone vestito, lenzuolo, ec. *telo*; *pannolino del pitale*; farda di làrdu, vedi làrdu

Farfalla, s. f. insetto, *farfalla*; met. agg. *volubile*

Farfallunaria, s. f. *assurdità*, *farfalloneria*

Farfallunàzzu, s. m. detto di uomo, vale *trappolatore*

Farfallùni, s. m. accr. di farfalla, *farfallone*; sta anche per uomo scaltro, destro

Farfantarìa, s. f. *menzogna, bugia, astuzia, monelleria*

Farfanti, agg. *mentitore, bugiardo, furbo, furfante*

Farfantunàzzu, accr. di farfànti, *bugiardaccio*

Farfantùni, accr. di farfànti

Fàrfara, s. f. pianta, *tussilaggine, farfaro*

Farfarèddu e farfarìcchiu, s. m. *spirito maligno, farfarello*; per ragazzo inquieto, *frugolo*

Fàri, s. m. *usanza, costume*

Fàri, v. a. irregolare, *fare, creare, fabbricare, ornare, perfezionare, eleggere, destinare, comporre, trasformare, compiere, terminare, fingere, assoldare, ragunare, maturare, trarre al suo partito*; farisilla 'ntra un locu, vale *frequentare*; farisi fràdiciu, vale *impazientirsi*; fari àcqua, vale *orinare*; fariccinni una, vale *rimproverare*; fari a la riversa, vale operare a ritroso; farilu a posta, vale *per dispetto*; fari badàgghi, vedi badàggiu; fari càrni, vale

ingrassare; farita càuda, vale *affrettarsi*; fari cùntu, vale *supporre*; fari dànnu, vale *nuocere*; fari discùrsu, vale *combinare*; fari lu duttùri, vale piccarsi di saccenteria; fari fàcci, vale dimostrare gentilezza; fari frètta, vedi frètta; fari fòcu, gala, geniu, gula, incetta, vedi i sostantivi a' luoghi suoi; fari l'asinu, vale *amoreggiarsi*; fari l'aò, dicesi a' bambini per dormire; fari nicissità, vale *cacare*; fari prudìggi, vale in senso ironico operare malamente; fari razzìna, vale *abbarbicare*; fari rèsca, vale guadagnare al giuoco; fari ridìri, vale esser faceto; fari ròbba, fare acquisto, *avanzare*; fari sàngu, vale sparger sangue, ed amare; fari smòrfii, vedi smòrfia; fari smòviri lu pitìttu, vale *solleticare*; fari un viàggiu e dui survizza, vale con una operazione conchiudere due negozi; fari vutu, vale far promessa; fari sicìlia, vale esimersi dal lavoro; fari la gula 'nnicchi 'nnicchi, *appetire*; fari lu cucchiàru, far bocca brincia; fari lu smargiàzzu, vale *braveggiare*; fari pòmpa, *pompeggiare*; fari la minèstra pri li gàtti, vedi gàttu; fari vidìri la luna 'ntra lu pùzzu, vedi pùzzu; fari o nun fari pàni cu quarcùnu, vedi pàni; fari cuntènti, vale *contentare*.

Farina, s. f. grano macinato, *farina*; per *polvere*

Farinàceu, vedi sfarinùsu

Farinàru, s. m. vendítor di farina, *farinajuolo*; e luogo dove si ripone la farina, *farinajo*

Farinàzzu, s. m. cattiva farina

Farinèdda, s. f. fior di farina che vola nel macinare, *friscello*

Fàrru, s. m. specie di biada simile alla spelda, *farro*

Fas, voce latina che s'accompagna coll' altra *nefas*, e vale voglia o non voglia, possa o non possa

Fascèdda, s. f. cestella rotonda fatta di vinchi per riporvi ricotta o cacio, *fiscella*

Fascèddu d'àpi, s. m. cassetta da pecchie, *arnia, cupolo, coviglio*

Fascètta, s. f. dim. di fàscia, *fascetta*; i calzolai chiamano fascetta quella striscia di alluda (suvattu), con cui soppannano in giro l'orlo interiore dei quartieri delle scarpe

Fàscia, s. f. striscia di pannolino con cui s'avvolge o lega, *fascia*; pe' panni con che avvolgonsi i bambini, *fasce*; per taluni ordini cavallereschi

Fasciacùda, s. m. t. de' valigiai , striscia di sovatto o tela che tien ripiegata la coda de' cavalli, *fasciacoda*

Fasciàri , v. a. *cignere* , *fasciare*

Fasciàtu, agg. *fasciato*; per insignito d'un ordine cavalleresco

Fascìculu, s. m. dim. di fasciu, *fascicolo*; per taluni fogli di un libro, *dispensa*

Fascitèdda, dim. di fàscia, *fascetta*

Fascittèdda e fascittìna, dim. di fascètta, *fascettina*

Fàsciu, s. m. *fascio*; fasciu d'armi, *fascio d'armi*

Fasciucarìa, s. f. *bagattella, inezia, baja*

Fasciùni, s. m. accr. di fàsciu, grande fardello, *fastellone*

Fasèsu, agg. *attillato, grazioso*

Fasiòni, s. f. voce del volgo e vale un tantino, una piccola quantità, un miccino

Fasòla, s. f. pianta, *fagiuolo*; chiamasi anche così un particolar motivo ballabile pel volgo

Fasolàzzu, s. m. veccia selvatica

Fastiddiàri, v. a. *recar noja, fastidio, infastidire, fastidiare*; n. p. *fastidirsi*

Fastìddiu, s. m. *fastidio, noja*

Fastiddiùsu, agg. *nojoso, importuno*; per *incontentabile, periglioso, rischioso*

Fastìu, s. m. *sterco, merda*

Fastùca, s. f. il frutto e l'albero del pistacchio, *pistacchio*

Fastucàta, s. f. confezione di pistacchi sfarinati , *pistacchiata*

Fastuchèra, s. f. luogo piantato a pistacchi, *pistaccheto*

Fastuchìnu, agg. a colore, *verderognolo*

Fasulàru, s. m. vènditor di fagiuoli verdi bolliti con tutto il guscio

Fasulèdda sarvàggia, s. f. pianta simile al fagiuolo comune

Fàta , s. f. *maliarda, strega, fata*; fata murgàna, è un fenomeno della luce che osservasi verso il mezzo della està nello stretto di Messina e nei luoghi ad essa vicini ; consiste nel vedersi in aria un ammasso di vapori dove sono rappresentati castelli, palagi, colonne ec. *morgana*

Fataciùmi, s. m. specie d'incanto, *fatagione*

Fatìa, s. f. *fatica, opera*

Fatiàri, v. n. *faticare, affaticarsi, lavorare*

Fatigatùri, s. m. *faticatore, fatichevole;* per *operoso*

Fatigùna, accr. di *fatia*

Fatigùsu, agg. *fatichevole, faticoso*

Fàtta, s. f. *specie, sorta, genere, fatta, foggia, rappresentazione;* sta fatta, vale *questa volta;* di sta fatta, di questa guisa

Fattarèddu, s. m. dim. di *fattu, storiella, novelletta*

Fattètta, s. f. dim. di *fatta, gofferia , tranelleria , trufferia*

Fattìbili, agg. che può farsi, *fattevole, fattibile*

Fattjcèddu, dim. di *fattu,* vedi fattarèddu

Fattìssimu, agg. superl. di *fattu, maturissimo, fattissimo*

Fattìvu, agg. *fattivo;* fattivu di casa, vale adatto alle cose caserecce, *massajo, operoso*

Fattìzza, s. f. *forma, figura, fattezza*

Fattòtu, s. m. storpiatura di factotum, *arcifanfano*

Fàttu, s. m. *negozio, faccenda, azione, fatto;* farisi lu fattu so, vale non frammischiarsi nelle cose altrui

Fàttu, agg. del verbo fari, *fatto:* per *terminato, compiuto, maturo;* omu fattu, vale uomo maturo

Fattucchiàra, s. f. *strega, maliarda, fattucchiera*

Fattucchiarìa , s. f. *stregoneria*

Fattucchiàru e fattucchieri, s. m. *stregone;* per uomo che crede alla stregoneria; per *menzognero*

Fattuliddu, dim. di fattu; detto di frutta, appena mature; per ubbriachello

Fattùmi, s. f. seta floscia non lavorata e d'infima qualità. *calarzo*

Fattùra, s. f. *opera, fattura;* per *fattuccheria;* per prezzo dell'opera; in commercio è la nota de' pesi, misure ed altro delle cose che si commettono, si mandano o si ricevono

Fattùri, s. m. *fattore;* di campagna, *castaldo*

Fatturìa, s. f. *fattoria;* per tenuta di beni, *fattoria*

Fùtu, s. m. *destino, fato*

Fàu, vedi fagu

Fàva, s. f. *pianta notissima, fava ;* vuccùzza di la fava, nero della fava; per un'enfiatura che viene sulla pelle prodotta da morsicatura di insetto o altro, *cocciuola;* tiràri la fava, *scroccare;* quantu na fava, vale una piccola parte

Favalòru, agg. in gergo, *scroccone*

Favàra, s. f. *scaturigine:* favara di focu, improvvisa fiamma

Favàta, s. f. campo dove siensi

seminate fave, *favule*; per vivanda di fave, *favata*

Fàuci, s. m. plur. imboccatura della canna della gola, *fauci*

Fàuci, s. m. *falce*

Fauciàri, v. a. *falciare*; per *mietere*

Fauciàta, s. f. *falciata*

Faucigghia, s. f. dim. di fauci, *falciuola*

Faucigghiùni, s. m. strumento simile alla falce comune, *falcetto*

Fàuda, s. f. il pezzo della sopravveste dalla cintura al ginocchio, *falda*; quella parte di cappello che si stende in fuori, *falde*; per la parte più bassa della camicia; per radice di monte, *falda*

Faudalàta, s. f. quanto cape nel grembiale, *grembialata*

Faudàli, s. m. *grembiale*; faudàli di carròzza, *grembialino di calesse*

Faudèdda, s. f. veste femminile che va dalla cintura al calcano, *gonnella*

Faudiddàzza, s. f. pegg. di faudèdda, *gamurraccia*; detto ad uomo vale *effeminato*, e colui che fa condursi dalla moglie

Faudigghia, vedi fadigghia

Faudincina, s. f. sorta di veste che va dalla cintura al ginocchio, usata dalle ballerine e da' ballerini, *cioppa*

Faudùzza, s. f. dim. di fàuda; e propr. certe appendici nei giupponi delle donne, che stanno alla parte di dietro

Fàula, vedi favula

Faùri e suoi derivati, vedi favùri

Fàusa grammàtica, s. f. *solecismo*; vale anche *inconvenienza*, *disordine*, *sbaglio*

Fausariga, s. f. foglio rigato che ponsi sotto a quello sul quale si scrive, *falsariga*

Fausascritta, s. f. *cacografia*

Fàusu, s. m. *falso*; stàri 'nfàusu, vale non poggiare solidamente; mittìrisi 'nfàusu, vale *adombrarsi*

Fausitùtini, s. f. *falsità*

Fàusu, agg. *falso*, *mendace*, *finto*, *corrotto*, *malvagio*; porta fàusa, vale porta segreta

Fausùni, agg. *astutissimo*

Favètta, s. f. dim. di fava, legume che si dà per cibo ai cavalli ed a' porci; per cacao di minor pregio

Fàvu, vedi vrìsca

Fàvula, s. f. *favola*, *racconto*

Favuliggiàri, v. a. *favoleggiare*

Favùri, s. m. *favore*; jiri 'nfavuri di unu, vale difenderlo

Favurìri, v. a. *favorire*, *spalleggiare*, *proteggere*; e degli abiti o altro, vale aggiunger ornamento, avvenenza; sta anche per *prestare*

Favurìtu, s. m. colui che è in grazia d'alcuno, *favorito*; nel fem. vale *innamorata*, *concubina*

Favurùtu, agg. di favurìri, *favorito*; detto di cosa, vale *prestata*

Favùzza, dim. di fava; nelle arti è un pezzo di ferro schiacciato che ponsi nelle viti

Fazzulèttu, s. m. *pezzuola*, *moccichino*, *facciolelto*, *fazzuolo*; vedi muccatùri

Fazzulittàta, s. f. quanto cape

un fazzoletto; vedi muccatu-
rata

Fazzulittèddu, dim. di fazzu-
lèttu

Fazzulittinu, dim. di fazzulèttu,
piccol fazzoletto usato dalle
donne di tessuto rado e fine

Fazzulittùni, vedi guardaspad-
di

Fazzùmi, s. f. *effigie, forma del
corpo, fazione, cera*

Fecunnàri, v. a. *fecondare, fer-
tilizzare*

Fecùnnu, agg. *prolifico, fecondo*

Fèdda, s. f. particella di alcuna
cosa tagliata sottilmente, *fet-
ta*; feddi gràssi, si dice ad
uomo spilorcio che fa qual-
che generosità; per natica ,
vedi

Fègu, vedi fèudu

Fèlba, s. f. drappo di seta o di
lana, *felpa*

Fèli, s. m. umore amarissimo
che sta in una vescica at-
taccata al fegato, *fiele*; per
sim. *odio, rancore, noja, fa-
stidio*

Fèlpa, vedi fèlba

Fèltru, s. m. sorta di panno,
feltro; presso i cappellai è
ciò che forma il sodo del cap-
pello, sul quale poi distendo-
no la felpa o il pelo

Fènnula, agg. di pietra, vedi
petrafènnula

Fènu, s. m. erba secca, *fieno*;
fienile è detto il luogo ove
riponsi il fieno; fenu supra
ristùccia, dicesi del fieno che
si sega in settembre sulle
stoppie, *grumereccio*

Fèra, s. f. *fiera*; fàri na fera,
vale *sgridassare , trasoneggia-*

re; ccà luci la fèra, si dice di
chi non possiede altro al di
là di quel che mostra

Fèra, s. f. animale selvatico,
fiera, belva; per mostro mari-
no, *cetaceo*

Fèria, s. f. dì della festa, *vacan-
za, feria*

Feriàti, s. m. plur. tempo delle
ferie, *feriato*

Fèrra, s. f. pianta, *ferula*; vedi
ffrrazzòlu

Ferràta, s. f. colpo dato colla
ferula, vedi ffrràta; vedi an-
che 'ncancillàta

Fèrru , s. m. metallo , *ferro* ;
strumento per arricciare i
capelli, *calamistro*; per ferro
da spianare, *liscia*; per l'ago
delle pecchie , *pungiglione* ;
per *spranghetta*; ferru di por-
ta, stipo, ec., *paletto*; ferru
di la tòppa, ferretto che nel-
le serrature serve, coll'ajuto
della chiave , a chiudere ed
aprire, *stanghetta*; ferri di la
gùla, strumento o pialla dei
legnaiuoli per far incanalatu-
re o linguette, *incorsatojo*;
per quel ferro che tien fermo
il legno che deesi piallare,
granchio; per *manette*; essiri
un fèrru, vale esser forte, o
aver condotto a buon termi-
ne una faccenda ; lu malu
ferru si nni và a la mòla, ve-
di mòla

Fèrsa, s. f. propr. le liste di
tela che cucite formano la
vela, *ferzo*; per sim. lista di
tessuti, *falda, ferzo*

Fèru, vedi fièru

Fervùri, s. m. *fervore, bollore,
ardore*

Fèsi, s. m. strumento di ferro con manico lungo ad uso di fender pietre o cavar fossi, *beccastrino*

Fèsta, s. f. *festa*; festa cumannàta, vale festa di precetto; fari festa, vale disoccuparsi, sciupare, accoglier bene; cumannàri li festi, vale padroneggiare ; cu campa tuttu l'annu tutti li festi vidi, si dice di chi aspetta l'opportunità di prender o di vedere la sua vendetta

Fètiri, v. n. *putire*

Fètu, s. m. *fetore*; finìri a fètu, vale volgere a cattivo fine; fetu d'appigghiu, *leppo*; per l'animale ch'è nel ventre della madre, *feto*; per *embrione*

Fèu, vedi fègu

Feudatàriu, s. m. chi ha o dà in feudo, *feudatario* ; met. per ricco di beni

Fèudu, s. m. dritto che soleva concedersi ad alcun principe sopra qualche possessione , *feudo*; per podere, *feudo*

Fèzza, s. f. *feccia*; fezza d'ògghiu, *morchia*, vedi mùrga; per *escremento*; cannèdda di la fèzza, quello che si pone in fondo ai vasi per farne uscire la feccia, *spina fecciaja*; cinniri di fèzza, cenere fatta con feccia di vino calcinata, *cenere di feccia*; fezza d'òmini, vale *plebaglia*, *canaglia*; lu bonu pannu finu a la fèzza, lu bonu vinu finu a la fèzza, vale che le cose solide e buone durano molto

Fiàccula, vedi ciàccula

Fiàmma, s. f. *fiamma*; per ciàmma, vedi

Fiammìferu , s. m. fuscellino che ha all'estremità dello zolfo e del fosforo , e che stropicciato accende , *zolfanello*

Fiancunàta, s. f. *fiancata*

Fiat , voce latina , adoperata nel nostro dialetto per *attimo*

Fìbbia, s. f. *fibbia*

Fibbiàru, s. m. colui che fa o vende fibbie, *fibbiajo*

Ficàra, s. f. l'albero del fico, *ficaja*

Ficatàli, s. m. plur. viscere di alcuni animali , *interiora* , *frattaglie*

Ficatèddu, s. m. dim. di ficatu, *fegatello*

Fìcatu, s. m. *fegato*; nun avìri nè ficati nè budèdda , vale persona estremamente magra; nun sintìrisi nè..... vale esser affralito; niscìricci li ficati, vale *stentare*

Ficàzza, s. f. pegg. di ficu, *ficaccio*

Ficazzàna, s. f. una varietà del fico; fari stàri na ficazzàna, vale *qualcire, o bastonare*

Ficcàri, v. a. *ficcare, penetrare*; per farsi innauzi, congiungersi carnalmente; per *ingannare*; n. p. *vendicarsi*

Ficcàta, s. f. met. *froda, sopruso*

Ficili, s. m. ordegno di acciajo, *battifuoco, fucile*; pètra ficili, *pietra focaja* ; circàri sutta petri ficili, vale cercar per ogni dove finchè si riesca; per fucili vedi

Ficu, s. f. albero e frutto dello stesso, *fico*; s'osservano tra noi molte varietà della fico, come la missinìsa, la burgisòtta, la 'ncurunàta, l'ottàta, la scattiòla, la bìfara ec; mi nni 'mporta un fìcu, significa *non mi cale;* farisi 'na fìcu, vedi scafazzàrisi

Ficu d'innia, s. f. pianta perenne, *opunzia, ficod'india*

Ficùzza, dim. di fìcu

Fida, s. f. *assicurazione*

Fiddàri, v. a. tagliare in fette, *affettare;* sta anche per *incidere, fendere*

Fiddàtu, agg. di fiddàri ✦

Fiddàzza , s. f. incisione con ferro tagliente, *intaccatura ;* è anche accr. di fèdda

Fiddòtta, s. f. pezzo di legno situato alla parte superiore delle porte o finestre ove non è fabbrica reale che fa architrave, e regge il muro soprapposto, *traversa*

Fidduliamèntu, s. m. *sfenditura*

Fidduliàri, v. a. tagliar minutamente, *tagliuzzare, sfetteggiare, fendere*

Fidduliàtu, agg. di fidduliàri

Fiddùna, accr. di fèdda

Fìdi, s. f. *fede;* per la sacrosanta religione cristiana; per *fiducia;* arrinigàri la fìdi, vale *disperarsi*

Fidìli, s. m. *cristiano;* per *vassallo*

Fidìli, agg. *costante, sperimentato, sicuro, fedele;* amicu cu tutti e fidili cu nuddu, vale non ti fidar di alcuno

Fidizia, s. f. *fiducia, fidanza*

Figghia, s. f. *figlia;* fari di 'na figghia tanti jènnari, soddisfare a più doveri o conten-

tare più persone in un tempo; arristàri pri figghia fimmina , vale rimanere contro altrui volontà

Figghialòra, agg. si dice di donna o di animale feconde, *prolifica*

Figghiànna, s. f. *figliatura*

Figghiàri, v. n. *partorire, figliare;* figghiàu la gatta e fici un surci, vale essersi fatto gran chiasso per cosa da nulla ; fari figghiàri na cosa, vale farla bastare a' bisogni

Figghiàstra e figghiàstru, s. f. e m. *figliastra, figliastro;* fari a cui figghi a cui figghiàstri, vale *parzialeggiare*

Figghiàta, s. f. donna partorita di fresco, *puerpera, impagliolata*

Figghiòlu, s. m. *fanciullo*

Figghiòzza, u, s. f. e m. *figlioccia, figlioccio;* sta anche per *fardello, fascio*

Figghiu, s. m. *figlio;* figghiu unicu, *unigenito;* si dice anche di cosa che non si può facilmente rimpiazzare ; figghiu di la gaddina niura , vale esser prediletto; nun àvi figghi e chianci niputi, vale doversi prendere sollecitudine per persone che non appartengono; figghiu miu, si dice per vezzegg. a persona che si ama

Figghiulàmi, s. f. *polloncelli;* vivajo di polloni, *polloneto*

Figghiulànza , s. f. *filiazione, figliuolanza;* per *prole, progenie;* aggregazione di qualcuno in una comunità religiosa, *figliuolanza*

Figghiulàra, agg. di donna, *prolifica*

Figghiuliou, dim. di figghiòlu; sta anche per piccolo bulbo, *pollone, rampollo*

Figghiùzza, u, s. f. e m. vezz. di figghia, u, *figliolinetta, to*

Figùra, s. f. *figura, aspetto, sembianza, aria, gravità*; per *immagine*; òi in figura, dumani in sipurtùra, si dice ricordando la cotidiana probabilità di morire ; fari figura, vale esser in posto eminente; figùri si dicono anche le carte da giuoco dove stan dipinte le figure

Figurànti, agg. *figurante*; nell'uso coloro che ne' balli, commedie ec. non parlano

Figuràri, v. a. dar figura, *scolpire , dipingere , descrivere , fingere, supporre*

Figurazioni, s. f. l'atto di figurare, *figurazione*; per *supposizione*

Figuràzza, s. f. accr. di figùra, *figuraccia*; fari na figuràzza, si dice anche di cose che allo aspetto paiono mediocri, mentre non lo sono poi in sostanza

Figuriou, s. m. *figurino*; per giovane vanerello , *gerbola*; per modello delle fogge del vestire, *modello*

Figurùna, accr. di figura, *figurone*

Fila, s. f. ordine di cose poste nella medesima dirittura, *fila*; plur. di filu vedi

Filàci, s. m. il capo della matassa, *bandolo*

Filagràna, s. f. alcuni lavorii fatti di filo d'argento e d'oro sottile, *filagrana*

Filalòru, vedi filatùri d'oru

Filànguli, vedi sfilazzi

Filànna, s. f. macchina da filare, *filatoio*

Filannàra o èra, s. f. *filatora o filatrice*

Filàra e filaràta, s. f. cose poste in fila, *filarata, filare*

Filarèddu, vedi manganèddu

Filàri, v. a. torcere e ridurre il pelo della lana, lino ec. alla maggior sottigliezza , *filare*; filàri suttili, vale esser fisicoso; nun vuliri filàri, vale *dissentire*; per non voler pagare; filàri sta anche per *secondare, piaggiare*; passàu lu tempu chi Betta filàva, vale è passato il miglior tempo; filàrila ad unu, vale *sojarlo*

Filàru, s. m. lo stesso che filàra, *filare*

Filàta, vedi filàru

Filatòria, s. f. *filastrocca*

Filatòriu, s. m. strumento da filare, *filatojo*; pel luogo dove sta lo strumento

Filàtu, agg. *filato*; ferru filatu, fil di ferro; filàtu, sorta di pasta; per *flato*

Filatùra, s. f. *filatrice*; per filannàra vedi; per l'arte del filare, *filatura*; per la mercede che si dà a chi fila

Filatùri, s. m *filaloro*

Filatùsu, agg. *sofistico, increscevole, flatuoso*

Filazzàta, s. f. corda formata di fili di vecchie corde

Filèccia, s. f. *strale, dardo*

Filèra, s. f. *filare*; per quello strumento di acciaio donde passa l'oro e l'argento per ridursi in filo, *filiera*

Filèttu, s. m. *lombo*; i macellai esprimono con questo nome la polpa soprapposta alle coste degli animali dell'uno e l'altro fianco, *lombo*

Filiàri, v. n. andar a ruota; per *bazzicare*, *gironzolare*

Filicciàri, v. a. *frecciare*

Filicèddu, vedi filiddu

Filici, s. f. pianta, *felce*

Filicicchia, s. f. pianta, *polipodio*

Filìddu, s. m. dim. di filu, *filetto*; vale anche un pocolino

Filinia, s. f. *ragnatela*, *ragna*; per *fantasticaggine*, *baja*

Filinièdda, dim. di filinia

Filistòcchi, s. m. plur. *lezi*, *smancerie*, *svenevolezze*; per *pretesti*

Fillidi o filli, s. f. *fillide*, o *fille*, nome poetico che esprime una bellezza rustica

Filòccu, s. m. vedi pilòccu; *filaccica*; per *bagattella*

Filomèna, s. f. uccello, *usignuolo*

Filtràri, v. a. *feltrare*, *colare*; met. *ponderare*

Filtràtu, agg. *feltrato*; met. *considerato*, *esaminato*

Filu, s. m. quello che si trae filando lana, lino, seta ec. *filo*; per parte sottile; dari filu, vale dar retta, dare occasione; a drittu filu, avv. *drittamente*; nun pisàri un filu di pàgghia, vale non dar incomodo; fila d'oru, detto per chiome bionde; tèniri pri un filu di capiddu, vale mancar per poco; pigghiàri ad unu di filu, vale tenergli l'occhio addosso per affligerlo, molestarlo

Filu di pitti, vedi zabbàra

Filùca, s. f. sorta di bastimento, *feluga*

Filusèlla, s. f. filato di seta stracciata, *filaticcio*

Fìmmina, s. f. *femmina*; per donna, *fantesca*, *servigiana*; jiri a fimmini, *puttaneggiare*

Fimminàru, agg. *donnajuolo*; per *effeminato*

Fimminàzza, s. f. pegg. di fummina, *femminaccia*

Fimminèdda, s. f. dim. di fimmina, *femminuccia*; èssiri na fimminèdda, vale esser debole; sta anche per *tuello*, che è parte dell'unghia del cavallo, e che n'è la radice

Fimmininu, agg. *femminino*; di chiavi ed altri arnesi, *femminino*

Fimminùna, s. f. accr. di fimmina, *femminoccia*; vale anche donna di gran prudenza

Fimu, s. m. *fimo*; vedi grasciùra

Fina, prep. *infino*, *sino*

Finàita, s. f. *termine*, *confine*, *limite*

Finaitàri, v. n. vale *confinare*, *conterminare*

Finàta, s. f. campo dal quale si sia tolto il fieno

Finciri, v. a. *fingere*, *inventare*, *comporre*; per rappresentare in iscena

Finciùtu, agg. *finto*, *inventato*

Finèstra, s. f. apertura che si fa nella muraglia per dare lume alla stanza, *finestra*; per *abbaino* o apertura sui tetti per farvi penetrare la luce

Fini, s. m. *fine, termine*; per *confine*; farí bonu o malu fini, vale riuscire bene o male; véniri a fini, vale venire a capo

Finici, s. f. uccello favoloso, *fenice*; moneta d'oro ov'è effigiata la fenice

Finimèntu, s. m. *finimento, conclusione*; vedi guarnimèntu; finimèntu di jocu di focu, *gazzarra*

Finìri, v. a. *finire, terminare*; per *uccidere, morire, desistere*; finirila, vale non voler soffrire, *romperla*

Finistràli, s. m. quella muraglia a fianco degli usci delle botteghe che viene a corpo di uomo per esporvi la roba, *davanzale*

Finistrèdda, dim. di finèstra, *finestrino*

Finistrunàta, s. f. serie di balconi, *balconata*

Finistrùni, s. m. *balcone*; sta per *parapetto*; finistrùni a pettu, *inginocchiata*

Finìtu, agg. *compiuto, terminato*; per *perfetto*; vedi finùtu

Finitùra, s. f. *finimento, finitura*; finitùra di via, *termine della via*; finitùra di munnu, *finimondo*

Finizza, s. f. *finezza*; per *singolarità, favore, cortesia*

Finòcchi! escl. *finocchi!*

Finòcchiu, s. m. pianta, *finocchio*; finocchiu di muntagna, *finocchio selvatico*; finocchiu marinu spinùsu, *echinofora*; finocchiu 'ngranàtu, seme del finocchio detto fra noi di montagna, e che è stato disseccato

Finta, s. f. *finzione*; presso i sarti quella parte del vestito che dà finimento alle tasche, vedi 'nfènta; finti son detti anche i capelli posticci

Fintizzu, agg. *finto, simulato, fittizio*

Finu, agg. *sottile, fino, perfetto, destro, scaltro*; agg. di tabacco

Finucchiàstru, s. m. il gambo del finocchio disseccato; per pollone della canna d'India

Finucchiàta, s. f. vino nel quale è stato infuso il finocchio, o il seme di esso

Finucchièddu, s. f. dim. di finòcchiu, *finocchietto*

Finucchìnu, s. m. dim. di finocchiu, *finocchino*; per *scudiscio, bacchettino*; met. agg. per *esile, magro*

Finùta, s. m. lo stesso che *fine*; a la finùta, avv. *all'ultimo*

Finùtu, agg. *finito, terminato*; vale anche *morto*; mortu finutu, vale *ansante, allibito*

Fiòccu, s. m. *bioccolo, fiocco*; di pruvìgghia, *piumino*; cu li fiocchi, vale *eccellente*

Fioràtu, agg. dicesi dei drappi, *affiorato*

Fiorìnu, s. m. moneta toscana, *fiorino*

Firànti, agg. mercante che va alle fiere

Firèttu, vedi furèttu

Firiàti, vedi feriàti

Firicèdda, dim. di fèra, tanto nel senso di *mercato*, che di *belva, feriuola* e *ferucola*

Firìri, v. a. *ferire*

Firita, s. f. *ferita*

Firizioni, s. f. l'atto del ferire, ferimento, feritura

Firmareddi, s. m. plur. brevi, ma frequenti fermate

Firmàri, v. a. *arrestare, fermare*; per *deliberare , serrare, posare*

Firmàta, s. f. il fermarsi, *fermata*

Firmàtu, agg. di firmàri

Firmatùra, s. f. strumento per serrare , *toppa , serratura , serrame*

Firmu, s. m. la cosa fermata, *fermo*; di firmu, modo di convenzioue, pel quale le parti non possono ricusarsi , *di fermo*

Firmu, agg. *fermo, sodo, duro*

Firnicia, s. f. *cura , pensiero, molestia*

Firniciùna, s. f. accr. di firnicia, gran sollecitudine

Firòtu, vedi firànti

Firramèntu , s. m. *strumento, arnese*; per *ferratura*

Firràri, v. a. munir di ferro, *ferrare*; per conficcare i ferri a' piedi de' cavalli, *ferrare*

Firraria, s. f. fabbrica dove si lavora il ferro, *ferraria ; e* contrada dove abitano i ferrai

Firràru, s. m. artefice che lavora il ferro , *ferraio ; per maniscalco*

Firràta, s. f. colpo dato colla ferula, *percossu. picchiata*

Firràta, s. f. quel lavoro di ferro che vieta l'ingresso nelle case, *ferrata, ferriata*; vedi 'ncancillàta

Firràtu, agg. munito di ferro, *ferrato*; per *duro, saldo*

Firratùra, s. f. l'atto e il modo di ferrare, *ferratura*

Firrazzolu, s. m. pianta, *tassia*

Firràzzu, s. m. pegg. di ferru, *ferraccio*

Firrèra, s. m. cava di ferro, *ferriera*

Firrèttu, s. m. piccolo arnese di fil di ferro per sostenere i capelli delle donne, *forcella, forcellina*

Firrialòru, s. m. è uno strumento composto d'uno stile situato verticalmente su d'un piano orizzontale dove stan figure o numeri, e che in cima tiene una lancetta mobile : con tale strumento si scommette mettendo una moneta o altro sui numeri o sulle figure; — per una banderuola di carta le cui estremità son ripiegate nel centro e fermate da uno spillo che sta attaccato ad un pezzo di legno, *mulinello*; fari lu firrialòru, vàle *girondare*, essere inquieto

Firriàri, v. n. *girare, circondare, viaggiare, rotare, roteare*; nun sapirisi firriàri, vale esser inutile; firriàri 'ntùnnu, vale esser libero, o aver la coscienza illesa ; firriàri lu spitu, vale incontrare ostacoli per il conseguimento di qualche cosa; fari firriàri lu spitu ad unu, vale *cavillare*; firriarisilla a na bànna, *bazzicare*; per l'andare a ruota degli uccelli quando stan per aria

Firriàta, s. f. *girata*; per *cavillazione, pretesto, fraude*

Firriàtu, s. m. luogo circondato o serrato, *chiuso*

Firriàtu, agg. *circondato, accerchiato, girato*

Firriatùna, accr. di firriàta

Firriatùri, s. m. *giuntatore*

Firrìgnu , agg. *ferrigno, duro, saldo, rigido, ostinato*

Firriòlu, s. m. *mantello, ferrajuolo, tabarro*; a lu cògghiri di li firriòla, vale al far dei conti; 'mmenzu li galantòmini spirisci lu firriolu, si dìce di oggetto perduto in mezzo a personé della cui onestà non è a dubitare

Firrìu, s. m. *giramento , giro*; per *cerchio, arzigogolo*; vale anche *procrastinazione*; firrìu di testa, *capogiro*

Firriulèddu e firriulìcchiu, dim. di firriòlu, *mantelluccio*

Firriùni, s. m. accr. di firrìu, *girone*; per *furioso giramento*; dàri un firriùni, vale quel moto circolare che fanno gli animali percossi gravemente pria di cascare a terra

Firriùsu, vedi sfirriùsu

Firrùzza , s. f. gambo sottile della ferula; per *sferza, staffile*

Firrìzzu, s. m. arnese fatto di gambi secchi di ferula e di vinchi che usano i poveri villici; dàri o mèttiri firrìzzi, vale *impacciare, contrastare, frapporre ostacoli*

Firrùni, s. m. ordegno di legname a guisa di grosso cassone che serve a stacciar la farina, *frullone*; per lo staccio del frullone

Firrùzzu, dim. di ferru, *ferruz-*

zo; per il piccolo paletto che ponsi alla imposta delle porte

Firùtu, agg. di firìri, *ferito*

Fiscalia, s. f. *fiscalità*

Fiscalizzàri, v. a. *fiscaleggiare*; met. *sottilizzare*

Fischiu, vedi friscu

Fiscina, s. f. strumento di ferro con lunga asta, con cui colpisconsi e prendonsi i pesci che stanno alla superficie del mare, *fiocina, pettinella*; per *corba*, vedi friscina

Fiscu, s. m. pubblico erario, *fisco*

Pisichiàri, v. n. *fantasticare, fisicare*

Fisicu, s. m. s'intende fra noi comunemente il medico , a differenza del chirurgo, *medicofisico*

Fissa, s. f. *potta*; met. uomo da nulla, *imbecille*

Fissàri, v. a. *fissare, affisare, fermare, fortificare, stabilire*

Fissàrisi, v. n. p. *braveggiare*

Fissiàta, s. f. *braveria*

Fissicèdda, s. f. dim. di fissa, *connolino*

Fìssu, agg. *fisso, affissato*; per *fermo, stabile*

Fissùra, s. f. *fessura, fesso*

Fissurèdda , dim. di fissùra , *fessurina*

Fistalòru, vedi paratùri

Fistànti, s. m. *allegro, festevole*

Fistarizzu, s. m. continuazione di feste

Fisticèdda, dim. di fèsta, *festicciuola*

Fistiggiàri, v. n. *festare, festeggiare*

Fistìggiu, s. m. *festeggiamento, festeggio*

Fistinu, s. m. festa di ballo, *festino*; per *solennità, spettacolo, gioja, letizia*; per *carezze*

Fistulità, s. f. *festività*

Fistùni, s. m. ornamento da festa, *festone*; per simil. ricamo a guisa di festone, *smerlo, smerlatura*

Fistùsu, agg. *allegro, festoso*

Fisulèra, s. f. barchetta sottile, *fisoliera*

Fita, vedi **figghiàta**

Fitàggia o àggiu, s. f. e m. tempo nel quale la donna da parto sta coricata, *soprapparto*

Fitàzza, agg. gran puzzo, pegg. di *fètu*

Fitènti, agg. *puzzolente, fetente*; per *brutto, disonesto*; fitènti càni! escl. *corpo del diavolo!*

Fitinzia, s. f. *laidezza, schifezza*; detto ad uomo, vale *sprezzabile*; fari stari na fitinzia, vale *bruttare, difformare*

Fitta, s. f. usato nel plur. vale *dolore, fitta*; fitti di Nina, detto ironicamente per chi ha usa inquietudine irragionevole; cui avi fitti nun dormi, vale chi ha gravi sollecitudini non può esser tranquillo

Fittiàri, v. n. *martellare, tormentare*; in senso att. *importunare*

Fittiàta o fittiamèntu, s. f. e m. dolore acuto, *mordicazione*

Fittiatùra, vedi **fittiàta**

Fittizza, s. f. qualità di tessuti spessi, *fittezza*

Fittu, s. m. vedi **affittu**

Fittu, agg. *follo, denso, fitto*; guardari fittu fittu, vale *fiso fiso*, con grande attenzione; purtàri ad unu fittu fittu, vale non lasciar di molestarlo; mittirisi fittu e 'ncuttu, vale stare addosso a qualcuno; 'ntra lu fittu di lu 'nvèrnu, vale nel cuor dell' inverno

Fittùccia, s. f. *nastro, nastrino*

Fittuccìna, dim. di fittùccia, *nastrino*

Fittu fittu, avv. *fitto fitto, fissamente*

Fittulìddu, agg. dim. di fittu, *alquanto fitto*

Fitùra, s. f. *puzzo, fetore, lezzo*

Fitusàzzu, accr. di fitùsu

Fitùsu, agg. *puzzolente, fetido*; per *spregevole, vile*

Fitusùni, accr. di fitùsu

Flagèllu, s. m. *flagello*

Flàtu, vedi **filàtu**

Flautista, s. m. suonator di flauto, *flautista*

Flàutu, s. m. strumento musicale, *flauto*

Flèmma, s. f. *pituita, flemma*; per *pigrizia, tardità*; per *pazienza*

Flemmàticu, agg. *flemmatico*; met. *paziente, tardo, pigro*

Flòra, s. f. *giardino, verziere*

Florètta, s. f. piccolo giardino, *orticello, giardinetto*

Flusciàri, v. n. *scorrere, fluire, sprecare*

Flùsciu d'acqua, s. m. *scaturigine, sorgente*

Flussiòni, s. f. *flussione*; per *reumatismo*

Fluttigghia, s. f. *flottiglia*

Fòca, s. f. animale marino, *foca*

Fòcu, s. m. *fuoco*; per incendio, ira, collera; èssiri un focu vivu, vale esser vivace; essiri 'ntra un focu, vale essere

in inquietudini, angustie ec;
parràri cu focu, vale dire con
efficacia ; chi focu grànni !
escl. povero me ! un focu
granni, vale troppo; mèttiri
'ntra lu focu, vale porre in
angustie, in pericoli ec.; piz-
ghiàri lu focu cu la granfa di
la gatta, vale procurare il
suo utile con pericolo altrui;
aggbiùnciri ligna a lu focu,
vale fomentare; jocu di focu,
vale fuoco artificiato ; fari
focu, vale sparare; littri di
focu, vale lettere minacciose

Fodàli, vedi faudàli; pel grem-
biule degli artefici , *spara-
lembo*

Fòdara, s. f. *soppanno, fodero* ;
vedi 'nfùrra

Fodaràri , v. a. soppannare i
vestimenti o altro, *foderare*

Fòdaru, s. m. *fodero*; fòdaru di
cutèddu, *coltellesca*; di spada
fodero; vedi stùcciu

Fòddi, agg. *folle, pazzo*; met.
imaginario

Fodèdda, vedi faudèdda

Foderàri, vedi fodaràri

Fodìgghia, s. f. sopravveste di
drappo nero di seta usata un
tempo dalle donne

Fodìllinu, s. m. gonnelletta di
seta a colori, che usasi oggi
dalle donne del contado

Fodincina, vedi faudincina

Fògghia, s. f. *foglia*; per lamina
d'oro, d'argento e simili; per
foglio di carta o libro, vedi
fògghiu ; trimàri comu na
fogghia, può intendersi per
freddo e per paura, nel se-
condo significato vale aver
la tremarella

Fògghiu, s. m. carta da scrive-
re, *foglio*; per *gazzetta*; man-
nàri a fogghiu quintu, vale
mandar con Dio

Fògghiuli fògghiuli, posto avv.
lo stesso che a foglio a foglio

Fòggia, s. f. uccello, *folaga*

Foliàri, v. a. porre i numeri
alle carte d'un libro, *carto-
lare*

Fomèntu, s. m. quanto appli-
cato esteriormente al corpo
riscalda e mitiga dolore, *fo-
mento*; per *incitamento*

Fònti, s. m. *fonte*; per *scaturi-
gine*; per il recipiente dove
scorre l'acqua che serve agli
usi domestici, *conca, pilozza*;
pel fonte battesimale ; per
principio, origine

Fòra, del verbo èssiri; lo stesso
che *sarebbe*

Fòra, prep. *fuori* ; fora tiru ,
detto dei cacciatori, vale es-
ser tanto distante da non po-
tersi colpire; fora scàru, vale
in disparte; fora cùntu, per
giunta; fora tèmpu, vale fuo-
ri stagione, o fuori opportu-
nità; fora usu, fuor dell'uso;
fora mòdu, vale eccessiva-
mente

Fòra, avv. *fuori che, fuora, ec-
cetto che*; canùsciri di dìntra
e fora, vale *esattamente* ; jiri
di fora , andare in luoghi
piuttosto lontàni; fora fora,
per le vie esterne

Foraggiàri, v. n. *foraggiare*; n.
p. *sparire*

Forasìa, escl. *tolga Dio!*

Forastèri, vedi frustèri

Forbannìtu, vedi sbannùtu

Forbànnu, vedi bànnu

Forestaria, s. f. stanza dòve alloggiano i forastieri, *forestieria*

Fòrficia o fòrfici, s. f. *forbice, forbicia*; èssiri 'ntra na fòrficia, vale essere tra l'incudine e il martello; per le bocche degli scorpioni, locuste e simili; met. chi è ostinato in mal dire altrui; scàla a fòrficia, vedi scàla; per *censura, detrazione*

Fòrficia, s. f. vermetto che si nasconde nei fichi, e che ha coda biforcata, *forfecchia*

Fòrgia, s. f. luogo dove i fabbri bòllono il ferro, *fucina*; armàri fòrgia, vale mettersi a cinguettare; per quel gorgo che fa l'acqua quando scorrendo è ritenuta da qualche ostacolo; per un uccello detto gaddinàzza nìura, vedi fòggia; per luogo profondo dove l'acqua in parte ritenuta rigira per trovar esito, *gorgo*

Fòrma, s. f. *forma, imagine, sembianza, apparenza, modo, guisa*; fari fòrma, vale *procurare, industriarsi*; in fòrma, vale *solennemente*

Formàri, v. a. *produrre, creare, fabbricare, formare*; per *concepire*; furmàrisi, si dice di chi ha raggiunto la pubertà

Fòrsi, avv. *forse*

Forsicchì, avv. *forse che*

Fòrti, s. m. il migliore, il nerbo, il fiore, il forte; per fortezza, capacità, abilità

Fòrti, agg. *prode, coraggioso, forte*; per *difficile, duro, aspro*; vinu fòrti, vale vino alcoolico; per *sodo*

Fòrti, avv. *fortemente, velocemente, ad alta voce*; sta anche per *appena*

Fortificàri, v. a. *afforzare, munire, fortificare*

Fortùitu, agg. *casuale, fortuito*

Fòrza, s. f. *gagliardia, vigore, forza, dominio, potestà, violenza*; fari forza, *violentare, persuadere*; pri forza, *forzosamente*; e vale anche per *virtù*

Fòru, s. m. *foro*; pel tribunale di giustizia

Fòrzu, s. m. *forza, sforzo*

Fòssa, s. f. *fossa*; per *carcere, buca, sepoltura*

Fòssu, vedi fòssa; per *conca, sepoltura*

Fra, prep. *infra*

Fra', voce abbr. di frati, *frate*

Frabbalà, vedi farbalà

Fràbbica, vedi fàbbrica

Fracassàri, v. a. rompere in più pezzi, *disordinare, sconciare, guastare, fracassare*

Fracàssu, s. m. *fracasso, ruina, devastazione*

Fracastòru, s. m. medicamento così chiamato dal suo autore G. Fracastoro

Fracchiàri, v. n. *venir meno, vacillare*; per *farneticare*

Fracchìna, vedi facchìna

Fracchìzza, s. f. *fiacchezza, debolezza*

Fraccòmodu, s. m. *fuggifatica, santagio*

Fracillàtu, agg. *disfatto, sfracellato*

Fràdiciu, agg. *guasto, corrotto, fracido*; farisi fràdiciu, vale *stizzirsi*; sapìri na cosa fradicia, vale tenerla bene a memoria; scusi o ragiuni fracidi,

vale *frivole*; fàrila scacciàri
fràdicia, vale non far riusci-
re ad uno il suo intento ;
grassu fràdiciu, *grasso bra-
cato*

Fradiciùmi, s. f. *fradiciume*; per
dispetto, *malsania*

Fragàgghia, s. f. così è detto fra
noi il miscuglio di molti pe-
sciolini, *fragaglia*

Fragàri, v. n. far fragore

Fragàta, s. f. nave da guerra,
fregata

Fragatùni, accr. di fragàta, *fre-
gatone*

Fràgili, agg. *frale*, *fragile*, *de-
bole*

Fragilità, s. f. *debolezza*, *fragi-
lità*; per *incostanza*

Fràgula, s. f. frutto noto, *fraga,
fragola*; vi sono molte specie
e varietà di fragole, cioè l'a-
nanàssi, *ananas*; di tuttu l'an-
nu, e li fraguli vranchi

Fragùri, s. m. *strepito*, *fragore,
fracasso*

Frama, s. f. *cattiva fama*, *colpa,
infamia*

Framànti, agg. *luccicante*, *splen-
dente*, *netto*

Framìliu, agg. *cattivo*, *tristo,
disutile*, *malconcio*

Frana, s. f. scoscendimento di
montagna, *frana*

Franàri, v. n. *ammottare*, *fra-
nare*

Francavìgghia, s. f. modo basso
che esprime alcuna cosa ac-
quistata senza spesa

Francavigghiòtu, s. m. *ciacco,
parassito*

Franchìzza, s. f. *esenzione*, *fran-
chezza*, *ardimento*, *sincerità*,
immunità, *franchigia*

Francia e Spagna , col verbo
'mmiscàri , vale mescolare
cose disparate, *guazzabuglia-
re*

Francisaria, s. f. imitazione dei
costumi, o dei modi francesi

Franciscànu, agg. dell' ordine
di S. Francesco, *francescano*

Francìsi, agg. *francese*; met. per
scusso, *spiantato*

Francisòttu , agg. *milordino,
zerbino*; s. m. uccello detto
anche ocèddu cavalèri, che
in Italia è chiamato *imantopo*

Fràncu, agg. *franco*, *esente*, *ar-
dito*; mancia fràncu, *scrocco-
ne*; lèggiri fràncu, vale *spedi-
tamente*; fari franca, vale *li-
berarsi*, *esentarsi*

Fràncu, s. m. sorta di moneta
di Francia , che vale quasi
tari due e grana otto di Sici-
lia, *franco*

Francùlinu , s. m. uccello di
carne squisita, *francolino*; per
francavigghiòtu, vedi

Fràppa, s. f. taglio dei vesti-
menti, *frappa*

Frappàri, vedi frappuliàri

Frappòniri, v. n. *frapporre*, *in-
terporsi*

Frappuliàri, v. a. tagliar minu-
tamente, *frastagliare*, *frap-
pare*

Frappulìnu, s. m. *frappatore*

Fràsa, s. f. *frase*; per *metafora*

Fràsca, s. f. *frasche*; per *istop-
pia*, *seccia*; 'nfràsca dicesi di
un lavoro abbozzato, *abbozzo*

Frascàmi, s. f. quantità di fra-
sche, *frascame*

Frascaria, s. f. *bagattella*, *fra-
scheria*

Fraschètta, s. f. dim. di fràsca;

met. uomo o donna leggiera; degli stampatori, telaretto di ferro con vari scompartimenti di carta che mettesi sul foglio a stampare, onde non si macchi quel che dee rimaner bianco

Fràschi, s. m. nel plur. *frasche*

Fraschiàri, v. n. il coglier frasche, far la frasca; pel romoreggiar delle frasche, *frascheggiare*

Fraschiatina, s. f. lieve strepito, *frascheggio, calpestio*

Fraschicèdda, s. f. dim. di fràsca, *frascolina*

Fraschittarìa, s. f. *frascheria, fantocciata*

Fraschittòla, s. f. vezz. di fraschètta, *fraschettuola*

Fraschittùni, s. m. accr. di fraschètta, *ragazzuolo*

Fràscia, s. f. pezzo di legname che fa parte di costruzione delle opere di legno per case officine o altro

Frascinèdda, vedi frassinèdda

Frascinìtu, s. m. luogo piantato a frassini, *frassineto*

Fràscinu, vedi middèu

Fràscinu di mànna, s. m. albero, *frassino*

Fràscinu, vedi màcina, e rota

Frascùgghi, s. m. pezzuoli di sottili ramicelli di paglia, *fuscelli*

Frascinèdda, s. f. pianta, *frassinella*

Frasturnàri, v. a. rimuovere da un'azione, da un proponimento, *frastornare*; per *interrompere*

Fratacchiùni, s. m. frate grassotto e paffuto, *fratacchione*

Fratàntu, avv. *intanto*, *frattanto*

Fratàstru, s. m. son così chiamati i figli di una madre avuti da due mariti, o viceversa; fratelli uterini nel primo caso, consanguinei nel secondo

Fratàta, vedi munacàta

Fratèddu, s. m. *cugino*

Fratèllu, s. m. *frate, fratello, confrate, compagno*

Fratèrna, s. f. *eccitamento, stimolo, esortazione*

Fràti, s. m. *fratello*; per *frate*; frati di latti, *collattaneo*; di frati e fràti, avv. *sinceramente*

Fratìa, vedi confraternità

Fratillànza, s. f. *dimestichezza, fratellanza*; per *fratèrnita*

Fratillùni, s. m. *fratoccio*

Fratillùzzu, s. m. *fratelluccio, fratellino*

Fràtta, s. f. *siepe, macchia, fratta*

Frattarìa, s. f. *fretta*; per *folla, calca di persone, rumore, frastuono*

Frattariùsu, agg. *frettoloso*

Frattina, vedi fràtta

Fratùzzu, s. m. vezz. di fràti, *fratellino*

Fràula, vedi fràgula

Frauliàta, s. f. *corpacciata di fragole*

Frazzàta, s. f. *coperta da letto, schiavina, dossiero*

Frèccia, vedi filèccia

Fregàta, vedi fragàta

Frègiu, vedi friciu

Frètta, vedi frattarìa

Frèvi, s. f. *febbre*; met. *fregola,*

uzzolo ; qualunque passione d'animo

Frìca, s. f. *cura, sollecitudine, ansia, importunità*

Fricamèntu, s. m. *fregamento*

Fricàri, v. a. *fregare;* n. p. congiungersi carnalmente; fricàri ad unu, vale *ingiuriarlo, accoccarlo,* far vendetta

Fricasè, s. m. manicaretto fatto d' interiora de' polli, *cribrèo*

Fricàta, s. f. vedi fricamèntu

Fricazióni, s. f. *fregamento*

Friccicàri, v. n. *allettare, piacere;* per *pungere*

Friccichiàrisi, v. n. pass. *baloccarsi, dondolarsi, sdonzellarsi*

Frichiàri, v. a. *fregare, strofinare, stropicciare*

Frichiàta, s. f. *stropiccio*

Frichiatìna, s. f. *stropicciamento*

Fricitèddu, dim. di friciu, *fregetto*

Friciu, s. m. fornitura a guisa di lista per arricchire vesti, arnesi e simili, *fregio;* membro fra l'architrave e la cornice, *fregio*

Friddìzza, s. f. *freddezza, disgusto, malpigli, disamore*

Friddu, s. m. *freddo;* friddu siccu, *brezzolone;* rizzi di friddu, *brivido, fricasmo*

Friddu, agg. *freddo, infingardo;* per *giudizioso, circospetto*

Friddulìddu, agg. dim. di friddu, *freddiccio*

Friddùra, s. f. *freddura, trascuraggine, fastidio, sdegnosità*

Friddùsu, agg. *freddoloso*

Friddusùni, accr. di friddùsu

Frigiàri, v. a. *fregiare;* met. *ornare, abbellire*

Frigidïtàti, s. f. *frigidità, frigidezza*

Frìgidu, agg. *freddo, frigido*

Friipèzzi, s. m. *pitocco;* per *sordido, spilorcio*

Friìri, v. a. *friggere;* friìri cu l'acqua, vale esser ridotto al verde; n. ass. aver fregola, cocere, *frizzare;* mannàri a fari friìri, *mandare a mal luogo*

Friitìna e friitùra, s. f. *frittura*

Friitùri, s. m. *friggitore*

Frijùta, vedi friitina

Frijùtu, vedi frittu

Frinisìa, s. f. delirio continuato, *frenesia*

Frinnula, s. f. *straccio, brano, brandello;* frinnuli frinnuli, dicesi di un abito assai logoro

Frìnza, s. f. parte estrema della tela, *cerro;* per *frangia,* vedi guarnazìoni

Frinzàra, u, s. f. e m. lavoratore o lavoratrice di frange

Frìnzi, s. m. plur. vedi frinnuli; frinzi di nèspula, vale *nonnulla,* ed anche *culo*

Frinzicèdda e frinzittìna, s. f. dim. di frinza, piccola frangia

Frisàri, v. a. *pettinare, accomodare, assettare il capo*

Frisàtu, agg. a capelli, *calamistrato*

Frisatùra, s. f. *acconciatura, ricciaja*

Friscalèttu, s. m. strumento rusticale, *zufolo, piffero, fischietto;* met. *venticello, brezzolina;* gàmmi a friscalèttu, *gambe affusolate*

Friscalittàru, s. m. colui che lavora e vende zufoli

Friscanzàna, s. f. *fresco*; per *freddura*; pigghiàri na friscanzàna, vale *incatarrire*

Friscanzanàta, vedi friscanzàna

Friscàri, v. n. *zufolare, fischiare*; per *cigolare*

Friscàta, s. f. *fischiata*

Friscàtu, agg. *fischiato*

Frischèttu, e frischicèddu, dim. di friscu, *frescolino, zufoletto*

Frischìzza, s. f. *freschezza*

Frisciàri, v.n. lieve cigolio della polvere d'archibugio quando scoppia

Friscina, s. f. cesta di vimini, *corba*; per *flocine*, vedi fiscina

Friscinàta, s. f. colpo di flocina, e misura di una corba

Friscu, s. m. suono acuto, *fischio*

Friscu, s. m. *fresco*; cògghiri friscu, *infreddarsi*

Friscu, agg. *fresco*; per vento fresco; per contrario di stantio, di secco, passo ec; friscu comu li rosi, senza calor febbrile, *spensierato*; friscu friscu, avv. *di recente*

Frisculiàri, v. a. far vento per rinfrescare, *far fresco, fischiare, soffiare, susurrare, prevenire*

Frisculiàta, s.f. *susurro, bucinamento, soffiamento*

Frisculìddu, dim. di friscu, *freschetto*

Friscùmi, s. f. latticini freschi

Frìscùra, s. f. *frescura*; per *spensieratezza*

Friscùsu, agg. *fresco, frescoso*

Frisìlli, plur. *busse, sferzate*

Frisìngu, s. m. *magricciuolo, mingherlino*

Frisùni, agg. di cavallo, *frigione*

Fritta, vedi frijùta

Frittàta, s. f. il friggere, *frittura*; uova battute e fritte, *frittata*; si dice anche di pesci o altro; met. *imprudenza, scioccheria, errore*; fari na frittata, vale commettere una imprudenza, *fare una frittata*

Frittèdda, s. f. così chiamasi una vivanda di fave fresche, piselli e carciofi sminuzzali, cotti con aceto, olio ec.

Frittèlla, s.f. vivanda di pasta con lievito, fritta con olio o strutto e sparsa di zucchero, *frittella*; frittèlli (modo basso) *percosse, busse*

Frittu, s. m. *frittume*

Frittu, agg. *fritto*; essiri frittu, vale soprastare ad alcuno qualche pericolo, *esser fritto*

Frittula, s. f. pezzetti di lardo e di carne attaccati alla cute degli animali, *cicciolo, sicciolo*; zicca frittula, vale *spilorcio, gretto, avaro*

Frittùmi, vedi frittu

Frittùra, s. f. l'atto e il modo di friggere, *frittura, frittume*

Fritturèdda, dim. di frittùra

Frivaròtu, agg. di piante che pervengono al loro sviluppo in febbràro

Frivàru, s. m. secondo mese dell'anno civile, *febbraro*

Frivàzza, accr. di frèvi, *febbrone*

Frivùgghiu, s. m. voce bassa che indica eccesso di febbre

Frivularìa, s. m. *baja, ciancia, frascheria*

Frìvulu, agg. *vano, frivolo*

Frivùna o frivùni, s. f. e m. *febbrone*

Frivùzza, s. f. dim. di frèvi, *febbretta*

Frizioni, s. f. *fregagione, frizione*

Frizzànti, agg. di vino, *pungente*; per *arguto, mordace*

Frizzàri, v. a. il dolore che cagionano le materie corrosive sugli scalfitti, le percosse ec. *frizzare*; quel pugnere del vino che fa in berlo; mordere con parole, *frizzare*

Frizzu, s. f. *frizzo*; per *bruciore*

Fròcia, s. f. frittata di uova dibattute e mescolate con cacio e pane sbriciolati, *frittata*; met. per *sbaglio, svista, scempiataggine*

Fròciu, agg. di uomo, vale *scimunito, imprudente*

Fròda, s. f. *frode, truffa*

Frodàri, vedi frudàri

Frèdi, vedi fròda

Fròsciu, vedi tùllu

Fròtta, s. f. moltitudine di gente, *frotte, frotta*

Fròttula, s. f. *baja, bugia, frottola*

Frucèri, s. m. uomo dappoco, *bracone*

Fruciàri o fruciàrisi, v. n. e n. pass. *scacazzare*

Fruciàta, s. f. *scacazzamento, scacazzio*

Fruciùni, s. m. quantità d'acqua che sgorga da un orifizio, *sgorgo*; a fruciùni, avv. *a sgorgo*; cavàddu fruciùni, *caval frigione*

Frudàri, v. a. far frode, rubar con frode, *frodare*; per *ingannare*

Frugarèddu, s. m. una quantità di polvere da sparo ristretta in un pezzo di carta a guisa di cannello o bucciuolo; frugarèddu d'aria, *razzo*; sta per fanciullo vivace, *frugolo*; aviri lu frugarèddu, vale esser troppo vivace, *aver il fuoco in culo*

Frugariddàru, s. m. artefice che lavora razzi ed altri fuoci artifiziati, *razzajo*

Frugariddùni, accr. di frugarèddu

Frùllu, s. m. arnese di legno con cui si frulla la cioccolata, *frullino*; vedi mulinìgghiu

Frumèntu, vedi furmèntu

Frùnna, s. f. *foglia, fronda*

Frunnùsu, agg. *frondoso*

Fruntàgghiu, s. m. quella parte della briglia che sta sotto gli orecchi del cavallo, *frontale*

Fruntàli, agg. *frontale*, ornamento che si mette sopra la fronte; per paliotto d'altare vedi pàliu; per la parte callosa della testa del tonno

Fruntàzza, accr. di frùnti, *frontone*

Frùnti, s. f. *fronte, faccia, capo, volto*; di frùnti, e a facci frùnti, avv. *a rincontro*

Fruntìdda, o frunticèdda, dim. di frùnti, *fronticina*

Frùsciu, s. m. lo sgorgar dei fluidi con violenza, *sgorgo*; nel giuoco della primiera si dice frusciu quando le date quattro carte son del medesimo seme, *frusso*

Frùscula, s. f. fuscelluzzi secchi, *fuscello, fruscolo*; coll'agg. *mala*, vale *farfante, di mal affare, furbetto*

Frùsta, s. f. *sferza, scuriada;* sta anche per *berlina;* met. *vergogna*

Frustàri, v. a. *frustare,* mettere alla berlina, *svergognare;* sta anche per vendere a vil prezzo

Frustàtu, agg. *frustato;* e s. m. reo sottoposto alla frustatura; vale anche *malardito*

Frustèri s. m. *forastiero*

Frustinàta, s. f. colpo di frusta

Frustinu, s. m. *scuriada, sferza*

Frustustù, indecl. sorta di giuoco fanciullesco, che si fa assegnando a taluni alquanti posti vicino alle muraglie d' una stanza, con obbligo di mettersi in giro lasciando ad uno nel centro, il quale dee procurar di occupare uno dei detti posti che tengonsi dai compagni; a frustustù, avv. *alla carlona*

Fruttajòla e fruttajòlu, s. f. e m. *fruttajuola, -lo,* venditore o venditrice di frutta, detto da noi comunemente putigàru, vedi

Fruttàmi, s. f. ogni sorta di frutta, *fruttaglia*

Fruttàri, v. n. render frutto, *fruttare;* per *produrre,* esser utile

Fruttàtu, s. m. *rendita, lucro,* profitto annuale

Fruttèra, s. f. *pometo;* per vaso da frutta, *fruttiera;* per la stanza dove si conservano i frutti, *fruttajo*

Frùtti, s. m. plur. il servito delle frutta nelle mense, *le frutta;* frutti di màri, son così dette le ostriche, le arselle, ed altri crustacei marini, *frutti di mare*

Fruttificàri, vedi fruttàri

Fruttificaziòni s. f. il fruttificare, *fruttificazione;* pel prodotto agrario dell'anno che corre

Frùttu, s. m. il prodotto della terra; pel prodotto degli alberi, *frutto;* per *entrata, patrimonio;* per *utile, profitto, usura;* per *rimunerazione;* per lo effetto di una cosa sperata, o conseguenza d'una cagione; per *prole;* frutti primintii, *frutti primaticci;* frutti di mandra, vedi lattazzìnu; frutti di marturàna, *pastume dolce,* detto anche pasta riali vedi, la quale prende varie forme a somiglianza delle frutta, e lavoransi in un Monastero di Palermo detto la Martorana; frutti fòra tèmpu, met. cosa inaspettata

Fruttuàriu, agg. chi gode degli interessi d'un capitale impiegato a tempo

Fruvuliàta di vèntu, s. f. *scionata;* vedi rufuliàta

Fu, coll'art. *il* vale *defunto, trapassato*

Fuànu, vedi cùcca

Fucàra, agg. di pietra, *pietra focaja*

Fucàta, s. f. gran fuoco, *focone*

Fuchiàri, v. a. *incendere,* bruciare col ferro rovente; met. *importunare, istigare*

Fuchicèddu, s. m. dim. di fòcu, *focherello*

Fucilàri, v. n. moschettare, fucilare

Fucilarìa, s. f. gran numero di fucili; per saittèra vedi; per soldati fucilieri

Fucilàta, s. f. colpo di fucile, archibusata; 'ntra na fucilàta, vale in un attimo

Fucilaziòni, s. f. il fucilare; pena di morte data a colpi di schioppo

Fucilèri, s. m. t. de' mil., soldato armato di fucile

Fucìli, s. m. archibugio; propr. de' soldati; per pietra focaja vedi ficìli

Fucìna, s. f. luogo dove si lavora il ferro, fucina

Fùcu, s. m. pecchia maggiore delle altre, fuco; è anche una sorta di pianta marina, fuco

Fucularèddu, dim. di fuculàru

Fuculàru e cufulàru, s. m. focolare, scaldavivande; per combriocola; per baja, fola

Fucùni, s. m. vaso da tenervi fuoco, focone; sta anche pel luogo dello schioppo che trovasi forato per dar fuoco

Fucùsu, agg. focoso; per iracondo, collerico; per libidinoso

Fucusùni, accr. di fucùsu, focosissimo

Fùdda, s. f. calca, moltitudine, folla; per quantità di cose messe insieme con disordine, folla

Fuddacchiùni, agg. pazzarello

Fuddàri, v. a. premere, sopraccaricare, violentare, costringere

Fuddàzzu, agg. follastro

Fuddìa, s. f. stoltezza, follia, inconsideratezza, ruzzo

Fuddiàri, v. n. vaneggiare, folleggiare

Fuddignu, agg. pazzesco

Fuddìscu, agg. girellajo, volubile

Fuddùni, posto avv. col segn. a, vale con impazienza, alla cieca; grànciu fuddùni, specie di granchio marino, granciporro

Fudduniàri, v. a. lo imprimer pedate che fanno gli animali in un terreno rammollito dall'acqua

Fuga, s. m. fuga; pigghiàri la fuga, vale fuggire; fuga di scala, vale composta di un numero di scaglioni che termina in un pianerottolo detto da noi scacchèri, vedi; fuga di càmmari, quantità di stanze in dirittura, fuga di stanze

Fugànu, s. m. uccello notturno, allocco, strige

Fugattiàri, v. n. adizzare, irritare; per provocare

Fugghiàmi, s. f. quantità di foglie, fogliame

Fugghicèdda, s. f. dim. di fògghia, fogliolina

Fugghiètta, s. f. tavola sottile, assicina; per quelle sottilissime assicelle di noce, ebano e simili, che coprono gli arnesi di lusso, piallacci

Fugghièttu, s. m. dim. di fògghi, foglietto; per gazzetta; per foglio da lettera

Fuggiàscu, agg. fuggiasco, ramingo

Fùiri, v. n. fuggire; per schifare

Fuitìna, s. f. fuga repente, fuggita; nell'uso la fuga dalla casa paterna di qualche donzella col promesso sposo

Fuitravàgghiu, s. m. *pigro, fuggifatica*

Fujùta, vedi fujitina

Fujutìzzu, agg. *fuggitivo, fuggiticcio*

Fujùtu, agg. *fuggito*; è anche una carta da tarocchi chiamata *matto*; pigghiàri lu fujùtu, vale *fuggire*

Fullàri, v. a. t. de' cappellai, e vale premere il feltro col rolletto o bastone bagnandolo e maneggiandolo per condensare il pelo, *follare*

Fulminàri, v.a. *fulminare*; met. *sdegnarsi*

Fùlmini, s. m. *fulmine*; met. per subitaneo disastro

Fùltu, agg. *denso, folto*

Fumalòru, s. m. la rocca del camino, *fumajuolo*; per legnuzzo o carbone acceso che manda fumo, *fumajuolo*; per colui che raccoglie lo sterço dalle stalle, *letamajuolo*

Fumàri, v. n. mandar fumo, *fumare, svaporare, esalare*; fumàri lu cirivèddu, vale entrare in costernazione o adirarsi; oggi intendesi più comunemente il trar colla bocca e mandar per aria il fumo della pipa

Fumària, s. f. erba, *fumosterno*

Fumariàri, v. a. *letamare, letaminare*

Fumàta, s. f. il fumare, vedi fumu; per *sentore, indizio*; per breve trasporto di collera

Fumatùri, s.m. colui che prende tabacco in fumo

Fumèntu, vedi fomèntu

Fumèri, s. m. *fimo, letame, stallatico, concime*; munzèddu di fumèri, *letamaio*

Fumicàri, v. n. far fumo, *fumicare*; per *affumicare*

Fumìggiu, s. m. l'atto di ardere un liquore o cosa odorosa, *fumigio, fumigazione*; per *vaporosità*

Fumiriàta, s. f. *letaminazione*

Fùmu, s. m. *fumo*; per *vapore*; per la *golpe*, vedi mascarèdda; per *superbia, fasto*; per *fumèa* o *vapore* che manda lo stomaco al cervello; per *filigine*; agghiuttìrisi macàri lu fùmu, dicesi di un affamato; jirisìnni na cosa 'nfùmu, *svanire, andare in fumo*; aviri li fumi 'ntèsta, vale essere ubbriaco, o in collera; sapìri di fumu, avere il sapore o l'odor del fumo

Fumùsu, agg. di fumo, *fomoso*; per *altiero, superbo*

Fùncia, s. f. pianta, *fungo*; per *muso, grugno*; per *orifizio, bocca, bacio*; funcia di porcu, *grugno*; funcia di martèddu, *bocca del martello*; stari cu la fùncia, vale *ingrugnirsi*; dari 'na funcia, vale *baciare*

Funciàzza, accr. e pegg. di fùncia

Funcìdda, dim. di funcia; per *baciolino*

Funciùtu, agg. persona di grosse labbra, *labbrone*

Fùndacu, e suoi derivati, vedi fùnnacu, e suoi derivati

Funnacàru, s. m. *oste, albergatore*

14.

Funnachèddu, dim. di fùnnacu, *alberghetto*

Fùnnacu, s. m. *albergo, osteria*

Funnàli, s. m. *fonda*; agg. di terreno, che ha gran profondità, *fondato*

Funnamèutu, s. m. *fondamento*, base degli edifici; per *dereta-no*; per *motivo, cagione*

Funnàri, v. a. *fondare, edifica-re, stabilire*

Funnarìa, s. f. luogo da fonder metalli, *fonderia*

Funnàtu, agg. *fondato, stabilito*

Funnazioni, s. f *fondazione*; per *erezione, stabilimento*

Funnèddu, s. m. *fondello*; pel bottone stesso; per un grembiule che portano i pigiatori di uve

Funniddàru, s. m. chi lavora fondelli

Funniòlu, s. m. *fondigliuolo, rimasuglio, feccia*

Fùnniri, v. a. *liquefare, fóndere*, (propr. de' metalli)

Funnitùra, s. f. l'atto del fondere, *fusione*

Funnitùri, s. m. *fonditore*

Funnizza, s. f. *profondità*

Fùnnu, s. m. *profondità, fondo*; jiri 'nfùnnu, *andare a fondo*; funnu di li causi, *fondo delle brache*; funnu di l'agùgghia, *cruna*; riccu·'nfùnnu, vale *straricco*; funnu per *podere*; funnu di quadàra, sedimento dello zucchero cotto

Fùnnu, agg. vedi funnùtu

Funnurìgghia, s. f. vedi funniò-lu; per *belletta, rimasuglio, poltiglia*; per scartatùra, vedi

Funnùta, s. f. *fusione*

Funnùtu, agg. *profondo*; per luogo cavo; di fùnniri, *lique-fatto, fuso, fonduto*

Funtàna, s. f. *fonte, fontana*; per ricettacolo d'acqua, *conca*

Funtanèdda, s. f. dim. di fonte, *fontanella, fontanetta*; per zampillo d'acqua

Funtanèri, s. m. *fontaniere*; vedi mastru d'acqua

Funtìculu, vedi cautèriu

Funzióni, s. f. *funzione*

Funziunàri, v. n. esercitar le funzioni d'una carica, o supplire altri nella stessa; per mandar fuori gli escrementi

Funziunàriu, s. m. voce dell'uso, si dice di persona che indossa carica importante

Furaggiàri, vedi foraggiàri

Furàna, s. f. *nebbia, nugolo*

Furastèri, vedi forastèri

Furbarìa, s. f. *malizia, furberia*

Furbàzzu, accr. di sùrbu, *fur-fantaccio*

Furbicèddu, dim. di sùrbu, *fur-betto*

Fùrbu, agg. *furbo, scaltrito*

Fùrca, s. f. *forca*; facci di furca, *ceffo d'impiccato*; furca chi ti adùrca, vale *pel tuo peggio*; la furca è pri lu pòviru, vale *il torto è sempre del più debole*; chiantàri li furchi, vale *incaponire*, voler esaminare un fatto con scrupolosità per trar vendetta

Furcèdda, s. m. *forcella*; furcèdda di l'arma, *bocca dello stomaco*; pel legno biforcato che serve a sostenere gli alberi

Furchètta, s. f. vedi burcètta

Furchicèdda, dim. di fùrca

Furchittàta, s. f. quantità di

vivanda che può prendere la forchetta

Furchittùni, accr. di furchètta, *forchettone*

Furchiùni· o frucchiùni, s. m. *buca, cava, tana, bugigattolo, topaja*

Furciddàta, s. f. tanta paglia, o altro che può sostenere una forca, *forcata*

Furcìna, s. f. legno, o asta di di ferro biforcata, *forcina*

Furcunàta, s.f. colpo di forcone

Furcùni, s. f. asta con tre rebbii, *forcone*; per *pertica*; vedi stangùni

Furcuniàri, v. a. dimenare la brace nel forno

Furèri, s. m. *foriere, precursore*; per un grado nella milizia

Furèsta, s. f. *foresta, boscaglia*

Furèsticu, agg. *rozzo, salvatico, rustico*

Furèttu, s. m. animale poco più grosso della donnola, *furetto*

Furfantarìa, s. f. *furfantaggine*

Furfànti e farfànti, s. m. *furbo, furfante*

Furficèdda, dim. di fòrficia, *forbicetta*

Furficiàri, v. a. tagliare in diverse direzioni, *cincischiare*; met. per *mormorare, scardassare*; per *rampognarsi*

Furficiàta, s. f. taglio colle forbici, *tagliatura*; per colpo o graffiatura di forbici; per *biasimo*, nel quale ·senso la parola si pronunzia appoggiando la voce sull'ultima i

Furficiàtu, agg. di furficiàri

Furficiatùri, s. m. *maldicente, morditore*

Furficiàzza, s. f. pegg. di fòrficia

Furficicchia, s. f. dim. di fòrficia, *forbicina*

Furficiùna, s. f. accr. di fòrficia, *forbicione*

Furgalòru e fùrgaru, s. m. *munizione d'archibugio*, vedi cartòcciu

Furgiàri, v. a. *arroventare*; per *fabbricare, abbozzare, comporre*

Furgiatùri, s. m. fabbro che tratta i ferri roventi per darvi la prima forma

Fùria, s. f. *furia*; per *impeto, veemenza*; a furia, avv. *a forza*; per *gonfiore*; furi di Missìna, *sobborghi di Messina*

Furiòtu, s. m. *borghese, borghigiano* delle vicinanze di Messina

Furiùsu, agg. *furibondo, pazzo, impetuoso*

Fùrma, s. f. *forma*; per *centina, cavo*; per cappellina del cesso, ch'è un arnese di terra cotta con cui quello si covre; furma di stamparìa, pagine di caratteri, *forma*; furma di cappèddu, di scàrpa, *forma*

Furmaggèddu, dim. di furmàggiu, *formaggiuolo*

Furmàggiu, s.m. *cacio, formaggio*, vedi 'ncannistràtu; càdiri lu maccarrùni 'ntra lu furmàggiu, vale riuscire a seconda il desiderio; stari comu lu vermi 'ntra lu furmàggiu, vale stare a panciolle

Furmàri, v. a. *produrre, comporre, formare*

Furmàru, s. m. chi fa forme di scarpe, *formajo*

Furmàtu, agg. da furmàri, *compiuto*; detto di uomo o donna, vale *pubere*

Furmàzza, accr. e pegg. di fùrma

Furmèntu, s. m. seme del grano, *frumento*; furmèntu d'innia, *grano turco, granone*; sarvaggiu, *spelda*

Furmìca, vedi furmìcula

Furmìcàru, vedi furmiculàru

Furmìcula, s. f. insetto, *formica*; a passu di furmìcula, vale *piano, adagio*; fari comu li furmìculi, vale *formicare, brulicare*; per una malattia erpetica

Furmiculàru, s. m. *formicajo*; è anche un uccello detto *torcicollo*

Furmiculiàri, v. n. *formicolare*

Furmiculìcchia, s. f. dim. di furmìcula, *formichetta*

Furmicùliu, s. m. *formicolio, formicolazione*

Furmiculùni, accr. di furmìcula, *formicone*

Furmintàru, s. m. trafficante di frumenti

Furmintèddu, s. m. grano di cattiva qualità

Furmintìnu, agg. di colore rosso pallido

Furnàci e furnàcia, s. f. *fornace*

Furnàru, s. m. *fornajo*

Furnàta, s. f. quantità di pane che entra in un forno, *fornata, infornata*

Furnèddu, s.m. quel buco quadrato che col mezzo di una graticola di ferro contiene il fuoco, (vedi fuculàru) *fornel-*

lo; per fossetta dove cade la brace, *braciajuola*

Furnicàri, v. n. congiungersi carnalmente, *fornicare*

Furniddùzzu, dim. di furnèddu, *fornelletto*

Furnitùra, s. f. *finimento, fornitura*

Fùrnu, s. m. *forno*; pel luogo ov'è il forno e vendesi il pane; tettù di lu furnu, cielo del forno; balata di lu furnu, *chiusino del forno*; furnu di campàgna, arnese di metallo per cuocervi pollami, pasticcerie ec. *fornello*; vucca quantu un furnu, *boccaccia*

Fùrra, s. f. piccoli condotti che recano l'acqua nei giardini piantati ad ortaggi, *acquidotto, canaletto*

Furràina o furrània, s. f. miscuglio di biade che mietonsi in erba per foraggi, *ferrana*

Furruàggiu, s. m. provvigione di vittuaglie, *provvista*

Furticèddu, dim. di fùrtu

Furtificàri, v. a. *afforzare, munire, fortificare, corroborare*; n. p. *fortificarsi*

Furtìnu, s. m. dim. di fòrti, vale piccol forte, *fortilizio*

Furtìzza, s. f. *forza, gagliardia, coraggio*; per *cittadella, rocca*

Fùrtu, s. m. *furto, ladroneccio*

Furtulìddu, agg. dim. di fòrti, *fortetto*

Furtùna, s. f. *fortuna, contingenza, ventura*; cadìri in vascia furtùna, vale cadere in miserie; fari furtùna, *guadagnare*; èssiri 'nfurtùna, vale in prospero stato; furtùna di mari, *procella*

Furtùra, s. f. *temporale*

Furturàta, s. f. *procella, temporale, fortunaggio*

Furùnculu, s. m. *piccola postema, fignolo, ciccione, foruncolo*

Furzàri, v. a. *violentare, forzare*

Furzàta, s. f. *conato, sforzo*

Furzàtu, s. m. condannato al remo o a' ferri, *galeotto, forzato*; agg. *violentato, forzato*

Furzùsu e furzùtu, s. m. *gagliardo, robusto, vigoroso, forzuto*

Fùsa, s. f. *fusione*

Fusària, s. f. pianta, *fusaggine*

Fusàru, s. m. chi fa e vende le fusa, *fusajo*

Fusìddu, dim. di fusu, *fusellino*

Fussàta, s. f. *fosso, fossa*

Fussàtu, s. m. spazio di terra cavato in lungo, *fossato*

Fussêtta, s. f. dim. di fossa, *fossetta*; per piccola cavità al mento o alle guance, *pozzetta*

Fussùna, s. f. accr. di fossa, *fossone*

Fussùni, vedi fussùna

Fustàniu o frustàniu, s. m. specie di tela bambagina, *fustagno*

Fùstu, s. m. *fusto, troncone*

Fùsu, s. m. strumento di legno per filare, *fuso*; fusu di la carròzza, *asse*; agg. di fùnniri, *fuso*

Fùttiri, v. a. usare il coito, *fottere*; met. per *angariare, opprimere, bastonare, strapazzare*

Futùra, s. f. elezione anticipata ad un ufficio che trovasi occupato

Futurista, s. m. individuo già eletto ad un posto da occuparsi, quando sarà per mancare il proprietario

Futùru, agg. *futuro, avvenire*

G

G, settima lettera dell'alfabeto, e quinta delle consonanti

Gabbàri, v. a. *beffare, gabbare, ingannare*

Gabbasànti, s. m. *ipocrita*

Gabbàtu, agg. *gabbato*; cuntènti e gabbàtu, vale essere ingannato senza avvedersene

Gàbbu, s. m. *burla, beffe, gabbo*; cu si fa gàbbu, ci cadi lu labbru, vale non farti beffe di alcuno, potendo lo stesso accadere a te

Gabèlla, s. f. *dazio, gabella, fitto*

Gabillàri, v. a. *affittare*

Gabillòtu, s. m. *gabelliere*; per *fittajuolo*

Gàdda, s. f. gallozza che nasce sulla quercia, *galla*; per *frode*

Gaddarèdda, s. f. *galluzza, gallozzola*

Gaddariàri, v. n. rallegrarsi soverchiamente, *galluzzare*

Gaddàzzu, s. m. uccello, *beccacia*

Gaddètta, s. f. fosserella che i ragazzi destinano al giuoco delle avellane, *buca*

Gaddiàri, v. a. *padroneggiare, signoreggiare*, fare il quanquam

Gaddìna, s. f. uccello domesti-

co, *gallina*; gaddina vecchia
fa bon bròru, vale che le
donne vecchie han pure i
loro pregi; figghiu di la gad-
dina niura, vale esser tenuto
meno degli altri; megghiu òi
l'ovu ca dumani la gaddina,
vale contentarsi oggi del po-
co, che rischiarlo per aver
molto

Gaddìna d'innia, s. f. la femina
del tacchino, o gallinaceio

Gaddinàzza, s. f. pegg. di gad-
dina, *gallinaccia*; jiri lu sto-
macu comu na gaddinàzza,
vale aver paura, patir la bat-
tisoffiola

Gaddinàzza niura, vedi fòggia

Gaddinèdda, s. f. dim. di gad-
dina, *gallinella*; per un uc-
cello detto *vottolino*; per un
insetto che vedesi comune-
mente nelle fave, *gorgoglione*,
tonchio

Gàddu, s. m. *gallo*; cantu di lu
gàddu, *gallicinio*; cricchia di
gàddu , *cresta*; lassàrisi jiri
comu un gaddu a pastu, vo-
ler predominare ; a ura di
gaddu mùnciri, vale all'ora
tarda; ogni gaddu canta 'ntra
lu so munnizzàru, vale oggu-
no padroneggia in sua casa

Gàddu d'innia, s. m. uccello
domestico, *tacchino*, *galli-
naccio*, *pollo d'india*; 'nnocca
di gaddu d'innia, vedi 'nnòc-
ca

Gàddu faciànu, s. m. uccello,
pollo sultano

Gaddùffu, s. m. gallo non bene
capponato, *gallione*

Gaddùni, s. m. accr. di gàddu,
gallastrone

Gaddùzzu, s. m. dim. di gàddu,
galletto; fari lu gaddùzzu,
vedi gaddiàri; per colpo dato
sotto il gozzo , *sorgozzone*;
gaddùzzu d'acqua , piccolo
uccello di mare detto *corrie-
re*; culu di gaddùzzu, *bocchi-
no*; presso gli artisti è una
specie di madrevite , che
serve ad aprire o stringere
le viti, *galletto*

Gàffa, s. f. ferro che sostiene
chiechessia, *staffa*; per spran-
ga di ferro che serve a colle-
gar pietre o muraglie, *grap-
pa*

Gafficèdda e gaffitèdda , dim.
di gàffa, *staffetta*

Gagàti, s. m. bitume nero detto
ambra nera ; quello fattizio
dicesi *giavazzo*, *giajetto*

Gagghiarèdda, s. f. grossa are-
na, *ghiaja*, *ghiara*

Gàgghiu, agg. di vari colori.
misto; agg. del mantello dei
cavalli, *pezzato*

Gàggia, s. f. *gabbia*; di li gaddì-
ni, *stia*; di li surci, *trappola*;
a gàggia, avv. di tessuto rado

Gaggiàri, v. a. il saltellare de-
gli uccelli nella gabbia

Gaggiàru, s. m. facitor di gab-
bie, *gabbiajo*

Gaggiòla, vedi gargiòla

Gaggitèdda , dim. di gàggia ,
gabbiuola

Gaggiùna, accr. di gàggia, *gab-
bione*

Gaggiùni, s. m. gabbia portatile
usata dagli uccellatori, *gab-
bione*

Gaggiùzza, s. f. dim. di gàggia.
gabbiuzza

Gàja, s. f. *siepe*

Gainu, agg. *furbo, versipelle*

Gàipa, vedi àipa

Gàjula, s. f. pesce, *sparo*

Gàjulu, s. m. uccello, *rigogolo, galbedro*

Gàla, s. f. *gala, solennità*; àbiti di gàla, vale i migliori abiti

Galantaria, s. f. *galanteria*; per gentilezza, atto galante, mercanzia di lusso, intrigo amoroso, *galanteria*

Galànti, agg. *gentile, grazioso, attillato, liberale, galante*

Galantòmu, s. m. onesto, di civil condizione, *galantuomo*

Galantumùni, accr. di galantòmu

Galatèu, s. m. libro che insegna convenevoli costumi, *galateo*

Galència, s. f. barbe di scopa che si bruciano da' fabbri per farne carbone, *ciocchetto*; fari galència, *rapinare*; per mangiare allegramente, darsi buon tempo

Galèra, s. f. bastimento a remi, *galea, galera*; mannàri 'ngalèra, mandare a' ferri o alla galea; facci di galera, *galeone, manigoldo*; per cacio d'infima qualità

Galèssi, s. m. sorta di carro a due ruote, *calesso*

Galiòtu, s. m. *galeotto*; per *impiccatello*

Galissèri, s. m. colui che dà a nolo, o colui che fa da cocchiero, *carrozzajo*

Galissìnu, dim. di galèssi; *calessino*

Galiùni, s. m. sfregio lasciato da ferita cicatrizzata

Gallaria, s. f. stanza grande dove tengonsi pitture ed altri oggetti pregevoli, *galleria*; in marineria è un poggiuolo che sporge dalla poppa, *galleria*

Gallètta, s. f. biscotto ad uso di marinai, *galletta, galetta*

Gallinàcciu, vedi gàddu d' innìa

Gallìtta, s. f. casotto da sentinelle, *casotto*

Gallittìna, vedi gallètta

Gallunàri, vedi 'ngallunàri

Gallunàru, s. m. facitor di galloni

Gallunàtu, vedi 'ngallunàtu

Gallunèddu, dim. di gallùni

Gallùni, s. m. guernitura d'oro, d'argento, o di seta tessuta a guisa di nastro, *gallone*

Galòfaru, s. m. aromato di color rosso cupo che viene dalle Mollucche, *garofano*; pianta che porta fiori solitari che variano dal rosso al bianco e al giallo, *garofano*; per quel vortice che fanno ne' mari di Messina le due correnti

Galofarèddu, dim. di galòfaru

Galofarùni, accr. di galòfaru

Galòppu, s. m. il galoppare, *galoppo*; di galòppu, avv. *di galoppo*

Galòscia, s. f. sorta di soprascarpa, *galoscia*

Galuppàri, v. n. il correre dei cavalli, *galoppare*

Galuppàta, s. f. *galoppata*

Gamiddu, s. m. animale, *cammello*

Gàmma, s. f. *gamba*; gammi torti o a guicciddàtu, *sbilenco*

Gammàla, s. f. striscia di cuojo o di altro, dove sta attaccata la staffa, *staffile*; per ordegno da introdurre negli stivali affin di allargarli

Gammarèddu , s. m. dim. di gàmmaru, *gamberetto*

Gammariàri, v. n. dimenar le gambe, *gambettare*, *sgambettare*

Gàmmaru, s. m. insetto acquatico, *gambero*

Gammarùni, accr. di gàmmaru, *gamberone*

Gammàta, s. f. percossa di gamba, *gambata*

Gammàzza, s. f. pegg. di gàmma, *gambaccia*

Gammètta, s. m. uccello, *corriere grosso*

Gammiàri , v. n. dimènar le gambe, *sgambettare*

Gammicèdda, dim. di gàmma, *gambetta*

Gammigghia , s. f. parte dei calzoni che s'affùbbia sotto al ginocchio, *cinturino*

Gammillòttu, s. f. tela fatta di pèlo di capra, e anticamente di cammello, *ciambellotto*

Gammiòlu, agg. per chi ha gambe lunghe, *gambuto*

Gammitta, s. f. solco fatto in un campo per ricevere le acque soverchie , *capezzagine*

Gammòzzu , s. m. pezzo di legno, o altra materia che partendosi dal mezzo delle ruote collega e regge il cerchio di fuori, *razza* , *razzuolo* ; per gamba un po' deforme

Gammunèddu, dim. di gammùni

Gammùni, s. m. coscia della pollame; per coscia d'uomo grossa e gonfia

Gammùzza, s. f. dim. di gàm-

ma, *gambuccia* ; pel gambo del sommacco, *fuscello*

Gàna, s. f. voglia grande, *gana*

Gancèttu, s. m. dim. di gànciu, *gancetto*

Gancitànu, agg. nato in Ganci comune di Sicilia; per religioso di S. Francesco de' minori osservanti , dal nome della Chiesa detta *Gancia*

Gànciu, s.m. uncino di metallo, *gancio*

Gànga, s. f. *dente molare;* gànga di lu sènnu, *dente della sapienza;* per punta delle forchette, *rebbio*

Gangàli, s. f. mascella, *ganascia*

Gàngamu, s. m. rete da pesca, *gangamo*

Gangàta, s. f. *morso;* dari na gangàta, vale dare un pugno in viso

Gànghi di vècchia, s. f. sorta di pasta grossa lavorata

Gangulàru, s. m. *mascella;* trimàricci lu gangulàru, battere i denti per freddo o per paura, *batter la furfantina*

Ganguliàri, vedi ganguniàri

Gangùni, s. m. quel dente che nasce a' giumenti nella vecchiaja, e ch'è più lungo degli altri

Ganguniàri, v. n. mangiar poco e spesso, *rosecchiare*

Garagòlu, vedi caragòlu

Garamùni, s. m. t. degli stamp. una specie di carattere fra mezzo alla filosofia ed il garamoncino

Garàna, s. f. pianta, *balsamina*

Garbiàri, vedi aggarbàri

Garbizzàri, vedi 'ngarbizzàri

Gàrbu, s. m. *leggiadrìa, garbo;*

presso gli artisti vale *ordine, simmetria*; agg. omu di garbu, vale *buono, di garbo*

Gàrbula, s. f. cerchio di asse sottile, che serve a far cerchi di cristalli, tamburi e simili, *cassino*

Gargariggiàri, v.n. *gorgheggiare*

Gargariggiu, s. m. *gorgheggio*

Gargarisimu, s. m. liquido con miscela di sostanze che s'adopera per sciacquare la bocca, la gola o l'ugola, *gargarismo*; per l'atto stesso dello sciacquare, *gargarismo*

Gargarizzàri, v. n. far che un liquido gorgogli o ribolla in gola *gargarizzare*

Gàrgia, s. f. *gavigna*; per *fauce*; gargia di pisci, *branchia, gargia*; farisi li gargi tanti, vale *ingrassarsi*; fari tanti di gargi, vale *schiaffeggiare*

Gargïàri, e deriv. vedi sgargïàri

Gargiàta, vedi sucuzzùni

Gargiàzza, vedi gargiàta

Gargiòla, vedi gàggia

Gargiùbbula, s. f. *prigione, carcere*

Gargiuliàri, v. n. avere stimolo di dire alcuna cosa

Gargiùni, vedi gargiàta

Gargiùtu, agg. *grassoccio*

Garìddu, s. m. noccioletti che sono appiccati sotto la lingua, *gangola*; scippàri li garìddi, vale *disgolettare*

Garìfu, s. m. erbetta che nasce ne' prati alle prime piogge, *còttca*

Garìtta, vedi gallìtta

Garòfalu, vedi galòfaru

Gàrra, s. f. quella parte della

polpa delle gambe che si congiunge al calcagno, *garetto*; met. per uomo dappoco, *scimunito*

Garràffa, s. f. vaso di vetro, *guastada, carraffa*

Garraffèddu, s. m. fonte pubblico nel quartiere della Loggia in Palermo

Garrèsi, s. m. parte del corpo del cavallo, *garrese*

Garriàri, v. n. indiscreto ruzzare

Garrïàta, s. f. ruzzo nojoso

Garrùni, vedi gàrra

Garrusaria, s. f. azione da bardassa

Garrùsu, s.m. *zanzero, bardassa*; per bardàscia, vedi

Garruttuniàri, v. a. *vagabondare*, andare a zonzo

Garùfu, s. m. pianta, *asfodelo*

Gàrzu, s. m. *drudo, garzo*

Garzùni, s. m. *garzone*

Gasèna, s. f. scaffale o scansia incavata nel muro, *scanceria*

Gàspa, s. f. fornimento dell'estremità del fodero della spada, *ghiera*

Gàspu, s. m. vinaccia ammonticchiata nel tino e premuta per farvi colare il mosto

Gàssa, s. f. apertura fatta sul corpo di un animale per ferita o percossa, *sfenditura*

Gassina, s. f. tessuto di giunchi o canne palustri per giacervi sopra, appoggiarvi i piedi ec. *stoja, stuora*

Gassinàru, s. m. chi costruisce le stoje

Gastìma, s. f. *maledizione, imprecazione*

Gastimàri, v. n. *maledire, imprecare*

Gastimàtu, agg. *maledetto*

Gastimatùri , s. m. *imprecatore*

Gàtta, s. f. la femina del gatto, *gatta*

Gattalòru, s.m. buco fatto nelle imposte per farvi passare i gatti, *gattajuola, gattaja*

Gattarèdda, dim. di gàtta, *gattuccia*; è così anche chiamato un pesce marino, *gattuccio*

Gattarèddi, s. f. suono dell' arteria negli asmatici; per lagrime ; per le pannocchie di alcune erbe spontanee

Gattarèddu, dim. di gàttu, *gattuccio*

Gattarunèddu, dim. di gattarùni, *gattolino*

Gattiàri, v.n. l'amoreggiar delle gatte; detto degli uomini, *andar in gattesco*

Gattifilippi , s. m. plur. *lezi, moine*

Gattigghiamèntu, s.m. *solletico, dileticamento*

Gattigghiàri , v. a. *solleticare, aggrattigliare* ; met. *gioire , gongolare*

Gattigghiàta , vedi gattigghiamèntu

Gattigghiu, vedi sgattigghiu

Gattignu, agg. *gattesco*

Gattò, s. m. specie di vivanda ov' entrano uova dibattute, strutto, cacio e simili

Gàttu, s. m. *gatto*; fari la gatta mòrta, vale far le viste di non vedere; figghiàu la gatta e fici un sùrci, vale fare un grau chiasso per cosa da nulla; a malu postu cani e gatti, si dice di cosa mal custodita; sapirilu o avirilu li cani e li gatti, vale esser comune a tutti; fari la minèstra pri li gatti, vale affaticarsi invano per altrui; un granu di primùni a centu gatti, vale dividere a molti ciò che appena può bastare a pochi ; quattru gatti, vale poca gente; stari comu la gatta cu lu culu àrsu, vedi cùlu

Gattumamùni, s. m. specie di scimmia, *gattomamone*; met. per uomo burbero

Gattùni, s. m. accr. di gàttu, *gattone*; mensola o peduccio che sostiene i terrazzini, corridoi, sporti ec. *beccatello*

Gattu pàrdu, s. m. specie di quadrupede molto feroce che vive in Africa, *gattopardo*

Gaudibìlia, s. f. *allegrezza, galloria*

Gàudiu, s. m. *allegrezza, gaudio*

Gàvita , s. f. volta di forma concava

Gavitàri, v. n. *risparmiare*; per custodir l'erba delle pasture, serbandola a miglior uso

Gàvitu, s. m. erba custodita per pastura a certo tempo

Gazzèlu, s. m. animale, *gazzella*

Gàzzu, agg. di corta vista, *balusante*

Gèbbia, s. f. ricetto d'acqua, *vivajo*

Gelàri, v. n. *gelare*; per *allibbire*

Gelàtu, s. m. liquore dolce congelato , che si prende per rinfresco , *sorbetto*; agg. *gelato*

Gèlu, vedi jèlu

Gelsumìnu, vedi gesuminu

Gemèllu, vedi jèmmulu

Gèmma, s. f. nome di cristalli lapidei che han gran pregio, *gemma*

Gèneru, vedi jènnaru

Geniàli, agg. *geniale*; per *simpatico*

Geniàzzu, vedi giniàzzu

Gèniu, s. m. *affetto, genio, simpatia, piacere*; per figure di fanciulli alati; per un corpo facoltativo nelle truppe

Gènti, s. f. moltitudine d'uomini, *gente*; boni gènti, parlando di persone indicativamente, vale *dabbene*; li mei genti, vale i miei parenti

Gentildònna, s.f. donna di mezzana condizione

Gentilizza, s. f. *leggiadria, gentilezza*

Gentilòmu, s. m. tra nobile e plebeo; con l'agg. di càmmara, *ciamberlano*

Gèrbu, agg. di terreno incolto; detto di frutto, vale *acerbo, afro*

Gèrgu, s. m. parlare oscuro con significati metaforici, *gergo*

Germànu, vedi jirmànu; per un nome generico di uccelli di palude; agg. a fratello vale carnale, *germano*

Germògghiu, s. m. *germoglio*

Geseccammarìa, int. che vale qua è Gesù e Maria

Gesiminu, s. m. pianta che porta fiorellini bianchi ed odoriferi, *gelsomino*

Gesolfaùt, s. m. una delle note della musica, *sol*

Gestili, s. m. *gesto*

Gesumìnu, vedi gesiminu

Ghirmitu, vedi jirmitu

Ghiàngula, s. f. nodo fermato da molti filamenti nervosi, *ganglio*

Ghianguliàri, vedi divoràri

Ghiangulùni, s. m. noccioletti o glandule sotto la lingua, *gangola*

Ghiangulùsu, agg. *gangoloso*

Ghiànnara, vedi agghiànnara

Ghiàra, vedi agghiàra

Ghiarìgnu, agg. *ghiaioso*

Ghicàri, vedi arrivàri; per *piegare*

Ghièffa s. f. strumento di legno che serve in sul basto al trasporto del fieno od altre biade sul dorso delle bestie da soma

Ghìmmisi, modo avv. *davvantaggio*

Ghiòmmaru, s. m. palla di filo ravvolto, *gomitolo*; per *isproposito*; per peso agl'intestini

Ghiòtta, vedi agghiòtta

Ghìru, s. m. animale simile al topo, *ghiro*

Ghirùni, s. m. giunta ai lati delle camice ed alle falde del vestito che rimane dentro la piega, *gherone*

Ghiummalòru, s. m. arnese di fil di ferro, di figura rotonda che ha alle punte del sughero, che serve a contenere il luminello per le lampade

Ghiummarèddu, s. m. dim. di ghiòmmaru

Ghiummariàri, vedi agghiummariàri

Ghiummarùni, s. m. accr. di ghiòmmaru

Ghiummìni, s. m. plur. legnetti

da avvolger refe, seta e si-mili, *piombini*

Giàcca, vedi ciliccùni

Giacchè, s. m. storpiatura di lacchè, *servo, fante*

Giacchèttu, s. m. sorta di giuoco che si fa con dadi e piastrelle di legno che situansi di fianco ad un cassettone segnato alla parte di dentro a più colori

Giacchètta, dim. di giàcca, vedi

Giacchì, avv. *giacchè*

Giacchiòttu, dim. di giacchè

Giacchittèdda, dim. di giacchètta, vedi

Giàccu, s. m. arme fatta di fil di ferro, *giaco*; per giàcca, vedi

Giaculatòria, s. f. breve orazione, *giaculatoria*; per ripetizione di ciò che ammonisca, o non piaccia

Giài, s. m. uccello, *ghiandaja*

Giàjulu, s. m. sorta d'uccello

Giallòngu, vedi lungàzzu

Giammillòttu, vedi gammillòttu

Giammèrga, s. f. abito che termina con due falde che pendono giù alla parte di dietro

Giammirghìnu, s. m. *giubboncino, farsettino, panciotto*

Giannèttu, s. m. cavallo corridore, *barbero*; per *crivello*

Giarnarùsu, agg. *gialliccio*

Giarnàzzu, agg. alquanto giallo

Giarniàri, vedi aggiarniàri

Giarnizza, s. f. *giallezza*

Giàrnu, agg. *giallo*; per *pallido*

Giarnulìnu, s. m. color giallo di Fiandra, *giallorino*

Giarnùmi, s. f. *giallume*

Giarnùsu, agg. *gialliccio*; per *pallido*

Giàrra, s. f. vaso di terra da olio, *coppo*; per conserva di acqua, *conserva*; per vasetto ove condensansi i sorbetti, *giara*; dai fontanieri intendonsi i fabbricati ove fan capo le acque per via di doccionati, *ricetto d'acque*

Giarràffa, s. f. sorta d'oliva

Giarritèdda e giarrètta, s. f. dim. di giàrra, *giaretta*

Gibbièdda e gibbiòttà, dim. di gèbbia

Gibbiùni, s. m. ricettacolo di acqua, *vasca*; per pila grande da lavarvi i panni, *lavatojo*

Gigghiu, s. m. pianta, *giglio*; per *ciglio*; guardàri cu l'occhi e li gigghia, vale *accuratamente*; fina 'ntra li gigghia, *a più non posso*; per *pollone, rampollo*

Gigghiàri, vedi aggigghiàri

Gigghicèddu, dim. di gigghiu, *giglietto*

Gigghiùtu, agg. di grosse ciglia

Gilàri, vedi jilàri

Gilatìna, vedi jilatina

Gilèccu, s. m. *farsetto*

Gilèppu, vedi cilèppu

Gilusìa, s. f. *gelosia*; per l'ingraticolato delle finestre, *gelosia*; è anche una pianta detta amaràato variato

Gilusiàrisi, v.n. pass. *ingelosirsi, insospettirsi*

Gilùsu, agg. *geloso, sollecito, pauroso*

Ginèstru, vedi jinèstru

Ginìa, vedi jinia

Giniàli, vedi geniàli

Giniàzzu, s. m. cattivo genio, *geniaccio*

Ginisi, s. m. polvere di carbone o carbon minuto, *carbonigia*; ginisi di forgia, *brasca*

Ginòcchiu, vedi dinòcchiu

Gintarèddi, s. m. plur. *marmaglia*, *genterella*

Ginticèddu, vedi gintarèddi

Gintùzzi, vedi gintarèddi

Ginucchiàrisi, vedi addinucchiàrisi

Ginuisàtu, s. m. spazio di terra coltivata ad ortaggio, *orto*

Giògghiu, s. m. pianta *loglio*

Giòja, s. f. *allegrezza*; per cosa cara; pietra preziosa

Giòppu, s. m. pianta che ha le coccole dure, e di cui si fan corone, *lacrima di Giobbe*

Giornàli, s. m. *giornale*

Giòrnu, vedi jòrnu

Gira, s. f. pianta, *bietola*, *barbabietola*; per poliza o scrittura per la quale il danaro si gira ad altri

Giràniu, s. m. pianta, *geranio*

Girànnula, s. f. ruota composta di fuochi lavorati, *girandola*

Giràri e giriàri, v. a. e n. *girare*; per *girondare*, *volgere*, *raggirare*, *viaggiare*

Girarrùstu, s. m. arnese per girar lo spiedo e muover l'arrosto, *girarrosto*

Girasùli, s. m. pianta, *elitropia*

Giràta, s. f. il girare, *girata*

Giràtu, vedi firriàtu

Giravòta, s. f. *giravolta*

Girialèttu, vedi turnialèttu

Girialòru, vedi firrialòru

Giriamèntu, s. m. *giramento*, *capogiro*

Giriasùli, vedi girasùli

Giriàta, vedi giràta; di quasètta è il lavoro che si fa per tutta la larghezza della calza

Giriatùri, s. m. *giratore*

Giricèddu, s. m. dim. di giru

Girichiànu, s. m. strisce d'alluda o bazzana che i calzolai mettono attorno alle scarpe per render solida la solettatura, *formanze*

Giriu, vedi firriu

Girlànna, vedi giurrànna

Girmugghiàri, v. n. *germogliare*

Giru, vedi giriu

Gisèri, s. f. *ventriglio*

Gìstra, s. f. *cesta*

Gistricèdda e gistritèdda, dim. di gistra, *cestella*

Gistrùna, accr. di gistra, *cestone*

Gistrùni, s. m. letticciuolo di vimini per coricare i bambini, *culla*

Giùbba, s. f. chioma folta che copre il collo del leone, del cavallo ec. *giubba*; per veste che anticamente teneasi di sotto, *giubba*

Giubbilèu, s. m. piena remissione di tutti i peccati, conceduta dal Sommo Pontefice, *giubbileo*

Giùccu, s. m. asta che ponsi nelle gabbie o ne' pollai orizzontalmente per comodo dei polli o degli uccelli che voglionsi appollajare, *regolo*

Giùdici, vedi jùdici

Giudìziu, s. m. *giudizio*, *senno*; per *lite*, *opinione*, *parere*; giudìziu universàli, è il finale giudizio in cui Dio giudicherà i vivi e i morti

Giudiziùsu, agg. *sensato, saggio, giudizioso*

Giuèllu, s. m. dim. di gìòja, ornamento di gioje o altro oggetto prezioso, *giojello*

Giugàli, s. m. plur. quantità di gioje, *gioje*

Giuggiàna, vedi acqua giuggiàna

Giuggiulèna, s. f. pianta, *sesamo, giuggiolena*

Giugghiulìnu, s. m. sorta di loglio per ingrassare i cavalli

Giùgiula, vedi ddìsa

Giugnèttu, vedi lùgliu

Giùgnu, s. m. nome del sesto mese dell'anno secondo il calendario romano, *giugno*

Giùgu, vedi jùvu

Giuillèri, s. m. *orefice, giojelliere*

Giujèllu, vedi giuèllu

Giujiri, v. n. *gioire*

Giuittu, s. m. bitume nero, *giajetto*

Giuliànà, s. f. indice delle scritture, *compendio, sunto, indice*

Giummàra, s. f. foglie di cefaglione per farne scope o cordicelle; vedi ciafagghiùni

Giummitèddu, dim. di giùmmu, *fiocchetto, nappetta*

Giùmmu, s. m. *fiocco, nappa*

Giummu di rigìna, s. m. pianta di ornamento che porta fiori porporini e giallognoli

Giummùni, s. m. accr. di giùmmu

Giunchigghiu, s. m. pianta, *giunghiglia*

Giuràna, s. f. animale anfibio, *rana*, vedi pisicantànnu; lu

cantàri di la giuràna, *gracidare*

Giuranèdda, dim. di giuràna, *ranuzza*

Giuraniàri, v. n. il continuo bagnarsi e guazzar nell'acqua a guisa di rana

Giuràri, vedi juràri

Giurlànna, vedi giurrànna

Giurrànna, s. f. *ghirlanda, serto*

Giustalìsa, s. f. sorta di grano, *calvello*

Giustèru, agg. *giusto*

Giustìzia, s. f. *giustizia*

Giustiziàri, v. a. *giustiziare*

Giustizièri, s.m. *carnefice, boja*; per un magistrato, vedi capitànu

Giùstra, s. f. *torneo, giostra*

Giùstu, s. m. *giustizia, equità*; agg. *giusto*; campàri giùstu giùstu, vale vivere un po' strettamente; èssiri giùstu, iron. *monello*; giùstu giùstu, avv. vale *appunto, accidentalmente*

Giuvàri, v. a. far utile, *giovare, favorire*

Giùvina, s. f. e agg. *giovine*

Giuvinàzzu, s. m. *giovinaccio*; vale anche persona matura ma non vecchia

Giùvini, s. m. e agg. *giovane*; per *garzone*

Glòria, s. f. fama, celebrità, vita eterna, *gloria*

Gloriapàtri, s. m. orazione che si fa al Signore per glorificarlo; per globetto fra' più grossi del rosario; vèniri di lu gloriapàtri, vale *inaspettatamente*

Gloriàrisi, v. n. pass. *gloriarsi, millantarsi*

Gnàcchiti, inter. usata per negazione

Gnafaliu, s. m. erba, vedi euruna di mònacu

Gnàppiti gnàppiti, posto avv. vale camminare con lentezza

Gnàu, voce de' gatti, *gnao*; gnàu babbàu, luogo imaginario

Gnàfu, agg. *disutilaccio*

Gnignalì, s. m. feto di animale vaccino o porcino, *feto*

Gnignàtia, s. f. *cianciafruscola*

Gnignu, agg. *crespo, inanellato, ricciuto*; capìddi gnìgni, vale *capelli crespi*

Gnignauli, vedi gnìgni

Gnignuliàri, v. a. *accarezzare, palpeggiare*

Gnissamèntu, s. m. *ingessatura*

Gnissàri, v. a. dar di gesso, *ingessare*

Gnissatùri, s. m. colui che ingessa

Gnòcculu, s. m. specie di pastume che si lavora colle mani, *gnocco*; sta per uomo goffo, *gnocco*; per ciocca di capelli, *cerfuglio*; per fava bollita

Gnògnu, agg. *ignorante, gnorri*; per *astuto*

Gnucchittu, s. m. dim. di gnòcculu; per uomo sempliciatto, *bescio*

Gnucculàru, s. m. facitor di gnocchi

Gnucculiàri, v. a. e n. *ingojare*; per *appropriarsi*

Gnucculiatùri, s. m. *ghiottone*

Gnucculùni, s. m. accr. di gnòcculu, *gnoccone*

Gnuranò, voce composta, e vale *signor no*

Gnurànti, agg. *ignorante*

Gnurantunàzzu, agg. pegg. di gnurànti, *ignorantaccio*

Gnurànza, s. f. *ignoranza*

Gnurasì, voce composta da gnuri e sì, e vale *signor sì*

Gnùri, agg. sincopato da signùri; ma propr. vale *cocchiere*

Gnurnò e gnursì, sincope di gnuranò e gnurasì

Gnùsu, avv. *giuso, all'ingiù*

Gnùttica, s. f. *piega*; cu la gnùttica, avv. vale *davvantaggio*

Gnutticàri, v. a. piegare, raddoppiare panni, drappi, carta e simili, *dobblare*

Gnutticatùra, s. f. il raddoppiare panni, drappi ec; per copertura, *addoppiatura*

Godiri, v. n. *godere*

Gòffu, s. m. giuoco di carte simile alla primiera, *goffi*; agg. *sciocco, scimunito, goffo*

Gòrgia, s. f. canna della gola, *gorgia*; dal volgo chiamasi gorgia un giuoco che si fa gettando per aria un oggetto mangiabile, come fico, ficodindia o altro, affinchè nel cadere entri nella bocca

Gòttu, s. m. specie di bicchiere, *gotto*; per misura del liquido che entri nel gotto

Gràcili, agg. *magro, sottile, gracile*

Gràda, s. f. inferriata posta alle finestre e simili a guisa di graticola, *grata*

Gradètta, s. f. graticola di fornello; sta anche pel primo ordine di palchi nel Teatro; pel finestrino del confessionale, *graticcia*

Gradigghia, s. f. strumento da cucina simile ad un telajetto ingraticolato, sul quale si arrostiscono carne, pesce e simili, *gratella, graticola*

Gradigghiata, vedi 'ngradigghiata

Gradìri, v. a. *aggradire, gradire*

Gràdu, s. m. *dignità, stato, grado*

Gradùni, accr. di gràda; per quell'inferriata che ponsi davanti i portoni, l'entrate ec.

Gràffa, s. f. strumento di ferro adunco, *graffio, raffio*

Gramàgghia, s.f. abito lugubre, *gramaglia*; met. detto a persona, vale *inetto, dappoco, pigro*

Gramagghiàzza, accr. di gramagghia

Gràna, s. f. scabrosità nella superficie di un corpo, *grana*; per danari; per granello di orzo, frumento ec. *granello*

Granàta, s. f. bomba di fuoco da tirarsi con mani, *granata*

Granatèra, s. f. lo sparato dei calzoni o apertura verticale che affibbiasi con bottoni; vedi 'nnàppa

Granatèri, s. m. soldato che scaglia granate, *granatiere*

Granatìnu, agg. di colore simile al frutto del melograno; sta anche per un giojello di tal colore

Granàtu, s. m. pianta, *granato, melograno*; e il frutto è detto *melagrana e melagranata*

Grancàscia, s. f. strumento musicale fatto d'una cassa cilindrica di legno, chiusa a' due capi da due pelli, la superiore delle quali viene battuta con bacchetta armata all'estremità da una bonciana, *tamburo, catuba*

Grànciu, s. m. sorta di pesce, *granchio;* fari lu grànciu, carpire

Granciùdda, s. f. specie di testaceo della famiglia de'granchi

Granciufuddùni, s. m. crostaceo marino, *granciporro*; met. grande errore

Grànciuliamèntu, s. m. *titillamento*

Granciuliàri, v. n. e a. *titillare, pizzicare, rubacchiare*

Gràncu, s. m. contrazione di muscoli, *granchio*

Granèlli, s. m. plur. *testicoli, granelli*; per piccole particelle di ghiaccio

Grànfa, s. f. zampa degli uccelli di rapina, *branca*; avìri 'ntra li granfi, vale avere in potere; granfi di màtri, si dice degli effetti isterici; di pùrpu, *ricciolino*

Granfàta, s. f. *manata, brancata*; per *graffiamento*

Granfiàri, v. a. *aggrampare* l'erba

Granfùdda, dim. di grànfa

Granfuliùni, s. m. il dar di mano alle cose senza ritegno

Graniamèntu, s. m. *guadagnetto*

Graniàri, v. a. il vendere a minuto delle merci

Granicèddu, dim. di grànu

Granìtu, s. m. sorta di marmo, *granito*

Grannàzzu, pegg. di grànni, *grandaccio*

Grànni, agg. *grande*; per **somo** facoltoso, sapiente ec; per *vecchio*

Granniùsu, agg. *grandioso*

Grannìzza, s. f. *grandezza*

Grànnula, s. f. *grandine*, *gragnuola*; per *glandula*

Grannuliàri, v. a. *grandinare*

Grannuliàta, s. f. *grandinata*

Grannulìcchia, dim. di grànnula, *glanduletta*

Grannùzzu, dim. di grànni, *grandetto*

Grànu, s. m. piccola moneta di rame, la ventesima parte del tarì; la cinquantesima parte dell'oncia (peso); per frumento, *grano*

Granùzzu, dim. di grànu; può intendersi anche in plur. per poco danaro

Grapìri, v. a. *aprire*

Gràscia, s. f. *untume, sudiciume*

Grasciùra, s. f. *letame*

Grassìzza, s. f. *grassezza*

Grassòtta, s. f. uccello, *nitticora, duco*

Gràssu, s. m. *grasso*; per càmmaru, vedi; per lo sterco delle pecore e delle capre, *pillaccola*; per *letame*; agg. *grasso*; grassu fràdiciu, vale grasso bracato; un'ura grassa, vale un'ora e più; jòvidi grassu, l'ultimo giovedì del carnevale, *berlingaccio*; parràri di grassu, vale parlare oscenamente

Grassùdda, vedi jòsciamu

Gràsta, s. f. testo da pianterelle, *grasta, testo*

Grastùdda o grasticèdda, dim. di gràsta; sunàri li grastùddi, vale *beffare*

Grastùni, accr. di gràsta

Grattacùlu, s. m. specie di pruno, *spin cervino*

Grattalòra, s. f. arnese di ferro per isbriciolare stropicciando, *grattuggia*; facci di grattalòra, vale *faccia butterata*

Grattàri, v. a. *grattare, fregare*; per *grattuggiare*

Grattàta, s. f. *grattatura*

Grattàtu, agg. *grattuggiato*

Gràttula, s. f. frutto del dattero, *dattero*

Gràttulu, s. m. nell'uso comune s'intende per primato, prelazione; avìri lu gràttulu, vale esser prediletto, *essere il cucco*

Grattuniàrisi, vedi grattàri

Gravàri, v. n. *gravare, aggravare, dispiacere*

Gràvia, s. f. arnese col quale tengonsi sospesi in aria gli oggetti, onde bilanciarsi con la stadera

Gravitànza, s. f. *gravidanza, gravidezza*

Gravùri, s. m. struggimento continuo d'andare del corpo, accompagnato da mucosità o da sangue, *tenesmo*; pigghiàri na cosa a gravùri, vale prenderne *interesse*

Gravusèddu, dim. di gravùsu, *gravetto*

Gravùsu, agg. *grave, pesante*; per *nojoso*

Gràzia, s. f. *bellezza, avvenenza, grazia*; per *benevolenza, favore*

Grazièdda, s. f. dim. di grazia, *grazietta*; per *leggiadria, avvenenza*

Graziùsu, agg. che ha avvenenza, *grazioso*; per *gradito, lepido*

Graziusùni, acer. di graziùsu, *graziosissimo*

Grèca, s. f. sorta d'uva, di cui v'è la nera e la bianca; la prima chiamasi *Leatico*, la seconda *Trebbiano di Spagna*; vinu di greca, *greco*; per una specie di ricamo

Grècu, s. m. vento che soffia tra levante e tramontana; a la greca gricària, vedi

Grèggi, s. m. quantità di bestiame, *gregge, greggia*

Grègna, s. f. fascio di biade secche formato da covoni, *gregna*; gregna di cavàddu, *crine*; fari li gregni, *accovonare*; mèttiri li grègni 'ntra l'aria, *inajare*

Grèja, vedi grèggi

Grèvia, s. f. *mattalento, intolleranza*

Grèviu, agg. *sgraziato*; di sapore *scipito, insipido*; per colui che dice delle freddure, *freddurajo*

Grèzzu, agg. di metalli, pietre preziose, e vale rozzo, non lavorato, *greggio, grezzo*

Gricalàta, s. f. il soffiar del vento greco

Gricàli, vedi gricalàta

Griciu, agg. *bigio, grigio*; parràri griciu, vale *grave, sostenuto*

Gridàri, v. n. *gridare*; per *garrire, riprendere*; di li vudèdda, *gorgogliare*; di lu ventu, *frullare*; di li zappagghiùni, *zufolare*; di la pignata, *grillettare*; detto di colore vale esser vivace

Gridazzàru, s. m. *gridatore*

Grìddu, s. m. insetto, *grillo*;

nell'armi da fuoco è quel ferretto che muove il fucile, *grilletto*

Gridduliàri, v. n. *stridere*

Grìdu, s. m. *grido*

Grìgna, vedi grègna

Grìmu, agg. *grinzo, grimo*

Grìppa, s. f. infiammazione della membrana muccosa e delle vie della respirazione

Grivìanza, s. f. *scipidezza*; per *schifiltà, ritrosia*

Griviulìddu, dim. di grèviu

Griviusùni, acer. di griviùsu, *insipidissimo*

Gròi, s. m. e f. uccello, *gru, grue*

Gròssu, s. m. e agg. *grosso*; per grande, popoloso, gonfio; grossu ammàtula, *disutilaccio*; divintàri grossu, *traricchire*; cosi grossi, cose di gran momento; sintìrisi di li grossi, vale fare il gradasso; vèniri a li grossi, *tenzonare, bisticciarsi*

Gruliùsu, agg. pien di gloria, *inclito, lodato, giojoso, gagliardo*

Grùncu, s. m. pesce noto, simile all'anguilla, *grongo*

Grùnna, s. f. *broncio, cruccio*; mittìrisi cu la grùnna, vale *prendere il broncio*

Grunnàri, v. n. *colare, grondare*

Grùppa, s. f. *groppa*; nun purtàri 'ngrùppa, vale non soffrire

Gruppèra, s. f. cuojo attaccato con una fibbia alla sella che va dalla groppa alla coda, *groppiera*

Gruppiàta, s. f. voce del volgo,

ed indica un'azione indegna di persona ben nata, *monelleria*

Gruppiddu , dim. di gruppu, *gruppetto*

Gruppu, s. m. *gruppo*; per persone affollate, *pressa*; per nodo alla gola; per involto o sacchetto pien di monete , *gruzzolo*; per volontà di piangere; gruppu di sita, *brocco*; per *nodo, nocchio*; è anche detto così la parte migliore della meli d'apa, vedi meli

Gruppùsu, agg. *nodoso*; detto di seta, *broccoso*

Grussàli, agg. *grosso, materiale, grossiere*

Grussizza, s. f. *grossezza*

Grussulànu, agg. *rozzo, grossolano*

Grussuliddu, agg. dim. di grossu, *grossetto*; per *adulto*

Grutta, s. f. *grotta*

Gruttùni, accr. di grutta, *grottone*

Guadagnàri, v. a. *guadagnare*

Guadàgnu, s. m. *guadagno*

Guàddara, s. f. malattia in che gl'intestini cascano nella bòrsa, *crepatura*; supra guàddara cravùnchiu, male sopravvenuto ad altro preesistente ; 'nguèntu di la guàddara, vale rimedio inefficace

Guaddarùsu, agg. *crepato*

Guàdu, s. m. pianta, *guado*

Guagghiàrdu, agg. *robusto, forte, gagliardo, accorto, sagace, sollecito*; detto del vino, vale *spiritoso*

Guajàssa , s. f. donna molto grassa, *ciccantona*

Guaina, s. f. *guscio, baccello*; per strumento di cuoio nel quale conservansi ferri da tagliare, *guaina*; per una costura che si fa nelle vesti, gonnelle ed altro per farvi passare lacci, nastri, ec.

Guàju, s. m. *guajo, disgrazia*; li guai di la pignata li sapi la cucchiàra chi l'arrimina, vale che i mali non possono conoscersi se non da colui che li soffre; guai e tacchi d'ogghiu, vale pericoli; li guai di lu linu , vale averne grandissimi

Gualignu, agg. *eguale*

Guapparia, vedi vapparia

Guàppu, vedi vàppu

Guàrda guàrda , int. *Dio non voglia!*

Guardabòscu, s. m. *guardaboschi*

Guardafrènu , s. m. sorta di spada

Guardamagasènu, s. m. *guardamagazzini*

Guardamànu , s. m. pezzo di metallo a foggia d'arco posto nel fucile o nella spada, che ponesi a guardia della mano, *guardamano, elsa*

Guardanàtichi, s. m. detto scherzevolmente, vale piccolo lacchè

Guardapiàttu, s. m. arnese da custodire i cibi che stan sui piatti, *guardavivande*

Guardapòrta, vedi guardapurtùni

Guardapòstu, s. m. chi sovrintende alla custodia de' posti, *guardaposti*

Guardapurtùni, s. m. chi è messo alla custodia de' palagi, *guardaportone*

Guardàri, v. a. *guardare, custo-*

dire; per *liberare, spalleggiare, proteggere*

Guardarnèsi, s. m. stanza per custodire i fornimenti da cocchio

Guardarròbba, s. m. stanza o armadio dove conservansi gli abiti, *guardaroba*; per chi custodisce il guardaroba, *guardaroba*

Guardaspàddi, s. m. vestimento che copre le spalle, *spallino*

Guardàta, s. f. *guardatura*

Guardàtu, agg. *guardato, custodito*

Guardatùra, vedi guardàta

Guàrdia, s. f. *guardia*; per *elsa*; per *branco, turma*; per *sentinella*

Guardiànu, s. m. *guardiano*; vedi purtàru; guardiànu di campi, *agrofilace, campajo*; per capo di un convento di frati, *guardiano*

Guardiòla, s. f. casamento destinato per abitarvi soldati addetti alla guardia, *corpo di guardia*

Guariri, v. a. *risanare, guarire*; per *godere*

Guarnàccia, s. f. specie d'uva bianca, *vernaccia*; pel vino di detta uva, *vernaccia*

Guarnamintàru, s. m. *valigiajo*

Guarnizioni o guarnitùra, s. f. *guernigione*; per *frangia*

Guarniri, v. a. *guernire*, ornare

Guarnitùra, s. f. *fornitura, fregio, guarnitura*; per intingoli accessori che si mettono nelle vivande

Guarnùtu, agg. *guernito*

Guarùtu, agg. *guarito, risanato, goduto*

Guarrèttu, s. m. ferro che tiene fermo il legno sul banco ove si lavora, *barletto, granchio*

Guastajòcu, s. m. *guastafeste*

Guastàri, v. a. *sconciare, guastare, corrompersi*, disturbare un'opera; *zùccaru nun guasta bivànna*, vedi zùccaru

Guastatùri, s. m. *guastatore*; per soldato addetto a scavar trincee, fossi ec. *guastatore*

Guastèdda, s. f. pane soffice e molle che si mangia riempiendolo nel mezzo di carne insalata, o fritta, cacio, ricotta ec. *focaccia*

Guastiddàru, s. m. venditor di focacce calde

Guastiddùni, s. m. pane di forma rotonda e ben grande; per uomo di volto paffuto

Guastiddùzza, s. f. dim. di guastèdda; per *frittella*

Guàttaru, vedi sguàttaru

Guazzèttu, vedi sguazzèttu

Guccèri, vedi vuccèri

Gucciria, vedi vucciria

Gucciàrdu, agg. di colore degli animali da soma, *grigio*

Gucciddàtu, s. m. pane lavorato in forma di corona, *bocellato*

Gùcciula, vedi slizza

Gudìri, vedi godìri

Guèrciu, agg. *guercio*

Guèrra, s. f. *guerra*; per contrasto, travaglio, litigio

Gùfu, s. m. uccello notturno, *gufo*

Gùgghia, vedi agùgghia

Gugghiàta, s. f. quantità di refe, seta ec. che si mette all'ago

per cueire, *gugliola, agugliata*;
per *pungolo*

Gugghièra, vedi agugghèra

Gugghiòla, s. f. strumento di
metallo biforcato alle due e-
stremità ove si avvolge il
refe o altro filo per tesser
reti; per agugghiòla vedi

Gugghittèdda , vedi magghit-
tèdda

Guidàri, v. a. *guidare , scor-
tare*

Guillottina, s. f. ordegno per
decapitare, inventato in Fran-
cia; la voce è stata da taluni
scrittori resa italiana col
nome di *ghigliottina* (neolo-
gismo)

Guisina , s. f. sorta di serpe
lunga; per uomo stecchito

Gùla, s. f. *gola*; per *desiderio,
ghiottoneria, golosità*; per lo
stretto delle montagne, *forra,
gola*; per la pelle pendente
dal collo a' buoi, *giogaja, pa-
gliolaja*

Gularia, s. f. *golosità*

Gulàru, s. m. pianta detta an-
che erva di porcu, *piè vitellino
senza macchie*

Gulèra, s.f. *monile, collana*

Gulètta, s. f. piccolo navilio

Gùlfu, s. m. seno di mare, *golfo*

Gullàri, v. n. pascer la gola
mangiando cose ghiotte, *den-
tecchiare*

Gullàta, s. f. l'atto del gullàri

Gulìdda, s. f. parte dell' aratro
ove s'incastra il timone

Gulìgghia, s. f. quella parte del
vestito del dosso che cuopre
il dosso, *goletta*

Gulìzia, s. f. *attrattiva, blandi-
mento*

Gulpigghiùni, vedi gurpigghiù-
ni

Gulùtu, agg. *ghiotto, goloso*

Gùmina, s. f. *gomena*

Gùmma, s. f. *gomma*, succo vi-
schioso di varie piante; quel-
lo delle piante drupacee chia-
masi *orichicco*; gumma elà-
stica , produzione vegetale
posta ad esiccazione; gum-
magùtti, gomma resina per
colorire in giallo , *gomma-
gutte*; gummaràbica, gomma
dell'albero acacia che è nel-
l' Arabia; gùmmi finalmente
chiamansi taluni tumoretti
sifilitici, *gomma*

Gummùsu, agg. *gommoso*

Gùnnula, s. f. *gondola*

Gùrfu, vedi gùlfu

Gurgàna o gargàna, s.f. uccello,
averla maggiore, velia

Gurgàta, s. f. colta o raccolta
d'acqua per far agire i muli-
ni, *raccolta*

Gurgiàta, s. f. quantità di ma-
teria liquida che si può man-
dar fuori in un tratto dalla
gorgia

Gurgiòlu, s. m. vasetto di terra
dove fondonsi i metalli, *cro-
giuolo*; èssiri o mèttiri 'ntra
un gurgiòlu, vale essere o
porre in angustie o trattar
altrui con asprezza

Gurgiùmi , s. m. pesce noto ,
ghiozzo

Gurgugghiàri, v. n. *gorgogliare*

Gurpagghiùni, s. m. *volpicino*

Gùrpi, s. f. animale quadrupede,
volpe; met. si dice anche di
uomo astuto

Gurpignu, agg. di gùrpi, *volpi-
gno*

Gustàri, v. a. vedi tastàri; per *apprendere*, *discernere*, *assaporare*, *provare*, *sperimentare*, *piacere*, *dar gusto*, *comprendere*

Gùstu, s. m. *gusto*; per *diletto*, *piacere*

Gustùsu, agg. *gustoso*; serve anche ad esprimere la giusta misura del sale in una vivanda

Gùtta, s. f. infiammazione nelle giunture dei piedi o delle mani, *gotta*; guttasirèna, malattia agli occhi, *amaurosi*

Guttàru, vedi vuttàru

Guttèna, s. f. *stillicidio* , *gocciola*

Gùtti, vedi vùtti

Guttùmi, s. m. *afflizione*, *duolo interno*

Guttùsu, agg. *gottoso*; a terreno vale *paludoso*

Guvèrnu, s. m. *governo*

Guvirnàri, v. a. *governare*; per *conservare*, *curare*, *regolare*, *condurre*, *reggere*

Guvitàta, s. f. percossa col gomito, *gomitata*

Guvitèddu, dim. di gùvitu; di la razza di li guvitèdda, vale *pigmeo* ; guvitèddi , popolo favoloso, di statura piccolissima, *spitanei*

Gùvitu, s. m. *gomito*; per *angolo*; per misura *cubito* ; per doccione ricurvo; pigghiàrisi li gùvita a muzzicùna, vale *arrovellarsi*

Gùzza, s. f. nome d'una delle campane del Duomo di Palermo e di altre chiese

Guzzicèddu e guzzitèddu, dim. di gùzzu, *barchettina*

Gùzzu, agg. *corto*, *caramogio*

Gùzzu, s. m. barchetta a remi, *gozzo*

Guzzùni, s. m. chi custodisce i cavalli corridori

H

H, ottava lettera dell'alfabeto, che non ha suono particolare, ma che serve a moltissime voci, esprimendo un suono gutturale

I

I, nona lettera dell'alfabeto e terza delle vocali; è plurale dell' articolo il ; nell' abaco romano vale uno

I', vedi ivì

Ja-jà, voce con cui spingonsi le pecore al cammino

Jàci, s. m. il manico del timone della barca

Jacìntu, s. m. pianta, *giacinto*

Jacòbu, s. m. uccello, *assiuolo*

Jàcuna, s. f. educanda del Monastero, *educanda*

Jacunèddu, vedi russulìddu

Jardinarèddu , s. m. dim. di jardinàru

Jardinàru, s. m. *giardiniere*

Jardinàzzu, pegg. di jardìnu

Jardinèddu, dim. di jardìnu

Jardìnu, s. m. *giardino*, *verziere*

Jazzàta e jazzatina, s. f. biada chinata a terra per calpestamento

Jàzzi, vedi gelàtu

Jazzitèddu, dim. di jàzzu

Jazzòlu, s.m. sorta di pera

Jazzu, s. m. *diaccio, giaccio*; per *giacitojo*

Iddu, pron. *quegli, colui, esso, egli*

Idia, s. f. *idea*; per *imagine*; cosa di nun avirni idia, *cosa estraordinaria*; nun ci nni essiri idia, vale esser favoloso, chimerico

Idiliu, s. m. sorta di componimento erotico, *idillio*

Iditaleddi, s. m. plur. sorta di pasta lavorata

Iditali, s. m. strumento d'acciajo, d'argento o d'altro metallo, che mettonsi le donne e i sarti nel dito medio per cucire, *ditale*

Iditedda, s. f. sperone del cavallo, *cornetta*; dim. di jidita, plur. di jiditu

Itideddu, s. m. il minor dito, *mignolo*

Iditata o jiditata, s. f. impressione fatta col dito

Iditu, vedi jiditu

Idolatrari, v. n. *idolatrare*; per amare perdutamente, *idolatrare*

'Idolu, s. m. imagine degli Dei falsi, *idolo*; per cosa che si ami soverchiamente

Idropisia, vedi trupisia

Jelu, s. m. freddo che fa ghiaccio; pel ghiaccio stesso; per qualunque cosa rappigliata a guisa di gelatina, *congelamento, gelo*

Jemmulu, s. m. *gemello, binato*

Jencu, s. m. toro castrato che non sia giunto al secondo anno, *giovenco*

Jennaru, s. m. *genero*

Jennu jennu, avv. vale coll'andar del tempo, di mano in mano

Jeri, avv. *jeri*; jeri sira, vedi arsira

Jermitu, vedi manata

Jesi-jesi, posto avv. *pian piano, dolcemente*

Jettasecunni, agg. nome dato ad uomo baggeo, *perlone*

Jettacantari, agg. a persona servile, *spulcialetti*

Jettitu, s. m. *rampollo, pollone*; per *getto*, condotto, *acquajo*; vedi nicissariu; a jettitu, *a getto, massiccio*; sta anche per *grossolano*; di jettitu, vedi manciuni

Jiditu, s. m. *dito*; nel plur. jidita; per misura di un dito; liccarisi li jidita, vedi liccari; fari liccari li jidita, dar gusto, e iron. far vendetta; cuntari a jiditu, *notare a dito*

Jiffula, s. f. piccola matassa, *matassina*; vedi mastrameusa

Jilari, vedi gnilari

Jilata, s. f. *brina*

Jilatina, s. f. brodo rappreso, *gelatina*

Jimenta, vedi jumenta

Jimmisi, vedi ghimmisi

Jimmu, s. m. *sgrigno, gobba*; per *rilievo*

Jimmuruteddu, dim. di jimmurutu, *gobbetto*

Jimmurutu, agg. *gobbo*

Jina, s. f. biada nota, *avena*; per la intaccatura delle doghe ove commettonsi i fondi delle botti o simili vasi, *capruggine*

Jincami, s. m. armento di giovenchi

Jincareddu, dim. di jencu

Jincaru, vedi vujàru

Jincarùni, accr. di jèncu

Jincarunèddu, accr. di jincarùni

Jinchiri, vedi inchiri

Jinèstra, s. f. pianta, ginestra

Jinìa, s. f. genia; per razza di animali

Jiniparu, s. m. pianta, ginepro

Jinistrèdda, s. f. sorta d'uva bianca

Jinìzza, s. f. giovenca

Jinnàru, vedi innàru

Jippunèddu, dim. di jippùni

Jippùni, s. m. veste che cuopre il busto, farsetto, giubbone; finìri nà cosa a jippùni di mòrtu, vale aver cattivo fine

Jirbàggiu, s. m. ogni sorta di erba da mangiare, erbaggio, camangiare

Jìri, vedi iri

Jirvalòru, vedi irvalòru

Jirvicèdda, s. f. dim. di èrva, erbicciuola

Jirùni, vedi ghirùni

Jirvùzza, s. f. dim. di èrva, erbuccia

Jisàri, v. a. alzare, rincarare; per arricchire, venire in comodità; jisàri la vuci, alzar la voce

Jisàtu, agg. di jisàri, alzato

Jissàra, s. f. cava di gesso

Jissàru, s. m. chi lavora statue, vasi ec. di gesso, o chi cuoce in fornace le pietre di gesso, gessajuolo

Jìssu, s. m. gesso

Jissùsu, agg. gessoso

Jistèrna, s. f. ricetto di acqua piovana, cisterna

Jittàri, v. a. versare, spargere, mandar fuora, gettare; abbattere, rovinare, spiantare, con- traddire; sbocciare, gemmare, germogliare, gettar via, abbandonare; jittàri paroli a lu ventu, vale parlare inutilmente; a 'nnòcchiu, rinfacciare; un bàunu, pubblicare; per mangiar a crepapelle; jittàri focu pri li naschi, sbuffare; jittàri 'ncòddu, imputare; botti, cennar di passaggio; li virmicèddi, vale dire ciò che si sa di alcun affare, sbrodettare; jittàrisi 'ncampàgna, vale esser bandito; jittàrisi l'occhi, vedi cacàri; jittàri na cosa darrèri lu cozzu, vale dimenticare; per distender le dita nel giuoco della morra; jittàrisi per cascare al basso

Jittàta, s. f. gettata

Jittàtu, agg. gettato

Jittatùra, s. f. fattucchieria

Jittatùri, s. m. chi getta, gettatore; per maliardo

Jittèna, s. f. muricciuolo fatto per sedere, murello

'Ilici, s. m. albero, leccio

'Illicu illicu, avv. tostamente

Imaginàri, v. a. divisare, pensare, immaginare

Imaginàriu, agg. ideale, immaginario

Imaginaziòni, s. f. immaginazione, fantasia, concetto, pensiero

Imàgini, s. f. sembianza, somiglianza, apparenza, immagine; per figura sacra, immagine

Imbaddunàri, vedi 'mmaddunàri

Imballàri, vedi 'mmallàri

Imballuttàri, vedi 'mballuttàri

Imbalsamàri, vedi 'mmalsamàri

Imbarazzàri, vedi 'mmarazzàri

Imbaràzzu, vedi 'mmaràzzu

Imbarcàri, vedi 'mmarcàri

Imbarràri, vedi 'mmarràri

Imbasciata, vedi 'mmasciàta

Imbastardiri , vedi 'mmastardiri

Imbàttiri, vedi 'mmàttiri

Imbàttili, vedi 'mmàttili

Imbestialiri, vedi 'mbestialiri

Imbiunniri, v. a. *imbiondare*

Imbizzigghiàri, vedi 'mmizzigghiàri

Imbluccàri, vedi 'mbluccàri

Imbriacàri, vedi 'mbriacàri

Imbriàcula, vedi 'mbriàcula

'Imbrici , s. m. tegole piane della lunghezza di due terzi di braccio, sopra le quali appoggiansi le tegole, che servono per copertura di tetti, *embrice*

Imbriciàtu, s. m. *embriciato*

Imbrògghiu, vedi 'mbrògghiu

Imbrùddu, vedi 'mbrùddu

Imbrugghiàri e suoi derivàti, vedi 'mbrugghiàri

Imbruscèddi, s. f. plur. corde per legare e chiudere le porte della tonnara

Imbusciulàri, vedi 'mbusciulàri

Imitàri, v. a. *imitare*

Immanciàbili, agg. che non si può mangiare

Impacciàri, vedi 'mpacciàri

Impàcciu, vedi 'mpàcciu

Impagghiàri, vedi 'mpagghiàri

Impajàri, vedi 'mpajàri

Impalàri, vedi 'mpalàri

Impannàri, vedi 'mpannàri

Impanniddàri, vedi 'mpanniddàri

Impantanàri, vedi 'mpantanàri

Impapucchiàri, vedi 'mpapucchiàri

Imparadisàri , vedi 'mparadisàri

Imparàri, vedi 'mparàri

Imparissi, vedi 'mparissi

Impaschiràri, v. a. lasciare il campo pieno di pascoli secchi per l'anno vegnente

Impazientàrisi, v. n. *impazientirsi*

Impassibili, agg. *impassibile*

Impassuliri, vedi 'mpassuliri

Impastàri, vedi 'mpastàri

Impastizzàri, vedi 'mpastizzàri

Impasturàri, vedi 'mpasturàri

Impasturavàcchi, vedi 'mpasturavàcchi

Impatiddiri, vedi 'mpatiddiri

Impatrunìrisi, vedi 'mpatrunìrisi

Impazziri, vedi 'mpazziri

Impènniri, vedi 'mpènniri

Imperatùri, s. m. monarca, signore assoluto, *imperatore*

Impèriu, s. m. deminio supremo, *impero*

Impertinénti, vedi malucriàtu

Impertinènza, vedi 'mpirtinènza

Impiàstru, vedi 'mpiàstru

Impicàri, vedi 'mpicàri

Impicciàrisi, vedi 'mpicciàrisi

Impicceicalòra, s. f. pianta, *lappola minore*

Impicceicalòra, vedi 'ncuddùsu

Impiccicàri, vedi 'mpiccicàri

Impìcciu, vedi 'mpìcciu

Impicciulìri , vedi 'mpicciulìri

Impiciàri, vedi 'mpiciàri

Impidicùddu, vedi 'mpidicùddu

Impiducchiàrisi, vedi 'mpiducchiàrisi

Impidugghiàri, vedi 'mpidug-
ghiàri

Impidùgghiu, vedi 'mpidùgghiu

Impiegàri, v. a. *collocare, im-
piegare*; per ottenere impie-
go, occupazione o altro; n. p.
adoperarsi, esercitarsi; detto
di capitali, vale collocarli in
qualche industria per ren-
derli fruttiferi

Impiègu, s. m. *carica, uffìcio,
impiego*; per impiego di da-
naro, *investita*

Impignàri, vedi 'mpignàri

Impinnàri, vedi 'mpinnàri

Impinsàta (a la), avv. *all'im-
provviso*

'Impiu, agg. *empio*

Imponènti, agg. *imponente*; per
maestoso

Impòniri, v. a. *imporre, coman-
dare, commettere*; metter im-
posizione, *assegnare*

Impòrtu, vedi 'mpòrtu

Imposturàri, v. a. *imposturare*

Impostùri, agg. *impostore*

Impotènti, agg. *impotente*; non
abile alla generazione

Impratticàbili, agg. *impratica-
bile*; detto di luoghi, diffìcile
a tragittarsi

Imprattichìri, v. a. render pra-
tico, *impratichire*; n. p. *im-
pratichirsi*

Impratticùtu, agg. *impratichito*

Imprescinnìbili, agg. di cui non
si può prescindere

Impressionàri, v. a. *impressio-
nare*; n. p. *impressionarsi*

Impressiòni, s. f. *impressione*;
omu di prima impressiòni,
vale che si lascia condurre
facilmente dalle apparenze

Imprèstitu, vedi 'mprèstitu

Imprìma, avv. *dapprima*

Imprìmiri, v. a. *imprimere, ef-
figiare*

Imprìmis, vedi imprìma

Imprimitùra, s. f. composto di
varie terre macinate con olio
di lino o noce per impiastra-
re le tele, *mestica, imprimi-
tura*

Imprinàri, vedi 'mprinàri

Imprintàri, vedi 'mprintàri

Imprìsa, s. f. *impresa*; per uffì-
cio del lotto

Imprissiòni, vedi impressiòni

Impròbu, agg. *malvagio, im-
probo*; fatiga impròba, vale
lunga, penosa

Imprònta o impròntu, s. f. e m.
imagine impressa in qualsi-
voglia cosa, *impronta, im-
pronto*

Impropèria, s. m. *villania, im-
properio*

Improvisàri, v. n. *improvvisare*

Impugnatùra, s. f. l'atto d'im-
pugnare, e parte d'onde si
impugna la spada o altro,
impugnatura

Impulitìzza o impulìzia, s. f.
zotichezza, rozzezza

Impulìtu, agg. *rozzo, rustico*

Impurrìri, vedi 'mpurrìri

Impurtànza, s. f. *importanza*

Impurtàri, vedi 'mpurtàri

Impurtunàri, vedi 'mpurtunàri

Impruvulazzàri, vedi 'mpruvu-
lazzàri

Impusissàri, vedi 'mpusissàri

Impustàri, vedi 'mpustàri

Impustimàri, vedi 'mpustimàri

Impustùra, vedi 'mpustùra

Imputàri, v. a. *incolpare, im-
putare*

Imputàtu, agg. *imputato*

Imputazioni, s. f. *imputazione*

Imputridìri, v. n. *putrefarsi, imputridire, marcire*

Imputridùtu, agg. *imputridito, marcito, putrefatto*

Imputrunìri, v. a. *impoltronire;* n. pass. *impigrire*

Imputrunùtu, agg. *impigrito, impoltronito*

Impuvirìri, vedi 'mpuvirìri

In, prep. *in*

In abbannùnu, vedi abbannùnu

Inabertenteménti, avv. *inavvertitamente*

Inaberténza, s. f. *inavvertenza*

In abiniri, avv. *in avvenire, per lo avvenire*

Inabitàbili, agg. *inabitabile*

Inacitìri, v. n. *inagrire, inagrare*

Inacitùtu, agg. *inagrito*

Inappeténza, s. m. *inappetenza*

In appréssu, vedi appréssu

Inarcàri, v. a. piegar in arco, *inarcare*

Inargintàri, v. a. *inargentare*

In astràttu, vedi astràttu

In àttu, vedi àttu

Inavanzàbili, vedi insuperàbili

In avveniri, vedi in abiniri

In brèvi, vedi brèvi

In briu, vedi briu

In bròdu, vedi bròdu

Incaciàri, v. a. condir con cacio grattuggiato le vivande, e propr. le paste, *incaciare*

Incaddìri, vedi 'ncaddìri

Incaddùtu, agg. *incallito*

Incàgna, vedi 'ncàgna

Incagnàrisi, vedi 'ncagnàrisi

Incancrinìri, v. n. divenire, farsi cancrena, *cancrenare*

Incannàri, vedi 'ncannàri

In cannìla, vedi cannìla

In cannòlu, posto avv. col verbo jirisinni, vale aver gran flusso di ventre; manna 'ncannòlu, vale di prima qualità

Incautàri, v. a. *sorprendere, incautare;* per piacere al sommo

Incantisimu, s. m. *indugio, ritardo, incantesimo, incanto*

Incàntu, s. m. *incantesimo;* per una maniera di vendere e comprare al maggior offerente, *incanto*

Incapàci, agg. *inetto, disadatto, incapace*

Incaparràri, vedi 'ncaparràri

Incapicchiàri, vedi 'ncapicchiàri

Incapizzàri, vedi 'ncapizzàri

Incappàri, vedi 'ncappàri

Incapiddàri, vedi 'ncapiddàri

Incappucciàri, vedi 'ncappucciàri

Incapputtàri, vedi 'ncapputtàri

Incapricciàri, v. n. *incapricciare, incapricciare*

Incarcagnàri, vedi 'ncarcagnàri

Incarcàri, vedi 'ncarcàri

Incàricu, s. m. *cura, offizio, incarico*

Incariméntu, s. m. il rincarare

Incarìri, v. a. e n. *rincarare;* per raccomandare

Incarnàri, v. n. prender carne, farsi color di carne, *incarnare*

Incarnàtu, agg. *incarnato;* per agg. al color di carne; viziu 'ncarnàtu, vale vizio invecchiato

Incarricàri, v. a. dar carico o incarico, *incaricare;* per raccomandare

Incartaméntu, vedi 'ncartaméntu

Incartàri , v. a. avvolgere in carta, *incartare*

Incarùtu, agg. *rincaralo*

Incasciàri, vedi 'ncasciàri

Incastagnàri, vedi 'ncastagnàri

In càsu, avv. *nel caso che, se*

Incatarràtu, vedi 'ncatarràtu

Incatasciàri, vedi 'ncatasciàri

Incatinàri, vedi 'ncatinàri

Incatramàri, vedi 'ncatramàri

Incattivàri, vedi 'ncattivàri

Incatusàri, vedi 'ncatusàri

Incavagnàri, vedi 'ncavagnàri

Incavarcàri, vedi 'ncavarcàri

Incavàri, vedi 'ncavàri

Incavigghiàri , vedi 'ncavigghiàri

Incàvu, s. m. *incavo*

Incègnu, vedì 'ncègnu

Incendiàriu, s. m. eccitator di discordie, e *irascibile*

Incènsu, s. m. gomma resina, *incenso, olibano*

Incentìvu, s. m. *provocazione, stimolo, incentivo*

Incètta, s. f. il comprar mercanzie per rivenderle, *incetta*; nun fàri 'ncètta d' una cosa, vale non curarla

Inchiagàri, vedi 'nchiagàri

Inchiappàri, vedi 'nchiappàri

Inchiaríri, vedi 'nchiaríri

Inchiàstri, vedì 'nchiàstri

Inchimèntu, s. m. *empimento*

Inchinu, vedi chinu

Inchiòstru, vedi inga

'Inchiri, v. n. *empiere*; n. p. *satollarsi*; inchiri l'aria, *inajare*

Inchiuitùri, vedi 'nchiuitùri

Inchiummàri, vedi 'nchiummàri

Inchiuvàri, vedi 'nchiuvàri

Inchiuvatùra, vedi 'nchiuvatùra

Inciacàri, vedi 'nciacàri

Inciammàri, vedi 'nciammàri

Incidiri, v. a. *incidere*

Incignàri, vedi 'ncignàri

Incignèri, vedi 'ncignèri

Incignùsu, vedi 'ncignùsu

Incilippàri, vedi 'ncilippàri

Incimàri, vedi 'ncimàri

Inciminàri, vedi 'nciminàri

Incinàgghia, vedi 'ncinàgghia

Incinniràri, v. a. spargere di cenere, *incenerare*

Incinnirìri, v. a. ridurre in cenere, *incenerire*

Incinsàri, vedi 'ncinsàri

Inciràri, v. a. impiastrare con cera, *incerare*

Inciràtu , agg. *incerato*; ficu d' innia 'nciràti, sono quelli detti scuzzulàti (vedi), e raccolti appena maturi

Incirciddàri, v. a. *dttorcigliare*

Inciùria, vedi 'nciùria

Inclàustru, vedi 'nclàustru

Inclinàta, vedi 'nchinàta

Inclinaziòni, s. f. *attitudine, inclinazione, tendenza*

Incommodàri, v. a. apportare incomodo, *incomodare*

Incòmmodu, s. m. *disagio, incomodo, malattia*; incommodi si dicono anche i *mestrui* delle donne ; per contrario di còmmodu, vedi

Incommodùsu, agg. *incomodo*

In comùni, vedi in comunità

In comunità, avv. *comunemente, in comune*

Inconchiùsu, agg. *inconcluso*

Inconcrètu, vedi 'nconcrètu

In confirma, avv. *in prova*

In confrùntu, vedi 'nconfrùntu

In confùsu, avv. *in confusione, in confusa*

Inconsolàbili , agg. *inconsolabile*

Incontràri, vedi 'ncontràri

Incòntru, s. m. *incontro;* seconda stampa fatta per prova sopra le bozze corrette la prima volta ; per partito di matrimonio

Incorrigìbili, agg. *inemendabile, incorrigibile*

Incòstu, vedi 'ncòstu

Incrapicciàrisi, vedi 'ncrapicciàr-si

Increpàri, vedi 'ncripàri

Incrìsciri, v. n. pass. *rincrescere, increscere, tediare*

Incrisciùsu, agg. *increscioso*

Incrispàri, v. a. *increspare*

Incrifàri, vedi 'ncrifàri

Incruccàri, vedi 'ncruccàri

Incrucchittàri, vedi 'ncrucchittàri

Incrucchiulìri, vedi 'ncrucchiulìri

In cruci e nuci, vedi nùci

Incrucicchiàri, v. a. *incrocicchiare*

Incucchiàri, vedi 'ncucchiàri

Incucciàri, vedi 'ncucciàri

Incuddaràri, vedi 'ncuddaràri

Incuddàri, vedi 'ncuddàri

Incudduriàrisi, vedi 'ncudduriàrisi

Incufinàri, vedi 'ncufinàri

Incugnàri, vedi 'ncugnàri

Incujitàri, vedi 'ncujitàri

Inculàri, vedi 'nculàri

Incummudàri, vedi 'ncummudàri

Incunfittàri, vedi 'ncunfittàri

Incùnia, vedi 'ncùnia

Incunigghiàri vedi 'ncunigghiàrisi

Incuntràri, vedi 'ncuntràri

Incunucchiàri , vedi 'ncunucchiàri

Incupirchiàri, vedi 'ncupirchiàri

Incuppulàri, vedi 'ncuppulàri

Incuraggìri, v. a. *inanimare, incoraggire;* n. p. *incoraggirsi*

Incuraggiùtu, agg. *incoraggito*

Incustanàri, vedi 'ncustanàri

Incutrunìri, vedi 'ncutrunìri

Incuttunàta, vedi 'ncuttunàta

Incutugnàri, vedi 'ncutugnàri

Incuvirchiàri, vedi 'ncuvirchiàri

Incuzzàtu, vedi 'ncuzzàtu

'Indacu, s. m. materia colorante che si trae da un arboscello, *indaco*

Indebitàrisi, v. n. e n. p. *indebitarsi*

Indebulìrisi, v. n. e n. p. *indebolirsi*

Indecènti, agg. *indecente*

Indecurùsu, agg. *indecente, indecoro*

Indiàna, s. f. sorta d'uva, *dolcipappola*

Indiantanàtu, vedi indiavulàtu

Indiascacciàtu , agg. *indemoniato*

Indiavulàtu, agg. *perverso, indiavolato, astuto, accorto, inquieto*

Indibitàrisi, vedi indebitàrisi

Indigestiòni, s. f. *indigestione*

Indiscritizza, s. f. *indiscretezza*

Indilicatìri, vedi 'ndilicatìri

Indimuniàtu, vedi 'ndiavulàtu

Indispittùtu, agg. d'Indispittiri, *indispettito*

Indispòniri, v. n. *indisporre*

Indivinàgghia, vedi 'ndivinàgghia

Iudivinàri, v. n. *prevedere, indovinare, vaticinare*

Indoràri, vedi addoràri

Indoratùri, vedi addoratùri

Iudrizzàri, v. a. *indirizzare*; per *proeacciare*; n. p. *industriarsi*

Indrizzu, s. m. *avviamento, indirizzo*

Indùciri, v. n. *indurre, persuadere, dedurre*

'Induli, s. f. natural disposizione dell'animo, *indole*

Induriri, vedi 'nduriri

Indurùtu, agg. *indurito*

Induvinàri, vedi indivinàri

Inèstra, vedi jinèstra

In etèrnu, avv. *in eterno*

Infaccialàrisi, vedi 'nfaccialàrisi

Infacinnàtu, vedi 'nfacinnàtu

In fallu, vedi fallu

Infami, agg. *infame*

Infamissimu, sup. d' infami

Infamùni, accr. d' infami

Infànfaru, vedi 'nfànfaru

Infangàrisi, vedi 'nfangàrisi

Infarinàri, vedi 'nfarinàri

Infasciàri, vedi 'nfasciàri

Infasciatùri, vedi 'nfasciatùri

Infatàri, vedi 'nfatàri

Infèrnu, s. m. *inferno, abisso*; per luogo di travaglio; vucca d'infèrnu, vale uomo maledico; fari vidìri lu 'nfèrnu apèrtu, vale *atterrire*

Infèttu, s. m. *pestilenza, peste*; met. per *fetore*

Infigghiulàri, vedi 'nfigghiulàri

Infilàri, vedi 'nfilàri

Infilatàrisi, vedi 'nfilatàrisi

Infini, vedi 'nfini

Infinucchiàri, vedi 'nfinucchiàri

Infùrnicchiu, s. m. *frugoletto*

Infirriulàrisi, vedi 'nfirriulàrisi

Infittàri, v. a. *guastare, corrompere, imbrattare*

Influiri, v. n. propr. **scorrer** dentro; ma s' adopera per *valere, cooperare*

Informu, s. m. *ragguaglio, informazione*

Infrancisàri, v. a. infettare di mal francese; per prender le maniere francesi, *infrancesarsi*

Infrascàri, v. a. coprir di frasche, *infrascare*; fig. *accalappiare, infinocchiare*; caricar di vani ornamenti, *infrascare*

In frètta, avv. con prestezza, *in fretta*

Infriddàri, vedi raffriddàri

Infrinàri, vedi 'nfrinàri

Infruntàri, vedi 'nfruntàri

Infruntùni, vedi 'nfruntùni

Infucàri, vedi 'nfucàri

Infuddìri, vedi 'nfuddìri

Infùnniri, vedi 'nfùnniri

Infureatùra, vedi 'nfurcatùra

Infurchiuniàri, v. n. *nascondere, imbucare*

In fùria, avv. *frettolosamente*, in furia

Infuriàri, v. n. *infuriare*

Infurmaggiàri, vedi 'nfurmaggiàri

Infurmàri, vedi 'nfurmàri

Infurnàri, vedi 'nfurnàri

Infurràri, vedi 'nfurràri

Infuscàri, vedi 'nfuscàri

Infussàri, vedi 'nfussàri

Infutàri, vedi 'nfutàri

'Inga, s. f. *inchiostro*

Ingaddàri, vedi 'ngaddàri

Ingaffàri, vedi 'ngaffàri

Ingaggiàri, vedi 'ngaggiàri

Ingallunàri, vedi 'ngallunàri

Ingalluzziri, v. n. mostrar baldanza, *ingalluzzire*

Ingancittàri, vedi 'ngancittàri

Ingannàri, v. a. *ingannare*; n.p. *ingannarsi*

Ingannatùri, s. m. *impostore, ingannatore*

Ingarganàri, vedi 'ngarganàri

Ingargiulàri, v. a. coprir di calce e ghiaja, *smaltare*

Ingarrunàri, v. a. legar pe' garetti

Ingastàri, vedi 'ngastàri

Ingàstu, vedi 'ngàstu

Ingattàrisi, vedi 'ngattàrisi

Ingègnu, vedi 'ncègnu

In gergu, avv. *misteriosamente, gergone*

Ingeriri, v. a. *insinuare, ingerire*; n. p. *ingerirsi*

Inghissàri, vedi gnissàri

Inghiùttica, vedi 'ngnùttica

Ingilusìri, v. a. *ingelosire*; n. p. *ingelosirsi*

Ingilusìrisi, vedi gilusiàrisi

Inginucchiàrisi, vedi addinucchiàrisi

Ingiuvinìri, vedi ringiuvinìri

Ingramagghiàri, vedi 'ngramagghiàri

Ingranàri, vedi 'ngranàri

Ingranciàri, vedi 'ngranciàri

Ingranuìri, v. a. *accrescere, magnificare, ingrandire*; n. divenir grande, *ingrandire*

Ingrannùtu, agg. *ingrandito*

Ingrassàri, v. a. *impinguare, ingrassare*; met. *gioire*

Ingràssu, s. m. *ingrasso, concime*

Ingratitùdini, s. f. *ingratitudine*

Ingratunàzzu, pegg. d' ingràtu, *ingrataccio*

Ingravattàri, vedi 'ngravattàri

Ingravitàri, v. a. e n. ass. *ingravitare, incignersi*

Ingrediènti, s. m. plur. ciò che entra nella composizione di chicchessia, *ingrediente*

Ingriddìri, vedi 'ngriddìri

Ingrignàri, vedi 'ngrignàrisi

Ingrispa, vedi 'ngrispa

Ingrunnàri, vedi 'ngrunnàri

Ingruttàri, vedi 'ngruttàri

Inguaggiàri, vedi 'nguaggiàri

Inguànta, vedi 'nguànta

Ingulfàri, v. n. formar un golfo, entrare tra terra e terra; n. p. applicarsi a chicchessia, *ingolfarsi*

Ingummàri, vedi 'ngummàri

Ingùrdu, vedi 'ngùrdu

Ingusciàri, vedi 'ngusciàri

Inguttumàri, vedi 'nguttumàri

Injettàri, v. a. lanciare un fluido per via di sciringa entro il corpo d'un animale, *injettare*; injettàtu, dicesi d' un cadavere preservato dalla putrefazione a mezzo di un processo chimico del palermitano *Tranchina*

Injèzioni, vedi ignezioni

Inimicàri, vedi 'nnimicàri

Imìparu, vedi juniparu

Iniquu, agg. *iniquo, ingiusto*

Inizza, vedi jinizza

'Innacu, vedi indacu

Innamuràrisi, vedi 'nnamuràrisi

Innaròtu, agg. di frutta che nascono nel mese di gennajo

Innàru, s. m. *gennajo*

'Innia, vedi gaddina d'innia

Innièdda, dim. d' innia

Innoràri, vedi addoràri

Innuccènti, agg. *innocente*

Innuccènza, s. f. *innocenza*

Innuccintèddu, vedi 'nnuccin-
tèddu

Innuccintùni, accr. d'innuccèn-
ti, *semplicione*

Inòcchiu, vedi dinòcchiu

In òrdini, avv. *in pronto, in
ordine*

Inorridìri, v. a. *inorridire*

In palìsi, avv. *palesemente*

In paragùni, avv. *comparativa-
mente*

In particulàri, avv. *particolar-
mente*

In persùna, vedi persùna

In pìcciulu, avv. *in piccolo*

In prìma, avv. *primieramente,
per lo addietro*

In pùbblicu, avv. *pubblicamen-
te , manifestamente , palese-
mente*

In pùnta, avv. *or ora, in accon-
cio*

Inquartàta, vedi 'nquartàta

Insaccàri, vedi 'nsaccàri

Insalàta, vedi 'nsalàta

Insallanìri, vedi 'nsallanìri

Insallanùtu, vedi 'nsallanùtu

Insarvaggìri, vedi 'nsarvaggìri

Insangunìàri, v. a. e n. pass.
insanguinare, bruttarsi di san-
gue

Insangunìàtu , agg. *insangui-
nato*

Insapunàri, v. a. unger di sa-
pone, *insaponare*

Insapurìri, v. a. *gustare, assa-
porare*

In sè, avv. *fra sè, in sè;* per
realmente

In sèmmula, vedi 'nsèmmula

Insièmi, vedi 'nsèmmula

Insigna, s. f. *insegna*

Insignàri, v. a. *insegnare;* per
apprendere

Insignurìri, v. a. *insignorire;*
n. pass. *impadronirsi*

Insiiddàtu, vedi 'nsiiddàtu

Insimulàri e insimulìàri, vedi
'nsimulàri

Insìnga, s. f. *cenno;* per *sfregio,
ferita;* per *stemma* vedi

Insìnsula, vedi 'nsìnzula

Insitàri, vedi 'nsitàri

Insìtu, vedi 'nsìtu

Insivàri, vedi 'nsivàri

Insòlidu, posto avv. modo di
contratto, pel quale ognuno
de' contraenti è tenuto al
pagamento della intera som-
ma

Instituìtu, agg. prop. *stabilito;*
ma volgarmente si dice ad
uomo istruito

Insulènti, agg. *insolente*

Insultànti, agg. *insultante*

Insultàri, v. a. *insultare*

Insùltu, s. m. *ingiuria, insulto;*
per *attacco,* parosismo di un
male, *sincope, svenimento*

Insuspittìri, v. a. *insospettire;*
vedi suspittàri

Insuspittùtu, agg. *insospettito*

In sùsu, avv. *in sù*

Insuvarìri, v. n. *intormentire,
instupidire*

Intabbaccàtu, vedi 'ntabbaccàtu

Intabaranìri, vedi 'ntabaranìri

Intàcca, vedi 'ntàcca

Intaccàri, vedi 'ntaccàri

Intacciàri, vedi 'ntacciàri

Intaccunàri, vedi 'ntaccunàri

Intagghiàri, vedi 'ntagghiàri

Intàgghiu, vedi 'ntàgghiu

Intamàtu, vedi 'ntamàtu

Intanàri, v. a. *nascondere, oc-
cultare;* n. p. vedi 'ntanàrisi

Intapazzàri, vedi 'ntapazzàri

Intappàri, vedi 'ntappàri

Intarcàri, vedi 'ntarcàri

Intaviddàri, vedi 'ntaviddàri

Intavulàri, vedi 'ntavulàri

Intèndiri, v. a. *intendere, ascoltare*; dari ad intèndiri, *ingannare* ; n. p. avere esperienza, essere intendente

Inteneriri, v. a. *intenerire*, divenir tenero, aver compassione

Intènniri, vedi intèndiri

Intenzióni, s. f. *pensiero*, oggetto e fine delle nostre operazioni, *intenzione*

Intercalàri, agg. *intercalare*

Intercalàri, v. n. *ripetere, rinfrancescare*

Intercalàta, s. f. *intercalazione*

Interèssu, s. m. *affare, negozio*; per *interesse*, utile che si riscuote da un affare; per *guadagno*

Intermènzu, s. m. *intermedio, intermezzo*

Internàrisi, v. n. p. *internarsi, penetrarsi*

Interpòniri , v. a. *interporre, frammezzare, frammettere*

Intersiàri, v a. *tramettere*; per lavorar di tarsia , *intarsiare*

Intignàrisi, vedi 'ntignàrisi

Intilaràri, vedi 'ntilaràri

Intima, s. f. *intimazione*

Intimàri, v. a. far sapere, *intimare*

Intimpagnàri, vedi 'ntimpagnàri

Intimugnàri, vedi 'ntimugnàri

Intimuriri, vedi 'ntimuriri

Intinagghiàri, vedi 'ntinagghiàri

Intìngulu, s. m. specie di manicaretto, *intingolo*

Intinìri, vedi 'ntinìri

Intinna, vedi 'ntinna

Intinnàri, vedi 'ntinnàri

Intinniriri, vedi inteneriri

Intipàri, vedi 'ntipàri

Intisichìri, vedi 'ntisichìri

Intòntaru, vedi 'ntòntaru

Intòppu, s. m. *ostacolo, intoppo*

Intràgni, s. m. plur. *entragno*

Intrapòniri , v. a. *interporre, intrapporre*

Intraprènniri, v. a. *intraprendere*

Intràri, vedi trasiri

Intricàri, v. n. *avviluppare, intralciare, intrigare*; mettere ostacolo; n. p. *intromettersi, intrigarsi*

Intricciàri, v.a. *intrecciare*; per *combinare*

Intrìcciu, s. m. *intreccio*

Intrìcu, s. m. *intrigo, rigiro*

Intrillàzzu, vedi 'ntrillàzzu

Intrinsicàri, vedi 'ntrinsicàri

Intrissàri, v. a. far partecipe, *interessare*; n. pass. prender cura dell'altrui interesse, *interessarsi*; far debiti per conto altrui

Intrissàtu , agg. che ha cura del proprio interesse, *interessato*

Intrissatùni, accr. d' intrissàtu, vale uomo assai legato al proprio interesse

Intrita, vedi 'ntrita

Intrizzàri, vedi 'ntrizzàri

Intrizzatùri, vedi 'ntrizzatùri

Intrizzisàtu, vedi 'ntircisàtu

Introdùciri, v. n. *introdurre, metter dentro*; per *cominciare*; n. p. *introdursi*

Introitàri, vedi 'ntroitàri

Intrummàri, vedi 'ntrummàri

Intrunàri, vedi 'ntrunàri

Intrunzàri, vedi 'ntrunzàri

Intrusciàri, vedi 'ntrusciàri

Intuffàri, vedi 'ntuffàri

Intunacàri, vedi 'ntunacàri

Intunàri, vedi 'ntunàri

Intuntariri, vedi 'ntuntariri

Intuppàri, vedi 'ntuppàri

Inturbidàri, vedi 'nturbidàri

Inturciuniàri, vedi 'nturciuniàri

Intussicàri, vedi 'ntussicàri

In tùttu, avv. *totalmente, in tutto*

Invaddunàri, vedi 'nvaddunàri

Invèci, avv. *in cambio, invece*

Inveiri, v. a. far invettive, *inveire*; per *avventarsi*

Inventàriàri, v. a. far inventario, *inventariare*

Inventùri, s. m. *inventore*

Invenzióni, s. f. *invenzione*; per *fola, bugia*

Invernàri, vedi 'nvirnàri

Invicchiàri ed invicchiri, v. n. *invecchire*; detto di vino vale *stagionare*

Invicchiùtu, agg. *invecchiato*

Inviddanàri, v. a. e n. *arrozzire*, divenir rozzo

Invidiàri, v. a. *invidiare, bramare*

Invidiùsu, agg. *invidioso, invido*

Invilinàri, vedi 'nvilinàri

Invirdicàri, vedi 'nvirdicàri

Invirniciàri, vedi 'nvirniciàri

Inviscàri, vedi 'nviscàri

Invitàri, v. a. *incitare, invogliare, invitare*; n. p. *offrirsi*; per far brindisi; il contrario di sbitàri vedi

Invitriàri, vedi 'nvitriàri

Inviulàri, v. n. *inviare*; e n. p. *avviarsi*

Invugghiàri, v. a. e n. pass. *invogliare, invogliarsi*

Invusciulàri, vedi 'mbusciulàri

Jòcu, s. m. *giuoco*; per *beffa*, *trastullo*; casa di jocu, *bisca, biscazza*; jocu di manu, vale *busse*, e giuochi di destrezza che fanno i saltimbanchi; jocu di fòcu, vedi fòcu; jocu di l'àncili, vedi zicchinètta

Jòja, s. f. *bagattella, baja*

Jòrnu, s. m. *giorno*; èssiri a jornu, vale conoscer tutto; jornu pri jornu, vale ogni dì; accurzàri li jòrna, vale avvicinarsi alla morte; jorna e saluti, o jorna longhi, vale augurio di lunga vita; nun c'essiri nè notti nè jornu, dicesi quando non si dà ora di riposo; cc' è cchiù jorna ca sosizza, modo di denotare un tempo in cui si può trar vendetta; di la matina pari lu bon jòrnu, importa che il buon esito di una faccenda si può prognosticare in sulle prime; a jorna mei, toi, ec. vale in mia o in tua vita; l'ultimu jòrnu, *carnesciale*

Josciamu, s. m. *pianta, giusquiamo, josciamo*

Jòta, s. m. lettera greca, e vale *zero*; nell'uso *nulla*

Jòvidi e jovidìa, s. m. *giovedì*; jòvidi gràssu, l'ultimo di carnevale, *berlingaccio*; di li parènti, il penultimo di carnevale, *berlingaccino*

Ippùni, vedi jippùni

'Iri, v. n. *ire, andare, consumare, perdere, morire, cacare*; nun jiri a bèrsu, vale non andare secondo il nostro desiderio; jiri tringuli minguli, vedi tringuli; jiri pri curtu e pri lòngu, *gironzare, contrastare*

Jirmànu, s. m. biada simile al grano, *segale, segala*

Irriconoscènti, agg. *ingrato*

Irruginìri, vedi arruginìri

Irvaggèri, s. m. colui che tiene in affitto erba

Irvàggiu, s. m. *erba, erbaggio*

Irvalòra, s. f. anitra selvaggia detta *canapiglia, cicalona*

Irvalòru, s. m. che vende erbe medicinali, *erbajuolo*

Irvàzza, pegg. di èrva, *erbaccia*

Irvicèdda, dim. di èrva, *erbetta*

'Iru, vedi agghìru

Irùni, vedi ghirùni

Isàri, vedi jisàri

'Isca, s. f. materia che si tiene sulla pietra focaja per accender fuoco, *esca;* isca di vpscu, fungo che nasce sulla quercia e che si prepara per avere il fuoco, *agarico di quercia;* per *cibo;* isca di viviri, cosa che mangiandosi chiami da bere; met. *stimolo, incitamento*

'Isci, s. m. qualunque ornamento si ponga a' bambini, *fregiatura*

'Isci isci, modo avv. di quando in quando, ne' dì festivi ec.

Issàra, vedi jissàra

Issàru, vedi jissàru

Issiàri, v. n. *serpeggiare*

Issiàtu, agg. *serpeggiato*

Issòpu, s. m. pianta, *isopo, issopo*

'Issu, vedi jissu

Issùsu, vedi jissùsu

Istèrna, vedi jistèrna

'Istrici, vedi porcuspìnu

Istruìri, v. a. *ammaestrare, istruire*

Istruttùri, s. m. *istruttore*

'Isula, s. f. *isola*

Isulàri, v. a. *isolare;* per vivere segregato

'Uria, s. f. animale anfibio, *lontra*

Ittàri, vedi jittàri

Ittèna, vedi jittèna

Iu, pron. pers. *io*

Jucalòru, s. m. congiuntura delle gambe e delle braccia, *nodello*

Jucarèddu, s. m. dim. di jòcu, *giocolino*

Jucàri, v. n. *giuocare;* jucàri di màanu, vale *bastonare;* jucàri a gabba cumpàgnu, *trappolare;* jucàri di cuda, *mostrar malvagità;* jucàri chiummùsu, chi scherzando offende; jucàrisi li gànghi, vale operar con calore; jucàri cu dui baddi, operar da doppione; jucàrisi tuttu supra na carta, vale arrischiare ogni cosa per riuscire in qualche intento, *giuocar pel resto*

Jucàta, s. f. il giuocare; jucàta di cuda, *frode, coperchiella*

Jucaturàzzu e jucaturùni, pegg. e accr. di jucatùri

Jucaturèddu, dim. di jucatùri

Jucatùri, s. m. *giuocatore;* jucatùri spizzàtu, vale giuocator perduto

Juchìttu, dim. di jòcu, *giuocolo*

Juculànu, agg. *giocoso, allegro, festevole*

Judèu, s. m. *giudeo;* met. per *ostinato, incredulo*

Judicatùra, s. f. *giudicatura*

Jùdici, s. m. *giudice;* parràri quantu un judici pòviru, vale partar molto, *ciaramellare*

Judiscu, s. m. una parte del-
la carne bovina vicina al
fianco

Jùgu, s. m. strumento di legno
con cui si uniscono i buoi
al lavoro, *giogo*; per istru-
mento militare onde avvilire
i vinti; met. *servitù*, *sogge-*
zione

Jumènta, s. f. *cavalla*

Jumintàru, s. m. guardiano di
cavalli, *buttero*, *giumentiero*

Jumintèdda, s. f. dim. di ju-
mènta, *cavallina*

Juncàta, s. f. latte rappreso che
senza insalare ponsi tra'giun-
chi, *giuncata*

Juncimèntu, s. m. *congiungi-*
mento, *giugnimento*

Jùnciri, v. a. *giungere*, *giugne-*
re, *accrescere*, *arrivare*, *sor-*
prendere; jùnciri pipi a li cà-
vuli, *giungere legna al fuoco*;
quantu junciti! espressione
che manifesta difficoltà a
qualche cosa che si vorreb-
be, e si suppone dagli altri
agevole ed ottenibile di leg-
gieri; mùnti cu mùnti nun
si jùncinu mai, vale tra due
potenti non esservi accordo

Juncitùra, s. f. *unione*, *costura*,
giuntura

Junciùta, s. f. *arrivo*, *giunta*

Jùncu, s. m. pianta, *giunco*

Juniparu, vedi jìniparu

Jùnta, s. f. *aggiunta*, *giunta*, *so-*
prassello; la jùnta è cchiù di
lu ròtulu, *la giunta è più*
della derrata

Junticèdda e juntidda, s. f.
dim. di jùnta, *giuntarella*

Jùntu, agg. *aggiunto*; per *venu-*
to, *arrivato*, *giunto*

Juntùra, s. f. *congiuntura*, *giun-*
tura, *commessura*

Juramèntu, s. m. *giuramento*

Juràri, v. n. *giurare*

Juràtu, s. m. colui che fa parte
del Senato, *Senatore*

Juràtu, agg. *giurato*

Jurazìa, s. f. ufficio di juràtu,
vedi

Jurnatèri, agg. *usuale*, *ordina-*
rio, *giornaliere*

Jurnalimènti e jurnalmènti, avv.
giornalmente

Jurnalòru, vedi jurnatèri

Jurnàta, s. f. *giornata*; a la jur-
nàta, avv. *giornalmente*; fari
la jurnàta, procacciarsi la
mercede d'un giorno; jurnàta
di cani o di 'nfèrnu, giorno
d'avversità; travagghiari a
jurnàta, vale esser pagato
per ogni giorno di lavoro; per
la mercede d'un giorno; jur-
nata rutta pèrdila tutta, vale
che quando le cose non van
seconde in principio del gior-
no, non bisogna sperare buon
fine

Jurnatàzza, pegg. di jurnàta, e
s'intende per cattivo tempo

Jurnatèdda, dim. di jurnàta,
giornatella

Jurnatèri, s. m. operajo che la-
vora a giornata, *giornaliere*

Jurnatùna, s. f. accr. di jurnà-
ta, e vale bel tempo

Jurnicèddu, dim. di jòrnu, *gior-*
nerello

Jùsu, avv. *giù*

Jùta, s. f. *gita*; per *cacata*, *meta*

Juvàri, vedi giuvàri

Jùvu, vedi jùgu; juvu tòrtu,
vale uomo cattivo

Iva artètica, e muscàta, s. f.

pianta, *camepitide ordinaria*, e *moscata*

Ivi, inter. *oimè*

L

L, undecima lettera dell'alfabeto, che nell'abaco romano vale cinquanta; si pronunzia *elle*

La, art. fem. *la*; per pron. *la*

Labbràzzu, pegg. di làbbru

Labbricèddu o labbrùzzu, dim. di labbru, *labbruccio*, *labbretto*

Làbbru, s. m. *labbro*; per orlo di vaso

Làbbru di Vèniri, vedi cirimigna

Labbrùni, accr. di làbbru, *labbrone*

Labbrùtu, agg. che ha grosse labbra, *labbrone*

Labbrùzzu, dim. di làbbru, *labbruccio*

Labirìntu, s. m. *laberinto*; met. *imbroglio, intrigo*

Làcca, s. f. color rosso estratto dalla cocciniglia, *lacca*

Làccara, vedi làppara

Laccarùsu, vedi lapparùsu

Làccia, vedi alàccia

Lacciàta, s. f. latte rappreso col gaglio che si rompe per trarne il cacio

Lacèrta, vedi lucèrta

Làceru; agg. *lacero*; met. per *cencioso, pitocco*

Làfia e lafiàta, vedi millàfia

Laghicèddu; dim. di làgu, *laghetto*

Lagnàrisi, v. n. pass. *lagnarsi, dolersi*

Lagnusaria, vedi lagnusia

Lagnusàzzu, pegg. di lagnùsu, *poltronaccio*

Lagnusèddu, dim. di lagnùsu, *poltroncello*

Lagnusìa, s. f. *pigrizia, poltroneria, infingardaggine*

Lagnùsu, agg. *poltrone*; per *lento, tardo*

Lagnusùni, vedi lagnusàzzu

Làgrima, s. f. *lacrima, goccia*, particella di chicchessia; per una qualità di vino che fabbricasi nelle falde del Vesuvio

Lagrimèdda, dim. di làgrima, *lagrimetta*

Lagrimùsu, agg. *lacrimoso*

Lagrimùzza, dim. làgrima, *lagrimuzza*

Làgu, s. m. *lago*; per quantità d'umore

Lagùsta, s. f. specie di gambero, *aliusta*

Làicu, s. m. *laico*; per *imperito, illetterato*

Laidìzza, s. f, *bruttezza, laidezza*

Làidu, agg. *brutto, laido*; per *guasto, corrotto, inutile*

Laidùmi, s. f. vedi laidìzza

Laidùni, accr. di làidu, *laidissimo*

Laidùzzu, dim. di làidu

Làma, s. f. parte della spada fuor dell'elsa, *lama*; per qualunque piastra di ferro

Lambìcu, vedi lammicu

Lamèntu, s. m. *lamento*

Làmia, s. f. sorta di pesce, *lamia*; per la rana pescatrice, detta *diavolo marino*

Lamiàri, v. n. stentar la vita, cercare il bisognevole, *pitoccare*

Làmina, s. f. piastra di ferro

o altro metallo , *lama, lamina*

Lamintàrisi, v. n. pass. *rammaricarsi, querelarsi, lamentarsi*

Lamintazìòni, s. f. *lamento*; per querela

Lamintùsu , agg. *lamentevole, lamentoso*

Lammicàri, vedi allammicàri

Lammìcu, vedi allammìcu

Làmpa, s. f. *lampadu, lampana*; per *sonaglio, bolla, gallozzola di sapone*; met. *stupido*

Lampadàru, s. m. *lampadario*, macchina ove pongonsi in giro le candele

Lampànti, agg. *luccicante, lampante*; agg. ad olio vale *chiaro, puro*

Lamparigghia , s. f. lume ad olio che si pone nella lampana

Lampàzza, vedi timpulàta

Lampèri, vedi lampadàru

Lampiàri, v. n. *balenare, lampeggiare*

Lampiàta, s. f. *lampo, lampeggiamento*; per *sentore*

Lampicèdda, s. f. *lampanetta*

Lampicèddu, dim. di làmpu

Lampiunèddu , dim. di lampiùni

Lampiùni, s. m. lanterna che mettesi nelle strade, ne' cortili, nelle scale ec. *fanale*; per lanterna da carrozza , *lampione*; lampiùni di càrta, *lanternone*; met. agg. *stupido*

Làmpu, s. m. *baleno, lampo*; per *chiarore* ; momentanea apparenza di chicchessia

Lampunàzzu, pegg. di lampùni, vedi

Lampùni, s. m. *ghiotto, arlotto, avaro*

Lampùzza, dim. di làmpa, *gallozzola*

Làna, s. f. pelo di capra o pecora , e il tessuto fatto dallo stesso, *lana*

Lanapìnula, s. f. sorta di verme, *pinna*

Lanàta, s. f. tutta la lana d'una pecora staccata dalla sua pelle, *boldrone*

Lancèdda, s. f. vaso di terra cotta, *brocca*

Lancèri , s. m. soldato armato di lancia, *lanciere*

Lancètta, s. f. quel ferro che mostra le ore negli oriuoli, *lancetta*

Lanchè , s. m. tela di color giallastro che vien dalle Indie, e che prende il nome dalla città di Nanckin, *anchina*

Lància, s. f. arma in asta, vedi lànza; per barchetta al servizio di grosse navi , *lancia*

Lanciàri, v. a. tit. del foro, vale mandare una citazione, un appello ec. all'avversario

Lanciàta, s. f. colpo o percossa di lància, *lanciata*

Lancinàta, s. f. dolorosa sensazione che si prova come se fosse di puntura di spillo

Lanciddàta , s. f. quantità di materia contenuta in una brocca, *broccata*

Lànciu, s. m. salto grande, *lancio* ; di primu lànciu , vale *subito*

Lanciùni, s. m. barca grande, armata a guerra, *lancione*

Landò, s. m. specie di calesse a quattro ruote, *landò*

Làndru, s. m. pianta, *oleandro*

Lanètta, s. f. specie di pannina di lana, *lanetta*

Langùra, i, s. m. *languore*

Lanigghìa, s. f. lana sottilmente filata per far calze ed altro

Làniu, agg. panno o drappo che comincia a logorarsi

Lànna, s. f. *latta*; per *lamina*; per vaso di latta

Lannò, vedi landò

Lannunàzzu, s. m. *ozioso, scioperone, perdigiorno*

Lannùni, accr. di lànna; per lannunàzzu vedi

Làntanu, s. m. frutice, *brionia, viburno*

Lantèrna, s. f. strumento che serve a far lume, *lanterna*; per quella che sta nelle torri della marina, *faro*; lanterna màgica, strumento ottico che serve a dipingere sulle pareti talune figure, *lanterna magica*; panza a lantèrna, vale digiuna

Lantèrnu, s.m. arboscello, *alaterno*

Lantirnàru, s. m. chi fabbrica lanterne, *lanternajo*

Lantirnèri, s. m. chi tra la birraglia porta la lanterna

Lantirnìnu, s. m. parte delle cupole che sta in cima, *capannuccio, lanterna*

Lànza, s. f. strumento da guerra fatto di lunga asta con punta di ferro, *lancia*

Lanzafìna, s. f. pianta, *piantaggine*

Lanzàri, vedi vomitàri; per riferire, *rinvesciare, svesciare*

Lanzàta, s. f. *vomitazione*

Lanzatùri, s. m. piccolo doccio

Lanzètta, s. f. strumento da cerusici, *lancetta*; per quel ferro che indica le ore negli orologi, *lancetta*

Lanzittàta, s. f. colpo di lancetta

Lànzu, vedi vòmitu; aviri bonu lànzu, si dice di giumente lunghe di corpo; lànzu di càni, cattivo cibo

Lanzùdda, s. f. crusca minuta, *cruschello, tritello*

Làpa, vedi àpa

Lapàrda, s. f. sorta d'arme, *alabarda*; appizzàri o jittàri la lapàrda, vale mangiare a spese altrui

Lapardèri, s. m. *alabardiere*; met. *parassito, scroccone*

Laparìa, s. f. arte di curare le api, *apiaria*

Lapàzza, s.f. pezzo di legno che si adatta con chiodi per rinforzare finestre, porte ec. *spranga*

Lapàzzu, s. m. pianta, *lapazio*

Lapèra, s. f. stanza da pecchie, *apiario, arniajo*

Lapidàri, vedi pitruliàri

Làpidi, s. f. *lapide*

Làpis, s. m. piombaggine che si mette in legno e che serve a scrivere e disegnare; èssiri un làpis, fig. vale di gusto squisito

Lapislàzzaru, s. m. pietra preziosa, *lapislazzoli*

Làppana, s. f. pesce, *tordo*

Làppara, s. f. pezzo di carne senza consistenza cavata dal ventre degli animali; per isproposito

Lapparùsu, agg. di làppara

Làppiu, s. m. specie di mela, *appio*

Lappusità, s. f. *asprezza, lazzezza*

Lappùsu, agg. *astringente, lazzo*

Laqueàri, v. a. *angustiare, tormentare*

Lardalòru, vedi jòvidi gràssu

Lardèddu , s. m. pezzuolo di lardo, *lardello*

Lardèra, s. f. quantità di piaghe o scorticature sul corpo d'un animale

Lardiàri, v. a. gocciolare sopra gli arrosti del lardo liquefatto, *pillottare*

Lardiàtu, agg. *pillottato*

Làrdu, s. m. *lardo*, propr. il grasso del porco aderente alla cute; jittàri lu làrdu, vale aver molti beni di fortuna; fàricci lu làrdú, *esultare;* farda di làrdu , tutto un lato dell'animale consistente nella cute e nel grasso

Larghìzza, s. f. *larghezza;* per *abbondanza*

Làrgu, s. m. *spazio, largo;* fàrisi làrgu, vale procacciarsi credito

Làrgu, agg. *largo;* a la larga, avv. *di lontano;* s' è larga un cci vèni, s' è stritta un cci capi, vale *testerello, caparbio*

Largùra, s. f. *larghezza*

Làrici, s. m. albero, *larice*

Làrva, s. f. *larva;* per *crisalide*

Lasàgna , s. f. pasta tagliata sottilissimamente a lunghi nastri, *lasagna*

Lasagnàru, s. m. chi fa o vende lasagne

Lasagnatùri, s. m. bastone gros-

so e rotondo per spianare la pasta, *spianatojo, mattero*

Làscia, s. f. striscia di sovattolo che s'attacca al collare del cane, *guinzaglio, lassa* ; per corda di setole onde medicare quàlche malore a' cani, *setone*

Làscitu, s. m. *testamento, legato, lassito*

Làscu, agg. *rado*

Làssana, s. f. spezie di cavolo selvatico

Lassanèddi, s. m. plur. erba, *erisamo*

Lassàri, v. a. *lasciare, abbandonare, testare;* per *trascurare;* lassàrisi jìri, vale *avventarsi;* lassari 'ntra lu ballu o 'ntra l'acqua di l'aranci, vale lasciar altrui in pericolo per salvare sè stesso; n. p. per *consumarsi, logorarsi*

Lassàta, s. f. *lasciamento, lasciata*

Lassatìna, s. f. *lasciamento, errore, lasciatura*

Lassatùri, s. m. plur. endivia non ben attecchita che si lascia sul campo per continuare a crescere

Làssitu, vedi làscitu

Làstima, s. f. *dolore, affanno;* per *innamorata, amanza* ; fari la làstima, *penuriare*

Lastimiàri , v. a. *angosciare, tribolare*

Làstra, s. f. pietra di superficie piana che sèrve a lastricar le strade, *lastra;* per *lamina*

Lastricàri, v. a. coprire il suolo di lastre o mattoni , *lastricare*

Lastricàtu, s. m. copertura di

lastre sul terreno , *lastrico, lastricato*; agg. *lastricato*

Lastricèdda, s. f. dim. di làstra, *lastretta*

Lastrùni , accr. di làstra, *lastrone*

Latìnu, s. m. *norma, regola*; agg. del lazio , *latino* ; per *puro, netto*; alla latina, avv. *latinamente*

Làtru, s. m. *ladro* ; latru di mari , *pirata* ; met. *scaltro*

Latruciniu, vedi latruniggiu

Latrùnculu, dim. di làtru, *borsajuolo, ladroncello*

Latrùni, accr. di làtru, *ladrone*

Latruniggiu, s. m. *ladroneccio, ladrocinio*

Lattànti, agg. che prende latte, *lattante, poppante*

Lattàra, agg. animale che abbonda di latte , *buona lattaja*

Lattara, s. f. erba, *lattajuola*

Lattàru, s. m. colui che vende latte, *lattajo*

Lattàta, s. f. bevanda fatta col succo delle mandorle, di semi di poponi ed altro, *lattata*

Lattazzìnu, s. m. propr. vivanda di latte, *latticinio*; però s'intende più comunemente il prodotto della cascina, le uova, e tutto ciò, che non è carne, vedi scammaru

Làtti, s. m. *latte*; per quello umore viscoso che esce dal picciuolo del fico acerbo , *lattificcio*; latti di pùllu, bevanda di uova battute; latti di niura, latte di asina nera; livàri lu latti, *divezzare*; ciùri di latti, *panna*; latti di conigghia, *scipitaggine*

Lattilèbbra, s. f. erba nota che mangiasi ad insalata

Lattimùsa, s. f. pietra bianca che serve alla litografia

Lattuàriu, s. m. composto di vari medicinali , *elettuario, lattovaro*

Lattùca, s. f. pianta nota, *lattuga*; ovu di lattùca, *garzuolo*

Lattuchèdda mòdda, s. f. specie di erba spontanea

Lattuchina, s. f. lattuga nata di recente

Lattùmi, s. m. sostanza bianca che si trova entro i pesci maschi, *latte di pesce*

Lattuvàriu, vedi lattuàriu

Lavàgna, s. f. specie di schisto duro e per lo più turchino, *lavagna*

Lavamànu, s. m. arnese a tre piedi, dove si situa la catenella, *lavamani*

Lavànca, s. f. luogo scosceso e sdrucciolevole, *dirupo*; a tàgghiu di lavànca, vale in gran pericolo

Lavànna, s. f. *lavatura, lavanda*; acqua di lavànnu, acqua distillata di spigo; per *clistere*; per pianta, vedi spicaddòssu

Lavannàru, s. m. *lavandajo*

Lavàri, v. a. *lavare*; una manu lava a n'autra, dicesi di due uomini che si giovano scambievolmente; lavàri la facci, *rimproverare*

Lavativu, s, m. *clistere, serviziale, lavativo*

Lavàtu, agg. *lavato*; di colore, vale *smorto, sbiadito*

Lavatùra, s. f. *lavamento*, *lavatura*; per la mercede della lavatura

Lavatùri, s. m. luogo o pietra dove si lava, *lavatojo*; a lavatùri, avv. *a pendio*; cori a lavaturi, fig. senza affetti

Laudìmiu , s. m. danaro che pagasi dal censuario al signore d'un feudo

Lavìna, s. f. *torrente*; dari la facci a la lavìna, vale lavorare incessantemente , esporsi ad ogni fatica per guadagnar danari

Làuria, s. f. dignità dottorale, *laurea*

Lauriàri, v. a. conferire il dottorato, *laureare*; n. p. lauriàrisi, prender la dignità dottorale, *laurearsi*

Lavòrnia, s. f. uccello di rapina, *buzzardo di palude*; met. per *isproposito*

Làuru, vedi addàuru

Làusu, s. m. *lode*; nun avìrni làusu, o nun vulìrni làusu, vale non avere o non cercar lode

Lautèddu, s. m. piccola nave

Lavurànti, s. m. chi lavora; pel giorno di lavoro, *giorno lavorativo*

Lavuràri, v. a. *lavorare*; per *zappare, arare, coltivare*

Lavuràtu, s. m. *aratura*, terra lavorata; agg. *arato, lavorato, coltivato*

Lavuratùri, s. m. chi lavora, *lavoratore, aratore*

Lavuréra, s. f. donna che lavora, *lavoratrice*

Lavùri, s. m. sementa di grano in erba, *biada*

Lavùru, s. m. *lavoro, lavorio*

Lazzarèttu, s. m. spedale degli appestati , *lazzaretto, lazzeretto*

Làzzaru, o lazzarùni, s. m. la plebe di Napoli, *lazzero, lazzerone*

Lazzàta, vedi ciùnna

Lazzèttu, dim. di làzzu, *laccetto*

Làzzi di poviròmu, s. m. pianta detta *bermudiana*

Lazziàri, v. n. (colle zz dolci) far certi atti o gesti da far comprendere ciò che si vuol dire, *lazzeggiare*

Lazzittìnu, dim. di làzzu, *laccioletto*

Lazzòlu, s. m. *lacciuolo*

Làzzu, s. m. colle zz dolci, vale motto faceto, *lazzo*

Làzzu, s. m. colle zz aspre, vale *cordellina*; di li càusi, *usoliere*; ammagghittàtu, *stringa*

Lèbbra, s. f. specie di malattia della pelle, *lebbra*

Lèbbru, s. m. animale quadrupede, *lepre*; sapìri unni cci dòrmi lu lèbbru, star sicuro, tener il capo in mezzo a due guanciali

Lècca, si dice firriàri la lècca e la mècca, vale girar qua e là, *gironzare*

Lèccu, quella voce con cui s'incitano al cammino le bestie da soma; per *eco*

Lècuru, s. m. uccelletto, *lecora, lucherino*

Lèfanu, s. m. aliusta maschio, *lupicante*

Legàri, v. a. far legati, *legare*; per *annodare, strignere*; per cucire un libro, armandolo di cartoncini, pelle ed altro, *legare*

Legàtu, s. m. *legato, lascito;* agg. *legato*

Leggènna, vedi ligènna

Leggèru, vedi lèggiu

Lèggiri, v. a. *leggere;* lèggiri li corna, vale *spellicciare*

Lèggiu , agg. *leggiero, veloce, incostante;* jiri a lèggiu, vale *adagio*

Lèjiri, vedi lèggiri

Lèmmu, s. m. vaso per lavarvi le stoviglie, *catino*

Lèna, s. f. respirazione, riposo; vigore, gagliardia, *lena*

Lènti, s. f. cristallo convesso, *lente*

Lentiscu, vedi stincu

Lèntu, agg. *tardo, pigro, lento;* per *rado;* per *lentamente* avv.

Lènza, s. f. setole annodate insieme, alle quali s'appicca l'amo per prendere i pesci, *lenza;* per fascia lina, *lenza*

Lèpra, vedi lèbbra

Lèsina, s. f. ferro con cui si fora il cuojo, *lesina;* met. per *avaro, sordido*

Lèstu, agg. *destro, astuto;* per *finito, compiuto;* lestu di manu, vale *ladro;* lèstu lèstu, avv. *speditamente*

Lèsu, agg. di lèdiri, *offeso, presuntuoso;* lesu di tèsta, *pazzo;* per *attillato*

Letàrisi, vedi litàrisi

Lètta, s. f. dal verbo lèggiri; diri na lètta, vale *rimproverare, ammonire*

Lèttu, s. m. *letto, giacitojo;* per fondo del fiume; cunzàri lu lèttu, vale racconciare il letto ; nuocere altrui ; primu

lèttu, secunnu lèttu ec. *primo, secondo matrimonio* ec.

Lèttu, agg. di lèjiri, *letto*

Lettùri, agg. *leggitore;* per *precettore*

Letturicchiu, dim. di lettùri , *precettorello*

Lètu, agg. *lieto*

Lèva, s. f. strumento con cui si alzan pesi enormi, *leva;* per la coscrizione dei soldati, *leva*

Levatrìci, vedi mammàna

Lèvi, vedi lèggiu

Lèvi lèvi, avv. *pian piano*

Lèvitu , s. m. pasta inforzata per levitare il pane, *fermento, lievito*

Liàri, vedi ligàri; liàri li mànu, vale baciar le mani in segno d'ossequio

Libbànu, s. m. canapo d'erba sparto, che serve a molti usi nelle navi, *libano*

Libbra, s. f. peso di 12 once, *libbra ;* pel plur. di libbru vedi

Libbrùsu, agg. *leproso*

Liberu, agg. *libero;* per *scapolo*

Libìci, s. m. nome di uno dei venti, *libeccio*

Libiciàta, s. f. furia di vento libeccio, *libecciata*

Libra, vedi libbra

Libracchiùni, s. m. lepre giovane, *leprotto*

Librarìa, s. f. *libreria*

Libràru, s. m. colui che vende libri, *librajo;* per legatore di libri, *legatore*

Libràta, s. f. colpo di libro

Libràzzu, pegg. di libbru, *libraccio*

Librèri, s. m. *computista*

Libricèddu, dim. di libbru, *libriccino*

Librìnu, agg. colui che ha il labbro fesso, *labbro leporino*

Librittìnu, vedi libbricèddu

Libru, s. m. *libro*; mèttiri 'ntra lu libru di li pèrsi, far conto di aver perduto; libru di quarànta fògghi, si dice delle carte da giuoco; cozzu di libru, *dosso di libro*; a libru di mèdicu, si dice di cosa che non è celata

Liccapiàtta, s. m. uomo da nulla, *leccapiatti*

Liccàri, v. a. *lambire, buscare, adulare*; per *amoreggiare*; liccàrisi li jìrita, aver somma compiacenza

Liccasapùni, s. m. modo basso con cui chiamasi un coltello a larga lama

Liccàta, s. f. *leccatura, amoreggiamento*; na liccàta, *un pocolino*

Liccatùri, s. m. *vagheggino, cicisbeo*

Liccaturèddu e liccaturùni, dim. e accr. di liccatùri

Licchèttu, s. m. una delle serratura dell'uscio, *saliscendi, lucchetto*; per sapore dolce di vino, *dolciore*

Licchiàri, vedi liccàri

Licchittèddu, s. m. dim. di licchèttu; per *sapore, gusto*

Lìccu, agg. *ghiotto, leccardo*

Luccumarìa, vedi liccumìa

Liccumìa, s. f. *leccornia, leccume*; cosa appetitosa

Liccumiàri, vedi liccuniàri

Liccunarìa, vedi liccumìa

Liccùni, accr. di lìccu; per macchia a strisce; accr. lic-eunàzzu; dim. liccunèddu

Liccuniàri, v. n. trarre qualche profitto oltre il salario, *lecchoggiare*; per *lambire*

Lìcet, s. m. *zambra*

Licùri, s. m. *liquore*

Lìdu, s. m. *lido, sponda*

Lìga, s. f. mescolanza de' metalli secondo diverse proporzioni, *lega*; per *saldatura*; per *allegamento*

Ligàma, s. f. *legame*; per *tralcio, stoppa*; per *ampelodesmo*; turcirisi comu na ligàma, vale *contorcersi*

Ligàri, v. a. *legare, allegare*; ligàri li màno, baciar le mani; per legàri vedi

Ligàtu, agg. *legato*; manu ligàti, *mani conserte*

Ligatùra, s. f. *legamento, legatura*

Ligatùri, s. m. *legatore*; per chi lega i libri

Ligàzza, s. f. *legacciolo, legaccia*

Liggèru, vedi lèggiu

Lìggi, s. f. *legge, precetto, statuto*; nun avìri nè lìggi nè fìdi, vale non aver coscienza; dari lìggi, vale *comandare*, imporre soggezione

Liggirìzza, s. f. *leggerezza*; per *incostanza, volubilità*

Liggìtima, vedi legìtima

Liggiulìddu, agg. dim. di lèggiu, *leggeretto*

Lignàggiu, s. m. *stirpe, legnaggio*; per *vitigno*

Lignalòru, s. m. colui che fa legna da ardere, *legnamaro*

Lignàmi, s. f. *legname*

Lignàri, v. n. far legna da ardere, *legnare*

Lignàta, s. f. *bastonata, legnata*

Lignatùna, accr. di lignàta, grave percossa

Lignàzzu, s. m. pegg. di lignu, legno cattivo, *legnaccio*

Lignèddu, s. m. calcagnino di legno nelle scarpe delle donne; per legno da tignere

Ligniàri, v. a. *bastonare, legnare*

Lignicèddu, s. m. *legnetto*; per piccolo naviglio

Ligniddàru, s. m. facitor di legnetti che servono a' calcagnini delle scarpe da donna; vedi furmàru

Lignòlu, s. m. *canape, fune, legnuolo*

Lignu, s. m. *legno*; per *naviglio, carrozza*; fari ligna, *legnare*; lignu sàntu, legno che viene dall'Indie, *guajacò*; è anche una specie di frutice; sapunàciu vedi sapunària

Lignùsu, agg. *legnoso*

Ligùmi, s. m. *legume, civaja*

Lilà, s. m. pianta, *amaranto*; agg. di colore simile a' fiori della detta pianta

Lilla, s. f. panno vergato, *vergato*

Lillà, vedi lilà

Lima, s. f. strumento dentato e di superficie scabra, che serve per assottigliare e pulire il ferro, legno ec., *lima*

Limàri, v. a. assottigliare o pulire colla lima, *limare*

Limàta, s. f. il limare, *limatura*

Limàtu, agg. *limato*

Limatùra, s.f. l'atto del limare, e la polvere che cade dalla cosa limata, *limatura*

Limitàri, v. a. *circoscrivere, limitare*

Limitu, s. m. *confine, limite*

Limmitàru, s. m. soglia dell'uscio, *limitare*

Limmicèddu e limmitèddu, dim. di lèmmu, *catinuzzo*

Limmu, s. m. luogo ove dimorano le anime macchiate dal solo peccato originale, *limbo*

Limòsina, s. f. *elemosina*; jiri pri la limòsina, *pitoccare*

Limpidu, agg. *limpido, chiaro*

Limpidìzza, s. f. *limpidezza*

Limpiu, vedi limpidu

Limunàta, s. f. bevanda fatta di acqua acidulata con l'agro del limone e zucchero, *limonea*; se congelata, *gragnolata, gramolata*

Limùni, vedi lumiùni

Limusinànti, agg. che cerca o fa limosina, *limosinante*

Limusinàri, v. a. cercare o dar limosina, *limosinare*

Limusinèri, agg. che fa limosina, *limosiniere*; per una carica nella Corte destinata a distribuir le limosine, *limosiniere*

Linalòru, agg. chi lavora o vende il lino, *linajuolo*

Linàta, s. f. luogo piantato a lino, *lineto*

Linàzza, s. f. materia grossa che si trae dalla prima pettinatura del lino e della canape, *capecchio*

Linchia, s. f. *briciolo, minuzzolo*

Linchicèdda e linchìdda, dim. di linchia, *tantinetto*

Linci, vedi lùpu cirvèri; parràri cu lu squinci e linci,

vale parlare con affettazione

Linea s. f. *linea*; per *fessura, crepaccio*; linea di pazzia, *matteria*

Lineàri, v. a. *delineare, lineare*; per *fendere*

Lingua, s. f. *lingua*; per *favella, linguaggio*; la lingua batti unni lu denti doli, vale ragionare involontariamente di quelle cose che interessano; avìri 'mpìzzu di la lìngua, vale star per dire; nun avìri lìngua, vale non parlare; lingua di pèzza, *scilinguato*; lingua di tèrra, tratto di terra che si prolunga in mare; pigghiàri di lìngua, vale usar artifizio per cavar di bocca ad alcuno qualche segreto; dàri lingua, *avvisare*; mala lingua, vale maligno; cui avi lingua passa lu màri, vale che col mezzo della favella si può girar il mondo; nùn avìri più 'ntra la lìngua, dire alla spiattellata

Lingua buvìna, vedi buglòssa

Lingua cervìna, s. f. pianta, *lingua cervina*

Lingua di càni, s. f. pianta, *cinoglossa*

Lingua di s. Paulu, s. f. denti di cani marini pietrìficati, *glossopetra*

Linguàggiu, s. m. *linguaggio, idioma, lingua*

Lingua-lònga, s. f. uccello, *picchio grosso maggiore*; è anche così chiamata una specie di erba

Linguàta, s. f. sorta di pesce, *sogliola, linguattola, soglia*

Linguèdda, s. f. parte glandu-losa e spugnosa all'estremità del palato, *ugola*; linguèdda cadùta, malattia che viene all'ugola, *craspedone*; per l'ago della bilancia, *lingua*; dim. di lingua, *linguetta*

Linguèdda di tùrdi, s. f. uccello, *fanello comune*

Linguiàri, v. n. parlar con arroganza, *lingueggiare, borbottare*

Linguicèdda, s. f. uccello, *pispola*

Linguutàzzu, agg. accr. *linguardo, arrogante*

Linguùtu, agg. *presuntuoso, linguto*

Lingùzza, s. f. dim. di lingua, *linguetta*

Lìnia, vedi lìnea

Linièdda e **liniètta**, dim. di lìnia

Linninèddu, dim. di lìnninu, *lendinino*

Lìnninu, s. m. uovo di pidocchio, *lendine*

Linninùsu, agg. che ha lendini, *lendinoso*

Lìnnu, agg. *azzimato, lindo, attillato*

Lintàri, vedi allintàri; per *lasciare, intermettere, cessare*

Lintìcchia, s. f. pianta legumi-nosa, il di cui seme dicesi anche *lente, lenticchia*; v' è anche la lente palustre; per lintìnia vedi

Linticchièdda, dim. di lintìcchia

Linticciòlu, s. m. rotelline d'oro e d'orpello che si pongono per ornamento nelle guarnizioni di vesti ed altro, *bisanti, bisantini*

Lintinia, s. f. macchiette rossastre che vengono alla faccia, *lentiggine*

Lintiniùsu, agg. *lentigginoso*

Lintizza, s. f. *tardità, pigrizia, lentezza*

Lintulìddu, dim. di lèntu

Linu, s. m. pianta, *lino*; patiri li guai di lu linu, soffrire grandi avversità; ògghiu di linu, olio tratto dal linseme che serve agli usi dell'arte lintoria

Linùsu, s. f. seme del lino, *linseme, linume*

Linzàta, s. f. striscia di chicchessia, *lista*

Linziàri, v. a. ridurre in liste

Linzicèdda, dim. di lènza

Linzòlu, s. m. panno lino che ponsi nel letto, *lenzuolo*; fari lu sceccu 'ntra lu linzòlu, fingersi goffo; stènni pèdi quantu linzòlu tèni, non spendere più di quel che si può

Linzùdda, vedi linzicèdda

Linzulèddu, dim. di linzòlu, *lenzuoletto*

Lippiàri, v. n. *assaggiare*; per *musticacchiare, buscare*

Lippu, s. m. pianta, *muschio*; per viscosità

Lippùsu, agg. *muschioso, viscoso*

Liquirizia, vedi rigulìzia

Liquùri, s. m. *liquore*; per vino generoso o altra bevanda spiritosa, *liquore*

Lira, s. f. strumento musicale, *lira*; per moneta, *lira*; per nome d'uccello, pesce e di conchiglia

Liscia, s. f. ranno, *lisciva*

Lisciandrèddu, s. m. pianta, *macerone, smirnio*

Lisciandrinu, agg. di certe frutta, specialmente delle mele, per esprimere la loro qualità perfetta, come quelle che in origine forse venivano da Alessandria

Lisciàri, vedi allisciàri

Lisciàta, s. f. il rimasuglio del ranno, dopo avervi lavati i panni sudici, *rannata*

Lisciu, s. m. *belletto, liscio*

Lisciu, agg. *morbido, levigato, liscio, attillato, indifferente, senza frode*; pigghiàri lu lisciu, *avvezzarsi*; passàri liscia, vale andare impunito

Lisinèdda, dim. di lèsina

Lisinùna, accr. di lèsina

Lista, s. f. *striscia, lista*; per *catalogo*

Listiàri, v. a. ridurre a liste; per riempire le fessure di calcina, istoppa, bambagia o altro, *rinzaffare*; per fregiar di liste, *listare*

Listicèdda, s. f. *listella*

Listizza, s. f. *destrezza, agilità*

Listùni, s. m. l'avanzo in larghezza delle tavole che si lavorano, *listone*

Litania, s. f. *litane, litanie*; a litània, avv. *a torme*

Litàri, v. a. *letamare*

Litàrisi, v. n. p. *allegrarsi, rallegrarsi*

Liti, s. m. *lite, litigio*; per *discordia*; dari liti, *dar briga*

Liticàri, v. n. *litigare, contendere, piatire*

Liticèdda, dim. di liti

Liticùsu, agg. *litigioso, contenzioso*

Litigàri, vedi liticàri

Liticatùri, s. m. *litigioso*

Littèra , s. f. il legname del letto, *lettiera*

Littìca, s. f. specie di carrozza senza ruote trasportata da due muli, *lettiga*

Littichèri, s. m. conduttor di lettiga, *lettighiere*

Littirìnu, s. m. specie di palco nelle chiese ove sta l'organo, e dove cantano i musici, *canteria*

Littra, s. f. carattere dell'alfabeto; per parola; per epistola; pe' caratteri degli stampatori; littra di càmbiu, *lettera di cambio*

Littrieùtu, agg. si dice ironic. di uomo che affetta dottrina, *letteruto*

Littriggiàrisi, v. n. *carteggiarsi*

Livantàri, vedi allivintàri

Livantàta, s. f. tempesta che spira da levante

Livànti, s. m. *oriente, levante,* parte donde si leva il sole; per nome de' venti

Livantìnu , agg. *adiroso, istabile*

Livàri, v. a. *alzare, levare, tórvia;* livàrisi di davànti, uccidere, mandar in rovina; per alzarsi da letto; livàri l'acqua, vale accomodare un litigio; livàri lu lèttu, rassettare il letto; livàri, per prender fuoco, pesare, portare; livàrisi di 'ncòddu, vale liberarsi; lassàrisi livàri, vale cedere facilmente alle altrui istigazioni; livàri la vàrva, la màscara, la tàvula, radersi, manifestarsi, sparecchiar la tavola

Livàta, s. f. *levamento;* per l'al- zar del sole; per l'uscir dal letto; per *albagia, orgoglio,* moto di collera

Livatìzzu, agg. che si può levare, *levatojo;* detto di abito, calzari, ec. vale usato, e che altri acquista per rimetterseli

Livatùra, s. f. *levatura,* capacità di levarsi; fig. eccitamento alla collera

Livatùri, s. m. *levatore;* di cavallo che facilmente s'impenna

Livèddu, s. m. strumento che misura il livello delle cose, *traguardo, livella;* per *archipenzolo,* strumento con che si aggiusta il piano

Livèllu, s. m. rendita vitalizia assegnata dei beni paterni a persone religiose; e de' beni feudali a cadetti delle case baronali

Lividdàri, vedi allividdàri

Lividdàtu, agg. *livellato*

Liufànti, vedi elefànti

Liuncìnu è liunèddu, dim. di liùni, *lioncello*

Liùni, s. m. animale quadrupede che abita nell'Affrica, nell'Arabia ed in altre regioni lontane, *leone*

Liunìnu, agg. *leonino*

Liunìssa, s. f. la femina del leone, *leonessa*

Liupàrdu, vedi leopàrdu

Livra, vedi libbra ; libbra di cicculàtti, è una quantità di cioccolatte ridotta a forma

Livrèri, s. m. cane da pigliar lepri, *levriere*

Livrìa, s. f. abito da servitore, *livrea*

Liùtu, s. m. strumento musicale oggi in disuso, *liuto*; il suo diminuitivo era il mandolino, vedi **minnulinu**

Lizzu, s. m. filo torto che serve a' tessitori per abbassare ed alzare le fila dell'ordito, *liccio*

Locànna, vedi **lucànna**

Locàri, vedi **addugàri**

Locatùri, s. m. *locatore*

Locazìoni, s. f. *appigionamento*

Lòccu, s. m. *stupido, babbuccio*

Lòchi, s. m. luogo per fare i suoi agi, *agiamento*

Lòcu, s. m. *luogo, parte, agio, congiuntura*; per *possessione, podere*; lòcu comùni, vale *cesso*; supra locu, *li*

Lòcura, s. m. plur. di lòcu, *poderi, luoghi*

Locutinènti, agg. *luogotenente*; s. m. pel rappresentante del re in Sicilia, *luogotenente*

Lòdana, s. f. uccello, *allodola, lodola*

Lodàri, vedi **ludàri**

Lòdi, s. f. *lode*

Lodìmiu, vedi **laudìmiu**

Lòfiu, s. m. *balordo, sciocco*

Lòggia, s. f. edificio coperto, *loggia*; per vendita all'incanto, *incanto*

Lònara, vedi **lòdana**

Londrìnu, vedi **lundrìnu**

Lònga, s. f. pezzo del traino delle carrozze; nel giuoco del tressette vale aver molte carte d'uno de' semi

Longamànu, vedi a **longamànu**

Lòngu, s. m. e agg. *lungo*; per *fisicoso, sottile, tardo, lento*; avìri li manu lònghi, vale esser sollecito a bastonare o rubacchiare; vistùtu di lòngu, dicesi dei preti coperti della veste talare; jìri pri curtu e pri lòngu, vedi **jiri**

Lòppiu, vedi **òppiu**

Lòrdu, agg. *sporco, lordo, brutto*; per *corrotto, disonesto*; pisu lòrdu, vale che non è netto di tara

Lòttu, s. m. giuoco che si fa scommettendo su d'uno o più numeri dell'abaco, che non sorpassa i 90, de' quali se ne traggono cinque a sorte da un'urna, *lotto*; fra noi è detto più comunemente *jocu di Nàpuli*

Lùca, s. f. *ruffa*; fari lùca, *fare a ruffa raffa*

Lucànna, s. f. *albergo, locanda*

Lucannèri, s. m. *locandiere*

Luccàggini e **luccarìa**, s. f. *scempiaggine, gaglioffaggine*

Luccarèddu e **lucchicèddu**, dim. di lòccu

Lucchignu, agg. *merlotto*

Lucchitùlini, vedi **luccàggini**

Lùcciula, s. f. insetto, il cui ventre risplende d'una azzurra luce, *lucciola*; vedi **cannila di picuràru**

Luccùni, agg. acr. di lòccu, *baggeo*

Lucèrna, s. f. vaso dove si mette olio e il lucignolo per accendere il lume, *lucerna*; per *abbaino*, cioè apertura per trar lume dal tetto

Lucernàli, vedi **lucèrna** nel senso di *abbaino*

Lucèrta, s. f. *serpentello, lucertola*; è anche un anfibio detto *lucerta*

Lucèrtu, s. m. quel taglio del culaccio dell'animale ch'è più vicino alla coscia, *scannello*

18

Luchicèddu, dim. di lòcu, *luoghetto*

Lùci, s.f. *luce*; per carbone acceso; per pupilla degli occhi; dàri a lùci, vedi figghiàri

Lùciri, v. n. *risplendere*, *lucere*; per manifestare utilità, *giovare* ec.; lùciri lu pilu, vedi pilu; nun vidiri lùciri, vale non esser pagato; per iscampare da qualche gastigo

Lucirtùni, s. m. sorta di lucerta ben grossa, *ramarro*, *lucertone*; jiri l'occhi comu un lucirtùni, vale cercar cosa avidamente cogli occhi

Lucràri, vedi guadagnàri

Lùcru e lùcaru, s.m. *guadagno*, *profitto*, *utile*, *mercede*

Ludàri, v. a. *lodare*, *approvare*

Luèri, s. m. *pigione*; certu luèri di casa, dicesi per accennar cosa che non puossi manifestare

Lùffa, s. f. crosta nera che vien sul capo a' bambini lattanti

Luggètta, s. f. dim. di lòggia, *loggetta*; edifizio eminente per goder di belle vedute, *belvedere*; luggètta scuvèrta, *altana*

Lùgliu, s. m. settimo mese dell'anno volgare, *luglio*

Lumàca, vedi babbalùci

Lumèra, s. f. arnese che contiene molti lumi, *lumiera*; per ispecchio innanti al quale s'accendono lumi; per l'apertura, a mezzo della quale si dà fuoco alla carica del cannone, *lumiera*

Lùmi, s. m. *lume*; pigghiàri lùmi, vale pigliar contezza, e prender luce

Lumìa, s. f. spezie di limone di sapor dolce, *lomia*, *lumia*

Luminària, s. f. fuoco d'allegrezza, *falò*; per quantità di fuochi accesi, *luminaria*

Lumincèlla, s. f. sorta di mela

Lumìnu, s. m. piccol lume, *lumino*; lumìnu di nòtti, *spirino*

Lumiunàta, s.f. colpo di limone

Lumiunàzzu, s. m. pegg. di lumiùni; met. per *gaglioffo*

Lumiunèddu, dim. di lumiùni, *limoncello*

Lumiùni, s. m. pianta, *limone*, e il frutto, *limone*; detto ad uomo, vale *balordo*, *pascibietola*

Lummàrdu, vedi facchìnu

Lumunàta, vedi limunàta

Lùna, s. f. satellite della terra, *luna*; per *calvizie*

Lunànti, agg. ch'è calvo, *zuccone*

Lunàriu, s. m. quella scrittura ove notansi le variazioni della luna, *lunario*; agg. met. *incostante*

Lunàticu, agg. *incostante*

Lunàtu, agg. a foggia di mezza luna, *lunato*

Lundrìnu, s.m. sorta di panno, *londrino*

Lunèdda, dim. di luna, *lunetta*

Lunètta, s. f. quello spazio o mezzo cerchio che rimane tra l'uno e l'altro peduccio delle vòlte, *lunetta*; parte dell'ostensorio, *lunetta*; presso gli oriuolai è il cerchio superiore delle casse all'inglese, *lunetta*; presso i bottai chiamansi lunette le assicelle minori che mettonsi in mezzo le mezzane e le contromezzane, e compiscono il fondo dei tini e delle botti, *lunette*; presso i calzolai sono pezzetti di pelle che reggono il tomajo, *lunetta*

Lungarùtu, agg. uomo lungo; per *lepido, neghittoso, fisicoso*

Lungàzzu, agg. pegg. spropozionatamente lungo

Lunghìmi, s. f. seta per ordire, *orsojo*; per *orditura*; per *lungheria*

Lunghìzza, s. f. *lunghezza*

Lunguliddu, dim. di lòngu

Lùnidi e lunidìa, s. m. *lunedì*

Luntanèddu, agg. dim. di luntànu, alquanto lontano; avv. poco discosto

Luntànu, agg. *lontano*; avv. *lontanamente*

Lùpa, s. f. la femina del lupo, *lupa*; per quell'erba che fa seccare i legumi, *orobanche, succiamele*; per *voracità*; per fossa grande ad uso di sepoltura, *ipogèo*

Lupa di rusèdda, s. f. pianta, *ipocistide*

Lupa di vòscu, s. f. pianta, *madreselva*

Lupa di siminàti, vedi furmèntu sarvàggiu

Lupacchiòttu e lupacchiunèddu, dim. di lùpu, *lupicino*

Lùpalu, s. m. pianta, *luppolo*

Lupàra, s. f. piccola palla, *pallina*

Lupinàru, vedi lupumìnàru

Luppìna, s. f. pianta delle leguminose, *lupino*

Luppinèdda, vedi caprinèdda

Lùpu, s. m. animale voracissimo simile al cane, *lupo*; met. per *divoratore*; la cuscènza l'avi lu lupu, vedi cuscènza;

la fami fa nèsciri lu lupu di la tana, vedi fami

Lùpu cirvèri, s. m. *lince*

Lupucàviu, agg. e sost. *sornione*

Lupumìnàru, s. m. colui che è infermo di licantropia, *lincantropo*

Lupumarinu, s. m. sorta di pesce

Lurdìa, s. f. *sporcizia, lordura*; per mondiglia che rimane dalla crivellatura del grano, *vagliatura*; lurdìi, *lordume*

Lurduliddu, agg. alquanto lordo, *lordarello*

Lurdùni, agg. accr. di lòrdu

Lurdùra, s. f. *sozzura, lordura*

Lùscu, agg. di debole vista, *losco*

Lusìnga, s. f. *attrattiva, lusinga, inganno*

Lusingàri, v. a. *piaggiare, adulare, lusingare*

Lùssu, s. m. *magnificenza, lusso*

Lussùria, s. f. *libidine, lussuria*

Lustràta, s. f. sorta d'incrostatura lucida che si dà ad alcuni dolci, *velame zuccheroso*

Lustrìnu, s. m. sorta di drappo serico, *lostrino*

Lustrìssimu, superl. di lùstru, *lucidissimo*; per sinc. di *illustrissimo*, titolo che si dà ad un personaggio distinto

Lùstru, s. m. *lume, splendore, lustro*; per *nobiltà*; *pulimento, lustratura*; agg. *lustro, lucido*

Lustruliddu, agg. dim. di lùstru, *lucidetto*

Lustrùra, s. f. *splendore, lustrore*

Lùta, s. f. terra inumidita, *loto*; per la materia da *lutare*

Lùtta, s. f. *lotta, contrasto*; fari

lùtta un cìbu, vale dar travaglio allo stomaco

Luttàri , v. n. giuocare alla lotta, *lottare*; per *contrastare*

Lùttu, s. m. *lutto, mestizia*

Lùvaru, s. m. pesce nòto, *pagello, parago*

Lùzzu, vedi alùzzu

Lùzzu, s. m. pesce di rapina, *luccio*

M

M, dodicesima lettera dell'alfabeto , e nona delle consonanti , si pronunzia *emme*; riceve avanti di sè le consonanti *l*, *r*, come in *ulmu*, *arma* ec; nell' abaco romano val mille

Ma, cong. *ma*

Macadùru , s. m. *pigro, poltrone*

Macàri, avv. vale *eziandio, ancora*; macari Diu! escl. *Dio il voglia!*

Maccagnùni, s. m. *poltroncione*

Maccarrònicu, agg. di composizione scherzevole mista di volgare e di latino, *maccheronico*; puèta maccarrònicu, *poeta maccheronico*

Maccarrunarìa, s. f. *scioccheria*

Maccarrunàru, s. m. chi fa e vende pastumi ; calàta di maccarrunàra, met. vale *esofago*

Maccarrunàzzu, pegg. di maccarrùni

Maccarruncìnu, dim. di maccarrùni, qualità di paste sottili

Maccarrunèddu, s. m. dim. di maccarrùni ; è anche così detto un pesciolino

Maccarrùni, s. m. sorta di pasta, *maccheroni, cannoncino*; met. per *sempliciatto*

Mancarruniàta, s. f. corpacciata di maccheroni, *gozzoviglia*

Macchèra, s. f. *strage, uccisione, macco*; per *dissipazione, scialacquamento*

Màcchia, s. f. *macchia*; per *colpa, siepe, leucoma*, o macchia degli occhi; macchia di la pèddi, *ecchimosi*; per *isfregio*

Macchiàri, v. a. *macchiare*; per *bruttare*

Macchiavellìsimu , s. m. *furberia, tranello*

Macchiùni, acc. di macchia, *macchione*

Màcciu, s. m. *muletto*; testa di màcciu, *caparbio*

Màccu, s. m. vivanda di fave sgusciate cotte nell' acqua , *macco*

Macèddu, s. m. *beccheria, macello*; per *istrage, eccidio*

Macellàri, v.a. l' uccidere degli animali per venderne la carne, *macellare*

Ma chi? inter. *ma che?*

Màchina, s. f. *macchina*; per *insidia, inganno*; per uomo di grande statura ; per *tristo, astuto*; per qualunque strumento

Machinètta, dim. di màchina ; per quello apparato di giuochi d'artifizio di cui riserbasi in fine lo sparo

Machiniàri, v. n. *ordire, escogitare, macchinare*

Maciarèri, s. m. si dice di chi

vuol tutto fare, senza far bene, *ciarpiere*

Macignu, s. m. pietra durissima, *macigno*

Macilèntu, agg. *macilento*

Macilènza, vedi magrizza

Màcina, s. f. per pietra da macinare, *macina*; per mulino da macinare, *macinatojo*; per quantità d' ulive infrante, *infrantojata*; per la cosa macinata, *macinatura*; a menza màcina, vale molito non molto sottilmente

Macinàri, v. a. ridurre in polvere, *macinare*; met. *fracassare, zombare*; macinàrisi lu sènsiu o la mirùdda, vale *escogitare*

Macinèddu, s. m. strumento per macinare colori, caffè ed altro, *macinino*

Maciònna, s. f. donna neghittosa, *scialla*

Màcula, s. f. *macchia, macula*

Maculàri, v. a. *macchiare, maculare, molestare, disonorare*

Maddòccu, s. f. massa di cose rabbatuffolate, *baluffolo*; per *grassume*

Madònna, s. f. la Santissima Vergine, *Madonna*; si dice maddònna ad una signora di grande affare, *madonna*

Madunàri, vedi ammadunàri

Madunàtu, vedi ammadunàtu

Madunàzzu, accr. di madùni, *tambellone*

Madunèddu, dim. di madùni, *mattoncello*

Madunèddu, dim. di madùni, *mattoncello*

Madùni, s. m. pezzo di terra cotta quadrangolare, *mattone*; chiamasi secondo le diverse forme quadrone, *quadruccio*, *pianella mezzana*; madùni di valenza, *mattone* coperto di stagno; mediànti di madùna, sorta di muro fatto semplicemente di mattoni, *soprammattone*

Madunnìna, maduanèlla e madunnùzza, dim. di madonna, *madonnetta*

Mafaràta, s. f. vaso di creta concavo, *vasello*

Magàra, s. f. *maliarda*

Magaràzza, pegg. di magàra

Magaria, s. f. *stregoneria*; rùmpiri la magaria, vale dopo lunga disdetta aver qualche cosa favorevole, *romper la malia*

Magàru, s. m. *stregone*

Magasènu, s. m. *magazzino*; per *granajo*

Magasinèri, s. m. chi custodisce il magazzino, *magazziniere*

Màgghia, s. f. *maglia*; per i vani della rete, delle calze ec; per certi calzoni o piccole camice a maglia che mettonsi in contatto del corpo; lassàri na magghia apèrta, vale avere un appicco

Magghiètta, s. f. cordellina che ha all'estremità un ago di ottone, *aghetto*; per la punta di ottone o altro, *puntaletta*; magghiètti son detti anche certi pastumi

Magghiòlu, s. m. sermento della vite, *magliuolo*; per nodo di qualunque ramo d'albero, *magliuolo*

Màgghiu, s. m. strumento di legno in forma di martello, *maglio*; per istrumento noto da giuocare, *maglio*

Magghiulàru, s. m. *semenzajo*; chiantàri a magghiulàru, *margottare*

Magghiulèddu, dim. di magghiòlu, *polloncello*

Magghiùni, s. m. accr. di màgghiu; per un tessuto doppio di lana e seta

Maggiordòmu, s. m. *maggiordomo, ciambellano*

Maggiùri, agg. *maggiore*

Maggiùri, s. m. uno dei gradi nella milizia, *maggiore*

Maggiurìa, s. f. grado di maggiori nei militari

Màggi, s. m. que' personaggi che vennero dall'Oriente a venerare il bambino, *Magi*

Maggìa, s. f. arte di fare gl'incanti, *magia*

Màggica, vedi lantèrna

Maggistèriu, s. m. opera di maestro, *magistero*

Maggistràtu, s. m. chi, e coloro che son preposti a far eseguire le leggi, *magistrato*

Màgna, s. f. *gravità, sussiego*

Magnatiziu, agg. *magnatizio*; met. che ha sussiego

Magnàtu, s. m. *maggiorente, magnate*

Magnetìsimu, s. m. la virtù magnetica, *magnetismo*

Magnificàri, v. a. aggrandir con parole, *magnificare*

Magnòlia, s. f. pianta che si coltiva per ornamento e pel suo bellissimo fiore che dà una squisita fragranza, *magnòlia*

Màgnu, agg. *grande, magno*; che ha sussiego

Magru, s. m. *magro*; manciàri di magru, vale non mangiar

vivande quadragesimali , *far magro*; agg. *magro, avido, sterile*

Màgu, s. m. chi sa ed esercita magia, *mago*

Magùni, s. m. legno che vien dall'America e che serve ad impiallacciare talune masserizie, *maagoni, mahogani*

Mai, avv. *mai*; maicchiù, *giammai*

Maìdda, s. f. cassa per intridervi il pane pria d'esser cotto, *madia*

Maiddàta, s. f. quanto cape in una madia

Maìsa, s. f. campo lasciato sodo per esser seminato l'anno vegnente, *maggiatico, maggese*

Maisàta, s. f. *maggesato*

Maistà, s. f. apparenza o sembianza di venerazione ed autorità, *maestà*; per *grandezza, nobiltà*

Maistra, s. f. *maestra*; vela maistra, *maestra*; àrvulu di maistra, *albero di maestra*

Maistralàta, s. f. tempesta prodotta da vento maestrale

Maistràli, s. m. nome di vento che spira tra occidente e settentrione, *maestrale, maestro*

Maistru, s. m. *maestro, professore, pedante*; per vento maestrale; per professore di musica; per *perito*

Maistùsu, agg. *maestoso, maestevole*

Majàli, s. f. porco castrato, *majale*; agg. ad uomo, vale *grassone*

Majòrca, s. f. sorta di grano gentile, *siligine*

Màju, s. m. il quinto mese dell'anno volgare, *maggio*; ciuri di màju, *crisantemo*

Majulinu, agg. di maggio

Majuràna, s. f. erba nota, *majorana*, *persa*

Majuràscu, s. m. fedecommesso che trasmettesi di famiglia in famiglia, *majorasco*

Majurchinu, agg. di cacio che vien di Majorca

Majùri, agg. *maggiore*

Majùsculu, agg. *grande*, *majuscolo*; caratteri majùsculi, *caratteri majuscoli*; met. detto ad uomo vale *potente*

Malabbuturàtu, vedi sbuturàtu

Malàbbitu, s. m. cattivo abito, cattiva usanza

Malabituàtu o malabbizzàtu, agg. *malavvezzo*

Malacàrni, vedi càrni

Malaccustumàtu, vedi scustumàtu

Malacrìanza, s. f. *inciviltà*, *malacreanza*

Malacquistu, s. m. *malatolta*

Malacrìanza, s. f. *inciviltà*, *malacreanza*

Maladdivàtu, vedi malunsignàtu

Malaffàri, agg. a donna vale *baldracca*

Malaffattàtu, agg. *infermiccio*

Malaffrancisàtu, agg. infetto da mal venereo, *malfranciosato*

Malafìdi, s. f. *diffidenza*, *mislealtà*

Malàfria, s. f. seta grezza d'infima qualità, *bavella*

Malafrùscula, vedi frùscula

Màlaga, s. f. nome di un vino soave che viene da una città di tal nome nella Spagna

Malaggùriu, s. m. *malaugurio*

Malagurùsu, agg. *malaguroso*; met. *sventurato*

Malalingua, agg. *maledico*

Malamaritàta, agg. a donna che non ha incontrato buona fortuna nel marito, *malmaritata*

Malamatinàta, s. f. si dice quando le cose sul principio del giorno non ci van seconde

Malamènti, avv. *malamente*

Malancunìa, s. f. *malinconia*

Malancunùsu, agg. *malinconico*

Malandrìnu, s. m. *assassino*, *malandrino*; per *malvagio*, *briccone*

Malannàja! imprecazione, *malanno che ti colga!*

Màlannàta, vedi carìstia

Malànnu, s. m. *malanno*

Malanòva, s. f. *cattiva nuova*

Malanuttàta, vedi nuttàta

Malapàsqua, vedi pàsqua

Malapèzza, vedi pèzza

Malària, vedi ària

Malarràzza, agg. *malallevato*

Malasciòrta, vedi sciòrta

Malasirìtina, s. f. serata burrascosa o infausta

Malaspìna, vedi malafrùscula

Malassùttilàtu, vedi èticu

Malatèddu, agg. *ammalatuccio*

Malatìa, s. f. *malattia*

Malatiùna, s. f. accr. malattia grave

Malatìzzu, agg. *infermiccio*

Malàtu, agg. *infermo*, *ammalato*

Malavintùra, s. f. *disgrazia*, *mala ventura*

Malavògghia o di malavogghia, posto avv. *mal volentieri*, *a malincuore*

Malaziòni, s. f. *monelleria*, *sconvenevolezza*

Malaziunàriu, s. m. *perfido*

Malàzzu, agg. pegg. di malu; nun èsseri malàzzu, vale esser mediocre

Maldicènti, agg. *maledico*

Malèrva, s. m. erba inutile, *malerba*; met. uomo cattivo

Màli, s. m. *male*; per *malattìa*

Màli, avv. *malamente*

Maliablàtu, vedi malacquìstu

Mali bicchignu, s. m. catarro di infreddatura, *tosse coccolina*

Malicatùbbu, s. m. *epilessìa*, *malcaduco*

Malicèddu, agg. dim. di malu, *mediocrissimo*

Mali di furmìcula, vedi furmìcula

Mali di lùna, s. m. *mal caduco*

Mali di pètra, vedi pètra

Malidìri, vedi 'mmalidiciri

Mali di tiru, s. m. malattìa cavallina, *tiro*; bassa imprecazione, *il canchero ti colga!*

Malìfa, s. m. *facimale*

Malifrancìsi, s. m. *lue venerea*

Malignità, s. m. *malvagità*, *ribalderìa*; detto dei morbi, *malignità*

Malìgnu, agg. *malvagio, maligno*; detto a' ragazzi, *fistolo*

Malinclinàtu, agg. che propende coll'animo a cose irregolari, *malevolo*

Malincunìa, vedi malancunìa

Malintisu, s. m. *sbaglio*, *malinteso*

Malipatimèntu, s. m. *traversìa*, *privazione, malore*

Malipàtiri, v. a. *patire*

Malipatùtu, agg. *patito*; per *emaciato*

Malisimènzi, s. m. plur. fig. cattivo inizio

Màlisuttìli, s. m. *tisichezza*

Malitrattàri, v. a. *offendere*, *malmenare*; per *guastare*

Malitràttu, s. m. *oltraggio, ingiuria*

Malivulìri, v. a. *odiare*

Malìzia, s. f. *malignità*, *malizia*

Maliziùsu, agg. *malvagio, astuto*

Malòcchiu, vedi occhiu

Malsapùri, s. m. *cattivo sapore*

Maltrattu, vedi malitràttu

Màlu, agg. contrario di buono, *malo*; per *astuto*

Malucaminu, s. m. *sentiero cattivo*

Malucavàtu, vedi cùrtu

Malucòri, agg. *malvaggio, ribaldo*

Malucriàtu, agg. *scostumato*

Malucristìanu, agg. *tristo, malefico*

Malucunsigghiàtu, agg. *malconsigliato*

Malufàttu, vedi malucavàtu

Malvidùtu, e maluvìstu, agg. *odiato*

Maluvistùtu, agg. *cencioso*

Malvìzzu, vedi marvìzzu

Malùmbra, s. f. *fantasma*

Malumparàtu, agg. *scostumato*

Malumùri, s. m. *mestizia*; di malumùri, vale mal volentieri

Malunàtu, agg. *malvagio*

Malunfurmaggiàtu, agg. *malconcio*; per prevenuto malamente in danno di qualcùno

Malunsignàtu, agg. *mal' educato*

Malu pagatùri, s. m. *mal pagatore*; di lu malu pagatùri o oriu o pagghia, vale dal cattivo debitore non bisogna rifiutar nulla

Maluparàtu, agg. dicesi, strittu e maluparatu, per denotare chi malvolentieri dee fare una cosa

Malupàssu, s. m. *cattivo sentiero*; nèsciri di lu malu pàssu, vale uscire da un pericolo

Maluprucidùsu, agg. *accentato*

Malupruvidùtu, agg. *sprovvisto*

Malùra, s. f. *malora, perdizione, rovina*

Malusbarràtu, agg. *malfatto, deforme*

Malutèmpu, s. m. cattivo tempo; met. *avversità*

Malutràttu, vedi malitràttu

Maluvicinu, agg. cattivo vicino, *malvicino*

Maluvìstu, agg. veduto di mal' occhio, *malvisto*

Maluvistùtu, agg. *mal vestito*

Maluvivènti, agg. *malvagio*

Maluvulùtu e malivulùtu, agg. *odiato*

Mamà e màmma, s. m. *madre*; per *balia*; mamma di vrocculu, vedi vròcculu; essiri la mamma di li vizi, vale avere tutt' i difetti; màmma di vinu, *feccia*

Mamàu, s. m. *gatto*, e il miagolio dello stesso

Mammadràga, s. f. donna maliarda, *befana*; per corpacciuta

Mammalùccu, s. m. schiavo cristiano, *mamelucco*; per *sciocco, babbaccio*; è anche un lumacone che abita i luoghi umidi

Mammamìa!, voce di chi si smarrisce

Mammàna, s. f. *levatrice*

Màmmata, s. f. tua mamma *mammata*

Mammulinu, agg. figliuolo affettuoso colla madre, *teneruccio*

Mammùni, vedi gattumamùni

Mammùzza, dim. di màmma

Manacciàta, s. f. *schiaffo*; per la impressione lasciata dalla mano su chicchessia

Manàja, vedi santumanàja

Manàta, s. f. *manata*; manata di spichi, *covone*; per *drappello, schiera*

Manatèdda, dim. di manàta, *manatella*

Manatùna, acc. di manàta

Manàzza, s. f. pegg. di manu, *manaccia*

Mànca, s. f. sito o piaggia volta a tramontana *bacio*; manca per l'opposto di dritta, *sinistra*

Mancamèntu, s. m. *penuria, mancamento*; per *colpa, delitto*

Mancànti, agg. che manca *mancante*; detto di monete, vale tosate

Mancànza, s. f. *errore, colpa, mancanza*; per *svenimento, deliquio*; sospenzione o cessazione delle purghe, nel qual ultimo caso dicesi *amenorrèa*

Mancàri, v. a. *mancare, fallare*; non succedere, venir meno, difettare

Mancatùra, s. f. *colpa, fallo*; per un lavoro di calze nel quale si scemano invece di accrescere le maglie

Mancatùri, s. m. che manca di fede, *mancatore*

Mància, s. f. donativo, *mancia, regalo*

19

Manciaciùmi , s. f. *pizzicore* , *prurito*

Manciaciuniàri, v. a. *pizzicare*

Manciafràncu , s. m. *disutile* , *mangiapane*

Manciaméntu , s. m. *prurito* , *mangiamento, mangeria, berta o ruzzo* indiscreto

Manciàbili, agg. *mangereccio*

Mangiapàni, agg. *disutile*

Manciarèddu , s. m. dim. di manciàri

Manciàri, v. a. *mangiare*; per *pizzicare* , *sopraffare, consumare*; manciàrisi li gùvita a muzzicùna, *mordersi dalla rabbia*; li palòri, *smozzicar le parole*; manciàri la facci, *rampognare*; scància e mància, vale *dissipare*; dàri a manciàri, *subornare, ingoffare*; manciàri fìlu, *fuggire, svignare*

Mànciàri, s. m. *cibo, vivanda*; per *convito, desinaré, cena*

Manciarìzzu, s. m. quantità di vivande, *mangime* .

Manciàta , s. f. *mangiamento*

Manciatàriu , s. m. *scroccalore*; per *scroccone, avaro*

Manciatùna, acc. di manciàta, *corpacciata*

Manciatùra, s. f. *mangiatoja* .

Manciatùri, s. m. *mangiatore, ghiottone*

Mancìbili, vedi mànciàbili

Mancìnu, s. m. *mancino*; vale anche *sbilenco*

Manciùgghia, s. f. *utile, guadagno, mangeria, malatolta*

Manciunarìa, s. f. *ghiottornía*

Manciùni , s. m. *mangione , ghiotto*

Manciuniàri , v. n. *ghiottoneg-*

giare; n. p. àver pizzicore, *prurito, pizzicare*

Màncu, avv. *manco*

Màncu , agg. *manco*; a mànu mànca *a mancina*

Mancumàli, avv. *meno male*

Mancùsu, s. m. *mancino*

Mancùsu, agg. contrario di solatìo, *bacìo*

Màndra, s. f. *mandra*; pel luogo dove dimorano le bestie, *gagno*

Mandràcchiu, vedi zàccanu

Mandràru, s. m. custode della màndria, *mandriano*

Mandriàri, v. a. ridurre in forma quadra un pezzo di terra per ordinare una novella vigna

Mandrìllu, s. m. scimmia più grande delle altre, *mandrillo*

Mandrùni, s. m. *poltrone*

Mandruniàri, v. n. *poltroneggiare*

Manèra, s. f. *maniera, foggia, tratto, costume, consuetudine, modo, guisa, grandiosità*

Manerùsu, agg. *gentile, leggiadro, manieroso*

Manètta, s. f. strumento di ferro per legar le mani, *manette*; per *moncherino*, vedi manùncula

Manfrusarìa , s. f. *stranezza , stravaganza*

Manfrùsu, agg. *brullo, inutile, depravato*

Manfrusùni, accr. di manfrùsu

Manganàru, s. m. chi cava la seta da' bozzoli col manganu vedi

Manganèddu, s. m. strumento col quale si cava la seta dai bozzoli, e quello col quale si fila senza fuso a mano seta o lana

Manganiàri, v. a. dirompere il lino o la canape per nettarla dalla materia legnosa colla maciulla, *maciullare*

Manganu, s. m. ruota grande per trarre la seta da' bozzoli; per altro strumento che dà lustro a' panni o altro, e il marezzo a' drappi di seta, *mangano*

Manjamèntu, s. m. *maneggiamento*

Maniàri, v. a. *toccare, maneggiare*; per ricever danari vendendo le merci; lassàrisi maniàri, vale esser docile, pieghevole ; maniàri lu vinu, vale *travasarlo* ; maniàri na vestia, vale *ammaestrarla*

Maniàta, s. f. l'odor della preda che sentono i cani, *usta*; addunàrisi di la maniàta, *antivedere*; maniàta sta anche per gruppo, *raunata*

Maniàtu, agg. *maneggiato*

Mànica, s. f. parte del vestito che copre il braccio, *manica*; aviri na cosa 'ntra la mànica, vale aver per certo; aviri la mànica larga, vale esser rilassato; manica d'assassini, vale gruppo d'assassini; nèsciri di la mànica, *infinocchiare, fingere*

Manicàzza, pegg. di mànica

Manichèdda, dim. di mànica

Manichèddu, s. m. dim. di mànicu; per *canterello*

Manichèra, s. f. parte superiore delle campane, *fungo*

Manichètta, s. f. cannella per attingere il vino da' barili

Manichinu, s. m. manico che adattasi a molti strumenti per lavori gentili, *manichino, manichello*; per quel manico ove adattansi le penne d'acciajo per iscrivere, *manichino*

Manicòtta, s. f. sopra-manica della camicia; per lo girello della zimarra intorno al braccio, *aliotto*

Manicòttu, vedi 'nguantùni

Mànicu, s. f. *manico, impugnatura*; mànicu di la furchètta o di la cucchiàra, *còdolo*; essiri cu li mànichi, vale *scioccone*

Manicula, s. f. ornamento delle maniche della camicia, *manichino*

Manicùna, s. f. accr. di mànica; per 'nguantùni vedi

Manicùni, accr. di mànicu

Manifattùra, vedi mastria

Manigghia, s. f. *manubrio*; per uno de' legni dell'aratro, *manecchia*; nel giuoco di carte detto *ombres* è la seconda carta di vaglia, *maniglio*

Manigghiùni, s. m. accr. di manigghia, *afferratojo*; (proprio de' carrozzieri, mugnai ec.)

Maniggiàri, v. a. *toccare, maneggiare,* vedi maniàri; per *reggere, governare*

Maniggiu, s. m. *traffico, affare, maneggio*; per l'arte di addestrare i cavalli e il luogo dove s'addestrano ; maniggiu di danari od altro, avere il maneggio

Maniòttu, vedi bòja

Manirùsu, vedi manerùsu

Maniscàlcu, s. m. quegli che medica e ferra i cavalli, *maniscalco*

Maniscu, agg. che può maneg-
giarsi, *manesco*; per *pronto*,
comodo; còsi manischi, vale
agevoli, pronte

Maniu , s. m. *maneggiamento*;
per manìggiu vedi

Maniùni , s. m. *arcione* ; per
sfirriùsu vedi

Manizza, s. f. specie di guanto
di seta o lana senza dita, che
copre metà della mano *guar-
damano*

Mànna, s. f. umore che stilla
dall' albero detto frassino ,
manna; di mèli e mànna, va-
le *vivere a panciolle* ; per ci-
bo squisito, *manna*; per *pen-
necchio, fastello, covone*

Mannàggia e mannàja , impr.
malanno che li colga!

Mànnara, vedi màndra

Mannàra, s. f. coltello grande
che tiene il maestro di giu-
stizia per la decapitazione,
mannaja ; per quella parte
delle chiavi che serve ad a-
prire le serrature, *ingegno*;
per istrumento da tagliar
pietre per gli ediflci, *scure*

Mannarèdda, dim. di mannàra,
scuricella

Mannàri, v. a. *mandare, invia-
re, concedere, pubblicare, cac-
ciare, regalare, bandire*; cui
voli anna , e cui nun voli
manna, *chi per man d'altri
s'imbocca, tardi si satolla*

Mannarìnu, vedi mandarìnu

Mannàta, s. f. il mandare, *man-
data*

Mannatàriu, s.m. *mandatario*

Mannàtu, s. m. ed agg. *man-
dato*

Mannùzza, dim. di mànna, *fa-

stelletto, fastellino*; per quan-
tità di lino che entra in una
rocca, *pennecchio*; mannùzza
di capiddi, 'annodatura che
portavasi dagli uomini dietro
la collottola, *cipollotto*

Manòrchia, s. f. *frode, coper-
chiella*

Manòvra, vedi manùvra

Mànsu, s. m. luogo dov' è inne-
stata la pianta, *paziente*; per
la carne del toro giovine ca-
strato, *manso*

Mànsu, agg. *mansueto, finto, oc-
culto*; mànsu mànsu, *quatto
quatto*

Mansulìddu, dim. di mànsu

Mànta, s. f. *coperta, manta*; pel
colore del pelo de' cavalli,
mantello

Màntacia, vedi mànticia

Mantacïàri , v. a. soffiar col
mantice, *mantacare*; vale an-
che respirar con affanno, *an-
sare*

Mantacïàru, s. m. artefice che
fabbrica mantici, *manticiaro,
manticiajo*

Mantèca, s. f. grasso di cacio
vaccino simile al burro, *man-
teca*

Mantèddu, s.m. guscio dove sta
involta la spiga, *lolla*

Mantèllu, s. m. *mantello*; presso
i frati è quel panno che in-
dossano sopra l'abito, *man-
tello*

Mantèniri, vedi mantinìri

Manticèdda, dim. di mànticia

Mantichigghia, s. f. lardo me-
scolato con sostanze odorife-
re per ugnere i capelli, *man-
teca*; vedi anche pumàta

Mànticia , s. f. strumento che

attrae e manda fuori l'aria, *mantice*; met. *istigazione*; per l'istrumento che rende l'aria all'organo; pel mantice del calesse, vedi cubbulùni; tira màntici, colui che rileva i mantici ond' empirsi d'aria, *leva mantici*

Mantigghia, s. f. sorta di abbigliamento che portan le donne sulle spalle, *mantiglia*

Mantillètta e mantillìna, s. f. abbigliamento che portano sulle spalle le donne del contado, *mantelletta*; ornamento di dignità reale o ecclesiastica

Mantillùni, accr. di mantèllu, *mantellone*

Mantillùzzu, dim. di mantèllu, *mantellino*

Mantiniri, v. a. *conservare, mantenere, difendere, nudrire, durare*

Mantinùtu, agg. *mantenuto*

Mantò, s. m. sorta d' abbigliamento che portano sopra le altre vesti alcune donne distinte, *mantò*

Màntu, s. m. specie di vestimento simile al mantello, *ampezona, manto*; met. *scusa, pretesto*; pel colore del pelo del cavallo

Mantùzzu, dim. di màntu, *mantino*

Màntu, s. m. quel membro del corpo umano che sta attaccato al braccio, *mano*; per *lato, parte*; met. *ajuto, forza, autorità*; maniera d'operare; a la mànu, *affabile*; allargàri la manu, vale *aprirla*; per larcheggiare; jisàri li mà,

vale dar busse, o perdonare; aviri la manu pirciàta, *prodigalizzare*; aviri a manu, star lavorando qualche cosa; lèstu di mànu, *sollecito, ladro*; chiantàri mànu, *importunare*; dàri di mànu, *cominciare, bastonare*; dari l'ultima manu, *perfezionare*; vèniri a li mànu, *azzuffarsi*; fari a vidiri e tuccàri cu li mànu, far chiaramente conoscere; jocu di manu, *prudore*; per *inganno, frode*; livàri manu, *desistere*, interrompere un lavoro; mèttiri a manu, cominciare un lavoro; per impugnare qualche arma; purtàri 'nchiànta di manu, *lodare, proteggere, amare*; stàri cu li manu 'mmànu, *stare a panciolle*; vagnàri li manu, *sedurre*; manu mòddi, *pigro*; sgriddàri di 'mmànu, *scappare*; a manu a manu, avv. *tostamente*; sutta manu, avv. *nascostamente*; pigghiàri manu, *insuperbire, soprastare, dominare*; dari larga manu, *condiscendere*; èssiri 'ntra li manu di Diu, vale esser moribondo; èssiri a boni o a mali manu, avvenirsi con buone o cattive persone; fora manu e stramànu, *lontano*; jittàri li manu, *rubacchiare*, e distender la mano nel giuoco della morra; mittirisi li manu a li capiddi, aver grave fastidio per qualche cosa; aviri pàsta a manu, essere in *agio, opportunità*; manu pagàna, *trafurello*; ajutàrisi cu li manu e cu li pèdi, vale a tutto potere ; nun livàri li manu di sùpra, non cessar di proteggere ; avìri li manu lònghi, esser pronto a percuotere; a manu rivèrsa, *rovescione*; una manu di... un certo numero; bona manu, mancia che si dà a' cocchieri di nolo; jòchi e jucatùri di mànu , *giuochi di prestigio*, *prestigiatore*

Manu marìnu, s. m. *zoofito*

Manuàli, agg. *manuale*

Manuàli, s. m. colui che serve al muratore, *manovale*

Manuèdda , s. f. *lieva*, *manovella*

Manu manùzzi, si dice pigghiàrisi a..... vale. prendersi per mani ; farì manu manùzzi , battere palma a palma per allegrezza

Manùncula, s. f. *moncherino*

Manuscrìsti, s. f. pianta, *satirione maschio*

Manùvra, s. f. *manovra*; met. *intrigo, coperchiella*

Manuvràri, v. a. *manovrare*; per *macchinare, intrigare*

Manùzza, s. f. dim. di mànu, *manuccia*; per quel legno triforcato con cui si prende la vinaccia ; per manico dello aratro, *stiva*; qualunque pezzo ò striscia di drappo che si appicca ad un vestito per comodo o sostegno, *appendicella*

Màppa, s. f. propr. *tovaglia*; ma più comunemente cosa scritta o stampata in una sola faccia, che sia dimostrazione di computi, ragioni ec.; mappa statistica, *tavola statistica*

Mappamùnnu, s. m. carta in cui è descritto il mondo, *mappamondo*

Mappina, s. f. pannolino grosso e ruvido per lo più da cucina, da spolverare ec. *canavaccio, canovaccio*

Marabulàni, s. m. specie di susino che produce un frutto soave, *mirabolano*

Marabùtu, s. m. *superstizioso, picchiapetto*

Maragunàzzu, accr. di maragùni, *faccendone*

Maragùni, s. m. uccello, *mergo*; per *faccendiere, operoso*; son detti maragùni anche coloro che pescano in mare le cose perdute, e nei fiumi tragittano gli uomini e le merci

Maràmma, s. f. *fabbrica*; per *macchina*

Marammèri, s. m. colui che ha cura degli edifici ecclesiastici; per dammaggiùsu vedi

Marammiàri, v. n. *affacchinarsi*

Marascàta, s.f. *marea*; per *trappoleria*

Maràscia, s. f. vasetto a guisa d'orcio, *orciuolo*

Maravigghia, s. f. *maraviglia*; per cosa bella o non comune; maravigghia di Francia, pianta, *begliomini*

Maravigghiàrisi, v. n. pass. *maravigliarsi*

Maravigghiùsu, agg. *stupendo, raro, maraviglioso*

Màrca, s. f. sorta di nioneta di oro e di argento, *marca*; per *contrassegno , marchio* ; per *infamia, vergogna*; per pezzuolo d'avorio, d'osso ec. che serve per segno, *fisce, gettone*

Marcàri, v. a. *marchiare, marcare*

Marcasìta, s. f. *marcassita, bismutte,* sostanza minerale di color bianco gialliccio

Marcàtu, s. m. luogo dove si adunano gli armenti per mugnerli, e la mandra stessa

Marcèttu, s. m. cacio inverminito

Marchiggiàri, v. n. *tranellare, lusingare*

Marchìggiu, s. m. *monelleria;* per *lusinga, insidia*

Marchisàtu, s. m. stato e dominio di marchese, *marchesato*

Marchìsi, sa, s. m. e f. *marchese, marchesana*

Marchisìnu, dim. di marchìsi, *marchesino*

Màrcia, s. f. umor putrido che si genera negli enfiati, posteme ec. *marcia;* pel camminar de' soldati, *marcia*

Marciapèdi, s. m. spazio più alto che sta ai lati delle strade, *marciapiede*

Marciàri, v. n. *marciare;* e v. a. divenir marcio, *marcire*

Marciatùra, s. m. piaga leggiera, *scorticatura*

Marcìri, v. a. e n. pass. *putrefarsi, marcire*

Màrciu, agg. *putrido, marcido;* usuràriu màrciu, *usurajo sordido*

Marciùmi, s. m. quantità di cose marce, *marciume*

Marciùsu, agg. *marcioso*

Marciùtu, agg. *marcito*

Marètta, s. f. *maretta, mareggio;* per *discordia*

Marfùsu, agg. *astuto*

Margagghiùni, s. m. pesce, murena maschio, *miro*

Margarìta, vedi pèrna

Margaritìna, s. f. pianta, *margheritina*

Margaritìni, vedi 'nnàccari

Margiàri, v. n. camminare in luoghi fangosi

Màrgini, s. m. estremità o limite de' corpi, *margine;* saldatura delle ferite; spazio bianco nella stampa d'un libro, o nella scrittura; degli stampatori quei legnetti che servono alla division delle pagine, *margini*

Màrgiu, s. m. *palude;* per *guazzo*

Margiùsu, agg. *acquoso, melmoso, paludoso*

Margunàta, s. f. paglia ammonticchiata in sull'aja

Màri, s. m. *mare;* per *abbondanza;* circàri pri mari e pri terra, vale per ogni dove; mari fùnnu, vale *profondo;* omu di mari, *marino;* vràzzu di màri, vale *faccendiere*

Marìa, s. f. vedi marètta; met. donna addolorata per lutto o altro; per scarmigliata

Marianìggiu, s. m. *simulazione*

Mariànu, s. m. *mezzano*

Marìcèddu, dim. di màri, piccolo golfo, *maricello*

Marìna, s. f. *marina;* per costa o campagna vicina al mare; per tutto ciò che appartiene alla marineria; marina marina, detto avv. vale lungo le ripa del mare

Marinarèddu, dim. di marinàru

Marinarìa, s. f. *marineria*

Marinarìscu, agg. di marinajo, *marinaresco*

Marinàru, vedi pisçatùri

Mariòlu, s. m. *scaltro, sagace, mariuolo;* per un piccolo strumento d'acciajo munito d'una linguetta , che si suona adattandolo alle labbra, *scacciapensieri*

Màrisi, si dice prumèttiri màrisi e mùnti, vale prometter molto e non adempir nulla

Maritàggiu, vedi zitàggiu

Maritàri, v. a. e n. pass. dar marito o prender marito, *maritare;* per *ammogliare,* dar moglie o prender moglie

Maritatèddu, agg. vezz. di maritàtu, e vale sposato di recente

Maritàtu, agg. *maritato, ammogliato*

Maritèddu, s. m. vezz. di maritu ; per vasetto di terra, latta o rame ove pousi del fuoco per riscaldarsi, *laveggio, caldano, pajuolo*

Marittèdda, dim. di marètta

Maritu, s. m. *marito;* met. per *pajuolo*

Mariulàzzu, lùni, accr. di mariòlu, assai scaltro

Mariulèddu, dim. di mariòlu

Mariulìggiu, s. m. *frode, inganno, mariuoleria*

Mariuliscamènti, avv. *fraudolentemente*

Mariulùni , accr. di mariòlu, *guidone*

Marmanìca, vedi stizza

Marmanìcu., agg. *stravagante , sciocco;* per cimòrru vedi

Marmillàta, vedi cutugnàta

Marmitta, s. f. vaso di rame per cuocer le vivande o bollir chicchessia, *pajuolo*

Marmittàta , s. f. quantità di ciò che si cuoce nel pajuolo, *pajuolata*

Marmittèdda, dim. di marmitta

Marmittùna, accr. di marmitta

Marmòtta, s. f. specie di topo, *marmotta;* met. *scimunito, balordo;* sta anche per cuffia di inverno, *cuffia*

Màrmu e màrmuru, s. m. *marmo, marmore*

Marmuràru, s. m. lavorator di marmi, *marmista;* per venditor di marmi; rina di marmuràru, l'arena che cade dalla segatura del marmo, e che serve a pulire oggetti di rame

Marmurìnu, agg. a somiglianza del marmo, *marmoroso*

Maròzzu, s. m. piccolo insetto che danneggia le piante degli ortaggi

Marpiunarìa, s. f. *monelleria, furberia*

Marpiùni s. m. *furbo, monello*

Màrra, s. f. strumento rusticano, *marra*

Marramamàu , voce detta per far paura a' ragazzi ; per *gatto;* inter. *oibò!*

Marranchinu, s. m. *ladro*

Marrèdda, s.f. *matassa;* per una sorta di giuoco, *merella;* per *imbroglio;* per uomo busbo, *ingannevole*

Marriddiàri, v. n. trarre altrui nell'inganno, *busbacciare, tranellare*

Marriddiàta, s. f. *busbaccheria*

Marriddùzza, dim. di marrèdda

Marròbbiu, s. m. erba nota, *marrobbio*

Marrucchinu, s. m. cuoio di capra conciato, *marrocchino*; per pastrano con maniche, *tabarro*

Marruggiàru, agg. arboscello della grossezza d'un manubrio

Marruggiàzzu, pegg. di marrùggiu

Marruggèddu, dim. di marrùggiu, *manichetto*

Marrùggiu, s. m. *manico*, *manubrio*; per bastone grosso e nodoso, *mazza*

Marrùna, vedi marrùni

Marrùni, s.f. castagna più grossa delle ordinarie, *marrone*; per *errore*; per cavallo che destinasi alle fatiche più pesanti, *brenna*; per color lionato scuro, *tanè*

Marsigghiàna, s. f. sorta d'uva nera, *margigrana*

Marteddì, vedi màrtiri

Martèddu, s. m. strumento ad uso di battere o picchiare, *martello*; met. tormento, travaglio; martèddu di lignu, vedi mazzòcculu; sunari o stari a martèddu, vale rispondere a proposito, reggere alla prova; martèddu di 'ntràta, quello arnese con cui si picchia alla porta, *martello*; per un pesce detto *ciambetta*

Màrti, s. m. *marte*, per *marffre*

Martiddàri, vedi martiddiàri

Martiddàta, s. f. colpo di martello, *martellata*; per dolore acuto

Martiddatùra, s.f. colpi di martello; sintirisi di la martidda-tùra, vale intendersi della cosa di cui si parla

Martiddiàri, v. a. *martellare*; met. *bastonare*, *crucciare*

Martiddìna, s. f. martello che usano i fontanieri, muratori ec. *martellina*; dispr. di cappello a tre punte usato dai preti

Martiddinàta, s. f. colpo dato colla martellina

Martiddinèdda, dim. di martiddìna

Martiddùni, s. m. accr. martèddu, *martellone*

Martiddùzzu, dim. di martèddu, *martelletto*; pel martellino che percuote la campana degli oriuoli; per quello arnese di ferro che caccia le viti ne' moschetti; è una specie d'uccello, vedi rinninèdda

Martidìa, vedi martiria

Martillètti, s. m. plur. legnetti degli strumenti da tasto che fan suonare le corde, *salterelli*

Martinètti, vedi martillètti

Martingàna, s. f. nave con un albero; jucàri a martingàna, vale giuocare raddoppiando sempre la somma che si scommette

Màrtiri, s. m. *martedì*; per *martire*

Martiria, vedi màrtiri

Martiriàri, v. a. *martirizzare*, *tormentare*, *martoriare*; per lambiccarsi il cervello

Martiriu, s. m. *martirio*, *pena*, *ambascia*

Martògghiu, s. m. piccolo topo simile al ghiro

Martòriu, s. m. suono lugubre della campana, *rintocco;* per *tribolazione*

Màrtura, s. f. animale, *martora;* per la pelle di questo animale, *martoro*

Marturiàri, v. n. il sonar delle campane in occasione di mortorio, *rintoccare;* per *martoriare, tormentare*

Marturiàta, s. f. continuato rintocco; per *mortorio;* per *tribolazione*

Marturiàtu, agg. di marturiàri

Marturìna, s. f. la pelle della martora, vedi màrtura

Martùzza, vedi signa

Màrva, s. f. erba nota, *malva;* nun canùsciri mancu la màrva, vale *essere stupiduccio*

Marvacia, s. f. specie di vino assai soave che si fa d'una uva di tal nome, di cui abbonda specialmente il territorio dell'isola di Lipari, dove fabbricasi il vino grechetto, *malvasia, malvagia*

Marvavìsca, s. f. pianta medicinale, *malvavischio*

Marucurtùsiu, s. m. sorta di erba aromatica, *teucrio, gattaria*

Marvètta di Francia, s. m. pianta odorosa; v'è la rosata, simile alla precedente

Marvìzzu, vedi tùrdu

Maruseddu, dim. di marùsu

Marùsu, s. m. flotto di mare *maroso ;* avìri marùsu, vale aver triboli

Marvùni, s. f. malva selvatica, *malvone;* per colore che tira al paonazzo; per malva selvatica, *malvavischio*

Marzalòru, agg. di màrzu, *marzolino*

Marzapànu, s. m. scatola per riporvi ordinariamente oggetti preziosi, *scatola;* marzapànu chiùsu, per cosa occulta; per uomo cupo, *sornione;* è anche una sorte di pesce, detto *pesce porco*

Marziàri, v. n. l'alternativa che per lo più accade nel mese di marzo tra pioggia e sole, *marzeggiare*

Màrzu, s. m. terzo mese dell'anno volgare, *marzo*

Marzùddu, agg. di màrzu, *marzuolo;* frumèntu marzùddu, *frumento marzengo;* linu marzùddu, *marzuolo;* ligùmi marzùddi, *civaja marzasca*

Mascanzunaria, s. f. *ribalderia*

Mascanzunàzzu, pegg. di mascanzùni

Mascanzunèddu, dim. di mascanzùni, *furfantello*

Mascanzùni, s. m. *vagabondo, furfante;* per *tristerello*

Màscara, s. f. faccia finta di cartapesta o di tela cerata che portasi nei tempi di carnevale, *maschera;* per chi porta la maschera; per *svisato:* va mèttiti na màscara, dicesi a chi debbe aver vergogna; livàrisi la màscara, vale scoprirsi, parlare liberamente

Mascaràri, v. a. *mascherare;* fig. *fingere*

Mascaràta, s.f. quantità di gente in maschera, *mascherata*

Mascaràtu, agg. *mascherato,* o vestito in maschera

Mascarèdda, s. f. dim. di màscara, *mascherina;* per la malattia che viene alle biade, della *volpe*, *filiggine*

Mascarètta, s. f. pezzo di pelle che si pone in principio del tomajo quand' esso comincia a logorarsi; è anche una razza di cagnoletti di piccola mole

Mascariàri, v. a. *annerare*, *annegrare*

Mascariàtu, agg. *annerato*

Mascarò, s. m. mascherizzo, o macchia nera

Mascarùni, s. m. *mascherone*, o testa deforme che mettesi alle fontane, fogne ec., *mascherone*; per quella che mettesi alla poppa delle navi, *polena*; per *visaccio*

Mascavàtu, s. m. infima qualità dello zucchero, *mascavato*

Maschèttu, s. m. pezzo di ferro, o di altra materia che s'inserisce in altro pezzo vuoto ad esso corrispondente; o quella parte della vite che entra nella chiocciola, *mastio*, *mastiello*

Mascìdda, s. f. *guancia*, *mascella*, *gota*; masciddi sazii, vale paffute; pèzzu a mascìdda, è quel pezzo che i fabbri situano di fianco per fortezza

Masciddàru, s. m. *mascella*; i beccai intendono la polpa che copre il capo degli animali bovini; i fabbri chiamano così le opere che formano rinforzo

Masciddàta, s. f. colpo dato sulla guancia, *guanciata*

Masciddèri, vedi chiumàzzu

Masciddiàri, v. a. *schiaffeggiare*

Mascidduna, accr. di mascidda, *gotaccia*

Masciddùtu, agg. *grassotto*, *paffuto*

Masciddùzza, dim. di mascidda, *gotellina*

Mascu, agg. *fragile*, *vuoto*

Masculàmi, s. f. *maschiezza*

Masculàru, s. m. chi spara i mastii

Masculiàta, s. f. sparo de' mastii

Masculìddu, dim. di màsculu

Masculìnu, agg. *mascolino*; chiavi o crucchèttu masculìnu, vedi chiavi e crucchèttu

Masculòttu, agg. l'essere dei ragazzi ad una certa età

Màsculu, s. m. *maschio*; per istrumento che caricasi di polvere, e si spara nelle solennità, *mastio*; per quel ferretto che sta nella toppa di alcune serrature, *stanghetta*

Masculunàzzu, pegg. di masculùni; per vite infruttuosa; per un uccello di rapina

Masculùni, accr. di màsculu

Màsi càntaru, s. m. si dice a colui che affetta gravità, *quanquam*, *sermesta*

Masinnò, avv. *altrimenti*

Màssa, s. f. *massa*, *mucchio*, *monte*

Massaria, s. f. casa di campagna, *fattoria*, *masseria*

Massariòtu, s. m. fittaiuolo che tiene in fitto gli altrui poderi, *castaldo*, *fittaiuolo*

Massarizzu, s. m. *attività*, *politezza*

Massàru, agg. *sollecito*, *operoso*, *esatto*; s. m. pel facchino delle chiese

Massarùni, accr. di massàru

Màssima, s. f. *regola, massima;* avv. *massimamente*

Massìzzu, agg. tutto solido, *massiccio*

Màssu, s. m. *masso;* per *cumulo*

Masticàri, v. a. *masticare;* fig. *esaminare;* non saper bene, *difficultare;* per lasciar travedere; nun lassàrisi masticàri, vale esser poco trattabile; per *eccellere;* nun putìrisi masticàri, non essere agevole a farsi; tabbàccu di masticàri, *masticatoio*

Masticatìzzu, agg. malamente masticato

Masticògna, vedi carlina

Masticùsu, agg. *spaccamonte*

Màstra, s. f. di màstru; degli stampatori è anche il primo foglio che mettono nel così detto *timpanu* del torchio per regolare quelli ad imprimersi

Mastramèusa, s. f. *grifone, schiaffo*

Mastrànza, s. f. *maestranza;* pel ceto de' maestri, *ceto*

Mastrìa, s. f. *arte, eccellenza;* per *lavoratura*

Mastricèddu, avvil. di màstru, *maestrello*

Mastrìddu, s. m. pallottola che nel giuoco simile al trucco si caccia innanzi per far che le altre le si avvicinino, *lecco*

Mastrìscu, agg. *maestrevole*

Mastròzzu, s. m. maestro da dozzina, *maestraccio;* è anche una pianta detta *nasturzio*

Màstru, s. m. vedi màistru; màstru di càsa, chi soprintende all'economia della casa, *maestro di casa;* mastru d'opra grossa, *carpentiere;* bòtta

di màstru, *colpo da maestro;* fari lu màstru, *fare il dottorello;* màstru di càmpu, tit. di milizia; d'acqua, *fontaniere;* d'ascia, *fallegname;* di ballu, *ballerino;* di schèrma, *schermidore;* di scòla *pedante;* di màstru, avv. *maestrevolmente*

Màstru, agg. *principale, maestro*

Mastrùni, accr. di màstru, *peritissimo*

Matàffu, s. m. strumento rustico di legno che serve a rassodare il terreno, *pillone, mazzeranga;* met. persona pigra, *bastracone*

Màtara, vedi sciàtara

Matarazzàru, s. m. *materassaio*

Matarazzùni, accr. di mataràzzu

Matarazzìnu, dim. di mataràzzu, *materassino*

Mataràzzu, s. m. *materasso;* per cosa grossolana e pesante

Mataròccu, s. m. *grossolano, scimunito, mazzamarrone;* per *viluppo*

Matàssa, s. f. *matassa;* per *viluppo*

Matassàru, s. m. strumento con cui si forma la matassa, *naspo*

Matassèdda, dim. di matàssa

Matèlacu, agg. *fisicoso, sofistico*

Matèria, s. f. *materia, soggetto, argomento;* per pus, *marcia;* fàrisi li vudèdda na matèria, vedi 'mpurrìrisi

Materialèddu, dim. di materiàli, *materialetto*

Materiàli, s. m. *materiale;* agg. rozzo, *grossolano*

Materialùni e materialìssimu,

accr. e superl. di materiali

Matina, s. f. *mattina*

Matinàli o matinèri, s. m. colui che s'alza da letto assai per tempo, *buon leratore*

Matinàta, s. f. *mattinata*; fari matinata, vale alzarsi di buon'ora

Matinatùna, s. f. lunga e bella mattina

Matinchi, per isch. dicesi a chi mangia assai

Matinèddu, dim. di matinu, di buon'ora, di buon mattino

Matinissimu , avv. *assai per tempo*

Matinu, s. m. *mattutino*; avv. *per tempo*

Matràzza, s. f. pegg. di màtri, cattiva madre; per un'affezione dell'utero

Màtri, s. f. *madre*; titolo delle monache ; per *origine* ; per *utero*

Matriàli, s. m. lungo ferro che si manda nelle fornaci per farne uscire il metallo fuso, *nandriano* ; agg. *grossolano*, vedi materiali

Matricàla, s. f. pianta, *sclarea*

Matricària, vedi arcimisa

Matrici, s. f. chiesa cattedrale o primaria, *duomo*

Matricrèsia, vedi matrici

Matricula, s.f. tassa che si paga per l'esercizio d'una arte, professione ec., e il libro dove si registrano i nomi di coloro che la pagano, *matricola*

Matriculàri, v. a. registrare nella matricola, *matricolare*

Matriculàtu, agg. *matricolato*; met. *babbione, sciocco*

Matri di famigghia, s. f. padrona di casa, *madrefamiglia*

Matrimòniu, s. m. *matrimonio;* matrimòniu arripusàtu, vedi fraccòmmodu

Matrimuniàzzu, s. m. dispr. di matrimòniu, *mogliazzo*

Matrimuniùni, s. m. accr. di matrimòniu, e vale buon matrimonio, cioè che gli sposi posseggano ricche sostanze

Matripèrna, s. f. sorta di conchiglia, *madreperla*

Matriviti, s. f. chiocciola colla quale si forma la vite, *madrevite*

Matròna, s. f. donna autorevole per età e nobiltà, *matrona*

Matrùni, s. m. *flato*; per *indigestione*

Matrùzza, s. f. vezz. di màtri; per *oraja*

Mattàna, s. f. *malinconia, noja, fastidio*

Mattarèddu, s. m. *facchino*; per quel pezzo di legno lungo e ritorto che mentre s'agita la mola la percuote, *mattero*

Màttu, s. m. *pazzo*; agg. *opaco*; per non brunito ; mattu e 'mmurnùtu, fig. dicesi ad uomo sagace ed astuto

Màttula, vedi cuttùni

Mattumàri, vedi ammattumàri

Mattùmi , s. m. composto di ghiaja e calcina mescolati insieme, *smalto*

Mattunèlla, s. f. le sponde che orlano la tavola su cui si giuoca al bigliardo, *mattonella*; fig. *pretesto, scusa*

Maturàri, v. a. *maturare, venire a maturità o perfezione*; per *scadere*

20

Maturizza o maturità, s. f. *maturità*

Matùru, agg. *maturo*; per *prudente*; per *soaduto*

Matutinu, s. m. ora canonica, *mattutino*; agg. di mattina, *mattutino*

Màula, s. f. frode occulta, *coperchiella*

Mauliàta, vedi màula

Màzza, s. f. *mazza*; per *mazzapicchio*; per quell'insegna che si porta innanzi a' Cardinali, *mazza*; per quel grosso martello di ferro con cui si spezzano massi, *mazza*

Mazzacanàta, s. f. suolo rassodato con ciottoli e ghiaja pria d'ammattonare

Mazzacanèddu, s. m. dim. di mazzacàni, *ciottoletto*

Mazzacàni, s. m. *sasso*, *ciotto*

Mazzacanùni, accr. di mazzacàcàni, *ciottolone*

Mazzacaròccu, s. m. bastone pannocchiuto, *mattero*

Mazzamàgghia, s. f. gente vile, *marmaglia*

Mazzamarèddu, s. m. quello incomodo detto *efialte*; per *turbine*, *bufera*

Màzzara, s. f. fascio di pietre legate alle reti per farle calare a fondo, *mazzera*; per piombi appesi alle ruote di certi oriuoli, *contrappeso*

Mazzarèddà, s. f. feccia d'olio, *morchia*; per mecomio o sterco del feto; per *trebbia*

Mazzarèddu, s. m. stecca che usano i calzolai per lustrare le scarpe, *stecca*; per bacchettino da calza per le donne, *bacchetta*

Mazzasùrda, vedi buda

Mazzèfaru, agg. *infermiccio*, *malaticcio*

Mazzèri, s. f. servo di magistrato o di prelato che porta innanzi la mazza in segno di autorità de'suoi signori, *mazziere*

Màzzètta, s. f. sorta di martello grosso, *mazzetta*

Mazzèttu, s. m. strumento di metallo che sta in cima alla verga dell'archibugio per calcargli lo stoppacciolo, *battipalla*; per mazzolino di fiori, *mazzetto*

Màzzi, s. m. uno de' quattro semi delle carte da giuoco, *bastoni*; aviri lu sètti di màzzi 'ncasciàtu, vale tener per sicuro, aver nel carniere

Mazziàri, v. a. percuotere con mazza, *mazzicare*; per battere il ferro caldo, *mazzicare*; mazziàri l'àrvulu, *perticare*, *mazzicare*; mazziàri lu linu, *maciullare*

Mazziàta, s. f. l'atto del mazzicare, *perticare*, *maciullare*

Mazzicèdda, dim. di màzza

Mazzittinu, dim. di mazzèttu, *mazzettino*

Mazzittùni, accr. di mazzèttu

Mazzòcculu, s. m. martello di legno che s'adopera specialmente per le botti, *mazzapicchio*

Mazzòla, s. f. bacchetta da tamburo, *bacchetta*; per mazzòcculu vedi

Mazzòlu, s. m. martello da scultori e scarpellini, *mazzuolo*

Màzzu, s. m. quantità di cose legate insieme, *mazzo*; màzzu di càrti, tutta la quantità delle carte da giuoco, *mazzo di carte*; di quattru a màzzu, vale da dozzina; a màzzu, *a fascio*

Mazzulina di màri, s. f. specie di corallina

Mazzùni, accr. di màzzu; per entragni del giovenco; per quel mazzo di fiori artificiali che si danno a' prelati quando esercitano le loro funzioni in Chiesa, *ramello*

'Mbabbaniri, v. n. divenir stupido, *rimbambire*

'Mbadagghiàri, v. a. impedire il libero passaggio da un luogo per via d'oggetti messi nel mezzo della via, *impedicare*; per 'mbracàri vedi

'Mbaddunàri, v. a. e n. pass. *imbarcare*

'Mbalatàri, vedi balatàri

'Mballàri, v. a. far balle, *abballare*; metter nelle balle, *imballare*; la robba, *far le balle*; per 'mbaddunàri vedi

'Mballuttàri, v. a. conservar dentro barattoli

'Mbalsamàri, v. a. *imbalsamare*

'Mbarazzàri, vedi 'mmarazzàri e suoi derivati

'Mbarcàri, vedi 'mmarcàri e suoi derivati

'Mbàrcu, s. m. *imbarco*

'Mbardàri, v. a. mettere il basto, *imbastare*; per guernire un cavallo ponendogli addosso tutti gli arnesi, come sella ec., *bardamentare*

'Mbargàri, v. a. impedire, attraversare

'Mbasciaria, s. f. *ambasceria*

'Mbasciatùri, s. m. *ambasciatore*

'Mbastardìri, v. a. *traligenare*; *imbastardire*

'Mbàttiri, vedi 'mmàttiri

'Mbecilli, agg. debole, *imbecille*

'Mbecillità, s. f. debolezza, *imbecillità*

'Mbèsta, vedi 'mmèsta

'Mbestialiri, v. n. pass. *adirarsi*, *imbestialire*

'Mbianchìri, vedi abbianchiàri

'Mbiancùtu, agg. *imbianchito*

'Mbilliri, vedi abbilliri

'Mbillittàri, vedi 'mmillittàri

'Mbirrittàtu, agg. *imberrettato*

'Mbisazzàri, vedi 'mmisazzàri

'Mbiscuttàri, v. a. *biscottare*

'Mbiscuttàtu, agg. *biscottato*

'Mbistialiri, vedi 'mbestialiri

'Mbistinu, s. m. fiera di mare; così chiamansi generalmente tutt' i cetacei; agg. far puzzo di bestino, *bestinaccio*; detto ad uomo, vale *crudele*, *feroce*

'Mbiviri, v. a. e n. pass. *imbevere*, *imbeversi*, *persuadere*; per subornare, *imbecherare*

'Mbivùtu, agg. *imbevuto*

'Mbizzigghiàri, vedi 'mmizzigghiàri

'Mblòccu, s. m. *blocco*; avverbial. *nell'insieme*

'Mbluccàri, v. a. *bloccare*

'Mbracàri, v. a. cinger con fune, *bracare*, *imbracare*; 'mbracàri lu virdùni, legarlo sotto le ali e al collo per insegnargli a volare a un dato luogo; detto di cavalli, vale legar loro i piedi

'Mbrattàri, vedi allurdàri

'Mbriacamèntu, s. m. *imbriacamento*

'Mbriacàri, v. a. e n. pass. *imbriacare, imbriacarsi*

'Mbriacaria , 'mbriacatina , e 'mbriacatòria, vedi 'mbriacamèntu

'Mbriachitùtini, s. f. *ebbrezza*

'Mbriàcu, s. m. e agg. *briaco , ubbriaco;* menzu 'mbriàcu , *brillo*

'Mbriàcula, s. f. arboscello che fa il frutto simile alla fragola, *corbezzolo;* il frutto *corbezzola*

'Mbriacùni, s. m. *briacone*

'Mbriacunàzzu, pegg. di 'mbriacùni

'Mbrigghiàri, v. a. metter la briglia al cavallo, *imbrigliare;* per tenere in freno, *imbrigliare*

'Mbrògghia, vedi 'mbrògghiu

'Mbrògghiu, s. m. *intrigo, imbroglio, frode, involto*

'Mbruccàri, v. a. infilzar colla brocca, *imbroccare;* per dar nel segnó, *imberciare*

'Mbruccàtu, vedi bruccàtu

'Mbruccatùra, s. f. nel giuoco delle carte detto *bella Donna,* vale prender tosto la carta dell'avversario

'Mbrucculàri , vedi 'mbrucculiàri

'Mbrucculiàri, vedi 'mmizzigghiàri

'Mbrudazzàri, v. a. *sporcare, bruttare, imbrodolare*

'Mbrùddu, s. m. *ruzzo, allegria*

'Mbrugghiamèntu, s. m. *inviluppo*

'Mbrugghiarèddi, s. m. plur. dim. di 'mbrògghi , *masseriziuole*

'Mbrugghiàri, v. a. *avviluppare, imbrogliare;* per *favolare, armeggiare,* usare carnalmente; detto di filo *aggrovigliarsi*

'Mbrugghiàtu, agg. *imbrogliato, indebitato, oscuro*

'Mbrugghicèddi , per 'mbrugghiarèddi vedi; per *debituzzi*

'Mbrugghiunàzzu , peggior. di 'mbrugghiùni

'Mbrugghiunèddu, dim. di 'mbrugghiùni

'Mbrugghiùni, s. m. *imbroglione, impigliatore, avviluppatore*

'Mbrugghiùsu, agg. difficile a comprendersi, *astruso*

'Mbrunìri, v. a. il pulire dalla ruggine i corpi metallici dando loro il lustro naturale, *brunire*

'Mbùcca, s. f. incastro da collocarvi alcun pezzo, *incastro*

'Mbuccàri, vedi ammuccàri

'Mbuccàta, s. f. colpo dato a mano aperta nel ceffo, *ceffata*

'Mbuccàtu, agg. a grano e biade, *golpato*

'Mbuccatùra, s. f. *apertura, imboccatura*

'Mbùrdiri, v. a. *legare, accoppiare;* per cucir malamente, *acciabbattare;* per *avvincolare*

'Mburdùtu, agg. *accoppiato, legato*

'Mburnitùra, s. f. *brunitura*

'Mburnitùri, s. m. *brunitojo;* per colui che brunisce, *brunitore*

'Mburnùtu, agg. *brunito*

'Mburracciàri, v. a. frigger collo strutto una vivanda involgendola nelle uova

'Mburzàri, v. a. *imborsare;* per

ammassar moneta, *raggruz-*
zolare

'Mbuscàrisi, v. n. pass. *imbo-*
scarsi

'Mbuscàta, s. f. *agguato, imbo-*
scata, insidia

'Mbuschiri, v. n. *imboschire*

'Mbusciulàri, vedi 'mbussulàri

'Mbussulàri, v. a. metter nel
bossolo, *imbossolare*

'Mbuttàri, v. a. detto di vino,
imbottare

'Mbuttunàri, v. a. metter lar-
delli nelle carni che debbon-
si arrostire o cuocere in altra
guisa, *lardare* ; pel mandar
fuori che si fa dalle piante
le sue boccioline

'Mbuttunàtu, agg. *lardato;* per
ubbottonato

Me, pron. *mio*

Mècca, vedi lècca

Mèccia, s. f. quel pezzo di legno
che s'incastra in un vòto; per
miccia

Mècciu, s. m. *lucignuolo;* per
quel cencerello unto che ser-
ve acceso ad appicciar fuoco
ai carboni; mècciu di chiaja,
stuello; sèntiri lu fetu di lu
mècciu, vale *presentire*

Mèccu, s. m. quella parte del
lucignolo della lucerna o del-
lo stoppino della candela che
per la fiamma già arsiccia
conviene tòr via, *smoccola-*
tura

Mediànti, s. m. muro di mezzo,
mezzano; pel tramezzo di assi
che commettonsi insieme on-
de servir di muraglie alle
stanze, *assito*

Midiànti, vedi mediànti; avv.
per mezzo, mediante

Mediàri, v. a. *interporre, me-*
diare; n. p. *inframmèttersi*

Mediatùri, s. m. *mezzano, inter-*
cessore, mediatore

Mediaziòni, s. f. *intercessione,*
mediazione

Mèdica, s. f. sorta di trifoglio,
medica

Medicamèntu, vedi midicamèn-
tu

Medicàri, vedi midicàri

Mèdicu, s. m. *medico;* mèdicu
di chiaga, *chirurgo;* mèdicu
di cavàddi, dispr. *mediconzolo,*
e *maniscalco*

Mèdiu, s. m. *medio*

Mègghiu, agg. e avv. *meglio;* si
usa *invece di più;* per *ottimo*
s.; lu mègghiu mègghiu, *il*
migliore, il fiore

Mèli, s. m. *mele;* mèli virgini,
il mele puro; aviri lu meli
'mmùcca e lu diàvulu 'ncòri,
simulare; calàricci lu meli pri
cannaròzzu, *cascare il cacio*
ne' maccheroni ; campàri di
mèli e mànna, vale *stare a*
pianciotte

Mèli d'apa, vedi fanfarricchi

Melifànti, vedi milinfànti

Mèmbru, s. m. *membro* ; per
membro virile, *coso*

Membrùtu, agg. di grosse mem-
bra, *membruto*

Memmè, vedi pidòcchiu

Memòria, s. f. *memoria;* per ri-
cordo, *supplica* ec. che dicesi
anche memoriàli, vedi

Memoriàli, s. m. *supplica, peti-*
zione, memoriale

Mènnula, s. f. albero, *mandor-*
lo; e il frutto *mandorla;* pàsta
di mènnula, *mandorlato*

Mènsula, s. f. *mensola;* uno dei

membri d'archit. sostegno di trave o altro ch' esca dalla dirittura del piano retto ov'è affisso, *mensola*

Mènta, vedi amènta

Mènti, s. m. *mente, intelletto, pensiero, volontà, memoria*

Mènu, avv. e s. m. *meno*

Mènza, s. f. vale mezz'ora dopo mezzo giorno o mezza notte; per l'entrata del Vescovo o del Capitolo, *mensa*; per tavola apparecchiata ove sian vivande, *mensa*

Menzacànna, s. f. asta della lunghezza di mezza canna, che serve di misura in Sicilia, e la cosa misurata

Menzannàta, s. f. la metà di un' annata

Menzannòtti, vedi nòtti

Menzarànciu, fabbrica semicircolare, *segmento*; met. vale anche uomo leggiero, *chiappolino*

Menzatèsta, agg. vale *smemorato*

Menzòmu, vedi òmu

Mènzu, s. m. *metà, mezzo, ajuto*; per *dentro, centro*; mènzu mènzu, vale in parte; menzu tèmpu, vale primavera o autunno; mènzu, vale metà di un quartuccio misura di Sicilia; mittirilu 'mmènzu, vale circondàrlo; livàri d'immènzu vale *ammazzare*; stràta di 'mmènzu, vale retto sentiero

Menzu marinàru, s. m. lunga pertica munita in cima di un ferro a due rami, che serve per far avvicinare a terra la barca, o rallentarne la marcia, *gaffe*

Menzu tèrmini, s. m. voce di uso, *scusa, pretesto, mezzo termine*

Mèrca, s. f. *segno, bersaglio*

Mèrci, s. f. *merce*; per le quattro diverse sorte nelle quali sono divise le carte da giuoco, *seme, carliglia*

Mèrcu, s. m. *segno, marchio*; per *margine, cicatrice; sfregio*

Mèrcuri e mercuridìa, s. m. *mercoledì*

Mèrgula, s. f. parte superiore delle moraglie, interrotta ad ugual distanza, *merlo*; per quei pezzi di drappo che pendono dal cielo de' baldacchini, *drappellone*

Mèrinos, s. m. varietà di pecore e montoni pregiatissima per la lana, *merino*; per tessuto fatto col pelo di detta lana

Merlèttu, s. m. fornitura di refe o d'oro che mettesi a guarnimento di abiti, *merletto*

Mèrru, s. m. uccello, *merlo*

Mestruazìoni, s. f. il flusso mensile delle donne, *mestruo*

Mèta, s. f. *termine, scopo, meta*; per quel prezzo che fissa l'autorità a' comestibili

Meticulùsu, agg. *timido, pauroso*; per *fisicoso*

Mètiri v. a. *mietere*

Mèttiri, v. n. pass. *mettere, porre, collocare*; mèttiri sùtta, *umiliare*; mèttiri fòcu, accender fuoco; il nascer delle penne, denti, corna, barba ec.; detto di vestiti, *vestirsi*; di cavàddu, *cavalcare*; a cùntu, porre in conto;

in càudu, *riscaldare*; a bèrsu, vale metter cervello, e pòrre in assetto ; mèttiri 'ntèsta , vale fissare a memoria; mèttiri di tàgghiu, vale *raggruzzolare*; mittirisi tuttu , fare il suo potere; a li stritti o a li vili, cu li spaddi a li mura ec., *costringere*, *provocare*; mèttiri la sua cacchiaràta, contribuire a danno di qualcuno; mèttiri li pedi supra la facci, *avvilire*; mettiri lu carru avanti li voi, aver timore, essere pauroso; puntiddi, *sostenere*; suttasùpra, cercare con attenzione, *rovistare*; a patrùni, vale servire altrui; mittirisi 'ntra lu mènzu, vale *rappacificare*; li manu a li capiddi, perdersi d'animo ; mittirisi un purci 'ntèsta, *incaponire*; lu cori 'mpàci, *dimenticare*; supra un pèdi, *ostinarsi*; 'ntrippu, *ruzzare*

Mèu, s. m. *mio*; pel miagolio della gatta, *miao*; pron. poss. *mio*

Mèusa, s. f. viscere che dicesi sede dell'umor malinconico, *milza*

Mi, part. che sta invece di *me*, *a me*; eltalora part. riemp. *mi*

Mia, pron. *me*; fem. di miu, *mia*

Miatiddu, dim. di miàtu

Miatu, agg. *beato*; miàtu l'occhi chi ti vidìnu, beati gli occhi che ti veggono

Miccalòru, s. m. quel piccolo anelletto dove s'infilza il lucignolo della lucerna, *luminello*

Miccinu, vedi miccalòru; mali miccinu, è una malattia che viene agli olivi

Miccitèddu, s. m. dim. di mècciu, *lucignoletto*

Micciùsu , agg. *cisposo*, *cispicoso*

Michilèttu, s. m. nome che davasi pria a' birri

Miciàciu, s. m. *digiuno*, *inedia*

Micidàru, s. m. *omicida* ; per *micidiale*, *zizzanioso*

Micidiu, s. m. *omicidio*; per *discordia*, *zizzania*

Miciu, agg. di corta vista, *losco*; detto di gatta, *micio*

Midàgghia, s. f. *medaglia*; per moneta antica; midàgghia a lu rivèrsu, vale il contrario; per cunètta vedi

Midagghièdda, dim. di midàgghia, *medaglietta*

Midagghièri, s. m. collezione di medaglie e monete antiche

Midagghiùni, s. m. accr. di midàgghia, *medaglione*; per ornamento di mezzo rilievo e di figura retonda, in cui sia effigiato alcun illustre personaggio , o qualche impresa memorevole, *medaglione*; per uomo vestito all'antica, *medaglione*; per *caricatura*

Middèu, vedi fràscinu

Middi, nome num. *mille*

Midèmma, avv. *anche*, *pure*

Midèmmi, vedi midèmma

Midèsimu, pron. *medesimo*, *stesso*

Midiànti, vedi mediànti

Midicamèntu , s. m. *farmaco*, *medicamento*

Midicamintùsu, agg. chi fa molte uso di medicamenti ; di medicamento, *medicamentoso*

Midicàri, v. a. *medicare*; per *rimediare, rattoppare, restaurare*

Midicàstru e midicàzzu, s. m. pegg. di mèdicu, *medicastro, medicastrone*

Midicàta, s. f. il medicare, *medicatura*

Midichicchiu, s. m. dim. di mèdicu, *medicuccio*

Midicìna, s. f. la scienza del medico, *medicina*; per *farmaco*, o bevanda che promuove la purga del corpo

Midicùni, accr. di mèdicu, valente medico, *medicone*

Midùdda, s. f. *cervello*; per midollo o parte interna delle cose; abbuttàri la midùdda, *importunare*; sfirniciàrisi la midùdda, *mulinare*; fari vutàri la midùdda, *ammattire*

Midùddùni, s. m. *midollo*; di schina, *midolla spinale*

Migghiàru, nome num. *migliajo*

Migghiu, s. m. lunghezza presso a poco di tremila passi, *miglio*; spezie di biada minuta, *miglio*

Migghiulìddu, agg. dim. di mègghiu, alquanto migliore

Migghiurànza, s. f. *miglioranza*

Migghiuràri, v. a. e n. pass. *migliorare, migliorarsi*

Migghìùri, vedi mègghiu

Mignanèddu, s. m. dim. di mignànu vedi

Mignànu, s. m. vaso di terra cotta ben grande per coltivarvi piante di delizia, *testo*

Mìla e mìlia, n. num. *mille*, e

dicesi dumìla e dumìlia, trimìla e trimìlia ec.

Miliànta, nome num. indeterm. *millanta*

Milìdda, s. f. sorta di pane a picce, *cacchiatella*; per sorta di biscotto a fette, *cantuccio*

Milinciàna, s. f. pianta, *petronciana*

Milinciaìnèdda, dim. di milinciàna, petronciana di minor mole delle altre

Milinfàuti, s. m. composto di semola ed uova, simile al cuscusu vedi, *semolino*

Militàri e militàriu, s. m. *soldato, militare*

Militàriscu, agg. di militàri, *militorio*

Miliunàriu, s. m. *straricco*

Miliùnca, s. f. cosa opportunissima, *panunto*

Miliunìsimu, agg. e s. m. una delle parti componenti un milione, *milionesimo*

Miliziòttu, s. m. antico soldato, di milizia cittadina, *miliziotto*

Millàfii, s. m. *moine, lezii*

Millantàri, v. a. *aggrandire, amplificare, millantare*

Milli, nom. num. *mille*

Millipèdi, vedi purciddùzzu di S. Antoni

Milòrdu, s. m. titolo di dignità in Inghilterra, *milordo*; fig. uomo ben vestito, *attillato*

Mina, s. f. *mina*; per *miniera*; di mènza mina, si dice delle cose dispregevoli, *dozzinalissimo*

Minàri, v. a. *minare*, per *venteggiare*; minarisilla, in senso osceno, corrompersi volontariamente; met. *dondolarsi*

Minàta, s. f. *polluzione, onanismo, mastrupazione*

Minàtu, agg. *minato*; per *usato, logoro*

Minatùri, agg. *minatore*; che usa della polluzione

Minchia, s. f. voce oscena, *coso, minchia*

Minchìali, vedi minnàli

Minchiunaria, s. f. cosa da nulla; per *isproposito, minchioneria*

Minchiunìata, s. f. vedi cugghiunìata

Minchiùni, agg. *balordo, minchione*; per *coso*; minchiùni minchiùni, chi affetta scioccaggine

Minchiunìàri, vedi cugghiuniàri

Minèra, s. f. cava di metalli, *miniera*

Mingara, s. f. malessere dei ragazzi per sonno

Minguli vedi tringuli

Miniatùra, s. f. pittura miniata, *miniatura*; fig. rara bellezza

Ministàri, v. a. metter la minestra nel piatto, *minestrare*; per *rinvesciare, sbrodettare*

Ministrìna, s. f. pasta fina da brodo, *minestrina*

Minna, s. f. *mammella, poppa*; fàricci li minni, vale *gioire*; di scàva, specie di fico nero; di vàcca, uva grossa; a menza minna, dicesi di taluni bambini che sono allevati contemporaneamente dalla madre e dalla nudrice

Minnàli, s. m. *gozzo, babboccio*; amm. *cacasego!*

Minnaliscamènti, avv. *scioccamente*

Minnaliscu, agg. *bescio*

Minnalitùtini, s. m. *scioccheria, buaggine*

Minnalòra, s. f. strumento per trarre il latte dalle poppe delle donne, *poppatojo*

Minnèdda, s. f. *utile, guadagne*; per *malatolta*

Minnìàri, v. n. palpar le mammelle; per *indugiare*

Minnìata, s. f. *indugio*

Minnicàri, v. a. *limosinare*

Minnìcu, s. m. *mendico, accattone*

Minnicùtu, agg. *popputo*

Minnìtta, s. f. *vendetta*; fàrinni minnitta, vedi sminnittiàri

Minnòla e minnulìnu, s. f. specie di chitarrina, *mandòla, mandolino*

Minnulàru, agg. ad una specie d'albicocca; fig. le mammelle

Minnulàta, s. f. bevanda di mandorle peste con acqua e zucchero, *mandorlato*

Minnulica e minnulicchia, vezz. dim. di mènnula, *mandorlina*; supra pastu minnulicchi, vale succeder danno a danno

Minnulìnu, s. m. strumento musicale simile alla mandòla, *mandolino*

Minnulìtu, s. m. luogo piantato a mandorli, *mandorleto*

Minnùni, vedi minchiùni

Minnùzza, s. m. vezz. di minna, *poppellina*; per una forma di pane che termina a guisa di capezzolo

Minòrtu, vedi stòrtu

Mintàstru, vedi amintàstru

Minuèttu, s. m. sorta di danza, *minuetto*

Minuìri, v. a. e n. pass. *dimi-*

nuire, *minorare*, ridursi a meno

Mìnula, s. f. pesce, *menola*; per mìnàta vedi

Minùri, agg. comp. *minore*

Minùta, s. f. bozza di scrittura, *minuta*; per l' atto originale che si conserva presso il notaro, *rogito*; per nota di roba che si dà in dote, *nota*

Minutidda, co' verbi trasìri e vinìri, vale a poco a poco, dolcemente

Minùtu, s. m. la sessantesima parte dell' ora, *minuto*; agg. *tenùe*, *puntuale*, *sottile*; a minutu vedi; chiòviri a minùtu, *piovigginare*; minùtu minùtu, avv. *minutissimo*

Minuzzàgghia, s. f. quantità di cose minute, *minutaglia*; per *ragazzame*; per rottame di oggetti fragili, *scavezzone*

Minuzzàri, v. a. *tritare*, *minuzzare*

Minuzzaria e minùzzia, s. f. cosa di pòca importanza, *minuzia*

Minzalìnu, agg. piano di mezzo negli edifici, *mezzalino*, *mezzaro*

Minzalòra, s. f. piccol barile, *bariletta*; per *bottaccio*

Minzìna, s. f. *metà*; per battente delle imposte

Minzògna e minzugnaria, s. f. *bugia*, *menzogna*

Minzugnàru, s. m. *bugiardo*, *menzognero*

Mio, vedi miu

Miòlu, s. m. quel pezzo di legno nel mezzo della ruota dove son fitte le razze, mozzo della ruota; per quel legno che

bìlica la campana, *cicogna*

Mira, s. f. quel segno della balestra o dell' archibugio nel quale si affissa l'occhio per aggiustare il colpo al bersaglio, *mira*; pigghiàri di mira, avìri di mira, *perseguitare*, *nuocere*

Mirabò, s. m. specie di velo

Mirabulàna, vedi marabulàna

Mircantàri, vedi mircanziàri

Miràculu, s. m. *miracolo*; per *prodigio*; per quell'imagine o altro che s'affissa vicino alcun santo, *boto*

Miraculùsu, agg. *miracoloso*; per *taumaturgo*

Miràri, v. n. *mirare*

Mircantàri, v. n. *mercantare*, *mercanteggiare*

Mircànti, s. m. *mercatante*; farisi oricchi di mircanti, far le viste di non sentire; mircànti di sita, *setajuòlo*

Mircantìbili, agg. *mercantibile*

Mircantòlu, s. m. dim. di mircànti, *mercatantuzzo*

Mircanzìa, s. f. *mercanzia*, *merce*

Mircanziàri, v. n. *mercantare*, *mercanteggiare*

Mircàri, v. a. *marchiare*, *sfregiare*

Mircàtu, agg. *marchiato*, *sfregiato*; per il prezzo basso di una merce, *buon mercato*

Mircèri, ra, s. m. e f. *merciajo*, *merciadro*, *merciajuola*

Mirciaria e mirciria, s. f. *merceria*

Mircignànu, s. m. palo di legno per stipare con pezzetti di legna il buco della carbonaja accesa

Mircurédda, s. f. pianta, *mercorella*

Mircúriu, s. m. argento vivo, *mercurio*

Mirènna, s. f. *merenda*

Miriàri, v. n. *meriggiare*

Miringulu e mirinnulu, s. m. globetto di cioccolatte confettato

Mìriu, s. m. *mezzogiorno*

Mirlèttu, vedi merlèttu

Mirrìnu, agg. mantello di color bianco del cavallo, *leardo*; per capelli che incominciano ad incanutire

Mirriùni, s. m. armatura del capo del soldato, *morione*

Mirrùzzu, s. m. pesce, *nasello*, e più comunemente *merluzzo*; met. *mingherlino*

Misalòru, s. m. lavatore pagato a mese

Misàta, s. f. un mese intero, *mesata*; per salario a mese, *mesata*

Misce, vedi miscèla

Miscèla, s. f. *mischianza*

Mischinamia, escl. *meschino me!*

Mischiniàri, v. a. *commiserare*, *compassionare*

Mischinu, agg. e s. m. *meschino*; per *povero*, *compassionevole*, *sparuto*

Misciàciu, s. m. *fame*; muriri di misciàciu, vale morir di fame

Miscùgghiu, s. m. *miscuglio*

Miserère, s. m. il salmo 50 che così comincia; cantaricci lu miserère, vale aver perduto una speranza

Misèria, s. f. *calamità*, *porertà*, *miseria*

Miseru, s. m. *misero*

Misèttu, s. m. scherzevolmente dim. di misi, *mesetto*

Misi, s. m. *mese*; èssiri 'ntra lu so misi, vale nell'ultimo mese della gravidanza

Misirìnu, s. m. *pilocchino*

Misiriùsu, agg. *gretto, disadorno, angusto*

Misizzu, agg. *posticcio*, vedi livatizzu

Missa, s. f. *messa*

Missàli, s. m. libro ove sta ciò che s'appartiene al sagrificio della santa messa, *messale*

Missèri, vedi minnàli; ne' travagli della vendemmia chi soprastà a' lavoranti

Missìa, s. m. *messia*

Missinisa, vedi ficu missinisa

Mistèri, s. m. *mestiere, arte, professione*; ch'è mistèri! vale *bizzarro*, vedi mistiriùsu

Mistèru, s. m. *mistero*; per *mestiere*

Mistiriùsu, agg. *bizzarro, strano, misterioso*

Misu, agg. *messo*

Misùra, s. f. *misura*; istrumento con cui si misura; lamintàrisi di la bona misura, *dolersi a torto*

Misuratìna, s. f. l'atto del misurare

Misuratùri, s. m. *misuratore*

Misurèdda, s. f. dim. di misùra, strumento da misurare

Mità e mitàti, s. f. *metà*

Mitataria, s. f. contratto pel quale il fittaiuolo ha l'obbligo di lavorar un podere e coltivarlo, dando metà del prodotte al padrone, *mezzadria*

Mitatèri, s. m. *mezzadro, mezzaiuolo*

Mitiùra, s. f. *mietitura*

Mitra, s. f. quell'ornamento che portano i Vescovi sulla testa *tiara, mitra*; per quel foglio accartocciato che si metteva in testa a chi dalla giustizia si mandava sull'asino, o si teneva in gogna, *mitera*; per quel berretto di carta simile che ponsi agli scolari inquieti o disattenti allo studio

Mitràgghia, s. f. *metraglia*

Mitragghiàta, s. f. scarica fatta con cannoni caricati a metraglia, *metragliata*

Mittùtu, vedi mìsu

Miu, vedi mèu

Miùla, s. m. sorta d'uccello di rapina di colore oscuro della grandezza d'una gallina; per piùla vedi

Miuliàri, v. n. *miagolare*

Miulu, s. m. voce del gatto, *miao*

Mizzalìnu, vedi minzalìnu

Mizzalòra, vedi minzalòra

Mizzanìa, s. f. *senseria*

Mizzànu, s. m. *mezzano*; per *ruffiano*; per *sensale*; agg. *medio, mediocre*

Mizzanèddu, dim. di mizzànu; per una sorta di pasta

Mizzìna, vedi minzìna

'Mmadduccàri, v. a. *abbatuffolare, acciappinare*

'Mmaddunàri, vedi 'mbaddunàri

'Mmalidìciri e 'mmalidìri, v. a. *maledire*

'Mmalidìttu, agg. *maledetto*

'Mmalidizìòni, s. f. *maledizione*

'Mmallàri, vedi 'mballàri

'Mmalsamàri, vedi 'mbalsamàri

'Mmalucchìri, vedi ammalucchìri

'Mmarazzàri, v. a. *imbarazzare*

'Mmaràzzi, s. m. plur. *miscea, ciarpame*; met. *testicoli*

'Mmaràzzu, s. m. *imbarazzo*; per *intrigo*

'Mmarazzùsu, agg. *imbarazzoso*

'Mmarcàri, v. a. e n. pass. *imbarcare, sobbarcarsi*; met. per *intraprendere*

'Mmàrcu, s. m. *imbarco*; per carico di mercanzie

'Mmardàri, vedi 'mbardàri

'Mmàrgini, s. m. *margine*

'Mmarramèntu, 'mmarratùra e 'mmàrru, s. m. *intasatura*

'Mmarràri, v. a. *turare*, e dicesi de' canali, condotti ed altro, *intasare*

'Mmasciàta, s. f. *ambasciata*

'Mmasciatùri, s. m. *ambasciadore, messo, nunzio, ruffiano*

'Mmàsta, s. f. il ripiegarsi del vestito, *doppiatura, sessitura*

'Mmàstu, s. m. *briga, fastidio, molestia*; dari 'mmàstu, *molestare, nuocere*

'Mmastardìri, vedi 'mbastardìri

'Mmattàna, s. f. *fastidio, noja, travaglio, pena*

'Mmàttiri, v. n. e n. pass. *imbattere, occorrere, avvenire, intervenire*

'Mmàttiti, s. m. plur. venticelli piacevoli, *aurette*

'Mmàttitu, 'mmattitìna, 'mmattitùra, s. m. e f. *opportunità, disavventura*

'Mmàtula, avv. *indarno, invano*; gròssu ammàtula, *dappoco*

'Mmè, voce delle pecore, *bè*

'Mmemmè, detto a' fanciulli, vale *pidocchio*

'Mmènzu, vedi mènzu

'Mmèrda , s. f. *merda*, *escremento*; pizzica 'mmèrda, vale *spilorcio*; sangu di 'mmèrda, vale *increscioso*; di palùmmi, *colombina*; di pècuri, *pecorina*; di gaddini, *pollina*

'Mmerdavùsa, s. f. fimo de' buoi e delle vacche, *bovina*, *buina*

'Mmèsta, s. f. *federa*; pel guscio del grano, *loppa*; per quella custodia di vimini che si fa ad alcun fiasco, *guardafiaschi*; nèsciri di la 'mmèsta, uscire dal proposito, dare in escandescenza

'Mmestialiri, vedi 'mbestialiri

'Mmèstiri, v. a. e n. *urtare*, agire inconsideratamente; per metter dentro la federa; domandar l'elemosina; 'mmistiriccilla, vale *ingannare*

'Mmicchiri, vedi 'nvicchiri

'Mmillimèntu , s. m. *abbellimento*

'Mmilliri, v. a. *abbellire*

'Mmillittàri, v. a. *imbellettare*, *lisciare*; n. *azzimarsi*

'Mmillittèri, s. m. *vezzoso*, *leggiadro*, *seducente*, *ingannatore*.

'Mmintàri, vedi inventàri

'Mmintariàri, vedi inventariàri

'Mmintèri, s. m. *menzogniero*, che inventa fole

'Mminzioni, vedi 'nvinzioni

'Mmirdicàri, vedi invirdicàri

'Mmirdùsu, agg. *merdoso*; per *presuntuoso*

'Mmirmicàri, v. n. *inverminire*, *impidocchiare*

'Mmirmicàtu, agg. *inverminito*, *impidocchiato*

'Mmirniciàri, v. a. dar la vernice, *verniciare*

'Mmisazzàri, v. a. metter le robe nella bisaccia, *imbisacciare*

'Mmisca, s. f. *cricca*, *compagnia*, *ruffa*

'Mmiscàri, v. a. *confondere*, *associare*, *mescolare*; detto delle carte da giuoco, *scozzare*; n. pass. *mischiarsi*; per incolpare , *accagionare* ; delle malattie , *appiccare* ; 'mmiscàri li pùrci, vale congiungersi carnalmente

'Mmiscàta, s. f. *mischianza*; per *iscozzamento*

'Mmiscàtu, agg. *mischiato*, *attaccato*

'Mmiscatùra, s. f. il ferrare le bestie collo stesso ferro schiodatole

'Mmiscu, s. m. *meschiamento*; per certo liquore degli acquacedratai; agg. a panno, a marmo ec. *mistio*

'Mmiscùgghiu, vedi miscùgghiu

'Mmiscuniàri, v. a. *confondere*, *inviluppare*, *imbrogliare*

'Mmiscuttàri, v. a. cuocere il pane o altro in modo che divenga assai tosto, *biscottare*; strunzu 'mmiscuttàtu, met. vale uomo presuntuoso

'Mmistialiri, vedi 'mbestialiri

'Mmistinu, vedi 'mbistinu

'Mmistitùri, s. m. si dice del grano lopposo; agg. *temerario*

'Mmistulirisi, n. pass. caricarsi di panni, *imbacuccarsi*, *incappucciarsi*

'Mmistùni, s. m. *urto*; per *bravata*

'Mmistùta, vedi 'mmistùni

'Mmistùtu, agg. parlando del

21

rìso, quando non è spogliato dal guscio o pula

'Mmitrìàri, vedi 'nvitriàri

'Mmittaria, s. f. *lezio, moina*

'Mmittèri, s. m. *moiniere*

'Mmìviri, vedi imbìviri

'Mmizzàri, vedi 'nzignàri

'Mmizzigghi, s. m. plur. *carezze, predilezioni*

'Mmizzigghiàri, v. a. *vezzeggiar di troppo*

'Mmizzigghiàtu, agg. *smorfioso, smanceroso*

'Mmizzìgghiu, s. m. *lezio, smanceria, predilezione*

'Mmù, vedi ammù

'Mmuccàta, vedi ammuccàta; per *ingoffo*

'Mmuccatùra, vedi 'mbuccatùra

'Mmucciarèddi, vedi ammucciarèddi

'Mmucciàri, vedi ammucciàri

'Mmùrdiri, vedi 'mbùrdiri

'Mmurmurazioni, s. f. *mormorazione, detrazione*

'Mmurmuriàri, v. n. *mormorare, biasimare, barbottare*

'Mmùrmuru, s. m. *mormorio;* per *rombo, bucinamento, biasimo, lagno*

'Mmurmurùsu, agg. *mormoroso;* per *irascibile*

'Mmurnìri, vedi 'mburnìri

'Mmurràri, v. n. *arrenare*

'Mmurràtu, agg. *arrenato*

'Mmurzàri, vedi 'mburzàri

'Mmusciulàri, vedi 'mbusciulàri

'Mmùstra, s. f. *mostra, esempio, dimostrazione*

'Mmustulìri, v. n. p. *imbrattàrsi di cose untuose o d'altro, intridersi, lordarsi*

'Mmuttìta, s. f. *coperta da letto*

piena di bambagia, *coltrone*

'Mmuttunàri, vedi 'mbuttunàri

Mòbili e mobilia, s. m. e f. *masserizia, mobilia*

Mobiliàri, v. a. fornir di mobili, *ammobiliare*

Mòccaru, s. m. *moccio*

Mòdaru, s. m. *modello, modano*

Mòdda, s. f. strumento per lo più d'acciaio che fermo dall'una si piega agevolmente dall'altra parte, e lasciato libero ritorna al suo essere. *molla;* per qualunque cosa abbia virtù di muover l'animo; modda di cubbulùni, ferro a squadra su cui posa e ripiega il mantice, *riposo*

Mòddu, agg. *molle, debole, pigro;* jittàrisi a moddu, vale bagnarsi; moddu e caliàtu, vedi caliàtu

Modèllu, s. m. *prototipo, esemplare, modello*

Modernizzàri, vedi rimodernàri

Modèrnu, agg. *nuovo, recente, moderno*

Modìsta, s. f. *crestaia,* o lavatrice di cappelli, cuffie ed altro per le donne

Mòdu, s. m. *guisa, maniera, modo*

Mògghi, vedi mugghièri

Mòju, s. m. uccello, *moriglione*

Mòla, s. f. pietra di figura circolare ad uso di macina, *mola;* quella superiore chiamasi *coperchio,* la inferiore *fondo;* per quella dove si arruota; per dente molare, vedi gànga

Mòlu, s. m. riparo di muraglia che si fa a' navigli contro l'impeto del mare, *molo*

Mo mò, avv. *or ora*

Mònacu, s. m. *monaco*; cantàri mònacu, vale *ingaunare*

Mònchiu, agg. *pigro, tarde*

Mòncu, agg. *monco*

Monotonìa, s. f. uniformità di stile, di musica ec. *monotonìa*; per traslato si dice delle cose che succedono alla medesima guisa

Monsù , dal franc. Monsieur, che in Sicilia si dà a' parrucchieri, a' cuochi ec.

Moribùnnu, agg. *moribondo*

Mòrsa, s. f. strumento col quale i fabbri ed altri artefici tengon fermo l' oggetto che si lavora, *morsa*; a mànu, più piccola della precedente , *morsella*

Mòrti, s. f. la cessazione della vita, *morte*; èssiri na morti, vale istecchito; a morti, coi verbi odiàri, avìri ec. vale estremamente ; nel giuoco dell'oca è dove si paga e si ricomincia il giuoco, *morte*; per ricettacolo d'acqua ec. *bottino*; per quella lastra che lo covre; per *scheletro*; stàri comu la morti, vale esser come una mosca culaja; chista è la sua mòrti, si dice di pesce, carne ec. che debbono esser conditi o apparecchiati più in un modo che in altro per esser gustevoli; avìri vistu la morti cu l' occhi, vale avere scampato grande pericolo; fari la morti ch'avia a fari, *impallidire*; a morti subitània, di subito, *subitamente*

Mòrtu, s. m. *cadavere*; li morti, giorno della commemorazione de'defunti; così di li mòrti, que' giocarelli o dolciumi che si dànno a' ragazzi pel detto dì; per gruzzolo di danari; lu tortu e lu mortu, due guai in un tempo; agg. ismorto, morto; 'nnamuràtu mortu, essere estremamente innamorato ; acqua morta , *stagnante*; mortu di siti, fami ec. vale aver gran fame, sete ec.; dinàru mortu, vale senza impiego fruttifero; paisi mortu, senza commercio; rigurdàri lu mortu 'ntàvula, dir cosa spiacevole in tempo non proprio; cchiù mortu ca vivu, *sbigottito*; mortu finùtu, come il precedente; gatta morta, vedi gàtta; cu la facci comu li morti, *squallido*; campàri mortu mortu, vivere agiatamente senza molta fatica; lu mortu 'nsigna a chiànciri, il bisogno ci ammaestra; mortu vivu, sorta di giuoco

Mòru, vedi cèusu

Mòrvu, s. m. *moccio*; per una malattia de' cavalli così chiamata

Mòssa, s. f. *mossa*; per *partenza*

Mòstru, s. m. *mostro*; per uomo deforme

Mòta, s. f. vedi stràscinu; per tocco di campana, *tocco*

Motìvu, s. m. *causa, obbiezione*; per motivo o espressione di un concerto musicale

Mòtu, s. m. *movimento, impeto, moto*; per *apoplessia*

Motùri, s. m. *motore*

Mòviri, v. n. e a. *muovere*; per smòviri vedi

'Mpacchiàri, vedi 'nchiappàri

'Mpacchiatizzu, vedi 'nchiappatizzu

'Mpacciamèntu, vedi 'mpàcciu

'Mpacciàri, v.a. dar noia, fastidio, impedimento; adombrare, impacciare

'Mpàcciu, s. m. *noja, fastidio, impaccio*

'Mpacciùsu, agg. *impacciatore, impacciativo*

'Mpachittàri, v. a. *involtare, impacchettare*

'Mpagghiàri, v. a. coprir di paglia, *impagliare*

'Mpagghiàta, s. f. figura di paglia, cenci o stoppa, *fantoccio*; per la paglia segata sparsa di crusca, destinata al nutrimento del bestiame, *impagliata*; 'mpagghiàtu, agg. si dice ad uomo rozzo che vestito d' abiti nuovi non sa muoversi

'Mpagginàri, v. a. formar le pagine, *impaginare*, prop. dei tipografi

'Mpajàri, v. a. *aggiogare, attaccare*, dicesi degli animali da tiro; 'mpajàrisi ad unu pri davanti, *bravare, rabbuffare*

'Mpajàta, s. f. *rabuffo, bravata*

'Mpajàtu, agg. *aggiogato*

'Mpalacciàta e 'mpalacciunàta, s. f. *palafittata*

'Mpalacciunàri, v. n. *palafittare*

'Mpalamèntu, s. f. *impalazione*

'Mpalandranàtu, agg. vestito di palandrano, *impalandranato*

'Mpalàri, v. a. *impalare*; per *agonizzare*

'Mpalàtu, agg. *impalato*; per *agonizzante*

'Mpalazzàta, s. f. serie di pala-

gi; per ripari fatti con pali, *palizzata*

'Mpanàri, v. n. ridurre la massa della pasta in pane, spianare il pane

'Mpanàta, s. f. vivanda cotta entro a rivolto di pasta; maccarrunèddi 'mpanàta, sono certe paste lavorate alla foggia de' maccheroni, ma han poca lunghezza

'Mpanatèdda, dim. di 'mpanàta; per sederino della carrozza che si può alzare ed abbassare

'Mpanatigghia, vedi pastizzòttu

'Mpannàri, v. a. *offuscare, covrire, appannare, divolgare*

'Mpannàta e 'mpannatùra, s. f. chiusura di panno o altro che si fa alle finestre, *impannata*; per poca quantità di frutta in un albero; per 'nfarinatùra vedi

'Mpanniddàri, v. a. *indorare, inargentare*; per battersela, *spulezzare, spuleggiare*

'Mpanniddatùra, s. f. *indoratura*

'Mpantanàri, v. a. vedi 'mbaddunàri; per *impantanarsi*

'Mpapanàri, v. n. riempiere un vaso sino all'orlo, *colmare*

'Mpapanàtu, agg. *colmo*

'Mpaparinàri, v. n. *imbriacarsi*; dicesi de' fiori ch'empionsi di melume

'Mpapòcchia, s. f. *pastocchia, inganno*

'Mpapucchiamèntu, s. m. *infinocchiatura*

'Mpapucchiàri, v. a. *impastocchiare, infinocchiare*

'Mparadisàri, v. a. *imparadisa-re, rallegare*

'Mparamèntu, vedi 'nsignamèntu

'Mparàri, v. a. *apprendere, imparare*; per *insegnare*

'Mparintàri, vedi apparintàri

'Mparissi, avv. *fintamente*

'Mparu, vedi sparu

'Mpaschiràtu, agg. terra lasciata a prateria

'Mpàsimu, vedi pàsimu

'Mpassuliri, v. n. e n. pass. *appassire, illanguidire, impallidire, allibire*

'Mpassulùtu, agg. *appassito, allibito, indebolito, invecchiato*

'Mpastamèntu, vedi 'mpastàta

'Mpastàri, v. a. stemperare o ridurre in paniccia con acqua o altra cosa liquida chicchessia, *intridere*; vedi 'mbrugghiàri

'Mpastàta, s. f. mescolamento di più cose insieme; il lavorar la pasta onde si riduca in paniccia, *impastamento*; per *zuffa, tafferuglio, scompiglio*

'Mpastatizzu, agg. *appiastricciato*

'Mpastàtu, agg. *intriso, appastato*; per 'mbrugghiàtu vedi

'Mpastatùri, s. m. strumento a guisa di zappa, ricurvo con manico lungo per intridere la calce con la rena

'Mpastizzamèntu, s. m. *confusione, trambusto*

'Mpastizzàri, v. a. *mescolare, confondere*

'Mpastizzàtu, agg. *confuso*

'Mpastucchiàri, v, n. *impastocchiare, aviluppare*

'Mpasturàri, v. a. *impastojare*; per *legare, impedire, impacciare*

'Mpasturatizzu, agg. pegg. di 'mpasturàtu

'Mpasturavàcchi, s. m. sorta di lungo serpe che attorcigliasi a' piedi delle vacche per succiarne il latte

'Mpatacchiàri, vedi 'mpastucchiàri

'Mpatiddìri, v. n. *allibire, impallidire*

'Mpatruniri, v. a. e n. pass. *impadronire, impadronirsi, impossessarsi*

'Mpatrunùtu, agg. *impadronito*

'Mpauriri, v. a. e n. *impaurire*

'Mpaurùtu, agg. *impaurito*

'Mpazientàrisi, v. n. pass. *impazientirsi*

'Mpazzimèntu, s. m. *impazzamento*

'Mpazziri, v. n. *impazzire, impazzare*

'Mpazzùtu, agg. *impazzito*

'Mpèddi, vedi pèddi

'Mpediri, vedi impediri

'Mpègnu, s. m. *sforzo, obbligo, impegno*

'Mpèna, vedi pèna

'Mpènniri, v. a. *impiccare, impendere, appendere*

'Mperatùri, vedi imperatùri

'Mperfèttu, agg. *imperfetto*

'Mperiàli, agg. *imperiale*

'Mpèrnu, vedi pèrnu

'Mpertinènti, vedi impertinènti

'Mpertinènza, vedi 'mpirtinènza

'Mpetuùsu, agg. *impetuoso*

'Mpianciàri, vedi stiràri

'Mpiàstru, s. m. medicamento composto di più materie che si distende per applicarlo sopra un malore , *empiastro*

'Mpicàri, vedi 'mpènniri

'Mpicàtu, vedi 'mpìsu

'Mpicciàri, v. a. e n. pass. *impacciare, inframmettersi*

'Mpiccicalòru, vedi 'mpiccicùsu

'Mpiccicàri, v. n. e n. pass. *appiccicare, appiccare*; per *attaccarsi*; 'mpiccicàri na timpulàta, appiccare uno schiaffo

'Mpiccicatìna, s. f. l'atto d'appiccare

'Mpiccicatùra, vedi 'mpiccicatìna

'Mpiccicatizzu, vedi 'mpiccicùsu

'Mpiccicùsu, agg. *vischioso, tenace, appiccaticcio, importuno*

'Mpiccicùta, s. f. strumento per porre i cerchi nelle botti , *cane*

'Mpicciu, s. m. *briga*

'Mpicciulìri, v. a. *impiccolire*

'Mpicciulùtu, agg. *impiccolito*

'Mpiciàri, v. a. *impeciare*

'Mpiciatùra, s. f. *impeciatura*

'Mpiddizzunàrisi , v. n. pass. empiersi di pollini, vedi piddizzùni

'Mpidicàri, vedi 'mpidicuddàri

'Mpidicuddàri, v. a. *impacciare, ritardare*

'Mpidicùddu e 'mpidicùgghiu , s. m. *incontro, avvenimento, intoppo, impiglio*

'Mpidìri, v. a. *impedire, opporsi*

'Mpiducchiàrisi, v. n. pass. *impidocchiarsi*

'Mpidugghiàri, v. n. *impigliare, confondere, impastojarsi*

'Mpidùgghiu , s. m. *impaccio, impiglio*

'Mpidugghiùsu, agg. *malagevole, difficile*; detto ad uomo, *imbroglione*

'Mpiègu, s. m. *impiego, professione*

'Mpìgna, s. f. la parte di sopra della scarpa, *tomajo*

'Mpignàri, v. a. e n. pass. *impegnare, ingaggiare, proteggere*, prestar danaro sopra pegno

'Mpignatùri, s. m. *usurajo*

'Mpìgnu, s. m. *pegno, impegno*; per *puntiglio*

'Mpijuràri, v. a. *peggiorare*

'Mpilàri, v. n. *impelare*; n. pass. empirsi di peli

'Mpillicciàri, v. a. coprire i lavori di legname dozzinale con asse gentile e nobile segato sottilmente, *impiallacciare*

'Mpillicciàtu, agg. *impiallacciato*

'Mpillicciatùra, s. f. *impiallacciatura*

'Mpiluccàrisi, v. n. pass. bruttarsi di filaccica

'Mpiluccàtu, agg. di 'mpiluccàrisi; per *ebbro, avvinazzato*

'Mpinciri, v. a. e n. pass. *fermare, trattenere, ritenere, sostare , incagliare , arrenare* ; met. vale stracciarsi alcun pezzo di vestito per urto violento in oggetti acuminati , *stracciare*

'Mpincitùra , vedi 'nchiuvatùra

'Mpinciùni, s. m. rottura che lascia la roba stracciata, *straccio*

'Mpinciùta, s. f. *arresto, fermata*; per 'mpinciùni vedi

'Mpinciùtu, agg. di 'mpinciri

'Mpinnacchiàri, v. a. ornar di pennacchi , *impennacchiare*;

n. p. per vestirsi di penne, *impennare*

'Mpinnàri, v. a. il metter le penne degli animali volatili; o del levarsi che fa il cavallo in aria su due zampe, *impennare* ; met. 'mpinnàri 'ntra l'aria, vale *adirarsi*; pel mettere i peli che fanno i giovani nella pubertà, *impelare*

'Mpinnullàri, vedi pinnullàri

'Mpinnùtu, vedi 'mpisu

'Mpinsàta (a la), posto avv. *improvvisamente*

'Mpintu, agg. *fermato, sospeso, appeso, arenato, stracciato*

'Mpipàri, v. n. *adirarsi, incollerirsi*

'Mpipiriddàtu, agg. *vivace, borioso*

'Mpirfiziòni, s. f. *imperfezione*; per *difetto, vizio*

'Mpirgulàtu, vedi pirgulàtu

'Mpiriàli, vedi imperiàli

'Mpirnàri, v. a. mettere in perno, *impernare*

'Mpirnàtu, agg. *impernato*

'Mpirlicàri, v. n. infettarsi del mal venereo, vedi tincùni; per 'mpirticunàri vedi

'Mpirticunàri, v. a. colpire con migliarole

'Mpirtinènza, s. f. *impertinenza, insubordinazione*

'Mpirtusàri, v. a. *nascondere, occultare*

'Mpistamèntu, s. m. *stizza, corruccio, rodimento*

'Mpistàri, v. a. *appestare*; per *pulire, guastare, istizzirsi*

'Mpistatìzzu, vedi 'mpistàtu

'Mpistàtu, agg. attaccato da mali contagiosi, affetto da gonorrea, *gonorreato*; per *istizzito*

'Mpistaziòni, s. f. cruccio interno, *dispetto*

'Mpisu, agg. *impiccato*; facci di 'mpisu, *impiccatello*; a la casa di lu 'mpisu nun si pò appènniri l'agghialòru, vale a persone prese da cruccio o da risentimento non si possono rammentar cose che riaccendono la loro bile

'Mpitramèntu , s. m. *indurimento*

'Mpitràri, v. n. *impietrire, condensare, indurire*

'Mpittàri, v. n. *resistere, repugnare, contrastare*

'Mpituùsu, agg. *impetuoso*

'Mpizzu, avv. *all'estremità, all'orlo*; sèdiri 'mpizzu, esser facile ad istizzirsi, *irascibile*

'Mplacàbili, agg. *implacabile*

'Mpòniri, v. a. *imporre, addossare, comandare, commettere*

'Mpòrtu, s. m. l' importare. il costo, il prezzo d' una cosa acquistata

'Mpòsta, s. f. *imposta, gravezza*

'Mpostùra, vedi 'mpustùra

'Mprattichìri, v. a. e n. p. *impratichire, impratichirsi*

'Mprèntitu, s. m. *prestito, prestanza, mutuo*

'Mprèscia (a la), avv. *subito, immantinente*; suppa a la 'mprèscia, vivanda di latte dolcificato

'Mpressiòni, vedi 'mprissiòni

'Mprèssu, agg. *impresso*

'Mprèstitu, vedi 'mprèntitu

'Mpriàli, agg. *imperiale*; per una sorta di pera detta anche 'mprialòttu

'Mprima, vedi prima

'Mprimiri, vedi imprimiri

'Mprìmis, vedi imprimis

'Mprinamèntu, s. m. *pregnezza*

'Mprimitùra , s. f. mestica di colori con cui si prepara la tavola che si vuol dipingere

'Mprinamèntu, s. m. *pregnezza*

'Mprinàri, v. n. *impregnare, ingravidare*; 'mprinàri di chiàcchiari, *infinocchiare*

'Mprintàri, vedi 'mpristàri

'Mprisa, s. f. *impresa, ostinazione, ardire*

'Mprisàriu, s. m. *impresario*

'Mprisiàri, v. n. *ostinarsi, incaparbire*

'Mprissiòni, s. f. l'azione d'imprimere e la cosa impressa, *impressione*; cosa imaginata o opinione impressa nella mente; fàri imprissioni na cosa, vale muover l'animo

'Mpristàri, v. a. *prestare*

'Mprisùsu, agg. *protervo, ostinato, intraprendente*

'Mprisuttàri, v. n. farsi presciutto

'Mprisuttàtu , agg. *improsciuttato*; met. *magro, sdiridito*

'Mpròcchia, vedi 'mprùcchia

'Mprònta, s. f. imagine impressa in qualsivoglia cosa, *impronta*

'Mprùa, s. f. voce colla quale i bambini chiaman da bere , *bombo*

'Mprùcchia, s. f. il cestir delle piante, *cesto*

'Mprucchiàri, v. n. *cestire*

'Mprudènza, s. f. *imprudenza, inconsideratezza*

'Mprumprù, vedi 'mprùa

'Mpruntàri , v. n. *imprimere , improntare;* per recitare allo improvviso

'Mpruvulazzàri, vedi 'mpurvulazzàri

'Mpùdda, s. f. rigonfiamento o vescichetta che viene sulla pelle, *bolla*; per bolla che vien nelle manifatture di vetro o altro, *pulica, puliga*; 'mpudda di la màstica, met. uomo fisicoso

'Mpuddìcchia, dim. di 'mpùdda, *bollicina*

'Mpugnàri, vedi impugnàri

'Mpuliciàrisi, v. n. pass. empirsi di pulici

'Mpulisàri , v. a. metter nel bossolo polizze per trarne una a sorte, *imbossolare*

'Mpullètta, s. f. oriuolo a polvere

'Mpullina, s. f. vasetto di vetro con beccuccio per tenervi vino o acqua da servire per la santa messa, *ampolla*

'Mpumiciàri, vedi pumiciàri

'Mpùnta, vedi pùnta

'Mpunùtu, agg. a persona, vale *immobile*

'Mpupàri, v. a. legare i tralci della vite al palo, *impalare;* n. pass. *attillarsi, azzimarsi*

'Mpupàtu, agg. *attillato*

'Mpupatùra, s.f. *attillatura*

'Mpùppa, vedi pùppa

'Mpuppàri, v.n. dicesi del vento che soffia con gagliardia, *tirare impetuoso*

'Mpurpainàri, v. a. *propagginare*

'Mpurrimèntu, s. m. *infracidamento;* met. *rabbia, ira*

'Mpurriri , v. n. *infracidarsi;* fig. *arrovellare*

'Mpurrùtu, agg. di 'mpurriri, *infraciduto, scorrubbiato*

'Mpurtànza, vedi impurtànza

'Mpurtàri, v. n. *importare, recare, portare, condurre,* ascendere a qualche somma

'Mpurtiddàri, v. a. dicesi della botte quando se le incastra nella fecciaja la porticella

'Mpurtunàri, vedi impurtunàri

'Mpurtusàri, vedi 'mpirtusàri

'Mpùru, vedi impùru

'Mpurvulazzàri, v. a. *impolverare;* e n. pass. *impolverarsi*

'Mpusissàri, vedi impossessàri

'Mpustàri, v. a. *soprapporre, accatastare;* per mettere in punto un'arma da fuoco; per portar lettere alla posta

'Mpustimàri, v. n. *impostemire, ulcerarsi*

'Mpustimazìoni, vedi pustimazìoni

'Mpustimùsu, agg. *rampognoso*

'Mpustùra, s. f. *impostura*

'Mpusturàtu, agg. *imposturato*

'Mputàri, vedi imputàri

'Mputridìri, vedi 'nfracidìri

'Mputrunìri, v. a. e n. pass. *impoltronire, infingardire*

'Mputrunùtu, agg. *impoltronito*

'Mpuvirìri, v. a. e n. *impoverire*

'Mpuzzàri, v. a. gettar nel pozzo, *nascondere;* n. pass. *occultarsi*

Mù, vedi ammù

Muccaturàta, s. f. tanto che può capire in un fazzoletto

Muccatùri, s. m. *moccichino, fazzoletto, pezzuola*

Mùccu, s. m. *mucosità*

Muccùni, vedi vuccùni

Mùcia, s. f. *gatta*

Muciàra, vedi musciàra

Mucìna, s. f. arnese di giunco fatto a guisa di cappuccio rotondo col quale si cola il mosto

Mucìnu, s. m. vaso di legno senza coperchio a guisa di mezzo barile, che s'usa per trasportar l'uva dal vigneto al palmento, *bigoncia*

Mùciu, s. m. *gatto*

Muddàcchiaru, agg. *molle, floscio;* detto ad uomo, *pigro, accidioso*

Muddacchìna, s. f. pianta detta *loto*

Muddalòra, s. f. quella parte ove si connettono le ossa del cranio

Muddàmi, s. f. polpa della coscia del majale, *mollame,* per parte carnosa che agevolmente cede al tatto

Muddàri, v. a. *allentare;* per *restare, mollare;* muddàri un timpulùni, dare una ceffata

Muddètta, s. f. strumento di ferro per rattizzare il fuoco, *molle;* per piccola molla che serve a vari usi, *molletta*

Muddiàri, v. n. *piegarsi, molleggiare;* n. pass. muddiàrisi vale *coricarsi*

Muddìca, s. f. midolla del pane, *mollica;* per *briciolo*

Muddicàtu, s. m. *minuzzame;* per ammuddicàtu vedi

Muddichèdda, dim. di muddìca

Muddicùni, s. m. quella parte spugnosa del pane contenuta entro la crosta, *midolla*

Muddicùtu, agg. *molle, flessibile*

Muddìsi, agg. di mandorla ed altre frutta simili, *molle*

Muddìzza, s. f. *mollezza* ; per *lardilà*

Muddùra, s. f. *lentezza, pigrizia, infingardia*

Mudèllu, vedi modellu

Mudiddùni, s. m. *midollo* ; di schina, midolla spinale

Muffa, s. f. pianta parassita che nasce sulle sostanze animali e vegetali in putrefazione , *muffa*; puzza di muffa, *tanfo*; fari fari la muffa, vale conservare lungamente

Muffulèttu, s.m. pagnotta molle e spugnosa, *offa, offella*

Mùffuli, s. f. strumento di ferro per legar le mani, *manetta*

Muffulùni, vedi 'mbuccàta

Muffùri, vedi nègghia

Muffutìzzu, agg. alquanto muffato, *muffaticcio*

Mùfra, s. f. animale, *mufione*

Muganàzza, s. f. pianta spinosa, *cardo marmorizzato*

Mugghièri, s. f. *moglie*; cui nun àvi mugghièri prestu la vèsti, e cui nun àvi figghi prèstu li vàtti, vale chi non ha moglie o figli crede facile il soddisfare a' pesi del matrimonio, ed educare i figli ·

Mugghirèdda e mugghirùzza , dim. di mugghièri

Mugnunèddu, s.m. braccio senza mano, *moncherino*

Mugnùni, s. m. *moncone*

Mulacciùni, s. m. mulo giovine, *muletto*

Mulàru, s. m. chi guida i muli, *mulattiere*

Mulèttu, s. m. pesce, *cefalo, muggine*

Mulìgnu, s.m. sonaglio di muli, *sonaglio*

Mulinàra, vedi cacìcia

Mulinàru, s. m. *mugnajo, mulinaro*

Mulinèddu, s. m. *molinello*; per quell' arnese che polverizza il caffè, *macinino*; per quello con cui si torce la seta, *molinello*

Mulinigghiu, s.m. strumento per frullare il cioccolato, *frullino*; per quello arnese che serve a macinare il caffè tostato, vedi mulinèddu

Mulìnu, s. m. edificio con vari strumenti destinato alla macinatura del grano, *mulino*; fig. detto ad uomo, vale *ciarliero*; jìri la vùcca comu un mulinu, *cicalare*; tiràri acqua a lu so mulinu, vale agire nel proprio interesse

Mulitùra, s. f. il prezzo della macinatura del grano, *mulenda*

Mùlu, s. m. animale nato d'asino e da cavalla, *mulo*; o di cavallo e d'asina, *bardotto*; ad uomo illegittimo, *bastardo* ; tèniri la mula, restar perdente; stari quantu un mulu, vale *robusto*

Mulunàru, s. m. venditor di poponi, *poponajo*

Mulùni, s. m. pianta, *popone*, e il frutto , *popone* ; luogo piantato a poponi, *poponajo*, vedi nuàra

Mùmia, s. f. cadavere seccato nella rena, *mummia*; detto ad uomo, *stupido*

Munacàri, v. a. e n. p. *monacare, monacarsi*

Munacàta, s. f. *rustichezza*; per *rigiro*

Munacàtu, s. m. farsi monaco, *monacato*; per *monacazione*

Munacèdda, s. f. uccello, *ciuffoletto*; è anche un pesciatello così chiamato

Munacèddi, s. m. plur. si dice delle scintille di fuoco che nell'incenerirsi la carta a poco a poco si spengono, *monachine*

Munachèdda, dim. di mònaca, *monachetta*

Munachèddu, s. m. dim. di mònacu, *monachetto*; per quel ferro piatto con un'estremità triangolare nel quale entra il saliscendo, *monachetto*

Munacùni, vedi fratacchiùni

Mùnciri, v. a. *mugnere*; per *premere*; n. pass. dar segno di voler piagnere, *angosciarsi*

Munciunjàri, v. a. *gualcire*, piegar malamente; per *palpeggiare*

Munciunjàtu, agg. *gualcito*

Munciùtu, agg. *munto*

Munciuvi, s. m. albero, *belzuino*

Mungàna, agg. di vitella di latte, *mongana*

Munganàzza, vedi muganàzza

Munìta, s. f. *moneta*; fari munìta fàusa, vale metter tutto impegno per riuscire in un intento; pagàri cu la stissa munìta, cioè render male per male

Munitàriu, s. m. raccolta di monete; per fabbricator di false monete, *monetario*

Munizìòni, s. f. polvere o piombo per caricar archibugi, *munizione*

Munnalòri, s. f. plur. castagne arrostite, *caldarroste*

Munnànu, agg. *mondano*

Munnàri, v. a. *mondare*, *purgare*, *ripulire*; per *sgusciare*

Munnàzzu, pegg. di mùnnu, *mondaccio*

Munnèddu, s. m. sorta di misura ch'è la quarta parte del tùmminu vedi

Munniddàta, s. f. quanto cape in una misura di mondello

Munnìzza, s. f. *spazzatura*, *immondizia*; mittìrisi supra la cartèdda di la munnìzza, vale rizzar la cresta, aver troppe pretensioni

Munnizzàru, s. m. luogo ove riuniscesi il letame, *letamaio*; per colui ch'è destinato a raccogliere le spazzature, *letamajuolo*; per un arnese che raccoglie le immondizie

Mùnnu, s. m. *mondo*; l'autru mùnnu, l'altra vita; omu di munnu, vale uomo sensato: per gran numero di persone; èssiri 'ntra nautru munnu, vale trovar grandi novità; nun cc'è cchiù munnu! escl. *affare il mondo!*; vulìrisi appappàri lu mùnnu, imprender sopra le proprie forze; a munnu miu, vale in vita mia; mittìrisi a lu munnu, vale sposarsi; lassàri lu munnu comu si trova, non far novità; tuttu lu munnu è casa nostra, tutto il mondo è paese

Munsèddu, s. m. *mucchio*; per un giuoco fanciullesco detto le casselline; per turba, moltitudine; munsèdda mun-

sèdda, valę in gran quantità,
a ribocco

Munsiddùni, accr. di munsèddu

Munsiddùzzu, dim. di mun-
sèddu

Mùnta, s. f. il congiungimento
degli animali di diverso ses-
so, monta; cavaddu di munta,
stallone

Muntàgna, s. f. montagna; pizzu
di muntagna, vetta; per una
sorta di tabacco

Muntagnìsi, agg. nato nelle
montagne, abitator di mon-
tagne, montanesco, monta-
naro

Muntagnòla, s. f. dim. di mun-
tagna, montagna poco eleva-
ta, montagnuola

Muntagnùsu, agg. regione pie-
na di montagne, montagnoso

Muntàri, v. a. salire, montare,
crescer di prezzo; il congiun-
gersi degli animali; per for-
bire, metter su, propriamente
delle macchine, ed altro

Muntaròzzu, s. m. terreno rile-
vato sopra la fossa che so-
vrasta al campo, ciglione;
per piccolo monte, monteruz-
zolo

Muntàta, s. f. salita, erta

Muntàtu, agg. montato, ben
munito

Muntèra, s. f. sorta di berretti-
no da ragazzi, montiera

Mùnti, s. m. monte; per massa
di chicchessia; per quel luo-
go dove si danno in pegno
oggetti per averne danaro in
prestito, monte di prestanza

Muntunèddu, s. m. dim. di
muntùni, montoncino; per la
pelle del montone

Muntùni, s. m. montone, il ma-
schio della pecora

Muntunìgnu, agg. di montone,
montonino

Munzèddu, vedi munsèddu

Muràgghia, s. f. muro, muraglia

Muràri, v. a. legar con cemento
chicchessia, murare; per ri-
empire un vuoto; commette-
re insieme sassi e mattoni
con calcina per far muri, e-
difici ec., murare

Muràta, s. f. facciata di muro

Muràtu, agg. murato; per cir-
condato da mura, murato

Muratùri, s. m. chi esercita
l'arte del murare, muratore

Murdènti, s. m. mestica di di-
versi colori, che s'adopera su
quegli oggetti che voglionsi
dorare o inargentare senza
brunitura, mordente; agg. che
morde, pungente; presso i
musici è un ornamento della
melodia che si fa esprimendo
due suoni, come nel trillo,
ma all'ingiù, e distanti un
mezzo tuono, mordente

Murèdda, vedi amurèddi

Murèddu, agg. di color nero,
morello

Mùrga, s. f. feccia dell'olio,
morchia; per una specie di
terra rossa, sinopia

Murgàna, vedi fata

Muribùnnu, vedi moribùnnu

Muricèddu, dim. di muru, mu-
relto

Muriddùzzu, agg. dim. di mu-
rèddu, si dice di animali,
come poledro morello

Muriua, s. f. pesce simile alla
anguilla, murena

Murìri, v. n. uscir di vita, mo-

rire; met. *mancare*; per i-
struggersi di rabbia ; aver
gran fame, sete, sonno, fred-
do ec. ; ridere smoderata-
mente; impallidire; fari mu-
riri a l'addritta vale *atterrire*;
'mpèddi, *arrovellare*; fari mu-
riri avànti li jòrna, *affliggere*,
tormentare

Murmuràri, v. n. il rumoreg-
giar del vento, *mormorare* ;
per *biasimare*

Murmuriàrisi, v. n. *bisbiglia-
re*, *mormorare*, *susurrare*; n.
p. *lamentarsi*

Murmuriu, s. m. *mormorio*

Mùrmuru, s. m. il lamentarsi,
querelarsi, *mormorio*

Murmurùsu, agg. *queloso*

Mùrra , s. f. giuoco noto che
si fa in due, chiamando un
numero e stendendo contem-
poraneamente le dita per ve-
dere se tra loro corrispon-
dano, *mora*

Murriti, s. m. plur. verminuzzi
che sono nell'ano delle be-
stie; met. *ruzzo*

Murritiàri, v. n. *scherzare*, *ruz-
zare*

Murritòria, s. f. *ruzzo*

Murritùsu, agg. *ruzzante*

Mursàgghia, s. f. pietre o mat-
toni i quali sporgono in fuo-
ri da' lati de' muri, lascia-
tivi a fine di potervi colle-
gar nuovo muro, *morse, borni*

Mursèddu , s. m. pezzetti di
carne di tonno desiccata e
salata

Mùrsia , col verbo fari , vale
disfare , *distruggere* , *fracas-
sare*

Mursiddìna, s. f. pianta, orec-

chia di topo , *pizzagallina*

Murtacinu, agg. *languido* , *de-
bole*, *morticcio*

Murtàli, agg. *mortale*

Murtalità, s. f. *mortalità*

Murtarèddu, dim. di murtàru,
mortajetto

Murtarèttu, s. m. specie di sal-
sicciotto, *mortadello*; per *ma-
stio*, *mortaretto*

Murtàru, s. m. vaso da pestar
diverse materie , *mortaro* :
murtàru di lignu, *baciocco-
lo*; per una specie di cannone,
mortajo; presso i razzai è uno
strumento di legno simile al
precedente, con che si get-
tan bombe di fuochi artifi-
ciali, *mortajo*; pistàri l'ac-
qua 'ntra lu murtàru, *affa-
ticarsi senza alcun pro*, *o ri-
petere una diceria nojosa*

Murticèddu, agg. dim. di mòr-
tu, *morticino*; per *gruzzolo*

Murtidda, s. f. pianta, *mortel-
la*, *mirto*; per le coccole della
mortella , *mirtillo* ; scherz.
moria

Murtiddìtu, s. m. luogo pieno
di mirti, *mirteto*

Murtificàri, v. a. *reprimere*, *rin-
tuzzare*, *addolorare*, *volgere a
putrefazione*, *mortificare*, *umi-
liare*

Murtificàtu , agg. *mortificato*

Murtizzu, s. m. piombo mesco-
lato allo stagno con cui si
cuopre la superficie degli og-
getti di rame per istagnarli;
agg. *mortacino*; di colore, vedi
smòrtu

Mùru , s. m. parte della fab-
brica composta di sassi e mat-
toni commessi con calcina or-

dinatamente , *muro* ; muru màstru , muro principale di un edificio; divisoriu, muro a ventola ; 'nsiccu, muro a secco, *màcera* ; met. *difesa*; stàri muru cu muru, vale esser contiguo d' abitazione; èssiri muru cu muru cu lu spitàli, rimaner sulle secche; parràri cu lu muru, vale *i-nutilmente*; mèttiri cu li spàddi a li mura, *sobillare, istigare*; a lu muru vasciu tutti si cci appojanu, *le mosche posano addosso a' cavai magri*

Murvacchiàta , s. f. massa di moccio uscita dalle narici , *moccicaglia*

Murviddi, s. m. plur. infermità che viene a' fanciulli, *morriglione*

Murvùsu, agg. *moccicoso*; met. *dappoco*

Mùsca , s. f. insetto , *mosca* ; musca cavaddina, *mosca cu-laja*; tavàna, *tafano* ; musca di li voi, *assillo*; per ragazzo di piccola statura e vivace; nun farisi passàri musca a nàsu, vale non soffrire ingiuria ; ammuccàri mùschi , *baloccarsi* ; cacciàri mùschi , vale non avere spaccio delle proprie merci; aviri la mu-sca, vale essere irritato

Muscagghiùni , s. m. insetto , *moscone*

Muscalòru, s. m. *ventaglio*; di cucina, *ventola, ventaruola* ; per quella inferriata semicir-colare, che si pone sui por-toni

Muscalòra di rigina, s.m.pian-ta, *amaranto*

Muscardinu, s. m. sorta di con-fezione da tener in bocca per far buon fiato , *moscardino ;* per un dolciume a piccoli rombi simile al mustacciuolo

Muscarèddu, agg. di frutta che han l'odore simile al mosca-dello, *moscadello*

Muscaria e muscarizzu, s. f. e m. quantità di mosche adu-nate insieme, *moscajo*

Muscatèddu, s. m. sorta d'uva, *moscadella*; per vino fatto da questa uva, *moscadello*; 'nsò-lia e muscatèddu, vedi 'nsò-lia

Muscàtu, vedi muscatèddu

Muschèra, s. f. arnese di legno per guardar dalle mosche chicchessia; per zappagghiu-nèra, vedi

Muschiàri, v. n. essere anno-jato dalle mosche, *assillare*

Muschiàtu , agg. del mantello de' cavalli sparso di piccole macchie nere , *leardo mo-scato*

Muschicèdda o muschìdda, dim. di musca, *moschettina*

Muschigghiùni, s. m. *moscone*; met. per chi va attorno alle donne, *donnajo*

Muschitta, s. f. *moscherino*; mu-schitta di lu vinu, *moschione e moscino*

Muschittèra, s. f. stretta aper-tura delle fabbriche di difesa per trarre più sicuramente sul nemico, *balestriera, feri-toja*

Muschittùni, s. m. così chia-mansi quei peli che adornano il mento

Musciàra, s. f. sorta di barca

piatta ad uso di tonnara

Mùsciu, agg. *floscio, pigro, lento*

Musciuliddu, dim. di mùsciu

Muscizza, s. f. il soppassare, *moscezza*

Mùscu, vedi lippù; è anche così chiamato un animale detto muschio muschifero, che ha vicino all'ombellico un sacco pieno di un umore che rende un odor fortissimo, che disseccato si chiama *muschio*; peluria verdiccia che nasce sui crani de' cadaveri umani, *usnea*

Mùscula, s. f. bottoncino del fuso, *cocca*

Musculiàtu, agg. *muschiato*

Musculidda, dim. di mùscula, *cocchetta*; per distrazione muscolare

Mùscula, s. m. darti del corpo dotati delle facoltà di muoversi e contrarsi, *muscolo*

Musìa s. f. *bellezza*

Mùsica, s. f. *musica*; musica sùrda, *cantilena*

Musicàta, s. f. suono di molti strumenti musicali

Mùsicu, s. m. chi sa la scienza della musica, *musico*; per *cantore*; per *eunuco*

Musiòni, s. f. lo screpolarsi o fendersi delle fabbriche; per *movimento, gesto*, ec.

Mussàli, mussatòra, vedi mussili

Mussiàri, v. n. guardar torvo, *disapprovare*, torcere il grifo

Mussiàta, s. f. *musata*

Mussìddu, dim. di mùssu; fari lu mussiddu, far grugno

Mussìli, s. m. *musoliera*

Mùssu, s. m. testa del cane dall'occhio all'estremità delle labbra, *muso*; per le labbra; per *ceffo*, *mostaccio*; èssiri mussu cu mussu, vale vicinissimo; scugnàri lu mussu, vedi scugnàri; mèttiri lu mussu a tutti così, vale ingerirsi per tutto; cioràrisi 'li mussi, vale. *intendersi, accordarsi, concertarsi*; stujàrisi lu mussu, restar privo; dàricei lu mùssu, aver bisogno di persona che non vorrebbe avvicinarsi; per una specie di albicocco

Mustàrda, s. f. mosto cotto, nel quale s'infonde seme di senapa e aceto per uso di salsa, *mostarda*; pel mosto cotto rassodato con farina ed aromi, *mostacciolo*

Mustazzòla, s. f. specie di pane o pasta con zucchero, spezie ed altro, cotta nel forno, *mostacciolo*

Mustazzu, s. m. quella parte della barba che è sopra il muso, *basetta*; pe' peli lunghi del muso d'alcuni animali, come becchi, cani e simili, *barba*, *basetta*; omu cu li mustàzzi, vale dotato di una virtù superiore a quella di cui si parla; di varva e mustàzzu, vedi vàrva; passiàri 'ntra li mustàzzi, vale andar impunito; nun avìri mustàzzu di fari, vale non aver abilità

Mustazzulèdda, dim. di mustazzòla; chiamansi anche così da' pescivendoli le piccole triglie

Mustazzùni, accr. di mustàzzu, *mustacchioni*

Mustazzùtu, agg. uomo di grandi basette, *basettone*; per *saccente*, *satrapo*

Mustìa, s. f. pesce di mare assai gustoso

Mùstra, vedi 'mmùstra

Mustràri, v. a. *mostrare*, *apparire*; n. p. *fingere*; mustràri l'agghi o li denti, vale opporsi arditamente

Mùstu, s. m. sugo dell'uva, *mosto*; mustu cottu, *sapa*, *coroèno*

Mustùra, s. f. miscuglio, *mistura*; per *aromato*; miscuglio di aromati in polvere per condimento di cibi, *spezie*; per una spezie di vernice che usano gl'inderatori, colla quale si dà il color dell'oro agli oggetti, *mecca*, o *doratura di mecca*

Mùsulinèttu, s. m. nome generico delle mussoline stampate a disegni

Musulìnu, s. m. sorta di tela bambagina, che prende il nome da Mussol, che si crede l'antica Ninive, donde fu portata in Europa, *mussolo*, *mussolina*; musulìnu abbattistàtu, vedi battista

Musulinùni, s. m. tela bambagina ordinaria

Musulùccu, agg. dicesi di uomo segaligno e balocco; per una sorta d'erba detta ganìsu, vedi

Mùta, s. f. *scambio*, *vicenda*, *muta*; pel rinnovar che fanno gli animali i denti, le penne, ec., *mudare*; a la surda a la muta, avv. *chetamente*

Mutàngaru, s. m. *silenzio*; agg. *taciturno*, *mezzo mutolo*; avìri lu mutàngaru, vale fare il sornione

Mutànna, s. f. vestimenta di pannolino che coprono la carne, come camicia, calzoni, calzette

Mutàri, v. a. *variare*, *cangiare*, *convertire*, *trarre*, *svolgere*, *mutare*; n. p. ass. mutarsi i panni; per *impallidire*; mutàri vita, vale mettersi in buon sentiero

Mutazìoni, s. f. *cambiamento*, *mutazione*

Muticèddu, dim. di mutu

Mùtria, s. f. guardo, piglio sdegnoso, *luchera*

Mutriàri, v. n. far luchera, far guardatura sdegnosa, *lucherare*

Multèttu, s. m. breve composizione musicale per lo più di parole spirituali latine, *mottetto*

Muttiàri, v. n. *motteggiare*, *burlare*, *bucinare*

Mùttu, s. m. *motto*, *adagio*, *proverbio*

Mùtu, s. m. *mutolo*; per piccolo strumento che serve a versar liquori, *imbuto*; mutu di lignu, imbuto di legno armato di ferro con che s'imbotta il vino, *petriòlo*, *pèvera*

Mùtu, agg. *muto*, *cheto*; mutu mutu, avv. *quatto quatto*

Mùtuu, s. m. imprestito di danaro con interesse, *mutuo*; agg. *scambievole*, *reciproco*

Muzzarèlla, s. f. cacio di piccola forma che fabbricasi in

Napoli, da dove viene in Sicilia, *casatella*

Muzzàri, vedi ammuzzàri

Muzzétta, s. f. veste o mantellina de' vescovi ed altri prelati, *mozzetta*; per spallino senza frange che portano i militari, *spallino*

Mùzzica madùni, v. bacchittùni

Muzzicàri, v. a. *mordere*; per arrovellarsi ; muzzicàrisi li labbra, sforzarsi a non ridere

Muzzicatùra, s. f. *morsicatura*

Muzzicunàzzu , accr. di muzzicùni

Muzzicunèddu, dim. di muzzicùni, *bocconcello*

Muzzicùni , s. m. *morso* ; per quella quantità di cibo che strappasi colla bocca, *morso*; fari pigghiàri li gùvita a muzzicùna, vale far arrabbiare

Muzzina, coll'agg. mala, vale di cattiva razza; e detto a persona, vale *astuto*, *mozzorecchi*

Mùzzu, s. m. servo di Corte che fa le faccende vili, *mozzo* ; agg. per mozzato, *mozzo*; paròli mùzzi , vale troncate a mezzo; parràri muzzu, *balbutire*

Muzzunèddu , s. m. dim. di muzzùni; per *moccolino*

Muzzùni, s. m. la parte estrema della frusta, *frustino*, *mozzone*; per candeletta sottile, *moccolo*; pel residuo di qualunque arnese

N

N, tredicesima lettera dell' alfabeto nostro, ed ottava del-

le consonanti; coll'apostrofo innanzi vale *in*; sta per indicazione di numero e di persona

Na, vale *una*

Nàca, s. f. piccolo letticciuolo da bambini, *culla* ; parlando di fiume, vale il fondo, *letto*

Nacalòra, vedi nàca

Nàccara , s. f. fico selvatico, *caprifico*

Naccariàri, v. a. l'appendere ai rami della ficaia domestica i frutti del fico selvatico, perchè si fecondino i frutti di quella, *caprificare*

Nàccaru, s. m. piccolo globetto di vetro di cui si fanno vari ornamenti feminili, *margheritina*

'Na chidda, surrogato ad un nome che non si sa, o non si vuol dire

Nacullàri, vedi annaculiàri

Nagùni, s.m. sorta di rapa, *navone*

Nànfara, s. f. *infreddatura*, *corizza*; per voce rauca o nasale

Nanfarùsu, agg. chi parlando manda un suono nasale

Nànfia, agg. d'acqua odorifera, che si distilla dal fior d'arancio, *nanfa*

Nànna, s. f. di nànnu ; nel giuoco delle palle è detto nànna il passar che fa la palla dalla così detta ragòghia vedi; per vino generoso

Nànnu, s. m. *nonno*, *avolo*

Nanò, vedi gnurnò

Nànu, agg. *nano*, uomo piccolo, *ometto*

Napòrdu, s. m. pianta , cardo comune, *onopordo*

Nàppa, vedi 'nnàppa

Nàrdu, vedi spicaddòssu

Nasàta, s. f. colpo di naso, accostamento del naso per fiutar qualche cosa, *nasata*

Nasàzzu, pegg. di nàsu, *nasaccio*

Nàsca, s. f. naso schiacciato, *camuso*; e chi ha il naso schiacciato, *simo*; aviri unu a nàsca, vale guardarlo di mal occhio; jittàri focu pri li nàschi, *borbottare*; èssiri chinu 'nfina 'ntra li naschi, esser satollo; nun avirinni nasca, vale indursi con difficoltà; fàrisi senza naschi, vale azzuffarsi

Nascarédda, dim. di nàsca

Nascàta, s. f. colpo dato sul naso con carte da giuoco

Nascàzza, pegg. di nàsca

Naschiàri, v. n. *fiutare, annasare*

Nàsciri, v. n. uscire a luce, apparire, scaturire, pigliar origine, avvenire, *nascere*; nàsciri cu lu culu all'aria, vale esser fortunato; cui nasci tunnu nun pò mòriri quatràtu, da chi è cattivo non possono spérarsi buone azioni

Nàscita, s. f. *nascimento*; per schiatta, *progenie*

Nasciùtu, agg. *nato*

Nascimi, s. m. accr. e pegg. di nàsca

Nasi, vedi gnursì

Nasìddu, dim. di nàsu; per quel ferro fitto nel saliscendo che riceve la stanghetta, *nasello*; per quel ferro forato in punta, che si pone nel manico del chiavistello, atto a ricevere la stanghetta della toppa, *boncinello*; per quel ferretto aguzzo appiccato alla toppa, che entra nel buco della chiave e la guida agli ingegni della serratura, *ago*

Nasònti, s. m. scherz. persona nasuta, *nasorre*

Nàssa, s. f. cestella da pesca, *nassa, gabbia*; per gàbbia di pulcini; per quell'arnese di vimini, ove mettonsi i fanciulli che imparano a camminare, *cestino*

Nassicèdda e nassùdda, dim. di nàssa

Nastròzzu e nastrùzzu, vedi mastròzzu

Nàsu, s. m. membro nel quale risiede l'organo dell'odorato, *naso*; l'ossu di lu nasu, radice del naso; li pàmpini o pampinéddi di lu nasu, froge del naso; li pirtùsa, fosse nasali; arristàri cu tantu di nasu, rimaner deluso; nasu di cornu, nasuto; senza nasu, dinasato; pinniricci lu nàsu, portar grande affetto; nun putiricci tuccàri lu nasu, vale irascibile; di la vucca a lu nasu, vale vicinissimo

Nasunàzzu, s. m. pegg. di nasùni, *nasorre*

Nasùni, s. m. accr. di nasu, *nasone*

Nasùtu, agg. che ha gran naso, *nasuto*

Natàli, s. m. *natività, natale*; per la solennità celebrata dalla Chiesa pel nascimento di N. S., *natale*; agg. *natio*

Nataliziu, agg. *natale*

Natamèntu, vedi natàta

Natàri, v. a. *nuotare,* e star a galla; per un abito che veste largamente

Natàta, s. f. *notatura, notamento*

Natatèdda, dim. di natàta

Natatùri, s. m. ch'è molto esperto nel notare, *notatore*

Naticàta, s. f. colpo dato con mano aperta sùlle natiche, *sculacciata*

Naticchia, s. f. pezzetto di legno o di ferro impernato nel mezzo con cui si serrano le aperture, *nottolino;* per una sorta di biscotti

Naticchièdda, dim. di naticchia; met. fanciulla di bassa statura e vivace

Nàtichi, s. m. plur. parti carnose del deretano, *natiche*

Natichiàri, v. n. e n. pass. *indugiare;* per dimenare il culo, *sculettare, culeggiare*

Naticùtu, agg. che ha grosse natiche, *naticone*

Natùni, vedi a natùni

Natùra, s. f. principio intrinseco delle operazioni di ogni ente, proprietà, quiddità, essenza particolare di una cosa; proprietà che un essere trae dalla nascita, sorta, specie, razza, complessione, temperamento, forme, essenze, cagioni delle cose, complesso degli esseri che compongono l'universo, figura, immagine, parte vergognosa della donna, *natura*

Naturàli, agg. *naturale;* per opposto a bastardo; per semplice, senza sforzo, *genuino;* farila naturàli, *fingere*

Nàusia, s. f. *fastidio, nausea*

Nàutru, pron. *altri;* agg. *altro*

Nautru tàntu, avv. *altrettanto*

Navàta, s. f. lo spazio ch'è tra due ordini di colonne, o tra il muro nelle Chiese ed in altri grandi edifici, *navata*

Navètta, s. f. vaso che nelle Chiese contiene incenso, *navicella;* strumento di legno a guisa di navicella, ove con un fuscello detto spoleto, si tiene il cannel del ripieno per uso di tessere, *spola;* jiri comu na navetta, andar qua e là

Nàvi, s. f. bastimento grande con tre alberi e più ordini di vele, *nave;* per quella parte della Chiesa o di altro edifizio ch'è tra muro e pilastro o tra pilastro e pilastro, *nave;* per ossatura del cassero degli uccellami, *catriosso*

Navicàri, vedi navigàri

Navigàri, v. n. andar con nave per acqua, *navigare;* cu la currenti, met. comportarsi secondo le circostanze

Navittèdda, dim. di navètta

Navittìgghi, s. m. plur. specie di dolciume alla forma di nave

'Ncà, vedi dùnca

'Ncacaticchiu, vedi cacaticchiu

'Ncaddìri, v. n. far il callo, prender cattiva abitudine, *incallire*

'Ncaddùtu, agg. *incallito*

'Ncàgna, s. f. atto di dispiacere fatto col muso, *musata;* per collera, *stizza*

'Ncagnàrisi, v. n. pass. *ingrognare, adontarsi*

'Ncagnàtu, agg. *ingrognato;*

detto di occhio, vale che per
malore si tiene socchiuso

'Ncagnùsu, agg. *stizzoso*

'Ncalafatàri, vedi calafatàri

'Ncalamitàri, v. a. e n. p. *cala-
mitare, calamitarsi*

'Ncaminàri, vedi incaminàri

'Ncaminu, posto avv. *cammi-
nando, in via, 'n c rso*

'Ncamuniàri, v. n. stipare con
pezzetti di legno il buco del-
la carbonaia accesa

'Ncanalàri, v. n. *incanalare,
scanalare*

'Ncanalàta, vedi canalàta; agg.
incanalato, scanalato

'Ncanalatùra, s. f. incavo fatto
nella grossezza d'un pezzo di
legno, pietra o metallo, *in-
canalatura*

'Ncancaràri, v. a. *ingangherare*

'Ncancillàta, s. f. imposte di
porta fatte di ferro o di stec-
coni, *cancello*

'Ncànciu, avv. *in vece*

'Ncancrinìri, vedi incancrinìri

'Ncanigghiàri, v. a. coprir con
crusca, *incruscare*

'Ncannamilàtu, agg. si dice di
quelle erbe come la cicoria,
che hanno il gambo tenero e
dolce

'Ncannàri, v. a. avvolgere filo
sopra cannone o rocchetto,
incannare; per chiudere o co-
prir di cannucce, *incannuc-
ciare*; per impalare la vigna
o altro

'Ncannàta, s. f. ingraticolato di
canne, *cannajo*

'Ncannàtu, agg. *incannato, in-
cannucciato, palato*

'Ncannatùra, s. f. l'atto dell'in-
cannare, *incannatura*

'Ncannatùri, s. m. colui che in-
canna, *incannatore*; per quel-
lo strumento a guisa di arco-
laio che serve ad incannare
filati, *incannatoio*; per colui
che impala la vigna

'Ncannèdda, col verbo jirinni,
vale patir grave flusso di
ventre

'Ncanniddàri, vedi 'ncannàri;
per condir con cannella

'Ncannìla, vedi cannìla

'Ncannistràtu, s. m. sorta di
cacio pecorino, che si ripone
in canestri quando è fresco,
formaggio

'Ncannizzàri, v. a. mettere il
grano, orzo ec. dentro bugno-
le, riporre sul cannajo; per
coprir le vòlte intessendole
di cannucce, *incannucciare*

'Ncannizzàta, s.f. canne intrec-
ciate a guisa di cancelli per
uso di siepe, *cannajo*

'Ncannizzàtu, agg. *incannuc-
ciato*; s. m. quell'intrecciatu-
ra di canne esse che si fa per
la vòlta d'una stanza

'Ncannulàri, v. a. ridurre a
guisa di bocciuolo: detto di
capelli vale *arricciare, ina-
nellare*

'Ncantàri, vedi incantàri

'Ncantina, s. f. luogo sotterra-
neo da conservar vino, *can-
tina*; per le buche del trucco;
pel vaso ove si pongono a
rinfrescar liquori con ghiac-
cio; *cantinella*; per serbatoio
d'olio; per bettola semplice-
mente

'Ncantinàri, v.n. nel giuoco del
trucco vale mandar la palla
entro il buco

'Ncantinéri , s. m. chi ha cura delle cantine, *vinaio, canti-niere;* per *bettoliere*

'Ncàntu, vedi incàntu

'Ncapàci, vedi incapàci

'Ncaparràri, v. a. dare con anticipazione parte del prezzo d'una cosa, *caparrare, inca-parrare;* assicurare l'acquisto di qualche oggetto anche senza caparra

'Ncapicchiàri, v. n. pigliare il capezzolo, proprio de' bambini o di altri animali poppanti

'Ncapistràri, v. n. legare pel capo colla cavezza il cavallo, o altra bestia simile, *incape-strare*

'Ncàpita, posto avv. *in capo*

'Ncapizzàri, v. a. metter la cavezza, *incavezzare;* per sopraggiungere , *accomodare;* n. p. avventarsi (parlando di animale che si lancia contro l'altro)

'Ncappàri, v. n. *incappare, in-cogliere, inciampare*

'Ncappiddàri, v. a parlando di alberi vale ammonticchiar la terra nel loro pedale, *rincal-zare;* pel salir della vinaccia nella fermentazione del mosto; detto di tempo vale *an-nebbiarsi;* n. p. mettersi il cappello, *incappellarsi*

'Ncappucciàri, v. a. *incappuc-ciare, cestire, infreddare*

'Ncapputtàri, v. n. metter il cappotto, *imbacuccarsi*

'Ncapricciàri, vedi 'ncrapicciàri

'Ncàpu , posto avv. detto di persona, *primaio;* per *sopra, sul capo*

'Ncarcagnàri, v. a. *calzare*

'Ncarcaméntu, s. m. *calcamento*

'Ncarcàri , v. a. *calcare ;* per *premere ;* per aggiungere la dose o la quantità di chicchessia; 'ncarcàri li chiova, aggiunger male a male a danno di qualcuno; la pinna, vale scrivere con efficacia; lu cappèddu, *zombare*

'Ncarcatizzu , agg. ad uomo , vale *tarchiato ,* di grosse membra e di bassa statura

'Ncaricàri, vedi incarjcàri

'Ncarnàri, vedi incarnàri

'Ncàrni, posto avv. che ha carne; stari bonu 'ncàrni, vale esser pingue

'Ncarracchiàri , v. n. addormentarsi profondamente, *as-sonnarsi, assopirsi*

'Ncàrrica, vedi incàricu

'Ncarricàri, vedi incaricàri

'Ncàrricu, vedi 'ncàrrica

'Ncarrocciàri, v. n. *tracannare*

'Ncaria, posto avv. sulla carta

'Ncartaméntu, s. m. complesso di scritture che appartengono ad un oggetto, *carte*

'Ncartàri, vedi incartàri

'Ncartiddàri, v. a. metter nelle ceste, *incestare*

'Ncartucciàtu, agg. vedi 'ncar-tàtu; per ridotto a cartoccio, *accartocciato*

'Ncartunàri, v. a. avvolgere in cartone, o afforzar con cartone, *incartonare;* per divenir asciutto; per divenir secco, *stecchire*

'Ncarvaccàri, v. a. *soprapporre, incavalcare*

'Ncarvaniri, v. a. e n. divenir ruvido, dozzinale, *irruvidire*

'Ncasamèntu, s. m. *serramento, combaciamènto*

'Ncasàri, v. a. *incastrare*; per *sopravvenire*

'Ncasciàri, v. a. *incassare, combaciare*; per *incaponire, fermare, garbare*

'Ncascittàri, vedi 'ncasciàri

'Ncàsciu, s. m. *incastro*; *èssiri lentu d'incàsciu*, vale *non tener segreti*

'Ncasiddàri, vedi 'ncasàri; per *colpire*

'Ncasiddàtu, agg. *incastrato;* per *detto o fatto a proposito, accertato*

'Ncàstagnàri, v. a. *incogliere, soprapprendere;* per *straccuocere*

'Ncastagnàtu, agg. *soprappreso;* per *cotto eccedentemente, stracotto*

'Ncastiddàri, vedi ammunziddàri

'Ncastràri, vedi 'ngastàri

'Ncasuniri, vedi allucccbìri

'Ncatarràrisi, v. n. pass. *incatarrare, infreddare*

'Ncatarratizzu, agg. *alquanto incatarrato*

'Ncatarràtu, agg. *incatarrato*

'Ncatarratùni e 'ncatarratissimu, accr. e sup. di 'ncatarràtu

'Ncatasciàri, v. n. dar la bozzima all'ordito delle tele, *imbozzimare*

'Ncatasciàtu, agg. *imbozzimato;* per l'intrisa della stacciatura di cruschello, di untume e d'acqua col quale si frega la tela-lino in telaio per ammorbidirla, *bozzima;* met. *imbroglio, gagno*

'Ncatinàri, v. a. mettere in catena o legare con catena, *incatenare;* met. *allacciarsi, invescarsi;fortificar con catene, incatenare*

'Ncatinazzàri, v. a. mettere il catenaccio, *incatenacciare*

'Ncatramàri, v. a. impiastrar con catrame, *incatramare;* per *allettare, indurre*

'Ncattivamèntu, s. m. *prigionia, cattivaggio;* per *vedovezza*

'Ncattivàri, v. a. *cattivare;* n. *vedovare*

'Ncatusàri, v. a. *incanalare*

'Ncatusàtu, s. m. vedi catusàtu

'Ncavagnàri, v. a. metter nelle uscelle

'Ncavàri, v. a. *incavare*

'Ncavarcàri, vedi 'ncarvaccàri

'Ncavàri, v. a. far incavo, *incavare*

'Ncavàtu, agg. *incavato*

'Ncavatùra, s. f. *incavatura*

'Nèàudu, avverbial. dicesi degli animali che son nel tempo della monta, aver la fregola

'Ncavigghiàri, v. a. attaccare alla caviglia; afferzare con caviglie, *incavigliare*

'Ncavirnàrisi, vedi 'ntanàrisi

'Ncàusi di tìla e 'noamanisa, vale coperto appena di camicia, *in mutande*

'Ncautèla, vedi a cautèla

'Ncàutu, agg. *incauto*

'Ncazzàrisi, v. n. *adontarsi*

'Ncazzàtu, agg. *adontato*

'Ncazzuliri, v. a. *intristire, incatorzolire;* 'ncazzuliri di lu friddu, *assiderare, agghiadare*

'Ncazzulùtu, agg. *assiderato*

'Ncègnu, s. m. *ingegno, astuzia, invenzione;* per *ordigno*

'Ncèndiu, vedi incèndiu

'Nceneriri, vedi 'ncinniriri

'Ncensàri, vedi incinsiàri

'Ncènsu, vedi incènsu

'Ncentivu, vedi incentivu

'Ncertizza, vedi incertizza

'Ncessànti, vedi 'ncissànti

'Ncètta, vedi incètta

'Nchiaccàri, v. a. legar col cappio, accappiare

'Nchiaccatùra, s. f. allacciamento

'Nchiafardàri, v. a. ingannare

'Nchiagàri, v. a. impiagare; per nuocere

'Nchianàri, v. a. appianare

'Nchianculiri, v. n. lo intostir del pane o altra vivanda simile per cattiva preparazione

'Nchiantiddàri, v. a. cucir nella scarpa la tramezza, ch' è tra il suolo ed il tomaio, vedi chiantèdda

'Nchiànu, avv. in piano; mèttiri 'nchiànu d' una cosa, vale informar bene

'Nchianuzzàri, v. a. piallare

'Nchianuzzàta, s. f. corsa della pialla, piallata

'Nchiàppa, s. f. sconciatura, sbaglio, svista

'Nchiappacàsi, s. m. ciarpiere

'Nchiappàri, v. a. bruttare, intridere, disordinare, guastare, imbrattar di sterco, imbrogliare; n. pass. imbrattarsi, intridersi

'Nchiappàta, vedi 'nchiàppa

'Nchiappatizzu, vedi 'nchiappàtu

'Nchiappàtu, agg. imbrattato, sporcato, imbrogliato; parràri 'nchiappàtu, smozzicar le parole

'Nchiappèri, agg. uomo inutile, brachierajo

'Nchiàppiti 'nchiàppti, vedi gnàppiti gnàppiti

'Nchiappuliàri, v. a. infinocchiare

'Nchiarinàrisi, v. n. pass. avvinazzarsi, divenir brillo

'Nchiarìri, v. n. schiarire, diradare

'Nchiarùtu, agg. schiarito, diradato

'Nchiàstra, s. f. baja, frascheria, chiappoleria; per intrigo

'Nchiattìri, v. n. impinguare, ingrassare

'Nchiddaràtu, agg. paffuto, tozzo

'Nchifùli, s. f. plur. ricuciture mal fatte di panni sdruciti, o ripiegature male a proposito

'Nchifuliàri, v. a. rabberciare, abborracciare

'Nchinàri, v. n. piegar il capo per riverire alcuno, inchinare; per riempire, colmare

'Nchinàtu, agg. abbondante, colmo

'Nchinu, s. m. inchino; posto avv. dentro, nel mezzo, al colmo

'Nchiòstru, vedi inga

'Nchiùiri, v. a. rinchiudere, inchiudere, ammassare

'Nchiuitùri, s. m. bordello, lupanare, chiasso

'Nchiumazzàri, v. a. coprir di cuscini alcune masserizie

'Nchiumazzàta, s. f. serie di cuscini onde si copre una superficie

'Nchiummàri, v. a. fermar con piombo, impiombare; presso

i doganieri vale appendere il
piombo alle merci, *impiom-
bare*; presso i dentisti empir
di piombo denti cariosi; 'n-
chiummàri lu stomacu, si
dice di cibi di difficile dige-
stione

'Nchiummatùra, l'atto e l'effet-
to dello impiombare

'Nchiummatùri, s. m. strumen-
to da collegare o intrecciare

'Nchiùsa, s. f. *provvisione*

'Nchiùsu, agg. *chiuso*; per *am-
massato*

'Nchiuvàri, v. a. *inchiodare*; per
calunniare; 'nchiuvàri li can-
nùni, vale metter un chiodo
nel focone per renderli ina-
bili; 'ntra lu lèttu, dicesi di
malattia lunga

'Nchiuvatùra, s. f. *inchiodatura*;
per *calunnia*

'Nciacàri, v. a. *lastricare, ciot-
tolare*

'Nciacàtu, agg. *ciottolato*; s. m.
selciato

'Nciammàri, v. *infiammare, ac-
cendere, innamorare*; per e-
sasperare, detto delle piaghe
o altro

'Nciammazioni, s. f. *infiamma-
zione*; pel calore prodotto da
irritazione in una parte del
corpo sia per contusione, po-
stemè ed altro

'Nciarràri, v. a. *chiudere*

'Nciarràtu, agg. *serrato*

'Nciàrru, s. m. luogo circondato
e serrato, *chiuso*

'Ncidiri, vedi incidiri

'Ncignàri, v. a. e n. pass. *specu-
lare, ingegnare, industriarsi*

'Ncignèri, s. m. *ingegniere, ar-
chitetto*

'Ncignùsu, agg. *ingegnoso, arti-
fizioso*

'Ncilinuàri, v. a. dare il lustro
alle tele col mangano, *man-
ganare*

'Ncilippàri, v. a. indolcire in
modo di giulebbe, *giulebbare*

'Ncima, s. f. cucitura abbozzata
con punti grandi, o imbasti-
tura fatta con punteggiatura
larga, *ritreppio*, *soppunto*,
basta

'Ncimàri, v. a. unire insieme
i pezzi de' vestimenti con
punti lunghi per poterli ac-
conciamente cucire di sodo,
imbastire

'Ncimàtu, agg. *imbastito*

'Ncimatùra, vedi 'ncima

'Nciminàri, v. a. condir con
anice o sesamo

'Nciminàtu, agg. condito con
anice; detto di pane vale con-
dito di sesamo nella super-
ficie; di pelo, vale grigio

'Ncimurràri, v. n. dicesi dei
cavalli quando contraggono
la malattia detta cimurro, in-
cimurrire

'Ncinàgghia, s. f. *anguinaja, an-
guinaglia*, parte del corpo che
è tra la coscia e l'addome

'Ncingàri, v. a. cinghiar con
cinghia da basto la bardella,
la sella e simili, *incinghiare*

'Ncinniràri, v. a. *incenerare*,
divenir cenere; per sparger
di cenere

'Ncinniràrisi, v. n. pass. coprirsi
di cenere

'Ncinniriri, vedi 'ncinniràri

'Ncinniràtu, agg. *incenerito*

'Ncinsàri, v. a. dare o ardere
l'incenso avanti alle cose sa-

cre , *intensare* ; per adular bassamente

'Ncinsiàta , s. f. *incensala;* per *adulazione*

'Ncinsiatùri, s. m. *piaggiatore*

'Ncinucchiàri, vedi 'nginucchiàri

'Nciò 'nciò, col verbo purtàri, vale *prediligere*

'Ncipriàrisi, v. n. p. *altillarsi*

'Ncipuddàri, v. n. *adirarsi, incollerirsi, acciapinare*

'Nciràri, vedi inciràri

'Nciràta, s. f. tela incerata, *incerato*

'Ncìrca, avv. *incirca*

'Ncircàri, v. a. legare o serrar con cerchi, *cerchiare*

'Ncirciddàri, vedi incirciddàri; fra noi dicesi 'ncirciddàri la operazione che si fa mettendo più anelli nella vulva delle giumente o asine , onde non esser montate dagli stalloni, *infibulare*

'Ncirciddàtu, agg. *infibulato*

'Ncirràri, v. a. affibbiar il busto alle donne, ch' è quella veste armata di stecche che le copre la schiena e il petto

'Ncirtìzza, s. f. *incertezza*

'Ncisiddàri, v. a. lavorar con cesello oggetti per lo più di oro e di argento, *cesellare*

'Ncisiddatùri, s. m. *cesellatore*

'Ncisiòni, vedi incisiòni

'Ncisu, agg. *inciso*

'Ncitàri, vedi incitàri

'Ncivìli, vedi incivili

'Nciùria, s. f. *ingiuria, onta*

'Nclàustru, vedi clàustru

'Nclinàri, vedi inclinàri

'Nclùdiri, vedi inclùdiri

'Ncocinàri, vedi 'nquacinàri

'Ncòddu, vedi còddu

'Ncòmmodu , vedi incommodu

'Ncomùni, vedi in comùni

'Nconfirma, vedi 'ncunfirma

'Nconfrùntu, vedi confrùntu

'Nconfùsu, avv. *confusamente*

'Ncontentàbili, agg. *incontentabile*

'Ncòntra, prep. *incontro , averso*

'Ncòntru, s. m. *incontro ;* per *maritaggio;* per seconda prova di stampa

'Ncorrigìbili, agg. *incorreggibile*

'Ncòstu, avv. *allato, accanto*

'Ncraculìri, vedi arripuddìri

'Ncrafucchiàri, v. a. e n. *imbucare, imbucarsi*

'Ncrapicciàri, v. a. *innamorare, invaghire;* n. pass. accendersi di desiderio, *intabaccarsi*

'Ncrastàri, v. a. propr. far solchi nel telajo delle invetriate per adattarvi i vetri ; met. *sorprendere,* cogliere all' improvviso

'Ncrinàri, vedi inclinàri

'Ncripàri, v. a. *stizzire;* n. pass. *arrangolare*

'Ncripativu, agg. *dispettoso*

'Ncripaziòni, s. f. *dispetto, ira, cruccio, indignazione*

'Ncripiddìri, v. a. patire eccessivo freddo, *intirizzare, intirizzire*

'Ncripiddùtu, agg. *intirizzato*

'Ncrìsciri, v. n. *rincrescere*

'Ncrisciùsu , s. m. *infingardo, poltrone;* met. *nojoso*

'Ncrispa, vedi 'ngrispa

'Ncrispàri, vedi 'ngrispàri

'Ncritàri, v. a. coprir di creta, *incretare*

'Ncruccàri, v. a. pigliar con

uncino, *uncinare*; vedi 'ncruc-
chittàri

'Ncrucchittàri, v. a. affibbiar
con gangheri; n. *accordarsi,
convenire*; met. unirsi in ma-
trimonio; nun puțiri 'ncruc-
chittàri, vale *discrepare*

'Ncrucchiulìri, v. n. *indurire*

'Ncrucchiulùtu, agg. *indurito*

'Ncrùci e nùci, vedi nùci

'Ncrudilìri, v. a. e n. *inasprire,
incrudelire, incrudelirsi*

'Ncrustàri, v. n. vestir di cro-
stolo, *incrostolare*; accomo-
dare sopra pietra, muro e
simili, marmi ridotti sottili,
o altri simili ornamenti, *in-
crostare*

'Ncrustàtu, agg: *incrostato*, che
ha fatto la crosta, *incrostica-
to*; per *insozzato*

'Ncrustatùra, s. f. *intonaco, in-
crostatura*

'Ncucchiamèntu, s. m. *accop-
piamento*

'Ncucchiàri, v. a. *accoppiare*;
per congiungersi carnalmen-
te, *usare*

'Ncucciàri, v. a. accomodar ai
gangheri imposte ed altro;
per conficcar sugli arpioni le
bandelle attaccate alle impo-
ste; per ostinarsi, bastonare,
vendere a caro prezzo, *accoc-
carla*

'Ncucucciàri, v.a. *colmare*; det-
to di tempo vale annubolarsi
in modo che minacci prossi-
ma pioggia

'Ncuddaràtu, agg. per abiti alti
sino al collo

'Ncuddàri, v. a. appiccar insie-
me cose con colla

'Ncuddatìna, vedi 'ncuddatùra

'Ncuddatùra, s. f. *incollamento*

'Ncudduriàri, v. a. *avvolgere*;
n. pass. *aggrovigliarsi*

'Ncuddùsu, agg. *viscoso, gluti-
nòso, tenace*; di persona vale
pigra, neghittosa

'Ncuètu, agg. *inquieto, indomi-
to*; dei ragazzi, *fistolo*

'Ncuffàri, v. a. empir le gabbie

'Ncufinàri, v. a. metter le bian-
cherie sucide in un cofano,
e spargerle di ranno bollente
con cenere; per situar dentro
cofani o corbelli

'Ncufinàtu, agg. da 'ncufinàri;
detto d'uva vale conservarla
attaccata alla vite entro cofani

'Ncufurchiunàri, vedi 'ncrafuc-
chiàri

'Ncufurinàrisi, v. n. pass. star
neghittoso per cruccio o in-
disposizione

'Ncugnàri, v. a. e n. p. *slicare,
appressarsi, accostarsi*

'Ncuitàri, v. a. *inquietare, tor-
mentare, provocare, concitare*

'Ncuitatùri, s. m. *provocatore,
inquietante*

'Ncuitaziòni, s. f. *inquietazione*

'Ncuititùtini, s. f. *inquietudine,
travaglio, tribolazione*

'Nculàri, v. a. *rinculare*

'Nculazzàri, v.a. *violentare, ser-
rare*

'Nculuràrisi, vedi inculuràrisi

'Nculpàri, vedi inculpàri

'Nculunnàri, v. a. fornir di co-
lonne, ornar di colonne, co-
lonnare

'Nculunnàtu, s. m. *colonnato*,
ordine di colonne; per una
moneta di Spagna coniata
sotto Carlo III e Ferdinando
IV, così detta perchè in una

delle facce vi han le colonne
d'Ercole

'Nculuràrisi, v. n. pass. *adirar-
si, incollerire*

'Ncuminzàri, vedi aceuminzàri

'Ncummènza, vedi incummènza

'Ncummintàri, v. a. *commetter*
più pezzi in modo che com-
bacino esattamente, *calettare*

'Ncummintatùra, s. f. *calettatura*

'Ncummudàri, vedi incommo-
dàri

'Ncumpagnia, post.avv. *in com-
pagnia, insieme*

'Ncumparàbili, vedi incompa-
ràbili

'Ncumpatìbili, vedi incompatì-
bili

'Ncumpèndiu, avv. *compendio-
samente*

'Ncumpurtàbili, vedi incompor-
tàbili

'Ncunàri, v. n. porre i fichi sec-
chi in forma triangolare

'Ncunfirma, avv. *in prova, in
conferma*

'Ncunfittàri, v.a. *confettare*; per
giugnere opportunamente

'Ncunfittàtu, agg. *confettato*

'Ncunfùsu, post. avv. *confusa-
mente*

'Ncùnia, s. f. *incudine*; per cap-
pello sdrucito; èssiri 'ntra la
'ncùnia e lu martèddu, essere
tra l'incudine e il martello

'Ncunigghiàrisi, v. n. p. tacere
per timore o sommessione

'Ncunnàri, v. a. *guastare ciar-
pare*; vedi sminnàri

'Ncunnàtu, agg. *disadatto, ciar-
piere*

'Ncunnatùri, vedi 'ncunnàtu

'Ncuntànti, avv. *in contante*,
co' danari contanti

'Ncuntràri, v. a. *incontrare, dar
di cozzo, affrontare*

'Ncunucchiàri, v. n. *metter
sulla rocca il pennecchio, in-
conocchiare*; detto de' bachi
da seta, *incrisalidare*

'Ncupirchiàri, v. a. *mettere il
coperchio, coprire,coperchiare*

'Ncuppàri, v. a. *rinchiudere
dentro cartocci, incartocciare*

'Ncuppulàri, vedi 'ncupirchiàri;
per metter in capo la berret-
ta, *imberrettare*

'Ncuppulàtu, agg. *imberrettato*

'Ncuraggiàri, v. a. *incoraggiare*

'Ncurazzàtu, agg. *corazzato*

'Ncurchittàri, vedi 'ncrucchit-
tàri

'Ncurdàri, v. n. unire corda a
corda, *intrecciare*; metter le
corde agli strumenti, *incor-
dare*; n. p. detto di membra
intormentirsi

'Ncurdatizzu, agg. *indolenzito,
intormentito*

'Ncurmàri, vedi 'ncucucciàri

'Ncurnàri, v. n. *incaponire, o-
stinarsi*

'Ncurnatùra, s. f. *ostinazione*

'Ncurniciàri, v. a. fregiar di
cornice, *incorniciare*

'Ncurriggìbili, agg. che non si
può correggere, *incorreggibile*

'Ncurunàri, v. a. *coronare*; per
divenir bozzo

'Ncurunàta, s. f. sorta di fico

'Ncusciàri, vedi accusciàri

'Ncusciatùra, vedi cusciatùra

'Ncuscènza, vedi cuscènza

'Ncustanàri, v. n. tessere nel
tetto travicelli, vedi custana

'Ncustanàtu, s. m. tetto fornito
di assi ove si posano le tegole

'Ncusturàri, vedi accusturàri

'Ncutrunìri, v. n. *intristire, imbozzacchire*

'Ncùttu, agg. assai vicino; per *denso, fitto, nojoso, tarchiato*

'Ncuttunàri, v. a. trapuntare con punti fitti coltri, vesti e simili pieni di cotone, bambagia ed altro, *imbottire*

'Ncuttunàta, vedi cutrigghia

'Ncutufàrisi, v.n. pass. *aggrapparsi, rannicchiarsi, raggruzzolarsi*

'Ncutufàtu, vedi accutufàtu

'Ncutugnàri, v. a. e n. pass. *affliggere, accorare, contristarsi;* met. *imbronciarsi*

'Ncuvirchiàri, vedi 'ncupirchiàri

'Ncuzzàri, v. n. *incaponire;* dei legatori, vale munire di pelle il dosso d'un libro

'Ndagàri, vedi circàri

'Ndamascàtu, vedi addamascàtu

'Ndarrèri, vedi 'nnarrèri

'Ndebitàrisi, vedi indibitàrisi

'Ndebulìri, vedi indebulìri

'Ndecènti, vedi indecènti

'Ndecorùsu, vedi indecorùsu

'Ndiàna, s. f. *indiana,* tela indiana

'Ndiantanàtu, vedi indiantanàtu

'Ndiascacciàtu, vedi indiascacciàtu

'Ndiavulàtu, vedi indiavulàtu

'Ndiètru, vedi 'nnarrèri

'Ndigestiòni, vedi indigestiòni

'Ndìgnu, agg. *indegno*

'Ndilicatìri, v. a. *assottigliare*

'Ndilicatùtu, agg. *assottigliato*

'Ndinàri, posto avv. vale in moneta effettiva, in contante

'Ndìntra, vedi 'nnìntra

'Ndiscrètu, agg. *indiscreto*

'Ndiscritùti, agg. accr. di 'ndiscrètu; *indiscretissimo*

'Ndispàrti, posto avv. *separatamente*

'Ndispòniri, vedi indispòniri

'Ndittàrisi, v. n. pass. *indebitarsi*

'Ndivinàgghia, vedi 'ndivìnu

'Ndivinàri, vedi indivinàri

'Ndivinavintùri, vedi addiminavintùri

'Ndivìnu, s. m. detto oscuro perchè altri ne indovini il vero senso, *indovinello*

'Ndìziu, s. m. *segno, argomento, indizio;* nun avìrni 'ndìziu, vale non averne sentore

'Ndoràri, vedi indoràri

'Ndovinàri, vedi addiminàri

'Ndrizzàri, vedi indirizzàri

'Ndrìzzu, vedi indrìzzu

'Ndulicènza, s. f. *indulgenza, condiscendenza,* remissione de' peccati

'Nduluràri, vedi adduluràri

'Ndurìri, v. a. *indurare, indurire*

'Nduvinàri, vedi induvinàri

'Nduvìnu, vedi 'ndivìnu

Nè, part. neg. *nè*

Nèbba, agg. d' oliva grossa da salare

Nècca, s. f. *sdegno, odio, rancore*

Nè cchiù nè mancu, avv. per *l'appunto, nè più nè meno*

Necessità, vedi nicissità

Necessitùsu, vedi nicissitùsu

Nè chitìbbi nè chitàbbi, avv. *affatto, nulla*

Negadèbiti, dicesi facci di negadèbiti, vale *sfrontato*

Negàri, vedi nigàri

Negàtu, agg. di negàri, *negato;*

sta anche per *incapace, insuf-
ficiente*

Nègghia, s. f. *nebbia*; per risina
e lupa vedi; per gramàgghia
vedi; agg. *molesto, nojoso*

Nemicu, vedi 'animicu

Nènti, part. neg. *nulla*; per *al-
quanto, alcun poco*; pri nènti,
a vil prezzo; 'ntra un nènti,
in un istante; o tuttu o nènti,
il senso n'è chiaro; avìri pri
nènti, *stimar poco o nulla*;
fari a vìdiri lu so nenti, *con-
fondere, umiliare*; ridùciri a
nènti, vale venire in cattivo
stato di fortuna

Nèrvu, s. m. *nervo, nerbo*; per
forza, importanza; per quel
nervo che serve di frusta

Nervùsu, vedi nirvùsu

Nèsciri, v. n. *andar fuori, usci-
re, escire*; nèsciri di mènti,
dimenticare; nèsciri di l'occhi,
stentare; per *estrarre, cavare*;
nèsciri dinàri, detto degli
usurai, *darli ad interesse*; lu
còri, *desiderare ardentemente*;
di lu malu pàssu, *da un peri-
colo*; di la 'mmèsta, *fuor di
proposito*; di li pèdi di lu nig-
ghiu, *liberarsi da una disav-
ventura*; 'ncàmpu, *mettere in
discussione*; fari nèsciri li fi-
cati, *spremere*; in senso alt.
stentare; l'ugna, *imbaldanzire*;
nèsciri, detto assol. vale u-
scir in sorte; fari nèsciri la
criatura di lu ciànou, vale
desideràr l' impossibile

Nèsciutu, s. m. *uscita*

Nèspula, s. f. pianta, *nespolo*,
e il frutto, *nespola*; pirtùsu o
frinzi di nèspula, vale *culo*;
mùnnàri nèspuli, vale non

far niente

Nettaricchi, vedi annettaricchi

Nèttu, agg. *pulito, netto, puro*;
èssiri zinènu nèttu, *ignorare*;
nutricàri di nèttu, vale che
nel tempo dell'allattamento
la donna non soffre le purghe
mensili; nua c' èssiri ugnu di
nèttu, vale esser pieno di
lordure

Nèu, s. m. piccola macchia ne-
riccia che viene nella pelle,
neo; per piccolo difetto

Nèula, vedi nèvula

Nèvula, s. f. confezione di fior
di farina ridotta a guisa di
ostia, *cialda, nevola*

'Nfàcci, avv. *a fronte, di rim-
petto*

'Nfaccialàri, v. a. *travestire, ca-
muffare, imbacuccare*

'Nfaccialàtu, agg. *imbacuccato*

'Nfami agg. *infame*

'Nfamitàti, s. f. *infamità*

'Nfamùni, agg. sup. *infamis-
simo*

'Nfacinnàtu, agg. *affaccendato*

'Nfanfarricchiu, s. m. mele o
zucchero cotto che dibattuto
acquista bianchezza e raffred-
dato indura; agg. a fanciullo,
vale irrequieto

'Nfanfaru, agg. *prestante, singo-
lare, squisito*; s. m. è anche
una sorta di pescitello di po-
co pregio

'Nfangàrisi, vedi 'mpantanàrisi

'Nfantarìa, s. f. soldatesca a
piedi, *infanteria*

'Nfarinàri, v. a. asperger di fa-
rina, *infarinare*

'Nfarinàtu, agg. *infarinato*; met.
chi ha mediocre cognizione di
chicchessia, *infarinato*

'Nfarinatùra, s. f. superficiale cognizione, *infarinatura*

'Nfasciàgghia, s. f. l' insieme de' panni con che s'avvolgono i bambini in fasce

'Nfasciàri, v. a. *fasciare, affasciare*

'Nfasciatèddi, s. m. plur. gnocchi intrisi nel mele o nel mosto cotto

'Nfasciatùri, vedi 'nfasciàgggia

'Nfasciddàri, v. a. metter nelle fiscelle

'Nfatàri, v. a. *ammaliare*

'Nfatàtu, agg. *ammaliato*

'Nfàtti, avv. *in falli, in fatto, in conclusione, in fine*

'Nfatuàri, v. a. preoccupare alcuno in favore d'una persona o d'una cosa, *infatuare*; n. p. *accendersi, infiammarsi, innamorarsi*

'Nfàusu, avv. si dice èssiri 'nfàusu, vale *adombrarsi*; mèttiri lu pedi 'nfàusu, porre il piede in fallo

'Nfavùri, avv. *a pro, in vantaggio, in favore*

'Nfazzulittàrisi, v. n. pass. involgersi o coprirsi con fazzoletto

'Nfelicitàri, v. a. *travagliare, affliggere*

'Nfènta, s. f. fascia o striscia lunga e stretta di panno o pannolino, la quale si cuce dentro la sponda della veste per rinforzarla

'Nfèrnu, vedi infèrnu

'Nfèttu, vedi infèttu

'Nfidìli, agg. *infedele*

'Nfigghiulamèntu, s. m. *miscuglio, zenzeverata*

'Nfigghiulàri, v. a. *framescolare*

'Nfigghiulàta, s. f. sorta di pagnotta fatta a guisa di sfogliata

'Nfilacàusi, s. m. ago d'argento o altro metallo, con che s'infilano lacci o nastri, *infilacappio*

'Nfilàri, v. a. *infilzare*; per *introdurre, ficcare*; n. p. *ficcarsi*

'Nfilàta, s. f. *serie, catena*

'Nfilatàrisi, v. n. pass. divenir malinconico

'Nfilàtu, agg. *infilzato*; nell'uso vale persona pronta all' ira, o a tenzonare

'Nfilici, agg. *infelice*

'Nfilicitàri, v. a. render infelice, *infelicilare*

'Nfiliniàrisi, v. n. pass. *adirarsi*; per imbrattarsi di ragnatele

'Nfiliniàtu, agg. *adirato, incollerito*, o pieno di ragnatele

'Nfilittàrisi, v. n. pass. *nascondersi*

'Nfìna, prep. *infino*

'Nfinattàntu, avv. *insino a che, infino a tanto*

'Nfini, avv. *alla fine*

'Nfinucchiàri, v. a. *ingannare, infinocchiare*

'Nfirittàrisi, v. n. fare entrare il furetto con frenella in bocca nelle tane dei conigli, onde cacciarli allo aperto

'Nfirmaria, s. f. *infermeria*

'Nfirnicchiu, vedi infirnicchiu

'Nfirràri, vedi 'ncatinàri; per *ammozzare*

'Nfirriàta, vedi 'ncancillàta

'Nfirràtu, vedi 'ncatinàtu

'Nfirriulàrisi, v. n. pass. *ammantellarsi, incapparsi*

'Nfirriniàtu, agg. *inferrajuolato*

'Nfruciri, v. n. *incrudelire, inferocire*

'Nfèrvuràri. v. a. e n. *infervorire, infervorare*

'Nfittàri, vedi infittàri

'Nfittiri, v. a. e n. divenir spesso

'Nfòra, avv. *in fuori*

'Nformàri, vedi infurmàri

'Nfòrmu, s. m. *informamento, informazione*

'Nfòrsi, avv. *in forse*

'Nfracchiri, v. a. e n. *infiacchire*

'Nfracidìri, v. n. *infracidare*; fig. far arrovellare, vedi 'mpurriri

'Nfradiciùtu, agg. *infracidato*

'Nframànti, vedi framànti

'Nframàri, v. a. *caluxniare, infamare*

'Nfràsca, agg. si dice degli oggetti manufatti a cui non si sia data l'ultima perfezione, *greggio*; detto di manna, vale d'intima qualità

'Nfrascamàrisi, v. n. pass. empiersi di erbe secche

'Nfrascamèntu, s. m. lo infrascare; per infinocchiatura

'Nfrascàri, v. a. coprire o riempir di frasche, *infrascare*; fig. *infinocchiare*

'Nfrattariàtu, agg. chi ha somma fretta; per *frettoloso*

'Nfrattàrisi, vedi ammacchiàrisi

'Nfrètta, posto avv. *frettolosamente*

'Nfrìddu, posto avv. *freddamente*; per talune vivande che dopo cotte si mangian fredde

'Nfrinàri, v. a. *frenare, infrenare, contenere*

'Nfrinàtu, agg. *infrenato*; detto di scarpa, vale che veste sino al collo del piede o che sia alquanto stretta

'Nfrinzàri, n. pass. *intromettersi, ingerirsi*

'Nfrìscu, col verbo purtàri, vale menar per le lunghe; col verbo calàri, vale *rubare*

'Nfruggicàri, vedi 'nfurgicàri

'Nfruntàri, v. a. *urtare, incontrare*; per rappezzare, *connettere*

'Nfrumtatùra, s. f. rincontro, *intoppo*; per congiuntura

'Nfrùnti, vedi frunti

'Nfruntùni, vedi 'mmistùni

'Nfrùssu, s. m. *influsso*; per influenza che gli uomini o le cose esercitano tra di loro

'Nfucàri, v. a. dare o attaccar fuoco, *infocare, accendere*; n. pass. *concitarsi*

'Nfùciu, agg. detto di pane, *spugnoso, morbido, soffice*

'Nfuddimèntu, s. m. *impazzamento*

'Nfuddiri, v. n. divenir folle, *infollire*

'Nfùmu, avv. col verbo jiri, vale *svanire*, andare in fumo

'Nfunnàri, v. n. costruire il fondo alle casse, bauli ec., fare il fondo

'Nfùnniri, v. n. *infondere*; fig. *istillare*

'Nfurcàri, vedi affurcàri

'Nfurcatùra, s. f. *inforcatura*

'Nfurchiuniàri, vedi infurchiuniàri

'Nfurciddàri, v. a. sostenere

alberi o arbusti con forcella, munire, afforzare

'Nfurgicamèntu, s. m. lo imboccare

'Nfurgicàri, v. a. ammaestrare alcuno che faccia o dica secondo che si desidera, *imboccare*

'Nfurgicaziòni, vedi 'nfurgicamèntu

'Nfurgiri, v. a. *satollare*, contentar l' appetito; per 'nfurgicàri vedi

'Nfuriàri, v. n. *infuriare*

'Nfurmaggiàtu, agg. pieno di cacio grattuggiato; malu 'nfurmaggiàtu, vale informato malamente di una cosa

'Nfurmàri, v. a. *informare;* per ficcar la forma entro la scarpa

'Nfurnàri, v. a. mettere in forno, *informare*

'Nfurnàta, vedi furnàta

'Nfùrra, s. f. quella tela, drappo o altro che si mette dalla parte di dentro per difesa dei vestimenti, *soppanno;* per *federa*

'Nfurràri, v. a. *foderare, soppannare;* n. p. sopraccaricarsi di panni

'Nfurràtu, agg. *soppannato;* aviri l'oricchi 'nfurràti di prisùttu, dicesi a chi fa le viste di non sentire

'Nfurzàri, v. a. *afforzare, fortificàrè;* n. p. di vino *inacetire;* di vento, pioggia ec. *infuriare;* di dolore, *peggiorare;* 'nfurzàri li dògghi, si dice dei dolori vicini al parto, e met. di qualche sventura vicina

'Nfuscàri, v. a. *offuscare;* n. p.

infuscare, conturbarsi; 'nfuscàri lu cirivéddu, vale *infastidire*

'Nfùscu, agg. *fosco;* per *caliginoso;* met. *mesto, tristo*

'Nfusiòni, s. f. *in fusione*

'Nfussamèntu, s. m. metter nella fossa, *l'infossare;* met. il dir male d' altri, onde n'abbia una pena, *calunnia*

'Nfussàtu, agg. *infossato, affossato;* per infamato

'Nfussàri, v. a. *infossare;* per *calunniare;* n. pass. *rovinarsi*

'Nfùsu, agg. *infuso*

'Nfutàri, v. a. *attizzare;* per *prevenire, istigare, stimolare*

'Nfutàtu, agg. *aizzato*

'Nfùtu, agg. *folto, spesso, denso*

'Ngabillàri, vedi gabillàri

'Ngaddàri, v. a. dar la galla, *ingallare;* per *bruttare, insozzare;* per 'ngaddulliàri vedi

'Ngaddulliàri, v. a. e n. p. collocarsi male in matrimonio

'Ngaffàri, v. a. fermare o rinforzare con grappa; vedi anche 'nsirragghiàri

'Ngàgghia, s. f. *fessura, spiraglio*

'Ngagghiàri, v. n. *incappare, incagliare, arrestare;* per dar nella trappola, *impaniare*

'Ngaggiamèntu, s. m. quel tanto che si dà a chi vuol prender servizio da soldato, *gaggio*

'Ngaggiàri, v. a. metter in gabbia, *ingabbiare;* ed *ingaggiare* per chi dà o riceve il gaggio onde farsi soldato

'Ngallunàri, v. a. ornar con galloni, *gallonare*

'Ngallunàtu, v. a. *gallonato*

'Ngàna, col verbo èssiri, vale

inclinare, esser propenso

'Ngancittàri, v. a. fermar col gancio

'Ngànga, s. f. voce bassa, e vale *vitto, cibo*

'Ngangà, s. m. voce indecl. imitativa del pianto de' bambini neonati

'Ngannafòddi, s. m. uccello di passo, *nottolone*

'Ngannamèntu, vedi 'ngànnu

'Ngannàri, vedi ingannàri

'Ngànnu, s. m. *inganno, frode*

'Ngarbizzàri, v. n. *talentare*

'Ngarganàri, v. a. *incastrare, incastonare*

'Ngàrganu, s. m. *commettitura, incastratura*

'Ngargiulàtu, s. m. composto di ghiaja e calcina rassodato, *smalto*; per agg. *smaltato*

'Ngargiulàri, v. a. *smaltare*

'Ngarzamèntu, s. m. *concubinato*

'Ngarzàrisi, v. n. pass. divenir concubinario

'Ngarzàtu, agg. *concubinato*

'Ngarziddàri, v. n. *ricalcitrare, imbaldanzire*

'Ngaspàri, v. n. il calcar la vinaccia co' piedi ammonticchiandola; per fornir di ghiera il fodero delle spade

'Ngassinàri, v. a. coprir di stuoja vasi di vetro ed altri oggetti per conservarsi

'Ngastàri, v. a. *incastrare*; dei gioiellieri, *incastonare*; 'ngastàri na cosa 'ntèsta, vale fermar nella memoria

'Ngastatùra, s. f. *commettitura, incastratura*

'Ngàstu, s. m. *incastro*; stàri

'ntra lu sò 'ngàstu, vale occuparsi de' proprii affari senza prendersi pensiero degli altrui

'Ngattàri, v. a. *nascondere, ammutolire, rimpiattare*; n. pass. *rincantucciarsi*

'Ngègnu, vedi 'ncègnu

'Nghirri 'nghìrri, si dice di due che si bisticciano

'Nghirriamèntu, s. m. *contesa*

'Nghirriàri, v. n. pass. *opporsi, resistere, contrastare*; detto delle bestie, *azzuffarsi, irritarsi*

'Nghirripùpu, s. m. persona vanerella, *frinfino*

'Nghirriùsu, agg. *rissoso*

'Nghissàri, vedi gnissàri

'Nginòcchiu, vedi addinucchiùni

'Nginucchiàrisi, v. n. pass. *inginocchiarsi*

'Nginucchiùni, avv. *inginocchioni*

'Ngìru, avv. *d'atterno, in giro*

'Ngnòcu, avv. *da burla*

'Ngnòcu 'ngnucànnu, si suol dire quando si comincia scherzando, e si finisce sul serio

'Ngnògnaru, vedi gnògnaru

'Ngnògnu, vedi gnògnu

'Ngnucculiàri, vedi gnucculiàri

'Ngnunziòni, s. f. *ingiunzione*

'Ngnuranti, vedi gnuranti

'Ngnuranza, vedi gnuranza

'Ngradigghiàri, v. a. chiuder qualche apertura con grata, *ingraticolare*

'Ngradigghiàta, s. f. *ingraticolato, ingraticchiato*

'Ngradigghiàtu, agg. *ingraticolato*; per que' legnami incrociati che servono di sostegno alle piante, con che

si cuoprono spalliere , per-
golati ec. *graticolato*

'Ngramagghiàri, v. n. e n. p.
coprirsi di gramaglie , vedi
annigghiàri; per 'ngadduliàri,
vedi

'Ngramagghiatizzu, agg. alquan-
to imbronciato

'Ngramagghiàtu, agg. vestito a
bruno, *mesto, gramo*; per *an-
nebbiato, caliginoso*

'Ngramignàrisi, v. n. pass. em-
pirsi di gramigna ; fig. per
arricchirsi

'Ngranamèntu, s. m. *granimento*

'Ngranàri, v. n. *granire* ; per
crescere, moltiplicare ; met.
arricchire

'Ngranciàri, v. a. far che le vi-
vande a mezzo del fuoco
prendano quella crosta che
tende al rosso, *rosolare*

'Ngranciàtu, agg. *rosolato*; per
ubbriaco, rubicante

'Ngrannìri, vedi ingrannìri

'Ngrànni (a la), avv. vale con
magnificenza, con isplendi-
dezza

'Ngrasciàri, v. a. *insudiciare,
imbrattare*; met. guadagnar
più del giusto, *civansare*

'Ngrasciatizzu , agg. alquanto
sucido, *sucidiccio*

'Ngrasciuràri, v. a. *letamare,
letaminare, concimare*; per
colmare

'Ngrasciuràta, s. f. *letaminatura*

'Ngrassànti , agg. *ingrassante,
ingrassativo*

'Ngrassàri, v. a. *ingrassare, le-
taminare*; l'occhiu di lu pa-
tròni 'ngrassa lu cavàddu ,
vedi cavàddu; 'ngrassàri 'n-
tra na cosa, vale godere

'Ngratàzzu, agg. pegg. di 'ngrà-
tu, *ingrataccio*

'Ngràtu, agg. *ingrato*

'Ngravattàri , v. a. battezzare
i neonati in pericolo grave
senza le cerimonie della Chie-
sa

'Ngravattàtu, agg. da 'ngravat-
tari

'Ngravidàri, v. a. e n. *ingravi-
dare, impregnarsi*

'Ngravusìri, v. n. pass. dive-
nir grave, *aggravarsi* ; per
aggravarsi , o indebolirsi le
membra per età o per ma-
lattia, *acciaccarsi*

'Ngràzia, posto avv. *in grazia*

'Ngrediènti, vedi ingrediènti

'Ngrèssu, s. m. *entrata, ingresso*

'Ngriciàrisi, v. n. *arricchirsi*

'Ngriciàtu, agg. *arricchito*

'Ngriddimèntu, s. m. *intirizzi-
mento*

'Ngriddìri, v. n. *intirizzire*

'Ngrìddu , agg. di pasta , riso
ec. cotti meno del giusto

'Ngriddùtu, agg. *intirizzito*

'Ngrifàrisi , n. p. *imbronciare*;
met. per *attillarsi*

'Ngrignàrisi, v. n. *accapigliarsi,
azzuffarsi*

'Ngrìspa, s. f. *grinza, ruga, cre-
spa, piega*

'Ngrispamèntu, s. m. *crespa-
mento*

'Ngrispàri , v. a. *increspare,
crespare*

'Ngròssu, avv. si dice vinnìri
all' ingròssu , vale vendere
merci in quantità grandi, il
contrario di vendere a mi-
nuto

'Ngrugnàri, v. n. *ingrognare* ;
per *adirarsi*

'Ngrunnàrisi, v. n. p. *imbron- ciarsi*

'Ngrunnatìzzu, agg. pegg. alquanto imbronciato

'Ngrunnàtu, agg. *imbronciato, accigliato*

'Ngrùppa, avv. *in groppa*, mettersi sulla groppa ; purtàri 'ngrùppa, *soffrire*

'Ngrussàri, v. a. *ingrossare, crescere, impregnare*; ingrussàri li sàngura ; vale *crucciarsi*

'Ngruttàri, v. a. *ingrottare*; n. pass. *accigliarsi*

'Ngruttunàri, vedi 'ngruttàri

'Nguaggiamèntu, vedi 'nguàggiu

'Nguaggiàri, v. a. *maritare*; n. p. *maritarsi*

'Nguàggiu, s. m. *matrimonio, maritaggio*

'Nguànta, s. f. *guanto*

'Nguantàru, s. m., *guantajo*

'Nguantèra, s. f. *guantiera*

'Nguantùni, s. m. quell'arnese per lo più di pelle villosa pieno di bambagia nel quale le donne tengon le mani per ripararle dal freddo, *manicotto*; per quel grosso guanto che tengono i guantai dinanti le loro botteghe.

'Ngui, voce del porcellino; per quella che imita il grido involontario che si manda per dolore improvviso; nun diri 'ngui, vale *non parlare*

'Ngulatùra, s. f. piegatura interiore del ginocchio

'Ngulfàri, vedi ingulfàri

'Nguliàri, v. a. *adescare, lusingare, allettare*

'Ngumbràri, v. a. *ingombrare, occupare*

'Ngummàri, v. a. ungere con gomma stemperata; n. *unirsi, conglutinarsi*

'Ngummatùra, s. f. l'unzione di gomma stemperata; per *saldatura*

'Ngùrdu, agg. dicesi degli strumenti nuovi che s'adoperano in principio con difficoltà, *non scorrevole*; per *avaro*

'Ngurfàri, vedi ingulfàri

'Ngurgàri, v. a. *ingorgare*

'Ngurgiàri, v. n. *gorgheggiare, ingojare, ingolare*

'Ngusciàri, v. n. prorompere in pianto; per *angosciarsi*

'Ngùsciu, s. m. *angoscia*; per quella tirata di fiato soppressa nel pianto accuratoio dei bambini, *tira*

'Nguttumàri, v. n. aver segreto cruccio, *marinare, affegatare*

'Nguvèrnu, co' verbi tèniri o èssiri, vale *in regola*

Ni, vedi nni

Nia nia, voce con cui si chiamano le anitre ed altri animali simili

Nìbba, storpiatura del franc. ne pas, e vale *no*, *niente*, *nulla*

Nicarèddu, dim. di nìcu, *piccoletto*

Nìcchi nìcchi, vedi 'nnicchi 'nnicchi

Nìcchia, vedi nnicchia

Nichèja, s. f. *ingiuria, dispetto*

Nichiàri, v. a. *stizzire*; n. pass. *adirarsi, arrangolarsi*

Nichiàtu, agg. *stizzito*

Nichiùsu, agg. *noioso, irritatore, molesto*

Nicìli e 'nnìcìli, agg. *magro, gracile, mingherlino*

Nicissàriu, s. m. *cesso*; agg. *necessario*

Nicissità, s. f. *bisogno, necessità, occorrenza*

Nicissitùsu, agg. *bisognoso, necessiloso*

Nìeu, agg. *piccolo*

Nidàli, s. m. uovo di marmo o d'altro, che si lascia nel nidio delle galline, quasi a dimostrar loro dove debbono far le uova, *endice, guardanidio*

Nidàta, vedi cuvàta

Nidicèddu, dim. di nidu, *nidiuzzo*

Nìdu, s. m. *nido*; fari lu nidu, *nidificare* ; ocèddu di nidu, *nidiare*

Nigàri, v. a. *negare*

Nigèlla, s. f. pianta, *nigella*

Nigghiàzza , pegg. di nègghia, *nebbione*

Nìgghiu, s. m. uccello di rapina, *nibbio*; nèsciri di li pedi di lu nìgghiu, campare a stento da un pericolo; 'ngagghiàri 'ntra li pedi di lu nìgghiu , vale capitar male

Nigghiùsu, vedi annigghiàtu

Nigòziu, s. m. *negozio, faccenda, affare*

Nigra, s. f. asina morella

Nigrònciu, agg. *nericcio*

Nigrùmi, s. f. *nerezza*

Niguru, vedi niuru

Niguzìàri, v. n. *negoziare*

Niguzlùni, accr. di nigòziu, *gran negozio*

Ninarèdda, s. f. canzoni che soglionsi cantare accompagnate dalla cornamusa o da stru-

menti di corda o da fiato nella novena del S. Natale

Nìnfa, s. f. deità, *ninfa*; per *crisalide*; per *lampadario, lumiera*

Ninnaru, s. m. macchia o vescichetta nel torlo dell'uovo in cui si forma il pulcino, *cicatricula*

Nìnni , parola con cui i bambini chiamano i danari, *dindi*

Nipitèdda, s. f. pianta odorosa, *nepitella*

Niputèddu, s. m. dim. di nipùti vedi

Nipùti, s. m. e f. *nepote*

Nirvàta, s. f. colpo dato col nervo, *nervata*

Nirviàri, v. a. percuotere col nervo, *nerbare*

Nirvignu , agg. *nerboso* ; per *nerboruto, gagliardo*

Nirvùsu, agg. *nervoso*

Niscimèntu, s. m. *uscimento*

Nìsciri, vedi nèsciri

Niscìunu, vedi nùddu

Nisciùta, s. f. *uscita*; per *diporto*; per *bravata, rabuffo* ; a prima nisciùta, a primo uscir di casa; dari la trasùta e nisciùta di porta nova, vale non dar nulla

Nisciùtu, agg. *uscito*

Nispulidda , dim. di nèspula vedi

Nittizza, s. f. *nettezza*

Nivalòra, s. f. sorta d'uccello, *fifa, pavoncello*

Nivalòru, s. m. colui che vende neve

Nivarràta, s. f. il *nevicare*

Nivarratèdda, dim. di nivarràta, *nevischio*

Nivarratùna, accr. di nivarrà-
ta, *nevazzo*

Nivèra, s. f. luogo dove si con-
serva la neve , *ghiacciaja* ,
diacciaja; per sim. qualun-
que luogo freddo

Nivi, s. f. *neve*; per sim. *can-
dore*

Nivicàri, v. n. il cader che fa
la neve, *nevigare, nevare*

Niuru, agg. *nero*; per *fosco, o-
scuro, nebuloso*; latti di niura,
vale di asina morella; vidìrilu
vistùtu di niuru, si dice d'un
negozio di cui non si spera
buon esito; vistìrisi di niuru,
vale a bruno; in senso iron.
vale non prendersi pensiero
di ciò che altri ha fatto colla
idea di dispiacergli ; farila
niura, far cattiva azione

Niuruhèddu, dim. di niuru, *ne-
retto*

'Nnàccari, vedi nàccari

'Nnacchiàri, vedi cugghiuniàri

'Nnàcchiu, s. m. *conno, fica*;
fig. *tanghero*

'Nnacitìri, vedi inacitìri

'Nnamuralòra , agg. colei che
prontamente s'innamora

'Nnamuràri, v. a. *innamorare*;
n. pass. accendersi d'amore,
incaghirsi

'Nnamuràtu , agg. *innamorato*;
per *drudo*

'Nnamuratèddu, dim. di 'nnamu-
ràtu, *innamoratello*

'Nnamuratùni, accr. di 'nnamu-
ràtu, *innamorato cotto*

'Nnàppa, s. f. quella parte delle
brache che affibbia alle serre,
toppa, toppino, brachetta; in
forza d'agg. fig. *sempliciatto*

'Nnappètta, dim. di 'nnàppa

'Nnappùni, accr. di 'nnàppa

'Nnarbàri, vedi annarbàri

'Nnarcàri, vedi annarcàri

'Nnargintàri, vedi inargintàri

'Nnària 'nnària, avv. detto di
memoria, vale non rammen-
tar bene; di sonno, sonnac-
chiare

'Nnarrèri, avv. *addietro*; per
tempo passato; èssiri 'nnar-
rèri d'una cosa, vale saperne
poco ; jittàri 'nnarrèri, vale
*dimenticare , indietreggiare ,
ritirarsi*; parlando d' oriuo-
li, segnare un'ora minore di
quella che corre

'Nnarvuliàri , vedi annarvulià-
ri

'Nnavaràtu, vedi annavaràtu

'Nnavànti, prep. *avanti*; avv.
innanzi

'Nnàutu, posto avv. *in alto*

'Nnècca, vedi nècca

'Nnennè, s. f. voce con cui i
bambini chiamano la poppa

'Nnestàri, vedi 'nzitàri

'Nnèstu, vedi 'nzitu

'Nnicchia, s. f. l'incavatura, il
vuoto che si fa nelle mu-
raglie per mettervi statue,
scheletri umani ec.; per ri-
postiglio; per cantuccio, *nic-
chia*

'Nnicchi 'nnicchi , vedi gùla ;
fari la gula 'nnicchi 'nnicchi,
vale aver brama ardente di
qualche cosa

'Nnicili, vedi nicili

'Nnimicàri, v. a. e n. p. *inimi-
care, inimicarsi*

'Nnìmicu, s. m. e agg. *inimico*;
per *avverso, contrario*

'Nningàri, v. a. *chiedere, negare,
interporre*

'Nninni, vedi ninni

'Nnintra, avv. in dentro

'Nnivia, s. f. pianta, endivia

'Nnivinàgghia, vedi 'ndivinàgghia

'Nnòcca, s. f. caruncola carnosa che hanno i polli d'india sul becco, caruncola

'Nnòcchiu, vedi a 'nnòcchiu

'Nnòmini, vale in nomine, per cominciamento

'Nnòmu, s. m. nome; per fama

'Nnoràri, vedi addoràri

'Nnòrma, s. f. paga, mercede

'Nnòrmi, vedi mmizzigghi

'Nnubiliri, v. a. nobilitare

'Nnùccaru, agg. a fanciullo, vezzoso, naccherino

'Nnuccènza, vedi innoccènza

'Nnuccènti, agg. innocente; met. fanciullo

'Nnumeràbili, agg. innumerabile

'Nnuminàta, vedi nòmina

'Nnunnàta, s. f. pescetti minutissimi, quasi neonata, e vengon detti latterini; per funciullaia, minutaglia

'Nnurmèri, s. m. moiniere

'Nnurvàri, vedi annurvàri

No, avv. di negaz. no

Nòbili, agg. nobile

Nobilicchiu, avvil. di nòbili

Nobiliscu, agg. di nobile, signorile

Nobilitàri, vedi 'nnubiliri

Nobilizza, vedi nobiltà

Nobilòttu, s. m. giovanotto di nobile condizione

Nobiltà, s. f. nobiltà; per generosità; per eccellenza

Nobilùni, agg. accr. di nòbili

Nòciri, v. a. far danno, nuocere

Nojàri, vedi annujàri

Nojùsu, vedi nujùsu

Nòlitu, s. m. capriccio, ghiribizzo

Nolitùsu, vedi nulitùsu

Nòlu, s. m. pagamento del porto delle mercanzie, nolo

Nòmina, s. f. nomina; per fama, grido, nominanza

Nominàri, v. a. porre il nome, chiamare, proporre, nominare

Nominàta, vedi nòmina

Nomu, s. m. nome; per fama; di nomu, agg. vale senza autorità

Non, vedi no

Nòna, s. f. nome della quinta ora canonica, nona

Nonsocchì, in forza d'agg. non so che

Nònu, agg. nono

Nòra, s. f. nuora

Nostràli, agg. del nostro paese, nostrano

Nòstromu, agg. tit. di mar. maestro d'equipaggio, nostromo

Nòstru, pr. poss. nostro

Nota bèni, s. m. nota bene, aggiunta, avvertenza

Notàbili, s. m. da notarsi; per persona ragguardevole

Notànnu, s. m. nota

Notàri, v. a. scrivere, contrassegnare, notare

Notifica, s. f. notificazione

Notizia, s. f. nuova

Notiziàriu, s. f. raccontator di notizie o novelle, novellista

Nòtti, s. f. notte; di nòtti e nòtti, durante la notte; nun c'èssiri nè nòtti nè jòrnu, vale non aver riposo; posto avv. tardi

'Nnimicizia, s. f. inimicizia, nimistà

Nottissimu, sup. di nòtti

Nottitèmpu, posto avv. *notte-tempo*

Nottuolena, s. m. pianta, *geranio odoroso, o notturno*

Notturna, vedi serenàta; per componimento musicale da cantarsi la notte, *notturno*

Notturnu, s. m. una parte del mattutino che si canta in chiesa in tempo di notte, *notturno*; e agg. *notturno*

Notu, agg. conosciuto, *noto*

Notùni (a), avv. *a nuoto*

Nòva, s. f. *novella, nuova*; nun sapirinni nè nova nè vecchia, vale non averne più alcuna notizia

Novàli, agg. terreno non mai lavorato, e lasciato per molti anni incolto perchè riposi, *novale*

Novanta, nome num. *novanta*

Novantina, s. f. quantità numerale che arriva al numero di novanta, *novantena*

Novantinu, agg. *nonagenario*; presso i fabbri una specie di chiodi di ferro

Nòvi, n. num. *nove*

Nòvu, agg. *nuovo*; per meraviglioso, *stravagante*; jùnciri nova na cosa, vale non averla saputa innanzi; novu framànti, *nuovissimo*; truvàrisi 'ntra un mànnu novu, essere in cose o circostanze non mai osservate

Nòzzi, s. f. plur. *nozze*

Nòzzulu, s. m. osso delle ulive, *nocciolo*; per l'ulive infrante dopo averne tratto l'olio, *sansa*; per la sansa bruciata in forno che spenta si destina

ad esser riaccesa nel braciere

'Npàci, vedi pàci

'Npalisi, vedi palisi

'Npèttu, vedi pèttu

'Npizzu, vedi pizzu, e 'npizzuliddu, avv. sull'orlo, sporgente appena, rasente l'estremità

'Npòrtu, vedi pòrtu

'Npùgnu, vedi pùgnu

'Npùnta, vedi pùnta

'Npùntu, vedi pùntu

'Nquacinàri, v. a. coprire o bruttar di calcina, *incalcinare*

'Nquacinàtu, agg. *incalcinato*

'Nquantità, posto avv. *abbonderolmente*

'Nquàntu, avv. *in quanto*

'Nquartàri, v. a. *inquartare*; detto della scherma, vale uscir dalla linea della spada nemica

'Nquàrtu, vedi quàrtu

'Nquatirnàri e 'nquintirnàri, vedi ligàri

'Nquilinu, vedi inquilinu

'Nsaccàri, v. a. mettere in sacco, *insaccare, imborsare*; met. persuadere con argomenti

'Nsaccòccia, vedi saccòccia

'Nsaiamèntu, s. m. *prova, tentativo*

'Nsajàri, v. a. far prova, *tentare*; propr. provare un vestito

'Nsainatu, agg. di pelame di bestie, *sagginato*; simile alla saggina

'Nsalaniri, vedi 'nsallaniri

'Nsalanùtu, vedi 'nsallanùtu

'Nsalàta, s. f. erbe che si mangiano condite con olio, aceto e sale, *insalata*; detta sarvaggiòla, vale di più erbe; di la prima, di cicoria primaticcia

'Nsalatàru, s. m. venditor d'insalate, *insalatajo*

'Nsalatèra, s. f. tondo concavo o vaso destinato a condirvi le insalate, *insalatiera*

'Nsalatina, dim. di 'nsalàta, *insalatina*

'Nsallaniri, v. a. *sbalordire, stordire, confondere*; n. pass. stordir la ragione, divenir briaco, *imbriacarsi*

'Nsallanùtu, agg. *attonito, stordito, ubbriaco*

'Nsalvaggiri, vedi insarvaggiri.

'Nsamài, inter. *tolga Dio!*

'Nsanàbili, agg. *insanabile*

'Nsanguniàri, vedi insanguniàri

'Nsànu, posto avv. *indivisamente, in una volta*

'Nsapunàri, vedi insapunàri

'Nsapunàta, s. f. l'insaponare

'Nsapunatùra, vedi 'nsapunàta

'Nsapuriri, vedi insapuriri

'Nsardàrisi, v. n. pass. *coricarsi, imbacuccarsi*, caricarsi di panni; vedi curcàrisi

'Nsarvaggiri, v. n. *insalvatichire*; met. *incollerirsi, irritarsi*

'Nsàutu, vedi sàutu

'Nsàziu, vedi sàziu

'Nsegrètu, vedi segrètu

'Nsèmmula, avv. *insieme*

'Nsensibili, vedi insensibili

'Nsi, post. avv. *volenterosamente*

'Nsicchìri, v. a. *inaridire, diseccare*; n. pass. *stecchire*

'Nsiccùtu, agg. *diseccato, stecchito*

'Nsiddàri, v. a. metter la sella, *sellare*

'Nsidiàri, v. n. *insidiare*

'Nsignamèntu, s. m. *insegnamento, ammaestramento*

'Nsignàri, v. a. *insegnare, intendere, avvezzare;per apprendere*

'Nsiiddàtu, agg. di vesti che vestano strettissime, *stringato*

'Nsiiddàri, v. n. vestir strettamente

'Nsimuliàrisi, v. n. pass. *mescolarsi*

'Nsina, avv. *sino*

'Nsinattàntu, avv. *fino a che, infinattanto*

'Nsinga, s. f. *cenno*; per *stemma, insegna*

'Nsinsula, vedi nzinzula

'Nsìnu, vedi 'nsina

'Nsinuànti, agg. che s'insinua; met. *intrigante*

'Nsinuàri, vedi insinuàri

'Nsìpitu, agg. *insipido*

'Nsipitùni, accr. di 'nsìpitu

'Nsirìddu, vedi 'nz'riddu

'Nsirragghiàri, v.a. *comprimere, stringere, serrare*

'Nsirragghiàta, s. f. *stretta, violenza*; di pioggia, *strapiovere*; di ber vino, *strabevizione*

'Nsirràgghiu, vedi sirràgghiu

'Nsirratizzàri, v. a. porre gli assi per le tegole

'Nsirtàri, v. n. dar nel segno, *imberciare*; per *indovinare, colpire, ferire*

'Nsirùni, s.m. vaso di terra per acqua, *brocca*

'Nsistiri, vedi insistiri

'Nsita, s. f. pelo della schiena del porco, o della coda del cavallo, *setola*; per *innesto*

'Nsitàri, v. a. *incastrare, innestare*; per *attaccare, cucire*

'Nsitatùra, s. m. *innestatura*; per *collegamento*

'Nsitatùri, s. m. che innesta, *innestatore*

'Nsitu, s. m. *nesto, innesto*

'Nsitùni, s. m. *pustola*

'Nsivàri, v. a. *unger di sevo*

'Nsivàtu, agg. *unto di sevo, o che ha sapor di sevo*; per *sgraziato, svenevole, smanceroso*; agg. a calcina, vale spenta e tenuta in serbo

'Nsolènti, agg. *insolente*

'Nsòlia, s. f. sorta d'uva di due specie, cioè nera e bianca, la prima è detta *canajuola*, la seconda *zuccaja dolce*; 'nsòlia e muscatèddu, significa amici intimissimi

'Nsònnia, s. f. *veglia, vigilia*

'Nsònnu, avv. *sognando*

'Nsosizzunàri, v. a. ficcar per forza, *inzeppare*; per prevenire alcuno, *sobillare*

'Nsù, vedi 'nsùsu

'Nsulintàri, v. a. *provocare*; n. *insolentire*, farsi ardito

'Nsulintàtu, agg. *irritato, provocato*

'Nsùlsu, agg. *insulso*, che non ha sapore; per *sciocco, scimunito*

'Nsùltu, vedi insùltu

'Nsultàri, vedi 'nsulintàri

'Nsùmma, avv. *finalmente, insomma*

'Nsunnacchiàtu, agg. *sonnacchioso, sonnolente*

'Nsunnàrisi, vedi sunnàrisi

'Nsùnza, s. f. grasso per lo più di porco, *sugna*; aviri li 'nsùnzi, vale esser grasso bra-

cato; faricci li 'nsùnzi, vale ingrassare, godere

'Nsunzàri, v. a. *lordare, imbrattare*

'Nsunzatèddu, dim. di 'nsunzàtu, *unticcio*

'Nsunzatìzzu, agg. *sporcizioso, unto*

'Nsunzàtu, agg. *lordo, insavardato*

'Nsunzatùni, accr. di 'nsunzàtu, *sporchissimo*

Nsunzuniàri, v. a. *lordare, imbrattare*; per *abborracciare*

'Nsuppàri, vedi assuppàri

'Nsupprèssa, vedi supprèssa

'Nsùpra, vedi supra

'Nsurdìri, vedi insurdìri

Nsustànza, post. avv. *in somma, da ultimo*

'Nsurfaràri, v. a. *insolfare*; per affumicar collo zolfo acceso

'Nsuspittìri, vedi insuspittìri

'Nsùsu, vedi in susu

'Nsuvarìri, v. n. *intorpidire*: per *aggranchiare*, detto delle dita o altra parte del corpo che per eccessivo freddo si assiderano

'Nsuvarùtu, agg. *intorpidito*

'Nta, vedi 'ntra

'Ntabbaccàrisi, v. n. pass. aspergersi di tabacco; met. fingere di non sapere

'Ntabbaccàtu, agg. asperso di tabacco; per uomo chiuso, segreto; per *ubriaco*

'Ntabaranàtu, agg. *mogio, smemorato*

'Ntabaranìri, v. n. divenir stupido, *smemorare*

'Ntabbiàtu, agg. di terreno duro nella superficie

'Ntabbutàri, v. a. racchiudere il morto nella cassa

'Ntàcca, s. f. piccolo taglio negli alberi o altro, *tacca;* per *offesa,* intacco; per *incassatura*

'Ntaccàri, v. n. *intaccare;* per *offendere, pregiudicare*

'Ntaccatùra, s. f. *tacca, intaccatura*

'Ntaccatùri, s. m. colui che intacca gli alberi del frassino; pel bracciuolo degli oriuoli

'Ntacciàri, v. n. guernir di piccoli chiodi detti bullette

'Ntaccunàri, v. a. *rattacconare*

'Ntagghiàri, v. a. e n. *scolpire, intagliare*

'Ntagghiatùri, s. m. *intagliatore*

'Ntàgghiu, s. m. *intaglio;* post. avv. col verbo cadìri, vale *opportunamente*

'Ntamàri, vedi allucchìri

'Ntamàtu, agg. *balordo, stupido, spensierato*

'Ntamèntri, avv. *frattanto, in questo mentre*

'Ntammaràri, vedi ammarinàri

'Ntanàrisi, v. n. pass. *intanarsi, nascondersi*

'Ntantàri, v. a. *tentare*

'Ntantaziòni, s. f. *tentazione*

'Ntàntu, avv. *intanto*

'Ntapanàtu, vedi 'ntipanàtu

'Ntapazzàri, v. a. e n. *acciabbattare, abborracciare*

'Ntappàri, v. a. *turare, chiudere;* per *insozzare*

'Ntarcàri, v. a. dicesi dei venditori quando ingannano altrui nella compra delle merci poste in vendita, *deludere*

'Ntartaràtu, agg. *intartarito;* per *bruttato, infardato,* pieno di lordure

'Ntàttu, agg. *intatto,* non toccato

'Ntaviddàri, v. a. far l'incannucciata; per le piegature degli abiti, vedi tavèdda

'Ntàvula, vedi tàvula

'Ntavulàri, v. a. coprir di tavole, *intavolare, impalcare;* parlando di negozi, trattati od altro, vale incominciare a trattare

'Ntavulàtu, s. m. pavimento di tavole, *assito*

'Ntavulatùra, vedi tavulatùra

'Ntensiòni, vedi intensiòni

'Ntèntu, vedi intèntu

'Nterèssu, vedi interèssu

'Nticchiàrisi, v. n. pass. *attillarsi*

'Nticchiàtu, agg. *attillato,* detto di ragazzi

'Ntignàri, v. a. *intignosire,* far divenir tignoso; per metter nel gagno, avviluppare in qualche disastro; v. n. pass. 'ntignàrisi, divenir tignoso, *intignare;* di pidòcchi, vedi 'mpiducchiàrisi; di debiti, *indebitarsi;* di figghi, esser carico di numerosa prole

'Ntilàci, s. m. specie di tela

'Ntilaràri, v. a. metter nel telaio, *intelaiare*

'Ntilaràta, s. f. ossatura d'alcun lavoro da legnaiuolo

'Ntilaratùra, s. f. unione di più pezzi di legname per ossatura d'un lavoro, *intelaiatura*

'Ntillèttu, s. m. *intelligenza, cognizione, concetto, significato, intelletto*

'Ntimpagnàri, v. a. mettere il fondo alle botti o simili nella capruggine di esse

'Ntimugnàri , v. a. *abbarcare*, *ammassare*, dicesi del grano ed altre biade

'Ntimurata, s. f. *rabbuffo*, *riprensione*, *bravata*

'Ntimuriri, v. a. *impaurire*, *intimorire*; n. pass. *intimorirsi*, *smarrirsi*

'Ntinagghiàri, v. a. tener forte colla tanaglia; met. per *violentare*, *costringere*

'Ntinguliàri, v. n. mangiare alcun poco di manicaretti appetitosi, *dentecchiare*

'Ntingulu, vedi intingulu

'Ntiniri , agg. *sordastro*; delle frutta quando sono acerbe, o di altra vivanda cotta meno del bisogno

'Ntinna, s. f. stilo che inclinato attraversa l'albero del navilio; jocu di 'ntinna è fra noi un passatempo popolaresco, nel quale un uomo sale una asta ben lunga impiastricciata di materie untuose, per guadagnare una barderuola che vi sta in cima, onde ottenere un premio

'Ntinnàri, v. a. montare in alto, *salire* ; 'ntinnàri 'ntra l'aria, vale incollerirsi per subita ira, *ponlare*

'Ntinnènti, s. m. *pratico*, *esperto*, *intendente*

'Ntinniriri, v. a. *intenerire*; n. pass. divenir tenero ; met. *compungersi*

'Ntinnirùtu, agg. *intenerito*

'Ntinnùtu, vedi 'ntisu

'Ntintèri, s. m. che fa le cose per venalità, *venale*

'Ntipanàtu, agg. *soprappieno*

'Ntipàri, v. a. *stivare*

'Ntircisàtu, s. m. suolo rassodato con calcina e piccole pietre o ghiaie, che si fa prima ammattonare o lastricare

'Ntirizziri, vedi 'ncazzulìri

'Ntirlàzzu, s. m. *imbroglio*, *inviluppo*, *gagno*

'Ntirnàrisi, vedi internàrisi

'Ntirpitràri, tr. *interpretare*, *interpetrare*

'Ntirràri, v. a. *impiastrare*, *interrare*, *sotterrare*

'Ntirràtu, agg. *interrato* ; per *impallidito*, *squallido*

'Ntirzisàtu, vedi 'ntircisàtu

'Ntisa, s. f. *udito*; dàri 'ntisa, vedi odiènza; per prestar attenzione

'Ntisichiri, v. n e n. pass. divenir tisico ; per intisichire nel senso di consumarsi, *stenuarsi*

'Ntisicùtu, agg. di 'ntisichìri

'Ntistàri, vedi attistàri

'Ntistàtu, vedi tistàrdu

'Ntisu, agg. *inteso*; per *udito*, *ubbidito*

'Ntizzunàri, v. a. *annegrare*

'Ntizzunàtu , agg. *annegrato* ; parlando di cielo, *oscuro*, *tenebroso*

'Ntòntaru, agg. *insensato*, *stupido*, *dicervellato*

'Ntònu, vedi tònu

'Ntòppu, vedi intòppu

'Ntra, prep. *fra*, *infra*, *tra*

'Ntràccia, vedi traccia

'Ntràcina, vedi tràcina

'Ntràgni, s. m. plur. *interiora*, *entragno*

'Ntraguardàri, v. a. *traguardare*

'Ntraguàrdu, s. m. *regalo*, *traguardo*

'Ntramàri, v. n. riempir la tela
con la trama, *tramare;* 'ntra-
màri un discursu , vale in-
tessere un discorso

'Ntrammèddiu, s. m. *ostacolo,
impedimento, intoppo*

'Ntramèntri, avv. *fra di tanto*

'Ntramèttiri, vedi intramèttiri

'Ntramminzàri, v. a. *interporre,
tramezzare*

'Ntramisa, s. f. *tramezza*

'Ntrammiscàri, v. a. *framesco-
lare*

'Ntrapèrtu, agg. *lussato*

'Ntrapùnciri, vedi trapùnciri

'Ntra stu mèntri, avv. *intanto*

'Ntràta, s. f. vestibolo degli e-
difici; per *portone*

'Ntratèmpu , agg. di persona
matura ma non vecchia, *at-
tempatetto*

'Ntratèssiri, v. n. *intratessere*

'Ntra tricchi e barràcchi, modo
avv. *frattanto,* tra una cosa
e un'altra

'Ntràttu, vedi tràttu

'Ntravàri, v. a. munire o raf-
forzar con travi

'Ntravatùra, s. f. *travatura*

'Ntraviniri, v. n. *accadere, in-
travvenire*

'Ntravirsàri, v. a. t. dei falle-
gnami , quando le tavole non
si possono piallare secondo
il lor verso; dei muratori, si
dice il compiere i lavori per
lungo e per largo

'Ntravittàri, v. a. costruire o
fortificare con piccole travi

'Ntrèssu, vedi interèssu

'Ntricàri, vedi 'mbrugghiàri

'Ntriccìari, v. a. *intrecciare, av-
viluppare;* n. pass. *industriar-
si, ingegnarsi*

'Ntricciu, vedi intricciu

'Ntrìcu, s. m. *intrigo*

'Ntrillàzzu, vedi 'ntirlàzzu

'Ntrimujàri , v. a. mettere il
grano nella tramoggia ; per
assordare, *cornacchiare*

'Ntrimulàri, v. n. affogar nella
melma, *ammelmare*

'Ntrinsicàri, vedi intrinsicàri

'Ntrinsicu, vedi intrinsicu

'Ntrippu, vedi trippu

'Ntrissàri, vedi intrissàri

'Ntrissàtu, vedi intrissàtu

'Ntrìta, s. f. il guscio legnoso
delle mandorle

'Ntrizzàri, v. a. *intrecciare*

'Ntrizzatùra, s. f. *intrecciatura*

'Ntrizzatùri, s. m. nastro per
legare i capelli pria d'intrec-
ciarli, ed ornamento da por
sulle trecce, *intrecciatojo*

'Ntrizzisàtu, vedi 'ntircisàtu

'Ntroitàri, v. a. *riscuotere ;* n.
p. fig. tener per certo, *con-
fidare*

'Ntroitu , s. m. *entrata ;* per
quelle preci che diconsi al
principio della santa messa,
introito

'Ntromèttiri, v. n. pass. *intro-
mettersi*

'Ntrubbulàri, v. a. *intorbidare*

'Ntruffamèntu, s. m. il moltipli-
car che faccia una pianta dei
suoi figliuoli in gruppo, *cesto*

'Ntruffàri, v. n. *cestire*

'Ntrummàri, v. a. *incastrare ,
imboccare;* per *intrudersi,* ve-
di 'ntrunzàri

'Ntrummatùra, s. f. *imbocca-
tura*

'Ntrunàri, v. a. *fulminare ;* per
stordire, *intronare*

'Ntrunsamèntu, s. m. *intrusione*

'Ntrunsàri, v. a. e n. pass. *intrudersi*

'Ntrusciàri, v. a. e n. pass. far fardello, *affardellare*

'Ntrusciàtu, agg. di 'ntrusciàri; per vestito goffamente

'Nluciàri, v. n. *imbronciare; imbruschire*

'Nluciàtu, agg. *imbronciato*

'Ntuffàri, v. a. dar l'ultima coperta di calce impastata con cocci minutamente pesti, invece di arena, a muri, pavimenti ec.

'Ntuffàtu, s. m. pavimento di terrazza o di luogo scoperto, *battuto*; agg. di 'ntuffàri

'Ntunacàri, v. a. dar l'ultima coperta di calcina sopra lo arricciato del muro in guisa che sia liscio e pulito, *intonacare, intonicare*

'Ntunamèntu, s. f. *intonazione, rimbombo, tintinnio*

'Ntunàri, v. a. t. music. *intonare*; per *rimbombare*

'Ntunàtu, agg. *intonato*; per *contegnoso, dissimulatore*

'Ntunicàri, vedi 'ntunacàri

'Ntùnnu, posto avv. *intorno*; fari firriàri 'ntùnnu, vale metter tempo in mezzo acciò un affare non riesca; firriàri 'ntùnnu, vale esser libero di impacci, e per lo più dicesi degli scapoli o smogliati

'Ntuntariri, v. n. *stupidire*

'Ntuntarùtu, agg. *istupidito, trasognato*

'Ntuppàri, v. n. *abbattersi, incontrarsi*; a. *avvenire, accadere*

'Ntuppatùra, e 'ntuppamèntu, s. f. e m. *intoppo, ostacolo, incontro*

'Nturciuniamèntu, s. m. *attorcigliamento*

'Nturciuniàri, v. a. *attorcigliare*; n. p. *aggrovigliarsi*

'Ntussicàri, v. a. *avvelenare, attossicare*; fig. *amareggiare*

'Ntussicùsu, agg. che ha del tossico, *tossicoso*; per *acerbo, afro*; per *satirico, maldicente*

'Ntustàri, v. n. divenir tosto, *intostire*

Nù, vedi nui

Nuàra, s. f. orto di poponi, *poponajo*; di cucùzzi, *zuccajo*; di cedriuoli, cocomeri, ec. *cocomerajo*

Nuarèdda, dim. di nuàra, *orticello*

Nuàutri, prop. *noi*

Nùca, vedi nùci

Nucàtula, s. f. impasto di mandorle, fichi secchi, uva passa, ec. con zucchero o mele chiuso entro pasta e cotto in forno, *pan ficato, o balestrone*; per un dolce pieno di conserva assai squisito che si confeziona in taluni monasteri

Nùci, s. f. albero, *noce*; ed il frutto, *noce*; nuci di lu coddu! imprecazione; per la *nuca*; per la prima coperta esteriore del guscio quando è verde, *mallo*; per la scorza che contiene la polpa che si mangia, e che dura si schiaccia, *guscio*; per la polpa detta spicchiu, *gheriglio*, ed anche *spicchio*

Nucèdda, s. f. albero, *avellana, nocciuolo*; ed il frutto, *avellana, nocciuola*

Nuciddàru, agg. della grandezza di una nocciuola

Nucidditu, s. m. luogo piantato a nocciuoli

Nucimuscata, s. f. frutto aromatico simile di forma alla nostra noce, sotto il mallo del quale si ritrova un secondo guscio, che è il Macis, *nocemoscada*

Nucipèrsicu, vedi ciprèssu

Nucivòmmica, s. f. seme di un vegetabile indigeno delle Indie e velenoso ad alcuni animali, *noce vomica*

Nùddu, *nessuno*; donnùddu, persona vile, *don meta*

Nùdu, agg. *nudo*; nudu e crudu, vale *poverissimo*

Nùgghiu, s. m. terreno incolto, *sodo*

Nui, pron. plur. *noi*

Nujàri, v. *noiare*, *annoiare*

Nujùsu, agg. *noioso*

Nulitiàri, v. a. *scherzare*

Nulitùsu, agg. *capriccioso*

Nullatenènti, agg. non possidente, *pezzente*

Numèrica, s. f. *aritmetica*, *abaco*

Nùmeru e nùmaru, s. m. *numero*; dari nùmari, vale *ingannare*

Nùnca, avv. *dunque*

Nunchù, avv. *non più*

Nùnma, vedi nùnnu

Nupnàta, vedi 'nnunnàta

Nùnnu, s. m. *nonno*; per *padre*

Nurrìmi, s. f. novella generazione d'animali, *nocellinità*; per pesciolini fluviali nati di fresco, *avannotto*

Nurrìzza, s. f. *nutrice*, *balia*

Nurrizzàtu, s. m. *baliato*

Nustròmu, s. m. il nostro capo, *superiore*; per tit. di marineria, maestro d'equipaggio, *nostromo*

Nutàru, s. m. *notaio*;

Nutricàri, v. a. *allevare*, *nudricare*, *nudrire*; nutricàri lu scursùni 'ntra la mànica, vale tener cara persona che non corrisponde col medesimo affetto, anzi che mostra ingratitudine

Nutricu, s. m. *lattante*; fig. per *vessatore*

Nuttata, s. f. lo spazio d' una notte, *nottata*

Nuvèdda, agg. di messa, vale messa detta la prima volta da un sacerdote

Nuvèddu, agg. *novello*, *recente*; per *imperito*

Nuvèmmiru, s. m. *novembre*

Nuvèna, s. f. *novena*, che ha lo spazio di nove giorni; per la novena del S. Natale

Nuviddàru, s. m. agnello giovine

Nuviddùni, agg. *nuovo*, *novizio*

Nùvula, s. f. *nuvola*

Nuvulàta, s. f. *pioggerella*

Nuvulàtu, s. m. quantità di nuvole, *nuvolato*, *nuvolame*

Nuzzènti, agg. *innocente*

'Nvacànti, vedi vacànti

'Nvaddunàri, vedi 'mbaddunàri

'Nvànu, avv. *invano*

'Nvattalàri, v. a. *incanalare*

'Nvernàri, vedi 'nvirnàri

'Nvèrnu, s. m. *verno*, *inverno*

'Nviàri, v. *inviare*

'Nvicchiàri, vedi invicchiàri

'Nvidiùsu, agg. *invidioso*

'Nvignàri, v. n. *avvignare*; per metter in assetto la vigna

'Nvilinàri, v. a. *avvelenare*; per *amareggiare*

'Nvillotàtu, agg. *vellutato*

'Nvinzioni, s. f. *invenzione*

'Nviperiri, v. n. *inviperire, incrudelire*

'Nvirdicàri, v. n. *inverdire*

'Nvirmicàri, vedi abbirmàri

'Nviruàri, v. n. *invernare*

'Nvirnàta, s. f. *vernata; invernata*

'Nvirniciàri, v. a. dar la vernice, *inverniciare*

'Nviscuttàri, vedi imbiscuttàri

'Nvisibìliu, s. m. *estasi*, piacere estremo

'Nvisitàrisi, v. n. pass. prender il bruno per morte de' congiunti, *abbrunire*

'Nvistulùtu, agg. *imbacuccato*

'Nvitàri, vedi invitàri

'Nvitàta, vedi invitu

'Nvitriàri, v. a. far chiusure di vetri alle finestre; 'nvitriàri l'occhi, *offuscare*

'Nvitriàta, vedi vitràta; per le lenti degli occhiali, modo basso

'Nvitu, s. m. *invito*; nell'uso, il foglio col quale s'invita

'Nvivirisi, vedi 'mbivìrisi

'Nviulàri, vedi inviulàri

'Nvivùtu, agg. *imbevuto*

'Nvolumàri, v. a. unir fogli per farne volumi, vedi ligàri

'Nvracàri, vedi 'mbracàri

'Nvrucculàri, vedi 'mbrucculàri

'Nvrudacchiàrisi, vedi 'mbrudacchiàrisi

'Nvurzàri, vedi 'mburzàri

'Nvusciulàri, vedi 'mbusciulàri

'Nvuttàri, vedi 'mbuttàri

'Nzaccanàri, vedi azzaccanàri

'Nzaccàri, vedi 'nsaccàri

'Nzaiàri, vedi 'nsaiàri

'Nzallaniri, v. n. *ubbriacare, confondere, stordire*

'Nzallanùtu, agg. *ubbriaco, stordito*

'Nzèta, ultima lettera dell'alfabeto, *zeta*

'Nzinzula, s. f. albero, *giuggiolo*; e il frutto, *giuggiola*

'Nziriddu, dim. di 'nziru vedi

'Nzirtàri, vedi 'nsirtàri

'Nziru, s. m. vaso di creta senza manichi, *ziro*

'Nzitàri, vedi 'nsitàri

'Nzitatùra, vedi 'nsitatùra

'Nzivàri, vedi 'nsivàri

'Nzòlia, vedi 'nsòlia

'Nzullintàri, v. a. *violentare, provocare*

'Nzùnza, vedi 'nsùnsa

'Nzuccaràta, vedi taràlli

'Nzuccaràtu, agg. *inzuccherato*; fig. *piacevole, grazioso*

'Nzunnacchiàri, v. n. *dormigliare, dormicchiare*

'Nzunnacchiàtu, agg. *sonnacchioso*

'Nzunzàri, vedi 'nsunsàri

'Nzuppàri, vedi assuppàri

'Nzurfaràri, vedi 'nsurfaràri

'Nzuvariri, vedi 'nsuvariri

O

O, quattordicesima lettera dell'alfabeto, quarta delle vocali; per particella disgiuntiva; tra le cifre val zero; colla h sta come espressione di diversi affetti, cioè dolore, gioia, esclamazione, sospetto, amorevolezza, dispetto

Obbediènti, agg. *obbediente*; corpu obbedienti, corpo che

fa le sue funzioni escretorie con regolarità

Obbrianza, s. f. *obbliganza*

'Obbricu, s. m. *obbligo*, *dovere*

Obèsu, agg. *obeso*, *pingue*

'Obici, s. m. cannone corto, *o-bice*

Oblàti, s, f. pl. ostie di cui si fa uso per consecrare la Eucaristia, e dar la comunione ai fedeli, *oblate*

Oboè, s. m. strumento musicale, *oboè*

'Obulu, s. m. moneta antica picciolissima, *obolo*; per sim. *elemosina*

'Oca, s. f. uccello acquatico del genere dell'anitra, *oca*; jocu di l' oca e l'ali, giuoco dei dadi su di una carta stampata a varie figure; met. *polluzione*

Occhialùni, s. m. *connocchiale*; per un uccello detto gaddàzzu, vedi

Occhièttu, s. m. quel piccolo foro che si fa per lo più nelle vestimenta, dove entra il bottone che l' affibbia, *occhiello*; per ferita recente

Occhittàra, s. f. donna che fa occhielli, *ucchiellaia*

Occhiu, s. m. l' organo della vista, *occhio*; per gemma di albero, *gemma*; per *pupilla*; per qualunque foro o apertura; per le macchie della coda del pavone; ad occhi chiusi, sicuramente; a quattr'occhi, da solo a solo; jittàri a 'nnòcchiu, rimproverare, rinfacciare; ad occhiu, senza misura; chiùdiri l'occhi.vale morire, ed anche far

le viste di non vedere, passare senza considerazione; èssiri l'occhiu drittu, vale il favorito; jittàri l'occhi, vale cacare, recere, e fissare lo sguardo; taliàri di mal'occhiu, vale con disdegno; pèrdiri di l'occhi, non più vedere; l'occhiu di lu patrùni 'ngràssa lu cavàddu, vale che la cura delle cose proprie bisogna non affidarla ad altri; stàri 'ntra l'occhi, soffrir di mal animo; avìri 'ntra l'occhi, aver presente; occhi a pampinèdda, socchiusi; cacati o micciùsi, cisposi; pisciàti, stillanti; occhi di gàtta, giallognoli; occhiu di gràssu, apparenza di bene; occhi di lucirtùni, indagatori; di spirdàtu, stralunati; 'ngruttàti, raggrottati; 'nvitriàti, agonizzanti; pizzùti, arditi; spatiddàti, assai aperti; ad occhiu di porcu, alla grossa; avìri occhiu, vale proporzione; avìri l' occhi darrèri lu còzzu, sdiridito; avìri l'occhi 'mpiccicàti, vale sonnacchiosi; cu l'occhi e li gigghia, colla maggior cura; farìla 'ntra l'occhi, rubare, ingannar di presenza; fari occhiu, spiovere; fàrisi tanti d' occhi, azzuffarsi, mangiare smoderatamente; taliàri cu l'occhi di lu cori, tener caro; cu l'occhi tòrti, guardare in cagnesco; sutt'occhiu, di sottecchi; jìri cu li jidìta 'ntra l'occhi, cercar d'offendere, di nuocere; jucàrisi l' occhi, biscazzare; nèsciri di l'occhi, stentare; nun nni vidiri di l'occhi, amar perdutamente; scippàri l'occhi, odiare; sfuiri di l'occhi, perder d'occhio; spènniri l'occhi, scialacquare; stari ad occhiu, dar nell'occhio; stari cu tanti d'occhi apèrti, vigilantissimo; allucintàri l'occhi, vedi allucintàri; sbarrachiàri l'occhi, tener gli occhi assai aperti; occhi torti, birci e minacciosi; quantu un occhiu di gaddina, trapiccolo; occhi quantu li pruna, si dice che han pianto; d'ova, sporgenti; appuntàri l'ochi, fissarli; occhi sicchi, che non han sonno; appizzàri l'occhi di sùpra, tener d'occhio, fisare; parràri cu l'occhi, ammiccare

Occupàri, v. a. *occupare, impiegare*, dar lavoro; n. pass. *impadronirsi*; impedir la vista, *smarrirsi*; per accupàri vedi

Occupazìoni, s. f. *negozio, affare*; stringimento d'animo, *affanno*

Occupùsu, vedi accupùsu

Occùrriri, v. n. *occorrere*; per *avvenire, accadere*, aver bisogno

Occùrsu, s. m. *incontro, occorso*; agg. *avvenuto*

Ocèddu, s. m. *uccello*; per *cosso*; ocèddu di mala nòva, chi apporta cattive nuove

Ociddàmi, s. m. *uccellame*, o quantità d'uccelli

Ociddàru, s. m. *uccellatore*; per chi vende uccelli

Ociddàzzu, pegg. d'ocèddu, *uccellaccio*; per *sempliciatto*

Ociddèra, s. f. luogo ove si conservano gli uccelli, *uccelliera*

Ociddiàri, v. n. *vagare, errare*

Ociddittu, s. m. *ugello*

Ociddùzzu, dim. d'ocèddu, *uccelletto*; per ociddittu, vedi

Ocidiri, v. a. *uccidere*; significa anche il prendere i tonni

Ocidituri, s. m. luogo dove si scannano gli animali comestibili, *scannatoio*

Ocisa, s. f. uccisione de' tonni

Ocisu, agg. *ucciso*; per *impiccatello*

'Ocra, s. f. sorta di terra che serve a' pittori, *ocra*

Odiàri, v. a. *odiare*

Odiu, s. m. *odio, rancore, avversione*

Odiusità, s. f. *odiosità*

Odiùsu, agg. *odioso*, o che porta odio, rancore; per *noioso*

Odoràri, v. a. *odorare, fiutare*; per *ispiare*

Odorìnu, s. m. fiaschetto ripieno di sostanze odorifere

Oduràri, vedi odoràri

Odùri, s. m. *odore, olezzo*; per *indizio*

Ofanità, s. f. *vanità*

Ofànu, agg. *vano, borioso*

Offèndiri, v. a. *offendere, nuocere*; n. pass. *adontarsi*

Offènniri, vedi offèndiri

Offeriri, v. a. *offerire, profferire*; per *dedicare*

Officiàli, agg. *officiale*; in forza di s. m. *militare*, appartenente alla milizia

Officialità, s. f. corpo degli uffiziali nella milizia

Officiàri, v. n. celebrare nelle chiese i divini uffici, *offi-*

ciare ; per porgere ossequio ad altrui

Officina, s. f. luogo dove si esercitano gli uffici, *officeria*; per corpi bassi e terragni nelle case, *officina*

Officiu, vedi uffiziu

Officiùsu, agg. *officioso*

Offisa, s.f. *danno, ingiuria, offesa*

Offiziali, vedi officiàli

Offizièddu, s. m. dim. d'offiziu, *uffizietto*; per libro che contiene l'uffizio che si recita in onore della Beatissima Vergine, *libriccino, offiziolo*

Offuscàri, vedi 'nfuscàri

Oggezioni, s. m. *obbiezione*

Ogghialòru, vedi agghialòru

Ogghiàru, vedi ugghiàru

Ogghiu, s. m. *olio, oglio*; sutt'ogghiu, specie di preparazione della carne di tonno ; ogghiu pitròlu, *olio petroleo*; ogghiu d'oliva virdi, *onfacino*; ogghiu a pèdi, olio tratto dalle ulive calcate co' piedi

Ogghiu a màri, s. m. *zoofito*, detto medusa

Ogghiùsu, vedi ugghiùsu

Ognintanticchia , posto avv. *spessissimamente*

Ognintàntu, avv. di quando in quando, alle volte

Ognùnu, pron. *ognuno*

Ognùra, avv. *ognora*

Oi, avv. *oggi*

Ojedòttu, avv. da quì ad otto giorni

Olè, grido di derisione o di allegrezza

Oliva, s. f. albero, *ulivo* ; e il frutto, *oliva*; oliva cirasòla, *coreggiuolo*; ugghiàra, *passerino*

Olivàstru, vedi agghiàstru; agg. *olivastro*

Olivètta, s. f. sorta d'erba medicinale ; per una specie di bottone da affibbiare simile al nocciolo dell'oliva

Olivitànu, agg. dell'ordine di S. Benedetto che trae il nome dal Monte Oliveto, *olivetano*; così anche abusivamente son chiamati i Padri Filippini in Palermo, perchè il loro Convento è in contrada detta anticamente Olivella

Olivìtu, s. m. luogo piantato ad ulivi, *oliveto*

Oltramàri, s. m. colore più vivo dell'azzurro, fatto dalla pietra del lapislazzoli , *azzurro oltramarino*

Oltri, prep. *oltre*

Oltricchì, avv. *oltrachè*

Omacciùni, vedi umacchiùni

Ombrès, s. m. giuoco di carte, *ombre*

Omicèddu, vedi umicèddu

Omiopàticu, agg. in proporzioni piccolissime

Omnibus, parola latina applicata a denotare raccolte, poliantee ec., come ancora carrozze ben grandi

Omu, s. m. *uomo*; omu fàttu, *maturo*; di cuscènza, di buona morale; di mùnnu, di esperienza ; di tèsta, vale di talento ; di paròla, onesto; fari l'omu, fingere, aver prudenza ; omu 'ntra tèmpu , piuttosto vecchio; omu, per vastàsu vedi

Onùri , s. m. *onore, rispetto , ossequio , gloria , pudicizia* ; nèscirni cu onùri, vale condurre una cosa onorevolmente

'Opera, s. f. *operazione, opera;* per rappresentazione teatrale; per *libro*

Operàri, v. a. *operare, produrre*

Operàriu, s. m. *operaio*

Opinàtu, agg. *pensato, immaginato;* nell' uso, *savio, prudente*

Oppiu, s. m. pianta, *oppio*

Oppòniri, v. a. *opporre;* n. p. *contraddire*

Opprìmiri, v. a. *opprimere*

Oppròbriu, s. m. *obbrobrio*

'Opra, vedi opera; capu d'opru, *capolavoro,* e fig. *imbroglione*

Oratòriu, s. m. luogo dove si fa orazione, *cappella;* per congregazione di devoti; nell'uso è detto oratòriu il giorno di domenica o delle feste che nelle scuole si destina alle preghiere

Oratùri, s. m. *oratore*

Orchèsta, s. f. *orchestra*

Ordìgnu, s. m. *strumento, ordegno*

Ordinàri, v. a. *ordinare, imporre, prescrivere*

Ordinàriu, s. m. *ordinario;* per quel libretto che regola la recitazione dell'ufficio e della messa secondo il rito; agg. *solito, consueto, comune, dozzinale*

Ordinativa, s. f. *ordine*

Ordìri, v. a. *ordire, macchinare*

Orèmus, voce bassa, *inoltre*

'Orfanu, agg. *orfano*

Organàru, s. m. facitor d'organi, *organaio*

Organdi e organzì, s. m. specie di tessuto, *organdi*

Organìsta, s. m. suonator d'organo, *organista*

'Organu, s. m. strumento musicale, *organo;* per organu, avv. *per mezzo, per via*

Organzìnu, s. m. seta torta per ordire, *orsoio*

Orgàsimu, s. m. *orgasmo*

Orgiàta, vedi urzàta

Orgògghiu, s.m. *alterezza, orgoglio*

Orgogghiùsu, agg. *altero, orgoglioso*

Oricchia, s. f. membro del corpo che serve all'udito, *orecchia;* per quella parte prominente di molte cose, per la quale si rendono maneggiabili, *orecchia;* farisi oricchi di mircanti, far le viste di non sentire; stunàri l'oricchi, *cicalare;* dàri oricchia, *ascoltare;* affilàri l'oricchi, *origliare;* gridàri l'oricchi, *cornare gli orecchi;* stiràri l'oricchi, *riprendere;* per un fungo

Oricchia d'àsinu, s. m. erba, *consolida maggiore*

Oricchia di judèu, s. f. pianta, *umbilico di venere;* per una sorta di pasta simile di forma all'orecchia

Oricchia di lèbbru, s. f. pianta, *arnoglossa, orecchia di topo*

Oricchia d'ùrsu, s. f. pianta, *orecchia d'orso;* agg. colore oscuro simile al castagnolo

Oricchièdda, s. f. striscia di cuoio nella quale si pone la fibbia per affibbiare la scarpa, *correggia;* oricchièddi son detti i buchi della scarpa ove entrano i nastri, *becchetti*

Oricchina, s. f. *orecchino*

Oricchiùni, s. m. una parte dei baluardi; nome d'una parotide

Oricchiùzza, s. f. dim. d'oricchia, *orecchietta*

Orifici, s. m. *orafo, orefice*

Originàli, agg. *originale*; per *curioso, faceto, stravagante*

Orina, vedi pisciàzza

Orinàri, vedi pisciàri

'Oriu, s. m. pianta, *orzo*; per *vitto*; per *busse*; di lu malu pagatùri o oriu o pàgghia, del mal pagatore o aceto o cercone; chi cci manca oriu o pagghia? chi è immeritamente ricco

Oriùnnu, agg. *originario, discendente*

Orològgiu, vedi ròggiu

Orrèttu, s. m. tessuto sottilissimo e trasparente di fil di lino, oggi non più in uso

Orrorùsu, agg. *orrido*

'Orru, s. m. estremità di panni; *orlo*; per *margine, lembo* ec.

'Orsa, s. f. quella corda che si lega nel capo dell'antenna del naviglio da man sinistra, *orza*; jiri ad òrsa, *orzare*; per non andar dritto camminando, *orzeggiare*

Ortàggiu, vedi òrtu

Ortolànu, s. m. *ortolano*; è anche una specie d'uccello

'Ortu, s. m. terreno ove si coltivano le ortaglie, *orto*

'Oru, s. m. metallo prezioso il più pesante, *oro*; natàri 'ntra l'oru, essere fra gli agi; oru di zicchina, *oro brizzo*; jiri a pisu d'oru, vale aver gran prezzo;

oru, per moneta di tal metallo; cosi d'oru, *oreria*; pannèdda d'oru, *oro in foglia*

Orubèddu, s. m. rame in sottilissime lamine simile all'oro, *orpello, oricalco*

'Orva, s. f. uccello rapace, *allocco di palude*

Orvicàri, vedi urvicàri

'Orvu, agg. *cieco, orbo*; orvu di un occhiu, *monocolo*; stòria d'orvu, cosa risaputa; vastunàti d'orvu, *mazzate da ciechi*

Orvuciminèddu, sorta di giuoco fanciullesco, nel quale uno de' giuocatori dee esser bendato per indovinare il proposto luogo, *mosca cieca*

Osànza a diri, part. riemp. con cui si afferma, *altro che questo*

Osàri, vedi assajàrisi

Oscimèli, s. m. sciroppo d'aceto preparato col miele, *ossimele*

Oscùru, agg. *oscuro, tenebroso, nero, lugubre*; per difficile ad intendersi, non conosciuto ec.

Ospìziu, s. m. *ospizio, albergo*; per *manicomio*

Ossàmi, s. m. *ossame*

Ossatùra, s. f. *ossatura*

Ossèrva, in forza di sostantivo, *osservazione, attenzione*

Osservànti, agg. *osservante*; per religioso regolare

Ossèssu, s. m. *indemoniato, ossesso*

'Ossu, s. m. parte solida del corpo degli animali, *osso*; delle frutta, *osso*; per *truccino*, o giuoco fanciullesco di nocciuoli; èssiri pèddi ed ossa, vale sdiridito; asciùttu comu ùn ossu, *imperturbabile*; èssiri all'ossu, vale scusso, esseré al verde; ossu di balèna, *osso di balena*; ossu di siccia, quell'osso bianco calcareo che serve a vari usi, *osso di seppia*

Ossupizzìddu, s. m. *malleolo*; jùnciri sinu all'ossu pizzìddu, vale piacere estremamente

Ossu sàcru, chiamasi quell'osso che sta nella parte inferiore della spina dorsale, *osso sacro*

Ossùtu, vedi ussùtu

Ostàggiu, s. m. *ostaggio*

Ostensòriu, s. m. arredo sacro, *ostensorio*

Ostèri, vedi trattùri

Osteria, vedi tratturia

Ostia, s. f. il pane eucaristico, *ostia*; per la pasta ridotta in sottilissima falda per uso di pillole, di chiuder lettere ec., *ostia*; stàri cu l'ostia 'mmùcca, vale cautissimo

Ostinàrisi, v. n. pass. *ostinarsi*, *incaparbire*

Ostrica, s.f. conchiglia marina, *ostrica*

Olàru, s. m. *altare*

Olizza, s. f. *altezza*

Ottantina, s. f. nome collettivo di ottanta

Ottantinu, agg. di persona ottuagenaria

Ottàta, s. f. varietà di fico primaticcia, *dottato*

Ottàva, s. f. spazio di otto giorni, *ottava*

Ottavinu, s. m. strumento simile al flauto, *ottavino*

Ottàvu, s. m. l'ottava parte di chicchessia, *ottavo*; degli stampatori, vale foglio di 16 pagine; agg. nome numerale ordinativo di otto, *ottavo*

Ottèniri, v. a. *conseguire*, *ottenere*

Ottomànu, s. m. e agg. *turco*, *ottomanno*

Ottu, n. num. *otto*

Ottùbri, s. m. l'ottavo mese dell'anno secondo gli astronomi, e il decimo dell'anno volgare, *ottobre*

Ottugràna, s.f. moneta di quattro baiocchi

Ottùni, s. m. rame alchimiato, fuso insieme alla giallamina, *ottone*

Otturanèdda, s.f. forma di pane del prezzo di grana otto

Otturàri, vedi attuppàri

Otturàtu, agg. *otturato*; nell'uso stanza riparata dal freddo

Ottùviru, vedi ottùbri

Otùri, agg. inventore di chicchessia, *scrittore*, *autore*; per *guida*, *cagione*

Ovàli, agg. di figura elittica, *ovale*

Ovàtta, s. f. *ovatta*

Ovattàri, v. n. imbottir con ovatta, *ovattare*

Ovàtu, agg. *ovale*; detto di galline, pesci ec. vale pieno di uovi

Ovu, s. m. parto di volatili, pesci, serpenti ec., *uovo*; detto assolutamente, parto della gallina composto di un guscio contenente una sostanza viscosa, cristallina, detta chiara, ed un'altra gialla, detta tuorlo; biancu d'ovu, *albume*; russu d'ovu, *tuorlo*; scòrcia d'òvu, *guscio*; ciurùsu, *bazzetto*; duru, *sodo*; a cassatèdda, *affrittellato*; a froscia, *in frittata*; battùtu, *frullato*; cuvatizzu, *stantio*; pàparu, *molle*; di canna, di oliva ec. *uovolo*; di lattùca, *garzuolo*; di tunnu, *bottarga*; di cacòcciula, *cardoncello*; ovu di gula, vedi alimèddi; jittàri l'ova di l'occhi, vale *cacare* e *vomitare*; ovu di l'occhiu, il globo dell'occhio; ovu di marmu, *endice*; èssiri abbuttàtu comu un ovu, vale *imbronciato*

Oziàri, v. n. *poltrire, poltreggiare*

Ozziu, s. m. *ozio, oziosità*

Ozziùsu, agg. *ozioso, sfaccendato*

Ozziusùni, agg. accr. di ozziùsu, *oziosissimo*

P

P, quindicesima lettera dell'alfabeto, decima delle consonanti; le parole italiane comincianti da *pi* son mutate nel nostro dialetto in *chi*, come *piano*, chianu, *pianto*, chiantu ec.

Pàbulu, s. m. *pascimento, pabolo*; per *occasione, adito*

Paccariàtu, agg. *scusso, splantato*

Pacchiàna, s. f. donna del volgo grassa e paffuta

Pacchiànu, agg. *balordo, pacchiano*

Pacchiùni, vedi pacchiànu

Pàccu, s. m. tit. merc. *pacco, balla, invoglio*

Pacènzia, s. f. *sofferenza, pazienza*; per un certo abito religioso senza maniche; per una pianta detta *sicomoro*; per interjezione

Pacèri, s. m. *mediatore, paciere*

Pachèttu, s. m. piccolo bastimento, *paccketto*; per *piego, fascetto, pacchetto*

Pàci, s. f. *concordia, pace, tranquillità*; nun si putìri dari pàci, vale non sapersi rassegnare ad una disgrazia

Pacificàri, v. a. *pacificare*; n. pass. *rappattumarsi*

Pacinziùsu, agg. *sofferente, tollerante*

Paciòrnia, s. f. voce bassa, dim. di pàci, *paciozza*; per troppa lentezza

Padèdda, s. f. strumento da cucina nel quale si friggono o cuocono talune vivande, *padella*

Padiddàta, s. f. quanto cape in una padella, *padellata*

Padigghiùni, vedi pavigghiùni

Pàfara, s. f. naso schiacciato, *camuso*

Paffùtu, agg. *grassotto, paffuto*

Pàga, s. f. *salario, stipendio, soldo, paga*; per la femina del pagone, *pagonessa*

Pagàri, v. n. *soddisfare*, saldare il conto, *pagare*; pagàri di vacànti chinu, vale pagare il prezzo o il fitto d'una cosa che non si è avuta; pagàri cu la gnùttica, vedi strapagàri; cosa chi nun s'abbàsta a pagàri, vale eccellente, di gran pregio; ràdiri e pagàri, vale pagare un beneficio che si è fatto; cui paga avànti mància pisci fitènti, non bisogna pagar le cose pria che si vedano; pagàrila di facci, rimaner scornato

Pagàtu, agg. *pagato*; pagatissimu, sup. cioè pagato convenientemente

Pagatùri, s. m. che paga, *pagatore*; di lu malu pagaturi o ceriu o pagghia, del mal pagatore o aceto o cercone

Pagaturia, s. f. il ministerio e l'officeria del pagatore

Paggèlla, s. f. *pagina*; per patènti vedi

Pàgghia, s. f. gambo o fusto del grano ed altre biade, *paglia*; cu lu tempu e cu la pagghia si matùranu li zòrbi, col tempo e colla paglia si maturano le sorbe; pagghia longa, il gambo dell'orzo; sta anche per uomo insipido; nun pisàri un filu di pagghia, detto a persona, vale discreta

Pagghialòra, s. f. stanza dove si conserva la paglia, *pagliera*

Pagghialòru, s. m. venditor di paglia, *pagliaiuolo*

Pagghiàra, s. f. massa grande di paglia, *pagliaio*

Pagghiarèddu, s. m. dim. di pagghiàru, *capannella*

Pagghiàri, v. n. mangiar paglia, detto di cavalli

Pagghiarizzu, vedi pagghiàzzu

Pagghiaròttu, vedi pagghiarèddu

Pagghiàru, s. m. stanza di frasche o di paglia, che serve a ricovrare in tempo di notte coloro che abitano in campagna, *capanna*

Pagghiàta, vedi 'mpagghiàta

Pagghiàzzu, s. m. sacco pieno di paglia che tien luogo di materasso, *pagliariccio*, *saccone*, *paglione*; per buffone del teatro italiano, *pagliaccio*

Pagghiètta, s. f. qualunque tessuto di paglia; ne' tempi antichi equivalea a forense; per cappello sdrucito

Pagghinu, agg. di colore, *pagliato*

Pagghiùni, vedi pagghiàzzu

Pagghiùsu, agg. *paglioso*

Pàggiu, s. m. servidor giovanetto, *paggio*; per garzonetto nobile che serve a grandi personaggi nel dì delle cerimonie, *paggio*

Paghicèddu, s. m. dim. di pàgu, *pavoncello*

Paghirò, s. m. tit. de' mercatanti, e vale confession di debito, colla promessa d'estinguersi ad un dato tempo, *pagherò*; per polizzino che promette il pagamento a' vincitori nel giuoco del Lotto

Pàgina, s. f. *pagina*; per quantità di carattere che occupa la facciata di un libro; dim. paginèdda, *paginetta*

Pagnòtta, s. f. pane di piccola forma, *pagnotta*; guardàrisi la pagnòtta, vale mirare a ciò che può conservare i propri lucri; manciàrisi la pagnòtta, non intrigarsi in cose che posson comprometterela propria sussistenza

Pagnulètta, s. f. velo sottile che copre le donne, *velo*

Pagnuttàru, s. f. venditor di pagnotte

Pagnuttista, s. m. che pensa al proprio utile

Pagòttu, dim. di pàgu, *pagoncino*

Pàgu, s. m. uccello, *pavone, pagone*

Pàgu, agg. *soddisfatto, pago*

Paguniggiàrisi v. n. pass. *pavoneggiarsi, gloriarsi*

Pagùra, vedi paùra

Pagurùsu, vedi paurùsu

Paisàggiu , s. m. pittura che rappresenta campagne aperte, villaggi ec., *paese, paesaggio*

Paisànti, s. m. pittore che fa paesi, *paesante, paesista*

Paisànu, agg. del paese, *paesano*; per *concittadino*; per non soldato

Paìsi, s. m. *regione, provincia, paese*; per *paesaggio*

Paisìsta, vedi paisànti

Paisùni, accr. di paìsi

Pàjula, s. f. stramba intessuta di foglie di cerfuglione fatta a somiglianza di fascia, colla quale si lega il giogo al bue

Pàla, s. f. stromento di varie forme e materie per infornare e sfornare il pane , per tramutar cose minute ed ammontate, come rena, biade, terra ec., *pala*; per una parte della ruota, *pala*; per quello strumento con cui si giuoca alla palla, *mestola*; per quello con che s'ammazzano gli uccelli a frugnolo, *ramata*; di ficu d'innia , son le foglie carnose di questa pianta; di li spàddi, *scapola , paletta* ; di furnu, *infornapane*; satàri di pala 'mpèrtica, non istare al ragionamento

Palacciunàta, s. f. chiusa fatta

di palanche in cambio di muro, *steccato, palancato*

Palacciùni, s. m. legno che serve per sostegno dei frutti, *palo*

Paladinu, s. m. titolo di onore dato da Carlo Magno a dodici uomini valorosi che combattevano con essolui, *paladino*; per sim. uomo valoroso; per uomo di alta statura

Palafàngu, s. m. sportello della carrozza, vedi parafàngu

Palamìtara, s. f. rete de' pescatori con che prendonsi palamite, lacce ec. *palamitara*

Palamìtu, s. m. pesce simile al tonno, *palamita*

Palàndra, s. f. pezzo tondo di trave che adoperano gli architetti in occasione di condurre cose di eccedente peso e grandezza , sottoponendo per traverso alcuno di questi pezzi alle medesime per rendere il terreno lubrico, *curro*

Palandrànu, s. m. mantello di albagio con manico, *gabano, palandrano*

Palangàna, s. f. vaso di forma ovale e molto convesso per uso di lavarvi le mani e il viso, *bacino*

Palangàru, s. m. sorta d'arnese pescareccio

Palascàrmu, s. m. piccola barca che si mena pe' bisogni d'un naviglio grande, *palischermo, e paliscalmo*

Palàta, s. f. quantità di cose che contengonsi in una pala, *palata*; per colpo dato colla pala; il tuffare in un tempo i remi di una barca nell'acqua

Palàta, co' verbi sapìri e 'nzirtàri, e preceduta dalla negazione, vale *nulla, niente*

Palatàru, s. m. *palato*

Palàtu, vedi palataru; per gùstu vedi

Palaùstru, s. m. specie di colonnetta lavorata in diverse forme che si adopera per ornamento di parapetti, ballatoi e terrazzi, *balaustro*

Palazzàta, s. f. ordine di palagi

Palàzzu, s. m. *palazzo, palagio*; per grande abituro; per la corte del principe; jìri 'mpalàzzu, in giuoco vale oltrepassare il punto prefisso, *spallo*; cuntàri palàzzi, *iperboleggiare*

Palazzùsu, agg. *borioso, millantatore*

Palchicèddu, dim. di pàlcu, *palcuccio*

Palchittèri, s. m. colui che ha cura e tien le chiavi de' palchi o logge ne' teatri

Palchittùni, s. m. accr. quello fra' palchi del teatro ch'è più grande, e sta ordinariamente situato nel centro

Pàlcu, s. m. tavolato posticcio elevato da terra o pure fabbricato sulla pianta del teatro per istarvi sopra a vedere rappresentare gli spettacoli, *palco, palchetto*; palcu scènicu, vedi scènicu; per luogo dove i malfattori soffrono la pena di morte

Palètta, s.f. piccola pala di ferro che si adopera nel focolare, *paletta*; palètta di spiziàli, quella che i farmacisti adoperano invece di *mestola*, *spatola*; per uno strumento di ferro con che gli stampatori prendono l'inchiostro, *paletta*; per *scarpello*

Paliàri, v.a. muover colla pala, *paleggiare*; per agitare in aria, *sventolare*; paliàri dinàri, esser ricchissimo; ragiùni, aver dritto apertissimo

Paliatùra e paliamèntu, s. f. e m. *sventolamento*

Palicèddu, s. m. dim. di pàlu, *paletto*

Palichèddu, s. m. dim. di palicu

Palichèra, s. f. bocciuolo da conservarvi gli steccadenti

Palicu, s. m. *stecco, stuzzicadente, dentelliere*

Palidda, s.f. dim. di pala; detto di archibugio, *calcio*; è anche una delle forme che si danno al pane

Palièra, s. f. arnese da custodire i paliotti

Palinòdia, s. f. ritrattazione; per lungheria

Palisa, s. f. chiamasi così un pezzo di legno che serve nel giuoco detto bòcci e ravògghia a muover la palla, *mestola*

Palisàndru, s. m. legno nobile di colore scuro, capace di pulimento che serve per la costruzione di vari mobili, o per impiallacciatura

Palìsi, agg. *palese*

Palittàta, s. f. quanto cape in una paletta

Palittèdda, s. f. dim. di palètta

Palittèri, s. m. strumento di rame sottile che serve agli

oreflci che lavorano di smalto, *palettiere*

Pàliu, s. m. premio che si dà ai cavalli corridori, *palio;* per pàlliu vedi; per arnese che copre lo altare, *palio, paliotto*

Pallùru, s. m. pianta, *paliuro, marruca*

Palizzàta, vedi palacciunàta

Pàlla, vedi bàdda ; quelle del bigliardo son dette *biglie*

Palliàri, v. a. allungare un negozio, *palleggiare;* per *ingannare*

Pallidìzza, s. f. *pallidezza*

Pàllidu, agg. *pallido*

Pallidulìddu, agg. dim. di pàllidu, *pallidiccio*

Pallìnu, dim. di pàlla, *palletta;* per buccìnu vedi

Pàlliu, vedi pallìùni

Pallìùni, s. m. ornamento del Sommo Pontefice a guisa di collana che porta sopra gli abiti sacri, *pallio*

Pallòtta, vedi ballòtta

Pallunàzzu, s. m. pegg. di pallùni, *pallonaccio ;* agg. per *tronfio;* per cattivo promettitore, *bergolo*

Pallùni, vedi baddùni; pallùni vulànti, *pallone areostatico*

Pallùri, s. m. *pallore*

Pàlma, vedi pàrma

Palmàri, vedi parmarìzzu

Palmàriu, s. m. premio che si dà agli avvocati o curiali per la vittoria d' una lite da loro difesa, *guiderdone, rimerito*

Palmarìzzu, vedi parmarìzzu

Palmàta, vedi parmàta

Palmatòria, s. f. strumento con bocciuolo per tenervi candele, *bugìa*

Palmèntu, vedi parmèntu

Palmiàri, v. a. misurare con palmo

Pàlmu, s. m. misura ch' equivale alla lunghezza della mano distesa dal pollice al mignolo, *palmo;* arristàri e' un palmu di nàsu, vale rimaner deluso

Palòra, s. f. la facoltà che riceve l' uomo dalla natura di parlare, e la voce articolata significativa del pensiero umano, *parola ;* fari palòra, *accennare;* dari palòra, *promettere ;* nun avìri palòra, *ammutolire;* avìri palòri, *contendere;* nun nni sapìri palòra, *ignorare;* vèniri a palòri, *a contesa;* nun spènniri palòra, non voler difendere alcuno; palòri di càmmara, *oscene;* mùzzi, *dimezzate;* palòra di Diu, *predica;* palòri pèrsi, senza effetto ; stagghiàri la palòra, *interrompere ;* palòri di lignu, *inutili*

Palòssu, s. m. specie di coltello simile ad una spada, *paloscio*

Pàlu, s. m. legno che serve di sostegno a' frutti, *palo;* pel legno che fa girar la madrevite del torchio; per quello strumento che serve a fare buchi, *palo*

Palùmma, s. f. *colomba*

Palummàru, s. m. stanza dove stanno e covano i colombi, *colombaia, colombaio*

Palummèdda, s. f. dim. di palùmma; è anche una pianta annua di ornamento

Palummèddu, s. m. dim. di palummu

Palummìnu, agg. di palùmmu, *colombino* ; detto di colore, vale *violetto*

Palùmmu, s. m. uccello domestico, *colomba, colombo*; palùmmu sarvàggiu, uccello noto, *palumbo*; pisci palùmmu, pesce simile al rombo, *palomba*; nun si ponnu sèrviri palùmmi mùti, dicesi a chi vuol essere inteso senza parlare, o chi chiede e non ottiene

Palurèdda, s. f. di palòra, *paroletta*

Palurùna, accr. di palòra, *parolone*

Pampèra, s. f. pezzo di suola che si pone sul davanti del berretto detto còppula vedi, *visiera* (Carena, Diz. dom.)

Pàmpina, s. f. uno degli organi più interessanti de' vegetabili, *fronda, foglia*; per quelle fronde che nascono vicino a' fiori, *brattee*; alla base de' picciuoli, *stipule*; la foglia della vite, *pampano*; quella del fiore, *petalo*; pampina di paradisu, pianta, *colocasia*; per *ignorante, apatista*; detto assol. è la foglia del tabacco

Pampinàmi, s. f. *fogliame*; di nasu, *froge, ale*

Pampinèdda, s. f. dim. di pampina, *fogliuolina*

Pampiniggiu, s. m. artificioso collocamento di fronde vere o finte per adorno, *frascone*

Pampinùsu e pampinùtu, agg. *fogliuto, foglioso, frondoso*

Panaràru, s. m. chi lavora e vende panieri, *panieraio*

Panaràta, s. f. quantità di cose ch'entra in un paniere

Panarèddu, s. m. dim. di panàru, *panierino*; panariddùzzu, piccolissimo paniere, *paneruzzolo*

Panarizzu, vedi pannarizzu

Panàru, s. m. arnese noto fatto per lo più di vinchi con manico, *paniere*; per *deretano*; mancàri lu funnu a lu panàru, vale mancare il meglio, la sostanza; lu picciòttu cu lu panàru, *zanaiuolo*; riducìrisi cu lu panàru a lu vràzzu, vale in bisogni

Panarùni, accr. di panàru, *panierone*

Panàta, s. f. minestra fatta di pane, *panata*; acqua panàta, vale cotta con infusione di midolla di pane, *panata*

Panàtica, s. f. provvisione di pane, *panaggio, panatica*; manciàrisi na panàtica, vivere a spese altrui, fare il parassito

Panèlla, s. f. certa vivanda di farina di cece ridotta in varie forme, che vendesi fritta con olio o strutto, *frittella*

Pàni, s. m. cibo fatto di farina di grano tostato nel forno; *pane*; pani murìnu, *inferigno*; finu, *buffetto*; senza lèvitu, *azzimo*; pani duru, *raffermo*; friscu, *fresco*; pani francìsi, *pan francese*; detto assol. vale qualunque cibo; pani pani, vinu vinu, vale riferir per disteso; pani di Spagna, dolce fatto di farina, uova e zucchero, *pan di Spagna*; pezzu di pani, detto a' fanciulli, vale *quieto*; manciàri pani cu qualcùnu, vivere colla mercede di chi vi dà a lavorare; fari petri pani, fare il possibile; a tavula misa e pani minuzzàtu, a suo agio; nun fari pani cu unu, aver caratteri e costumi diversi; livari lu pani, torre il lavoro a qualcuno; addisiàri lu pani, esser privo del più necessario; vuhricci comu lu pani, esser indispensabile; vuliri lu so pani e lu so pisci, esser egoista; pani forti, il pane che fabbricasi in Sicilia

Paniàri, v. n. dicesi del mangiar che fanno i fanciulli molto pane in un giorno

Panicàudu, s. m. pianta, *calcatreppo*; per *pan caldo*, cioè tolto di recente dal forno

Panicòttu, s. m. pane cotto nel brodo o nell'acqua, *panbollito*; avìri la testa comu un panicòttu, vale piena di contusioni

Panillàru, s. m. chi fa e vende le frittelle, *frittellaio*

Panipurcìnu, s. m. fungo, *artanita officinale*

Panittaria, s. f. luogo dove si fa e vende il pane, *panatteria*

Panittèri, s. m. colui che fa o vende il pane, *panattiere*

Pannarìzzu, s. m. malore che viene all'estremità delle dita, *patereccio, panericcio*

Pannèdda, s. f. sottilissima foglia d'oro, d'argento o rame, *foglia*; met. *pretesto*; dai legnaiuoli dicesi un' assicella che chiude le imposte

Pannèddu, s. m. imbottitura che si mette sotto l'arcione della sella, *bardella*; per pezzo di albagio con che si puliscono gli animali già stregghiati

Pannèri, s. m. chi fabbrica e vende panni, *pannaiuolo*

Pannètta, s. f. tariffa delle ragioni de' notai

Pannicèddu, s. m. dim. di pànnu, *pannicino*; per pezzuole con cui s'involgono i bambini

Panniggiàri, v. n. fare o dipinger panni, o coprir di vestimenta le figure, *panneggiare*

Panniggiu, s. m. *panneggiamento*

Pannìmi, s. m. ogni sorta di pannolano in pezza, *pannina*

Pannìzzu, s. m. *pannicello*; fetu di pannizzu, è quel puzzo di sudicio che fanno taluni oggetti non ben lavati

Pànnu, s. m. tela di lana o lino, *panno*; per *arazzo*; per vestimento di panno; per macchia che viene nell'occhio, *panno*; èssiri nisciùtu fora di li panni, essere in estrema allegrezza; lu jornu di san minnu cu l'occhi di pannu, dicesi di un giorno che non verrà mai; met. per capacità, sufficienza, come: vidèmu chi pannu cc'è!

Pantalùni, vedi càusi

Pantànu, s. m. luogo acquitrinoso, *pantano*

Pantanùsu, agg. *paludoso*

Pantòfalu, s. m. sorta di pianella, *pantofola*; per un dolce che si chiama collo stesso nome

Pantomima, s. f. arte di rappresentare per gesti, *pantomima*; fig. *finzione*

Pantòticu, agg. *goffo, badiale, solenne*

Pantufalàru, s. m. facitor di pantofole

Pantùrru, agg. *tanghero, rozzo, rustico*

Panùzzu, s. m. dim. di *pàni*, *panetto*

Pànza, s. f. la parte del corpo dalla bocca dello stomaco alle cosce, e contiene gl'intestini, *pancia*; per la parte più larga de' vasi che viene dopo il collo; panza di canigghia, *panciuto*; sbàttiri la pànza, o avìri la panza a lantèrna, vale esser digiuno; per preguezza; cosi di la pànza, l'occorrente per coprir neonati dopo che son venuti alla luce; cosi chi nun jinchinu panza, vale che non riempiono lo stomaco

Panzàta, s. f. mangiata eccedente, *corpacciata*

Panzèra, s. f. armatura della pancia, *panciera*

Panzètta e **panzùdda**, dim. di pànza

Panzùni e **panzunàzzu**, accr. di pànza e panzùni, grossa pancia

Panzùtu, agg. *panciuto*

Pàpa, s. m. Sommo Pontefice, *Papa*; di ccà a tànnu mori un Papa e si nni fa nàutru, indica la speranza di un miglior avvenire; cc'è differènza di mia e lu Papa, indica gran disuguaglianza tra due cose; dari lu cuntu di Papa a li sbirri, vale non dare ascolto; stàri di Papa, stare in molto agio; mentri semu Papa papiàmu, vale il doversi profittare di una favorevole occasione

Papà, s. m. *padre, babbo*

Papajànni, agg. *balocco, semplice*

Papalèi, s. m. plur. *sbirri*

Papaléu, s. m. sorta di scarabeo

Papàli, agg. *papale*; s. m. sorta di dolce

Papalina, s. f. vedi *muffulèttu*; per una sorta di berrettino proprio degli ecclesiastici

Papalìnu, agg. vale soldato pontificio, *papalino*

Papaniscu, agg. ad un parlare burlesco, nel quale ad ogni sillaba premettesi la *pe*

Pàpara, vedi *òca*

Papardèdda, s. f. uccello, *pizzardella*; vedi uchicèdda

Papariàri, v. n. *riboccare*; per *sopraffare, pappare*; per *piaggiare*

Paparìna, s. f. pianta, *papavero*; paparìna sarvàggia, *rosolaccio*

Paparinèdda, s. f. seme del papavero confettato; per sorta di pasta piccolissima

Paparòtta, dim. di pàpara, *paperello*

Pàparu, agg. vaso ricolmo; ovu pàparu, vale col guscio molle

Papàssu, s. m. sacerdote delle false religioni, *papasso*; stàri comu un papàssu, vale con molto agio; fari lu papàssu, vale padroneggiare; per *barbassoro*

26

Papàtu, s. m. *pontificato, papa-lo*; manciàrisi un papàtu, vale *scialacquare*

Papiàri, v. n. governare con troppa autorità ; per essere in buona fortuna , stare a panciolle

Papìru, s. m. pianta che nasce nel Nilo, e nelle lagune di Sicilia, *papiro*

Papìsimu, s. m. *papismo*

Papòcchia, s. f. *fanfaluca, fàn-donia*

Pàppa, s. f. pane cotto nell'ac-qua o nel brodo, *pappa*; per *pane*; pappa cucinèdda, pane fatto in minutissimi pezzi

Pappafìcu, s. m. tit. di mar. una delle tre parti che formano l'altezza dell'alberatura della nave , *pappafico*

Pappagàddu, s. m. uccello noto, *pappagallo*; la fem. *pappagal-lessa*; diri pri bucca di pap-pagàddu , vale ripetere ciò ch'altri dica

Pappamèli , s. f. pianta, *ce-rinta*

Pappannàca, agg. uomo o don-na di poco giudizio o leggie-ri, *balordo, pappacece*

Pappàta, s. f. quantità di cosa che viene in un tratto e passa presto, *folata*; pigghiàri na cosa a pappàta, vale con trop-po amore, avidità ec.; o ca-ricarsi·in un tratto di molti affari

Pappataci, s. m. *sofferente, pap-pataci*; per un insetto simile alla zanzara

Pappunarìa, s. f. *ghiottoneria , insaziabilità, avidità*

Pappùni, agg. *ghiottone, pappone*

Papùccia, s. f. *pantofala, pia-nella, papuccia*

Papucciàna, s. f. picciolissimo insetto che infesta i tenerumi degli arbusti e delle erbe

Papuzzàna, vedi gaddinèdda

Pàpula, s. f. piccolo gonfiamen-to alla pelle, *vescica*

Papulicchia, dim. di pàpula

Papùzzi, s. m. plur. insetti che si generano ne' dolci invec-chiati, *bacolino*

Pàra, plur. di pàru; una para, dui para ec., *una coppia, due coppie ec.*; alla para, *al pari, ugualmente, e in coppia*

Paràbula, s. f. *parabola* , fig. geom.; per *similitudine, fa-vola*

Paracadùti , s. m. strumento di cui gli areonauti fanno uso in grandi pericoli, *para-caduta*

Paràcqua, s. m. strumento noto, *parapioggia*

Paracquàru, s. m. colui che fa e vende parapiogge ed om-brelle, *ombrellaio*

Pàracu, vedi pàrocu

Paradìsu, s. m. *paradiso*; per luogo piacevole e delizioso; pàmpina di paradìsu , vedi pàmpina

Paradòssu, vedi spropòsitu

Parafàngu, vedi parasbrizzi

Parafìlu, s. m. tit. di mar. pez-zo di legno fatto ad uso di bietta, il quale s'inchioda so-pra un altro legno, come an-tenna , albero, ec. per dar volta ai cavi, *castagnuola*

Parafòchi, s. m. plur. argini

che i villani oppongono al fuoco delle stoppie

Parafrènu, vedi guardafrènu

Parafùlmini, s.m. strumento che difende gli edifizî dagli effetti del fulmine, *parafulmine*

Paraggiàri, vedi apparaggiàri

Paràggiu, agg. *uguale, pari*

Paraguàntu, s. m. *mancia, stregua, paraguanto*

Paragunàri vedi cumparàri

Paragùni, s. m. *paragone*; a paragùni, *appetto*

Paralìticu, agg. *paralitico*

Paralùmi, s. m. piccola rosta che mettesi dinanti le candele affinchè non offenda la vista il loro lume, *ventola*

Paramèntu, s. m. *paramento, parato*

Paranza, vedi pàru; per sorta di paranza, o barca grande

Paranzèllu, s. f. sorta di barca, *paranzella*

Parapàtta, si dice quando nel giuoco si giunge a pareggiare i guadagni e le perdite

Parapèttu, s. m. muraglia che si fa lungo l'alveo de' fiumi, ne' terrazzi, ballatoi ec., *parapetto*; per quei parapetti lavorati di ferro che stanno a riparo di finestre, logge ec. ec. *ringhiere*; per qualunque cosa posta a fortificazione, *schermo*

Parapigghia, s. f. *trambusto, parapiglia*

Paràri, v. a. *addobbare, parare*; per *trattenere, schermire, giuocar di spada*; per caricare un'arma da fuoco; per tender reti; per *riparare*; per porger la mano, che dicesi

pure apparàri; v. n. pass. paràrisi, abbigliarsi elegantemente, e star guardingo

Parasbrizzi, s. m. cuoio che mettesi sul davanti del calesso, per difender dal fango le persone che vi stan dentro, *parafango*

Paraspòlu, vedi affilatùri; per pezzo di terra che può seminarsi da un contadino

Paraspulàru, s. m. colui che semina nel paraspòlu; e sta anche per *tapino*

Parasùli, s. m. strumento noto, *parasole, ombrello*

Paràta, s. f. vedi càrrica; per metter su danari nel giuoco; stari in paràta, fermarsi in guardia, term. di scherma; per quel pezzo di terra dove stendonsi le reti, *paretaio*; paràta, giorni di gala della R. Corte, ne' quali la guarnigione fa fuochi di gioia, manovre ec.; robbi di paràta, come livree, uniformi, carrozze ec. vale di gala, e di gran tenuta

Paràtu, s. m. vedi apparàtu; gli ortolani dicono la prima piantagione dei cardoncelli che produce i carciofi grandi ed alti

Paràtu, agg. *parato*

Paratùra, s. f. legname da far fondi nelle botti, e simili

Paraturàru, s. m. colui che sovrintende nelle gualchiere alla sodatura de' panni, *gualchieraio*

Paratùri, s. m. chi intraprende e dirige gli apparati nelle feste, *paratore, festaiuolo*; vedi anche tiniddùni ; per *gual-chiera*

Paravèntu, s. m. usciale che mettesi nelle stanze per impedire il corso dell'aria, *paravento;* per bùssula vedi

Parcimìnu , s. m. *pergamena , cartapecora*

Pàrcu, s. m. luogo riservato alla caccia, *parco*

Pàrdu , s. m. animale feroce, *leopardo*

Parènti, s. m. *congiunto, parente;* lu jòvidi di li parènti, *berlingaccino*

Paricchia, s. f. *pajo;* parìcchi parìcchi, vale in gran nume-ro; cu li corna parìcchi parìcchi, dicesi a ragazzetto inquieto, *fistolo*

Paricchiàta, s. f. dicono i villici una certa misura di terreno lavorativo

Paricèddu, dim. di pàru, vedi

Parigghia, s. f. per coppia di cavalli da tiro dello stesse mantello e statura, *pariglia;* nel giuoco dei dadi vale ugual numero

Pariginu, vedi dounìnnaru

Parintàtu, s. m. *parentado, parentaggio*

Parintèla, s. f. *parentela ;* per somiglianza, relazione di più cose

Perintùzzu, dim. di parènti

Parìri, s. m. *parere, avviso*

Parìri, v. n. *sembrare, parere;* pàriri tuttu lu mùnnu, pren-der coraggio, ed ottenere ciò che non si sperava; ammùc-cia ammùccia ca tuttu pari, vale che non tutte cose possono restar celate ; pàriri

mill'anni, aver grande impazienza

Parità, s. m. *parità;* per paràbula, *similitudine*

Pàriu, agg. di màrmu, *pario*

Pàrma, s. f. albero che nasce ne' terreni dell'Asia e dell'Africa , e produce i datteri, •*palma;* pel concavo della mano

Parmàriu, vedi palmàriu

Parmarìzzu, agg. lunghezza di una spanna, *spannale*

Parmàta , s. f. percossa sulla palma della mano , *palmata*

Parmèntu, s. m. luogo dove si pigiano le uve, *palmento*

Parmiàri , v. a. misurare con palmo

Parmiciàna, s. f. una sorta di imposte propria di balconi e ûnestre, nella quale la chiusura di legname è attaccata al telaio stesso della invetriata; per grande bottiglia, vestita di vimini, *damigiana*

Parmiciànu, s. m. sorta di cacio, *parmigiano*

Pàrmu, vedi pàlmu

Paròcchiu, s. m. ciò che sta dinanzi agli occhi de' cavalli, *paraocchi;* per cuffie mal fatte che scendono sugli occhi

Pàrocu, s. m. ministro che presiede ad unà parrocchia, *parroco*

Paròla, vedi palòra

Parpacìnu, vedi làtru

Parpagghiàri, v. a. muover appena le labbra parlando, *pispigliare, bisbigliare*

Parpagghiùni, s. m. insetto notissimo, *farfalla*

Parpàgnu, s. m. modano degli

artefici con cui regolano i loro lavori, *sàgoma*

Parracia, s. f. *loquacità, garrulità;* per *bucinamento, grido, rumore*

Parraciàri, v. n. *cinguettare, cianciare, chiaccherare*

Parramèntu, s. m. *trattativa, negozio;* per *maneggio*

Parrapìcca, si dice accattàrisi lu parrapìcca, vale *tacere*

Parràri, v. n. profferir parole, *parlare;* per *mormorare, brontolare;* parràri 'mmàtula, vale *indarno*, o dicendo parole oscene; a lu stòrnu, in contrassenso; cu lu squinci e linci, con affettazione; parràri àrabu, vale oscuro; pri dicidòttu, garrire; dari a parràri, dar da dire; a quattr'occhi, da solo a solo; a leta facci, spiattellatamente; parràri 'ntra li mann, vale intronar le orecchie a taluno mentre è intento a qualche lavoro; a sgàngu, mordere con sarcasmi, sbottoneggiare; parràri lu cori, presentire; cu lu nasu, parlar nasale; cu l'occhi, ammiccare; quattru e quattr'ottu, spiattellatamente; cu l'atti, gesticolare; pri bucca di pappagàddu, favellar come i pappagalli; a lu ventu, inutilmente

Parràri, s. m. *ragionamento, discorso, parlare*

Parràstra, s. f. *madrigna;* fari comu na parràstra, *aspreggiare, madrignare*

Parràstru, s. m. *padrigno*

Parràta, s. m. il parlare, *parata*

Parratòriu, s. m. luogo dove si favella alle monache, *parlatorio*

Parratùri, s. m. *ciarlierò*

Parrina, s. f. donna che tiene altrui a battesimo o cresima, *madrigna, santola*

Parrinàru, agg. di uomo che conversa piacevolmente coi preti, *pretaio*

Parriniscu, agg. *pretesco*

Parrinu, s. m, *prete;* nè tònica fa mònacu, nè cricchia fa parrìnu, dicesi che non sempre i galantuomini conosconsi dagli abiti che indossano; per *compare, patrino*

Parrittèri, s. m. *cicalone, cianciere*

Parrittiàri, vedi parraciàri

Parròcchia, s. f. chiesa che ha cura dell'anime, *parrocchia;* met. agg. detto ad uomo vale *malauguroso*

Parrucciànu, agg. *avventore*

Pàrti, s. f. tutto ciò che si divide e si considera diviso o distinto dal tutto, *parte;* per *luogo, canto;* pr' una parti, posto avv. da una parte; pri parti, in nome di....; dari parti, dare avviso; mèttiri di parti, serbare; per raggruzzolar danaro; parti, per quella che i comici debbono rappresentare in teatro; aviricci parti, aver interesse; nun aviri nè arti nè parti, vale essere spiantato; aviriuni la parti, partecipare; parti, per conno; fari li parti d'autru, vale fare gli ossequi, i complimenti da parte àltrui; fari parti a l'amici, far partecipe; la parti di lu minicu, vale l'ignorante; ua bona parti, agire a favore d'alcuno; dim. particèdda, *particella*

Participàri, v. n. *ricevere, partecipare*; v. a. far partecipe

Particula, s. f. *particella, particola*; per l'ostia consacrata che si somministra a' fedeli, *comunichino*; dim. particulicchia

Particulàri, agg. *particolare, proprio, singolare*

Particulàriu, s. m. ferro per fare i comunichini

Particularizzàri, v. a. *particolareggiare*

Partimèntu, vedi partitùra

Pàrtiri, v. n. *partirsi, assentarsi*

Partita, s. f. *parte, partita*; per setta, quantità, somma, nota di debito e credito, termine di giuoco ec.; per piccolo corpo di truppa leggiera; partita fràdicia, vale credito non esigibile

Partitàriu, vedi partigiànu; per appaltatùri vedi

Partitèdda, s. f. dim. di partita

Partitèddu, s. m. dim. di partitu

Partitu, s. m. *partito, guisa, modo, patto, convenzione, risoluzione, termine, pericolo*; per trattato di matrimonio; nelle arti vale *idea, progetto*; donna di partitu, vale da bordello

Partitùna, s. f. accr. di partita, *partitone*

Partitùra, s. f. esemplare di tutte le parti d'una composizio-

ne musicale, *partitura, partita*

Partitùri, s. m. le pallottoline maggiori del rosario, *paternostri*; per grande coltello da beccai

Partò, s. m (franc.) una specie di vestito grande da uomini

Pàrtu, s. m. *parto*, il partorire; e il feto

Parturènti, part. *partoriente*

Parturìri, v. n. *partorire*; per produrre, cagionare

Parturùtu, agg. *partorito*

Partùtu, agg. *partito*; fig. per impazzito

Pàru, s. m. *paio, paro*; agg. *pari, eguale*; jucàri a pàru e sparu, giuocare a pari o caffo; pàru pàru, *colmo*; vèniri 'mpàru, cadere in acconcio; putìri jucàri a paru e sparu, vale esser del tutto simili

Pàrula, s. f. doppia posta nel giuoco del faraone o bassetta, *paroli*

Parzamarìa, s. f. accomandita di bestiame che si dà altrui affin di custodirlo e governarlo a mezzo guadagno e mezza perdita, *soccio, soccida*

Parzamàru, agg. che piglia il soccio, *soccio*

Parziàli, agg. *parziale, aderente*

Paschèra, s. f. luogo ove pascon le bestie, e il pasto stesso, *pastura*; per pascolo secco lasciato nel campo per l'anno seguente

Pàsciri, v. n. *pascere, pasturare*; per mettere altrui il cibo in bocca, *imbeccare, impippiare*; prop. degli uccelli, piccioni, ed altri animali simili; pascirisi di una cosa, vale viver contento colla speranza di possederla

Pasculàri, v. a. e n. *pascere, pascolare*

Pàsculu, s. m. *pascolo, prateria*

Pàsimu, s. m. *patimento;* per posizione incomoda, *disagio;* lungo digiuno, *inedia;* per attender lungo

Pàsqua, s. f. il giorno della resurrezione di Cristo, *pasqua;* pàsqua di ciùri, *pentecoste,* pasqua rosata; cu 'nnàppi 'nnàppi cassatèddi di pasqua, passata la festa gabbato il santo; dari la mala pasqua, *affliggere*

Pasquàli, agg. di pasqua, *pasquale, pasquareccio*

Pasquinàta, s.f. *maldicenza, pasquinata*

Pasquìnu, s.m. nome di buffone del teatro siciliano, detto in Firenze *pasquella*

Pàssa, s. f. *moltitudine, turba;* ocèddi o pisci di pàssa, vale uccelli o pesci che passano in determinate stagioni, uccelli o pesci di passo; passa rutta, folata d'uccelli o altri animali da passo; met. seguela di cose avverse; passa di vastunàti pugna ec., vale quantità

Passàbili, agg. *passabile;* per *mediocre, comportabile*

Passagàgghi, s. m. plur. nome dato a taluni vagheggini che gironzan dappertutto per trovare un'amorosa, *gironaio*

Passaggèddu, vedi passittèddu

Passaggèri, s.m. *viandante, passaggiero;* agg. *transitorio, fugace*

Passaggèru, agg. *passeggiero, fugace*

Passàggiu, s.m. *passaggio, varco, avvenimento, morte;* per passaggi di musica, vale passar da un tuono all'altro; fari bon passaggiu, vale concedere senza stento; di passàggiu, posto avv. alla sfuggita

Passalittri, s. m. *portalettere*

Passalòru, s. m. *valico, passo;* per quell'apertura che si fa nelle siepi onde poter entrare ne' campi, *calluia*

Passamànu, s. m. ciò che si mette in sull'orlo della scala per uso di appoggiarvi le mani, *appoggiatoio*

Passànti, agg. che passa, *passante;* stràta passànti, vale frequentata; s. m. strisce di cuoio che sono nelle briglie, *passante;* per certi anelletti di vario metallo che uniscono o stringono lacci, borselli ec.

Passapàlli, s.m. cerchio di ferro pel quale i militari fan passare le palle da cannone, onde misurarne la loro grossezza, *passapalle*

Passapittìttu, agg. *ributtante, svenevole, sgraziato*

Passapòrtu, s. m. foglio scritto che si rilascia dalle autorità competenti, per mezzo del quale può una persona passare liberamente da un luogo all'altro, o uscire dal paese o rientrarvi, *passaporto*

Passaràstra, s. f. sorta di passero, *passera alpestre, e montanina*

Passarèdda, s. f. tit. de' tessi-
tori, strumento col quale si
passano le fila del pettine

Passarèddu , dim. di pàssaru,
passerino

Passàri , v. n. andare da uno
ad altro luogo, traversando
lo spazio che li divide, *pas-
sare* ; per andare semplice-
mente; per spiovere, decor-
rere, terminare ; lu tèmpu,
ruzzare; per *corrompersi, al-
terarsi*; di moneta , avere il
suo corso; per mettere a me-
moria ; a cuntu , mettere a
conto;per *morire, invecchiare*;
a natùni,*a nuoto*; di ferru,*sti-
rare; di circu, scaldare i pan-
ni sul trabiccolo; passàri li-
scia, vale andare impunito;
passa passa, posto avv. ve-
locemente; passàri, detto di
frutta, vale che han passato
la loro stagione; nun passàri
pri tèsta, non supporre; pri
tentazìoni , figurarsela im-
possibile ; passàri sutta lu
vancu, canzonare ; passàri,
per *trafiggere, condonare*; pas-
sàri la vogghia, *svogliarsi* ;
passàri a la trafila, vale es-
sere esaminato minutamente;
nun farisi passàri musca a
nasu , non soffrire ingiuria:
passàri la manu pri lu pettu,
esaminar la propria coscien-
za

Passarinu, vedi passarèddu

Pàssaru, s. m. piccolo uccello,
passero; sbìrru , *passera*; su-
litàriu, *passera solitaria*; ca-
nàriu, *canarino*

Passàta, s.f. il passare, *passata*;
per pàssu vedi; per giru vedi;

a tutti passàti, posto avv. *al
postutto , intieramente* ; per
scupàta e stiràta vedi ; per
lettura superficiale; fra' giuo-
catori è quella somma che si
contribuisce per darla al vin-
citore, *passata*

Passatèddu, dim. di passàtu

Passatizzu, agg. dispr. di pas-
sàtu, alquanto stantio

Passàtu, agg. *scorso, tragittato*;
per *accaduto* ; per una spe-
cie di ricamo ; per *stantio*

Passatùni, accr. di passàtu

Passatùri, s. m. *crivello*; è an-
che uno strumento di ferro
a guisa di ago, *agone*

Passavulànti , s. m. sorta di
dolce fatto di schiuma di
zucchero e mandorle peste

Passèttu, s. m. misura di due
palmi; per andito ad uso di
passare nelle case , *passag-
getto, passaloio*

Passiàri, v. n. *passeggiare, spa-
seggiare*; per esser senza la-
voro

Passiàta, s. f. *passeggiata*

Passiatìva, s. f. il tempo in cui
i servidori rimangono senza
padroni; per passiatùra vedi

Passiatùra , s. f. dicesi quel
grattamento che alcuni ani-
mali lasciano passando sulla
pelle dell' uomo, *pruriggine*

Passiatùri, s. m. *ciottola, riale*

Passibili , agg. atto a patire ,
passibile; met. *mediocre*

Passiccà e passiddà, voce con
cui si cacciano i cani , *via
di qua*

Passiggiàta, vedi passiàta; pel
luogo dove si passeggia, *pas-
seggio*

Passìggiu, s. m. *passeggio*

Passiòni , s. f. *passione, patimento* ; per *affetto* , *compassione*; ciùri di passiòni, pianta, *granadiglia*

Passittèddu, dim. di passèttu, *passaggetto*

Pàssiu, s. m. la passione scritta di G. C. *passio*; per sim. cosa noiosa e lunga, *lungaia*

Passiunàzza, s. f. pegg. di passiòni

Passiunèdda, dim. di passiòni

Pàssu, s. m. il moto che fa una persona o gli animali, mettendo un piede innanzi l'altro per camminare , *passo*; per *agguato*; per il progredire in alcun lavoro; per una andatura del cavallo, *passo*; per un permesso che si dà dalle autorità per conferirsi da un luogo all' altro; malu passu, luogo disagevole; jiri di passu, vale *adagio*; passu passu, lo stesso; tèniri passu, far ruba in alcun luogo; cuntàri li passj, *investigare*; passu di furmìcula, pianissimo; di chiùmmu, andar con circospezione; stari c'un passu 'nnarrèri , vale con rispetto ; jiri a stagghia pàssu , alla recisa; fari quattru passi, andare a diporto passeggiando

Pàssula, s.f. uva passa, *passola*; cu li pàssuli , vale sciocco ; nutricàtu a pàssuli e ficu,vale ben nutrito; nun dari na pàssula, vale esser avaro; cuntàri li cosi comu na pàssula, vale dirle intere senza alterarle; per un vino dolce fatto d'uva matura

Passulìna, s. f. uva passa nera di piccolissimi acini , *passerina*

Passulùni, s. m. fichi secchi, *seccumi*; di oliva matura sugli alberi, *passa*; per soldato veterano ; per un uomo sempliciatto

Pàsta, s. f. *pasta*; per *pastume*; pasta tènnira, pasta intenerita con strutto ed uovo; per temperamento ; pàsta riàli , pasta fatta di mandorle e zucchero, *marzapane*

Pastàru, vedi virmiciddàru

Pastàzzu, s. m. vile feccia dell'olio; per la parte più grossolana dell'indaco

Pastèllu , s. m. quei rocchetti di colori rassodati che tingono senza materie liquide, pastello da pittori

Pastètta, s. f. intriso di farina con acqua , e spesso aceto, che serve ad involgervi certi cibi pria di friggerli

Pastïàri, v. n. godere di una cosa assaporandola a poco a poco; per abbachïàri vedi

Pastìgghia, s. f. sostanza odorifera che si brucia, *pastiglia*

Pastìzza, s.f. specie di focaccia, *schiacciata* ; per *isproposito* ; anche così chiamavansi anticamente certi cappelli che portavansi sotto il braccio

Pastizzarìa , s. f. bottega del pasticciere, *pasticceria*

Pastizzàru, s. m. che fa pasticci, *pastelliere*, *pasticciere*

Pastizzòttu , s. m. dolce che contiene creme, conserve ec. *pastadella dolce*; dim. di pastìzzu, *pasticciotto*

Pastizzu, s. m. vivanda cotta entro a rinvolto di pasta, *pasticcio* ; per *ragionamento*, o cosa imbrogliata, *tantafera*, *guazzabuglio*

Pastizzùni, s. m. accr. di pastizzu ; per uomo grosso e tarchiato, *pasticcione*

Pàstu, s. m. *cibo*, *pasto* ; per desinare ; supra pàstu minnulicchi, vale che ad una disgrazia n'è seguita un'altra; vinu di pàstu, *pasteggiabile*; pel tossico che si destina ai pesci

Pastùmi, s. m. pezzo grande di pasta da cui si spiccano delle porzioni per farne il pane, *pastone* ; per la materia che resta da' grani oleosi, mandorle, noci

Pastunàtu, agg. *carnuto*

Pastùra, s. f. quella fune che si mette a' piedi delle bestie per far loro apprender l'ambio, o perchè non possano camminare a loro talento ; pel luogo dove pascono, e per l'erba stessa, *pastura*

Pasturàli, s. m. bastone vescovile, *pastorale;* per *allocuzione* ; per composizione attenente a cose pastorali; agg. di pastore, *pastoreccio*

Pasturèdda, f. di pasturèddu, *pastorella*; per un male che viene a' porci

Pasturèddu, dim. di pastùri, *pastorello*

Pastùri, s. m. colui che custodisce greggi ed armenti, *mandriano*, *pecoraio*, *pastore;* per *Pontefice*, *Vescovo;* per quelle figure di creta o legno che mettonsi nel presepe

Pastùsu, agg. *morbido*, *pastoso*; detto di vino, vale *dolce;* di voce, *pieghevole*, *insinuante;* di pane, *morbido* ; detto a persona, *infingardo*

Patàcca, s. f. moneta vile, *patacca* ; fari patàcca vale *errare*

Patàcchi, vedi patàta

Patàta, s. f. pianta erbacea notissima, *patata*

Patèdda, s. f. nicchio univalve, *patella*; patèdda di dinòcchiu, *rotella*; dormi patèdda ca lu granciu vigghia, si dice quando alcuno si riserba una vendetta a tempo proprio

Patèna, s. f. vaso sacro a simiglianza di un piattello che serve a coprire il calice, *patena*

Patentàri, v. a. dar la patente

Patènti, s. f. lettera del Principe, *patente*; per brevetto di un' arte o invenzione ; per permesso di navigare, cacciare, pescare ec. ; patènti nètta, importa che dal luogo donde viene il bastimento non v'ha malattia contagiosa, il contrario di patènti lòrda; per l'attestato che i precettori danno agli scolari, *diploma*

Paternòstru o **patrinnòstru,** s. m. orazione domenicale, *paternostro;* per le pallottoline maggiori del rosario, *paternostri*

Patèticu, agg. *patetico* ; per *smorfiosetto*, *smanceroso* ; di musica, vale affettuosa, espressiva

Patibulu, s. m. *patibolo*

Paticu, agg. d'aloè, pianta americana e arabica, *epatica*

Paliddùzzu, s. m. sorta d'erba, *androsace*

Patimèntu, s. m. *patimento, travaglio, disagio*

Patintàtu, agg. di patintàri

Patiri, vedi patimèntu

Patìri, v. n. *patire, sopportare, soffrire;* patìri li guai di lu linu, vale soffrir grandemente ; patìri lu giustu pri lu piccatùri, vale soffrir uno la pena dovuta ad altri ; cui pati pr'amùri nun senti dulùri, si dice a chi per conseguire un oggetto amato si sobbarca ad ogni sagrificio

Patìtu, s. m. calzare simile alla pianella, *zoccolo;* agg. *patito*

Pàtri, s. m. *padre;* per religioso claustrale ; patri spirituàli , vale *confessore;* pigghiarisilla macàri cu so patri, vale non aver riguardi per alcuno ; pàtri talora indica vecchio, e talora s'adopera per espressione di riverenza

Pàtria, s. f. luogo dove si nasce , *patria;* a cara pàtria, vedi

Patriàrca, s. m. uno de' primi padri, *patriarca;* titolo di dignità ecclesiastica; e fra noi è detto per aggrandire le qualità di un oggetto, onde diciamo ; lu patriàrca di l'òmini, di li pisci, di l'ocèddi ec.

Patrimòniu, s, m. beni pervenuti per eredità del padre o della madre, *patrimonio;* detto di preti, vale quell'entrata che si hanno coloro che vo-

glion salire agli ordini sacri

Patrinnòstru, vedi paternòstru

Patrinu, vedi parrìnu; per colui che assiste il cavaliere nel duello, *patrino*

Patriòta, vedi patriòttu

Patriòttu, s. m. della stessa patria, *patriotta,* e amante della patria, *patriotto*

Patrocinàri, v. a. *difendere, patrocinare*

Patrucinatùri, s. m. che patrocina; fra noi son così chiamati i curiali

Patrùna, vedi patruncina

Patrunànza, s. f. *padronato, padronanza*

Patrunàtu, s.m. dominio o possesso d'un terreno o altro fondo stabile, *padronato;* per ragione o dritto sulla collazione dei beni ecclesiastici , *patronatico*

Patruncina, s. f. tasca di cuoio appesa alla bandoliera che sta sul dorso del soldato, entro la quale si tengono le cartucce per caricar arme da fuoco, *giberna, patrona, cartocciere*

Patrùni, agg. *padrone;* patruni di vàrca, *padrone;* attacca l'asinu unni voli lu patrùni, vale che bisogna obbedire anche contro ragione alla volontà di chi ha dritto di comandarci; farisi patrùni d'una cosa, vale capirla bene

Patruniàri, v. n. *padroneggiare*

Patrunìggiu, s. m. *padronanza, padronaggio*

Patrùzzu, vezz. di pàtri, ed avvil. di frate o prete

Pàtta, s. f. parte del vestito

che fa finimento alle tasche, *finta*

Pattiàri, v. a. *patteggiare*, trattare del prezzo di una cosa

Pàttu, s. m. *patto, convenzione*; pattu vinci liggi, vale i patti rompon le leggi; nun stàri a li pàtti, rompere i patti

Pattùgghia, vedi battùgghia

Pattugghiàri, v. n. rondar per la città, *pattugliare*

Patùtu, agg. *patito*; per *sperimentato*

Pàu, vedi pàgu

Pàulu, vedi dèntici

Paunàzzu, s. m. colore simile alla viola, *pavonazzo*

Paùra, s. f. *timore, paura*; mali nun fari e paùra un aviri, motto chiaro da per sè stesso

Paurùsu, agg. *pauroso*; per *dubbioso*

Pavèntu, s. m. *timore*; sparàri a pavèntu, vale scaricar arme da fuoco senza direzione

Pavigghiòttu, s. m. fil di ferro sottile e flessibile, intorno al quale legasi la bambagia affin di avvolgervi i capelli

Pavigghiùni, s. m. *padiglione*

Pavimèntu, s. m. *solaio, lastrico, pavimento*; per madunàtu vedi

Pavintiàri, v. n. *angosciarsi*, soffrire gran dolore

Pazzia, s. f. *pazzia*; per *stravaganza*

Pazziàri, v. n. *folleggiare, pazzeggiare*

Pazzignu e pazzòticu, agg. a guisa di pazzo, *pazzesco*; a la pazzigna, posto avv. *stoltamente*

Pàzzu, s. m. *matto, pazzo*; per isciocco, *furibondo, stravagante*; pazzu di catina, vale *arcimatto*; nèsciri pàzzu per un oggetto, vale esserne innamorato; cci nèsciu pazzu, vale discervellarsi; pazzu nèttu, vale assolutamente pazzo; spitàli di pazzi, *pazzeria*; menzu pàzzu, *pazzerone*

Pèccu, s. m. *vizio, pecca, difetto*

Pècura, s. f. la femina del montone, *pecora*; fig. mansueto; cui avi pècuri avi lana, vale non vi son uomini senza difetti; raccumannàri la pècura a lu lupu, chi non cura un oggetto che abbia avuto in custodia

Pècuru, s. m. il maschio della pecora, *montoncello*

Pèdani, s. m. quella particella dell'ordito che rimane senza esser tessuta, *penerata, penero*

Pèddi, s. f. *pelle*; èssiri la sula pèddi, vale sdiridito; 'ntra còriu e pèddi, tra pelle e pelle; appizzàricci la pèddi, vale morire; cripàri 'mpèddi, arrovellarsi; pèddi, per la pelle scorticata dell'animale

Pèdi, s. m. organo del corpo che serve alla locomozione, *piede*; dari pedi, *rassodare*; mittìrisi a quattru pedi, *sottomettersi*, o metter si carpone; a pedi 'ncùtti, a piè giunti; pedi di pìlu, *zotico*; ristàri cu li pedi di fora, rimaner gabbato; stènni pèdi quantu linzòlu tèni, vale che si dee spender secondo le possibilità; avìricci un pedi e mènzu, essere in procìnto; nèsciri li pèdi, detto a' fanciullini , vale torli dalle fasce, *dare i piedi* (Carena, Dìz. dom.); a pedi chiànu, avv. a pianterreno; cu li pèdi a la staffa, pronto a partire; camìnàri a quattru pedi, andar carpone ; appizzàri li pedi , incaponire ; dàrisi la zàppa 'ntra li pèdi, rovinarsi da sè; pèdi , per pedale d' albero, per base, sostegno ec.; pèdi di l' animula , ferro sottile ficcato in un toppo di legno o in una pietra, e che in cima tiene l'arcolaio per dipanare, *fuso*

Pèdi d' àsinu, s. m. specie di ostrica, *piede d'asino*

Pèdi di còrvu, vedi ranùncula

Pèdi di cràpa, s. m. pianta, *podagraria*

Pèdi di cunìgghiu , vedi elrifógghiu

Pèdi di gaddìna, vedi fumària

Pèdi di gàddu , s. m. pianta, *piè di gallo*

Pèdi di lagùsta, s. f. vedi rapùncula

Pèdi di lèbbru , s. m. pianta, *piede di lepre*

Pèdi di liùni, vedi archìmilla

Pèdi di nìgghiu, vedi dàucu

Pèdi d'ocèddu, s.m. erba; *scorpioide*

Pèdi di palùmmu, s. m. pianta, *piede di colombo*

Pediliùviu, s.m. bagno de'pìedi, *pediluvio*

Pedistàllu , s. m. *piedestallo, stereobate, dado*

Pèggiu, vedi pèju

Pègna, s. f. confrediglia, riu-

nione di più persone per un dato oggetto, *criocca*

Pèju, nom. comp. *peggio* ; di mali in pèju, andar di male in peggio; fari un diàvulu e peju, dar nelle furie; jiri a lu pèju , star peggio ; agg. comp. *peggiore*; avv. comp. *peggiormente*

Pellegrinàri , v. n. *pellegrinare*

Pellegrinu, vedi pilligrinu

Pèna, s. f. *pena, punizione, fatica, multa, afflizione*; a mala pèna, avv. *appena* ; stàri in pèna, vale in disagio; livàri ad unu la pèna, alleviare dalla fatica

Penàri, v. n. *penare, patire*

Pèndulu, vedi pènnulu

Penitènza, e pinitènza, s. f. *penitenza* ; fari pinitènza , dice colui che invita a pranzo qualcuno; chiàuciri la pinitènza, vale soffrir le conseguenze d'un operato

Pènniri, v. n. *pendere, penzolare*, piegare allo ingiù; parlando di un negozio, di una lite, vale essere in corso ; pinnìricci lu nàsu, *inclinare*

Pènnula, s.f. più grappoli d'uva uniti insieme e pendenti , *penzolo* ; per pèscuccia vedi

Pènnulu , s. m. *pendolo* ; fari pènnulu, vale *spenzolare*

Pensàri e pinsàri, v. a. *pensare, intendere, riflettere, determinare*, prendersi cura

Pensiòni e pinsiòni, s. f. assegnamento annuo, *pensione*

Pentimèntu e pintimèntu, s. m. *pentimento*

Percettùri, s. m. colui che ri-

27

scuote le tasse pubbliche, *percettore*

Pèrchia, s. f. pesce, *persico*

Pèrcia, s.f. quella parte dell'aratro che serve per timone, *bure*;per quell'arnese di legno ove appiccansi i cappelli ed altri abiti, *cappellinaio*

Perciagàja, vedi sperciagàja

Percòtiri, v. a. *percuotere*

Pèrdiri, v. a. restar privo della cosa già posseduta, **senza** speranza di riaverla, *perdere*; per contrario di guadagnare; per *consumare*, *deteriorare*, *smarrire*; pèrdiri li sènsii, *discervellarsi*; pèrdiri l'occhi, studiare con attenzione, o accecare; pèrdiri l'erre, *irritarsi*; nun nni pèrdiri pìlu, rassomigliar moltissimo; pirdìrisi pr' una cosa, amarla svisceratamente; pèrdiri di condizioni, *degenerare*; pèrdiri lu scèccu e li carrùbbi, vale ogni cosa; mègghiu pèrdiri ca stapèrdiri, meglio perder parte che tutto; nun avìri chi pèrdiri, vale essere spiantato; jìri pirdènnu tìrrènu, detto degli ammalati, vale *peggiorare*

Perditùri, s. m. *perditore*; contr. di vincitùri vedi

Perdizioni, s. f. *perdita, danno, rovina, scialacquamento, sciupio*

Perdùnu, vedi pirdùnù

Perfilàri, v. a. ornare con orlatura intorno intorno

Perfìlu, s. m. orlatura sottile che adoperano i sarti e i ricamatori nelle estremità dei loro lavori; per piccoli fregi

attorno alle stampe, pitture e simili

Perfumàri, vedi profumàri

Pèrgula, vedi prèula

Periculu, s. m. *pericolo, danno, ingiuria, cimento*

Periculùsu, agg. *pericoloso, rischioso*; per apprensìvu vedi; per debole di animo, *dappoco*

Peripezìa, s. f. *accidente, peripezia*

Perìri, v. n. *morire, perire*, perdersi d'animo

Pèrna, s. f. gioia bianca, *perla*; fari pèrni, lavorare con buon esito; fig. per denti bianchissimi; nèsciri pèrni di 'mmùcca, vale parlar bene

Perniciùsu, agg. *pernizioso*

Pernottàri, v. n. *pernottare*

Pèrnu, s. m. legno o ferro rotondo su cui reggonsi le cose, *perno*; per *sostegno, fondamento*; pèrnu d'anca, l'estremità dell' osso del femore; stàri 'mpèrnu, vale in bilico; pernu màstru, è il pernio congegnato grande e robusto, che si situa dove richiedesi maggior forza e solidità

Per ora, vedi pri ora

Peroràri, v. n. *aringare, perorare*

Perpendiculàri, s. m. e agg. *perpendicolare*

Perpetuina, s. f. pianta, *sempre verde*

Persiana, s. f. specie di gelosia composta di regoli sottili e mobili, che si pone nelle finestre e nelle carrozze, *persiana*

Pèrsica, s. f. frutto, *pesca*

Persicària, s. f. pianta, *persicaria*

Persicàta, s. f. conserva di pesche, *persicata*; e il vino nel quale si è messa in infusione la foglia del pesco

Pèrsicu, s. m. albero, *pesco*; e il frutto *pesca*, *persica*

Persistiri, v. n. *persistere*

Pèrsu, agg. di pèrdiri, *perso*; per *perduto*, *rovinato*; vidìrisi pèrsu, tenersi per perduto; dàrisi pri pèrsu, darsi per vinto; pèrsu pri pèrsu, post. avv. alla peggio de' peggi; vuliricci un omu pèrsu, abbisognar un uomo tutto dedito

Persuadìri, v. n. indurre altrui a credere o fare alcuna cosa, *persuadere*; n. p. *stimare*, *credere*, *persuadersi*

Persuasiva, s. f. la facoltà del persuadere, *persuasiva*

Persùna, s. f. *persona*; 'npersùna, avv. *di presenza*

Pertèrra, s. m. divisione livellata di terreno compartita in aiuole, abbellita di basse siepi, di fiori ec. *parterre*; per *terrazzo*

Pèrticu, s. m. postema che viene da mal venereo, vedi tincùni.

Perù, col verbo jìri, significa valer tanto oro ;

Perùnni, avv. *laonde*; per *dove*

Pèscuccia, vedi pèscuta

Pèscuta, impr. *malanno che ti colga!*

Pèsta e pèsti, s. f. *peste*; per *fetore*; per *noja*; imprec. vedi pèscuccia

Pètra, s. f. indurimento di materia terrestre, *pietra*; per

quella che si genera nella vescica; per *intoppo*, *ostacolo*; pètra ficili, pietra silicea che serve a trarne la scintilla, *pietra focaia*; fari pètri pani, vale il possibile; nun putìri truzzàri la petra cu la quartàra, cioè il debole non può cozzar col potente; pètra di ammòla cutèddi, *d'arrotare*; circàri sutta pètri ficili, *ad ogni costo*; èssiri di li pètri, vale *abbandonato*; pètra celèsti, *vitriolo azzurro*; pètra di sfilàri, detto a persona, vale essere il zimbello; pètra viva, vedi ficili; pètra per *duro*; pètra rùtta, rottami di sassi

Petrafènnula, s. f. sorta di dolce di scorze tritate di cedri o arance, cotte nel mele e condite con aromi; farisi petrafènnula, *appillottarsi*

Petranfirnàli, s.f. nitrato di argento fuso, *pietra infernale*

Petrificàri, v. an. *impietrire*, *impietrirsi*, *petrificarsi*

Petròliu, s. m. varietà di bitume, *petrolio*, *asfalto*

Pèttini, s. m. strumento da ravviare e pulire i capelli del capo, *pettine*; per quell'arnese che tengon le donne sul capo onde trattenere i loro capelli, *pettine*; pèttini di linnini, pettine a denti strettissimi per tòr dal capo i lendini, *lendinella*; per un pesce di tal nome; per un arnese da tessitori

Petturàli, s. m. arnese pieno di bambagia che termina con due strisce ben lunghe, e che si adatta sul petto a' ragazzi per addestrarli a camminare; le strisce son dette *falde* in Firenze, *dande* in Siena, e in Milano *dandini*; il busto poi che sta sul petto appellasi *gonnellino* (Ved. Carena, dizion. dom.); agg. *pettorale*; per medicamento calmante le irritazioni polmonari

Pèttu, s. m. la parte dinanzi dell' uomo e degli animali dalla gola allo stomaco, *petto*; per le poppe delle donne, *poppe*; pigghiàri di pèttu, *urtare*, o contrarre una malattia detta tisi polmonare; pètti, tit. de' sarti, le parti del dinanzi di un soprabito o giubba, che abbottonandosi si sopprappongono l'un all'altro, *busti* (Alberti); term. dei calzolai, cioè la parte della suola, escluso il calcaguetto; pèttu a botta, *orgoglioso*; a pettu d'oca, detto di balcone, *inginocchiata*

Petturrùssu, s. m. uccello, *pettirosso*

Petulànti, agg. *arrogante*, *petulante*

Pèzza, s. f. striscia o scampolo di panno o tela, *pezza*; di tumàzzu, forma di cacio, *caciuola*; pèzza d'ottu, moneta di Sicilia; mèttiri pèzzi, *rattoppare*, met. *scusare*; na pèzza, detto di tessuti, vale la quantità uscitane dal telaio; cugghìrisi li pèzzi, *spulezzare*; bona pèzza, *tristo*; fàrinni pèzza di pèdi, servirsene a tutt'usi (detto di abiti); nun avìri pèzza, *esser poverissimo*;

pèzza 'ncùlu, vale *spiantato*

Pezzaccarruzzàta, s. m. pietra da edificii di molta grandezza; met. *sciocco*, *scimunito*

Pezzèttu, s. m. sorbetto in piccole forme

Pèzzu, s. m. parte di cosa solida, *pezzo*; fari pèzzi pèzzi, *sminuzzare*; pèzzu, per misura di tempo; tutt'un pèzzu, vale *intero*; pèzzu d'artigghiarìa, *cannone*; pèzzu per pidina vedi; a pèzzu ed a taddùni, *a spilluzzico*; èssiri un pèzzu di pani, detto a fanciulli, vale *quieti*

Piacintìnu, s. m. sorta di cacio originario di Piacenza

Piacirèddu, dim. di piacìrì vedi

Piacìri, s. m. *piacere*; per *volontà*, *favore*

Piàciri, v. n. *piacere*, *dilettare*, *aggradire*

Piaciribili, agg. *piaceroso*

Piacirùni, accr. di piacìri

Piaciùtu, agg. *piaciuto*

Piància, s. f. ferro o altro metallo ridotto a lamina, *piastra*; per piastra di rame o acciaio sulla quale sia scolpita qualche figura, *stampa*; per la carta effigiata

Piancitèdda e piancittìna, s. f. dim. di piància, *piastrella*

Pianèta, s. f. globo opaco che gira intorno al sole, da cui riceve luce, *pianela*; per quella veste che porta il prete quando va a messa, *pianeta*

Piangènti, s.f. nell'uso statuette in atto di piangere; chiamansi anche piangènti i capelli di una donna situati a varie ciocche dinanti le gote

Piantùni, s. m. soldato in sentinella; e gendarme che destinasi innanzi le porte dei debitori morosi; mittìrisi di piantùni, vale *immobilmente*

Pianufòrti, vedi cimmalu

Piàstra, s. f. ferro o altro metallo ridotto a lamina, *piastra*; per moneta d'argento del valore di tarì 12 di Sicilia

Piastrèlla, s. f. piastra di ferro quadrangolare, con cui i ragazzi giuocano al così detto *cannèddu,* ch'è un pezzo di legno o altro di forma cilindrica, e dell'altezza di quattro pollici, su cui situasi una moneta; le piastre debbono far cadere la moneta, o almeno avvicinarsi al *cannèddu* il più che si possa, per far sì che non cadendo il più vicino vinca; le piastrelle, dette anche ciampèddi (vedi) si fanno di pietra, mattone ec. e vi si dà la figura circolare

Piattàri, v. n. *compassionare;* n. pass. *lamentarsi*

Piàtta, s. f. quantità di cose che cape in piatti grandi; per quello strumento di rame con cui fansi i pastumi; nell'uso *pietanza*

Piattaria, s. f. quantità di piatti e luogo dove si vendono, *piatteria*

Piattàru, s.m. venditor di piatti ed altri vasellami di simil genere, *stovigliaio*

Piattiàri, v. a. vale riferire una cosa in modo che riesca meno spiacevole

Piatticèddu, s.m.dim. di piàttu; fàrisi li piatticèdda, vale com-

binarsi, intendersi con altri

Piattigghiu, s. m. *piatto,* e comunemente piatti di argento

Piattinèddu, s. m. dim. di piattinu

Piattìni, s. m. nel plur. strumenti musicali in forma di piatti che servono alle bande militari, *piatti*

Piattìnu, s. m. dim. di piàttu, *piattino;* per supratàvula vedi

Piàttu, s. m. vaso dove pongonsi le vivande, *piatto;* fra i giuocatori di carte è quel piatto dove mettonsi i danari; per *appannaggio, assegnamento;* accr. piattùni

Piatusamènti, avv. *pietosamente;* per *scarsamente, grettamente*

Piatùsu, agg. *pietoso;* per *povero, gretto*

Pica, s. f. sorta d'arme, *picca;* per *gara, odio, stizza;* per un uccello detto carcarazza, vedi

Picànti, agg. *pungente, piccante;* per vivanda condita con ingredienti aromatici

Picara, s.m.sorta di pesce, *razza*

Picàri, v. a. *pungere, offendere, piccare;* pel calor del sole che brucia; del vino allorchè morde bevendosi; picàrisi, vale *adirarsi,* o pretendere di saper fare una cosa

Picarùni, agg. *briccone*

Picàta, s. f. composto medicinale che si applica a' malori, *cerotto;* per *disgrazia;* per detto languido

Picatigghiu, s. m. vivanda fatta di carne minutamente tagliata, con altri ingredienti, *pic-*

caliglio; per *odio, stizza, im-*
pegno; farisi un picaligghiu,
sconciarsi

Picàtu, agg. *offeso*

Picca, s. m. *poco;* picca picca,
avv. vale *pochissimo;* sapìri
di picca, delle cose che man-
giandosi lasciano desiderio di
averne

Piccarèdda, dim. di picchidda

Piccàri, v. n. *peccare*

Piccàtu, s. m. *peccato;* chi pic-
càtu! escl. vale *che disgra-
zia!*

Piccatùni, accr. di piccàtu, *pec-
cataccio*

Piccatùri, s. m. *peccatore*

Picchègnu, agg. uomo di picco-
la statura, *ometto*

Picchiàri, v. n. *piangere;* per
rammaricarsi, pigolare; per
fare il piagnolone; per invi-
diare alcuno

Picchiàta, s. f. *piagnimento;* per
invidia

Picchìdda, dim. di picca, *po-
chetto*

Picchiu, s. m. *pianto, rammari-
co;* per un uccello, *picchio*

Picchiuliàri, vedi picchiàri

Picchiuliàta, s. m. lungo pianto
con gemiti e doglianze

Picchiùsa, s. f. lumiera che
tiensi durante la notte, *spi-
rino*

Picchiùsu, agg. *piagnolone*

Picciòtta, agg. f. *donzella*

Picciòttu, agg. m. *ragazzo;* per
garzùni; per *zanajuolo*

Picciriddaria o picciriddàta, s.
f. *bambinaggine*

Picciriddàru, agg. uomo sem-
plice, *bamboccione*

Picciriddignu, agg. che ha modi

bambineschi; s. m. *ometto*

Picciriddu, agg. *fanciullo;* per
bambino; per *piccolo*

Picciriddùni, s.m. senza senno,
bamboccione

Picciriddùzzu, s. m. dim. di
picciriddu, *bambinello;* per
piccolissimo

Picciulàmi, s. f. quantità di mo-
nete di rame

Picciulìzza, s. f. *piccolezza;* per
grettezza, bambocceria

Picciulu, s. m. la sesta parte
di un grano, moneta di Si-
cilia, *picciolo;* agg. *piccolo*

Picciunàstru, s. m. pollo di
piccione non ben cresciuto;
met. per persona inesperta

Picciunèddu, dim. di picciùni,
piccioncino

Picciùni, s.m. uccello, *piccione,
pippione;* per qualunque uc-
cello non uscito ancora dal
nido, *pollo, pulcino*

Picciuttànza, s. f. *giovinezza*

Picciuttarìa, s. f. *ragazzata*

Picciuttàru, agg. *balocco, fra-
schiere*

Picciuttàzzu, accr. di picciòttu,
giovanaccio; per giovane ro-
busto

Picciuttèddu, s. m. dim. di pic-
ciòttu, *ragazzotto;* nel fem.
donzelletta

Picciuttìscu, agg. *puerile, fan-
ciullesco*

Picciuttìsimu, s. m. moltitudine
di ragazzi, *ragazzaglia*

Picciuttùni, agg. accr. di pic-
ciòttu, *bastracone, giovanac-
cio*

Pichèttu, s.m. drappello di sol-
dati che rinforza quelli po-
stati in guardia, *picchetto;* e

nell'uso la caserma in cui sta il picchetto de' soldati, *casotto*

Pici, s.f. gomma resina che cola dal pino, *pece*; quella di miglior qualità è detta *pece greca*, *colofonia*; pece nera quella che serve a calafatar le navi; èssiri 'ntra la pici, vale essere insieme ad altri in un imbroglio; èssiri tinciùti tutti d'una pici, vale soffrir la medesima disgrazia

Picòzza, s. f. martello da artisti a guisa di scure, *picozza*

Picu, s. m. *sommità*, *cima*; jìri a picu, *sommergersi*; di pieu, avv. vale tener d'occhio per nuocere; a pieu, avv. *a piceo*; cadìri a picu, vale riuscir con vantaggio

Picunèri, s. m. chi lavora col piccone, *picconiere*; per *guastatore*

Picùni s. m. strumento di ferro a guisa di subbia, col quale romponsi i sassi, *piccone*

Picuniàri, v. a. intagliar le pietre col piccone; picuniàri li mùra, vale scrostar le mura

Picuniatùri, vedi pirriatùri

Picuràmi, s. m. buon numero di pecore, *gregge*

Picuràru, s. m. guardiano di pecore, *pecoraio*

Picurèdda, s.f. dim. di pècura, *pecorella*; agg. *mansueto*; nel plur. anime che sono sotto la cura de' parrochi e de' vescovi

Picurèddu, s. m. dim. di pècuru, *agnellino*

Picurìnu, agg. *pecorino*; per lo sterco delle pecore che si adopera come ingrasso, *pecorino*; cèlu picurìnu, piccole nuvole a guisa di globi che son indizio di vicina pioggia

Picurùni, s. m. accr. di pècuru, *pecorone*; per uomo sciocco; per *bozzo*

Pidàggiu, s. m. paga per fatica di cammino

Pidàgna, s.f. arnese di legname su cui sedendo tengonsi i piedi, *predella*; per turnialèttu vedi; per quel pezzo di legno su cui posa i piedi il cocchiere, *pedana*; per l'insieme dei legnami ond'è formato il piano delle carrozze, *pedanino*

Pidàli, vedi pidùni; negli organi o pianoforti sono quei pezzi che si toccano co' piedi per sonare, *pedale*, *pedaliera*

Pidalìnu, s. m. *rampollo*, pollone degli alberi

Pidalòru, s. m. certi regoli attaccati con funicelle ai lacci del pettine per cui passa la tela, *calcole*; per pastùra vedi; per varvòtta vedi

Pidalùni, s. m. ceppo e piede dell'albero, *pedale*

Pidamèntu, s. m. quel muramento sotterraneo, sul quale posano gli edifizi, *fondamento*; per *base* di chicchessia

Pidàta, s. f. orma del piede, *pedata*; per colpo dato col piede; per la parte piana dello scalino; per una macchia nella luce dell'occhio, *maglia*; cuntàri li pidàti, *codiare*; cui veni apprèssu cùnta li pidàti, chi vien dietro serri l'uscio; pirdìricci li pidàti, vale non guadagnar nulla ; pidàta chiamasi pure il danaro pagato al primo ingresso delle donzelle in ritiro

Piddàmi, s. f: quantità di pelle, *pellame* ; pel colorito della pelle umana

Piddàta, s. f. quantità di grano o di biada che empie l' aja, *ajata*

Piddàzza, pegg. di pèddi, *pellaccia*

Piddèmi e piddèmia, s. f. velo di diverse materie che portano per coprirsi le donne del volgo

Piddiàri, v. a. *agitare, malmenare, seccare, molestare*

Piddiatùri, s. m. vaso fatto a guisa di madia , in cui si macera la pasta del cacio vaccino per ridurla in forma

Piddizza, s. f. vestimento logoro, *straccio* ; èssiri comu lu zu piddizza , vale *cencioso* ; per *pelliccia*

Piddizzàru, s. m. che fa pellicce, *pellicciaio*

Piddizzùni, s. m. pidocchio degli animali volatili, e per lo più de' polli , *pollino* ; per piccoli e numerosi figli ; trimàricci lu piddizzùni , aver la tremarella ; scutulàri li piddizzùna, vale *bastonare*

Piddùncia, s. f. *pellicola; membrana* ; di la racìna, *fioeine*; di li cànni, *cartilagine* ; degli spicchi delle melarance, *rèzzola* ; di lu granàtu, *pellicola*

Pidduniàri, v. a. *vessare, tormentare*; vedi piddiàri

Pidiàri, v. a. calcar co' piedi, *calpestare*

Pidicèddu , s. m. piccolissimo bacolino che si genera nella pelle a' rognosi , *pellicello*.

Pidicìnu , s. m. estremità dei sacchi e delle balle, *pellicino*; per quella specie di manica in cui terminano le reti da pescare, *verta*

Pidicùddu, s. m. gambo delle frutta, *picciuòlo* ; per *omello*

Pidina, s. f. quel pezzo che nel giuoco degli scacchi si alloga dinanti agli altri pezzi , *pedina*; nun mòviri ssà pidina, vale non toccare il tasto

Piditàri, v. n. e n. pass. trar peta, *spelezzare, scorreggiare*

Piditàru , agg. chi scorreggia; per *fisicoso*

Piditòzzu, s. m. *scalpiccio*

Piditu, s. m. rumore del ventre, *peto* ; jittàri un piditu, vedi piditàri; dim. pitidèddu, che vale anche ragazzo di piccolissima figura; piditu sfumàtu, *loffa* ; per *frascheria*; jittàri pidita 'ncucchiàti, met. vale *adirarsi*

Piditùni, accr. di piditu

Pidòcchiu, s. m. insetto che nasce sulla testa delle persone sudicie e dei fanciulli, *pidocchio*; quello che infesta l' erbe ed i fiori , *pidocchio*; pidòcchiu di màri, insetto acquatico; per quello che si genera nel grano, *tignuola*; pidòcchiu a rèficu, *zecca, mignatta* ; pidòcchiu c' un' ala, *miserone*

Piducchiarìa, s. f. *tapinità, grettezza, pidocchieria*

Piducchitu, s. m. morbo pedicolare

Piducchiùsu , agg. che ha pidocchi, *pidocchioso ;* per *tapino , sudicio ;* per estremamente povero

Pidunèttu , s. m. quella parte della calza che copre il piéde, *pedule ;* per quel calzamento di lana od altra materia a foggia di scarpa che si usa sotto le calze, *calcetto*

Pidùni , vedi pidunèddu ; per *corriero*

Pidùzzu, s. m. dim. di pèdi , *pedino ;* per pianterella

Piegàbili, agg. *pieghevole*

Piegàri, v. a. *curvare, piegare ;* per *persuadere ;* n. pass. muovere a pietà

Piègu , s. m. plico di lettere, *piego, plico*

Pifara, vedi bifara

Piffina e priffina, prep. *infino*

Pigghiàbili, agg. *piglievole ;* ed *espugnabile*

Pigghiamùschi , s. m. uccello, *pigliamosche ;* per un insetto simile al ragno, *attrappamosche*

Pigghiàri, v. a. ridurre a potestà, *pigliare ;* per *precedere, ricevere, catturare, scegliere, cestire , rubare ;* pigghiàri a scànciu , prendere equivoco di persóna ; a rigàtta, venire ad emulazione ; pigghiàri di lingua, trar qualche segreto ad alcuno con artifizio ; li cìmi di l' àrvuli, *adirarsi ;* pigghiàri lu focu cu la granfa di la gàtta , vale procurare il proprio utile col danno altrui ; pigghiarisilla cu qual-

cunu, *malmenarlo ;* pigghiàri pr'una stràta, *avviarsi ;* pigghiàri pri doti, torre in dote ; detto ass. vale prender moglie o marito ; per *stimare , supporre ;* pigghiàri la pilùcca, *ubbriacarsi ;* pigghiàri la mànu, detto di cavalli, guadagnar la mano ; pigghiàri avanti, prender il disopra ; pigghiàri a terrùri, aver timore ; pigghiàri li gàtti a pittinàri, ingerirsi in cose che non ci appartengono ; pigghiàri a luèri, *affittare ;* pigghiàri a 'nprèstitu, torre a mutuo ; pigghiàri a sdiri, *contrariare*

Pigghiàta , s. f. *presa, pigliamento ;* per vincita al lotto ; per presa di tabacco

Pigghiatina, s. f. *cattura*

Pigghiàtu, agg. *pigliato*

Pignàta, s. f. vaso di terra cotta per cuocer le vivande , *pentola, pignatta ;* vedi marmitta ; quantità di roba che si cuoce o entra in una pentola, *paiolata ;* cui spirànza d'autru la pignàta metti nun avi paùra di lavàri piàtta , chi per la man d' altrui si imbocca, tardi si satolla ; la pignàta di lu cumùni nun vùgghi mai, consiglio di due non fu mai buono

Pignatàru, s. m. chi fa e vende pentole, *pentolaio*

Pignatèddu , dim. di pignàta ; per un colpe dato sulla testa a mano chiusa ; col nome di pignatèddi chiamasi un giuoco che si fa mettendo in pentolini taluni oggetti che appendonsi ad una corda, e che si rompono a piacere da chi non conosca ciò che vi si contenga

Pignàtu, vedi pignàta

Pignìtu , s. m. selva di pini, *pineto*

Pignòlu, s. m. seme del frutto del pino, *pinocchio*

Pignu, s. m. albero , *pino* ; il seme *pinocchio*; il frutto *strobilo*

Pignu, s. m.. quello che si dà per sicurtà del debito al creditore, *pegno*

Pignulàta , s. f. sorta di dolciume fatto di pasta ridotta in globetti a forma del pinocchio cotti nello strutto

Pignuramèntu, s. m. *pignoramento, sequestro*

Pignuràri, v. a. *pegnorare*; per *sequestrare* ; per 'mpignàri vedi

Pignurazìòni, s. f. l'atto ed il tempo di ricevere i pegni per sicurtà del denaro che si presta

Pigula , s. f. rintocchi delle campane, *squilla*; per *affanno* , *tormento* ; pel lumicino della notte, *spirino*

Piguliàri, v. n. *pigolare*

Pigulu, s. m. il pigolare; per quel languore che viene allo stomaco per inedia o altro, *fiacchezza, lassitudine*

Pijùncu, vedi piùncu

Pijuràri, vedi 'mpijuràri

Pila, s. f. vaso di pietra o tavole dove si lavano i panni, *pila*

Pilàgra, s. f. mal di gotta, *podagra*

Pilarèdda , s. f. infermità che fa cadere i peli, *alopecia*

Pilàri , v. a. *sbarbare , pelare*; per strapparsi i capelli, *pelarsi*; per *fregare*

Pilàstru , s. m. specie di colonna quadrata sulla quale si reggono gli archi degli edifici, *pilastro*; mittirisi comu un pilàstru, vale star fermo

Pilàta , s. f. quantità d'acqua che cape in una pila

Pilatùra , s. f. il pelare ; per mantello di cavalli

Pilèri, s. m. *ciglio , ciglione , confine*; per pilastro da ponti, *piliere*

Piliàri , v. n. lo stentar delle bestie quando pascolano le erbe; per *balestrare , molestare*

Pilicèddu e pilìddu , dim. di pilu, *peluzzino*; per *sottigliezza, sofisticheria*

Pilliccia, s. f. veste fatta o federata di pelli con lungo pelo, *pelliccia*

Pillicciàru, s. m. chi fa e vende pellicce, *pellicciaio*

Pilligrìna, vedi pilligrìnu; per sorta di mantelletto, *sarrocchino*

Pilligrìnu, s. m. colui che va in altrui paesi, *pellegrino* ; jòcu di lu pilligrìnu, giuoco che si fa con dadi sopra un foglio con figure stampate , vedi òca

Pillùnchi, s. m. plur. specie di carta fatta d'intestini di buoi, con cui si tramezzano le foglie d'oro e d'argento per batterlo, *carta di buccio*

Pilòccu, s.m. lanuggine di seta,

lana o altro che si trova su la superficie de' panni , *fi-luzzo*

Pilòtu, s. m. colui che sta alla prora della nave, *pilota*

Pilu, s. m. filamento simile, ma più sottile del capello , che esce dalla pelle in diverse parti del corpo degli animali, *pelo ;* sita a pìlu, specie d'orsoio; pilu canìnu, la prima peluria che spunta agli adulti , *peluria ;* pila , met. *frascherie , baie , bazzecole ;* pr'un pìlu, per un nonnulla; canùsciri a pilu, vale con esattezza ; pila biànchi , *vecchiaia ;* abbruscàri lu pìlu , *scollare , frizzare , zombare;* pilu di mìnna , malore che viene alle poppe delle donne, *cacilà , grumo ;* avìri lu pilu àrsu, vale essere scottato in alcuna cosa; pìlu, per piccolo spazio, *fessura;* truvàri lu pilu 'ntra l'ovu, vale esser fisicoso

Pilùcca, s.f. *parrucca;* pigghiàri la pilùcca, vale *ubbriacarsi*

Pilucchèri, s. m. chi fa le parrucche o tosa i capelli, *parrucchiere*

Piluccùni , s. m. accr. di pilùcca ; per *barbassoro ;* per vecchio in sussiego, *bacalare*

Piluncinu, s. m. *panno*

Pilùni , s. m. sorta di pannolano con lungo pelo, *calmuc, pelone;* per una specie di pilastro, *pilone*

Pilusèdda, s. f. pianta, *pelosella*

Pilùsu, agg. *peloso, velloso;* per pillicùsu vedi; carità pilùsa, *simulata*

Pimpinèdda, s. f. erba, *pimpinella, salvastrella*

Pinàri, vedi penàri

Pìnciri, v. a. e n. rappresentare per via di colori la forma e la figura d'alcuna cosa, *effigiare, dipingere ;* per *descrivere ;* la tali cosa si pò pìnciri, vale esser bella

Pinciùtu, agg. *dipinto*

Piniàri, v. a. e n. *patire, stentare , piatire ;* fari piniàri, *differire;* per darsi pena, *penare*

Pinitènza , s. f. *pena, gastigo, penitenza*

Pìnna, s. f. quella di che son coperti gli uccelli, e che serve per volare , *penna ;* per istrumento col quale si scrive, *penna;* per l'organo genitale de' ragazzi maschi; pinna di ficatu, *lobo;* nèsciri na pinna di ficatu, vale torre altrui la maggior parte dell'avere; per misura d'acqua usata dai fontanieri; pinna marìna, sorta di verme, *pinna*

Pinnacchièra, s. f. arnese di più penne che si porta al cappello o al cimiero , *pennacchio*

Pinnacchiu, vedi pinnacchièra

Pinnàculu , s. m. la parte più alta de' tetti , o estremità di cupole, tempî ec., *comignolo, pinacolo;* nel fam. che penzola

Pinnagghia , s. f. *ciondolo;* di gàddi, *bargiglio*

Pinnàgghi di rigìna, s. f. pianta, *aquileggia*

Pinnàgghiu, s.m. cosa che pende, *pendaglio*

Pinnalòru, s. m. strumento per tenervi le penne da scrivere, *pennaiuolo*

Pinnàta, s. f. tanto inchiostro che può contenere una penna, *impennata*; per *lettoia*

Pinnèdda, s. f. mensola del fondo della botte; per pastiglia d'orzo e zucchero che si usa nelle infreddature, *pennito, penidio*

Pinnèddu, vedi pinzèddu; pinnèddu di l'orecchia, la parte più bassa dell'orecchio umano che pende a guisa di bargiglio; stari cu l'orecchia a lu pinnèddu, vale tender gli orecchi, *origliare*

Pinnènti, vedi pinnàgghiu; agg. che pende; per *orecchina*, o gioiello che portasi al collo, *pendente*

Pinnicùni, s. m. sonno brevissimo, *sonnetto*; dim. pinnicunèddu

Pinnìnu, s. m. *pendio, declività*; a pinnìnu, p. avv. *giù*

Pinnula, s. f. pallottolina composta di più ingredienti medicinali, *pillola*; que' medicamenti che s'involgono entro ad ostie bagnate per essere inghiottiti più facilmente, *pillola*; dàri na pinnula, *amareggiare*; agghiùttiri la pinnula, vale soffrire, tacendo, un gran torto

Pinnulàru, s. m. orlo delle palpebre, *nepitello*; per istrumento da far pillole, *pilloliere*

Pinnuliamèntu, s. m. *pendenza*

Pinnulìàri, v. n. *penzolare*

Pinnulùni (a), p. avv. *penzolone*

Pinnùni, s. m. stendardo a coda lunga, *bandiera, pennone*; in mar. un legno che serve a sostener le vele, *pennone*; per velo che copre in chiesa il volto di alcune donne, o monache, *bendone*

Pinsànti, agg. che pensa, *pensante*; malu pinsanti, per *sospettoso*

Pinsàri, vedi pensàri

Pinsàta, s. f. *pensamento, pensata*

Pinsèri, s. m. atto particolare o consueto della mente, *pensiero*; per *idea, nozione, cura, diligenza, apprensione, timore*; senza pinsèri, vedi sfacinnàtu; adurari li pinsèri, *idolatrare*; mèttiri pinsèri, *darsi pensiero*

Pinsirùsu, agg. *pensieroso, cogitabondo*

Pinsèddu, vedi pinzèddu

Pinsùni, s. m. uccello noto, *fringuello, pincione*

Pintìrisi, v. n. pass. mutar di opinione; per aver dolore di cosa fatta, *pentirsi*; sàcusu cu si pènti! malanno a chi si pente!

Pìntu, vedi pinciùtu; fàcci pinta, vale *butterata*; o tintu o pintu, avv. in qualunque modo; diàvulu pintu, vale *bruttissimo*

Pintuliàri, v. a. forare con i spessi e piccoli fori, *foracchiare*

Pintuliàtu, agg. o facci di trippa, *faccia butterata*

Pinzèddu, s. m. strumento da pittori o imbianchini, *pennello*

Pinzètta, s. f. strumento chirurgico, *mollette*, *pinzette*

Pinziddàta, s. f. *pennellata*

Pinzidduzzu, dim. di pinzèddu, *pennellino*

Pinzirùsu, agg. *pensieroso*

Pinzòcca, vedi bizzòcca

Pinzùni, vedi pinsùni

Piònica, s. f. pianta, *peonia*; fari divintàri na piònica, vale *sconciare*, *guastare*

Pipa, s. f. strumento col quale si fuma il tabacco, *pipa*; per vaso di legno più piccolo della botte, da contener liquori, *botticello*

Pipàri, v. n. trarre il fumo dalla pipa, *pipare*; met. non temere, *soverchiare*

Pipàta, s. f. il pipare

Pìpi, s. f. pianta, *peperone*, *pepe indiano*; jùnciri pìpi a li càvuli, metter carne allo spiedo; èssiri un pìpi, si dice a vecchio ardito e di buona salute

Pipì, s. f. voce con cui i bambini chiaman gli animali pennuti, *billo*

Pipiàri, vedi pipàri

Pipiràta, s. f. sorta d'intingolo fatto di sapa, peverada, farina e spezierie, *pevero*

Pipirìta, vedi amènta

Pipiritàna, agg. *puttana* — così detta da una contrada di Palermo appellata Pipìritu, dove abitavano le donne da bordello

Pipìta, s. f. filamento che si stacca dalla cute vicino alle unghia, *pipita*; per un malore che viene a' polli; pipìta 'mmùcca, modo basso per far

tacere a qualcuno; per linguetta

Pipitàri, v. n. colla partic. negat. vale stare in silenzio

Pipitùni, s. m. genere di uccelli, *bubbola*, *upupa*

Pirainìtu, s. m. luogo ferace di peruggini

Piràinu, s. m. pero selvatico, *peruggine*

Piràstru, vedi piràinu

Piràta, s. m. *corsare*; s. f. sorta di dolce fatto di pere tagliuzzate; per quelle macchie bianche che vengon negli occhi, *maglie*

Pirbiru! ammir. *pervero!*

Pircacciàri, v. a. *procacciare*; andare in cerca, *guadagnare*

Pircàcciu, s. m. *guadagnetto*, *mancia*; propriamente quello che si dà a' servidori al di là della mercede pattuita

Pirchì, partic. inter. *perchè*

Pirciàli, s. m. frantumi di sassi che servono a compiere la costruzione delle strade di campagna, *breccia*; jittàri lu pirciàli, *inghiarare*

Pirciàri, v. a. *perforare*, *trafiggere*, *penetrare*, *imberciare*

Pirciatùri, vedi sculapàsta

Pircittùri, vedi percettùri

Pirciuliàri, v. a. *bucherare*

Pirciuliàtu, agg. *bucherato*; detto di uovo, vale *stantio*, perchè sul guscio appariscono certi punti trasparenti che indicano aver la sostanza che vi si contiene cominciato a corrompersi

Pirculàri, veni culàri

Pirditùri, s. m. *perditore*

Pirdunàri, v. a. *perdonare*; per

28

risparmiare, condonare, rila-
sciare; Signuri pirdunàtimi!
escl. *Dio mel perdoni!*

Pirdùnu, s. m. rimessione di
offesa o della pena che ne
verrebbe, *perdono*

Pirdùtu, vedi pèrsu; ogni las-
sàtu è pirdùtu, tutti i lasciati
son perduti

Pirèltu, s. m. sorta di limone
simile alla pera; a pirèttu, p.
avv. a guisa di pera; per una
specie di botticello

Pirfilàri, v. a. cucire all'estre-
mità di vestiti lacci o altro,
orlare

Pirfilu, s. m. laccio che serve
per orlare vestiti, *laccio, lac-
ciuolo*

Pirfina, prep. *infino*

Pirfuliàta, s. f. pianta, *iperico*

Pirfùmu, s. m. qualunque cosa
che bruciata mandi fumo di
grato odore, *profumo*

Pirgulàtu, s.m. quantità di per-
gole unite insieme, *pergolato*

Piribìssu, s. m. giuoco che si fa
girando sopra un piattello u-
na specie di trottolina di le-
gno faccettata a' fianchi, in
ciascun lato della quale sono
dipinti de' numeri come nei
dadi, con essa si fan delle
scommesse tra i giuocatori e
chi fa eseguire tal giuoco; —
fàricci la figùra di lu piribìs-
su, vale trista, ridicola

Piricò, s. m. pianta, *iperico*

Piriculàri, vedi periculàri

Piriculu, s. m. *pericolo*

Pirìddu, s. m. dim. di piru; per
picciuolo

Piripàcchiu, s: m. carta ravvol-
ta in modo che percossa

nell'aria scoppi, di essa si
servono i ragazzi per tra-
stullo

Piripàgnu, s. m. vedi cazzòttu

Piripìcchiu, vedi pirrichìcchiu

Piriri, vedi perìri

Piritàri, vedi pidilàri

Piritòlla, s. f. *baldracca, bre-
sciolda*

Piritu, vedi pìditu

Pirittùni, s.m. una delle varie-
tà del limone, zinna di vacca

Pirmèttiri, vedi permèttiri

Pirnicàna, s. f. figliuolo della
pernice, *pernic.otto*; per *gobbo*

Pirnìci, s. f. uccello, *pernice*; ad
occhiu di pirnìci, dicesi di
lavorio in ricami e simili ove
siano forellini

Pirnuttàri, vedi pernottàri

Piròllu, s. m. detto per ischer-
zo, piede storpio

Pirrèra, s. f. luogo donde si
cavano le pietre, *cava di pie-
tre*

Pirri! voce di contumelia a zo-
tici villani

Pirriatùri, s. m. *picconiere, pic-
conaio*

Pirrichìcchiu, s. m. *omello*

Pirsùna, s. f. *persona*; 'mpirsu-
na, di presenza

Pirsunàggiu, s. m. *personaggio*;
per *comico*

Pirtàntu, avv. perciò

Pirtèmpu, avv. *di buon'ora, per-
tempo*

Pirtèrra, s. f. parte alta e sco-
perta sopra le case, *terrazzo*

Pirticunàta, s. f. colpo di mi-
gliarole

Pirticunèra, s. f. tasca dove si
conservano le migliarole

Pirticùni, s. m. palla piccolissima di piombo, con cui si caricano gli archibugi da caccia, *migliarola;* ber uomo di piccolissima statura , *scricciolo*

Pirtimpàli, agg. colui che fa le sue faccende di buon mattino, *buon levatore*

Pirtimpèddu, dim. di pirtèmpu vedi

Pirtimpissimu , sup. di pirtèmpu, *perlempissimo*

Pirtusàri, v. a. *bucare, perforare*

Pirtùsu, s. m. *buco, foro, pertugio*

Pirtusiddu , dim. di pirtùsu , *bugigattolo*

Piru, s. m. albero, *pero;* e il frutte, *pera;* dàri li pira, *bastonare;* lu piru mutùru cadi sulu, cioè al tempo proprio ciò che ha da esser sarà

Pirula, s. f. sorta d'erba medicinale, *pirola*

Pirùni, s. m. quel piccolo legnetto col quale si tura la cannella della botte, o di altro vaso simile, *zipola;* per quella estremità delle calze che copre il piede

Pirùtu, agg. di piriri, *morto, mancato, sbigottito*

Pisa, s. f. quantità corrispondente a 5 rotoli peso di Sicilia; detto di legna, vale 5 quintali

Pisànti, agg. *grave, pesante* ; per *noioso, molesto*

Pisàri, v. n. metter oggetti nella bilancia per conoscerne il peso, *pesare;* per *dispiacere, rincrescere , soprastare* ; per tener sospeso , *considerare;*

sapìri quantu pìsa, vale conoscer bene un uomo; pisàri, term. d'agr. *trebbiare;* detto di capo, vale aver dolori di capo, indisposizione ec.

Pisàta, s. f. il pesare, *peso;* per la cosa stessa che si pesa; per *intoppo, viluppo, intrigo*

Pisatìna, s. f. l'atto del pesar le merci

Pisatùra, s. f. *trebbiatura*

Pisatùri, s. m. che pesa, *pesatore;* per colui che dirige gli animali nella trebbia ; per sorta di vaso di legno ad uso di pesar l'uva nella vendemmia

Pisca, s. f. *pescagione, pesca;* per ciò che si è pescato

Piscàmi, s. f. quantità di cose pescate, e per lo più di pesci, *pescata*

Piscàri, v. n. il pigliar de' pesci, *pescare;* per *cercare,* conoscere con fondamento; piscàri ad unu, vale *accalappiarlo,* o rinvenirlo dopo si è cercato

Piscaria, s. f. luogo dove si vendono i pesci, *pescheria*

Piscàta, vedi pìsca

Piscalàra, s. f. sorta di barca da pesca, *pescareccia*

Piscatrìci, s. f. sorta di pesce, *diavolo di mare;* che pesca, *pescatrice*

Piscatùri, agg. colui che pesca, *pescatore*

Piscèra, s. f. vaso da cucina per bollirvi i pesci

Pischèra, s. f. ricetto d'acqua da tenervi pesci, *vivaio, peschiera*

Pisci, s. m. nome degli animali

che nascono e vivono nel-
l'acqua, *pesce*; sanu comu un
pisci, di perfetta sanità ; chi
pisci pigghiamul cioè, che si
pretende! ·

Pisciacòzza, vedi tartùca

Piscialèttu, agg. di ragazzo che
orina nel letto ·

Piscialòru, s. m. chi vende pe-
sci per le vie, *pescivendolo*

Pisciarèdda, s. f. incontinenza
di urine

Pisciàri, v. n. mandar fuori le
urine, *orinare*, *pisciare*; pi-
sciàrisi di sutta, ridere smo-
deratamente, o aver grandis-
sima paura; pisciàri fora di
lu rinàli, *spropositare* ; farì
pisciàri acitu, tenere a do-
vere

Pisciàta , s. f. *piscio* , *piscia-
tura*

Pisciatèdda, dim. di pisciàta

Pisciatùna, accr. di pisciàta

Pisciàtu, agg. *pisciato*; imbrat-
tato di piscio, *piscioso*

Pisciatùri, s. m. luogo per pi-
sciarvi, *pisciatoio*; per luogo
sporco

Pisciàzza, s. f. *orina*, *piscio*; pi-
sciàzza di mùlu, dicesi d'un
vino senza spirito , *posca* ,
cercone

Pisciazzàta, vedi pisciàta

Pisciacantànnu, vedi giuràna

Piscìdda, voce con cui insegnasi
a' bambini di esprimere il
bisogno d'orinare

Pisciu, vedi pisciàzza

Pisciunèra, s. f. vaso di creta
per cuocervi la carne da far-
si stufata

Pisciùni, s. m. polpa della gam-
ba, *polpaccio*

Pisèdda, s. f. legume noto, *pi-
sello*

Pisèra, s. f. quantità di biada
che riempie l'aia, *aiata*; per
l' aggregato di diversi pesi
che si tengon dai venditori a
minuto

Pisiddàta, s. f. luogo piantato
a piselli, *piseltaio*

Pìspisa, s. f. uccello, *cutrettola*,
· *cutretta*; e la specie che si pa-
sce di mosche, *coditremola*;
met. uomo attillato, *milordi-
no*, *cacazibetto*

Pispisùni, s. m. il maschio della
.cutrettola

Pìssi e pissi pissi, suono che si
manda dalle labbra chiaman-
do alcuno a voce bassa

Pìssidi, s. f. vaso sacro dove
conservasi il SS. Sagramento,
·*pisside*

Pista, vedi pistàta

Pistàcchia, s. f. frutto del pi-
stacchio, *pistacchio* ·

Pistacchiàta, s. f. confezione di
pistacchi, *pistacchiata*

Pistàcchiu, s. f. albero, *pistac-
chio* ; per sorbetto fatto di
pistacchi; per colore, in forza
d'agg. vedi fastuchìnu

Pistàgna , s. f. striscìuola di
panno che circonda il collo
del vestito, *pistagnino*

Pista 'mnnùtta, s. f. mosto im-
bottato senza aver fermetato
pria sulla vinaccia, *presmone*

Pistàri, v. a. *pestare*, *pigiare*,
tritare;pistàri la facci ad unu,
maltrattare; pistàrisi, *dispe-
rarsi*; per suonar malamente
il pianoforte

Pistàta, s. f. *pestamento*; per un
ballo fatto all'impazzata

Pistatùri, s. m. *pestatore;* per cattivo suonator di pianoforte

Pistazza, s. f. accr. pegg. di pèsti

Pistiàri, v. a. mangiar smoderatamente ; e talora si usa come avvil. del mangiare

Pistiàta , s. f. mangiata fatta smoderatamente

Pisticèdda , dim. di pèsti ; in forza di sost. cosa noiosa

Pistòla, s. f. arme da fuoco, *pistola;* per una forma di pane, detta anche pistulèdda

Pistulàta, s. f. colpo di pistola, *pistolettata*

Pistulèna, s. f. quel sovatto che per sostenere lo straccale si introduce ne' buchi delle sue estremità , e si conficca nel basto, *posola*

Pistùni, s. m. strumento col quale si pesta, *pestello, pestone;* sapiricci d'àgghia lu pistùni, vale non piacere ; pistùni , detto di fanciulli che voglion star sempre sulle braccia alle madri; cimmulu a pistùni, è un pianoforte di figura quadra simile a quella d'una tavola da studio; così anticamente costruivansi questi strumenti

Pistuniàrisi, v. n. pass. *adirarsi, arrabbiare*

Pistùsu, agg. *increscevole, noioso;* per lèsu vedi

Pìsu, s. m. *peso;* per *carico, fardello;* per *molestia, affanno;* per *importanza;* per strumenti che determinano le quantità delle cose che si pesano; èssiri a pìsu, vale vivere a spese altrui; èssiri di

pìsu, vale noiare; pìsu, per quel pondo che viene agl'intestini, quando si soffre dissenteria, *premito*

Pisula, s. f. *petrella, petricciuola*

Pisuli pisuli, posto avv. *pensoloni ;* acqua pisuli pisuli , *acquazzone*

Pisuliàri, v. a. sospendere col capo all'ingiù, come si fa degli annegati

Pisùsu, agg. *pesante*

Pitàggiu, s. m. specie di manicaretto brodoso, *potaggio*

Pitànza, s. f. *pietanza;* met. per quantità di lavoro

Pitarra , s. f. grosso uccello, detto *gallina prataiuola*

Pitàrru, agg. detto a' villanzoni, *goffo*

Pitàzzu, s. m. *cartolare, quaderno;* dim. pitazzèddu

Piticchi, s. m. plur. macchiette che vengono alla pelle a cagione di certe malattie acute, *petecchie*

Piticchia, s. f. malattia che danneggia gli agrumi, *picchiuola*

Pitigghia, s. f. cosa ammaccata, schiacciata, fracassata

Pitinia, s. f. macchia che viene alla pelle, *empetiggine*

Pititteddu, dim. di pitittu; per manicaretto appetitoso

Pitittiàri, v. n. mangiar cose appetitose; per murritiàri v.

Pitittu, s. m. *appetito;* per *desiderio;* per murriti vedi

Pitittùsu, agg. *appetitoso;* per *ruzzante, scherzevole*

Pitràta, s. f. colpo di pietra, *sassata;* pitràta di l'ària, colpo inaspettato

Pitrèra, s. f. mortaio da gettar

pietre nègli assedì; per màsculu vedi

Pitrisa, agg. sorta d'uva

Pitròlu, s. m. varietà di bitume, *asfalto, petrolio*

Pitrùdda, dim. di pètra

Pitruliàri, v. a. *lapidare*; n. p. tirarsi pietre, *assassarsi*

Pitruliàta, s. f. battaglia fatta con sassi, *sassaiuola*

Pitruliàtu, agg. *lapidato*

Pitrùni, s.m. sasso grande, *pietrone*

Pitrusìnu, s. m. pianta bienne, *prezzemolo, petrosello*

Pitrùzzu, s. m. bariletto dove mettesi quella quantità di vino ch'è rigaglia de' vetturali quando portano questo liquore, *bottaccio, saggiuolo*

Pittàri, vedi pinciri

Pittàta, s. f. l'atto di pingere; percuotimento di petto, *picchiata*; unita a chiàntu, fami, ec. significa prolungamento di pianto, fame ec.

Pittàzzu, s. m. accr. di pèttu; per *coraggio, franchezza*

Pittima, s. f. propriam. decozione di aromàti in vino generoso, *fomento*; ma per lo più si adopera come *noia, fastidio, molestia*

Pittimùsu, agg. *molesto, noioso*

Pittinàri, v. a. *pettinare*; per *criticare, bravare*

Pittinàru, s. m. chi fa o vende pettini, *pettinagnolo*

Pittinàta, s. f. il pettinare

Pittinàtu, agg. *pettinato*; asciùttu e pittinàtu, *dissimulatore*; lisciu e pittinàtu, *attillato e spensierato*

Pittinatùra, s. f. acconciatura di capelli

Pittinèra, s. f. arnese dove si tengono i pettini, *pettiniera*

Pittinicchiu, dim. di pèttini; facci di pittinicchiu, *sparutino*

Pittìnu, s. m. pezzo di tela rada dove si fan vari ricami, e situasi nella parte della veste delle donne che sta sul petto

Pittùra, s. f. *pittura, dipintura*; stàri na pittùra, detto di abito o simile, vale *eccellente*

Pitturàli, s. m. striscia di cuoio che si pone al petto de' cavalli, *pettorale, pettiera*; per quel busto con tirelle che si mette a' ragazzi per avvezzarli a camminare; agg. *pettorale*

Pittùri, s. m. *pittore*

Pitturina, s. f. quella parte della camicia dal cinto sinò al collo, che copre la parte di davanti del busto

Pitturinàta, s. f. percuotimento di petto, *pettata*; per tanta quantità di cose che entra nella pitturina, vedi

Pitturissa, s. f. *pittrice*

Pitturùtu, agg. *pettoruto*; met. *orgoglioso*

Pittùzzu, dim. di pèttu

Pitulànti, agg. *petulante*

Piu piu, strepito di voci di molti uccelli uniti insieme, *pispillòria*

Piula, s. f. sorta di lucerna, *spirino*; per varvaianni vedi

Piuliàri, v. n. *pigolare*; fig. *querelarsi*

Piulu, s. m. *pispillòria*; piulu di stòmacu, vedi pìgulu; èssiri un piulu, vedi piuliàri

Piùncu, agg. *malaticcio, infer-miccio*

Pizza , s. f. sorta di focaccia, *pizza;* per sim. membro vi-rile;pizza di re,sorta di pesce

Pizzalòru, s.m. chi raccoglie i cenci per le strade, *cencia-iuolo;* chi vende cenci,*pezzaio*

Pizzàmi, s. f. *rottame, pezzame*

Pizzarrùni, s. m. così chiamasi una forma di pane

Pizzàzzu, pegg. di *pèzzu;* detto di tempo, vale bastantemen-te lungo

Pizzènti, agg. *mendicante;* per pizzicammèrda, vedi

Pizzètta, s. f. macchia di diver-so colorito nel pelame di ta-luni animali

Pizzèttu, s. m. nell'uso sorbetto assai denso, e in piccole for-me; per parte di chicchessia, *pezzetto*

Pizziàri, v. a. tagliare in pezzi, *appezzare;*per ridurre in pun-te acute, *appuntare;* n. pass. *adirarsi*

Pizzicammèrda, s. m. e f. *spi-lorcio, sordido*

Pizzicànti, agg. *pizzicante;* per *frizzante*

Pizzicàri, v. a. dar pizzicotti, *pizzicare;* pizzicàri lu dulùri, farsi sentire il dolore; pizzi-càri li favi, svettar le fave; li castàgni, castrar le casta-gne; pizzicàri, nel giuoco va-le vincere poco alla volta ; per tastàri vedi ; per *offen-dere;* detto.di vino, vale esser acidetto;pizzicàri,finalmente, per avere alcun che di sapore

Pizzicàta, s. f. toccata di stru-mento da corda; per sorta di

confezione, vedi pignolàta

Pizzicùni, s. m. quantità di cosa presa coll'estremità delle di-ta, *pizzico;* per *pizzicotto,*cioè lo stringer altrui la carne con due dita

Pizziddu, vedi ossu pizziddu

Pizzinuòngulu, s. m. colpo che si dà col ferruzzo di una trot-tola su di un'altra

Pizzintaria, s. f. *pitoccheria*

Pizzìnu, s. m. *polizza;* pel po-lizzino del lotto

Pizzitèddi, vedi puntina

Pizzòccara, vedi bizzòcca

Pizzòttu , dim. di *pèzzu ;* per mezza parrucca, *parrucchino;* per *mancia, soprassello;* per pietra o legno mezzanamente grande

Pizzu, s. m. *punta;* per *merletto, pizzo;* pel becco degli uccelli; avìri 'mpizzu a la lingua, star per dire; sèdiri 'mpizzu, vedi sèdiri; per *comignolo*

Pizzu-còrvu, s.m. sorta d'erba, *polmonaria officinale*

Pizzùdda,dim. di *pèzza,pezzuola*

Pizzùddu,dim.di *pèzzu;* parlan-do di tempo, vale *brevissimo*

Pizzu di cicògna, vedi giràniu

Pizzu di còrvu, s. m. ferro col quale i cavadenti cavano al-trui i denti, *cane*

Pizzula, s. f. detto a persona, vale *lediosa;* pigghiàri a piz-zula, vale tormentare qual-cuno con preferenza

Pizzulàmi, s. f. materia terrosa cacciata da' vulcani, che for-ma un cemento di maggior solidità, *pozzolana*

Pizzuliàri, v. a. percuotere col becco, *bezzicare ;* v. n. per

prender il cibo col becco ,
beccare; per *scroccare*

Pizzuliàtu, agg. *bezzicato*

Pizzulùni, s. m. colpo di becco,
e la ferita lasciata, *bezzicatura*

Pizzùtu, agg. *aguzzo*; per *petulante*

Placènta, vedi secunnina

Plachè, s. f. (franc.) metallo sul
quale è stato applicato l'argento, *plachè*

Plàna, s. f. foglio di carta in cui
descrivesi alcuna cosa , *descrizione*; nel lotto, quaderno
originale che contiene i numeri giuocati al lotto

Planèta, vedi pianèta

Platanitu, s. m. selva o bosco di
platani, *plataneto*

Platanu , s. m. albero, *platano*

Platìa, s. f. la parte bassa del
teatro ove stanno gli spettatori, *platea*

Plàtinu, s. m. metallo duttile
assai difficile a fondersi e
meno bianco dello argento ,
platino

Plausìbili, agg. degno di plauso,
plausibile; nell'uso *accettevole*

Plèbi, s. f. la parte più ignobile
del popolo, *plebe*

Plèggiu, s. m. *mallevadore*

Plìcu, vedi piègu

Pliggiàri, v. a. *mallevare*

Pliggirìa, s. f. *mallaveria*

Pocavanti, avv. *poco innanzi*

Pòglia, s. f. term. de' giuocatori, raddoppiamento di vincita

Pòju, s. m. *poggio*; per muredda vedi; per luogo rialto che
dà comodità di montare a cavallo, *montatoio, cavalcatoio*

Polàccu, s. m. detto volgar. a

chi si dà per indovino dei
numeri da sortire al lotto

Poligonu, s. m. erba, vedi centunòdia; per fig. geom.

Polinu, agg. di color rosso fosco, e di una specie di lattughe ; carta polina , *carta
sugante*

Pòlisa, s. f. piccola carta contenente breve scrittura, *polizza*; di càricu, atto di ricognizione delle merci di carico di
un bastimento; per l'appiggionasi ; di càmbia, *cambiale*; di mùnti, polizzino in cui
dichiarasi l'oggetto avuto in
pegno e la somma sborsata;
pòlisa, per *coperchiella, matalotta*

Pòliu, s. m. erba, *canutola*

Pompa, s. f. cosa fatta con sontuosità, *pompa*; per tromba
da tirar acqua, *pompa*; per
boria, *ambizione*

Pònçiu, s. m. bevanda di sugo
di melarance, zucchero, rum
ed acqua, *punce, punchio*

Pònti, s. m. edificio arcato che
fassi su' fiumi affin di passare
da una sponda all'altra, *ponte*; ponti livatizzu, *ponte levatoio*; pònti di lu licchèttu,
staffa del saliscendo ; tiràrisi
di ponti, met. *desistere*

Pòpulu, s. m. *popolo*; per moltitudine di persone; per nazione; capu pòpulu, capo sedizioso

Pòrca, vedi tròja

Porcìli, s. m. stanza dove si
tengono i porci, *porcile*; met.
qualunque luogo immondo

Pòrcu, s. m. animale noto, *porco*; pisci pòrcu, pesce porco;

spinu , animale quadrupede armato di lunghissimi pungiglioni sul dòrso, *porco spino*; per uomo di rozzi costumi ; porcu sanàtu , vedi maiàli ; porcu sarvàggiu, *cignale*

Pòrru, s. m. pianta, *porro*; pigghiàri lu pòrru, comprare a caro prezzo cosa che non valga tanto, *sopraccomprare*; per purrèttu, *bernocchio*

Pòrta, s.f. *porta*; per l'apertura di piccoli edifici, *uscio*; porta fausa, porta di dietro; jiri di porta in porta, vale *elemosinare*

Portabannèra, s.m. uffiziale che porta la bandiera d'un battaglione di fanteria, *porta-insegna*

Portacalzùni, vedi tirànti

Portàcqua, s. m. condotto che porta l'acqua nelle case, *acquaio*

Portalittri, s. m. *portalettere*

Portantina, vedi siggètta

Pòrtu, s. m. ridotto delle navi, *porto*; purtàri 'mpòrtu, condurre a buon fine; per portatura, *porto* ; annètta pòrtu, barca che serve a scavare i porti, *scavaporti*

Portufràncu, s. m. porto dove le mercanzie s'immettono ed esportano in franchigia di dazi, *porto-franco*

Plèddi, s. m. voce dell'uso corrotta dall' inglese, ed è uno spallino lungo di lana

Portugàllu, s. m. frutto del melarancio, *melarancia*

Pòsa, s. f. *quiete, riposo*; per muta di vivande, *servito*; per *fondigliuolo*

Posapiànu, agg. detto a chi va adagio, *posapiano*; per quella scritta che mettesi su cassette che contengono oggetti frangibili

Posentàri, v. n. *albergare*

Posèntu, s. m. *alloggiamento*

Possèdiri, v. a. *possedere*

Pòssit, voce latina, e vale *facoltà, autorità, possanza*

Pòsta, s. f. l' edifizio pubblico dove si danno e recan le lettere, *posta*; per somma di danaro che si metta in giuoco; per *agguato*; per le dieci pallottoline del rosario; a posta, avv. a bella posta, ed anche *fintamente*

Postilla, vedi pustilla

Postribulu, vedi 'nchiuitùri

Pòsu, s. m. *sostegno, base; piede*; di li vùtti, *calastra*

Potènti, agg. *possente, rigoroso, spiritoso* (detto di vino) ; di aceto *gagliardo*

Pòviru, agg. *povero*; per *compassionevole*

Ppù, per denotar cosa puzzolente , *pu*; per *aggrandire, meravigliare, beffare* ; ppù ppù, sup.

Praciri, vedi piaciri

Pracìribbili, agg. *piacente, piacevole*

Pragagghiànu , s. m. sorta di pesce simile al parago

Pràja, s. m. *piaggia, lido*; pràja pràja, rasente la piaggia; per *brigata*, crocchio d'amici

Pranzàri, v. a. *desinare, pranzare*; met. *consumare, ottenere*

Pranzèttu, dim. di prànzu, vedi

Prànzu, s. m. *pranzo, convito, desinare*

Pràssi, s. f. *uso, costume, costumanza*

Prattiàri, vedi piattiàri

Pràttica , s. f. *pratica , perisia, amicizia, maneggio*; mala pràttica, *concubinato*; assìstiri a la pràttica, vale assistere alla clinica delle malattie ; dàri pràttica, vale ammettere i legni e le loro mercanzie nel porto d'una città

Pratticàri, v. a. *praticare, conversare*

Prattichìzza, s. f. *pratica, esercizio, istruzione*

Pràtticu, agg. *pratico, esperto*; nelle cliniche vale *apprendista, pratichista*

Prattina, vedi piattina

Pràttu, vedi piattu

Prazzamàru, vedi parzamàru

Prè, s. m. *paga de' soldati, pre*; nè pani nè prè , vale nulla affatto

Precàriu, agg. *ottenuto in grazia; nell'uso, temporaneo*

Precaviri, v. n. e a. pass. *guarentirsi, prevenire*

Precettàri , v. a. mandare il precetto per pagare o comparire in giudizio, *precettare*; per *imporre, costringere*

Precèttu, s. m. *comando, regola, ammaestramento*; per la comunione eucaristica in tempo delle feste pasquali

Precettùri, s. m. *precettore, pedagogo*

Precisàri, v. a. *particolarizzare*

Prèdica, s. f. *predica*; per *ammonizione, riprensione*

Predicàri e pridicàri, v. n. *predicare*; per *elogiare, pubblicare*

Predicatùri, s. m. chi predica, *predicatore*

Preggiàri, vedi prigiàri

Prèggiu, s. m. *stima, pregio*; per *mallevadore*

Prègu, s. m. *giubilo, festa*; per *carezza*

Prèmiri, v. a. *premere, spremere*; per *attenere , stillare, scaturire, interessare*

Prèmiu, s. m. *premio, guiderdone*

Premùra, s. f. *sollecitudine, premura*; per *cura, brama*

Premuràri, v. a. *incalzare, sollecitare*

Premuràtu, agg. *spronato, costretto, sollecitato*

Prènu , agg. *gravido, pregno*; per qualunque vaso straboccchevolmente pieno; è prèna c'avi a figghiari, dee assolutamente accadere.

Prèscia , s. f. *fretta, premura, pressa*

Prescinniri, v. a. far a meno, *prescindere*

Presidiàri, v. a. guernir di presidio una piazza o una città, *presidiare*

Presidiàriu, s. m. nome che si dà tra noi a' servi di pena, derivato dal dimorare per ordinario nei luoghi presidiati

Presidiu, s. m. *guarnigione, presidio*

Presùmiri, v. a. *presumere*; per *immaginare, presupporre, congetturare*

Presunziòni, s. f. *presunzione, tracotanza*; per *giudizio, opinione falsa*

Pretènniri, v. a. *pretendere*

Pretenziòni, s. f. *albagia, traco-* *lanza, pretensione*

Pretèritu, s. m. il passato, *pre-* *terito*; nell'uso parte deretana, *culo*

Prèti, s. m. chi è promosso al presbiterato, *prete*

Pretorìanu, agg. di pretùri, *pre-* *torio, pretoriale*

Pretùri, s. m. titolo di magistrato municipale, *pretore*

Prèula, s. f. ingraticolato di pali, stecconi o altro, sul quale si mandano e intrecciano le viti, *pergola*; mammalùccu di prèula, *fantoccione, ba-* *lacco*

Prevalìri, v. n. *prevalere*

Prevenìri, v. a. *anticipare, pre-* *venire*; nell'uso *avvertire*, far consapevole

Prevenùtu, agg. *prevenuto*; per *tronfio, orgoglioso*; per uomo che abbia avuto raccomandazioni in favor di qualcuno

Prevenziòni, s. f. *prevenzione*; per *premonizione*; per orgoglio

Prèzzu, s. m. *valore*, costo d'una cosa; ultimu prèzzu, prezzo ultimo richiesto degli oggetti a vendere; nun avìri prèzzu, vale esser eccellente; prèzzu dùlci, vale non molto caro; per *mercede, stima*

Pii, prep. *per, in, verso, quasi,* *come, circa*; pri 'mparìssi, *simulatamente*; pri lu mumèntu, *per ora*; pri nènti, senza colpa; pri mia, tia, ec. quanto a me, te, ec.; tàntu pri tàntu, alla fin fine; vòta pri vòta, sempre; tèrnu tri pri tri, tre numeri giuocati al lotto, ed usciti in sorte

Priannèddu, vedi prigannèdda

Priàri, vedi prigàri

Pribìrul escl. *per verità!*

Pricàcciu, vedi pircàcciu

Priccàsu, vedi accàsu

Pricchì, avv. *perchè*

Pricchiù, avv. *per più*

Priccòntra, agg. *controllore*; prep. vedi còntra

Pricìntu, vedi procìntu

Pricipitàri, v. a. *precipitare*; *cader giù, guastare*; n. p. *ro-* *rinarsi*

Priculàri, vedi periculàri

Priculùsu, agg. *pericoloso*; per *affettato, fisicoso*

Pricùra, vedi procùra

Pridichèdda, dim. di prèdica

Pridicùna, accr. di prèdica

Priffina, avv. *finchè*

Prigannèddu, agg. *vaniloso, bo-* *rioso*

Prigàri, vedi pregàri; per *pavo-* *neggiarsi*; n. pass. per provar diletto, *allegrarsi*

Priggiàri, vedi pliggiàri

Priggiria, s. f. *mallevadoria*

Priggiudicàri, v. a. *pregiudicare*; n. p. *offendersi, aontarsi*

Priggiudìziu, s. m. *danno, pre-* *giudizio, cruccio*

Priggiunèri, s. m. *prigione, pri-* *gioniero*

Priggiunìa, s. f. *prigionia, catti-* *vità*

Prillicùsu, vedi pillicùsu

Prilumàncu, avv. *almeno, al-* *manco*

Prilungàri, v. a. *allungare, dif-* *ferire, prolungare*

Prima di tùttu, avv. *primiera-* *mente*

Primalòra, agg. donna di primo parto, *primaiuola*

Primalòru, agg. di animali, vale *primogenito*

Primamànu, parl. di manifatture, vale che vendonsi direttamente da chi le fabbrica; parlando di giuoco, chi giuoca il primo

Primavèra, s. f. una delle quattro stagioni, *primavera*; per pianta, *primula officinale*

Primèra, s. f. sorta di giuoco di carte, *primiera*

Primièddu e primiùzzu, dim. di prèmiu

Primintiu, agg. di frutto, e vale *primaticcio*; per cacio fatto di recente

Primu, s. m. principio di numero ordinario, *primo*; per *principale*; p. avv. *prima*; primu primu, *primierissimamente*

Primùni, s. m. viscere del corpo ch'è l'organo della respirazione, *polmone*; un granu di primùni a centu gatti, quando una cosa per sè stessa poca dee dividersi fra molti

Primùra, vedi premùra

Primusàli, s. m. cacio di pecora di fresco insalato

Principi, s. m. titolo di dominio, *Principe*, *Signore*, *monarca*; dim. principìnu, ordinariamente il figlio primogenito del principe; met. *milordino*

Principissa, s. f. la moglie del principe; dim. principissìna, che vale moglie del principino, o figlia primogenita del principe

Principiu, s. m. *principio, esordio, causa*

Prinizza, s. f. *gravidanza, pregnezza*

Prisa, s. f. *presa*; fari prisa, *predare, espugnare, malfare*; cani di prisa, *mastino*; per luogo o apertura donde deriva l'acqua di un fiume; per un riparo posticcio fatto onde distornare l'acqua de' fiumi; per assodamento e attacco di calcina, gesso e altra materia che asciugando si consolidi

Prisàgghia, s. f. funicella che lega e stringe le bisacce

Prisàggiu, s. m. *indovinamento, presagio*

Priscialòru, vedi frittulùsu

Prisèphu, s. m. *presepe*; stalla e rilievo del paese ov'ebbe luogo la solennità del Santo Natale; dim. prisipièddu, e prisipicchiu

Prisèrva, vedi vracàli

Prisuntùsu, agg. *arrogante, provocatore, presuntuoso*

Pristulìddu, avv. dim. di prèstu, *prestetto*; detto di tempo indica un'ora alquanto prima di quella di cui si parla

Prisùttu, s. m. coscia del porco salata e secca, *prosciutto, prosciutto*

Privativa, s. f. privilegio dato ad un industrioso per manifatture o macchine che faccia o venda senza concorrenza di altri per un dato tempo, *privativa* (nell'uso)

Privilegiu, s. m. *privilegio*; per patènti

Priùra, s. f. vedi priùri

Priuràtu, s. m. titolo di priorìa, dignità ecclesiastica e cavalleresca, *priorato*

Priùri, s. m. *priore*

Prizzàri, v. a. *apprezzare, prezzare*

Prizzicèddu, s.m. dim. di **prèzzu**

Prizziùsu, agg. *prezioso*

Prò, s. m. *giovamento, utile*; vedi prùdi

Procacciàri, vedi pricacciàri

Procacciatùri, s. m. *procacciatore*; per colui che colla sua industria ed attività riesce a far guadagni grossi o piccoli, *procaccino*

Processìculu, s.m. dim. di processu., *processetto*; comunemente si dà questo nome ad un volumetto di scritture messe insieme, da servire per un oggetto

Processiòni, vedi pracissiòni

Procèssu, s. m. *processo, progredimento*; per *azione*, maniera di procedere; per le scritture degli atti che si fanno nelle cause sì civili che criminali, *processo*

Procìntu, s. m. *circuito, procinto*; nell'uso *rischio, circostanza*

Procùra, s. f. *procura, proccura*

Prodìgiu, s. m. *prodigio, portento*; per *mostro*

Prodigiùsu, agg. *prodigioso*

Proditòriu, s. m. *tradimento, prodizione*

Prodùciri, v. a. *produrre*; per *cagionare, dar frutto, addurre*

Produciùtu, vedi produttu

Produttu, agg. prodotto; s.m. per fruttificazione degli alberi, *ricavato*

Professa, s. f. monaca che ha fatto professione in un monastero, *professa*

Professiòni, s. f. *esercizio, professione, mestiero*

Professu, s. m. religioso che ha fatto professione in qualche ordine monastico, *professo*

Professùri, s. m. che professa, *professore*; per *causidico*; per *medico*; dim. professuricchiu

Profezìa, s.f. *predizione, profezia*

Profìlu, s. m. aspetto che presentano i contorni di un oggetto guardato di fianco, *profilo*

Profumarìa, s. m. officina del profumiere

Profumèri, s.m. chi fa unguenti odoriferi, *profumiere*

Profùnnu, s. m. tutto ciò che ardendo o bollendo in acqua manda odor grato, *profumo*

Profùndiri, v. a. sparger profusamente, *profondere*

Profùnnu, agg. *profondo*; detto ad uomo, vale peritissimo in un'arte o scienza

Pròjiri, v. a. *porgere, offerire, mostrare, riferire, rappresentare*

Promodàli, agg. *provvisorio, transitorio*

Promodalmènti, avv. *pel momento, provvisoriamente*

Prontìzza, s. f. *prontezza, perspicacia*

Pròntu, agg. *pronto, presto, perspicace*

Pròpia, avv. *propriamente, proprio*; pròpia pròpia, *affatto, del tutto*

Prepietà, s. f. *proprietà*; per *podere*; per *utile, interesse, decoro*

Propina, s. f. *profitto, guadagno, civanzo*

29

Pròpiu, s. m. *proprio*; agg. *proprio*; per *medesimo*; nomu pròpriu, che è applicabile ad un solo, *nome proprio*

Prosecùtu, agg. reo che si cerca dalla giustizia, *perseguitato*

Prosegrètu, s. m. chi fa le funzioni di segrètu, vedi

Prosegrezia, s. f. uffìcio del prosegreto

Pròsit, voce latina, *buon pro*; per *eovira*

Prosopèa, s. f. figura rettorica, *prosopopea*; mittirisi in presopopèa, vale far l'arrogante, mostrarsi altero

Prostribulu, vedi 'nchiuitùri

Protèggiri, v. a. *proteggere*

Proteggiùtu, agg. *protetto*

Protèstu, s. m. *protestazione*, *protesto*; per quell'atto giuridico per cui si protesta una cambiale

Protocòllu, s. m. libro dove i notai scrivono i contratti, o quello ove si registrano le petizioni, uffìci o altro, *protocollo*

Pròtu, s. m. voce che indica priorità, *proto*; più comunemente direttore delle stamperie, o uno de' primi compositori

Pròva, s. f. *esperimento*, *prova*; per *gara*, *emulazione*, *saggio*; a pròva, avv. vale con la prova se una cosa sia buona o pur no; prima stampa che si fa da' tipografi onde servire alla correzione

Provènna, vedi pruvènna

Provèntu, s. m. *entrata*, *provento*, *guadagno*

Providènda, s. f. mancia che si

dà al providendàriu, vedi

Providendàriu, s. m. colui che ha cura dell'uscio del tribunale, onde far entrare ed uscire i difensori delle cause civili

Providìri, v. n. *provvedere*, *procaeciare*, *ricompensare*

Providitùri, s. m. *provveditore*

Provincialatu, s. m. grado e tempo in che dura l'uffìcio del provinciale

Provinciàli, agg. di provincia; s. m. frate che nell'ordine è capo della provincia, *provinciale*

Provincièdda, dim. di provincia, *provincietta*

Provisiòni, s. f. onorario che si dava al giudice ottenuta la sentenza, *sportula*; per le cose procurate o acquistate in sussistenza della vita, *provisione*

Pròvula, s. f. sorta di cacio vaccino simile di forma a talune zucche, *provatura*

Pròziu, s. m. fratello dell'avo o dell'ava

Prùa, s. f. *prora*, *proda*, opposta a pùppa vedi; per 'mprùa, v.

Prucìntu, vedi procìntu

Prucissiòni, s. f. l'andare che fanno per lo più gli ecclesiastici ed anche i confratelli di compagnie attorno in ordinanza cantando salmi ed altre orazioni in lode di Dio, *processione*

Prucùra, vedi procùra

Prùdi, s. m. *pro*, *vantaggio*; bon prùdi, *buon pro ti faccia!*

Prudìzza, s. f. *prodezza*

Prufìlu, vedi profìlu

Prùgnulu, s. m. albero, cornio-
lo, e il frutto, corniola

Pruimèntu, s. m. porgimento

Prujùtu, agg. porto

Prumùni, vedi purmùni

Prumunìa, vedi purmunìa

Pruniddu, dim. di prùnu, su-
sinetta

Pruntàrisi, v. n. pass. profferir-
si, esibirsi

Pruntizza, s. f. prontezza, volon-
tierosità

Prùnu, s. m. albero, susino; e
il frutto, susina; met. agg. di
uomo, vale discolo

Prurènti, agg. che ha pruden-
za, prudente

Prarìtu, s. m. prurito; per man-
ciaciùmi, vedi

Pruvàri, v. a. provare, dimo-
strare; per 'nsajàri, vedi

Pruvènna, s. f. quella quantità
di biada che si dà in una
volta a' cavalli o altri anima-
li, profenda, probenda

Pruvigghia, s. f. polvere di ci-
pro, cipria

Pruvinzàta, s. f. quel vento che
trasporta la spruzzaglia con-
tro gli edifizi, brezza

Pruvisiunèri, s. m. chi fa le
provvisioni, provvisioniero

Pruvìsta, s. f. provvisione, prov-
vista

Pruvulàzzu, s. m. polvere di
strada che si leva in aria per
vento, polverìo; scutulàri lu
pruvulàzzu, zombare

Prùvuli, s. m. polvere con che
si caricano gli archibugi, pol-
vere; per pruvulàzzu vedi;
addivintàri prùvuli, spulez-
zare, fuggire

Pruvulìtu, s. m. quelle minu-
tissime pustolette rossastre
prodotte alla pelle da varie
cagioni

Pùbblica, s. f. moneta di rame
che vale tre grani siciliani;
per puttana

Pubblicità, s. f. pubblicità: fari
pubblicità, vale fare una
chiassata

Pùbblicu, s. m. e agg. pubblico

Puddàra, s. f. le sette stelle che
si veggono tra il tauro e l'a-
riete, plejadi, gallinelle

Puddàru, s. m. luogo dove si
tengono i polli, pollaia

Puddàstra, s. f. gallina giovane,
pollastra

Puddastrèdda, dim. di puddà-
stra, pollastrina

Puddastrùna, accr. di puddà-
stra, pollastrona

Puddicinèdda, s. m. personag-
gio ridicolo del teatro napoli-
tano, pulcinella; met. ridi-
colo

Puddiciniddàta, vedi purcinil-
làta

Puddicìnu, s. m. figlio nato di
fresco dalla gallina, pulcino;
detto di altri animali volatili,
pulcino; èssiri un puddicìnu,
sozzo, inzaccherato; èssiri lu
puddicìnu di la luna, infer-
miccio

Pudditrìàri, v. n. scherzare,
ruzzare

Pudditru, s. m. animale dorsie-
ro non avvezzo al capestro,
poledro

Pùddu di l'àpi, s. m. quel ver-
micello che si genera dalle
pecchie nel miele, e che poi
diviene pecchia, cacchione

Pudìa, s. f. estrema parte delle

vesti femminili che va verso i piedi, *balza*; per quella striscia che si mette lungo la balza, *doppia*

Pugnàli, s. m. arme corta da ferire di punta, *pugnale*

Pugniàri, v. a. menar pugni; per *intridere*, detto di paste; per *percuotersi*, fare alle pugna

Pugniàta, s. f. battimento con pugni, *pugilato*; per *zuffa*

Pugnicèddu e pugnìddu, dim. di pùgnu, *pugnetto*; per una quantità di materia che si prende colla mano, *pugnello*

Pùgnu, s. m. la mano serrata, *pugno*; percossa col pugno; quantità di materia che entra in un pugno: per carattere o scrittura; tèniri 'ntra un pugnu, vale *in freno*

Pùja, s. f. vento di terra

Puisìa, s. f. *poesia*

Pulèju, s. m. pianta odorosa, *puleggio*

Pulèsi, s. f. ferro logoro tratto dal pie' del cavallo, *sferra*

Pulicànu, s. m. strumento da cavar denti, *cane*

Pulicàra, vedi erva di maisi

Pulìri, v. a. *pulire*, *forbire*, *lustrare*, *lisciare*, *nettare*, *limare*

Pulisàru, agg. detto a chi fa debiti con astuzia

Pulisicchia, pulisina e pulisìnu, dim. di pòlisa, *polizzetta*, *polizzina*

Pulisìna, accr. di pòlisa, *polizzotto*

Pulìticu, s. m. *statista*, *politico*; nell'uso, *accorto*, *sagace*

Pulìtu, agg. *pulito*; per *liscio*,

leggiadro, cortese, gentile

Pulizzìa, s. f. *nettezza*, *leggiadria*, *civiltà*, *pulitezza*; per quel magistrato che invigila alla sicurezza e tranquillità pubblica; per *incivilimento*

Pulizziàri, vedi puliri

Pulizziàtu, vedi pulitu

Pullànca, s. f. gallina giovane, *pollanca*

Pulmùni, vedi primùni

Pùlpa, vedi pùrpa

Pulpètta, vedi purpètta

Pùlpitu, s. m. luogo rilevato nella chiesa da dove si predica, *pergamo*, *pulpito*

Pulvirizzàri, v. a. *polverizzare*

Pùma d'amùri, vedi pùmu d'amùri

Pumàta, s. f. unguento fatto di grasso di porco, profumato con diversi aromati, *pomata*

Pumatèra, s. f. barattolo di cristallo per conservarvi la pomata

Pùmicia, s. f. detta anche fùmicia, pietra leggerissima e porosa, composta di selce, soda, allumina e potassa, *pomice*

Pumiciàri, v. a. *impomiciare*, *pomiciare*

Pumìddu, s. m. dim. di pùmu, *pomello*; facci di pumìddu, vale *rotondetta*

Pùmu, s. m. pianta, *melo*; e il frutto *mela*; pumu di mascidda, la parte prominente delle gote, pomo delle gote, *pomello*; pumu di spàta, l'estremità superiore della spada, guernita per lo più da una capocchia di metallo; pumu d'adàmu, protuberanza alla gola che hanno gli uomini, *pomo di adamo*; pumu alàpu, varietà del melo, *mela appiuola*, o *appjuola*; pumu di vastùni, *pomo*

Pùmu d'amùri, s. m. pianta, *pomidoro*

Puncènti, agg. *pungente*; palòri puncènti, met. *frizzanti*

Puncigghiùni, s. m. arnese acuto per pungere, *pungolo, stimolo, pungiglione*; per l'ago delle pecchie, vespe, scorpioni; mèttiri puncigghiùna, vale *calunniare, affliggere*

Pùnciri, v. a. leggermente forare con qualsiasi strumento acuto e appuntato, *pungere*; per *offendere*; per cominciare a bollire o principiar a bollire, *grillare*; detto di parole, di sapore ec:, *pungere*

Punciùtu, agg. *punto*

Punènti, s. m. la parte del mondo dove il sole tramonta, *ponente, occidente*; per un vento così nominato; càmmara di punènti, nelle tonnare è la rete che precede la così detta porta chiara; cui pigghia pri livànti e cui pigghia pri punènti, dicesi per esprimere la discordanza di molti nelle opinioni o nelle opere

Punintata, s. f. il soffio gagliardo del ponente

Punsò, s. m. (franc.) colore simile al fuoco, *ponsò*

Pùnta, s. f. estremità acuta di qualsivoglia cosa, *punta*; di terra di màri, quella parte che avanza e sporge in fuori più del rimanente a guisa di punta; punta di pèttu, *forcella* (term. di macellai); di

pùnta, il ferir colle armi bianche per l'estremità aguzza; di punta, il contrario di chiàttu vedi; pigghiàri la spata pri la pùnta, vale *difendere*; aviri 'mpùnta di lingua, esser per dire cosa che non si rammenti bene; sapiri pri li punta di li jidita, saper bene a memoria; parràri 'mpùnta di furchètta, vale *affettatamente*; pùnta, assol. vale quel malore che viene colla infiammazione alla pleura, *pneumonia*

Puntàll, s. m. legno o cosa simile con che si puntella, *puntello*; per pietra che risalta dalla superficie della terra

Puntalòru, s. m. ferro appuntato e sottile per foracchiar carta o altro, *punteruolo*

Puntalùsu, agg. dicesi della terra piena di pietre che risaltano dalla superficie

Puntamèntu, vedi appuntamèntu

Puntapèdi, s. m. percossa data col piede, *calcio*

Puntarèddu, s. m. bastoncello dov'è fitta una punta all'un de' capi, e che serve a' bisogni per spingere al cammino i buoi, *stimolo, pungolo*; fari li cosi cu lu puntarèddu, vale fare a malincuore

Puntàri, v. a. metter su danari nel giuoco; per drizzar sopra alcuno arma da fuoco; per fissare alcun giorno o luogo per trattare di un negozio

Puntariddata, s. f. colpo dato col pungolo

Puntarigghi, s. m. plur. lunghe

strisce di nugole che dan se-
gno a' villici di vicina pioggia

Puntàtu, agg. di puntàri, detto
di blade, vale ròse da' pun-
teruoli ; nella musica vale
segnato di punti nel lato de-
stro delle note per accresce-
re il valore della metà o più
sopra di esse per indicarne
lo staccato, *punteggiatura;* per
appuntamèntu vedi

Puntètta, s. f. estremità della
calza dov' entra la punta del
piede , *cappelletto della so-
letta* (V. Carena, diz. dom.)

Puntiàri, vedi sàrciri; per *pun-
teggiare;* per arripizzàri vedi;
per racconciare i vasellami
rotti o fessi con fil di ferro,
- *risprangare*

Puntiàtu, s. m. *punteggiamento;*
per quel bordone delle calze
che resta alla parte di dietro
sul polpaccio, *rovescino,* me-
glio *costura* (vedi Carena,
diz. dom.) ; agg. *punteggiato*

Puntidda, s. f. dim. di pùnta.

Puntiddu, dim. di pùntu, detto
di costura, *puntolino*

Puntilici, s.m. *pontefice,* sommo
gerarca della chiesa

Puntigghiu, s. m. *puntiglio;* per
amor proprio che dia nell'ec-
cesso

Puntiggiùsu, agg. che sta sul
puntiglio, *puntiglioso;* per o-
nesto , mantenitor della pa-
rola

Puntina, s. f. specie di trina,
così detta per cucirsi alla e-
stremità delle vesti domesti-
che, di camice, collari ec.,
punto

Puntìnu, s. m. dim. di puntu,

puntino; a puntìnu, avv. a
puntìno ; per quel ferruzzo
degli argentai con cui segna-
no piccoli punti su' metalli
preziosi

Pùntu, s. m. il confine della
linea matematica , *punto;* il
segno materiale che si fa colla
penna, matita ec., *punto;* di
tempo, vale *ora, all' istante;*
fari pigghiàri di puntu, *aiz-
zare;* pigghiàri di puntu 'm-
biàneu, *contrariare ;* pùntu,
per *puntiglio;* fari puntu e
basta, *fermarsi*

Puntuàli, agg. *diligente, puntua-
le, esatto*

Puntùra, s. f. ferita che fa la
punta, *puntura;* per punci-
mèntu vedi; per infiamma-
zione alla pleura, *pneumonia*

Puntùtu, agg. *acuto, appuntato,
aguzzo*

Punzùni, s. m. ferro temperato
o acciaio per far le impronte
delle monete, de' caratteri
ec., *punzone*

Pùpa, s. f. *bamboccio, bambolo,
fantoccino;* per *civetta*

Pupàru, s. m. facitor di fantoc-
ci, *plasticatore*

Pupatèlla, s.f. un po' di midolla
di pane inzuccherata ed a-
spersa d'acqua, che avvolgesi
in una pezzuola stringendosi
con un filo a guisa di capez-
zolo, onde ingannare i fanciul-
li poppanti nell' assenza della
madre

Pupazzàta, s.f. atto da bamboc-
ci, *bambocceria*

Pupidda, dim. di pùpa, *fantoc-
cino;* di l' occhi, *pupilla;* met.
cosa sommamente cara

Pupìddu, s. m. dim. di pùpu, fantoccino; per quel fantoccio di cenci o di legno dal quale i ciarlatani fan rappresentare la commedia, burattino; jocu di pupiddi, vale rappresentazione teatrale fatta da fantoccini, e met. cosa inconcludente

Pùppa, s. f. parte deretana delle navi, poppa; jiri 'npùppa, aver favori o fortuna

Pùpu, s. m. fantoccio, bamboccio; èssiri un pupu di pèzza, vale imbecille; pupu lòrdu, sudicio; per burattino

Purcarìa, s. f. sporcizia, porcheria; per goffaggine, disonestà, birbonata

Purcàru, s. m. guardiano di porci, porcaio, porcaro

Purcèdda, s. f. piccola troia, porcella

Purcèddu, s. m. dim. di pòrcu, porcello

Purchì, avv. purchè, basta che

Purchìttu, dim. di pòrcu, porchetto

Pùrci, s. m. insetto notissimo, pulce; aviri un purci 'ntèsta, vale tenere un pensiero fitto in capo; intiguàtu di pùrci, pulcioso; pùrci è anche detta quella glandola nella quale è involto il grasso della carne bovina

Purcidduàna, s. f. pianta, portulaca, porcellana

Purcidduzzu di màri, s. m. sorta di testaceo, conca venerea

Purcidduzzu, dim. di pòrcu, porcellino

Purcidduzzu di S. Antòni, s. m.

genere d'insetti, aselluccio, porcelletta

Purcìli, s. m. stanza da porci, porcile; met. luogo immondo

Purcillàna, s. f. quella terra con cui si fanno stoviglie di molto pregio, ed i vasellami stessi, porcellana

Purcinèlla, s. m. maschera napoletana, pulcinella; detto a persona, vale volubile, incostante

Purcinillàta, s. f. azione da pulcinella, ridicolaggine, bamboccería

Purcìnu, agg. porcino

Purcùni, accr. di pòrcu; detto anche per ingiuria ad uomo sudicio

Pùrga, s. f. mestrui delle donne, purghe; per l'effetto che fa il purgativo

Purgànti, s. m. rimedio purgativo, purgante, purgativo; agg. purgante

Purgàri, v. a. dar medicamenti purgativi, purgare; met. nettare

Purgatìvu, s. m. vedi purgànti

Pùrghi, vedi pùrga

Purmùni, vedi priurùni

Purmunìa, s. f. infiammazione del polmone, pneumonite, polmonea

Pùrpa, s. f. carne senz'osso e senza grasso, polpa; detto di frutta, drupa; di la nùci, gheriglio

Purpàina, s. f. modo di propagazione delle piante, che si fa coricando sotterra un ramo di albero o di arbusto, finchè getti radici, quando appunto si distacca dalla pianta madre, *propaggine*; per fossa dove si esegue la propaggine ; chiantàri a purpània, *infrasconare*; per *sepoltura*

Purpètta, s.f. vivanda di carne tritata con altri ingredienti, *polpetta*

Pùrpitu, vedi pùlpitu

Pùrpu, s. m. animale che vive nel mare, le di cui parti tagliate si riproducono *polipo*; per un'escrescenza carnosa che viene in varie parti del corpo, *polipo*; avìri lu cori comu na grànfa di pùrpu , vale essere avarissimo

Pùrpura, s. f. specie di conchiglia marina, *porpora*; per colore e per panno tinto di porpora, *porpora*

Purpùrinu, agg. di color porpora, *porporino*

Purpùtu, agg. *polposo, polputo*

Purpùzza, s.f. carne della estremità delle dita, *polpastrello*

Purràzzu, s. m. pianta, *asfodelo*

Purrètta , s. f. pianta, *porro, porretta*

Purrèttu, s. m. escrescenza dura che viene alla pelle, *porro, verruca, bernocchio*

Purrittùsu, agg. pieno di porri, *bernoccoluto, bitorzoluto*

Purritu, agg. *putridito*

Purtàli, s. m. tenda che si pone dinanti alle porte ed agli usci interni delle case , *portiera*; ed a' balconi e finestre, *tenda*

Purtànti, s. m. andatura del cavallo, *ambio*

Purtantina, s. f. sedia portatile da due uomini , *portantina, bussola*

Purtàri, v. a. condurre da un luogo all'altro, *portare, trasportare*; per *reggere, condurre, indurre, incitare; esigere, richiedere ; soffrire* ; purtàri 'nciò 'nciò, vale *proteggere*; purtàri 'ncòddu ad unu, essere a proprie spese ; nun purtàri 'ngrùppa , vale non soffrire ingiuria ; purtàri a lòngu, *indugiare*

Purtaria, s. f. luogo per dove si entra ed esce dai conventi, *porta*

Purtàru , s. m. custode delle porte, *portinaro*; per chi riscuote il dazio vicino le porte di città, *stradiere*

Purtàta, s. f. quantità di vivande che si porta in una volta alla mensa, *portata*, muta di vivande; per qualità, condizione, importanza ; per carico d'una nave; pel peso della palla dell'artiglieria; pel fascio d'un certo numero di fili d'ordito, *pajuola* ; avìri purtàta, vale esser protetto

Purtàtu, agg. *portato*; per *inchinevole, protetto*

Purtatùra, s. f. il portare, *portatura* ; per mercede della portatura, *porto*

Purtazza, s. f. pegg. di porta

Purtèdda, s. f. luogo stretto ed angusto, *stretta*; per sito frequentato da ladri, e per sim. ove si scroccan danari con male arti; per buco nel fondo del mezzule, dove si mette la cannella della botte, e per la quale si può trar la feccia, *fecciaia*; purtèdda di li càusi, apertura sul davanti de' calzoni, *sparato* (vedi Carena, diz. dom.)

Purtèddu, s. m. piccolo guscio in alcune porte grandi, *sportelletto*; per la imposta degli armadi, *sportello*; per lo sportello delle carrozze, situato sui fianchi, da dove si entra nelle medesime, *sportello*

Purtèra, s. f. quell'uscio che si pone all'entrare delle stanze, e che qualche volta è guarnito di vetri, *usciale, uscio*

Purtèri, s. m. custode dell'uscio, *portiere*; per guarda-purtùni, vedi

Purticàtu, s. m. spazio all'ingresso degli edifizi, *vestibolo*; per porta grande, *portone*

Purticèdda, dim. di pòrta, *porticella*

Purtiddùzzu, dim. di purtèddu, *sportellino*

Purtinàru, vedi purtunàru

Purtulànu, vedi portulànu

Purtunàru, vedi purtàru

Purtùni, s. m. porta grande, propriamente quella per dove si entra ne' palagi, *portone*

Purtusàri, vedi pirtusàri

Purtùsu, vedi pirtùsu

Pùru, agg. *puro, netto, incorrotto, illibato*; per *limpido*

Pùru, part. riemp. *pure, anche, nondimeno*

Purvulàru, s. m. colui che fabbrica la polvere da sparo, *polverista*

Purvulazzàta, s. f. quantità di polvere che si leva in aria agitata dal vento, *polverìo*

Purvulàzzu, vedi pruvulàzzu

Pulvurèra, s. f. edifizio dove si

fabbrica o si tiene in deposito la polvere da sparo, *polveriera*

Pàrvuli, vedi pràvuli

Purvulìdda, s. f. dim. di pùrvuli, *polceruzza*; jittàri purvulìdda 'ntra l' occhi, vale *sedurre*

Purvulìnu, s. m. *polverino*, o quantità di polvere che si mette sul focone ai cannoni per accenderli, *polverino*; per talune macchie rossastre che vengono alla pelle prodotte da malattie cutanee, come scarlattina, rosolìa ec.

Pusàri, v. a. *posare, albergare*; per *riposare, fermarsi*, scaricare il peso; nun pusàri cammisa supra li spàddi, *paventare*

Pusàta, s. f. *fermata, posata*; per quegli strumenti co' quali prendesi il cibo, *posata*; per muta di vivande

Pusatèri, s. m. *oste*

Pusatìzza, s. f. *posatezza, pacatezza*

Pusàtu, agg. *posato*; per *prudente, giudizioso*

Pusèntu, vedi locànna

Pusèri, s. m. dito grosso della mano, *pollice*; per la parte dodicesima di un palmo

Pusìddu, s. m. dim. di pùsu, piccolo polso; per quell'ornamento di tessuto rado spesso con ricamo che le donne adattano a' polsi, *solino* (Carena, diz. dom.)

Pusintàri, vedi pusàri

Pussènti, agg. *possente*; per *corpulento*; detto di vino, *gagliardo*

Pustèdda, vedi valòra

Pustèma, s. f. enfiatura putrefatta, *postema*

Pustèri, s. m, quegli che ha ricevitoria del lotto , *prenditore*

Pustiàri, v. a. *insidiare, aguatare;* per porre ordinatamente in ciascun posto

Pustiàtu, agg. di pustiàri; detto di biade, vale seminate con ordine

Pusticèddu, dim. di pòstu

Pustiggbiùni, s. m. guida dei cavalli delle poste, *postiglione* ; per corriere di alcune città

Pustìlla, s. f. *postilla;* per *aggiunta;* per *pretesto*

Pustillàri, v. a. *postillare* ; per accomodare o correggere uno scritto

Pustimàri, v. n. il formarsi postema, *impostemire*

Pustimàtu, vedi 'mpustimàtu

Pustimaziòni, vedi pustèma

Pustizzu, agg. *posticcio*

Pùsu, s. m. la parte del braccio che congiungesi alla mano, *polso;* per *vigore, forza;* pel moto delle arterie, *polsazione;* pel polsetto delle donne, *solino;* per quello delle camiçe, *polsino;* tuccàri lu pùsu, vale scroccar danari

Pùta, s. f. il tempo e l'atto della potatura , *potagione* ; posto avv. vale *verbi grazia*

Putàri, v. a. mozzare i rami agli alberi o i sermenti alle viti, *potare*

Putatìvu, agg. *putativo*, o stimato per tale

Putatùra, vedi pùta

Putènza, s. f. *forza, potere, potenza*

Putìa, s. f. *bottega, officina;* di vinu, *canova* ; di scarpàru, *calzoleria;* di varvèri, *barbieria;* mittìrisi di casa e putia, vale dimorar lungamente

Putigàru, s. m. *bottegaio;* per rivendugliuolo di legumi, erbe ed altro, *treccone;* di salami, cacio ec. , *pizzicagnolo ;* di frutta solamente, *fruttaiuolo*

Putighìnu, s. m. uffìcio delle ricevitorie del lotto, *prenditoria*

Putìri, s. m. *potere, possanza;* a tuttu putìri, avv. *a tutto potere*

Putìri, v. n. aver possanza, facoltà, possibilità di fare o ordinare altrui , *potere* , aver forza e valore; valere o esser da molto; nun ci putìri cu unu, vale non poterla contendere; nun putìri cchiù, vale non aver più fiato o lena

Putiùna, accr. di putìa

Putriàri, v. n. fare a guisa dei poledri

Pùtru, vedi puddìtru

Putrùna, s. f. sedia grande a bracciuoli, *poltrona*

Putrunarìa , s. f. *infingardaggine, poltroneria*

Putrùni, s. m. poltrone, pigro, infingardo; campàri di putrùni , vale mangiare il pane senza guadagnarlo; per *pauroso*

Putruniàri, v. a. *poltroneggiare;* per giacere nell'ozio, *poltrone*

Puttanèri, vedi bagascèri

Puvirèddu, dim. di pòviru, *poverello*

Puvirtà, s. f. *mendicità, povertà*

Puviruni, acc. di pòviru, *poverissimo*

Pùzza, s. f. odore spiacevole, *puzzo*

Puzzàngara, vedi puzzàngaru

Puzzàngaru, s. m. luogo acquitrinoso, *pozza, pozzanghera*

Puzzàri, v. n. *pulire, puzzare*

Puzzàru, s. m. colui chè vòta i pozzi, *votapozzo*

Puzzicèddu, dim. di pùzzu

Pùzzu, s. m. luogo cavato a fondo nella terra e murato per conservarvi acqua da bere, *pozzo;* fàri vidiri la lùna 'ntra lu pùzzu, vale *ingannare;* pùzzu, per vaso dove si congelano i sorbetti, *sorbettiera*

Puzzùra, s. f. lo stesso che pùzza, vedi

Q

Q, sedicesima lettera dell'alfabeto nostro, e si pronunzia cù

Quacina, s. f. pietra che per forza di fuoco si stempa e serve poi a far calcina, *calce;* per quella che mescolata con acqua e rena serve a murare, *calcina;* quacina virgini , *non adoperata;* abbivirata, *spenta;* 'mpètra, *viva;* 'nsivata, conservata lungo tempo per servirsene al bisogno

Quacinàru , agg. venditor di calce

Quacinàzzu, s. m. calcina rasciutta e secca che trovasi nelle rovine delle muraglie, *calcinaccio;* così chiamasi anche un malore che viene a taluni volatili, e specialmente alle galline, *groppone*

Quacisi, s. m. fusto o pedale dell'albero

Quacquariàri, vedi quarquariàri

Quàcquaru, agg. nome di setta religiosa in Olanda, *quacquero;* met. uomo che vesta a fogge antiche

Quadàna, s. f. subito calore che viene al viso per vergogna o altra cagione, *erubescenza*

Quadanàta, vedi quadàna

Quadàra, s. f. vaso di rame per bollirvi chicchessia, *caldaia;* fùnnu di quadàra, posatura dello zucchero cotto

Quadaràru, s. m. facitor di caldaie ed altri vasi di rame, *calderaio*

Quadaràta, s. f. tanta roba che cape in una caldaia

Quadarèdda, dim. di quadàra, *calderuola*

Quadàru, vedi quadarùni

Quadarùni, s. m. accr. di quadàra, *calderone*

Quadiàri, v. a. comunicar calore, *riscaldare;* per *adirarsi;* detto di grani, cacio ec. vale *guastarsi*

Quadiatìna, s. f. *adiramento;* per *riscaldamento,* detto di vivande

Quadiàta, vedi quadiatìna

Quadiatùra, vedi quadiatìna

Quadìzza, s. f. *adiramento;* per *irritazione*

Quadumàru , s. m. chi vende lesse le interiora degli animali da macello

Quadùmi, vedi quarùmi

Quàgghia, s. f. uccello, *quaglia;*

così chiamasi anche la petronciana tagliata per lungo e fritta nell'olio o nello strutto

Quagghialàtti, vedi quàgghiu

Quagghiarèdda, si dice zè quagghiarèdda, donna del volgo sudicia, *sciatta*

Quagghiarèddu, s. m. *ventricino*; per materia con cui rappigliasi il latte, *gaglio*

Quagghiàri, v. n. *rappigliare*; per *addormentarsi, morire, allibbire, ammutolire*

Quagghiàru, s. m. ventricolo degli animali ruminanti, *quaglio, abòmaso*; per uomo dappoco, *moccicone*

Quagghiàta, s.f. latte rappreso, *giuncata, felciata*; aria quagghiàta, vale soffocante, dove non spira vento piacevole, *afa*

Quagghiàtu, agg. di quagghiàri, per cosa ch'è tra liquida e soda, *mezzellone*

Quagghièri, s. m. strumento col quale s'imita il canto della quaglia, *quagliere*

Quagghiòtta, s. f. dim. di quàgghia; per donzelletta di aspetto piacevole, *pulzella*

Quàgghiu, s. m. materia con cui rapprendesi il latte, *presame*

Quagghiùmi, s. m. materia liquida rappresa; per aria dove non spira alcun vento piacevole, *afa*

Quagghiùzza, dim. di quàgghia

Quàlchi, agg. *qualche, qualcuno*

Quàli, pron. rel. *quale*

Qualifica, s. f. il qualificare, *qualificazione*

Qualùnqui, pron. indel. *qualunque*

Quànnu, avv. *quando*; per *sebbene, poichè*; preceduto dall'art. lu, denota *ora, tempo*

Quànquaru, dicesi fari lu don quanquaru, e vale *padroneggiare*, fare il quanquam

Quàntu, s. m. quantità, *quanto*; agg. *quanto*; avv. *quanto*

Quantùnchi, vedi quantùnqui

Quantùnqui, avv. *quantunque*

Quaquènchiaru, agg. vale *semplice, sciocco, tangherello*

Quarànta, n. num. *quaranta*

Quarantàna, s. f. spazio di quaranta giorni, *quarantena*; quarantèna è detto anche quel periodo di contumacia che si fa scontare ad un legno proveniente da luoghi infetti, negandoglisi la pratica, affin di tenere in osservazione la salute dell'equipaggio, e far lo sciorinamento delle merci; mèttiri na cosa 'nquarantàna, vale mettere in forse una notizia finchè si abbiano maggiori prove

Quarantùri, term. degli eccles., una delle solenni esposizioni del SS. Sagramento che gira di chiesa in chiesa nel corso dell'anno, *quarantore*

Quarcùnu, agg. *qualcuno*

Quarèsima, s.f. digiuno di quaranta giorni, *quaresima*

Quarquariàri, v. n. si dice del bollire che fa l'acqua smoderatamente, *scrosciare*

Quàrta, s. f. la quarta parte di chicchessia; per la quarta parte di un'oncia, o della circonferenza d'un cerchio, *quarta;* stari cu la quarta a bentu, stare alle vedette, *vegliare;* met. *riposare*

Quartalòru, s. m. vaso presso a poco la quarta parte di una botte

Quartàna, s. f. febbre intermittente, *quartana*

Quartàra, s. f. vaso di terra cotta destinato a portar acqua, *brocca;* nun pò truzzàri la petra cu la quartàra, il debole non può cozzar col potente; cadìri l'acqua quartàri quartàri, piovere strabocchevolmente, *diluviare*

Quartaràru, s. m. *vasellaio;* per facitor di vasi e di stoviglie, *stovigliajo*

Quartarùni, s.m. accr. di quartàra; per peso equivalente alla quarta parte d'un rotolo

Quartèccia, s. f. pianta, *china, chinachina*

Quartèri, s. m. parte di città, *quartiere;* per le stanze destinate ad alloggio de' soldati, *quartiere*

Quartermàstru, s. m. colui che sovrintende ne' soldati alla distribuzione de' quartieri, e il ragioniere del reggimento, *quartiermastro*

Quartèttu, s. m. pezzo musicale a quattro voci o strumenti, *quartetto*

Quartiàri, v. a. dividere in quattro parti, *quadripartire;* met. *schermire, difendersi*

Quartigghiu, s. m. la quarta parte d'un pezzo duro di Spagna; per *collega, socio*

Quartignu, agg. animale che ha quattro anni

Quartini, s. m. plur. term. dei sarti, le due parti di dietro della giubba o altro che copra il dorso, *schienali* (Carena, diz. dom.)

Quartinu, dim. di quàrtu

Quàrtu, s. m. aggregato di più stanze che forma un'abitazione separata, *appartamento, quartiere;* per la quarta parte di chicchessia; degli animali da macello, *quarto;* in quàrtu, degli stamp. vale che i fogli son piegati in quattro parti, *in quarto;* quàrti di giammèrga, quelle parti del vestito che pendono all'ingiù, *falde;* acchianàri lu quàrtu, *adirarsi;* quartu di lùna, periodo lunare, composto di sette in otto giorni, *quarto*

Quàrtu, agg. *quarto*

Quartuccïàri, v. n. misurare il vino o altro con la misura detta quartùcciu, vedi

Quartùcciu, s. m. misura di liquidi, *quarto;* per la quantità del vino che vi cape, *boccale;* mènzu quartùcciu, *sestiere, metadella, mezzetta*

Quarùmi, s. m. il complesso delle parti interiori degli animali da macello e della testa, che si bollono in caldaja e si vendono nella piazza, *frattaglie;* vròru di quarùmi, è il brodo fatto con quelle interiora

Quasanti, avv. *a causa, per colpa, per occasione*

Quasarèddu, s. m. l'ugna fessa de' ruminanti e di altri quadrupedi, *zoccolo*

30

Quasàri, v. a. *calzare*; n. pass. *calzarsi*

Quasàtu, agg. *calzato*; sumèri quasàtu e bistùtu, vale *scioccone*

Quasèru, s. m. calza grossa, *calzerone, calzerotto*

Quasatùri, s. m. striscia di cuojo, o pezzo di legno o corno spianato che serve a calzar le scarpe, *calzatoia*

Quasètta, s. f. vestimento della gamba e del piede , *calza, calzetta*; vèniri bona la quasètta, vale esser utile, *convenire*

Quasittèri, s. m. colui che lavora calze, *calzaiuolo, calzettaio*

Quasittùni, s. m. accr. di quasètta , quella calza di lana grossa che lavorasi pe' contadini e cacciatori, *calzerone*

Quasùddi, dim. di càusi; per una specie di pasta

Quasùni, s. m. foggia di calzoni grossolani usati da' villici, *calzerotto*

Quatèla, s. f. *cautela*; per *pegno, garenzia*

Quatelàri, v. a. *cautelare, garentire*

Quatèrna, s. f. nome collettivo di quattro cose unite insieme, o di quattro numeri giocati al lotto in unione, *quaderna, quadernario*

Quaterniùni, s. m. il corso di quattro giorni continui

Quatèrnu , s. m. venticinque fogli di carta uniti insieme, *quaderno*; per pitàzzu vedi

Quatirnòlu, vedi quintirnòlu

Quatrànti, s. m. la quarta parte

della circonferenza d'un cerchio, *quadrante;* per uno strumento astronomico ; per la mostra dell'oriuolo a ruota, *quadrante*

Quatràri, v.a. ridurre in forma quadra, *quadrare;* sta anche in significato di *piacere, soddisfare*

Quatraria , s. f. collezione di quadri , *quadreria* ; per la stanza dove si contengono, *pinacoteca*

Quatràtu, s. m. figura piana di quattro lati, che ha tutt' e quattro gli angoli e i lati uguali , *quadrato* ; presso gli stampatori è un pezzo di metallo che situasi fra mezzo ai caratteri, per dividerli fra di loro , *quadrato* ; formato di colonna o battaglione; agg. *quadro, quadrato*

Quatratùra, s.f. *quadratura;* per senno, *saviezza, prudenza*

Quatrèllu, s. m. strumento che serve a misurar le distanze delle linee nel rigare la carta, *quadrello*

Quatrèttu, s. m. dim. di quàtru, in significato di pittura accomodata sul telaio , *quadretto*; per mattone quadrato, *quadrello, quadruccio*

Quatriàri, v.a. ridurre in forma quadra, *quadrare, riquadrare*

Quatricèddu e quatrittìnu, dim. di quàtru

Quatrigghia, s. f. sorta di ballo, *quadriglia*

Quatrittùni , s. m. specie di mattone grande di forma quadra, *quadrone*

Quàtru, s. m. figura quadrata,

quadro; per pittura in legname o in tela accomodata in telaio, *quadro*; per gli spartimenti che si fanno in terra ne' giardini e ne' campi, *quadri*; agg. *quadro*; testa quàtra, vale uomo sennato, *perspicace*

Quatrùni, s. m. accr. di quàtru; per uomo o donna che vesta all'antica

Quattròcchi, dicesi per ischerzo a chi usa gli occhiali

Quàttru, s. m. nome numerale, *quattro*: per dinotare un piccol numero di chicchessia ; aviri quattru facci comu lu cascavaddu, vedi facciòlu ; vidinu cchiù quattr' occhi ca dui, il senso n'è chiaro: quattru e quattru fann' ottu, in modo avv. *chiaramente*, *spiattellatamente*

Quattrugràna, s. m. moneta di rame del valore di quattro grani; e forma di pane che ha il costo di detta moneta

Quattrutèmpi, s. m. plur. il digiuno di tre giorni che si fa nelle quattro stagioni dell'anno, *quattrotempora*

Quatturranàta, s. f. tanta roba che valga quattro grani

Quatturranèdda, s. f. forma di pane del valore di quattro grani

Quèrcia, s. f. albero, *quercia*

Quèstua, s. f. *accatto*, *questua*

Questuàri, v. n. accattar limosina, *questuare*

Questuàriu, s. m. che questua, *questuante*

Quìnnici, n. numerale, *quindici*

Quinnicina, s. f. spazio di quin-

dici giorni; comunemente intendesi lo spazio di 15 giorni che precede la solennità dell'Assunzione di Maria Santissima

Quinta, s. f. intervallo musicale di cinque voci per grado , *diapente*, *quinta*; per le tele laterali delle scene, *quinte*; nèsciri di quinta, dare in escandescenze

Quinternòlu, s. m. cinque fogli di carta da scrivere messi insieme, *quadernino*

Quintèrnu , vedi quinternòlu; per 25 fogli messi insieme, *quaderno di fogli*

Quintessènza, s. f. la parte più pura ed essenziale delle cose, *quintessenza*; quintessenza di làtru, birbànti ec. vale schiuma di ladro, di birbante

Quintu, n. num. ordinativo di cinque, *quinto*

Quittànza , s. f. dichiarazione che fa il creditore d'essere stato soddisfatto dal debitore, *quitanza*

Quittàri, v. a. far quitanza, *quitare*

Quòta, s. f. *porzione*, *quota*

R

R, diciassettesima lettera dello alfabeto, e tredicesima delle consonanti ; pèrdiri l' erre , vale perder la pazienza

Ràbbia, s. f. malattia de' cani, *idrofobia*; per ira, *rabbia*

Rabbidimèntu, s. m. *ravvedimento*, *resipiscenza*

Rabbidìri, v. n. e n. pass. *ravvedersi, emendarsi*

Rabbidùtu, agg. *ravveduto*

Rabbiscàri, v. a. ornar con rabeschi, *rabescare*

Rabbiscàtu, agg. *rabescato*

Rabbiscu, s. m. lavoro a guisa di foglie accartocciate, di viticci ec., *rabesco*

Ràbbiu, agg. *rabbioso, iroso*

Rabbiùsu, vedi ràbbiu

Rabbuffàri, v. a. scompigliare i capelli, *rabbuffare*; n. *accipigliarsi*

Ràcatu, vedi ràgatu

Raccamàri, v. a. fare coll'ago vari lavori in su panni, drappi ec., *ricamare*

Raccamatùri, s. m. *ricamatore*

Raccàmu, s. m. l'opera ricamata, *ricamo*

Raccapizzàri, v. a. *ritrovare, rinvenire, raccapezzare*; met. intendere con difficoltà

Racchètta, s. f. strumento col quale si giuoca alla palla, *racchetta, lacchetta*

Ràcchiu, agg. detto ad uomo, vale basso, *caramogio*

Raccògghiri, v. n. *mietere, raccogliere*; per arricògghiri vedi

Raccumannàri, v. a. dare in custodia, *raccomandare*; n. pass. implorare l'altrui protezione, *raccomandarsi*; raccumannàri la pècura a lu lupu, detto a chi non custodisce bene un oggetto statogli affidato

Raccumannaziòni, s. f. *raccomandazione*

Raccumannizza, vedi raccumannazioni

Raccuntàri, v. a. *narrare, riferire, raccontare*

Raccùntu, s. m. *racconto, novella, istoria, avvenimento*

Racina, s. f. frutto della vite, *uva*: pistàrilu comu racina, *zombare*

Racinàzzu, veni vinàzzu

Racinèdda, s. f. pianta spinosa che ha le coccole simili all'uva, *uva spina*; racinèdda di sùrci, *sempревivo minore*; sarvàggia tùrca o di li pittùri, pianta americana, *fitolacca, uva turca, uva salvatica*

Raciòppu, s. m. racimoletto di uva, *raspollo*

Raciuppamèntu, s. m. ciò che si ricava dalla vigna dopo la vendemmia, *racimolatura, raspollatura*; per *guadagno, civanzo*

Raciuppàri, v. a. andar cercando i raspolli, *raspollare*; per guadagnar di nascosto, *civanzare*

Radènti, avv. *rasente*; jìri o passàri radènti radènti, *rasentare*

Ràdica, s. f. parte sotterranea della pianta, *radice, radica*; per *cagione, origine*; dicesi delle unghia, denti, capelli, e vale la parte che va attaccata al nostro corpo; per una pianta indigena del Perù, detta *ipecacuana*; pigghiàri la ràdica, *vomitare*; met. *nojare, stuccare*; nun vidirisìnni nè fùmu nè ràdica, vale *svanire*; detto di persona, fuggire in fretta, *spulezzare*

Radicàri, v. n. *abbarbicare*, detto delle piante; fig. per *invecchiare*, detto di vizio, cattiva passione ec.

Radìcchia, s. f. erba simile alla cicoria silvestre, *radicchiella*

Radicchiàri, vedi arradicchiàri

Radìci, s. f. pianta, *radice*

Radicùni, s. m. accr. di ràdica; detto di lingua è la parte carnosa dell'esofago alla quale sta unita la lingua

Radingòttu, s. m. *gabbano*; mantello con maniche

Ràdiri, v. a. levare il pelo con rasoio, *radere*; per *nettare*, *tòr via*; detto di arme taglientissime, *radere*; torre il colmo alla misura; ràdiri e pagàri, perdere il ranno ed il sapone

Radugnàri, v. a. *cincischiare*

Radunàri, v. a. *ragunare*; n. pass. *adunarsi*

Radùtu, agg. *raso*

Raffiguràri, v. a. *raffigurare*, *ravvisare*; per *rassomigliare*

Raffinàri, v. a. *affinare*, *raffinare*; n. p. *ingentilirsi*

Ràgatu, s. m. ansamento frequente con stridore al petto, *rantolo*

Ragatùsu, agg. *rantoloso*; a chi per catarro ha perduto la chiarezza della voce, *roco*

Raggbiàri, vedi arragghiàri

Ràgghiu, s. m. voce dell'asino, *raglio*

Ràggia, s. f. malattia propria de' cani, *rabbia*; per eccesso di furore; per *invidia*, *stizza*; per quella resina che esce da varie specie di pini, vedi catràma e pici

Raggirùsu, agg. *cavilloso*, *raggiratore*

Raggiunàri, v. n. *ragionare*; per *filosofare*, *valutare*

Raggiùni, s. f. quella potenza dell'anima per cui ella giudica, discerne, argomenta, *ragione*; per cagione, motivo, proporzione, pretensione, azione, dritto; per compagnia di traffico; senza raggiùni, vale *ingiustamente*; aviri raggiùni ca si paìia o di vinniri, vale aver tutta ragione

Ragògghia, vedi ruvògghia

Ragù, s. m. (franc.) *manicaretto*, *intingolo*, *ragù*, *guazzetto*; per *stufatu*, vedi

Ragumiàri, v. n. quel rimasticare dei cibi che fanno gli animali ruminanti, *ragumare*, *digrumare*

Raguncìnu, s. m. *manicaretto*

Ràisi, s. m. chi dirige la pesca del tonno, o possiede barche pescarecce, *rais*; capu ràisi, t. dei tonnarotti, bastimento che sostiene la leva e sta ancorato all'estremità della tonnara, *capo-rais*

Ràja, vedi ràggia; per un pesce simile alla ferraccia, *raja*

Ràma, s. f. parte dell'albero a guisa di braccio e sul quale nascon foglie, fiori e frutta, *ramo*, *rama*; per sim. tutto ciò che parte da un oggetto e si dirama; aviri na ràma di pazzìa, *avere un ramo di pazzia*

Ramàgghia, s. f. quantità di rami, *frasche*, *ramaggio*; frasca d'ulivo potata, *libbia*

Ramàri, vedi arramàri

Ramàzzu, s. m. *bastone*, *batocchio*, *bacchio*

Ramètta, s. f. ramoscelli di fiori artificiali che si pongono sugli altari

Ramiàri , v. n. produr rami , *ramificare*

Ràmpa , s. f. *branca* , *zampa*, *rampa*

Rampànti, s. m. luogo sterile, *grillaia*; agg. di terra incolta, scoscesa e ripida, *roccia*

Rampicànti, agg. di talune piante che s'arrampicano per alberi, muri ec., *rampicante*

Rampicàri, vedi arrampicàri

Rampicùni, vedi a rampicùni

Rampìnu , s. m. strumento di ferro adunco , *graffio*, *rampino*; per la ripiegatura del ferro del cavallo , *rampo* ; vècchiu rampinu , detto ingiurioso a vecchio astuto e maldicente

Rampògna, s. . *rimbrotto*, *rampogna*

Rampugnàri , v. a. *ingiuriare*, *rampognare*; n. pass. *lamentarsi*, *querelarsi*

Rampugnùsu, agg. *rampognoso*

Ràmu , vedi ràma ; per parte di chicchessia

Ràmu , s. m. metallo duttile , *rame*; per moneta di rame; per piància vedi; per utensili di rame

Ramùna, accr. di ràma

Ramuràzza, s. f. pianta, *rafano*, *ramolaccio*

Ramurchiàri, vedi arrimurchiàri

Ramùsu e ramùtu, s. f. pieno di rami, *ramoso*

Ramùzza, dim. di ràma, *ramicello*

Rancàri, vedi arrancàri

Rancàta, s. f. perseveranza in un lungo cammino

Rancèri, s. m. quello fra' soldati che apparecchia loro il rancio, *ranciere*

Rancidìri, vedi rancitìri

Rancitìri, vedi arrancitìri

Ràncitu, s. m. *rancidezza*, *rancidità* ; agg. *stantio*, *putrido*, *rancido*; fig. *insulso*, *sciocco*, *disusato*, *antico*

Rancitùmi, s. m. il sapor delle cose rancide, *rancidezza*; per *vetustà*

Rancitùsu, vedi rància

Rancitùtu, agg. *rugginoso*

Rànciu, s. m. il pasto de' soldati , *rancio* ; fari rànciu, mangiare molti alla stessa tavola, *stare a scotto*

Rancùgghiu, agg. uomo di bassa statura, *caramogio*

Rancuràrisi, v. n. pass. *rancorarsi*, *rammaricarsi*

Rancùrì, s. m. *odio*, *rancore*

Rancùru, s. m. *affanno*, *doglia*, *rammarichio*

Rancurùsu , agg. che si duole o si rammarica

Ràngu , s. m. *grado* , *ordine*, *condizione*

Rannigghia, s. f. specie di collare antico di pannolino all' uso spagnuolo , per lo più a cannoncini, *goniglia*

Rànnula, s. f. quell'arnese che situasi all'estremità del mozzo delle ruote dei carri e dei cocchi, ove stan fitte le razze, e che serve a non farle uscire, girando, dal proprio asse; per un fornimento delle fasce de' bambini

Rantaria , s. f. luogo dove si rinserra il bestiame la notte, *bovile*; per carcere degli animali quadrupedi onde non danneggino le altrui possessioni, *parco*

Rantàru, s. m. chi ha in custodia gli animali del parco, *mandriano*

Rànti rànti, avv. *rasente, allato, a randa a randa*

Rantiàri, v. a. l'andare a randa, rasente, allato; per cercar ne' canti cosa che possa esser utile

Rantiatùra, s. f. rimasuglio di frutta, *residuo, avanzo*

Ràntulu, s. m. ansamento con stridore del petto, proprio de' cani, *rantolo*

Rantùni, agg. a persona zotica, e vale *ridicola, goffa, balorda*

Rànula, s. f. sorta di malore che viene alla lingua, *ranella*

Ràpa, s. f. pianta a radice bulbosa, *rapa*

Rapàri, v. a. tritare il tabacco in modo che divenga rapè

Rapè, s. m. sorta di tabacco in polvere, *rapè*

Rapìri, v. a. *rapire, prendere, furare*; sintirisi rapìri, *sollucherarsi*

Rapìsta, vedi vastunàca; met. membro virile

Rapòccia, vedi rappùgghia

Rapònzulu, s. m. pianta, *raperonzolo*

Ràppa, s. f. ramicello di vite che tiene il grappolo dell'uva, *racimolo, grappolo*; rappa d'ova, uovi attaccati e stretti a guisa di grappolo, che sono nel ventre degli ovipari; vinu chi sàpi di ràppa, vale *aspro*

Rappaciàri, v. a. *rappacificare, riconciliare*

Rapparéddu, s. m. uccello che ha il becco grosso e cortissimo, e canta soavemente, *raperino, raperugiolo*

Rapparìnu, agg. d'una sorta di prugna

Rappùgghia, s. f. racimolo di vite dal quale è stata spiccata l'uva, *graspo, raspo, raspollo*

Rappucciàri, vedi raciuppàri

Rapùdda, s. f. pianta, *cardoncello maggiore*

Ràsa, s. f. bastone rotondo per uso di levar via dallo staio il colmo che sopravanza alla misura, *rasiera*; pel radere, *rasura*; acqua ràsa, composto alcoolico con la resina ch'esce da' pini, *acqua ragia*; passàri la ràsa a tutti, vale non risparmiarla ad alcuno

Rasàri, vedi arrasàri

Rasatùra, s. f. rottami di pietra che servono a rendere uguale il piano d'un muro, *scheggioni*

Rascagnàri, v. a. far dei guadagnetti

Rascagnàtu, agg. d'un velluto di superficie ronchiosa; per agg. di rascagnàri, vedi

Rascagnùsu, agg. *brusco, scabro*

Rascàri, vedi arrascàri

Rascatùra, s. f. *raschiatura*

Ràscatùri, s. m. strumento di ferro per raschiare, *raschia*

Raschìgghia, s. f. vivanda fatta di pasta assai manipolata per farne frittelle; met. agg. *tenero, squisito*

Ràscu, s. m. fior di latte, *panna*

Rascùni, s. m. *graffiatura, sfregio*

Rascùsu , agg. *scabroso* , *scoglioso* , *ruvido*

Rasènti, vedi radènti ; rasènti rasènti, avv. *rasente*

Rasinu, s. m. sorta di drappo più fine del raso ordinario, *rasino*

Rasòlu , s. m. coltello da radere, *rasoio;* armàtu o priparàtu a rasòlu, vale compiutamente

Ràspa, s. f. specie di lima, *raspa;* di lignu, *ingordina, scuffina*

Raspàri, vedi arraspàri

Raspùsu, vedi rascùsu

Rassigna, s. f. *rassegna*

Rassimigghiàri, v. a. *rassomigliare, rassembrare*

Rassimìgghiu , s. m. *rassomiglianza*

Rastèddu, s.m. strumento dentato con cui si sceverano i sassi dalla terra, e la paglia dalle biade , *rastrello* ; per quello steccato che si fa dinanti le porte delle fortezze, *rastello;* per l' uscio fatto di stecconi , *cancello;* per quel legno dove i calzolai appiccan le scarpe, *rastrello;* per quell' istrumento di legno fatto a guisa di scala a piuoli, che si conficca nel muro per traverso sopra la mangiatoia per gettarvi sopra lo strame, *rastrelliera;* per lo strumento dove si attaccano e posano le armi, *rastrelliera, rastrello*

Rastiàri, vedi rantiàri

Ràstu, s. m. *orma, pedata;* per *indizio, segnale, argomento*

Ràsu , s. m. specie di drappo di seta, *raso*

Ràsu, agg. *raso, spianato, pareggiato;* per *colmo, soprappieno, riboccante*

Ràsula, s. f. strumento rustico a guisa di paletto per nettare zappe, zapponi e simili, *razzola* ; per uno strumento che serve a pareggiare l'ugna del cavallo, *rosetta*

Rasulàta, s. f. ferita fatta col rasoio, *rasoiata*

Rasuliàri , v. n. levar via la terra dalla zappa colla ràsula

Ratizzàri, v. a. *ripartire*

Ratìzzu, s. m. *ripartizione*

Rattèdda, s. f. piccola faccenda, *faccenduzza*

Ràttu , agg. de' cavalli , asini e simili , che rattamente si muovono a smoderata lussuria

Raù, vedi ragù

Ravazzàta , s. f. specie di focaccia, *schiacciata*

Ravazzatina, s. f. specie di pagnotta ripiena di cacio, burro, carne insalata ec., *schiacciatina*

Ravìòla, s. f. vivanda fatta di uova, ricotta, farina ec., *raviggiuolo e raveggiuolo*

Raviulàru, s. m. arnese di ferro che serve a dare la forma a' raveggiuoli

Ravògghia, s. f. cerchio di ferro terminato con una punta che si conficca nel terreno, e serve ad un giuoco fanciullesco che consiste nel procurare d' introdurre talune palle in quel cerchio per mezzo delle così dette palìsi, vedi palìsa

Ràzza, s. f. *stirpe, schiatta, razza*; per modo, forma, qualità

Razzi s. f. plur. pianta, *rapa salvatica*

Razzina, s. f. avvil. di razza, cattiva razza , *razzina* ; per tutte le barbe, di qualsiasi albero, *barbata*

Razziòni, s. f. *salario*; per porzione di vitto che si dà al soldato o al marinaro , *razione*

Razziunàli , s. m. quegli il di cui ufficio è rivedere i conti, *ragioniere*

Re, s.m. legittimo Signore di un regno, *sovrano, monarca, re*

Re di li gaddàzzi, s. m. grosso uccello, *nonna*

Re di li marvizzi , s. m. uccello di un bel giallo, *cesena tordella*

Re di li quàgghi, s. m. uccello di passo, *re di quaglie*

Rebàrbaru, s. m. pianta purgativa, *rabarbaro*

Reclusiòni, s. f. sorta di pena, che vale carcerazione temporanea

Reclusòriu, s. m. luogo di sacro ritiro, *chiostro, chiuso*

Reclùta, s. f. il reclutare, e il soldato di fresco arruolato , *recluta*

Rèda, vedi rèra

Rèficu, s. m. estremità dei panni cucita con alquanto rimesso, *orlo*; pidòcchiu rèficu, *mosca culaja*

Refùggiu , s. m. *ricovero, rifugio*; per albergo di poveri

Regalàri, vedi rigalàri

Règgia, s. f. abitazione reale, *reggia*; met. casa grande

Règgiri, v. n. *sostenere, reggere, compensare, durare, soffrire*

Reggistràri, v. a. *scrivere, notare, registrare*

Reggistru, s. m. libro dove sono registrati gli atti pubblici e privati, *registro*; pel luogo dove si custodiscono i registri ; negli strumenti musicali è quella parte che regola i tuoni; presso gli oriuolai, quella parte dell'oriuolo che serve ad accelerare e ritardare il movimento del pendolo; presso gli stampatori, il regolare la stampa delle pagine in modo che combacino l'una sull'altra; mutàri registru, met. *cambiar proposito*

Regniculu, agg. nato nel regno, *regnicolo*; però noi intendiamo chi è nato in provincia, e non nella capitale, *provinciale*

Règula, s. f. *norma, regola, guida, esempio*; mèttiri a règula, *regolare, moderare*

Regulàri, v. a. *regolare*; n. p. *dirigersi, regolarsi*

Regulari, agg. *regolare*; di clero, vale composto d'ordini religiosi, *regolare*

Regulatùri, s. m. chi dà regola, *regolatore* ; per orologio che serve di norma agli altri , *cronometro* ; per una macchina che misura le acque correnti, *regolatore*

Règulu, s. m. strumento di legno o di metallo con cui tiransi linee dirette , *regolo* ; per membro degli ornamenti di architettura

Reliquàtu, s. m. *residuo, reliqua*

Reliquia, s. f. i corpi e le cose de' santi, *reliquia*

Reliquiàriu , s. m. vaso o altra custodia dove contengonsi le reliquie dei santi, *reliquiere, reliquiario*

Reluìri , v. a. *ricomperare, riscattare*

Reluizioni, s. f. *riscatto, ricompera*.

Rèma, s. f. l'incontro delle acque di due mari in uno stretto, *rema*

Rènniri, v. a. *restituire, rendere, fruttare*; parlando di fortezze, *cedere*; detto di vasi, *fluire*; di mammelle, vale che rendon del latte ; per dar fiato

Rènnita, s. f. *rendita, entrata*

Repertàri, v. a. voce dell'uso, e vale trascrivere nei verbali oggetti derubati

Repèrtu, agg. *ritrovato, reperto*; nell'uso, cose ritrovate presso i ladri

Repitàri, vedi ripitàri

Rèpitu, s. m. pianto pei morti, *gemito, piagnisteo*

Rèplica, s. f. *replica*; per *risposta*

Rèquia, s. f. riposo eterno dei giusti nell'altra vita , *requie*

Rèra, s. f. *schiatta , progenie, reda*; nèsciri di rèra, *tralignare* ; bona rèra, *di buon casato*

Rèsca, s. f. osso del pesce dal capo alla coda, *resta, lisca*; per quel sottilissimo filo che sta nella prima spoglia del granello delle biade , *resta*;

per quella materia legnosa che cade dal lino o canape quando si maciulla, *lisca*; èssi na rèsca, vale gracilissimo, *sdiridito*

Rèssa, s. f. luogo riposto ove possonsi adunare stormi di uccelli

Rèsta , s. f. quantità di cose legate insieme e per lungo , come fichi , cipolle ec., *resta*

Restavòi, s. f. pianta, *bulimaca*

Restituìri, v. n. *rendere, restituire*; restituìri la fama, l'onùri ec. vale *riparare* ; per *emendare*

Restìu, vedi ristìvu

Rèstu, s. m. *resto, residuo, avanzo*; di rèstu, avv. *del resto*; dàricci lu rèstu ad unu, vale *ribastonare*

Rèticu, agg. *impaziente, fastidioso*; nutrìcu rèticu, vale fanciullo lattante piagnoloso ; detto ad uomo *incontentabile*

Rètina , s. f. quelle strisce di cuojo attaccate al morso del cavallo e per cui si guida e regge, *redina*; per un numero di muli che conduce il bardotto, *salmeria*; per *ordine, serie*; per *potestà, autorità*

Retinòzzulu, s. m. ulive infrante trattone l'olio, *sansa*

Retipùntu , s. m. cucitura in cui l'ago in ogni punto successivo si ripianta nella giusta metà del punto precedente, *punto addietro* (Carena, diz. dom.)

Retrè, s. m. (franc.) luogo dove si fan gli agi, *cesso, zambra*

Rètta, s. f. col verbo *dàri*, vale *dar ascolto, intendere, dar retta*

Rèu, agg. *colpevole, reo*; per *accusato*

Rèuma, s. f. *catarro, reuma*; per un dolore che affligge varie parti del corpo

Reverènnu, agg. titolo di dignità ecclesiastica, *reverendo*

Rialàri, vedi rigalàri

Riàli, agg. attenente alla dignità di re, *reale, regale*; opposto d'apparente; pasta riàli, dolce fatto di mandorle tritate

Rialtà, s. m. qualità di ciò che è vero, reale, positivo, *realità*

Riàtta, vedi rigàtta

Riattàri, v. a. *restaurare, riattare*

Riattèri, vedi rigattèri

Ribannizzàri, v. a. *ribandire*

Ribbasciamèntu, s. m. il ribadire, *ribadimento*

Ribbasciàri, v. a. ritorcere la punta del chiodo dove esso fu confitto, perchè non si rallenti ma stringa più forte nella cosa confitta, *ribadire*

Ribbasciàtu, agg. *ribadito*; met. *tristo, furfante*

Ribbàsciu, s. m. la parte del chiodo ribadito, *ribaditura*

Ribàssu, s. m. scemamento di prezzo nelle merci, *ribasso*

Ribbàttiri, v. a. *ripercuotere, ribattere*; per tornare sullo stesso proposito

Ribbàttitu, s. m. quel riparo che si fa nei fiumetti, acciò l'acqua non ispanda

Ribbicchina, s. m. strumento di corde, *ribeba, ribeca*

Ribbiddàri, v. a. *ribellare*, e n. pass. *ribellarsi*

Ribbuccàri, vedi arribbuccàri

Ribuffàri, v. n. uscir fuori con violenza, *straboccare*; t'avi a ribuffàri l'arma, vale deve far contro tua voglia la tal cosa

Ribuffàta, s. f. *rimbalzo*

Ribbummàri, vedi rimbummàri

Ribbuttànti, agg. *increscevole, ributtante*

Ribbuttàri, v. a. *respingere, ributtare*

Ribbùttu, s. m. strumento di ferro a guisa di scarpello che serve a cacciar bene addentro i chiodi nel legno, *caccialoja*

Ricacciàri, v. n. far vista, *spiccare*

Ricàcciu, s. m. *spicco*

Ricadìa, s. f. *recidiva*

Ricadìri, v. n. *recidivare*; per *ricadere*

Ricanùsciri, v. a. *riconoscere, distinguere, rimunerare*

Ricanuscènza, s. f. il riconoscere, *riconoscenza*; per *gratitudine*

Ricarcàri, v. n. *ribattere, ripercuotere*, calcar di nuovo

Ricàttitu, s. m. *riscatto, ricatto*

Riccamàri, v. n. *ricamare*

Riccàmu, s. m. *ricamo*

Ricciu, s. m. quantità di capelli inanellati, *ricciaja*

Riccu, agg. *ricco*; per *pomposo*, di molto pregio; riccu 'nfunnu, vale *ricchissimo*

Riccùni, agg. super. di riccu, *straricco*

Ricètta, s. f. regola e modo di

compor le medicine e di u-
sarle, *recipe, ricetta*

Ricettàculu, s. m. luogo dove
si raccoglie chicchessia, ma
più comun. dicesi di acqua,
ricetto, ricettacolo

Richiàmu, s. m. *richiamo*; term.
degli stampatori, la sillaba
che ponsi a piè della pa-
gina, uguale a quella che sta
in principio della pagina se-
guente

Richiamùri, s. m. *reclamo, do-
glianza*

Richiantàri, v. a. piantar di
nuovo, *ripiantare*

Richiàntitu, s. m. il piantar di
nuovo

Ricìma, s. f. il misurar di nuo-
vo il vino

Ricimàri, v. a. misurar di nuo-
vo, detto dei liquidi e spe-
cialmente del vino, *rimisu-
rare*

Ricintàri, vedi arricintàri; per
cignere di muro, *bastionare*

Ricinu, vedi ríginu

Ricitàri, v. a. *raccontare, nar-
rare;* del favellare che fanno
i comici sul teatro, *recitare*

Ricitàta, s. f. il *recitare, reci-
tazione*

Ricittàculu, vedi ricettàculu

Ricittàri, v. a. dar ricetto, *ri-
cettare;* per compor ricette,
ricettare

Riciuppàri, v. a. *racimolare*

Riciviri, v. a. *pigliare, riceve-
re, accogliere, accettare*

Ricivitùri, s. m. che riceve, *ri-
cevitore;* così è anche chia-
mato fra noi quell'agente del-
la finanza incaricato di ri-
cevere dalle mani dei per-
cettori il danaro delle pub-
bliche gravezze

Ricìvu, vedi ricivùta

Ricivùta, s. f. confessione in
iscritto di aver ricevuto da-
naro o altro, *quitanza*

Ricòciri, v. a. cuocer di nuo-
vo, *ricuocere*

Ricògghiri, v. a. *raccogliere;*
per *raunare, accattare, mie-
tere;* cu nun à ricotu pecuri
a st'ura, nun ricògghi nè pè-
curi nè lana, indica che le
cose per esser utili debbon
farsi a tempo proprio

Ricònca, s. f. o ricòncu, s. m.
piccolo ricinto fatto di terra
o altro per ricevere acqua,
vasca; per piccolo ricetto di
acqua, *gorgoncello*

Ricònzu, s. m. il racconciare,
racconcio; per frumento di
cattiva qualità

Ricòtu, s. m. *ricolto, ricolta;*
a la ricòta, avv. al ritirarsi
in casa, e al tempo del rac-
colto del frumento, o altra
biada; dicesi anche degli uli-
vi, delle uve ec.

Ricòtta, s. m. fior di latte ca-
vato dal siero per mezzo del
fuoco, *ricotta*

Ricriàri, vedi arricriàri

Ricrìu, s. m. *ristoro, ricreo*

Ricugnàri, v. n. coniare di nuo-
vo, *riconiare*

Ricumpinsàri, v.a. *rimunerare,
ricompensare*

Ricumpènsa, s. f. *guiderdone,
ricompensa*

Ricunsàri, vedi ricunzàri

Ricuntàri, v. a. contar di nuo-
vo, *ricontare*

Ricunzàri, v. a. *racconciare*

Ricurdàri, vedi rigurdàri

Ricùrriri, v. a. chieder ajuto, *rifuggire, ricorrere*; n. p. manifestare alcun fallo dimenticato al confessore

Ricùsiri, v. a. tornare a cucire, *ricucire*

Ricusùtu, agg. *ricucito*

Ricuttàru, s. m. chi fa o vende ricotta, *cascinaio*; fig. protettore dei bordelli, *bordelliere*

Riddèna, s. f. strumento di legno da filare, *filalojo*

Riddicularia e riddiculàta, s. f. *ridicolosaggine*; per *frascheria, bajata, inezia*

Riddìculu, agg. *ridicolo*; per *gioviale*; mèttiri in ridìculu, vale burlare adulando alcuno, *sojare*

Riddòssu, s. m. luogo nascosto, e difeso dai venti e dal freddo, *bacio*

Riddùciri, v. a. *ricondurre, ridurre, mutare, convertire, restringere*; per render docile, *ammansare, persuadere*

Ridduciùtu, agg. di riddùciri, *ridotto*

Rìdiri, v. n. *ridere*; n. p. *burlarsi*; per lo screpolare dei vasi quando si fendono; di vestito *lacerarsi*; per *disprezzare*; ti vogghiu far ridiri! parole di minaccia

Riditàti, s. f. *reditale*; per *parentado, discendenza*

Ridùttu, s. m. raunata di gente in teatro per vegliare ballando sia in maschera o senza, *veglia*

Ridùttu, agg. di riddùciri, *ridotto*

Riètta, s. f. ferrareccia che a-

doperasi per archi di ruote *regetta, regettina*

Rifàrdu, agg. *fraudolente, ingannatore*; per *sordido, avaro*

Rìffa, s. f. voce dell'uso, specie di lotto, *lotteria, riffa*

Riffàri, vedi arriffari

Rifìcàri, v. a. fare orlo, *orlare*

Rifìcùni, s. m. accr. di rèficu, vedi

Rifilàri, vedi arrifilari

Rifìnu, agg. specie di tabbacco in grana, *refine*; per polvere da sparo di miglior qualità

Rifìttòriu, s. m. luogo dove i religiosi si riducono a mangiare, *rifettorio*

Rifodàri, v. a. legare alla cintura i vestimenti lunghi, *succingere*

Rifòrzu, vedi rinforzu

Rifrabbicàri, v. a. fabbricar di nuovo, *rifabbricare*

Rifranchìrisi, v. n. pass. rifarsi in giuoco delle perdite passate, *rinfrancarsi*

Rifricàri, vedi fricari

Rifriddàri, vedi arrifriddari

Rifriddatùra, s. f. *infreddatura, brezzolone*

Rifrìddu, s. m. vivanda che si mangia fredda, *piatto rifreddo*

Rifrìjri, v. a. frigger di nuovo, *rifriggere*

Rifriscàri, v. a. vedi arrifriscàri, far fresco; n. pass. divenir fresco, *ricreare, rinnorare*, pigliar ristoro; per *bastonare*

Rifriscàta, s. f. *rinfrescamento, rinfrescata*; a la rifriscàta,

31

posto avv. vale sull' imbru-
nire nella stagione estiva

Rifriscatùri , s. m. vaso dove
si mette dell'acqua o del vi-
no per rinfrescarlo , *rinfre-
scatojo*

Rifrìscu, vedi arrifrìscu

Rifrittu, agg. *rifritto; fritto e
rifrittu, vale ovvio, risaputo*

Rifruntàri, vedi arrifruntàri

Rifrùntu, vedi affrùntu

Rifuggiàri, v. a. *ricovrare, ri-
cettare;* n. pass. *ricettarsi, ri-
fuggirsi*

Rifùggiu, vedi refùggiu

Rifùnniri, v. a. arare i campi
a traverso del lavoro già fat-
to, *intraversare* ; per *fonder
nuovamente;* per *supplire, ri-
mettere, sopraggiungere*

Rifùsa , s. f. *sopravvenimento* ;
per *sopraggiunta , rinfondi-
mento*

Rifusàrisi, v. n. p. term. de' tip.
scomporsi i caratteri disposti
già in pagine, *disordinarsi*

Rifùsu, s. m. *rimanente, avanzo;*
per *pareggiatura;* term. de-
gli stampatori, vale disordi-
ne di caratteri ch' eran di-
sposti a pagina

Rifutàri, v. a. *ricusare, rifiu-
tare;* per *rinunziare*

Rifùtu, s. m. *rifiuto, ricusamen-
to;* term. dei giuocatori, va-
le il non rispondere al seme
giuocato, *rifiuto*

Riga, s. f. *linea, fila, riga;* per
linea retta che fanno gli e-
serciti; per lo strumento di
legno o di metallo con cui
si tirano linee rette; per or-
dine o classe di persone; per
quelle strisce che scorgonsi

alla superficie di panni, pie-
tre ec. *riga*

Rigalàri , v. a. *donare , rega-
lare*

Rigalèddu e rigalùzzu, dim. di
regàlu, *regaluccio*

Rigalìa , s. f. diritto del Re ,
per via del quale gode le
entrate dei benefici vacanti,
regalia ; per *dono , regalo ,
presente*

Rigàlu, s. m. *regalo, dono*

Rìganu, s. m. pianta, *rigamo,
origano*

Rigàri , v. a. tirar linee , *ri-
gare*

Rigàtta, s. f. *gara, regatta;* pig-
ghiàrisi a rigàtta , *gareggia-
re;* detto di venditori , ce-
dere una merce ad un prez-
zo minore degli altri e per
loro dispetto

Rigattèri, s. m. chi vende mas-
serizie usate, *rigattiere;* per
colui che rivende le cose a
minuto, *barullo;* per vendi-
tor di pesci, *pescivendolo*

Rìggidu, agg. *rigido, duro, a-
spro, austero, esatto;* jurnàta
rigida, vale che vi sia molto
freddo

Riggìna , s. f. *regina;* varcòca
riggini, è una qualità d' al-
bicocco

Riggiràri, v. a. dar danari ad
altri per via di scritto, *ri-
girare* ; per *girare* , tornare
di nuovo

Riggiràta, s. f. l'atto del rigi-
rare, e la scrittura del rigi-
rante, *rigirazione*

Riggirùsu, agg. *rigiratore, in-
gannatore*

Rignìculu, vedi regnìculu

Rigòrdu , s. m. *memoria* , *ricordo*; per ammaestramento; per ricordanza spiacevole

Rigu, s. m. *linea, rigo*

Rigulizia, s. f. pianta, *liquirizia, rigolizia*

Rigurdàri , v. a. *rammentare , ricordare, sovvenire, avvertire*; per confortare in fin di morte ; rigurdàri lu mortu 'ntavula, rimembrare cose funeste a chi toccano più vivamente

Rigurdìnu , s. m. anello dato per ricordo, *ricordino* ; per orologio da tavolino

Rigùri, s. m. *rigore, severità* ; per freddo eccessivo, *rigore*

Rigurùsu, agg. severo, rigido, *rigoroso*

Riòddu, s. m. uccelletto, *reillo, forasiepi* ; èssiri quàntu un riòddu, essere uno scricciolo

Rijèttitu, s. m. nuovo rampollo messo sul vecchio fusto, *rimettiliccio, rimessiliccio*

Rijnchìri, v. a. empire di nuovo, detto di vasi; aggiugnere quel che manca ad un recipiente perchè sia colmo, *riempire*

Rijttàri, v. a. *rigettare*; per *ripullulare*

Rijttùni , s. m. vedi rijèttitu; accr. di riètta, sorta di ferrareccia, *regettóne*

Rijuncàri, v. a. *persistere, continuare*; per *macerare, ammollire*

Rijùnciri, vedi arrijùnciri

Rijùnta , s. f. *sopraggiunta , riempitura*

Rilasciàta, s. f. data della consegna di carta autentica fatta da un pubblico funzionario

Rilàscitu, s. m. il rilasciare , *rilascio*; la parte della grossezza del muro lasciata sotto di quello che si è innalzato

Rilassàri, v. a. *staccare, rilassare, trascurare*

Rilavàri, v. a. lavar di nuovo, *rilavare*

Rilèggiri, v. a. legger di nuovo, *rileggere*

Rilèjiri, vedi rilèggiri

Riliquia, vedi reliquia

Riliquiàriu, vedi reliquiàriu

Rilùciri v. a. *risplendere, fare spicco, comparire, rilucere*

Riluiri, vedi reluiri

Rimacinàri , v. a. macinar di nuovo, *rimacinare*

Rimannàri , v. a. mandar di nuovo, o render altrui quel che si è avuto, *rimandare* ; per *licenziare*

Rimànnu, s. m. nel giuoco della palla è quando essa si rimanda per non essersi ben mandata la prima volta, *rimando*; di rimannu, posto avv. vale *da capo, di rimando*

Rimàrcu, s. m. *rilievo, importanza, rimarco*

Rimàri, v. n. *remare, remigare* ; met. aver per norma , regola

Rimaritàri, v. a. e n. p. *rimaritare, rimaritarsi*

Rimàrra, s. f. *fango, loto, zacchera, pillachera*

Rimarrùsu, agg. *fangoso*

Rimasticàri, v. a. masticar di nuovo, *ruminare, rimasticare*; met. *brontolare*

Rimasùgghiu, s. m. *rimasuglio*

Rimazzùni, vedi arrimazzùni

Rimbummàri, v.a. *rimbombare, rintronare, risonare*

Rimbùmmu, s. m. *rimbombo*

Rimburzàri, v. a. *rimborsare*

Rimbùrzu, s. m. *rimborso*

Rimèddiu, s. m. *riparo, rimedio*; per *compenso*; per *medicamento, farmaco*; nun c'è rimèddiu, vale dev' essere ad ogni costo

Rimiddiàri, v. a. *provvedere, riparare, rimediare*; per *rabberciare*

Riminàri, v. a. *dimenare, rimestare*; sommovimento fetale nell'utero della madre; riminàri lu pignateddu, *stregare*

Rimìsa, s. f. doppiatura degli abiti che si rilascia per poterli allargare quando vuolsi

Rimiscàri, v. n. muover delle masserizie per trovare alcuna cosa che si cerca, *rovistare*

Rimìssa, s. f. stanza dove si pone il cocchio o carrozza, *rimessa*

Rimmissiòni, s. f. *perdono, remissione*; nun c'è rimissiòni, *ha da essere*

Rimissu, agg. ristabilito in salute; per *ricreduto, pentito*; per *rimandato*

Rimitàggiu, s. m. *eremo, romitaggio*

Rimitòriu, vedi rimitàggiu; per luogo solingo, rimoto, *solitudine*

Rimitu, s. m. uomo dedito alla vita contemplativa, *romito*; rimitu fàusu, *romitonzolo*

Rimmurzari, vedi rimburzàri

Rimodernizzàri, v. a. ridurre all'uso moderno, *rimodernare*

Rimmusciulàri, v. a. metter di nuovo nel bossolo

Rimòrdiri, v. a. propr. morder di nuovo; fig. conoscere i falli commessi ed averne pentimento, *rimordere*

Rimòrsu, s. m. pentimento, *rimorso*

Rimpagghiàri, v. a. guernire di nuova paglia, *rimpagliare*

Rimpastàri, v. a. impastar di nuovo, *rimpastare*; per saper bene a memoria

Rimpèttu, vedi dirimpèttu

Rimpicciuliri, v. a. *rimpicciolire*

Rimproveràri, v. a. *rinfacciare, rimproverare*; per *vituperare*

Rimpugnàri, vedi ripugnàri

Rìmu, s. m. strumento di legno col quále si voga, *remo*; per la pena della galera

Rimuddàri, vedi arrimuddàri

Rimunnàta, s. f. *potagione*; pel mandar fuori la secondina

Rimunnàri, vedi arrimunnàri

Rimuntàri, v. n. montar di nuovo, *rimontare*; per rifar lo scappino agli stivali, *riscappinare*

Rimuntatùra, s. f. rifazione dello scappino o pedale agli stivali

Rimuràta, s. f. *romore, frastuono, tumulto, rimbombo*

Rìna, s. f. *arena, sabbia*; càva di rìna, *renaio*, cava renaria; rina d'argèntu, specie di rena bianca per pulire i metalli

Rinalàta, s. f. tanta quantità di

orina che cape in un orinale

Rinalèra, s. f. arnese che sta vicino al letto, e che serve a riporvi l'orinale, *orinaliera*

Rinàli, s. m. vaso nel quale si orina, *orinale*; tèniri lu rinali, *adulare*

Rinalòru, s. m. vasetto perforato dove riponsi l'arena da metter sullo scritto, *polverino, renajuolo*

Rinatùra, s. f. quella parte del mare o fiume rimasta a secco, e nella quale vi ha rena, *renajo*

Rinazzòlu, s. m. terreno assai arenoso e perciò disadatto a coltura, *renaccio*

Rinàzzu, s. m. quantità di rena che si trova per lo più raccolta intorno alle acque correnti, *reniccio, renischio, renistio*

Rincarcàri, v. a. calcar di nuovo, *ricalcare*; per ritrarre un consimile dalla carta stampata, *rimprontare*; detto di fabbrica, vale *dechinare*

Rinchipìti, voce adoperata coi verbi stàri ed èssiri, e vale ritrarsi a parte, *appartarsi*

Rìnchiu, voce che s'unisce con l'altra di sciàtira vedi, e significa *oibò! ohi!*

Rinchiùjiri, v. a. *rinchiudere, serrare*

Rinchiùsu, agg. *rinchiuso*; fètu di rinchiùsu, *puzzo*

Rinculàri, v. n. trarsi indietro, *rinculare*; per *respingere*

Rìndina, vedi rinnina

Rinèdda, s. f. materia che si manda dai reni pei meati urinari, *renella*

Rinèsciri, v. n. *riuscire*, aver buon effetto, *avvenire*

Rinisciùtu, agg. *riuscito*; per *terminato, finito* ʼ

Rinfacciàri, v. a. *rimproverare, rinfacciare*

Rinfàcciu, s. m. *rimprovero, rimproccio*

Rinficcàri, v. a. ficcar di nuovo, *rificcare*; per *perfidiare*

Rinficcu, s. m. *pretesto, coperchiella, raggiro*

Rinfòrzu, s. m. il rinforzare, *rinforzo*; nelle arti, pezzo di appoggio, *sostegno*

Rinfranchìri, vedi rifranchìrisi

Rinfriscu, vedi rifriscu; per sorbetto, *rinfresco*

Rinfucàri, v. a. infocar di nuovo, *rinfocare*

Rinfurzàri, v. a. *fortificare, rinforzare*

Rinfùsa (a la), avv. confusamente, *alla rinfusa*

Ringàta, vedi ringhèra; per gli scompartimenti quadri che si fanno nei giardini, *quadro*

Ringhèra, s. f. numero di cose poste in fila, *fila*; per luogo dove si aringa, *rostro, ringhiera*

Ringiuvinìri, v. n. ritornar giovine, *ringiovanire*

Ringiuvinùtu, agg. *ringiovanito*

Ringràziu, s. m. *ringraziamento*

Ringu, v. ringhèra; per *linea*; a ringu, avv. confusamente; vale anche continuatamente

Rini, s. m. rognone, *rene*; plur. le reni

Rinigàri, vedi arrinigàri

Rinittàri, v. a. nettare, pulire di nuovo, *rinettare*

Rinnimèntu, s. m. il rendere, *rendimento*

Rinnina, s. f. piccolo uccello di passo, *rondine*; per un pesce dello stesso nome

Rinninèdda , dim. di rinnina, *rondinella*; scinni scinni rinninèdda, sorta di giùoco fanciullesco

Rinninùni, s. m. specie di rondine più grossa e più forte, *rondone*

Rinnitàriu, agg. colui che possiede e vive di rendite, *benestante, possidente*

Rinnitùra, s. f. affluenza di latte che sopravviene nelle mammelle in allattare, *copiosità di latte*

Rinòvu, s. m. *rinnovazione*

Rintanàrisi, v. n. p. *nascondersi, rintanarsi*

Rintuzzàri, v. n. *ribattere, rintuzzare*

Rinùsu, agg. *arenoso*

Rinnuvàri, v. a. *rinnovellare, rinnovare*

Rintìsu, agg. *risentito*

Riòlu, s. m. pezzo di rete su staggi, a serrar callaje per prendervi lepri, *callaiuola*

Ripa, s. f. *riva, ripa*

Ripàru, s. m. *rimedio, riparo*; per quel riparo che si fa nei fiumi quando voglionsi arginare, *diga*

Ripassàri , v. a. propriamente passar di nuovo, *ripassare*; ma fra noi usasi per *burlare, canzonare*; per rivedere, dar perfezione al lavoro

Ripassàta, s. f. *ripassata*; dàri na ripassàta, mettere a memoria, *riesaminare*

Ripassiàri, v. n. *ripasseggiare*

Ripatriàri, v. n. e n. p. *rimpatriare, ripatriarsi*

Ripatriàta, s. f. *repatriazione*; fari na ripatriàta, *riamicarsi*, stringer di nuovo amicizia

Ripèzzu, s. m. il ripezzare, *ripezzatura, rattacconatura*; sirvìri pri ripèzzu, vale usare dell' opera d'alcuno quando non può ricorrersi ad altri, curandola poco nel resto

Ripidàri, v. a. *rifare, restaurare, risarcire*

Ripidàtu, s. m. term. dei fabbricatori , rifacimento delle basi d'un edifizio, *rimpello*

Ripiègu, s. m. *ripiego*; per pretesto, *scusa*

Ripigghiàri, v. a. *riprendere, ripigliare, riesaminare, rivedere, ricominciare*

Ripigghiu, s. m. *ripiego, sotterfugio, ripiglio, riprensione*

Ripisàri, v. a. pesar di nuovo, *ripesare*

Ripiscàri, v. a. *ripescare*; per *rinvenire*

Ripistàri, v. a. pestar di nuovo, *ripestare*; per *replicare, ricantare, ridire*

Ripìstu, s. m. operazione per la quale rinnovasi la vecchia polvere d'archibugio

Ripitàri, vedi arripitàri

Ripitizìòni, s. f. *ripetizione*; per oriuolo di tasca che ha soneria

Ripitùni, s. m. quel pezzo di sermento lasciato dal potatore nella vite , onde cacci fuori nuove messi, *capo*

Ripizzàri, vedi arripizzàri

Ripòcciu, vedi rapòcciu

Ripòniri, v. a. porre di nuovo, *riporre*; per *risarcire*, *rifare*, *nascondere*, *conservare*

Ripòstu, s. m. *conserva*, *ripostiglio*; per stanza da grasce, *canova*

Ripòsu, s. m. *riposo*, *sonno*, *pausa*; per un ferro a squadra su cui si ripiega e posa il mantice del calesse, *riposo*

Riprìnniri, v. a. *ammonire*, *riprendere*

Ripuddiri, vedi arripuddiri

Ripùddu, vedi rijèttitu

Ripuddùtu, vedi arripuddùtu

Ripugnàri, v. a. *ripugnare*; per *contrastare*

Ripuliri, v. a. pulir di nuovo, *ripulire*

Ripulùta, s. f. *ripulimento*

Ripurtàri, v. a. *riportare*; per riferire altrui

Ripusàri, v. n. cessar dalla fatica, *fermare*, *dormire*, *riposare*; ripusàri supra di unu, starsene a lui interamente

Ripusàta, s. f. *riposo*, *riposata*

Ripusatìzzu, agg. detto di persona, vale infingarda, non affaticata

Ripustàri, v. a. *riporre*, *nascondere*, *celare*

Ripustatùri, s. m. colui che nasconde e conserva oggetti derubati

Ripustèri, agg. chi ha cura della credenza, *credenziere*

Ripustigghiu, s. m. *ripostiglio*

Ripustìnu, s. m. dim. di ripòstu

Riquàgghiu, s. m. intriso d'uova battute con pane e cacio grattuggiato

Riquatràri, v. a. mettere o ridurre in quadro, *riquadrare*

Riquatràta, s. f. il riquadrare, *riquadratura*

Riquèriri, v. a. (voce bassa) convenire, essere opportuno

Riquèsta, s. f. *richiesta*, *domanda*

Risa, s. f. *resa*; per prodotto della terra, *raccolto*; detto di uve, olive ec. vale la quantità di vino o olio che traesene

Risaccàri e suoi deriv. vedi arrisaccàri

Risultàri, v. a. *spiccare*, *dar risalto*, *risaltare*

Risàltu, s. m. ciò che risalta, *risalto*; per *prominenza*, *spicco*

Risarciri, v. a. *racconciare*, *ristorare*, *rifare*

Risàta, s. f. il ridere, *risata*; per luogo piantato a risi, *risaja*, *risiera*

Risautàri, v. a. *rimbalzare*

Risàutu, vedi risàltu; per scalùni vedi

Risbigghiàri, vedi arrisbigghiàri

Risbigghiarìnu, s. m. squilla degli oriuoli che suona a tempo per destare, *sveglia*, *destatojo*

Risbigghiàta, s. f. *risvegliamento*

Risbìgghiu, vedi risbigghiarìnu, e risbigghiàta; nei luoghi di comunità è il segno dello svégliarsi che dà la campana, *svegliatojo*, *svegliarino*

Riscattàri, v. a. *ricomperare*, *riscattare*; per *comperare*

Riscàttitu, s. m. il riscattare, *riscatto*

Riscàttu, vedi riscàttitu

Riscèdiri, v. a. ricercare, *frugare*, *indagare*, *investigare*

Rischicèdda, s. f. dim. di rèsca, *spinola*

Risciacquàri, v. a. tornare a pulir con acqua, *rilavare*

Riscialàri, v. n. *esalare, esilararsi*; detto di cose inanimate, vale metterle ad aria aperta, *arieggiare*

Risciàlu, s. m. *conforto, ricreamento, esalo*

Risciamàri, v. n. uscir fuori di nuovo uno sciame dall'alvearе

Risciàmu, s. m. sciame altra volta uscito dall'alveare

Risciditùri, s. m. il cavallo che s'adopera per conoscere se le giumente sieno in caldo, ruffiano delle cavalle

Riscidimèntu e risçidùta, s. m. e f. *investigazione, ricerca, indagine, frugamento*

Riscòtiri, v. a. *riscuotere*; n. p. *destarsi*

Riscuntràri, v. a. *confrontare, rescrivere*

Riscutùtu, agg. di riscòtiri, *riscosso*

Risèdiri, v. n. *risiedere*; per lo deporre che fanno i liquori della materia più grossa, *posare*

Risèra, s. f. luogo dove si semina il riso, *risaja, risiera*

Risèrva, s. f. *eccezione, riserba*; per *riguardo, circospezione*; per luogo dove è inibito di cacciare, pescare, uccellare, *bandita*

Risèttu, s. m. *posa, calma, quiete*; per *collocamento*; dàri risèttu, vale collocare in matrimonio

Risguàrdu, s. m. term. dei legatori di libri, e vale quei fogli bianchi che si appiccano in principio e in fine dei libri per solidità e custodia degli stessi

Risìa, s. f. caso difficilissimo a succedere, caso raro, *portento, prodigio*

Risibèla, s. f. tumore superficiale che si spande sulla pelle con calore bruciante, e d'un rossor chiaro, *erisipela*

Risibilàri, v. n. venire erisipela

Risibilàtu, agg. *risipolato*

Risicàri, vedi arrisicàri

Risicu, s. f. *rischio, risico*

Risidènza, s. f. il risiedere, *residenza*; per *posatura, fondigliuolo*

Risidìri, vedi risedìri

Risignòlu, vedi rusignòlu

Rìsima, s. f. fascetto di venti quaderni di fogli di carta, *risma*; fig. per quantità indeterminata di fogli

Risimigghiàri, vedi assimigghiàri

Risimigghiu, s. m. *rassomiglianza, similitudine, conformità*

Risìna, s. f. quelle macchie che appariscono alle piante che intristiscono, *rugine*; per certo liquore che trasuda da alcune piante resinose, *resina, ragia*

Risinàri, vedi arrisinàri

Risintìrisi, v. n. pass. *risentirsi*; per accusare alcun malore, dolere nuovamente; sentir le conseguenze d'una malattia, o d'un accidente qualunque

Risirvàri, v. n. *riserbare*

Risirvàtu, s. m. *riserbo*; avìri lu risirvàtu, si dice a chi tiene danari in serbo nascostamente

Risittàri, vedi arrisittàri

Risiùsu, agg. *avventuroso*; per *intraprendente, imprudente*

Risodàri, v.a. saldar di nuovo, *risaldare*

Rispigghiàri, vedi risbigghiàri

Rispigghiàrinu, vedi risbigghiàrinu

Rispittàri, v. a. *rispettare*; per *ossequiare, salutare*

Rispittjàrisi, v. n. pass. *dolersi, rammaricarsi*

Rispittùsu, agg. *rispettoso*

Rispùnniri, v. n. *rispondere*; n. pass. esser coerente, per far il petulante

Rispustàri, v. a. *rispondere*; n. pass. *opporsi, vendicarsi*

Rispustèri, agg. *rispondiero, petulante*

Rispustiàri, vedi rispustàri

Rispustùna, s. f. accr. di rispòsta, e si usa nel senso di convincente risposta, *rispostaccia*

Ristabilìri, v. n. *ristabilire*; n. p. riaversi in salute

Ristatùra, s. f. *residuo, fondigliuolo*

Ristivàri, v. n. dicesi delle bestie restie, *incaparbire*

Ristivu, agg. *restio*

Ristrìnciri, v.a. *restringere*; per *obbligare, rinserrare*, *diminuire, scemare, rappiccinire, raffrenare, rassegnarsi*

Ristrìttu, agg. *ristretto*; a lu ristrittu, avv. *alla perfine, in somma*

Ristùccia, s.f. la parte di paglia che rimane sul campo segate le biade, *stoppia, seccia*

Ristucciàta, s. f. campo dov'è la stoppia, *stoppiaro*

Risu, s. m. pianta, *riso*; ed il grano, *risone*

Risu, s. m. moto involontario di compiacenza ed allegria che si fa colla bocca, *riso*; cripàri, mòriri, pisciàrisi, smasciddàrisi di li risa, vale ridere smoderatamente, *sbellicarsi dalle risa*

Risubbiniri, v. n. *risovvenirsi, ricordarsi*

Risùgghia, s. f. rimasuglio di paglia, fieno o altro lasciata dalle bestie dopo il pascolo, *rosume*

Risulènti, agg. *ridente, allegro*

Risùlta, s. m. *risultamento, esito*

Risoluziòni, s.f. *risoluzione*

Risurvimèntu, s.m. *risoluzione, risolvimento*

Risuscitàri, v. a. *risuscitare, rinvigorire, rinnovare*

Ritàgghia, s. f. pezzo di panno levato dalla pezza, *ritaglio*; ritagghi di suvàttu per far colla, *limbello*; èssiri fattu di ritàgghi di rimìtu, vale sommamente gracile, *sdiridito*

Ritagghiàri, v. a. *ritagliare*; per far taluni lavori con le forbici

Ritàgghiu, vedi ritàgghia

Ritassìa, s. f. nuova tassa

Ritasciàri, v.a. tassar di nuovo

Ritastàri, v.a. assaggiar di nuovo

Ritèna, vedi riddèna

Riti, s. f. strumento di fili per pigliar pesci ed uccelli, *rete, bùcine*; li riti, aja dov'è fatto l'adescato per gli uccelli con le reti

Riticèdda, s. f. dim. di riti, re-

tino; per quella membrana situata nell'addome, *omento, epiploo*

Ritichizza, s. f. proprietà dei ragazzi d'esser piagnolosi ed inquieti; detto ad uomo, vale *fastidioso*

Ritinàta, s. f. colpo di redine, *trinciata*; per serie d'animali legati l'un dopo l'altro; per persone o cose messe in fila, *sequenza*

Ritinciri, v. a. tinger di nuovo, *ritignere*

Ritiniri, v.a. *fermare, arrestare, serbare*, tenere a mente, *ritenere*

Ritiràri, v. a. *riscuotere, raccorciare*, trarsi indietro, *desistere, ritirare*

Ritiràta, s. f. il ritirarsi, *ritirata*; per *ritiro, sotterfugio*, *giustificazione*

Ritìru, s.m. *ritiro*; per chiostro di donne senza clausura; per riprendere alcuna cosa data ad altri in deposito, *ritiro*

Ritirzàri, v. n. arare per la terza volta, *terzare*

Ritràiri, v. a. *ritirare, trarre, dipingere, scolpire, comprendere, dimostrare, ritirare*

Ritrattàri, v. a. *dipingere, ritrattare*; n. pass. *disdirsi*

Ritràttu, s. m. figura umana dipinta o scolpita, *ritratto*

Ritruccàri, v. a. *ribattere, ripercuotere*

Ritrùccu, s.m. *ribattimento, ripercussione*

Rittùri, s. m. *rettore*

Ritùni, s. m. rete grande, e propriamente quella rete di grosso canapo che serve a trasportar paglia o altro, e che situasi anche sotto le carrozze

Ritunnàri, vedi attunnàri

Ritùnnu, s. m. pesce, *asello*

Riùzzu, dim. di re, *regoluzzo*

Rivahrisi, v. n. pass. *rifarsi, rivalersi*

Rivèlu, s. m. *rivelamento*

Rivendicatòria, s. f. term. del foro, richiesta in giudizio di cosa propria occupata da altri, *rivendicazione*

Rivèra, vedi pràja

Rivèrsa (a la), avv. *oppostamente, al rovescio*

Riversìvu, agg. term. de'legali, si dice di beni che debbono ritornare al loro padrone, *riversibile*

Rivèrsu, s. m. *opposto, rovescio*; timpulàta a manu rivèrsa, *rovescione*

Rivèrsu, agg. *riottoso, impaziente, bisbetico*

Rivèttica, s. f. quella parte del lenzuolo che si rimbocca sopra le coverte, *rimboccatura*; per estremità di sacca o manica arrovesciata, *rimbocchetto*

Rjvidìri, v. a. veder di nuovo, *rivedere, riesaminare*

Rivinìri, v. a. *ristorare*, riavere il fiato, pigliar vigore

Rivinniri, v. a. *rivendere*

Rivinnita, s. f. il rivendere, *rivenderia, baratteria*

Rivinnitùri, s. m. *rivendugliolo*; per bazzariòtu, vedi

Rivintàri, vedi arrivintàri

Rivirsìgnu, vedi rivèrsu

Rivirsìnu, s.m. nel giuoco della chinula vedi, vale rivoltare

le combinazioni del giuoco i-
stesso in danno di chi sem-
brava dover vincere

Rivirsitùtini , s. f. *perversità ,
stravaganza, tristezza*

Rivista, s. f. *rivista*; nel senso
milit. *mostra, rivista*

Rivistu, agg. *riveduto*; cosa vi-
sta e rivista, *sapula, ovvia*

Rivittèddi, s. m. plur. lavoro
delle calze, che si fa propria-
mente nell' unire il calcagno
al pedale, *quaderletti* (v. Ca-
rena, diz. dom.)

Rivitticàri, v. a. arrovesciare le
estremità d'un lenzuolo, ve-
stito ec., *rimboccare*

Rivòlu, s. m. passaggio senza
ordine o proposito da un ra-
gionamento all'altro, *salto di
palo in frasca*; accattàri di ri-
vòlu, vale quasi accidental-
mente

Rivùgghiri, v. n. *ribollire;* per
gorgogliare; per prender so-
verchio calore, *alterarsi,com-
muoversi*

Rivùgghiu, s. m. *ribollimento*

Rivugghiutìzzu , agg. guastato
dal ribollimento

Rivùggbiùtu, agg. *ribollito;* det-
to di vino, vale *alterato, in-
cerconito*

Rivulàri, vedi arrivulàri

Rivulatizzu, vedi arrivulatizzu

Rivutamèntu, s. m. *stomacag-
gine*

Rivutàri , v. a. *rivoltare;* per
*commuoversi, stuccare, stoma-
care*

Rivutùra, s. f. commozione im-
petuosa dell'aria agitata dai
venti tra loro contrari, *scio-
nata, refolo*; per *discordia*

Rizza, s. f. sorta d'animale ma-
rino, *riccio marino* ; per la
scorza spinosa della castagna;
per rete da pesca

Rizzàgghiu, s. m. sorta di rete
da prender pesci, *giacchio*

Rizzappàri, v. a. zappar nuo-
vamente

Rizzatùra, s. f. sorta di stoppa
fine che ricavasi dall'ultima
pettinatura del lino, canape
ec.

Rizzèlu, s. m. *risentimento*

Rizzi di frìddu, s. m. plur. *bri-
vidi, fricasmi*

Rizzilàrisi, v. n. querelarsi di
un torto ricevuto, *risentirsi*

Rizzitèddu, s. m. pianta della
famiglia dell'euforbie con cui
si avvelenano i pesci per me-
glio pescarli

Rizzògnu, in senso di agg. a
pianta che per ragion di ma-
lore intristisce, *imbozzacchito,
incatorzolito*

Rizzu, s. m. animale, *riccio*

Rizzu, agg. *riccio, crespo;* detto
di capelli, *ricciuto*

Rizzulìnu, s. m. seta filata e
addoppiata con fitta torcitura
per uso di ricamo

Rizzùtu, agg. *ricciuto*

Ròbba, s. f. nome che com-
prende beni mobili e stabili,
viveri e simili, *roba;* per ma-
teria da dire, scrivere o fare;
per la bruttura delle fogne;
nun càpi 'ntra li ròbi, per
indicare allegria

Robbivècchi, s. m. plur. panni
logori, *cenci, robiccia*

Robbivicchiàru, agg. rivenditore
di vestiti e masserizie usate,
rigattiere

Robùstu, agg. *forte, robusto*

Ròcca, s. f. *cittadella, fortezza, roccia, rocca*; per quello strumento di canna o simile sul quale le donne assettano lana, lino od altra materia da filare, *rocca, conocchia*

Ròcchiula, s. f. mucchio di funghi uniti a guisa di cespuglio; per raunata di più persone, *cricca*

Ròcciulu, s. m. ritaglio di cuojo, *limbello*

Ròcculu, vedi ruocculu

Ròggiu, s. m. *oriuolo, orologio*; èssiri un ròggiu, vale esatto

Rollò, s. m. guanciale di forma cilindrica che situasi ne' fianchi del sofà o canapè, *rullo* (vedi Carena, diz. dom.)

Ròllu, s. m. catalogo di uomini che serve per le milizie, *ruolo*; presso i notai ogni pagina scritta

Romàticu, s. m. *reumatismo, artritide*

Romatìsimu, vedi romàticu

Ròmmu, s. m. pesce, *rombo*

Rosa, s. f. pianta, *rosajo*; e il fiore *rosa*; rosa di tuttu l'annu, *rosa d'ogni mese*; sarvàggia, *salvatica*; domaschina, *dommaschina*; giàrna, *gialla* ec.; rosi e ciùri, per esprimere che alle cose spiacevoli raccontate ve ne son altre di maggior rilievo, a petto delle quali le prime sono un non-nulla

Rosamarina, s.f. pianta, *rosmarino*

Rosèlla, vedi rusètta

Rosòliu, s. m. sorta di liquore composto d'acquavite e zucchero, *rosolio*

Ròspu, s. m. specie di rana, *rospo*

Ròsula, s. f. infiammazione che si genera a' piedi per cagion del freddo, *piedignone, gelone*; per un ferro che taglia le unghia a' cavalli, *rosetta, incastro*; per una parte della carne del maiale

Ròta, s. m. strumento ritondo che serve a vari usi nelle arti meccaniche, *ruota*; per *giro, circonferenza*; per *adunanza*; per quello strumento a guisa di cassa che ponesi nel vestibolo de' monasteri, e che serve girando a far entrare ed uscire de' piccoli oggetti, *ruota*; rota rutèdda, giuoco fanciullesco che si fa ponendosi molti in giro legati per le mani; rota di mulìnu, *la macine*; rota d'ammulàri, *cote*; rota di sùvaru pri munnàri lu rìsu, *brillatoio*

Rolìna, s. f. voce dell'uso, e vale andamento regolare degli affari

Ròtula, s. f. osso che sta tra il femore e la tibia, *rotula*; per una tavoletta rotonda che serve a comprimere il cacio fresco quando si lavora

Ròtulu, s. f. sorta di peso di Sicilia che vale due libbre e mezzo, *rotolo*

Rotunnamènti, avv. *assolutamente, totalmente*

Rotunnìzza, s. f. *rotondità*

Rotùnnu, agg. *rotondo, ritondo*

Ròzzu, agg. *scabro, ruvido, rozzo, incivile*

Rùa, s. f. *strada, via*

Rubàri, vedi arrubbàri

Rubbaria, vedi rubbittaria

Rubbèri, s. m. custode degli abiti ne' luoghi di comunità

Rùbbia, s. f. pianta, la di cui radice serve a tingere in diversi colori, e specialmente in rosso, *robbia*

Rubbicèdda, s. f. dim. di ròbba, *robbiccia, robbicciuola*

Rubbigghia, s. f. sopravveste dei servienti delle chiese, *assisa*; per qualunque sopravveste

Rubbiòlu, s. m. sorta di panno rosso

Rubbinèttu, s. m. sifoncino con molla che serve a far fluire il liquido, e ad impedirlo quando si voglia

Rubittaria, s. f. luogo dove si serbano le vesti de' religiosi, *vestiario*; per quella stanza ne' poderi ove tengonsi le provvisioni pe' lavoranti

Rubbittèri, vedi rubbèri

Rubbrica, s. f. terra di color rosso, *rubrica*; per sunto, compendio di libro, scrittura ec., *rubrica*

Rubbricàri, v. a. *inquisire*

Rubbricàtu, agg. *processato*; si intende comunemente malfattore che abbia espiato la sua pena

Rubbùni, s. m. veste talare dei preti; per casacca o giubbone; scutulàri lu rubbùni, vale *zombare*

Ruccalòru, vedi babbalùciu

Ruccàta, s. f. quella quantità di lino o lana che mettesi nella rocca per filarla, *roccata, pennecchio*

Rucchèddu, s. m. strumento di legno di forma cilindrica che ha nel centro un foro, e sul quale avvolgesi il filo, *rocchello*; per quella rotellina cilindrica i cui denti s'incontrano in quelli di una ruota maggiore, *rocchetto*; fari tantu di rucchèddu, *molestare, torturare*

Rucchèttu, s. m. veste chiericale che scende a metà della persona, *rocchetto, roccetto*

Rucchittìnu, agg. nome dato agli alunni del collegio S. Rocco in Palermo

Rucciulùsu, agg. *scabro, ronchioso*

Racculiàri, vedi arrucculiàri

Rucculiàrisi, v. n. pass. *rammaricarsi, rancorarsi*

Rùcculu, s. m. voce del cane quando si duole, *gagnolamento, gagnolio*; per *lamento*

Rucculùsu, agg. che guaisce, che si duole, *guaiuoloso*

Ruccùni, s. m. *rupe, balza, roccia*

Rudimèntu, s. m. *inquietudine, cruccio, rodimento*

Ròdiri, v. a. *mordicare, pizzicare, struggere, crucciare, rodere*

Ruè, s. m. giuoco fanciullesco pel quale due ragazzi scommettono mettendo due noci l'una all'altra sovrapposta, e dando un colpo colla mano o con un ciotto, quella che si frange è perditrice

Ruffaniggiu, s. m. *ruffianeccio*; per *doppiezza, simulazione*

Ruffiànu, agg. *mezzano, ruffiano, pollastriere*

32

Rufuliamèntu, vedi rufuliàta

Rufuliàri, v. n. dicesi del girar che fa talora in un subito il vento per aria, *far gruppo*

Rufuliàta, s. f. turbine di vento, *girone*

Rufuliùni, accr. di rufuliàta, *scione*, *scionata*; per soffio impetuoso di vento, *refolo*; e se vien subito a cessare, *raffica*

Ràggia, vedi ràbbia; per quella materia che si genera in sul ferro per umidità, *ruggine*

Ruggiàda, vedi acquazzina

Ruggiaria, s, f. officina da orologiere

Ruggiàru, agg. *oriuolaio*, *orologiere*

Rùggina, vedi rùggia

Rùggini, vedi rùggia

Rùgna, s. f. malore cutaneo che viene con bollicine che producon grande pruriggine, *rogna*, *scabbia*, *psora*; per negozio frivolo; per un male che viene alle piante, e propriamente a' fichi; rugna canina, quella che viene a' cani

Rugnunàta, s. f. quella parte che contiene il rognone, *rognonata*

Rugnunèddu, s. m. dim. di rugnùni; per una sorta di piccol pane fatto a simiglianza del rognone

Rugnùni, s. m. parte carnosa che sta alle reni, *arnione*, *rognone*

Ruìna, s. f. *danno*, *disfacimento*, *rovina*; per *impeto*, *violenza*, *romorio*

Ruinàri, v. a. e n. pass. *rovinare*, *ruinare*; per *impoverirsi*

Ruinùsu, agg. *rovinoso*, *impetuoso*, *collerico*

Rumanèddu, s. m. piccolo canapo, *canapello*

Rumanìddinu, dim. di rumanèddu, *merlino*

Rumànu, s. m. quel contrappeso che s'infila nell'ago della stadera, *romano*, *sàgoma*

Rumè, s. m. giuoco fanciullesco pel quale si mettono in giro taluni che tengonsi legati per le mani, lasciando nel mezzo bendato chi ha un fazzoletto pieno di nodi, detto *rumè*, e con cui deve procurar di percuotere uno dei suoi compagni; tal giuoco in Toscana chiamasi *zimbello*

Rummàgghiu, s. m. pezzo di legno che si pone per rattoppare la parte sdrucita e malconcia d'un solaio, *tassello*

Rumìtu, vedi rimitu

Rùmmu, s. m. spirito tratto dalle canne da zucchero, *rum*, *rhum*

Rummuliàrisi, v. n. *dolersi*, *querelarsi*

Rùmmulu, s. m. pezzo di trave con cui gli architetti fanno sdrucciolare le cose di peso eccedente, *curro*, *rullo*; per *rammarichio*, *lamentanza*; per una sorta di pesce ch'è il maschio della sogliola, vedi linguàta

Rummulùni, agg. *querulo*, *queruloso*

Rumpicòddu, p. avv. a rumpicòddu, *precipitosamente*, *a rompicollo*

Rumpimèntu, s. m. *rompimento*, *spezzamento*; per *noja*, *fastidio*, *vessazione*

Rumpipètra, s. f. pianta, *sassifraga*

Rùmpiri, v. a. ridurre in pezzi, *rompere*, *frangere*; rùmpiri la testa ec., *infastidire*; rumpirisi lu còddu, perdere la reputazione, la roba ec.; rumpirisi lu tèmpu, vale far dirotta e continuata pioggia; lu prèzzu, stabilire il prezzo; rùmpiri li pàtti, *trasgred re*; rùmpiri li còrna, *bastonare*; la magaria, vale dopo qualche disdetta aver cosa favorevole; rumpirisi, il cadere degl'intestini nella coglia o scroto, *sbonzolare*

Rumuràta, vedi rimuràta

Rumùri, s. m. *rumore*, *romorio*; per *fama*, *grido*, *tumulto*

Rumurùsu, agg. *rumoroso*

Rùnca, s. f. strumento adunco di ferro tagliente come piccola falce, *ronco*, *roncola*; di li careràri, *roncone*

Runcàri, vedi arruncàri

Runcàta, s. f. colpo dato colla roncola

Runcìgghiu, s. m. strumento di ferro adunco e tagliente ad uso di potar le viti, *pennato*, *segolo*

Runfuliamèntu, s.m. il russare, *russo*

Runfuliàri, v. a. rumoreggiare che si fa nell'alitare dormendo, *russare*

Runfuliàta, s.f. il russo prolungato

Rùnfulu, vedi runfuliamèntu

Rùngulu, s. m. mormorìo di gatti quando mangiano avidamente qualche cosa col timore che sia loro rubata

Rùnna, s. f. *ronda*, *pattuglia*; corpu di rùnna, *sbirraglia*

Runnàri, v. n. girare attorno facendo la ronda, *rondare*

Rusàriu, s. m. il recitamento di talune preci in onore della Vergine Ssma, *rosario*; per quello strumento composto di pallottoline, che serve a contare i paternostri e le avemmarie, *corona*

Ruscìanu, agg. uomo corpacciuto e di temperamento sanguigno, *pletorico*

Rùscu, vedi spinapùrci

Rusèdda, s. f. frutice, *imbrentina*, *rimbrentana*

Rusètta, s. f. pianta, *ranuncolo*; pel fiore del ranuncolo, *rosellina*

Rusicamèntu, vedi rusicàta

Rusicàri, vedi arrusicàri

Rusicàta, s. f. *rodimento*

Rusicèdda, s. f. dim. di rosa, *rosetta*

Rusichìnu, s. m. strumento di ferro col quale si rodono i vetri per ridurli a' designati contorni, *grissatoto*, *topo*

Rùsicu, s. m. il rumore che si fa rosicchiando, *stridore*; per *noja*, *fastidio*

Rusignòlu, s. m. uccello di canto soave, *rosignuolo*, *usignuolo*

Rusignulàtu, agg. ad uccello che canta a guisa di rosignuolo

Rusittèdda, s. f. dim. di rusètta, vedi

Russània, s.f. una delle malattie contagiose che presenta talune macchie rosse alla pelle, e che viene ordinariamente ai bambini, *rosellia*, *rosolia*

Russèddu, s. m. grosso uccello, *ranocchiaia*

Russèttu, s. m. materia con che le donne fan colorite le carni, *belletto, liscio*

Russignu , agg. che tende al rosso, *rossigno*

Rùssu, agg. di colore, *rosso*; russu malignu, dicesi a chi avendo rossa pelatura mostra irascibilità, *rubesto*; pigghiàrisi li pinsèri di lu rùssu, metter mano dove non appartenga; tàgghia ch'è rùssu, per esprimere grande uccisione; oh chi su russi! modo di bandire fra noi i poponi; russu d'ovu, tuorlo d'uovo; russi d'ova battùti, cioè frullati con zucchero ed altro, *zabaione*

Russulìddu, agg. alquanto rosso, *rossetto*; per quei chierici nelle Cattedrali vestiti di rosso, *Jaconi rossi*

Russùra, s. f. *rossore*

Russùri, s. m. *vergogna, rossore*

Rùsticu, agg. *rozzo, zotico, rustico*; detto di fabbrica vale non compiuta, senza intonaco

Rusticùni, agg. sup. di rùsticu, *rusticissimo*

Rusùni, s. m. quell'arnese di rame , spesso terminato in cristallo che si pone a' lati della tenda (vedi purtàli), e che serve a sostenerla tanto in cima attraverso la bacchetta (asta di purtàli), che a metà rialzandone i lembi, *bracciuolo* (vedi Carena, diz. dom.)

Rutàta, s. f. quella pesta fatta dalle ruote delle carrozze o di carri, *ruoteggio, rotaia*

Ruticèdda, dim. di ròta, *ruolina*

Rùtta, s. f. *rottura, rotta*; per *isconfitta*; rutta di còddu! escl. *alla malora!* a rùtta di còddu, avverbial. *a precipizio, a scavezzacollo*; pigghiàri na rutta, tenere una via—e fig. tenere una norma

Ruttàmi, s. f. rimasugli di cose rotte, *tritume, rottame*

Ruttàri, vedi arruttàri

Rùttu, agg. *rotto*; per *ernioso*

Ruttùra, s. f. *rottura*; per *crepatura*; per *nimistà*

Rutulàta , s. f. quantità di cose che abbiano il peso di un rotolo

Rutuliàri, v. a. pesare a poco alla volta, e propriamente a ròtulu, vedi; per *rotolare, girare*

Rutulìcchiu, vezz. di ròtulu

Rutùna, accr. di ròta, *rotone*

Rutùni , s. m. arnese di corda tessuto a rete per trasportar paglia o altro, e che adattasi anche sotto alle carrozze ed ai carri

Rutunnàri, v. a. *rotondare*

Butùnnu, agg. *rotondo*

Ruvèttu, s. m. specie di pruno, *rovo*; di S. Franciscu, altra pianta, *lampone*

Rùvulu, s. m. albero, *rovere, rovero*

Ruzzìzza; s. f. *rozzezza*

Ruzzulàri, vedi arruzzulàri

S

S, diciottesima lettera dell'alfabeto , quattordicesima delle consonanti, e si pronunzia es-

se; sta anche per abbreviativo di *Santo*; uniscesi con tutte le. consonanti, esclusi l' h e la z; qualche volta sostituiscesi nelle parole a questa ultima lettera, come in saccurafa e zaccurafa

Sabatinu, agg. di sabato, *sabatino*

Sàbatu, s. m. nome del settimo dì della settimana, *sabato*; la simàna ca nun c'è sàbatu, vale tempo che non verrà

Saccalòru, s. m. che per mestiere pone materie nelle sacca, *sacchiere*

Sabina, s. f. pianta, *savina*

Saccàru, agg. colui che porta i sacchi; per colui che porta vittuaglie dietro gli eserciti, *saccomanno*

Saccàta, s. f. quantità di roba che cape in un sacco; per colpo dato col sacco

Saccàzzu, pegg. di sàccu, *saccaccio*

Saccènti, agg. chi affetta sapere, *saccente*; per *sapiente*

Sacchètta, s. f. dim. di sàcca, *sacchetta*; di li càusi, *saccoccia*; aviri 'ntra la sacchètta, vale tener per sicuro; mittìrisi 'ntra la sacchètta ad unu, trarre a sua voglia

Sacchìna, s. f. tasca da cacciatori, *carniere*

Sacchitèddu e sacchicèddu, dim. di sàccu, *sacchetto*; per saccòcciu vedi

Sacchittàta, s. f. tanta quantità di cose che cape in una sacchetta, *tascata*

Saccintaria, s. f. *presunzione*, *saccenteria*

Saccintùna, s. f. donna petulante, *soppottiera*

Saccintùni, agg. accr. di saccènti, *saccentone*, *soppiottiere*

Saccòcciu, s. m. *borsa*, *borsello*, *borsetta*

Saccòsima, s. f. quella corda con cui si lega la bisaccia o la bocca del sacco, *funicella*

Saccòttu, dim. di sàccu, *sacchetto*

Sàccu, s. m. recipiente di tela rozza, cucito da due lati e da una delle estremità, per mettervi dentro cose che debbonsi trasportare da luogo a luogo, *sacco*; per *saccheggio*; per *ventre*; dàri un saccu di lignàti, vale una quantità indeterminata di busse; accattàri la gatta 'ntra lu sàccu, vale comprare alcun oggetto sènza vederlo; per la calza con cui si cola il vino, *torcifecciola*; fàri saccu, enfiato di ferita saldata e non guarita che fa marcia, *saccaia*; sdivacàri lu sàccu, dir tutto che si sappia; sàccu, è detto quella veste lunga che portano i confrati delle congregazioni allorquando vanno in processione, *sacco*; cursa di sacchi, quella che si fà da uomini messi in un sacco, col quale saltellando debbon raggiungere la meta, *il palio dei sacchi*; èssiri saccu di vastùni, chi per le sue cattive operazioni vuol sempre asprezze, riprensioni ec.; nun èssiri sàccu, vale non poter riferire le cose in una volta

Saccufiàri, v.a. dar delle busse, tambussare, zombare

Saccùni, accr. di sàccu, saccone; propr. quello col quale si dà a mangiare l'orzo alle bestie da soma; manciàri cu la testa 'ntra lu saccùni, vale pretendere ciò che abbisogna senza prenderci pensiero del come possa ottenersi

Saccuràfa, vedi zaccuràfa

Sacerdòtu, s. m. ministro dell'altare, sacerdote

Sàcusu, specie d'impr. e per dispetto

Safagghiùni, vedi ciàfagghiùni

Sagghimmàrcu, s. m. vestimento rustico da uomo che giugneva sino ai piedi, saltambarco

Saggiàri, vedi assaggiàri

Sàggiu, agg. saggio, savio; s.m. prova, saggio

Sagnanàsu, s.m. pianta, sanguinella

Sagnàri, v. a. e n. cavar sangue dalle vene, salassare; sagnàri ad unu, vale scroccar danari; sagnàri 'ntra la frèvi, vale molestare; per 'ntaccàri vedi; sagnàri l'api, il levar via dalle arnie i vecchi favi, smelare

Sagnàta, vedi sagnìa

Sagnatùri, s. m. chi cava sangue, flebotomo, flebotomista

Sagnìa, s. f. salasso; per zampillo d'acqua

Sagrificàri, v. a. dedicare, offerire, soverchiare, sagrificare

Sagrifìziu, s.m. perdita, jattura, privazione, sagrificio

Sagùrra, vedi savùrra

Sàja, s. f. pannolano sottile, saja; canale per cui si cava l'acqua da' fiumi, gora

Saica, s. f. sorta di bastimento, saica

Saìmi, s. f. lardo, grasso, strutto, saime

Saìtta, s. f. freccia, dardo, saetta; per folgore

Saittàri, v. a. saettare, frecciare; per scagliare; detto di raggi solari, dardeggiare

Saittèra, s. f. stretta apertura nelle muraglie della torre che serve a difesa dei nemici, feritoja, balestriera

Saittùni, s. m. coniglio giovane, coniglioto; per una specie di serpente, saettone; per sorta di pispola (uccello); per una erba detta spina bianca

Sajùni, s. m. tessuto di lana men gentile della saja ordinaria

Sàlaciu, s.m. albero, salcio, salice

Salamàndra, s.f. sorta di rettile, salamandra

Salamàstru, agg. che ha del salso, detto di acque, salmastro

Salamèntu, s. m. il salare, insalatura

Salùmi, s. m. carne salata, salame

Salamilìcchi, voce bassa che vien dall'arabo salam lik, e vale sia pace a te, salamelecche

Salamòria, s. f. acqua insalata per conservare pesci, frutti ec. salamoja

Salaprìsa, agg. di ricotta, e vale insalata appena per conservarla

Salàri, v. n. asperger di sale,

salare, *insalare*, *saleggiare* ; salatilla, dicesi di cosa che rifiutasi sdegnosamente

Salariu, s.m. mercede pattuita, *salario*

Salàru, s. m. colui che vende sale

Salassàri, vedi sagnàri

Salàssu, vedi sagnìa

Salatu, s. m. carne salata, *salame*; per tutti i camangiari che si conservano col sale, *salume, salsume*

Salàtu, agg. *salato*

Saldàri, vedi sodàri; per soddisfare un debito, che dicesi anche fari lu saldu; per terminare un negozio, *ultimare*

Salèra, s. f. vasetto da contener sale, *saliera*

Salètta, dim. di sala, *saletta, salotto*

Sàlga, s. f. sorta di tessuto di lana di più colori, *sarga*

Sàli, s. m. sostanza più o meno dura, secca, friabile, solubile nell'acqua, che s'estrae particolarmente dall'acqua marina, e s'usa per condimento di cibi, *sale*; per arguzia, senno, saviezza; omu senza sali, *scimunito*; è lu sali e fa li vermi, per esprimere un bisogno ch'è comune a tutti, anche a coloro da cui non potrebbesi ciò sospettare

Saliàri, v. a. condir con cacio grattuggiato le vivande, e particolarmente le paste, *incaciare*; per asperger di sale, *insalare*; asperger di zucchero, *inzuccherare*; per sparpagliare, *sparnicciare*

Saliàtu, s. m. cacio grattuggiato;

agg. *incaciato, salato, inzuccherato*

Salibba, s. f. solco a traverso al campo, che riceve l'acqua da altri solchi per trarnela fuori, *acquajo, solco acquajo*

Sàliciu, vedi sàlaciu

Saliciùni, s. m. pianta, *betula*

Salignu, agg. di mela o altre frutta che han sapore agretto, *saligno, agrestino*

Salimàstru, vedi salamàstru

Salina, s. f. luogo da dove si cava il sale, *saliera, salina*

Salinàru, s. m. colui che attende alla fabbricazione del sale nelle saline, *salinaruolo*

Salinu, agg. *salino*

Salinitru, s. m. spezie di sale amaro, sulfureo, infiammabile, che entra nella fabbricazione delle polveri da sparo, *nitro, salnitro*

Saliprisu, agg. di diversi camangiari insalati che servono di companatico

Saliràta, s. f. quanto cape in una saliera

Salita, s. f. erta, *salita*

Salitùni e salitissimu, acc. e sup. di salitu

Salmàstru, agg. che tiene del salso, *salmastro*

Salpàri, vedi sarpàri

Salprunèlla, s. m. sorta di sale artificiato, *salprunella*

Salitu, agg. *salso*; per mordace, frizzante; custàri salitu, vale comprato a caro prezzo

Salùmi, vedi salàmi

Salùni, s.m. sala grande, *salone*

Salutàri, v. a. *salutare*; per riverìri, vedi

Salùti, s. f. sanità, *salute*; per

scampo;cu saluti, modo di con-
gratulazione; bomprudi e sa-
luti; augurio; per l'eterna sa-
lute, *paradiso*

Salùtu, s. m. il salutare, *sa-
luto*

Sàlva, vedi salviàta

Salvaggiùmi, vedi sarvaggiùmi

Salvàri, vedi sarvàri

Salvatùri, vedi sarvatùri

Sàlvia, vedi sàrvia

Salviàta, s. f. lo sparo ad un
tempo di molti archibugi o
pezzi d'artiglieria, *salva*

Sàlsa di Catania, s. f. pianta,
soldanella

Salsaparìgghia, s. m. pianta,
salsapariglia

Salsasiciliàna, s. f. pianta, *smi-
lace*

Sàlsu, s. m. malattia cutanea,
salsedine, salsuggine

Saltabàncu, s. m. *ciurmadore*,
cerretano, saltimbanco

Saltèriu, s. m. strumento mu-
sicale, *salterio*

Salviètta, vedi sarviètta

Salvirigìna, s. f. orazione in o-
nore della Beata Vergine, che
comincia, *salveregina*; per ta-
luni rintocchi della campana
che suonano la mattina per
rammentare l'orazione di so-
pra detta

Salvucundùttu, s. m. sicurtà che
danno i magistrati o il prin-
cipe perchè altri non venga
molestato nella persona o nel-
la roba, *salvecondotto*

Sammucàra,s.f. sorta di frumen-
to che fa la spiga bianca

Sammucàru, s. m. tabacco in
polvere così chiamato per-
chè preducesi nel territorio

di SAMBUCA (vedi in fine diz.
geogr.)

Sammuzzàri, v. a. immergere
nell'acqua, *attuffare*; n. pass.
andar sott'acqua, *attuffarsi*

Sammuzzaròli, s. m. plur. spe-
cie di prodotti marini

Sammùzzu, s. m. luogo ove si
tuffano i marangoni

Sammuzzùni, posto avv. col
verbo jittàrisi, vale col capo
all' ingiù

Sampùgna, s. f. strumento da
fiato rustico, *sampogna, zam-
pogna*

Sampugnèdda, dim. di sampù-
gna

San, voce abbrev. di Santu,
Santo, San

Sanàri, v. a. render sanità, *sa-
nare*; n. *guarire, castrare, ac-
comodare*

Sanatòdos,s. m.rimedio univer-
sale, *panacea*

Sancisùca, s. f. verme acquati-
le, *sanguisuga, mignatta*; fig.
parassito, seccatore

Sàndalu, s. m. legno duro, odo-
roso e di differenti colori che
vien dalle Indie, *sandalo*

Sandràcca, s. f. specie di gom-
ma che scaturisce dal ginepro
e serve a far vernici, e colla
polvere si stropicciano le ra-
schiature degli scritti, *sanda-
raca*; per composizione mine-
rale di arsenico e zolfo, *risi-
gallo, sandaraca*

Sanfasò, franc. *sans façon*, sen-
za modo; posto avv. all'*im-
pazzata, sconsideratamente*

Sàngu, s. m. umore vermiglio
che scorre nelle vene e nelle
arterie degli animali che han-

no vertebre , *sangue* ; per *schiatta* ; per *danaro*; còrpu di sangu, malattia infiammatoria; fàri sangu, *uccidere*; custàri sàngu, vale a carissimo prezzo; sàngu di cimicia, di cani ec. *sgraziato, svenevole;* cu lu sangu all'occhi, avverbialm. vale con tutto il calore; vugghiricci lu sangu, aver vigore; nun arristàricci sàngu 'ntra li vini, *allibbire*

Sanguignu, agg. *sanguigno*

Sanguinària, s. f. pianta, *sanguinella*

Sanguinàriu, agg. cupido di sangue, *sanguinario*; met. *assassino*

Sangunàzzu, s. m. vivanda fatta di sangue di porco ed uva passa riposte nel budello dello anzidetto animale, *sanguinaccio*; sangunàzzu duci, spécie di dolce fatto col sangue del porco

Sàngura, plur. di sàngu (vedi) e si usa met. per denotare il temperamento, i costumi ec.

Sangùtu, agg. *lepido, grazioso, avvenente*

Sanìculà, s. f. erba comunissima nei boschi, alla quale furono attribuite grandi virtù medicinali, *sannicola*

Sanità, s. f. vedi salùti; per magistrato che invigila sulla pubblica salute; per un modo di salutare starnutando, *viva*

Sanizzu, agg. di buona salute, o ben conservato, *perfetto*

Sànnula, s. f. sorta di calzare usato per lo più da monaci, *sandalo*

Sànta, s. f. pittura o stampa in cui è effigiato alcun santo, *santino*; dari la santa, trattar male

Santabàrbara, s. f. luogo appartato nella stiva delle navi, ove si conserva la polvere di artiglieria, *santabarbara*; met. *petto*

Santarèddu, dim. di sàntu, *santarello*

Santàru, s. m. colui che fa o vende le stampe in cui è effigiato alcun santo

Santiàri, v. n. dir bestemmia, *bestemmiare*

Santiatùri, s. m. che bestemmia, *bestemmiatore*

Santificari, v. a. far santo, *santificare*

Santitàti, s. f. qualità di ciò che è santo, *santità*; per titolo che si dà al sommo Pontefice, *santità*

Santiùni, s. m. bestemmia per la quale s'attribuisce al demonio talune qualità che spettano a' Santi o a Dio

Santòcchiu, agg. *ipocrita, picchiapetto, bacchettone, santinfizzea, graffiasanti*

Sàntu, s. m. ed agg. l'eletto da Dio per stare nel numero dei beati, *santo*; per chi vive santamente; per religioso; dari lu santu, vale il cenno, il segnale; nun è santu chi suda, per esprimere avarizia; santi pedi ajutatimi, dice chi vuol farsela a gambe; nè pri Diu nè pri li santi, *in nessun modo*; fu na santa cosa, per esprimere opportunità

Santucchiaria, s. f. simulata pietà, *ipocrisia, santoccheria*

Santudipàntani , inter. *squasi-
madeo !*

Sànu , agg. di buona salute ,
sano; per salutifero, retto; per
castrato; per intero

Sanzèru, agg. *intero*

Sapìri, v. a. aver certa cogni-
zione delle cose per esperien-
za, per via di ragione o per
altruj relazione, *sapere;* per
conoscere, sembrare , parere ;
per aver odore, sapore ec.;
nun nni sapìri capàzza, vale
non conoscerne affatto; sapì-
ri unni dormi lu lèbbru, star
sicuro

Sapunàci, agg. di lignu, pian-
ta, *sapindo,* o saponaria in-
diana

Sapunàrìa, s. f. pianta, *sapona-
ria*

Sapunarìa, s. f. luogo dove si
fabbrica il sapone, *saponeria*

Sapunàru, s. m. chi fabbrica e
vende sapone, *saponajo*

Sapunàta, s. f. quella schiuma
che fa l'acqua quando vi s'è
disfatto il sapone, *saponata*

Sapunèttu, dim. di sapùni, di-
cesi quel sapone odoroso che
serve a lavar le mani, o far la
barba, *saponetto*

Sapùni, s. m. *sapone*

Sapùri, s. m. proprietà delle
cose sapide, per cui danno
al palato una piacevole sensa-
zione, *sapore;* per *gusto;* nun
avìri nè amùri nè sapùri, vale
esser insipido

Sapurìtu, agg. che ha sapore ,
saporito; detto di persona, vale
graziosa

Sapùtu, agg. *savio, accorto, saputo*

Saracinìsca, s. f. sorta di serra-

me, o serratura di legname
che si fa calare da alto iu bas-
so per impedire il passaggio
a chicchessia, *saracinesca;* per
porta o cancello pensile col-
locato sulla entrata di città o
fortezza, *saracinesca*

Saraciniscu, agg. di talune fab-
briche ed alberi del tempo
dei Saraceni, *saracinesco*

Saracìnu, agg. e s. m. *saraceno*

Sarachèddu , dim. di sàracu ,
vedi

Saracòttu, vedi sarachèddu ·

Sàracu, s. m. pesce del genere
dello sparo, *sargo, sarago*

Sarancunaria , s. f. *grettezza,
spilorceria*

Sarancùni, agg. *avaro, tegnente*

Sàrcina , s. f. fascio di lino
sveltò che costa di 50 mani-
poli ; e generalmente *peso,
carico, soma;* met. quantità
indefinita

Sàrciri, v. a. rassettare in mo-
do le rotture de' panni, che
non si vegga alcun manca-
mento, *rimendare*

Sarcitùra, s. f. *rimendatura, ri-
mendo*

Sarcitùri, s. m. che *rimenda,
rimendatore*

Sarciùni, s. m. cucitura mal-
fatta, *pottiniccio*

Sarciùta, vedi sarciùni

Sarciùtu, agg. *rimendato*

Sàrda, s. f. pesce, *sarda;* sàrda
sicca, detto ad uomo, *magro,
strinato;* sucàrisi o liccàrisi la
sàrda, vale vivere con parsi-
monia; èssiri comu li sàrdi
'ntra lu varrìli, vale *stivati*

Sardèdda, s. f. dim. di sàrda,
sardella

Sardìscu, agg. di Sardegna, *sardesco*

Sardùzza, s. f. vezz. di sarda, *sardina*

Sàrma, s. f. misura di capacità usata in Sicilia pel frumento e pe' vini, come pel carbone, per l'estension delle terre ec. *salma*

Sarmèntu, s. m. ramo secco della vite, *sermento, sarmento*; per *tralcio*

Sarmèri, agg. chi guida cavalli da carico, *cavallaro*

Sarmiàri, v. n. misurare a salma

Sarmìggiu, s. m. il vendere o comprare a salma

Sarmintàru, s. m. sermenti posti a mucchi per conservarsi

Sarmiùni, s. m. cordellina di canape colla quale si lega la soma col basto

Sàrpa, s. f. pesce littorale, *sarpa*

Sarpàri, v. n. levar l'ancora dal mare e mettersi alla vela, *salpare, sarpare*; per darsela a gambe, *fuggire*; per *usurpare, rubare*

Sàrsa, s. f. condimento di più maniere che si fa alle vivande, *salsa*

Sartùri, vedi custurèri

Sarvaggìna, s. f. carne d'animale salvatico buona a mangiare, *salvaggina*

Sarvaggiòla, vedi 'nsalàta

Sarvàggiu, agg. *selvatico, selvaggio*; met. *duro, scortese*; per una sorta di tabacco

Sarvaggiùmi, s. m. tutte specie d'animali che si pigliano alla caccia e son buoni a mangia-

re, *salvaggiume*; met. *rozzezza salvaggiume*; per *zotichezza*

Sarvamèntu, vedi sarvazìoni

Sarvàri, v. a. *difendere, custodire*, trar di pericolo, *scampare*; tenere a parte, in serbo, *serbare, salvare*; sarvàri crapi e cavuli, vale far in modo che alcuna cosa riesca di piacere a due o più che hanno diverso interesse fra di loro; sarvaricìlla ad unu, riserbare una vendetta; sàrva sàrva, avv. *accorr'uomo*

Sarvazìoni, s. f. *salvamento, salute, salvazione*

Sàrvia, s. f. pianta, *salvia*

Sarviètta, s. f. *tovagliolino, salvietta*

Sarviittèdda, dim. di sarviètta; di li picciriddi, *bavaglio*

Sarviùni, s. f. salvia selvaggia, *salvia in arbusto*

Sàrvu, agg. *sicuro, salvato, salvo*; per *eccettuato*

Sarziàmi, s. f. tutte le funi che s'adoperano per le navi, *sartiame*

Sassafràssa, s. f. pianta, *sassafras*

Sassifràga, s. f. pianta, *sassefrica*

Sàssula, s. f. strumento di legno da cavar acqua dalle barche, *gotazza, gotazzuolo*; per quella mestola con cui si cava il mosto

Sassulàta, s. f. quanto cape una gotazza; met. per quantità, numero

Satanàssu, vedi dimòniu

Satìricu, agg. *mordace, satirico*

Sàtiru, s. m. dio boschereccio finto da' poeti, *satiro*; per uomo rozzo, *salvatico*

Saturàri, vedi saziàri

Sàturu , agg. *satollo, sazio*; lu sàturu nun cridi a lu diùnu, *il satollo non crede al digiuno*

Sàuru , s. m. sorta di pesce, *sauro*; per crastùni vedi

Sàuru, agg. di mantello di cavallo tra bigio e castagno , *sauro*

Sàusa, vedi sàrsa

Sautampìzzu, s. m. giuocarello di ragazzi a guisa d'uccelletto, fatto di ferula e passato da un pezzo di canna ad arco, con che si fa saltellare; fig. persona irrequieta, e a' ragazzi, *fistolo*

Sàutu, s. m. il saltare, *salto*; èssiri 'nsàutu, detto degli animali vale nel tempo della monta; fari sàuti, vale *allegrarsi, e progredire*; 'ntra un sàutu, avv. *subito*

Sautùni (a), avv. *a salti*

Savàcciu , s. m. bitume nero che indurito come pietra riceve un bel lustro, *giavazzo*

Sàviu , agg. che ha saviezza, *savio, prudente*; per *sapiente*; per *accorto, perito, esperto*

Savùcu, s. m. pianta, *sambuco*

Savuiàrdu , s. m. pezzotto di pasta dolce e tenera che si fa con farina, uova e zucchero, *savoiardo*

Savùrra, s. f. materie pesanti che mettonsi nella stiva di una nave per tenerla immersa nell' acqua, *savorra, zavorra*

Savurràri, v. a. metter la zavorra in una nave, *zavorrare*

Saziàri, v. n. e a. soddisfare interamente l' appetito, o i

sensi, *saziare*; met. *esser contento, soddisfare, colmare*

Saziitàti, s. f. *sazietà*; per *noja*

Sàziu, agg. *pago, sazio, satollo*; per riempito 'interamente , *colmo*; 'nsaziu, avv. *sazievolmente* ; dàri sàziu , vale far godere altri sul nostro danno

Sbacantàri, v. a. *votare*; per ferire con archibugio nel ventre

Sbadagghiàri, v. a. *spalancare, disperdere*; per torre il badàgghiu, vedi; per *sbadigliare*

Sbadàri, v. n. aprirsi le muraglie, *rovinare, sbonzolare*

Sbaddàri, v. a. *smaltire , terminare*

Sbagghiàri, v. n. *errare, sbagliare*

Sbagghiu, s. m. *sbaglio, errore*

Sbagnàri, v.a. per inumidire le biancherie pria di spianarle e lisciarle col ferro, *umettare*

Sbaguttìri, v. a. e n. pass. *impaurire, sbigottire, sbigottirsi*

Sbalancàri, v. a. *spalancare*; la vùcca di lu stòmacu, vale rimaner attonito, *atterrirsi*

Sbalanzàri, v.n. *traboccare*; per *precipitare*

Sbalànzu, s. m. *trabalzamento*; per *scoscendimento*; per *differenza, divario*

Sbaliciàri, v. a. propr. cavar dalla valigia, *svaligiare*; per vuotare, *spogliare, rubare*

Sballamèntu, s. m. lo sballare

Sballàri, v. a. aprir le balle, *sballare* ; per *impoverire* , o perder al giuoco, *sballare*

Sballùri , vedi sballàri ; vale

anche vincer tutti al giuoco, *sbusare*

Sballùtu, agg. *sbusato*

Sballuttàri, v. a. *deludere*; per non curare, *dispregiare*

Slampàri, v. a. *accendere, avvampare*; per *vampare, pubblicare, sbrodellare*

Sbancàri, v. a. levar danari dal tesoro pubblico; per vincere altrui ogni danaro, *sbusare*

Sbancàtu, agg. *riscosso*; per *sbusato*

Sbaniri, v. n. *sparire, cessare, svanire*

Sbannùtu, agg. *assassino, ladrone*; cumpagnìa di sbannùti, *ladronaia*

Sbantàggiu, s. m. *danno, pregiudizio, svantaggio*

Sbanùtu, agg. di sbaniri, *svanito*

Sbapuràri, v. a. mandar fuori i vapori, *svaporare, esalare*; n. p. *divulgarsi*

Sbaragghiàri, vedi sbadagghiàri

Sbarazzàri, v. n. *rassettare, riordinare, sbarazzare*; andar via, abbonacciare il tempo; per liberarsi da un impaccio, purgare lo stomaco

Sbarbàtu, agg. *sbarbato*; fig. *giovinetto, pollastrone*

Sbarcàri, v. a. cavar dalla barca, *sbarcare*; n. uscir dalla barca, *sbarcare*

Sbarcatùri, s. m. luogo acconcio per isbarcare uomini o mercanzie, *sbarcatoio*

Sbàrcu, s. m. lo sbarcare, *sbarco*; per *sbarcatoio*

Sbardàri, v. a. cavare il basto, *sbastare, disbastare*

Sbardellàtu, agg. *esorbitante, sbardellato*

Sbàrdu, s. m. folata d'uccelli; a sbàrdu, avv. *a turma*

Sbariàri, v. n. *rasserenarsi*; detto di tempo, *abbonacciare*; detto di uomo ubbriaco, vale cessare dalla ubbriachezza

Sbàriu, vedi sbàgghiu

Sbariùni, accr. di sbàriu, *svarione*

Sbàrra, s. f. tramezzo per impedire il passo, *sbarra*; ma oggidì si usa per denotar il luogo ove i gabellieri invigilano sugli oggetti sottoposti a tassa che immettonsi in città

Sbarrachiàri, v. a. *spalancare*

Sbarràri, v. a. *sturare, digrossare*; per *abbozzare, istruire, ammaestrare*

Sbasciàri, v. a. e n. *abbassare; accorciare, abbreviare*

Sbàsciu e sbasciamèntu, s. m. *abbassamento*

Sbàttiri, v. a. *agitare, sbattere*; sbàttiri la pànza, aver gran fame, *esurire*; lassàri sbàttiri, non dar retta, non dare ascolto; sbàttiri 'ntèrra, *sbatacchiare*

Sbattisimàrisi, v. n. pass. *affacchinare, affannarsi*

Sbattullàri, v. a. vedi sbàttiri; per *dimenarsi, divincolarsi*; per percuotere lana o panni onde trarne la polvere, *scatamare*

Sbattulliàta, s. f. *sbattimento, agitazione, sbattito*

Sbavàtu, agg. di filo, e vale mai filato, *disuguale*

Sbauttìri, vedi sbiguttìri

35

Sbèrgia, s. f. una delle varietà del pesco , *alberges* , pesca albicocca

Sbèrsu, agg. *storto* ; per *irregolare*

Sbiàri , v. a. deviare, *sviare* ; sbiàrisi la putia, vale perder gli avventori; sbiàrisi, *divertirsi*

Sbicchiariàtu, agg. *logoro, frusto*

Sbiddicàrisi, v. n. pass. rompersi il bellico , *sbellicarsi ;* per ridere smoderatamente; per sbudiddàri vedi

Sbidiri , v. n. non accorgersi; per *travedere, sbagliare;* 'ntra un vìdiri e un sbìdiri, vale in un tratto

Sbigghiàri, vedi arrisbigghiàri

Sbigghiarinu, vedi arrispigghiarinu

Sbignàri, v. n. fuggir con prestezza, *svignare, spulezzare*

Sbiguttiri, v. a. *atterrire, sbigottire;* n. p. *sbigottirsi.*

Sbilanciàri , v. a. tirar giù la bilancia , levar l' equilibrio, *sbilanciare;* per spendere inconsideratamente, *profondare;* per *promettere*

Sbilàri, vedi svilàri

Sbillàccu, agg. *vagabondo*

Sbiluppàri , v. a. *sviluppare ;* met. *liberare*

Sbinàri, v. a. *svenare;* n. pass. *fendersi, crepolare*

Sbinàtu, agg. *crepolato, svenato*

Sbinatùra, s. f. *crepatura, fessura*

Sbiniri, v. n. venir meno, *svenire*

Sbinniri , v. a. vendere a vil prezzo, *sbarattare*

Sbinnàri, v. a. toglier la benda, *sbendare*

Sbintalòru, s. m. luogo donde sfiata chicchessia, *sfiatatoio*

Sbintàri, v. n. svaporare, *sfiatare;* per *scorreggiare, salassare;* detto di cose spiritose, vale perder di forza , *dissiparsi ;* per trapelare alcuna notizia che vuolsi tener celata, *sventarsi*

Sbintàta, s. f. *sfiatamento;* per sagnia vedi

Sbintàtu, agg. di sbintàri; vale anche *scioperone*

Sbintràri, vedi sbintricàri

Sbintricàri , v. a. *sbudellare , sventrare;* fig. scoprire un arcano, *conoscere, penetrare*

Sbintuliàri, v. n. e a. *sventolare;* per *sciorinare , sollazzarsi*

Sbintùra, s. f. *sciagura, sventura*

Sbirginàri, v. a. torre ad una giovane la verginità, *sverginare, spulcellare ;* per incominciare ad usare

Sbirgugnàri , vedi sbrigugnàri

Sbirlacchiàri, v. n. condursi da vagabondo, *baronare*

Sbirlàccu, vedi sbillàccu

Sbirràgghia , s. f. corpo degli sbirri, *sbirraglia*

Sbirraria, s. f. atti e mestiere da birro, *birreria*

Sbirriàri, v. a. mandar i birri per far pagar altrui i debiti; per far atti o cose da birro

Sbirriscu, agg. da birro , *birresco*

Sbirrittàri, v. a. salutare altrui col trarsi di berretto, *sberrettare*

Sbirrittàta, s. f. *sberrettata*

Sbìrru, s. m. ministro basso della giustizia, *birro*; lu làtru assicùta lu sbìrru, prov. quando chi ha torto manifesto, pretende ragione; dàri lu cuntu di papa a li sbìrri, non ascoltare; pàssaru sbìrru, sorta di passera

Sbirsàri, v. a. *storcere, sbiecare*; per *traviare, discrepare*; per uscir di senno

Sbirsàtu, agg. di sbirsàri; più comunemente vale non adatto a fare la tal cosa

Sbirticchiàrisi, v. n. uscir fuori rimboccandosi; per *guastarsi*

Sbisazzàri, v. a. cavar le robe dalla bisaccia, *sbisacciare*; per ingrossar fuori modo, detto di corpo

Sbisitàri, v. a. deporre il bruno

Sbìsta, s. f. *svista, sbaglio*

Sbitàri, v. a. sconnettere le cose fermate colla vite, *svitare*

Sbìu, s. m. passatempo, *diporto, trastullo*

Sbòta, s. f. rivolta di panno che suol farsi a molte vesti, *rimboccatura*; per qualunque cosa ripiegata a guisa di rivolta, *rivoltatura*

Sbòzzu, s. m. *abbozzo, sbozzo*; per calcolo inesatto

Sbracàrisi, v. n. pass. cavarsi o sbottonar le brache, *sbracarsi*; per largheggiare

Sbraccàri, v. n. *saltare*

Sbracchiàri, v. n. misurare la terra con passi

Sbràccu, s. m. *salto*

Sbraciàri, v. n. allargar la brace accesa, *sbraciare*

Sbramàri, vedi sbranàri

Sbranàri, v. a. *squarciare, sbranare*

Sbravazzàri, v. a. far prova della propria bravura, *braveggiare*

Sbravazzarìa, s. f. *valentia, braveria*; per *smargiasseria, rodomontata*

Sbravazzàta, vedi sbravazzarìa

Sbravàzzu, vedi smargiàzzu

Sbravazzùsu, agg. *bravaccio, bravaccione, spaccone*

Sbrazzàrisi, v. n. pass. scoprir le braccia, *sbracciarsi*; met. adoperarsi con energia in favor d'altri, *impegnarsi*

Sbrazzàtu, agg. che ha rimboccate le maniche fino al gomito, *sbracciato*

Sbriacàri, v. n. pass. uscir di ebbrezza, *disebbriare*

Sbrialòziu, s. m. tutto ciò che può divertire, *passatempo*

Sbrìciu, agg. *semplice, sobrio*

Sbrìga, s. f. specie di madia per intridervi pasta da far pane

Sbrigghiàri, v. a. cavar la briglia, *sbrigliare*

Sbrigugnamèntu, s. m. *vituperio, scorno*

Sbrigugnàri, v. a. *svergognare, violare*; n. p. svergognarsi

Sbrigugnàtu, agg. *svergognato*; per *sfacciato*

Sbrigùni, s. m. legno grossetto per intrider la pasta da far pane o altro

Sbriguniàri, v. a. lavorar la pasta con lo sbrigùni, vedi

Sbrìu, vedi sbìu

Sbrìzza, s. f. *gocciolina, schizzo*; per schizzo di fango o di di altro liquido, *zacchera*; usato in plur. vale *disgrazia*, *disavventura;* per *briciolo*

Sbrizziàri, v. n. *schizzare, spruz-zare;* per *piovigginare, spruz-zolare ;* per bagnare legger-mente, *aspergere*

Sbrizziàta, s. f. *spruzzaglia*

Sbròmu, s. f. spugna d'infima qualità che serve per pulir carrozze o altro

Sbrucculàri, v. a. *esporre, con-tentare ;* per *svesciare , sbro-dettare*

Sbruffàri, v. a. spruzzar per la bocca o per le nari, mandar fuori il riso , *sbruffare;* per sbuffàri, vedi

Sbruffàta , s. f. lo sbruffare , *sbruffo*

Sbrugghiàri, v. a. *sbrogliare ;* per liberarsi da debiti, o da altro ; per divenir scaltro , astuto; sbrugghiàri la lingua, *sciorre la lingua*

Sbrumàri, v. n. *trapelare;* pa-gar con istento

Sbuccàri, v. n. il metter foce de' fiumi, *sboccare;* per *sca-ricare;* per *irrompere*

Sbuccàtu, agg. di sbuccàri; per *disonesto;* detto di scàrpa, vale che il tomaio copre poca par-te del piede

Sbuccatùra, s. f. *sbocco, sboc-catura*

Sbucciàri, v.p. uscir dalla buc-cia il fiore , *sbocciare ;* per *avvenire, accadere, resultare*

Sbùccu, s.m. lo sboccare, *sbocco*

Sbudiddàri, v. a. ferire in guisa ch'escano le budella, *sbudel-lare;* vedi sbintricàri

Sbuffàri, v. a. dir con isdegno, *sbuffare;* n. mandar fuori l'a-lito con impeto ed a scosse,

per lo più a cagion d'ira , *sbuffare;* dicesi pure del sof-fiare che fa il cavallo quan-do viene spaventato , *sbuf-fare*

Sbulazzàri, v. n. volar qua e là, *svolazzare;* per *sventolare, carpire, arraffare*

Sbummicàri , v. n. lo apparir delle macchie o altro in og-getti; per manifestare i torti ricevuti, ed anche *sbrodettare*

Sbùrdiri, v. a. *atterrare, rovi-nare, demolire;* per *opprimere, sopraffare;* per *scùsiri, vedi;* nun ci la sbùrdiri, vale esser incapace ; per contrario di 'mmùrdiri

Sburgimèntu, s. m. *stomacag-gine*

Sbùrgiri, v. n. *stomacare;* met. *infastidire, stuccare*

Sburgiulìzzu , agg. mezzo sto-macato

Sburiddàri, vedi sbudiddàri

Sburràri, v. a. levar la borra, dar fuori, *sborrare;* per *stra-piovere;* sfogar la collera; u-scir liquidi con violenza; ca-care strabocchevolmente

Sburzàri, v. n. cavar dalla bor-sa, *sborsare;* per dar danari a mutuo

Sbùrzu, s.m. lo sborsare, *sborso*

Sbutamèntu, s. m. *rivoltamento*

Sbutàta, s. f. *svoltatura*

Sbutiràtu, agg. dicesi del latte o ricotta da cui siasi cavato il burro

Sbutràtu, agg. *mangione, pap-patore*

Sbutruniàrisi, v. n. mangiare smoderatamente, *divorare*

Sbuttàri, v.a. *sturare;* per uscir

fuori, *prorompere* ; detto di cavalli, vale esercitarli alla corsa pria di adoperarli nel cocchio

Sbuttigghiàri, vedi sturacciàri

Sbùttitu, s. m. buco per dove escono i fluidi superflui, *canale*

Sbuttunàri, v. a. sfibbiare i bottoni, *sbottonare*; per sbucciàri, vedi; sbuttunàri l'olivi, *mignolare*

Sbuzzàri, v. a. ter. degli artisti, *abbozzare*, *sbozzare*

Sbuzzàta, s. f. *abbozzatura*

Scabbèllu, s.m. arnese di legno ove sedendo appoggiansi i piedi, *predella* , *suppedaneo*, *sgabello*

Scàbbia, vedi rùgna.

Scacàri, v. n. *desistere*; detto di galline , vale non far uova per un certo tempo ; detto della trattola, cessar di girare

Scaccaniàri, v. n. ridere smoderatamente , *sghignazzare* , *sgangasciare*

Scaccaniàta, s. f. *ghignata*, *sghignazzata*

Scàccanu, s. m. *sghignazzio, cachinno*

Scacchèra, s. f. tavola su cui si giuoca agli scacchi, *scacchiere*

Scacchèri, s. m. quello spazio che è in capo alle scale degli edifici, *pianerottolo*, *ripiano*

Scacchèttu, s. m. giuoco degli scacchi ; dim. di scàccu ; a scacchèttu, parlando di tessuti, *scaccheggiato*

Scacchiàtu, agg. fatto a scacchi, *scaccato*; per *macchiato,chiazzato*

Scacciamènnuli, s. m. sorta di uccello, *frosone*

Scacciàri, v. a. infranger le cose che hanno guscio, *schiacciare* ; per *allontanare*; n. p. *astenersi, risparmiarsi;* scacciàri l'anca, *indovinare*; l'òcchiu , vale socchiuder un occhio, ciò che si fa per denotare qualche cosa a colui che si guarda; scacciàrila fràdicia, rimaner deluso; chi vai scacciànnu? che vai *infinocchiando?*

Scacciàta, s. f. *focaccia, stiacciata, quaccino* ; dim. scacialèdda; ch'è anche una particolar forma di pane

Scacciatina, s. f. *schiacciatura;* per lo più usasi a cagion che cocchio, carro o bestia ci calpesti

Scàcciu , s. m. nome collettivo di frutti secchi con guscio legnoso,come noci,avellane ec.

Scacciùni, s. m. il franger coi denti alcuna cosa solida, *infrangimento*

Scàccu, s. m. uno di que' quadretti che per lo più si vedono dipinti nelle insegne e nelle divise, *scacco*; nel plur. giuoco che si fa sullo scacchiere con figure di legno; mènzi scàcchi, altro giuoco che si fa sullo stesso scacchiere; avìri o dari scàccu, avere o dar scaccomatto; parlando di giardini, lo spazio quadrato ove siasi seminato alcun vegetabile diverso da un altro; scàccu di càrta, ottava parte del foglio , *facciuola* ; èssiri 'ntra lu scaccu di... vale essere in pericolo

Scaccumàttu, s. m. termine del giuoco degli scacchi, ed è quando si vince il giuoco, chiudendo l' entrata al re, *scaccomatto*; dàri scaccumàttu, fig. vale far rimaner deluso

Scadduzzàri, v. a. strappar con violenza, *svellere*

Scadiri, v. a. ter. de' mercanti, lo scorrere il tempo prefisso pe' pagamenti, *scadere*; per decadìri, vedi

Scafaràtu, agg. *calvo*

Scafazzàri, v. a. *spremere, malmenare, sfracellare*; per premere semplicemente

Scafazzùni, s. m. *calcamento, sconciamento*

Scàffa, s. f. arnese di legno a vari scompartimenti per deporvi scritture, libri ec., *scanzia, scaffale*; scàffa di carròzza, trabalzo del cocchio per avvallamento del suolo; met. *sbaglio*

Scaffarràta, s. f. sorta di stipo, guernito di cristalli, dove conservansi oggetti preziosi per rarità o ricchezza, *scarabattola*; mèttiri 'ntra la scaffarràta, vale tener con troppa cura

Scàffu, s. m. corpo di una nave senza alcun armamento, *scafo, guscio*

Scafisàri, v. a. travasar l'olio dal cafisu, vedi

Scafunchiàri, v.a. rinvenir cosa nascosta, *discoprire*

Scafuniàri, vedi scrafuniàri

Scàgghia, s. f. quel pezzuolo che si leva dal legname e dai marmi, *scaglia*; per la scaglia

de' metalli, *ramina* ec.; per *squama*; per la scorza dura del serpente, *scaglia*; per *scàrda*, vedi

Scagghiàri, v. a. *lanciare, scagliare*; per *avventarsi*; per mancar d'animo

Scagghiàri, v. a. pareggiare il muro con scaglie; per *smussare*

Scagghiòla, s. f. il seme di una spezie di gramigna, *scagliuola*; per una specie di pietra simile al talco

Scàgghiu, s.m. mondiglia del grano o altra bianda, *vagliatura*

Scagghiunàta, vedi muzzicùni

Scagghiùni, s. m. *dente canino*; per una parte dei denti del cavallo, *scaglione*; avìri li scagghiùna, vale essere scaltro

Scagghiunùtu, agg. *sannuto*; per *destro, prudente*

Scàgnu, s. m. tavola dove i mercatanti fanno i loro conti o pagan danari, *banco*

Scàla, s.f. parte d'edifizio, o di casa per cui si sale e si scende, *scala*; quella di legno portatile, *scala a piuoli*; per ordine, serie ascendente; scàla à babbalùciu, scala a chiocciola, o a lumaca; a forficia, *scalone*, scala a due branche; scàla livatìzza, *scala portatile*; a scàla, posto avv. *gradatamente*; a menza scala, a metà d'una scala

Scalandrùni, s. m. trave per far scale a piuoli; met. per uomo lungo e smilzo

Scalàri, v. n. diminuire di prezzo delle merci; per salir sulle mura di un luogo assediàto, *scalare*

Scalàta, s.f. *scalamento, scalata*

Scalètta , dim. di scala ; per quel bastone sul quale si regge e si dimena lo staccio nella madia , *cernitojo* ; per quello arnese onde si sale nelle carrozze, *montatojo*; per quell' arnese fatto di regoli impernati a guisa di X, che portano in carnevale i mascherati, e che serve a porgere in luoghi distanti fiori, dolci ec.

Scaliamèntu , s. m. il raspar dei polli, *razzolio* ; per *frugata* sempl.

Scaliàri, v. n. e a. *razzolare* ; per zappar leggermente; per *frugare*; per *scomporre , disordinare*

Scalògna, s. f. pianta, *scalogno*

Scalògni, s. m. pl. i germogli delle cipolle conservati lungamente

Scalòra, s. f. pianta ortense , *indivia, endivia*

Scaltrìri, v. a. far altrui astuto e sagace, *scaltrire*

Scaltrùtu, agg. *scaltrito*

Scalvaràtu, agg. *calvo*

Scalugnàri, v. a. seminar buon grano scelto per fare buona sementa

Scalunàta, s. f. ordini di gradini, *scalinata*

Scalùni s. m. grado, *scalino , scaglione*

Scàma , s. f. scaglia di pesce o di serpente , *squama*; per altre cose dure fatte a foggia di squama , *squama , squamo*

Scamàri, v. a. levar le scaglie a' pesci, *scagliare*

Scaminàri , v. n. *traviare*, uscir di proposito

Scammaràrisi , v. n. p. non mangiar carne

Scammaràtu, agg. di scammaràrisi; pastizzu scammaràtu, *balordaggine*

Scàmmaru , s. m. il cibo di magro contrario di càmmaru, vedi

Scammuscìri , v. n. divenir passo *appassire, illanguidire*

Scammuzzàri , v. a. tagliar i rami agli alberi in fino al tronco, *scapezzare*

Scammuzzàta, s. f. *scapezzamento*

Scampagnàri,v.a. *salvare, scampare*; n. p. liberarsi da un pericolo, *salvarsi*

Scampaniàri , v.n. far un gran suonar di campane, *scampanare*

Scampaniàta, s. f. *scampanata, scampanio*

Scampàri, v. n. cessar dal piovere, *spiovere*; per *scampare*

Scampàta, s. f. *spiovimento*; a la scampàta, avv. al cessar della pioggia

Scampavìa, s. f. nome di navilio turchesco, *scampo*

Scampulìddu, vedi *scampùtu , scampolino* ; per *discordia , disparere*

Scàmpulu, s. m. avanzo della pezza di panno, *scampolo*

Scamuzzàri, vedi scammuzzàri

Scamuzzùni, vedi muzzùni

Scanalàri, vedi scanniddàri

Scanàri, v. a. battere e conciar la pasta per renderla

soda, gramolar la pasta

Scanàta , s. f. l'atto del gramolar la pasta

Scanatùri , s. m. ordigno da intrider la farina e ridurla a paniccia, *grumola*

Scancaràri, v. a. cavar dai gangheri, *sgangherare*; la pinna, sconciar la temperatura; fig. dire il parer suo liberamente

Scanciàri, v. a. pigliar alcuna cosa in cambio di altra, *scambiare*; parlando di monete , vale mutarle in altre di diverso metallo, ma di valore equivalente; va scànciati chissa! dicesi à chi abbia ricevuto alcun danno meritato

Scanciatùri , s. m. colui che per mestiere trasmuta le monete

Scancillàri, lo stesso che cancillàri vedi ; per sbagghiàri vedi

Scànciu, s. m. *cambio , scambio*; per quella massa di monete che si destinano per tramutarsi con altre di diverso metallo ; pigghiàri a scànciu , prender una cosa o una persona per un'altra, cogliere o pigliare in iscambio; per quell'agio che si ha sullo scambio delle monete

Scanfàrdu e scanfàzzu, agg. di cattiva qualità, poco pregevole, di vil prezzo

Scanigghiàri , v. n. separare collo staccio il fino dal grosso della farina, *stacciare*; per *distrigare, sviluppare;* scanigghiatilla tu! vale da quello imbaràzzo cerca tu i modi d'uscirne

Scànna, vedi macèddu; per *epidemia*

Scannabèccu, s. m. specie di grosso coltello portato da' ladri e malandrini, *scannabecco*

Scannagghiàri, v. a. gettar le scandaglie, o misurar collo scandaglio, *scandagliare* ; per esaminar minutamente, *scandagliare*

Scannàgghiu, s. m. *scandaglio, piombino;* per *calcolo, esperimento* ; per lo esame della profondità di taluni mari ; chiamasi anche scandaglio quel calcolo che fa l'autorità municipale sul prezzo de' frumenti , e sulle spese di fabbricazione del pane e delle paste per fissare l'assisa

Scannaliàri, v. a. *scandalezzare, scandalizzare;* per istruire, *insospettirsi;* n. pass. *suspicare, ombrarsi;* per scannagghiàri, vedi

Scannaliàtu, agg. *scandalizzato;* per reso accorto, *accivettàto*

Scànnalu, s. m. mal esempio, *scandalo* ; per *sospetto , presentimento , ombra , sentore , odore, discordia, disunione*

Scannalùsu, agg. *scandaloso*

Scannàri, v. a. *scannare, sgozzare;* per *uccidere, opprimere, rovinare;* n. pass. *affacchinarsi, arrabbattarsi*

Scannaruzzàri, vedi scannàri

Scannàta, vedi scànna

Scannàtu, agg. *scannato;* prèzzu scannàtu, *vile;* prezzu o parti scannàta, *niente favorevole*

Scannatùra , s. f. parte della gola dove principia la canna, *fontanella della gola*

Scannatùri, s. m. luogo dove si macellano gli · animali, *scannatoio, beccheria*

Scannellàri, v. a. incavare legno o pietra per ridurla a guisa di piccol canale, *scanalare*

Scannellatùra, s. f. lo incavo, *scanalatura*

Scanniàri , v. a. *rilucere , risplendere* ; per lo più detto del colorito della carnagione, *apparire*

Scanniddàri , vedi scannillàri; per isvolgere il filo dal cannello, *scannellare*

Scannulàri, v. n. *assottigliarsi*

Scannulàtu, agg. da scannulàri; per *ismagrito*

Scansafatica, agg. *schivo, scansardo*

Scansàri, v. a. *evitare, scansare*; n. pass. *scansarsi*; lu Signùri nni scànsi! *tolga Dio!*

Scànsa scànsa , lo stesso che *guarda! guarda!*

Scantàri , v. a. *spaventare* ; n. pass. aver paura , *temere , paventare*; scantàrisi di l'umbra sua, esser paurosissimo

Scantàtu, agg. *spaventato*; il volgo intende chi sia invaso dal demonio, *invasato*

Scantàzzu, s. m. pegg. di scàntu; e per lo più vale timor panico

Scàntu, s. m. *paura , spavento*

Scantunàri, v. a. levar i canti di chicchessia, *scantonare ; smussare*, fig. *spropositare*

Scantùsu , agg. *timido* ; sònni scantùsi, *fantasmi notturni*

Scanuscènti, s. m. *ingrato, sconoscente*

Scanuscènza, s. f. *ingratitudine, sconoscenza*

Scanusciùtu, agg. *incognito, sconosciuto*

Scanzafatica, vedi scansafatica

Scanzàri, vedi scansàri

Scanzia, s. f. *scaffale, scanzia*

Scanzirru, vedi scampìrru

Scapiddàri , v. a. *scapigliare , scarmigliare*

Scapiddàtu, agg. *scapigliato*; a la scapiddàta, avv. *a più non posso*

Scapitàri, v. n. perdere o metter del capitale, o perder efficacia, virtù ec., *scapitare*

Scàpitu, s. m. lo scapitare, *scapito*

Scapizzunàta, vedi capizzunàta

Scapòzzu, vedi scanfàzzu; detto delle cose , vale di peggior condizione, *minuale*

Scappamèntu, s. m. term. degli oriuolai, macchinismo negli oriuoli, per cui il regolatore riceve il moto dall'ultima ruota, o lo rallenta, perchè l'oriuolo vada a dovere, *scappamento*

Scappàri, v. n. *sfuggire, scappare* ; scappàri la pacènza , *uscir di flemma* ; nun putìri nè fùiri nè scappàri, vale aver da essere

Scappàta , s. f. *scappata* ; per *riprensione , rincanata* ; per islancio di fantasia; per *errore*

Scappiddàri, v. a. cavar il cappello, *scappellare* ; n. pass. *scappellarsi*

Scappucciàtu, agg. che ha tolto il cappuccio, *scappucciato*

Scappùcciu, vedi cappùcciu

Scapricciàri, v. a. cavar altrui di testa i capricci, *scapricciare*; n. pass. cavarsi i capricci, *scapriccirsi*, *sbizzarrirsi*

Scàpu, s. m. il fusto della colonna, *scapo*

Scàpula, s.f. paletta della spalla, *scapula*

Scapulàri, v. a. *liberare, scapolare, fuggire, scappare, venir fuori, uscire, sciogliere, digiogare, trapassare*

Scapulàru, s. m. quel cappuccio che tengono in capo i frati, *scapolare*; per quel mantello con cappuccio usato dai contadini, *capperuccio*

Scapulàta, s. f. lo sciogliere e liberare dal giogo, il digiogare; per scampamento, *salvamento*

Scàpulu, agg. *libero, ismogliato, scapolo*; vèstia scàpula, vale sciolta da pastura; tirrènu scàpulu, terreno a seminagione, *campo*

Scaragghiùni, agg. toro giovanetto

Scaràna, vedi bagàscia

Scarcagnàri, v. a. togler altrui la scarpa dal calcagno, *scalcagnare*; per *tapinare*; per *scemare, menomare*; vedi sparagnàri

Scarcagnùni, colla prep. a, posto avv. si dice delle scarpe allorquando la parte che dee coprire il calcagno è abbassata, e sta al di sotto del tallone

Scàrcina, s. f. sorta d'arme, *squarcina*; per chi ha le gambe o i piedi storti, *sbilenco*

Scarcinàta, s. f. colpo dato con la squarcina; nel giuoco della belladònna, vale lasciar il tavoliere in corso di giuoco senza carta alcuna per lo momento

Scàrda, s. f. pezzetto di legno o di altro corpo che nel tagliare i legnami viene a spiccare, *scheggia*; per minuzzolo di cose che si mangiano, *briciolo*; per piccola parte di chicchessia, un tantino; scàrdi di jıssu, col verbo jittàri, vale provar sommo calore, ed anche crepar di bile; mèttiri li scàrdi a l'ugna, *costringere*

Scardàri, v. n. raffinar la lana con scardassi, *scardassare*; avìri chi scardàri, vale aver affanni, avversità, aver che ugnere

Scardiàri, v. n. fare schegge, *scheggiare*; per *minuzzare*

Scardìdda, s. f. dim. di scàrda, *scheggiuola*; per un tantinetto

Scardùni, s. m. pezzuolo di pietra di forma irregolare, *scheggione*

Scarfalèttu, s. m. vaso di rame con coperchio perforato, dentro al quale mettesi acqua bollente che serve a scaldar il letto, *scaldaletto*

Scarfamànu, s. m. sorta di giuoco fanciullesco, *scaldamano*

Scarfamèntu, vedi scarfàta

Scarfàri, v. a. riscaldarsi al fuoco, *scaldare*; scarfàri lu vàncu, star ozioso a sedere, *culattar le panche*

Scarfàta, s. f. *scaldamento*

Sfarfatùri, vedi maritèddu

Scarfavàncu , agg. *scioperone* . *pancacciere*

Scarfètta, s. f. vaso per iscaldarsi, *caldanino*

Scarfidìri, v. n. divenir passo, vizzo, *appassire*

Scarfidùmi, s. m. fetore di fiori o erbe appassite

Scarfidùtu, agg. *stantio, guasto, appassito;* met. *smanceroso*

Scarìri, v. a. distinguer minuti oggetti da lontano, *sbirciare*

Scarlatìna, s. f. malattia contagiosa con macchie rosse alla pelle, *scarlattina*

Scarlàtu, s.f. panno-lano rosso, *scarlatto* ; agg. di vivissimo color rosso, *scarlatto*

Searmàri, v. n. dicesi di fichi che per soverchio caldo pria di maturarsi appassiscono

Scarmigghiàri , v. a. scompigliare i capelli, *scarmigliare*

Scarminàri, vedi scarmigghiàri

Scàrmu, s. m caviglia di legno che serve di appoggio al remo delle barche, *scarmo*

Scarmusciri, vedi scarfidìri

Scarnàri, v. a. tòrre la carne, o la superficie a qualche cosa, *scarnare* ; per *diminuire, impicciolire, scarnire*

Scarnàta, s. f. l'atto dello scarnare, o scarnire

Scarnàtu agg. *scarnato;* per *magro, sottile;* scarno

Scarnazzàri, vedi scarnàri

Scarnificàri, v. a. levar altrui la carne, *scarnificare;* met. *affliggere, travagliare*

Scarnificazìòni, s. f. scarnificare e il travagliare altrui, *maltrattamento, patimento*

Scàrpa, s. f. quel calzare fatto per lo più di cuojo che veste il piede, *scarpa* ; scarpa vecchia, *ciabatta;* per quel ferro incurvato che adattasi sotto le ruote d'una carrozza, perchè nella discesa non precipitino, *scarpa;* servu di la scarpa, espressione di rispetto; nun ci putiri stari a la scarpa, denota condizione disuguale; a scarpa, avv. *a pendio;* pigghiàri a scarpi 'nculu, scacciare bruscamente

Scarparèddu, dim. di scarpàru; ma più comunemente *ciabattino*

Scarparìa, s. f. bottega dove si fanno le scarpe, *calzoleria*

Scarpàru, s.m. chi fa le scarpe, stivali, bottaglie ec., *calzolajo, calzolaro, scarpettiere*

Scarpàta, s. f. colpo dato con calzare, ciabatta ec.

Scarpàzza, pegg. di scàrpa; passàri la scarpàzza, dar picchiate

Scarpèddu, s. m. strumento di ferro tagliente in cima, usitatissimo nelle arti meccaniche, *scarpello, scalpello*

Scarpiddàta, s. f. colpo di scarpello, *scarpellata*

Scarpiddiàri, v. a. *scarpellare, scarpellinare*

Scarpina, s. f. scarpa sottile, *scarpino*

Scarpinu, s. m. lungo cammino a piedi

Scarpisamèntu, s. m. *scalpitamento, scalpitio*

Scarpisàri, v. a. *pestare, calpestare, scalpicciare, scalpitare;* per *spreggiare;* scarpisàri ova, camminar lentamente; la facci, *maltrattare*

Scarpunàta, s. f. colpo dato con lo scarpone

Scarpùni, s. m. accr. di seàrpa, *scarpone, scarpettone*

Scarpùzza, dim. di scàrpa, *scarpettina*

Scàrrica, s. f. sparo ad un tempo di più arme da fuoco, *scarica* ; deporre le mercanzie recate da un bastimento, *scarica*; per scaricamento; fari lu càrrica e scàrrica, vale gittarsi vicendevolmente la colpa di un errore

Scàrrica canàli, s. m. sorta di giuoco fanciullesco, *scaricabarili*

Scarrieàri, v. n. e a. levare o posare il carico di dosso, *scaricare*; per diminuire, scemare; per sparare, cacare, chiarire (detto di vini); tosare i capelli

Scarricàta, s. f. *scaricamento, sgravio*

Scarricatùri, s. m. luogo dove si scarica, *scaricatajo*; per arnese di legno che serve a scaricar l'uva nella tina per pigiarla

Scàrrica varrìli, vedi scàrrica canàli

Scàrricu, agg. *scarico*; detto di liquori vale limpido, chiaro; annàta scàrrica, vale sterile; detto di arma da fuoco vale non carica, *vuota*

Scarrubbàri, v. a. *scaricare, sopravvenire, strapiovere, schiaffeggiare*

Scarruzzàri, v. n. *uscir di cocchio*; per deporre un peso enorme che portisi sul dorso; met. dire imprudentemente

qualche cosa spiacevole

Scarsiàri, v. n. *scarseggiare*

Scarsizza, s. f. *scarsità, penuria*; per *carestia*

Scàrsu, agg. *scarso*; per *ignorante, miserabile, avaro*; per *raro*, difficile ad ottenersi; a la scàrsa, p. avv. dicesi dei servitori a' quali si dà il solo salario senza il pranzo

Scartabbillàri, v. a. leggere con poca attenzione, *scartabellare*

Scartafàziu e scartafàzzu, s. m. *scartabello, scartafaccio*

Scartamèntu, vedi scartàta

Scartàri, v. n. gettare in giuocando a monte quelle carte che altri non vuole, *scartare*; per *ricusare, rifiutare* ; per *iscegliere*

Scartàta, s. f. *scartata*

Scartatìzzu, agg. pegg. di scartàtu, *rifiutato*

Scartatùra, s. f. ammasso di ciò che si rifiuta, *chiappolo, marame, sceltume*

Scàrtitu, vedi scartatùra

Scartòcciu, vedi 'ntàgghiu

Scartucciàri, vedi 'ntagghiàri

Scàrtu, s. m. ciò che si rifiuta, *scarto*; per scartatùra vedi

Scàru, s. m. seno di mare dentro terra, *cala*; per luogo sulla riva atto a sbarcar persone o mercanzie, *scalo*

Scarvaccàri, vedi scravaccàri

Scarvaràtu, vedi scalvaràtu

Scarzaràri, v. a. levar di carcere, *scarcerare*; v. n. uscir di prigione, *affrancarsi*

Scasàri, v. n. *diloggiare, sloggiare*; per obbligare altrui a lasciar la casa ove abita, *scasare*; per accorrer gente ad un luogo *affollarsi*; per *trangosciare*

Scasciàri, v. a. tòr le mercanzie dalle loro casse, *scassare*; per sparar arme da fuoco accidentalmente

Scasciatina, s. f. *scassatura*; detto di arme da fuoco, vale scaricarsi accidentalmente da sè

Scasciàtu, s. m. diceasi il danaro che dava il Senato ai Chierici, invece della franchigia ; pagàri cu lu scasciàtu, prender tempo a pagare i propri debiti

Scàsciu, s. m. *rumore, schiamazzo*; fari scàsciu, manifestare imprudentemente le cose altrui, *bociare*

Scasiddàri, vedi scasàri

Scassàri, v. a. *rompere, scassinare, scassare*; detto di terra, *sbronconare*; per *fendere, crepare* ; per scasciàri vedi; per *rallegrarsi*

Scassatina, s. f. l'atto dello scassinare

Scassàtu, agg. di scassàri; èssiri scassàtu, vale pieno di gioja, soddisfatto

Scatasciàri, v. a. levar la bozzima, *sbozzimare*

Scatinàri, v. a. trar di catena, *scatenare*; n. pass. *sciorsi, slogarsi, disolovarsi*; sollevarsi con furia; detto di terra, *scassinare*

Scattafèli, posto avv. col segnacaso (a) vale a stracca, frettolosamente

Scattagnètti, s. m. plur. legnetti incavati che stringonsi alle dita , e battonsi fortemente percuotendoli sulla palma della mano per far suono, *nacchere, castagnette*

Scattaminnàcchi, s. f. plur. *moine, lezi, affettature*

Scattàri, v. n. l'aprirsi delle cose per troppa pienezza, *scoppiare*; per *morire, cacare*; per *scoppiettare*; crepar dalla bile, *arrabbiarsi*

Scattàtu, agg. di scattàri vedi ; mortu scattàtu, vale cosa puzzolente e putrefatta

Scattiàri, v. a. dar percosse, *sferzare* ; *screpolare, rubare*; per scorticarsi alcuna parte del corpo urtando in cose solide; per sopravvenire

Scattiatòri, s. m. *ladroncello, borsajuolo*

Scattiòla, s. f. fico immaturo, il cui latte esulcera la pelle, *fico acerbo*

Scattiu di sùli, s. m. fitto meriggio nella stagione estiva, *caldana*

Scàtula, s. f. arnese a foggia di vaso con coperchio, fatto di legno o di altre materie per riporvi dentro chicchessia , *scatola*; per quell'arnese tascabile dove tiensi il tabacco, *scatola*; quando di metallo prezioso, *tabacchiera*; a littri di scàtula, avv. *chiaramente*

Scatulìnu, s. m. piccola scatola, *scatola, scatolino*

Scaturìri, v. n. *zampillare, scaturire, sgorgare, nascere, derivare*

Scaucinàri, vedi squacinàri

Scaudàri, vedi squadàri

Scàusa, s. f. il levar la terra intorno alle radici degli al-

34

beri e delle piante, *scalza-mento*, *scalzatura*

Scausàri, vedi squasàri

Scàusu, agg. *scalzo, scalzato*

Scautelàtu, agg. privo di cau-tela, *malsicuro*

Scavaddàri, v.a. *scavalcare*; per far cadere altrui in disgrazia sottentrando nel posto da ta-luno occupato; nelle scuole vale superare il compagno in una disputa, sì che si occupi il posto di quest' ultimo

Scavaddàtu, agg. *scavallato*; per *sciamannato, scapigliato, sca-vezzacollo*; agg. pegg. scavad-datizzu, vale senza freno, *dissoluto, impetuoso*

Scavaddàtu, agg. uomo senza senno, *dissoluto, scavezzacollo*

Scavarcàri, v. n. scender da cavallo, *smontare, scavalcare*; per levare una cosa di sopra l'altra; per scavaddàri vedi; per smuntàri vedi

Scavàri, v. a. *scavare, scoprire, estrarre*

Scavigghiàri, v. a. *sconficcare, schiavare*; per *ammattire*

Scavigghiàtu, agg. *schiavato*; per *stravolto*

Scavigghiatùra, s. f. *stravagan-za, disordine*

Scavigna, s. f. *caparbieria*

Scàvu, s. m. *scavamento*; per la parte scavata ; *scavo* ; per schiàvu vedi

Scavùni, s. m. sorta di pianta, *sio*

Scavùzza, vedi mascarèdda; per vezz. di schiava

Scavùzzu, dim. di schiàvu vedi

Scazzèlla, vedi scuzzètta

Scazziddu, agg. piccolo di sta-

tura, *cucciolo*; per cosa pic-colissima

Scèba, s. f. pianta perenne, *alimo*

Scèccu, s. m. animale qua-drupede, *asino*

Scègghiri, v.a. *scegliere, scerre, eleggere*

Sceleràggini, s. f. *scelleratezza, scelleraggine*

Scena, s. f. paese o luogo finto sul palco scenico, *scena*; per le tele così dipinte; per *ap-parenza, finzione*

Scenàta, s. f. *apparenza, simu-lazione*

Scenàriu, s. m. lo spazio occu-pato dalle scene in teatro, *scenario* ; pel mandafuora e pel suggeritore

Scenùni, s.m. foglio in cui sono descritti i recitanti, le scene, e tutt' altro che concerne le rappresentazioni teatrali, *sce-nario*

Scèusa o ascèusa, s. f. il giorno che la Chiesa destina alla fe-sta dell' ascensiòne in cielo del Redentore

Schèra, s. f. *schiera*; per *com-pagnia, brigata*, fila d'alberi

Schèretru, s. m. tutte l'ossa di un animale, *scheletro*; detto a persona, vale *sdiridita, sdutta*

Schèrma, s.f. l'atto dello scher-mire, *scherma* ; *jucàri* a la schèrma, *schivare* ; *putìrisi jucàri* a la schèrma 'ntra na casa, vale esser sfornita di masserizie

Schermìri, v.n. e n. pass. *scan-sare, schivare, sfuggire*

Schèttu, agg. *smogliato, scapolo*; per *ingenuo, schietto*

Schì e passiddà, voce con cui

cacciansi i cani; nun sèntiri nè schi nè passiddà, vale non sentir ammonizioni

Schiàvu, s. m. chi ha perduta la libertà personale, *schiavo*; per *soggetto*; modo di saluto

Schibbèci, s. f. sorta di vivanda fatta di pesci, aromi, uva passa e cipolle; a schibbèci, avv. *asghembo*, ed anche *alla carlona*

Schifàzzu, s. m. piccola barca a remi, *schifo*

Schifiàri, v. a. aver a schifo, *schifare*, *sdegnare*; nun schifiàri ad unu, vale *gareggiare*, *contendere*

Schifiu, s. m. *schifiltà*, *laidezza*, *sporcizia*, *stomacaggine*

Schifiùsu, agg. *sporco*, *schifoso*; per *balordo*, *avaro*, *sordido*, *poltrone*, *rozzo*, *ignorante*

Schifu, s. m. vaso dove si pone il pasto pei polli o porci, *trugolo*; per cosa eccedente che si mangi; canciàri lu porcu pri lu schifu, vale rinunziare il più per il meno

Schina, s. f. *schiena*; midudduni di schina, animella che sta nelle vertebre, *schienale*; travàgghiu di schina, lavoro di schiena; a schina di mulu, vale sul dorso degli animali da soma

Schìnci e linci, vedi squinci

Schinfignùsu, agg. *ritroso*, *schifiltoso*

Schinofèggi s. m. plur. *smancerie nojose*, *goffaggini*

Schinu, s. m. groppa, *schienale*

Schiribizzàri, v. n. *fantasticare*, *ghiribizzare*

Schiribizzu, s. m. *capriccio*, *ghiribizzo*

Schirmiàri, v. n. scansare, schivare; per giuocare alla scherma, *schermire*

Schirmiri, v. n. *schermire*; per *evitare*

Schirmitùri, s. m. *schermidore*

Schirpiùni, vedi scrippiùni

Schirzàri, v. n. *scherzare*

Schiticchiu, s. m. trattenimento da conversazione, *triocca*

Schittu, agg. *asciutto*, *solissimo*

Schittulìddu, dim. di schèttu v.

Schiuvàri, v. a. *sconficcare*, *schiodare*

Schizzàri, vedi sgricciàri; per abbozzare un disegno, *schizzare*

Sciabbacùni, accr. di sciàbbica; in forza d'agg. vale *sollazzatore*

Sciabbèccu, s. m. sorta di naviglio, *zambecco*, *stambecco*, *sciambecco*; per sim. una sorta di cappello a due punte che ha le estremità appuntate

Sciàbbica, s. f. sorta di rete, *sciabica*, *rezzuola*; per minuto popolo, *minutaglia*

Sciàbula, s. m. sorta d'arme ricurva, *sciabla*, *sciabola*

Sciabulàta, s. f. colpo dato colla sciabla; met. risposta frizzante

Sciabuliàta, s. f. zuffa con colpi di sciabla

Sciacasu, s. f. pietra friabile che stemperata con acqua serve a pulir masserizie grossolane

Sciaccàzza, vedi ciàcca

Sciaccò, s. m. (franc.) casco, berretto da soldati, *sciacò*

Sciacculiàri, vedi ciacculiàri, *frugnuolare*

Sciacqualattùchi, s. m. *bietolo-*
ne; vedi sciacquàtu

Sciacquàri , v. a. leggermente
lavare, *sciacquare;* per sguaz-
zàri vedi

Sciacquàtu, agg. *sciacqualo;* fig.
per uomo grasso, bello e co-
lorito

Sciacquiàri, vedi sciacquàri; per
diguazzare replicatamente ,
sciaguattare

Sciacquiàta, s. f. l'atto dello
sciaguattare, *sciaguattamento*

Sciacquiàtu vedi sciacquàta

Sciaguàzza, s. f. pane ritondo,
schiacciato e molle che accon-
ciasi con acciughe insalate ed
olio, *focaccia;* per *squaldrina*

Scialàbba, vedi sciaràbba

Scialacòri , s. m. *esalo , sfogo,*
scialo

Scialacquàri, v. a. prodigalizza-
·re, consumare, scialacquare

Scialàri, v. a. *esalare, scialare ;*
scialàrisi un'ànca, divertirsi
a spese altrui; per diporto in
villa, *andare alle merie*

Scialàta s. f. *sollazzo, spasso, ri-*
creazione

Scialatùri, s. m. *scialatore;* per
dissipatore

Scializiu, vedi scialàta

Sciàlla, s. f. abbigliamento di
drappo di più maniere che
portan sulle spalle le nostre
donne, *scialle*

Sciallètta, s. f. velo sottile che
portano in capo le donne
quando si recano in chiesa

Sciàllu, vedi sciàlla; per lo più
usato quando è di lana a forte
tessitura

Sciallùni, s. m. scialle di gran-
de dimensione di lana fitta

Scialòma, vedi cialòma

Sciàlu, s.m. lo scialare, *scialo*

Scialùppa, s. f. barca al servizio
delle navi da guerra o mer-
cantili, *scialuppa*

Sciamàri, v. n. *sciamare*

Sciamiàri, vedi sciamàri; fig.
andare a zonzo, *gironzare*

Sciàmi, vedi sciàmu

Sciampàgna, s. f. sorta di vino
che viene dalla Francia, e che
ha la proprietà di fermentare
in contatto coll'aria atmofe-
rica, *sciampagna*

Sciampagnùni, agg. *allegrone,*
solazzatore

Sciampagniàri, v.n. darsi buon
tempo, *divertirsi, sollazzarsi*

Sciampagnunaria, s. f. *sollazzo,*
ricreazione; per buon umore,
allegria

Sciampràri, v. n. *sdrucciolare,*
scivolare, detto delle bestie

Sciampràta s. f. *sdrucciolamento*

Sciàmu, s. m. moltitudine di pec-
chie che vivono insieme, *scia-*
mo, sciame; met. moltitudine
di gente, *sciame*

Sciànca, col verbo avìri, vale
essere storpio

Sciancaravèlla , lo stesso che
sciancàtu, vedi

Sciancàri, v. a. e n. pass. *azzop-*
pare, azzopparsi, sciancarsi

Sciancàtu, agg. *zoppo, sciancato*

Scianchiàri, v. n. *zoppicare, zop-*
peggiare

Scianchiàta, s. f. l'atto dello *zop-*
picare

Sciapìtu, agg. *insipido, sciapito*

Sciàra, s. f. materia petrificata
che eruttano i vulcani, *lava*

Sciarrabbà, s. m. specie di car-
rozza grande a più sedili, che

in francese significa *carro a banchi*

Sciàri, vedi siàri

Sciarmàri, vedi ciarmàri

Sciarmuliàri, vedi ciarmuliàri

Sciàrpa, s. f. cintura de' militari ed anche dei cittadini, e specialmente delle donne di vario tessuto, *ciarpa, sciarpa*

Sciàrra, s. f. *rissa, contesa*

Sciarrèri, agg. *rissoso*

Sciarriàri, v. a. e n. far rissa *rissare, rissarsi;* per prender il broncio, *imbronciare*

Sciarriàtu, agg. di sciarriàri

Sciaschèra, s. f. fiasco da viaggio per riporvi vino o acqua, *fiasca*

Sciàscu, vedi ciàscu

Sciàtara e màtara, inter. *capperi! oibò!*

Sciatarèdda, lo stesso che sciàtara

Sciatàri o ciatàri, v. n. *respiraro, alitare, fialare;* per riscaldar col fiato; per *favellare*

Sciatatìna o ciatatìna, s. f. ansamento, *affanno;* per *fiato*

Sciàtu o ciàtu, s. m. *alito, respiro, fiato;* per *aura, soffio;* così fatti cu lu ciàtu, vale *perfette;* ciàtu mèu! *amor mio!*

Sciavarèddu, vedi ciaravèddu

Sciauràri, vedi cioràri

Sciauriàri, vedi cioriàri

Sciàuru, s. m. *odore*

Scibbò, s. m. (franc.) strisciuola di panno-lino che va ricciata nei bordi del petto delle camice; per una sorta di pasta fatta a simiglianza dello scibbò

Sciccàggini, s. f. *asinità, asinaggine*

Scicchittùni, pegg. di scèccu, asinaccio

Scicchitùtini, vedi asinità

Sciccunàzzu, pegg. di sciccùni

Sciccunèddu, dim. di sciccùni

Sciccùni, acc. di scèccu, vedi

Scìdda, s. f. concavo dell'appiccatura del braccio colle spalle *ascella, ditello*

Sciddarèdda, s. f. pannicino ad uso di tergere a' neonati ciò che mandano dalla bocca, *benduccio;* (vedi Carena diz. dom.)

Sciddicalòra, s. f. muretto che viene in pendio

Sciddicamèntu, vedi sciddicàta; per *sciattaggine*

Sciddicàri, v. n. *sdrucciolare;* per sciampràri vedi ; met. *propendere*

Sciddicàta, s. f. *sdrucciolamento*

Sciddicatizzu, agg. *sciamannato, sciatto*

Sciddichènti, agg. *sdruccioloso*

Sciddichènzia, vedi cacarèdda

Scìddicu, s. m. col verbo pigghiàri, vale andar perdendo vigore

Sciddicùni, s. m. *sdrucciolamento*

Sciddicùsu, agg. *sdrucciolevole*

Sciddòttu, s. m. pezzo quadrato della camicia, cucito sotto l'ascella, *quaderletto*

Scènti, agg. *sapiente, sciente, consapevole, perito*

Sciènza, s. f. dottrina evidente di chicchessia dipendente da vera cognizione dei suoi principi, *scienza;* di càusa e di scènza, posto avv. *indubitatamente, scientissimamente*

Scigghiùtu, agg. di scègghiri, *scelto*

Scigòttu, s. m. specie di manicaretto brodoso di carne tritata, grasso ed altri ingredienti, *gudzzetto*

Scilòccu, s. m. vento levante e mezzodì, *scilocco, scirocco*

Sciluccàta, s. f. lo spirare per alcun tempo il vento scirocco

Sciluccùsu, agg. vento che ha dello scirocco

Scìmia, s. f. animale simile all'uomo, *scimmia*; fari la scimia, *imitare*

Scimiùni, s. f. il maschio della scimmia; met. *ignorante, stupido*

Scimiàri, v. n. far lo sciocco, aver dello scemo

Scimiatùri, s. m. *sciocco, stordito*; per *infingardo, fuggifatica*

Scimitàrra, s. f. arme corta e larga, *storta, scimitarra*

Scinàriu, vedi scenàriu

Scinniri, v. n. andare in basso *scendere*; per *rinviliare*

Scinnùta, s. f. *scesa, scendimento*; per scadimento di fortuna, di pregio e simili

Scinnùtu, agg. *sceso*

Scintìnu, agg. *inetto, disutile*; èrramu e scintìnu, vedi èrramu

Sciòccu, agg. *sciocco*; per *scipito*

Sciògghiri, v. a. *sciorre, sciogliere*; per *liberare, assolvere*

Scioltìzza, s. f. *scioltezza*, franchezza di tratto, contrario di affittàtu, vedi

Sciòltu, vedi sciòrtu

Sciòrta, s. f. *qualità, sorta, sceltezza*

Sciòrtu, agg. *sciolto, distemperato*; franco di modi; corpu sciòrtu, flusso di ventre

Sciòtu, agg. *sciolto, libero*

Sciòtula, vedi ciòtula

Scippadènti, agg. per chi cava i denti, *cavadenti*; per lo strumento con cui si cavano, *cane*

Scippamèntu, s. m. *cavamento*; scippamèntu d'anima, *afflizione, noja, fastidio*

Scippàri, v. a. cavar dalle radici, *sbarbicare, diradicare*; per *guadagnare, ghermire*; ottenere a stento, *strappare*; n. p. *adirarsi*; per trar fuori dal fodero alcun' arma, *sguainare*

Scippastivàli, s. m. arnese per cavare gli stivali, *cavastivali*

Scippatìna s. f. *cavamento*; scippatina d'occhi, *nocumento, danno*

Scippagànghi, vedi scippadènti

Scippapurtèddi, s. m. sorta di tanaglia propria dei bottaj, *cane*

Scippatàcci, s. m. strumento per cavar le bullette, *cavabullette*

Scìrbi e scìrpi, col verbo jiri, vale andare per luoghi scoscesi

Sciròppu, s. m. bevanda medicinale fatta di zucchero cotto e di varie erbe, *sciloppo, sciroppo*; in gergo, *vino*

Scìrru, s. m. tumore che viene per lo più nelle parti glandolose, *scirro*

Scìruppàrisi, v. n. pass. (ad unu) vale sentir le rivelazioni altrui; per sofferire con pazienza

Scisa, s. f. vedi scinnùta; per cacarèdda vedi

Scisca, vedi cisca

Sciu, agg. di carta a più colori

Sciù, modo di cacciare i polli, sciò

Sciuccàta, vedi ciuccàta

Sciùsca, vedi ciùsca

Sciuscialùci, vedi manticèdda

Sciusciàstra, vedi sàrpa

Sciùsciu, vedi ciùsciu

Scòcca, s. f. quelle frutta che nascono unite insieme, *ciocca*; scòcca di ròsi, vale persona sana, di bello aspetto; per cuccàrdu vedi; per un particolar nodo che si fa nei nastri o altro in guisa che si lascino due estremità fuori, e tirate si possan sciogliere, *fiocco*

Scòciri, v. a. cuocere eccedentemente, *stracuocere*

Scòdda, s. f. estremità superiore del vestimento e delle maniche verso l'appiccatura, *scollatura*

Scòddi, s. f. pianta detta cardo, *scolimo*

Scòddu, s. m. parte della veste che sta intorno al collo che rimbocca, *collaretto*; per quell'apertura dell'abito delle donne che lascia scoperto il collo, *scollato*

Scògghiu, s. m. *scoglio*; fig. per *inciampo, ostacolo*

Scòla, s. f. luogo dove s'insegna e s'impara arte o scienza, *scuola*; per adunanza di scolari, *scuola*; per quel sito dove gli animali stanno nella mangiatoja, o dove i caval-

li imparano l'ambio ed altri passi comandati dalla manò del padrone o del cavaliere

Scòlla, s. f. abbigliamento sottile che copre le spalle alle donne

Scòmitu, *incomodo*; per *bisognoso, povero*

Scòmmodu, vedi scòmitu

Scompòniri, v. a. *disordinare, scomporre*; term. degli stampatori, vale disfare le pagine dei caratteri, per ritornarli al loro posto; scompòniri sta anche per provocare, vedi scumpòniri

Sconcèrtu, s. m. *sconcerto*; per quello stimolo al vomito che si prova, quando si ha cattiva disposizione di stomaco

Sconchiùdiri, v. a. *ritirarsi, sconcludere*

Sconciu, agg. *sconcio*

Sconcìzza s. f. *sconcezza*

Sconnessiòni, s. f. *incongruenza, stravaganza, incoerenza*

Sconnèssu, agg. *stravagante*; per *disunito, sconnesso*

Sconnèttiri, v. n. discorrere o scrivere senz'ordine, *sconnettere*

Sconofèggi, s. m. plur. vedi schinofèggi

Sconsajòcu, vedi guastajòcu

Sconsu, s. m. *scomodo, danno, disagio, sconcio*

Scòntru, vedi 'ncòntru

Scònzu, vedi scònsu

Scòppu, s. m. rumore, fracasso, *scoppio*; per caduta dall'alto in basso, *cimbottolo*; per serratura che spingendo l'uscio a cui è attaccata, si chiude da sè, *serràtura a sdrucciolo*; per isproposito, *scerpellone*.

Scòppula, s. f. colpo dato a mano aperta sul di dietro del capo, *scappellotto*

Scopriri, v. a. *scoprire, manifestare, palesare*

Scòrcia, s. f. buccia degli alberi e di altre frutta, *scorza*; pei resti del grano macerato; per quella legnosa delle noci, mandorle, avellane, ec. *mallo*; scorcia di còddu, *collata*; per *infortunio*; vidìri li scorci, vale rimaner deluso; sapìrinni li scorci, conoscere poco di un affare; scorcia scorcia, avv. *nascostamente*

Scòrta, s. f. *guida, scorta*

Scorbùticu, s. m. malattia che attacca per lo più nelle gengive, *scorbuto*; met. agg. *difficile, malagevole*

Scòrdiu, s. m. *discordanza*

Scòrdiu, s. m. pianta, *scordio*

Scornabèccu, s. m. pianta, *terebinto*; èssiri comu lu scornabèccu e la fastùca, vale amicissimi; per una sorta di coltello da caccia

Scorporàtu, agg. detto di amicu, vale intrinsicissimo

Scoscisa, s. f. *scoscendimento*

Scòtiri, v. a. *scuotere*; per *risvegliarsi, rimuovere, commuovere*

Scòttu, s. m. specie di drappo, *scotto*

Scòtlu, agg. *logoro*; per soverchiamente cotto, *stracotto*

Scòtula vùrzi o vurzìddi, s. m. chi smugne le borse altrui, *scorticatore, segavene*

Scòtulu, s. m. quelle bolle rosse che vengono alla pelle per troppo calore interno, *essera*; èssiri un sottilissimu scotulu, vale *fisicoso*

Scraccàri, vedi sgraccàri

Scràcchi di vècchia, s. m. specie di lichen o musco, detto musco membranoso

Scràccu, vedi sgràccu

Scrafaràta, vedi scalvaràta

Scrafunchiàri, v. a. *frugare*; cavar di sotto, *discoprire*

Scrafuniàri, v. a. toccar cosa senz'attenzione guastandola, *maltrattare, sconciare*

Scrapicciàri, vedi scapricciàri

Scrapistràri, v. a. levar il capestro, *scapestrare*

Scravàgghiàri, v. a. *schiccherare*

Scravàgghiu, s. m. sorta d'insetto nero, *piattola*; per iscarabocchio, *scorbio*; èssiri lu scravàgghiu 'ntra la stuppa, vale in imbroglio; per fanciulletto

Scravàgghiu arròzzula bàddi, s. m. animaletto nero simile alla piattola, che si trova nei campi, e che riduce a foggia di palla lo sterco dei cavalli o dei buoi, *scarafaggio*

Scravunchiàri, vedi scrafunchiàri

Scricchiàri, v. n. *aprirsi, spaccarsi, screpolare*

Scriditàri, vedi discreditàri

Scrima, s. f. rigo che separa per lungo i capelli sulla testa, *dirizzatura, scriminatura*

Scrimicciu, s. m. vale fanciulletto assai piccolo, *scricciolo*

Scrincia, s. f. infiammazione alle fauci, *scheranzia, squinan-zia*; per escl. malanno che ti colga!

Scripintàrisi, v.n. pass. *creparsi, fendersi*; parl. di postema, vale metter fuori la marcia; fig. per *conoscere, chiarirsi*; scripintarisi di li risa, vale ridere smoderatamente

Scrippiùni, s.m. serpentello simile alla lucertola, *tarantola*; vedi tignùsu

Scrittu, , s. m. *scritto*; per memoria legale; agg. *scritto*

Scritturàli, s.m. scrivano, *scritturale*

Scritturàri, v. a. per iscrivere in un libro, *scritturare*; per far la scritta tra l'impresario e le persone di teatro, *scritturare*

Scrittùri, agg. che scrive, *scrittore*; per piccola stanza da studio, *scrittojo*

Scritturiàru, agg. colui che lavora masserizie di ebano o altro legno simile, *ebanista*

Scrivaniá, s. f. cassetta per uso di scrivere, *scannello*

Scrivànu, agg. *copista, scrivano*; di razioni, titolo di uno dei primari amministratori del tesoro pubblico

Scriviri, v. a. significare ed esprimere le parole coi caratteri dell'alfabeto, *scrivere*; per *descrivere, comporre*; per scrivacchiare; comu mi viditi mi scriviti, vale *esser povero*

Scròccu, vedi scruccunarìa

Scròfanu, s. m. pesce di mare rossastro, *scrofano, scorpeno*

Scrofulària, vedi scrufulària

Scròpulu, vedi scrùpulu

Scròzza, s. f. femmina deforme, o *bresciolda*; per qualunque cosa guasta

Scruccàri, v.a. levar la cosa dal luogo ov'è appiccata, *spiccare*; far chicchessia a spese altrui, *scroccare*

Scrucchigghiùni, vedi scruccùni

Scrucchittàri, contrario di 'n-crucchittàri, vedi

Scrucchiuiàri, v.a. levar la crosta, *scrostare*

Scruccunarìa, s. f. *scirocco*

Scruccùni , agg. *scroccatore, scroccone*

Scruduzzàri, v. a. dar pugni sulla spina dorsale; n. pass. *dilombarsi*

Scruduzzàtu, agg. *dilombato*

Scrufìna, vedi scusìna

Scrùfula, s. f. nel plur. ingrossamenti delle glandole linfatiche, *scrofole, gavine*

Scrufulària, s. f. pianta che ha virtù mirabile per risolvere le scrofole, *scrofolaria*

Scrufulùsu, agg. che patisce di scrofola, *scrofoloso*

Scrufuniàri, v. a. *investigare, indagare*; per maltrattar colle mani alcuna cosa delicata; per munciuniàri, vedi

Scrupìri, v. a. *scoprire*

Scrupuliàrisi, v. n. pass. *scrupoleggiare*

Scrùpulu, s.m. *dubbio, scrupolo, sospetto*; per la vigesima parte dell'oncia, *denaro, scrupolo*

Scrupulùsu, agg. *scrupoloso*; per esatto, *delicato*

Scrùsci scrùsci, s. m. sorta di giuocherello puerile a guisa di piccolo tamburo con manico, e che tien dentro dei ciottolini

Scrùsciri, v. n. *scrosciare;* pel cadere della subita e grossa pioggia, *crosciare;* per quello strepito che fan le legna verdi quando ardono, *scoppiettare;* per bollire a scroscio, *scrosciare*

Scrùsciu, s. m. il rumor che fa l'acqua nel bollire, *scroscio;* scrùsciu di frittura, *friggio;* per rumorio, fama; scrusciu di carta sensa cubàita, gran fatica senz'utile, o tutto apparenza

Scrusciùta, s. f. *scrosciata;* na scrusciùta di catini, *minaccia*

Scrusciùtu, agg. *scrosciato*

Scrustàri, v. a. levar la crosta, *scrostare*

Scrustatùra, s. f. *scrostamento*

Scrutìniu, s. m. *scrutinio;* per adunanza di persone nel fine di crear magistrati, *squittino*

Scù, voce con cui si cacciano i porci e i cani; nun sèntiri nè scù nè passiddà, vale esser temerario

Scucchia càni, detto per ispregio ad un uomo vile

Scùcchia ccà, maniera con cui i fanciulli voglion rompere l'amicizia

Scucchiàri, v. a. *disgiungere*

Scuçciàri, v. a. contrario di 'ncucciàri, tòrre dai gangheri

Scucinàri, v. n. *nimicarsi*

Scuciùtu, vedi scòttu

Scucivuli, agg. di legumi, contrario di cottojo

Scucucciàri, v.a. tòr via la colmatura, *scolmare*

Scucuddàri, vedi scucucciàri

Scucuzzàri, v. a. *troncare, mozzare, decollare*

Scudàri, v. a. tagliar la coda ad un cavallo, *scodare*

Scuddaràtu, agg. privo di collare, o con collare troppo aperto, *scollacciato*

Scuddàri, v. a. lo staccarsi delle cose incollate, *scollare;* per *allontanare, divezzare;* per muoversi con difficoltà; parlando di bilancia vale che perda l'equilibrio, *sbilanciare*

Scuddaràtu, agg. *scollato, scollacciato*

Scuddàtu, agg. di scuddàri, vedi

Scuddatùra, s. f. estremità superiore del vestimento, *scollatura;* per *scollegamento*

Scudduriàri, v. a. contrario di 'ncudduriàri, *svolgere*

Seuètu, agg. *inquieto*

Scuffàri, v. n. vòtar le gabbie, bugnole, sporte ec., vedi còffa

Scùffia, s. f. quella copertura del capo delle donne di vario tessuto, che allacciano sotto il mento, *cuffia, scuffia;* e più propriamente *cresta*

Scuffiàra, s.f. che fa cuffie, *scuffiara, crestaja*

Scuffiètta, s. f. ornamento che ponsi entro i cappelli delle donne, o sulle loro teste, *cuffietta*

Scuffina, s. f. fermaglio di ferro che si adatta alle spire della vite

Scuffinàri, v.n. votare il cofano, traendovi biancherie od altro

Scugghicèddu, dim. di scògghiu, vedi

Scùgghiu, s. m. privo di testicoli, *castrato;* per impotente alla generazioue

Scugghiunàtu, vedi scùgghiu

Scugghiunàri, v. a. tagliar o torre i testicoli, *castrare*

Scugghiùsu, agg. *scoglioso*

Scugnamèntu, s. m. *separazione*

Scugnàri, v. a. *staccare, disunire, scollegare, rimuovere, cacciare ;* scugnàri lu mùssu, lu nàsu ec. vale fare schizzar sangue dal muso, naso

Scujètu, vedi 'ncujètu

Scuitàri, vedi 'ncuitàri

Sculampullìni, o sculampullùzzi, s. m. detto per ispregio ai sagrestani o a' beoni, *sgocciolaboccali*

Sculapàsta, s. m. arnese bucherato per separare l'acqua dalla pasta, *scolitojo*

Sculàri, v. n. cadere in basso, o far uscire da un vaso il liquido contenutovi , *scolare;* per bere sino al fondo, *strabere;* n. pass. per grondare d'acqua, sudore; sculàricci lu sivu, vedi grèviu

Scularinàtu, agg. dispregiativo di persona, *scopapollai*

Sculàru, agg. *scolare*

Sculàtu, agg. *scolato;* per dimagrato, *sdutto*

Sculatùra, s. f. *scolatura;* per *fondigliuolo;* per fine, termine di chicchessia

Sculatùri, s. m. *scolatojo;* per *scolitojo,* detto sculapàsta, v.; sculatùri di li siminàti vedi gàmmitta; di li mòrti, nicchia murata ove i cadaveri depongono le interiora

Sculazzàri, v. a. levar la culatta; per vedere l'ultima parte,

il rimasuglio delle derrate

Sculpàri, vedi scurpàri

Sculpìri, v. a. *scolpire*

Sculpùtu e sculpìtu, agg. *inciso, scolpito*

Scultùri, s. m. *scultore*

Scùlu, s. m. lo scolare, *scolo*

Sculurìri, v. n. perdere il colore, *scolorire*

Sculurùtu, agg. *scolorito*

Scùma, s. f. *schiuma;* per *bava;* scùma di zùccaru, vedi ciurèllu; met. *idolo;* scùma di birbànti , vale *ribaldissimo;* farinni la scùma di la vùcca, vale *magnificare;* scùmi, sono certi dolci leggieri di farina e zucchero

Scumalòra, s. f. mestola ad uso di levar via la schiuma , *scumaruola*

Scumàri, v. a. e n. *schiumare, stumiare, stummiare*

Scumatùra , s. f. l'atto dello schiumar la pentola , e la schiuma stessa che si cava

Scumatùri, s. m. quell'arnese da cucina con manico lungo che termina a modo di coppa bucherata, e serve a togliere nel brodo della carne lessa tutto ciò che va a galla, *colino*

Scumàzza, s. f. pegg. di scuma; per quella bava che si manda per indisposizione dello stomaco; fàri scumàzza, *straparlare*

Scuminica, vedi scumùnica

Scumitàri, vedi scommodàri

Scummèttiri, v. a. *scommettere;* per *provocare, stuzzicare, adescare;* per incitare all'amore

Scummìgghiàri, v. a. *scoprire;* per *palesare, verificare*

Scummìgghiatu, agg. *scoperto*

Scummìssa, s. f. *scommessa*

Scummittùtu, agg. di scummèttiri, vedi

Scummudàri, vedi scommodàri

Scummìnàtu, agg. *scomposto, disordinato, pazzereccio*

Scumpagnàri, v. a. *scompagnare*; per *disunire, separare*

Scumparìri, v. n. perder di pregio, *scomparire*; per *sparire*

Scumpartimèntu, s. m. *scompartimento*

Scumpigghiàri, v. a. *disordinare, scompigliare*

Scumpìgghiu, s. m. *scompiglio*

Scunipiciàri, v. n. quella carta su la quale l'inchiostro traspare dall'opposta parte, *sugare*

Scùmpiu, s. m. varietà del limone

Scumpòniri, v. a. *disordinare, scomporre*; presso gli stampatori vale rimettere i caratteri nelle casse dopochè han servito alla stampa, *distribuire*; per *istigare, provocare*; per *turbarsi*; determinarsi ad un affare

Scumpusizioni, s. f. *scomposizione*; presso gli stampatori intendònsi le pagine di caratteri che debbonsi scomporre

Scumpustizza, vedi scompostizza

Scumùni, s. m. sorbetto più gentile e di varie essenze, che si divide in pezzi

Scumùnica, s. f. *scomunica*; jittàri la scumùnica, vedi scumunicàri; per *infórtunio, maledizione*

Scumunicàri, v. a. *scomunicare*

Scumunicàtu, agg. *scomunicato*; per *iniquo, perverso*; fàcci di scumunicàtu, *impiccatello*

Scumùsu, agg. pieno di schiuma, *schiumoso*

Scuncatinàri, v. a. *sconnettere, sconcatenare*

Scuncèrtu, vedi sconcèrtu

Scùnchiri, v. n. venir meno, *mancare*; per *dimagrare, emaciare*

Scunchiùdiri, vedi sconchiùdiri

Scunchiusiòni, s. f. *sconclusione*

Scunchiùtu, agg. *spolpato, smagrito*

Scuncicàri, v. a. vedi scummèttiri; per *provocare*

Scuncicatùri, s. m. *provocatore, istigatore*

Scuncirtàri, vedi sconcertàri; scuncirtàrisi la testa, mettersi in pensiero; per contrarre disposizione al vomito

Scuncirtàtu, agg. di scuncirtàri

Scunciuràri, v. a. *scongiurare*; per *costringere*; pregare istantemente; per *esorcizzare*

Scunciuratùri, s. m. *scongiuratore, esorcista*

Scunciùru, s. m. *esorcismo, scongiuro*; per *prego caldissimo*

Scunfidàri, v. n. *diffidare, sconfidare*

Scunfinàri, v. n. *eccedere, sorpassare i limiti*

Scunfittu, s. m. *sconfitto*; màlu scunfittu, vale *scontento, disgustato*

Scunnèssu, agg. *sconnesso, balzano*

Scunnèttiri, v. n. discorrere o scrivere senz'ordine, *sconnettere*

Scunnissiòni , s. f. *incoerenza, sconnessione*

Scunnissùni, acc. di scunnèssu

Scunquassàri , vedi sconquassàri

Scunsagràri , v. a. *profanare, sconsacrare;* nell'uso, degradare un ecclesiastico dalla sua dignità e dal suo grado

Scunsàri, v. a. *guastare, sconciare;* per *iscomodare;* parl. di mensa, vale sparecchiare

Scunsigghiàri, v.a. *dissuadere , sconsigliare*

Scunsulàtu, agg. *sconsolato;* per povero, cencioso

Scunsultàri , v. a. *dissuadere , sconsigliare*

Scuntàri, vedi scuttàri

Scuntènti, agg. *scontente, povero, infermiccio*

Scuntòrciri, v. a. *scontorcere;* n. pass. *scontorcersi*

Scuntrafàrisi, v. n. pass. *contraffarsi, deformarsi*

Scuntràri, v.a. *incontrare, scontrare*

Scùntu, s. m. *sconto;* vedi scùttitu

Scunturcimèntu, s. m. *scontorcimento*

Scunucchiàri, v. a. trarre d'in sulla rocca il pennecchio filandolo, *sconocchiare;* per levare i bozzoli della seta di sulla frasca, *sbozzolare;* detto di ruota, vale scollegarsi i mozzi del cerchio esteriore, *scommettersi;* per sim. di altri arnesi, *scommettersi*

Scunviniènza, s. f. *sconvenienza*

Scunviniri, v. n. *sconvenire, discordare, dissentire, recedere*

Scunzàri, vedi scunsàri

Scùpa, s. f. arboscello per farne granate, *scopa da granate;* per lo strumento fatto di cerfuglione con cui si spazza il pavimento delle stanze, *spazzola;* per una sorta di giuoco simile alla belladonna

Scupàri, v. a. *scopare, spazzare;* per *sgombrare, rapire*

Scuparina, vedi ciafagghiùni ; per scopa fatta di virgulti di oleastro o altro albero con che si nettan le stalle

Scupàta, s. f. l'atto dello spazzare, *spazzamento;* pigghiàri a scupàti, *scopare;* met. scacciare vituperevolmente alcuno da un luogo

Scupatùra, s. f. *spazzatura*

Scupatùri, s. m. che scopa, *spazzino, scopatore;* per chi spazza le immondezze delle strade di città, *spazzaturajo*

Scupèrta, s. f. *scoprimento, scoperta;* (a la) posto avv. *scopertamente, liberamente*

Scupèrtu, s. m. luogo scoverto, *scoperto;* a lu scupèrtu, *a scoperto;* agg. *scoperto, nudo, palese;* a frùnti scupèrta, posto avv. *a fronte scoperta ;* cuntu scupèrtu, conto non saldato, *aperto;* jucàri a càrti scupèrti, vedi carta; ristàri scupèrtu, vale non poter esser pagato, restare o rimanere allo scoperto

Scupètta, s. f. arma da fuoco, *scoppietto , scoppio, stioppo ;* a tiru di scupètta vedi tiru

Scupìdda, s. f. piccola spazzola di cerfuglione, *spazzolino*

Scupìna, s. f. nome d'uno strumento da pettinagnoli

Scupirchiàri, vedi scuvirchiàri

Scupitta, s. f. spazzola di setole per pulire i panni, e per altri usi domestici, *scopetta, spazzolino*

Scupittàta, s. f. colpo fatto collo schioppo, *scoppiettata, archibugiata*

Scupittèri, agg. colui che fabbrica gli archibugi, *archibusiere*

Scupittiàri, v. a. *archibugiare;* per nettare i panni colla spazzola, *spazzolare*

Scupittiàta, s. f. combattimento a colpi d'archibuso, *scontrazzo;* per l'atto di pulire i panni colla spazzola

Scupittùni, s. m. arnese di legno a guisa di schizzatoio che serve di giuoco ai fanciulli, *scoppietto;* per sorta di schioppo stragrande; taliàri pri scupittùni, *guardare in cagnesco*

Scuppàri, v. n. *cascare;* per *cimbottolare, stramazzare, soppraggiungere*

Scuppàta, vodi scòppu

Scuppatina, vedi scuppatùra

Scuppàtu, agg. *strano, stravagante, cervel balzano*

Scuppatùra, s. f. venuta all'impensata, *sopravvegnenza, sopravvenuta*

Scuppiàri, v. n. *spropositare*

Scuppulàri, v. a. *sberrettare, sberrettarsi;* deporre le coperture pel caldo della stagione

Scuppulàta, s. f. *sberrettatura*

Scuppuliàri, v. a. percuotere altrui con mano aperta sulla parte deretana del capo, dare scappellotti

Scuppulicchia, dim. di scòppula, vedi

Scuppulùni, accr. di scòppula, vedi

Scupùni, s. m. arnese per ispazzare il forno, *spazzaforno*

Scuraggiri, v. a. *scoraggiare;* n. pass. *scoraggiàrsi, sbigottirsi*

Scuràri, v. n. *annottare;* per *abbujare, imbrunire;* fari scuràri lu còri, vale scoraggiare; si scùra nun agghiòrna, *soprastare*

Scuràta, s. f. l'annottare, *imbrunire;* a la scuràta p. avv. sullo imbrunir della sera

Scùrbia, s. f. scalpello fatto a doccia per intagliare il legno, *sgorbia*

Scurciàri, v. a. *scorticare, scortecciare;* per cavar denari, *pelare;* per *contraffare;* scurciàrisi n. pass. vale cavarsi da dosso vestimenti inzuppati; per intaccarsi leggermente la pelle, *scalfirsi*

Scurciàtu, agg. *scorticato;* imitato al vivo, *copiato;* in forza di sost. vedi scurciatùra

Scurciatùra, s. f. leggiera scarificazione, *scalfittura*

Scurcìdda, dim. di scorcia, *bucciolina;* jueàri a li scurciddi, vale *tranellare*

Scùrciu, s. m. term. di pittura, ed è l'apparenza di un oggetto che veduto di faccia e di lungo sembra più corto che veduto di traverso, *scorcio*

Scurdamèntu, s. m. *dimenticanza;* per *dissonanza*

Scurdàri, v. a. tòr la consonanza, *scordare:* n. *dissonare;* n. p. *dimenticarsi*

Scurdatìvu, agg. di poca memoria, *dimentichevole*

Scurdatìzzu, pegg. di scurdàtu, alquanto dissonante

Scurdàtu, agg. *scordato*; per *dimenticato*

Scuriàrisi, vedi scurciàrisi

Scurinàri, v.n. il mandar fuori che fanno le piante del loro garzuolo

Scùrmu, s. m. sorta di pesce *sgombro*, *scombro*

Scurnàri, v.a. ferir colle corna, *corneggiare*; met. *contraddirsi*, *urtarsi*; per *nuocere*

Scurnàta, s. f. *cozzata*, *cornata*

Scurniciamèntu, s.m. lavoro di cornice e la cornice istessa, *scorniciamento*

Scurniciàri, v. n. far le cornici, *scorniciare*; per levar le cornici

Scurniciàtu, agg. ornato di cornici, *scorniciato*; in forza di s. *scorniciamento*

Scurpàri, v. a. e n. p. *scolpare*, *difendersi*, *giustificarsi*

Scurpìri, vedi sculpìri

Scurpiùni, vedi scrippiùni; per uno de' dodici segni dello Zodiaco; per un pesce dello stesso nome, *scorpione*

Scurpuràri, v. a. e n. *scorporare*; deporre dei liquidi della materia più grossa, *posare*

Scurpùtu, agg. di scurpìri

Scurrènza, s.f. *flusso*, *cacajuola*, *scorrenza*

Scurrèttu, agg. *scorretto*

Scurriàta, s.f. colpo di scorreggia, *scoreggiata*

Scurriàtu, s.m. striscia di cuojo o altro con cui si percuotono gli animali da tiro e da soma, *scoreggia*, *scuriada*, *staffile*

Scùrriri, v. n. il muoversi delle ruote, carrucole ec. *scorrere*; per trapassare, leggere o vedere con prestezza, venire allo in giù; per *trascorrere*; detto del tempo, *passare*; dell'uva, vale deteriorare dalla sua buona condizione; detto dei seminati, vale nettarli dall'erbe cattive, *sarchiare*

Scurritùri, s. m. che scorre, *scorritojo*; chiàccu a scurritùri, *cappio scorsojo*; scurritùri di campàgna, *ladro*

Scurrucciàtu, vedi scunfìttu

Scùrsa, s.f. scorrimento, *scorsa*; detto di libru, scrittura ec. leggere, veder con prestezza; fàri na scùrsa, *andare attorno*

Scùrsu, agg. *trascorso*, *scorso*; lima scùrsa, deteriorata per l'uso; racina scùrsa, uva sgranellata e cattiva

Scursunàru, agg. uomo rozzo, *scorsone*; per *ritroso*

Scursunèra, s. f. pianta, *scorzonera*

Scursùni, s. m. serpe, *scorzone*; nutricàri lu scursùni 'ntra la manica, vale allevar la serpe in seno

Scurtìsi, agg. *incivile*, *scortese*

Scurtisìa, s. f. *inciviltà*, *scortesia*

Scùru, s.m. *scurità*, *scuro*; agg. *oscuro*; per *nero*, *pallido*, malagevole ad intendersi; per *ignoto*; èssiri a lu scùru d'una còsa, vale *ignorarla*

Scurùsu, agg. alquanto oscuro, *oscuriccio*

Scurzàri, v. a. *abbreviare*, *smi-*

nuire, accorciare; scurzàri la pitànza, sottrarre gli alimenti; lu sirvizzu, anticipare il lavoro o dividerlo con altri

Scurzàta, vedi scurzamèntu

Scurzàtu, agg. *accorciato, scorciato*

Scùsa, s. f. *scusa, pretesto;* pigghiàrisi la 'ncàgna pri scusa, vale trar profitto da un'occasione

Scusàbili, agg. degno di scusa, *scusabile*

Scusàri, v.a. *scusare;* n. p. *scolparsi*

Scusciàri, v.a. *scosciare;* guastar le cosce o slogarle; n. p. allargar le cosce in guisa che si sloghino

Scuscìsa, s. f. *scoscendimento, precipizio*

Scùsiri, v. a. *scucire;* tagghiàri e scusiri ad unu, vale dirne male; presso i chirurgi, vale tagliare per lo lungo un enfiato

Scussicèdda, dim. di scòssa, *scossetta*

Scustàri, v.a. *scostare, discostare;* n. p. *scostarsi*

Scustumatizza, s. f. *scostumatezza*

Scustumàtu, agg. *scostumato*

Scusùtu, agg. *scuscito*

Scutèdda s. f. vasetto che serve a mettervi dentro brodo, latte, minestra ec. *scodella, chiccherone;* per il luogo dove si pongon le gabbie piene d'ulive infrante o di vinaccia per esser premute; èssiri na scutèdda d'ogghiu di linu, detto a persona, vale *infermiccia;* dàri la scutèdda di vilènu,

mel. *amareggiare*

Scutèri, s. m. quegli che serve il cavaliere in guerra, *scudiere*

Scuttàri, v. a. estinguere o diminuire un debito, *scontare;* per pagare il fio, *scontare;* scutta quannu jisti a la taverna, vale soffri le conseguenze d'un malfatto

Scùttitu, s. m. *sconto*

Scùtu, s. m. arma difensiva che tenevano nel braccio i guerrieri, *scudo;* per quella ove son dipinte le insegne di una famiglia; per difesa, *riparo;* per moneta d'argento equivalente a dodici tarì; per quadro che mettesi alla prora dei bastimenti, ed ove sta segnato il nome de' medesimi

Scutulamèntu, s. m. *scotimento*

Scutulàri, v. a. *scuotere;* per percuotere o batter lana, panni ec. *scamatare;* per battere colla scotola il lino, *scotolare;* scutularisìnni, vale non impacciarsene; scutulàri li piddizzùni, *zombare;* scutulàri lu sàccu, dir senza ritegno, dir tutto; scutulàrisi d'una cavìgghia, vale liberarsi d'un impaccio

Scutulàta, vedi scutulamèntu

Scutulàtu, agg. *scosso;* per iscatamato detto di panni; fig. *schietto, sincero*

Scutulatùri, s. m. arnese fatto da cimosse legate ad un pezzo di legno per uso di spolverar le masserizie, *staffile*

Scuvàri, v. n. l'uscire dei polcini dall'uovo schiuso dopo la covatura, *nascere;* uscir dal guscio; v. a. *scoprire, scovare*

Scuvàta, vedi ciuccàta

Scuvèrtu, agg. *scoperto*; le donne del volgo intendono senza il velo che le copre

Scuvirchiàri, v. a. levar il coperchio, *scoperchiare*; per *i-scoprire*; scuvirchiàri lu craniu o la midùdda, vale *frangere, rompere, fracassare* il cranio

Scuzzàra, vedi tartùca

Scuzzètta, s. f. berretto di foggia particolare usato dagli uomini ai nostri dì, che tenendo in cima un grosso fiocco, bene adattasi a tutto il capo e lo copre quasi per intero, *berretto*

Scuzzicàri, v.a. staccar minuzzoli da alcun corpo

Scuzzulàri, v. a. torre le coccole da un frutice, *scoccolare*; detto di poponi, vale raccorli al lor tempo; di fichi d'india, vale venuti dopo che sia stata tolta alla pianta in sul principio la prima fruttificazione, affinchè la seconda venga di buona qualità

Scuzzulàtu, agg. *scoccolato*; detto di fichi d'india vale prodotti dopo esser stata spogliata la pianta da' primi frutti non ancor compiuti

Scuzzunàri, vedi sguzzunàri

Sdàri, v. a. correre all'impazzata; per *fuggire, logorare, staccare, scappare*; per *ammiserire*; nun putirisi sdàri, vale esser corpulento e di buona salute; detto di cosa, vale che può durar lungamente

Sdàtu, agg. *povero, tapino, logoro*

Sdaziàri, v.a. vale pagar il dazio dovuto per una merce pria che si metta in circolazione in una città, *affrancare*

Sdèciri, v.n. *sconvenire, disconvenire*

Sdègnu, s. m. *sdegno, nausea*

Sdibbitàrisi, v. n. pass. *sdebitarsi*

Sdicènti, agg. *disdicevole*

Sdìciri, vedi sdèciri

Sdignàri, v. a. *sdegnare*, e provocare a sdegno; n.pass. *adirarsi, stomacarsi*

Sdignàtu, agg. *sdegnato, crucciato*; per *nauseato*

Sdignùsu, agg. *cruccioso, sdegnoso*; per *delicato, tenero*; detto di cibi, *nauseoso, stomachevole*

Sdillabbràri, v. a. slargare o stirar sconciamente gli orli o le estremità d'una cosa

Sdillabbràtu, agg. di sdillabbràri

Sdillassàri, v. n. *rilassare*; n.p. *rilassarsi*; detto di terreno, *stritolarsi*; per perdere il natural vigore

Sdillattàri, v. a. *stemperare*; fig. detto di persona, vale aver molte affettature, lezi, moine ec.

Sdillattàtu, agg. *stemperato, tardo, anneghittito*

Sdilligiàri, v. a. *beffare, deridere, dileggiare*

Sdillìniu, s. m. *delirio, mania, frenesia*

Sdilliniùsu, agg. *frenetico, delirante, maniaco*

Sdillucàri, v. a. muover dal luogo, detto di ossa, *slogare*; n. p. *slogarsi, disovolarsi*

Sdillucàtu, agg. *disovolato*

Sdiminticàri, v. n. *dimenticare*

Sdiminticùsu, agg. *dimentico*

Sdintàri, v. a. torre i denti, *sdentare*; n. p. *sdentarsi*

Sdintàtu, agg. *sdentato*

Sdìri, v. n. *disdire, contrariare*; pigghiàri a sdìri, *contraddire*

Sdirradicàri, v. a. cavar dalle radici, *diradicare, sradicare*; per *disperdere*; vale anche rimettersi nel buon sentiero

Sdirramàri, v. a. troncare i rami, *diramare*; n. p. rompersi i rami di un albero

Sdirrèra (a la), avv. a cavallo ignudo, *a bardosso*

Sdirrinàri, v. a. *dilombare*; n. p. *dilombarsi*; sciorre una bestia che pel capestro stava ad altra attaccata

Sdirrubbàri, v. a. *precipitare, dirupare*; n. p. *cascare, rovinare, distruggere, demolire*; met. recar pregiudizio

Sdirrùbbu, s. m. precipizio di rupe, *dirupo*; per gran rovescio di fortuna

Sdirrupàri, vedi sdirrubbàri

Sdirrùpu, vedi sdirrùbbu

Sdirrupùsu, agg. *ripidoso, ripido*

Sdisabitàtu, agg. *disabitato*

Sdisaggiàri, v. n. *scomodare, disagiare*; n. p. patir disagio, *scomodarsi*

Sdisàggiu, s. m. *scomodo, disagio*

Sdisaggiùsu, agg. *incomoda, disagioso*

Sdisamuràtu, agg. poco amórevole, *disamoroso*; parlando di cose, vale *insipido*

Sdisamùri, s. m. mancanza di amore, *disamore*; detto di cibi, *scipitezza*

Sdisangàtu, vedi sdisamuràtu

Sdisarmàri, vedi disarmàri

Sdisèrramu, vedi èrramu

Sdisiccumàri, v. a. levar i seccumi dagli alberi, *svecchiare*

Sdìssa, s. f. modo basso, *fame, vorocità*

Sdisunciàri, vedi disunciàri

Sdisurdinàri, vedi disurdinàri

Sdisurvicàri, vedi disurvicàri

Sdisussàri, v. a. trar le ossa dalla carne, *disossare*; propr. trar le ossa da' polli

Sdisùttili, agg. *inutile, dannoso, disutilaccio*

Sdìtta, s. f. *negazione, disdetta*; per *disgrazia, sventura, disfatta*

Sdivacàri, v. a. render vuoto alcun vaso, *votare*; per *versare*; per aver cacaiuola; sdivacàri lu saccu, *sbrodettare*

Sdivacàta, s. f. l'atto dello evacuare, *evacuazione*

Sdòssa (a la), avv. vedi a la sdirrèra

Sdrajàrisi, v. n. pass. porsi disteso a giacere, *sdraiarsi*

Sdrivigghiàri, vedi arrisbigghiàri

Sduganàri, v. a. cavar dalla dogana le mercanzie, *sdoganare*

Sècala, s. f. biada, *segala, segale*

Sècara, vedi gìra

Secèssu, s. m. mannàri pri secèssu, evacuare per le parti basse materia non digerita

Secrètu, vedi segrètu

Seculàri, vedi siculàri

Sèculu, s. m. lo spazio di cento anni, *secolo*; per tempo indeterminato; per le cose mondane, in opposizione a quelle religiose

Secùnna, vedi secunnina

Secunnàri, v. a. *secondare*; per assicunnàri, vedi

Secunnariamènti., avv. *secondariamente*

Secunnàriu, agg. *secondario*; per *inferiore*; per vivannèri, vedi

Secunnina, s. f. membrana nelle quali sta involto il feto nell'utero, *seconda, secondina*

Secùnnu, agg. *secondo*

Secùnnu, avv. *secondochè*

Secùnnu, prep. *secondo*

Secunnugènitu, agg. *secondogenito*

Sèdda, s. f. arnese che si pone sulla schiena del cavallo, *sella*; a cavàddu datu nun ci circàri sèdda, vale che nelle cose avute in dono non bisogna guardare alla loro bontà

Sedìli, s. m. *sedile*; per quel muricciuolo che sporta in fuori appiè de' fabbricati, nelle ville ec., *murello*; per le panche ne' cori de' religiosi, *manganelle*

Sèdiri, v. n. *sedere*; per andare a gusto, *quadrare, calzare*; degli artigiani, vale non aver lavoro; sèdiri 'mpizzu, esser permaloso; sèdiri, per *regnare*

Sedùciri, v. a. *sedurre*

Sedùttu, agg. *sedotto*

Sèggia, s. f. *sedia*; per siggetta, vedi; s'intendono col nome di sèggia anco i capi, rettori o superiori delle compagnie di confrati

Segràna, s. m. moneta di rame che vale sei grani; segranèdda, forma di pane che vale sei grani

Segregaziòni, s. f. *separazione, divisione*; presso i medici, *evacuazione*

Segrèta, s. f. quella parte della messa che il sacerdote dice sotto voce, *segreta*; per luogo nascosto, prigione ec., *segreta*

Segretaria, s. f. *segreteria*

Segretàriu, s. m. *segretario*

Segretista, agg. uomo segreto, *segretiere*

Segretizza, s. f. *segretezza*

Segrètu, s. m. cosa occulta, *segreto*; per rimedio occulto; per testicoli, detto in plur. *segreti*; agg. *segreto, nascosto, celato*

Seguìri, v. n. per andar dietro, *seguire*; per aver effetto, *seguire*

Sèguitu, s. m. compagnia, corteggio, *seguito*

Sei, nom. num. *sei*

Sèmi, s. m. umore che si segrega dagli animali e che serve alla generazione, *sperma*; nei vegetabili quella sostanza o chicco che ha virtù di riprodurre, *seme*; per quei segni che distinguono le carte da giuoco, *seme*

Semicùpiu, s. m. piccol tino ove puossi bagnare il nostro corpo a metà, *semicupio*; e il bagno stesso

Sèmina, s. f. *seminagione*

Sempriviva, s. f. pianta, *sempreviva*

Sèngulu, agg. *gracile, sottile*

Sènia, s. f. macchina in forma di ruota che tiene attaccate ad una fune ed a conveniente distanza più secche per uso di attinger acqua dai pozzi , *bindolo* , *perilrochio*, *limpano*

Sènna , s. f. entrata applicata al sostentamento del vescovo, *mensa episcopale*

Sensàli, s. m. *sensale*

Sensalia, s. f. mercede dovuta al sensale, *senseria*; e l'opera dello stesso sensale nel trattare e conchiudere il partito, *senseria*

Sensitiva , s. f. pianta che ha la proprietà di contrarsi appena toccata, *sensitiva*

Sènsiu, vedi sènsu

Sènsu, s. m. potenza o facoltà dell'uomo e degli animali per opera della quale ricevono impressione delle cose esterne corporee, *senso* ; per *intelletto*, *appetito*; nisciricci li sensi, *impazzare* , *discervellarsi*; per piccol dolore

Sentimentàli, s. m. arnese di legno impiallacciato di ebano o di mogone, armato di cristalli, per tenervi oggetti di porcellana o altro ; agg. che ispira interesse , amore ec.

Sentimèntu, s. m. *senso*, *intelletto* , *senno* , *concetto* , *pensiero*; per *affezione*, *tendenza*

Sèntiri, v. a. ricevere impressione, per mezzo de' sensi, delle cose esterne, materiali, o delle interne passioni, *sentire*; per conoscere un'arte, una scienza ; per *udire*,

aver odore, sapore ; dàri a sèntiri , *infinocchiare* ; nun nni vuliri sentiri nènti, *ostinarsi*; sèntiri li stiddi di menzu jòrnu, patire gran dolore; dari a sèntiri vissichi pri lantèrni, *ingannare* ; sintirisilla cu qualcùnu , vale *abboccarsi*, ovvero aver commercio illecito ; nun sèntiri nè caudu nè friddu, vale esser indifferente .

Sènziu, s. m. *giudizio*, *mente*

Sepellìri, vedi sipillìri

Sepellùtu, vedi sipillùtu

Sepùlcru, s. m. *sepolcro*

Sepultùra, s. f. *sepolcro*, *sepoltura*

Sepulturàriu, s. m. uomo addetto alla cura de' sepolcri

Sequèla , s. f. *continuazione* , *sequenza* ; jìri a la sequèla , *inseguire*

Serafìnu, s. m. spirito celeste, *serafino*; met. agg. buono, religioso, docile

Seràta, s. f. lo spazio della sera, *serata*; presso i comici, i cantanti ec. è la rappresentazione di una sera a beneficio d'uno di essi

Sèrcia, s. f. vizio de' capelli per cui fendonsi alla estremità , *schizotrichia*

Serenàri, v. a. e n. *serenare*, *serenarsi* ; met. *tranquillare*, *acchetare*

Serenàta, s. f. il cantare e suonare in tempo di notte a ciel sereno, *serenata*; vedi notturna; per guazza notturna, *rugiada*

Serènu, agg. *chiaro* , *sereno* , *tranquillo*; gutta sirèna, malore agli occhi, *gotta serena*

Sergènti, s. m. nome di sotto uffiziale ne' reggimenti, *sergente*

Sèrii, s. f. ordine, *serie*

Sèriu, agg. *serio*; s. m. *serietà*; per *pudore*

Serpentària, s. f. pianta originaria del Perù, *serpentaria*

Serpènti, vedi sirpènti

Sèrpi, s. f. *serpe*; per lucèrta vedi; per quella cassetta delle carrozze, ove oltre al cocchiere abbia posto anche un servitore, *serpe*; li così longhi addivèntanu sèrpi, lo indugio cagiona 'danno; serpi niura, met. *malvagio*

Sèrra, s. f. strumento di ferro dentato, *sega, serra*; sèrra di mùnti o di la muntàgna, vale *cocuzzolo, serra*; per un pesce dello stesso nome

Sèrra sèrra, s. m. *tumulto, serra serra*

Sèrva, fem. di sèrvu, vedi

Sèrviri, v. a. impiegar l'opera propria a pro di altri, *servire*; n. essere in ischiavitù; dipendere da altri; sèrviri pri varda e pri sèdda, *servir di coppa e coltello*

Servitùri, vedi criàtu; sirvitùri biàncu, vedi càntaru

Serviziu, s. m. il servire, *servizio*; per operazione, utile, beneficio, uopo, bisogno; per il vasellame o biancheria di tàvola; per l'equipaggio di un signore nelle solenni comparse, cioè cavalli, carrozze, livree di gala ec.; vìnniri sirvìzi, *adulare, piaggiare*

Sèssu, s. m. l'esser proprio del maschio e della femmina, *sesso*

Sèstu, s. m. *ordine, misura, sesto*; per situazione, collocazione; mèttiri a sestu, vale ordinare; sèstu, per luogo acconcio; term. degli stampatori, vale grandezza della pagina d'un libro; agg. num. ordinativo, *sesto*

Sètti, s. m. nome numerale, *sette*; fàri sètti, vale errare

Sett'e menzu, s. m. giuoco che si fa componendo colle carte il numero sette e una figura, che si fa valere per mezzo

Settifògghi, vedi tormentilla

Sfabbricamèntu, s. m. *demolizione*

Sfrabbricàri, v. a. *atterrare, demolire, distruggere*

Sfaccialàri, v. a. contrario di 'nfaccialàri, *sbavagliare*

Sfaccialàtu, agg. *sbavagliato*; agg. di cavallo, vale con macchia bianca sulla faccia

Sfacciamèntu, s. m. *sfacciataggine*

Sfacciàri, vedi facciàri; detto di colore, vedi sculuriri; n. pass. *sfrontarsi*

Sfacciàtu, agg. *temerario, sfacciato*

Sfacèllu, s. m. sorta di malattia, *sfacelo*; per distruzione, *sciupio*

Sfacìgnu, agg. *guasto, malandato*; detto di persona, vale *affranto, affiebolito*

Sfacinnàtu, agg. *ozioso, sfaccendato, scioperone*

Sfaiddamèntu, s. m. *sfavillamento*

Sfaiddàri, v. n. mandar fuori
favìlle, proprio del fuoco, *sfa-
villare*; fig. *rimproverare*

Sfaiddùsu, agg. di carbone che
manda scintille, e si consu-
ma subito, *scintillante*

Sfàmari, v. a. *disfamare*, *sa-
tollare*, *sfamare*; n. pass. *sfa-
marsi*; per diffamàri vedi

Sfardacàmpu, agg. *bravaccio*,
fiandrone

Sfardàri, vedi *squarciare*, *strac-
ciare*; per *scialacquare*; pig-
ghiàri a sfardàri, maltrat-
tare altrui con ingiurie

Sfardàtu, agg. *stracciato*; parti
di lu sfardàtu, vale *debole*

Sfardittèri, vedi sfragùni

Sfàrdu, s. m. *consumazione*,
dissipazione, *sperpero*

Sfardùni, s. m. *stracciatura*,
straccio

Sfàri, v. a. *disfare*, *sfare*; per
stracuocere, *marcire*, *corrom-
persi*; detto di merci, *consu-
sumare*; pigghiàri a sfàri, vale
schernire, *consumare*

Sfarinàri, v. a. disfare in fa-
rina, *sfarinare*; n. pass. *sfa-
rinarsi*

Sfarinùsu, agg. che sfarina,
sfarinacciolo

Sfasciamèntu, s. m. stanchezza
di membra, *sfinimento*, *lan-
guore*

Sfasciàri, v. a. levar le fascie,
sfasciare; per *slegare*, *distrug-
gere*; malmenare a bastona-
te, *zombare*; n. pass. *affie-
bolirsi*

Sfasciatùra, s. f. una delle par-
ti della carne bovina, si-
tuata nella coscia del bue

Sfasciùmi, s. m. e f. moltitu-
dine di cose rotte, vecchie
e malandate, *sfasciume*

Sfàttu, agg. di sfàri, *sfatto*;
detto di frutta vale strama-
ture; arrinèsciri sfàtti li sà-
gni, vale aver esito infelice

Sfaùri, s. m. *disfavore*; a sfa-
vùri avv. *a disfavore*

Sfàusu, s. m. *sgembo*; per la
parte che si tronca da un
corpo, onde ridurlo alla sua
convenevolezza, *sciàvero*; agg.
torto, *sgembo*

Sfazzunàri, v. a. *svisare*; per
malmenare, *battere*

Sfazzunàtu, agg. *svisato*; per
brutto, *deforme*

Sfèra, s. m. term. dei geom.
sfera; per quell'arredo sàcro
con cui si fa l'esposizione
del SS. Sagramento, *osten-
sorio*; per condizione, grado,
estensione di dottrina

Sfèriu, agg. *brutto*, *deforme*

Sfèrra, s. f. ferro del cavallo
rotto o logoro, *sferra*; per
coltello senza manico e ta-
glio

Sferruvècchiu, s. m. chi compra
e vende ferri vecchi, *ferro-
vecchio*

Sfiancàri, v. a. *infievolire*, *spos-
sare*; per *iscreditare*

Sfiatàri, v. n. *svaporare*, *sfia-
tare*; n. pass. perder il fia-
to, *sfiatarsi*; detto di chi si
affatica inutilmente a par-
lare

Sfiatatùri, s. m. luogo d'onde
sfiata chicchessia, *sfiatatojo*

Sficatàrisi o sficatiàrisi, v. n.
pass. impegnarsi per trarre
alcuno al proprio partito sen-
z'alcun pro

Sficcatùra, cioè jucàta di cùda, vedi jucàta

Sfida, vedi disfìda

Sfidàri, v. a. *sfidare*

Sfùgghiàri, v.a. *sfibbiare, sciorre*

Sfigghiàta, s. f. spezie di torta sfogliata; per un pesciolino minutissimo, figliatura delle sarde, *paraso, parazzo*

Sfigghiatìzzu, agg. di uomo che sta sfibbiato

Sfigghiuliàrisi, v. n. p. *sfogliarsi*

Sfiguràri, v. a. e n. divenire o far divenir deforme, *sfigurare, sfigurarsi*; per far cattiva comparsa, *scomparire*

Sfilàri, v. a. contrario di 'nfilàri, *sfilare*; assottigliare il filo o taglio delle arme bianche, *dare il filo*; detto di schiere, camminare in fila, in ordinanza, *sfilare*; sfilarisilla, *battersela*; sfilàri la curùna, *sbrodettare*; per uscir dal suo luogo una o più vertebre nelle reni, *sfilarsi*; per far filacce, *sfilacciare*; per *schernire*

Sfilatùra, s. f. lo sfilarsi, che chiamasi distrazione muscolare

Sfilatùri, s.m. strumento di ferro per avvolgersi il filo, *fuso*; per pietra da arruotare rasoj, temperini ec.

Sfilàzza, s.f. fila che si spicciano dal panno rotto, stracciato, tagliato o anche cucito, *filaccia*; per quantità di fila tratte da pannilini vecchi, *faldella*; sfilàzzi di sàngu, particelle aggrumate di sangue; chiumazzèddu di sfilàzzi, *stuello*

Sfilazzùsu, agg. *sfilacciato*; fig. detto di cose che si estendono a guisa di fila

Sfilicchiàri, vedi sfilittàri

Sfiliniàri, vedi sfurniàri

Sfilittàri, v. n. andarsene nascostamente e con rapidità, *battersela*

Sfilòccu, vedi filòccu

Sfilu, s. m. *desio, brama*; met. il giuoco della *zicchinètta*, vedi

Sfiluccàri, v. n. *sfilacciare*

Sfiluccàta, agg. di cùtra, vale coltre tessuta con superficie villosa o ronchiosa a similitudine della pelle degli agnellini

Sfincia, s. f. vivanda fatta di pasta lievitata, che friggesi con olio o strutto e increspa e gonfia, *frittella, crespello*; per qualunque cosa gualcita o sconciata; sfincia! modo di contraddire

Sfinciàru, s. m. chi fa o vende crispelle

Sfinciàta, s. f. corpacciata di frittelle

Sfincidu, vedi sfùncitu

Sfincìrisi, v.n.pass. *rincrescersi, infingardire*

Sfincitu, vedi sfincidu

Sfinciùni, s. m. schiacciata di pasta ben grande con diversi condimenti come cacio, acciughe salate, olio, spezie ec. *focaccia*

Sfinciùsu, vedi sfùncidu

Sfiniri, v. n. *svenire, ansare, trafelare*

Sfinter, s.m. muscolo che chiude l'ano all'estremità dell'intestino retto, *sfintere*

Sfirmàri, v.n. *aprire, disserrare*

Sfirniciamèntu, s. m. sollecitudine molesta, *cura, pensiero;* il discervellarsi

Sfirniciàri, v. a. dar pensiero; sfirniciàrisi la midùdda, *discervellarsi*

Sfirràri, v.a. levar il ferro, *sferrare;* n. p. il cader dei ferri a' piedi del cavallo, *sferrarsi ;* per darsi a vita licenziosa; detto di orologi, suonare alla distesa; per *ispropositare;*per *impazzire; escandescere*

Sfirràta, s. f. *riprensione, bravata;* per uscita a diporto

Sfirràtu, agg. detto di animali da soma che non han ferri ai piedi, *sferrato;* per *pazzo*

Sfirratùra, vedi sfirràta

Sfirriàri , v. a. volgere della parte opposta,*volgere;*fig.*storcere;*sfirriàri lu cirivèddu, rimuoversi da un primo pensiero, *discordàre;* sfirriariccìlla, vale mandar di fede

Sfirriàta, vedi sfirrìu

Sfirriàtu, agg. *voltato*

Sfirriatùra, vedi sfirrìu

Sfirrìcchia, dim. di sfèrra

Sfirrìu, s. m.*vollata, giràta;* per cavillazione, *tranello*

Sfirrìusu , agg. *cavilloso ;* per *ingànnatore, raggiratore*

Sfirriusùni, acc. di sfirrìusu, *farinello, cecino*

Sfirrùzza, dim. di sfèrra, cattiva lametta

Sfissàri, v. a. *slaccare, rimuovere;* in modo basso vale tartassare, *zombolare;* per *sconciare, guastare*

Sfittàri. v. n. sciogliere dall'affitto, *spigionare*

Sfiuràri, v. a. *sfiorare;* per sfiguràri, vedi

Sfizzàri, v.n. scaricar il ventre, *evacuare;* v.a. levar la feccia, *sfecciare*

Sflàvidu, vedi sfràvidu

Sfoderàri, v.a. cavar dal fodero, *sfoderare;* la lingua, vale dir liberamente, *spiattellare*

Sfogàri, vedi sfugàri

Sfògghia, s. f. falda sottilissima di chicchessia, *buccia*

Sfògghiu, s. m. specie di torta di foglie di pasta, *sfogliata*

Sfòggiu, s. m. *lusso, sfoggio*

Sfògu, s. m. *sfogamento, sfogo;* per *alleggerimento*

Sforamòdu, avv. *eccessivamente, soprammodo*

Sforasìa, avv. *tolga Dio!*

Sfòrzu, s. m. *sforzo;* fari un sfòrzu, *sforzarsi*

Sfrabbicàri, vedi sfabbricàri

Sfracassàri, vedi fracassàri

Sfracèllu, vedi sfacèllu

Sfracillàri, v. a. disfare interamente, *sfracellare, sconciare, guastare*

Sfragamèntu, s. m. *sprecamento, scialacquo*

Sfragàri, v. a e n. *scialacquare, sprecare*

Sfràgu, vedi sfragamèntu

Sfragàri, s. f. *dissipare , scialacquare*

Sfragùni, s. m. *scialacquatore , dissipatore*

Sfrantumàri, v. a. *sfracassare, sgretolare, stritolare*

Sfrantumàtu, agg. *sfracassato, sgretolato*

Sfratàri, v. a. e n. p. uscir dalla religione, *sfratare, sfratarsi*

Sfrattaméntu, s. m. *disbosca-
mento;* per sfràttitu, vedi

Sfrattàri, v. n. *diboscare;* n. an-
dar via con prestezza ; per
esiliare, proscrivere;nell'uso,
il mandar via coattivamente
e per mezzo dei ministri del-
la giustizia un pigionale dalla
casa di cui non ha pagato lo
affitto

Sfrattàta, vedi sfrattaméntu

Sfrattatina, s. f. *scalpitio*

Sfrattiddèri, vedi sfragùni

Sfràttitu, s. m. *sfratto;* dàri lu
sfràttitu, *sfrattare*

Sfràttu, vedi sfràttitu

Sfràvitu, agg. dicesi di colori,
dilavato, scialbo; per *ismor-
to, pallido*

Sfrazzèttu, dim. di sfràzzu; u-
sasi per *albagia, allerigia*

Sfrazziàri , v. n. *pompeggiare,
lussureggiare;* per trascurare

Sfràzzu, s. m. *pompa, gala, sfar-
zo, fasto;* fàri sfràzzi, *dissi-
pare;* avìri lu sfràzzu, aver
alterigia

Sfrazzùsu, agg. *dovizioso, splen-
dido, sfarzoso;* per *orgoglioso*

Sfrèggiu, s. m. taglio fatto al-
trui nel viso, *sfregio;* per la
cicatrice che rimane sul vi-
so a chi è stato sfregiato,
sfregio ; per *ismacco , diso-
nore*

Sfrenàri, vedi sfrinàri

Sfriciàri , v. a. accostarsi ad
una cosa in modo che si toc-
chi, *rasentare;* pigghiàri a
sfriciàri , toccare appena ,
radere

Sfrinaméntu, s. m. *licenza, sfre-
namento*

Sfrinàri, v. n. levar il freno ,

sfrenare; per eccedere , di-
venir licenzioso

Sfrinatìzza, s. f. *sfrenataggine,
sfrenatezza*

Sfrinnuliàri, vedi sfrinzuliàri

Sfrinzàri, v. a. far le filacce,
e uscir le filacce da stracci
di panno, *sfilacciare*

Sfrinzìa, s. f. *deformità, brut-
tezza;* per cosa inaspettata ,
insolita

Sfrinziàrisi, v. n. p. provare
avversione , *rifuggire ;* per
amareggiarsi

Sfrinzuliàri , v. a. *lacerare ;*
squarciare un vestito

Sfrinzùsu, agg. che porta òr-
rore; per cosa di piccolissi-
ma mole

Sfrunnàri, vedi spampinàri

Sfruntàri, v. n. p. prender ar-
dire, fidanza, *sfrontarsi*

Sfruntàtu, vedi sfacciàtu; per
ferro di giumento consuma-
to di fronte

Sfruttàri , v. n. parlando di
terreni, vale *spossarsi, sfrut-
tarsi*

Sfucunàri, v. a. guastare il fo-
cone d'un archibuso, o far
fuoco con un tantino di pol-
vere dopo che tali arme si
sian lavate

Sfucunàtu, agg. *sfoconato*

Sfudiràri, vedi sfoderàri

Sfugàri, v. a. *sfogare,* mandar
fuori, *alleggerire;* per dir li-
beramente le proprie ra-
gioni

Sfuggiàri, vedi sfoggiàri

Sfugghiàri, vedi scartabillàri

Sfugghiàta, vedi scartabillàta

Sfuggiàri, v. n. vestir sontuo-
samente, *sfoggiare*

36

Sfuimèntu, s. m. *sfuggimento*

Sfùiri, v. n. *scansare, sfuggire*; per non avvedersi, *dimenticare*; sfùiri di l'occhi, *sparire, fuggire*

Sfujùtu, agg. *sfuggito*

Sfumàri, v. a. e n. mandar fuori il fumo o il vapore, *sfumare*; per *evaporare*; term. dei pittori, *sfumare*; per i-svanire, e. trar loffie

Sfumatùra, s. f. term. dei pittori, *sfumatezza*

Sfumìnu, s. m. pezzuccio di pelle ravvolto a cono per distendere la matita o l'acquerello sulla carta, *sfumino*

Sfumiriàri, v. n. lo eccedere dei giumenti nel mandar fuori le materie escrementizie

Sfùncitu, agg. *floscio, vizzo*

Sfunnacàta, s. f. quantità di cose, *sfucinata*

Sfunnàri, v. a. torre il fondo, rompere il fondo passandolo a traverso, *sfondare*; per *affondare, sommergersi, soprabbondare, soverchiare*; term. dei pittori, apparir da lontano, *sfondare*

Sfunnàtu, agg. senza fondo, *sfondato*; per *insaziabile*; per *sfondo*; in forza di sost. capacità grande

Sfunnèriu, s. m. *smisuratezza, smodamento*

Sfùnnu, s. m. spazio lasciato per dipingervi, e la pittura medesima fatta in simili spazì, *sfondo*

Sfunnuràri, v. a. passar da parte a parte, *sfondolare*; n. p. andar in fondo, *precipitare, sfondolarsi*

Sfunnuràta, vedi bagàscia

Sfurcàtu, agg. *furfantone, scampaforca*

Sfurcuniàri, v. a. andar iu cerca, *frugare, strappare*

Sfurgiàri, vedi sfuggiàri

Sfurmàri, v. a. cavar di forma, (detto di scarpa o altro oggetto che mettesi in forme), *sformare*

Sfurmàtu, agg. *sformato*; per *deforme*

Sfurnàri, v. a. cavar dal forno, *sfornare*

Sfurnàta, s. f. l'atto di sfornare, o ciò che si cava dal forno; per *sfucinata*

Sfurniàri, v. a. nettar le pareti dalle ragnatele, e i camini dalle fuligini, *spazzare*; scùpa di sfurniàri, *nettatojo*; per scrafuniàri, vedi

Sfurniàta, s. f. l'atto dello spazzare

Sfurràri, v. a. levar la federa, *sfederare*

Sfurtùna, s. f. *infortunio, sfortuna*

Sfurtunàtu, agg. *sventurato, sfortunato*

Sfurzamèntu, vedi sfòrzu

Sfurzàri, v. a. *forzare, costringere, astringere, violentare, sforzare*; occupar con la forza, usar violenza; tentar d'aprire senza chiave una porta; raddoppiare la marcia (detto di milizie); sforzar la voce

Sfurzatùra, s. f. *slogamento, lussazione*; per apparenza di crepatura

Sfusàri, v. a. *assottigliare*

Sfusàtu, agg. *assottigliato, gra-*

cile, mingherlino

Sfussàri, v. a. cavar dalla fossa, *sfossare*; sta anche per iscavar fosse senza ben ripianarle

Sfussàtu, agg. pieno di fossi, o di pezzo di terreno cavato a fosso

Sfùsu, agg. di filo o cotone non ravvolto, o materia simile non filata

Sfùttiri, v. n. *malmenare, maltrattare, strapazzare*; n. p. travagliar soverchiamente, *arrabbattarsi*

Sfuttùtu, agg. di sfùttiri

Sgabèllu, s. m. ciò che pagasi per isgabellar le merci; per *predella, sgabello*

Sgabillàri, v.a. trarre le mercanzie dalla dogana pagandone il dazio, *sgabellare*

Sgaddàri, v. a. *nettare, pulire*; detto della pelle del nostro corpo, *imbiancare*

Sgagghiàri, v. a. *sviluppare, distrigare, staccare*; n. fig. *liberarsi, svincolarsi*

Sgaggiàri, v. a. levar dalla gabbia, *sgabbiare*

Sgajàri, v.a. *tagliare*; far delle aperture nelle camice, vesti o altro in modo che assettino bene al collo, alle braccia ec.

Sgajàtu, agg. di sgajàri

Sgàju, s. m. taglio fatto nelle camice, vesti o altro in modo che assettino nella parte del collo, ciò che dicesi *scollo*, o nelle braccia ec.

Sgammàrisi, vedi sgammittuniàrisi

Sgammàtu, agg. stanco per soverchio cammino, *sgambato*

Sgammigghiàtu, agg. slacciato il cinturino sotto al ginocchio

Sgammittàrisi, v. n. p. denudarsi le gambe

Sgammittàtu, agg. *sgambucciato*

Sgammittuniàrisi, v. n. p. camminar troppo sino alla stanchezza, *sgambarsi*

Sgangàri, v. a. spiccare i rami dal tronco o dal pedale degli alberi, *svellere*; n. p. levar l'angolo o il canto ad una cosa, *smussare*

Sgangàtu, agg. *smussato, rotto, guasto*

Sganghiàri, v. a. spiccare i racimoli, *racimolare*; per smussare

Sganghìddi, s. f. ghignazzamenti dei fanciulli; per *ruzzi, scherzi, smancerie*

Sgàngu, s. m. grappolino d'uva spiccato dal graspo, *racimolo*; parràri a sgàngu, mordere con sarcasmi, *sbottoneggiare*

Sgangulàri, v. n. perdere i denti

Sgangulàtu, agg. *sdentato*

Sgaragghiùni, s. m. toro di tre anni

Sgarbatàggini, s. f. *sgarbataggine*

Sgarbatìzzu, avvil. di sgarbàtu, *sguajaticcio*

Sgarbàtu, agg. *sguajato, sgraziato, sgarbato*

Sgàrbu, s. m. modo incivile, *sgarbo*

Sgargiàri, v. n. *adocchiare*

Sgargiàri, v. a. tagliar il filetto posto sotto alla lingua affinchè essa si muova liberamente, *tagliar lo scilinguagnolo*; per tòrre le branchie a' pesci; per rivoltar la terra, *pastinare*; n.p. *gridare*

Sgargiariarisi, v. n. pass. affiocare gridando, *sbraitare*

Sgargiàta, s. f. *adocchiamento*

Sgargiatùra, s. f. *ancilotomia*

Sgàrgiu, s. m. l'azione della ancilotomia; vasetto in cui mettesi uno sciroppo da darsi a' fanciullini appena nati

Sgarlatina, s. f. malattia cutanea che viene con macchie rosse, *scarlattina*

Sgarlatinu, vedi sgarlàtu

Sgarlàtu, s. m. pannolano rosso, *scarlatto*; agg. di color rosso, *scarlatto*

Sgarràri, v. n. *sbagliare*, *errare*; per tirar fuori del segno, *sbalestrare*; sgarràri ad unu, vale non trovarlo nel luogo designato; sgarràri la burnìa, vale prendere una cosa per un'altra

Sgarratina, vedi sgarratùra

Sgarratùra, s. f. *errore*, *sbaglio*

Sgàrru, s. m. vedi sgarratùra

Sgarrunàri, v. a. *sgarettare*

Sgarrunàtu, agg. *sgarettato*; met. senza calzatura, o con scarpe e calze assai sdrucite

Sgarrùni, vedi sgarratùra

Sgastàri, v. a. torre o levar gemme, *sgemmare*; per vincere la ostinazione altrui, *scaponire*

Sgattigghiàri, v. a. far galloria, *galloriare*

Sgattigghiu, s. m. *galloria*; per voglia di ridere

Sghèrru, s. m. *bravazzo, tagliacantoni*; in forza d'agg. *attillato, avvenente, capriccioso*

Sgbiummariàri, v. a. contra-

rio d'agghiummariàri, *sciorre, sviluppare*

Sghizzu, vedi schizzu

Sgraccàri, v. a. spettorar con rumore, *scaracchiare*

Sgràccu, s. m. sputo catarróso, *scaracchio*

Sgraccùsu, agg. di vecchio che scaracchia

Sgràffa, s. f. term. degli stampatori, segno col quale si raccolgono diversi articoli, e si situa lateralmente alle linee che si vogliono unire, *sgraffa, grappa*

Sgranàri, v. n. *fendersi, creparsi*; per *sgranellare*

Sgranàtu, agg. detto di grano *incatorzolito*; detto di pelle, vale *scarnita*; per *fesso, crepato, sgranellato*

Sgranatùra, s. f. il segno apparente di una scorticatura alla pelle; per *crepatura, fessura*

Sgrancàri, v. n. mettersi in moto dopo lungo sedere, *sgranchiare, sgranchire*

Sgranfugnaméntu, s. m. *graffiamento, graffiatura*

Sgranfugnàri, v. a. *graffiare, sgraffiare*; met. tòr via con male arti quello ch'è d'altri, *strapacchiare*

Sgranfugnàta, vedi sgranfugnùni

Sgranfugnàtu, agg. *sgraffiato*

Sgranfugnùni, s. m. *graffio, sgraffio*; l'ottener cosa con artifizio

Sgrasciàri, v. a. levar l'untume o sudiciume; per levar le macchie dai vestiti, *smacchiare*

Sgrasciàta, s. f. l'atto di sgrasciàri

Sgrasciàtu, agg. *pulito, netto*

Sgravàri, v.a. *alleggerire, sgravare*; n. p. *partorire, spregnare, sgravarsi*

Sgriccialòru, s.m. piccolo schizzatojo, *schizzetto*

Sgricciàri, v. n. il saltar fuori dei liquori con impeto, *schizzare*

Sgricciu, s.m. *schizzo*; per sgattigghiu vedi; sgricciu d'apollu, piccola statura, *cazzatello*

Sgricciùni, s. m. la materia che viene fuori dallo schizzare, *schizzo*

Sgricciuniàri, v. n. mostrar allegrìa con certi atti, *ringalluzzare*

Sgriciàri, v. n. *sbrodellare*; per *rimproverare*

Sgridàri, v. a. riprendere con parole minaccevoli, *sgridare*

Sgriddàri, v. n. *fuggire, scappar via*; per liberarsi da un impaccio; sgriddàri l'occhi, *spalancar gli occhi*; detto di vestiti, *stringare*

Sgriddàtu, agg. di sgriddàri; detto di vestito, vale *stringato*

Sgrignàri, v. n. *sorridere, sogghignare*; il ringhiar dei cani quando mostrano i denti, *digrignare*; pel tosar la criniera a' cavalli, o i capelli all'uomo in modo che appajan assai pochi sul viso

Sgrignàtu, agg. di sgrignàri in tutt' i suoi significati

Sgrignu, s. m. *digrignamento*; per una specie di forziere, *sgrigno*

Sgrignùni, s. m. colpo dato nel viso a mano chiusa, *sgrugno, sgrugnata, sgrugnone*

Sgròppu, s.m. ramicello sottile, *fuscello*; fig. persona che sia capo e sostegno d'una famiglia

Sgruppàri, v. a. sciogliere il nodo, *snodare, sgruppare*

Sgruppìddu, s.m. dim. di sgròppu, *fuscellino*

Sgrussàri, v.a. *disgrossare, sgrossare*

Sguaddariàrisi, vedi cripàrisi

Sguajatàggini, s. f. *sgraziataggine, sguajataggine*

Sguajàtu, agg. *sguajato, disonesto, sboccato*

Sguainàri, vedi sfoderàri

Sgualàtu, agg. *disuguale, ineguale*

Sguarniri, v. a. *sfornire, sguernire*

Sguarnùtu, agg. *sguernito*

Sguàrra, s.f. strumento col quale si riconoscono gli angoli retti, *squadra*; per rinforzo di ferro a squadra che si adatta fermato con chiodi sui legnami commessi per maggior saldezza

Sguarràri, v. n. misurar colla sguarra, o rinforzar con sguarre; per *traboccare*, detto delle acque dei fiumi allorchè escono fuori delle loro sponde

Sguarrùni, s. m. travicello posto a traverso che serve per lo più di sostegno a travè grande; per acc. di sguàrra nel primo significato

Sguàttaru, s. m. servente del cuoco, *guattero*; fig. *triviale, plebeo*

Sguazzàri, v. a. dibattere cose

liquide dentro a vasi, *sguaz-
zare, disguazzare*; per *risciac-
quare*; sguazzàrisi la vùcca,
vale *rimproverare*, fare una
bravata; sguazzarisilla, vale
dondolare; per *smasturbare*

Sguazzariàri, v. n. il dibatter
de' liquidi in alcun vaso non
colmo, *sguazzare*; sguazzària-
ri na cosa 'ntra la tèsta, *on-
deggiare*

Sguazzariàta, s. f. *ondeggiamen-
to*

Sguazzàta, s.f. il risciacquare

Sguazzàtu, agg. *disguazzato*

Sguazzèttu, s. m. lo sciacquarsi
la bocca; fig. cosa frivola; per
masturbazione

Sguàzzu, s. m. vedi sciàcquu;
pìnciri a sguàzzu, dipingere
a guazzo; passàri a sguàzzu,
detto di fiume, vale passarlo
a guazzo

Sguiddariàri, v. n. *strillare*

Sguiddaru, s. m. *strido, strillo*

Sguiddarùsu, agg. *strillante*

Sguinciu, colla prep. a, avv.
vale *a schiancio, a sgembo*

Sgùrbia, s. f. sorta di scarpello
per intagliare, *sgorbia*

Sgurgàri, v. n. *sgorgare, scatu-
rire*

Sguttàri, v. a. *sturare*

Sguttiàri, v.a. dar la prima po-
tagione alle vigne, *potare*

Sguzzunàri, v.a. domare o am-
maestrare i cavalli, *scozzona-
re*; met. dirozzare alcuno,
soaltrire, scozzonare

Sguzzùni, s. m. colui che doma
ed ammaestra i cavalli, *scoz-
zone*

Sì, avv. d'affermazione, *sì*; per
altresì; (senza l' accento) per

se; si usa accennando sdegno,
ironia, maraviglia ec.

Siamèntu, s. m. lo sciare co' re-
mi

Siàri, v. n. vogàre a ritroso,
sciare; per vogar semplice-
mente, *remare*

Siàta, s. f. l'atto del vogare

Sicàriu, agg. *sicario*; fig. *a-
varo*

Sicarràru, s. m. facitore o ven-
ditore di sicari

Sicàrru, s. m. foglia del tabacco
accartocciata, che accendesi
e si fuma, *sigaro, cigarro*

Sìcca, s. f. luogo infra il mare,
che per la poca acqua è pe-
ricoloso ai naviganti, *secca*

Siccacugnùna, s. m. *seccatore*

Siccafrìttuli, s.m. *avaro, spilor-
cio, scorticapidocchi*

Siccàgini, s.f. *noja, fastidio, sec-
caggine*

Siccàgnu, agg. *secchereccio*

Siccantaria, s. f. *molestia, im-
portunità*

Siccànti, agg. *seccatore, seccafi-
stole*

Siccàri, v. a. tòr via l'umido,
far secco, *seccare*; per *impor-
tunare*; rimanere attonito, *al-
libire*; n. p. *tediarsi*

Siccarìzzu, s. m. *secchezza, ari-
dità, siccità*; met. *grettezza*

Siccazzùmi, vedi siccarìzzu

Siccatùra, s. f.*noja, fastidio, sec-
cagine*

Sicchièttu, s.m. piccola secchia,
ove per lo più si reca l'ac-
qua santa, *secchiello, sec-
chiolina*

Sicchiu, s.m. vàso con manico di
ferro volubile a due orecchie,
poste all'orlo del vaso stesso,

col quale si attinge acqua, secchia

Sicchizza, s. f. *secchezza*; per *macilenza*

Siccia, s. f. sorta di pesce, *seppia*; nel giuoco dei tarocchi è un nome dato ad una carta che non ha impronta particolare

Siccògnu, agg. *gracile, segaligno*

Siccu , s. m. siccità, aridità , *secco* ; manciàri 'nsiccu, val senza bere; detto di muro, vale senza calcina; siccu, luogo infra mare, che per la poca acqua è pericoloso a' naviganti, *secca*; sapìri di siccu, detto di vino, quando contrae l'odor del legno della botte, *saper di secco*; agg. *secco, magro*; rùgna sicca, rogna minuta; tùssi sicca , vale non accompagnata da escreato ; menzu siccu, quasi secco , *secchereccio*

Siccumaria , s. f. *spilorceria , grettezza, avarizia*

Siccùmi, s. m. tutto quello che vi ha di secco sugli alberi e sulle piante, *seccume*; per siccumaria, vedi

Siccumiàrisi, v. n. p. privarsi di tutto per rammassar danaro

Sicilia , preceduta dal verbo fàri, vale lasciare lo studio o il lavoro per andare a spasso, *marinar la scuola*

Sicòmuru, s. m. pianta, *perlaro, sicomoro*

Siculariscu, agg. attenente a secolo, *secolaresco*

Sicularizzàri, v. n. deporre gli abiti monastici per ritornare al secolo, *secolarizzarsi*

Sicularu, agg. che vive al secolo, *secolare*

Sicùra, s. f. cigna di cuojo con fibbia che serve a tener ferme sopra la groppa del cavallo le stanghe del calessino, *porta stanghe*

Sicùru, s. m. sicurtà, *sicuro*; agg. fuor di pericolo, *sicuro*; per ardito; 'nsicùru, detto di arme da fuoco, vale che il cane dell'archibugio dal tutto punto si riduce al mezzo punto, ovvero si fa toccare il luminello (Carena, diz. d'arti e mest.); avv. *sicuramente*; iron. modo di negazione

Siddàru, s. m. intendiamo quello artiere che fa valigie, selle, briglie, cavezze, basti, bardelle ec., *valigiaio*; il *sellajo*, non fa che selle, briglie, cavezze ed altre cose simili

Siddiamèntu, vedi siddiu

Siddiàri, v. a. *infastidire, annojare*; n. pass, *rincrescere , stizzire, annojarsi*

Siddiatìzzu, agg. *anneghittito; alquanto annojato*

Siddiàtu, agg. *annojato , stizzito*

Siddiu, vedi siddu

Siddu, s. m. *noja, tediò*; per arnese che a modo di sella portano le bestie da soma, *basto*

Siddùsu, agg. *tedioso, nojoso*; per *seccatore*

Sidici, nome numerale, *sedici*

Sidiri, vedi sèdiri

Siggètta, s. f. seggiuola portatile con due stanghe chiusa

da tutte le parti, *seggetta*, *portantina*

Siggiàru, s. m. colui che fa le seggiole lavorandole di legno, e quello che le impaglia, *seggiolajo.* — Quest'arte è distinta con tre voci: propr. il *seggiolajo* è l'impagliator delle sedie; il *legnajuolo* quello che lavora il legname, e il *dipintore* chi dà loro la vernice a colore

Siggitèdda, dim. di sèggia, *sediuola*; pel seggiolino che si fa sul dinanti del calesse, ove siede il cocchiere, *cassetta*

Siggittèri, agg. colui che reca la portantina, *portantino*

Sigillàri, v. a. improntare con suggello, chiuder le lettere con ceralacca o ostia, *suggellare*; per *confermare*; strumento di metallo che tiene nella estremità scolpite le lettere iniziali d'una persona o le armi della famiglia, e serve a dare l'impronta alla cera lacca o all'ostia con che si chiudon le lettere, *suggello*; per l'impronta stessa; per *segretezza*

Signa, s. f. animale che ha quattro mani, e che imita facilmente quanto vien fatto dagli uomini, *scimmia, bertuccia*; fàri la signa, *contraffare*; dìri la vimmaria di la signa, *scampare*

Signàli, s. m. *segno, contrassegno, segnale, cenno, gesto, vestigio, orma*; pel nastro che appiccasi ai libri, *segno*; per *macchia, rossore, cicatrice*; per rutàta vedi; pri tàli signàli, vale tanto è ciò vero

Signàri, v. n. per *contrassegnare, firmare, sottoscrivere*

Significatòria s. f. t. di finanza, avviso di pagamento ad un debitore, *cedola*

Signu, s. m. *segno, sigillo, cenno, vestigio, orma, prova*; ogni ciùri è signu d'amùri, vale che anco da un piccol regalo puossi conoscere l'affezione del donante; a maggiùri signu, avv. all'ultimo grado

Signuràzzu, pegg. di signùri, vedi

Signùri, s. m. *signore, padrone*; per Dio; gran signùri, *sultano*; a gran signùri picculu prisènti, detto da chi dà in dono a persone ragguardevoli cosa di poco pregio; agg. *signorile*

Signuria, s. f. *signoria, dominio, governo, potestà*; per *nobiltà, sussiego, opulenza*; vedi signuriu

Signuriggiàri, v. n. *dominare, signoreggiare*

Signurili, agg. *signorile*; per *generoso*

Signuriu, s. m. modi da signore, *splendidezza*

Signurùni, accr. di signùri, vedi

Sigrèta s. f. *prigione, segreta*; per lo stanzino ove si fan gli agi, *cameretta*

Sigrètu, vedi segrètu

Sigrizia, s. f. nome di officio finanziero che corrisponde oggi a pircitturia, vedi

Siina, s. f. nome collettivo di sei cose, o numeri

Siinu, s. m. si dice nei dadi quando due di essi hanno scoperto sei, *seino*

Silici, vedi sèrci

Silivèstru, s. m. arbusto, *vischio*, *visco*

Sillabbàri, v. a. *compilare, sillabare*

Sillètta, vedi càntaru

Silòca, s. f. polizza o cartello che si appicca nelle mura esterne delle case da appigionarsi, *appigionasi*

Simàna, s. f. *settimana, semmana*

Simanàta, s. f. mercede data pel lavoro di una settimana, *settimana*

Simanèri, agg. colui fra gli ecclesiastici che nella settimana dee celebrare, e fare le altre funzioni sacre, *ebdomadario*

Simènza, s. f. sostanza in cui è virtù di generare cosa simile al suo subbietto; e quella che serve alla generazione del feto, *seme*; per quegli acini di varia forma e dimensione che si producono da' vegetabili, e che servono alla loro riproduzione, *semente*; detto assol. i semi delle zucche, anche insalate e abbrostate; pirdùrisi la simenza d'una cosa, vale non esisterne più nulla; simenza di li vermi, *corallina*; simenza di piròcchi, erba, *strafizzeca*

Simèstri, s. m. lo spazio di sei mesi, *semestre*

Simigghiànti, agg. *somigliante*

Simigghiànza, s. f. *somiglianza*

Simili, agg. *conforme, simile*

Siminàri, v. n. spargere il seme sopra materia atta a produrre, *seminare, sementare*; per divulgare; siminàri a l'affac-ciu, vale seminare sul terreno sodo senza pria zapparlo o ararlo; zappàri all'acqua e siminàri a lu vèntu, perder inutilmente la fatica

Siminarìsta, agg. colui ch'è in educazione in un seminario, *seminarista*

Siminàriu, s. m. *seminario, concilio*

Siminàta, s. f. il seminare, *seminatura*

Siminàtu, s. m. luogo dove si è sparse il seme, *seminato*; per campo seminato a biada, *biado*; agg. seminato; met. *sparso*

Siminatùri, s. m. colui che semina, e macchina atta a tale ufficio, *seminatore, seminatojo*

Siminèriu, s. m. *seminagione*; per terreno atto a semina

Siminzàru, s. m. luogo dove si seminano e nascono le piante che voglionsi trapiantare, *semenzajo*; per colui che vende il seme delle zucche insalato o abbrostito

Siminzàta, s. f. bevanda fatta con semi di poponi pesti, infusovi dello zucchero, *emulsione, lattata*

Siminzèdda, dim. di simènza, *semolino*

Siminzèri, vedi siminatùri

Siminzùsu, agg. fornito di molti semi, *seminuto*

Simitrìa, s. f. *simmetria*

Simpatìa, s. f. *simpatia*; per *amicizia*

Simpàticu, agg. *simpatico*; per *piacente, aggradevole*

Simpaticùni, accr. di simpàticu

Simplici, agg. *puro, semplice*,

ischietto, inesperto, scempio, solo

Simpliciùni, accr. di sìmplici

Simplicità, s. f. qualità e stato di ciò ch'è semplice, inesperrienza, ingenuità, schiettezza, semplicità

Simula, s. f. la parte più pura della farina del frumento, e che adoperasi a far paste

Simulàru, s. m. chi separa col vaglio la crusca dalla così detta simula, vedi

Simuliàri, v. n. leggermente piovere, piovigginare

Simuliàta, s. f. pioggerella

Simulìdda, dim. di simula

Simulùni, s. m. crusca più minuta che esce per la seconda stiacciata, tritello, semolino, cruschello

Simulùsu, agg. simile alla semola, semoloso; per sim. dicesi di certe pera, poponi ec. che acquistano un sapore particolare

Sinàpa, s. f. pianta, senapa

Sinapìsimu, s. m. pasta fatta di semi di senapa mista a lievito di frumento, sale ed aceto, che si applica in talune parti del corpo umano per produrne la rubificazione, senapismo

Sìncupa, s. f. svenimento, sincopa

Sincupàri, vedi assincupàri

Sindacàri v. n. censusare

Sìndacu, s. m. amministratore immediato dei beni della comune, sindaco; per censore

Sìnga, vedi linea; per orma, pedata, vestigio

Singaliàri, v. a. contrassegnare, segnare; per sfregiare; mettere a memoria

Singaliàtu, agg. segnato, sfregiato

Singaliùni, s. m. taglio fatto altrui sul viso, e la cicatrice rimasta, sfregio

Singàri, v. a. term. di belle arti, fare quel disegno che accenna la figura che deve dipingersi o scolpirsi, segnare; per iscrivere, notare; per singaliàri, vedi

Singatùri, s. m. strumento che delinea con un chiodo fisso in un rigoletto, e serve a segnare le grossezze nei legni od altro, graffietto

Sìngu, s. m. term. di st. nat. specie di steatite alquanto verde, che serve ai sarti per segnare i panni, lardite

Sinnacàri, vedi sindacàri

Sìnnacu, vedi sìndacu

Sinsìparu, s. m. aromato di sapore simile al pepe, sensero

Sinsuàli, vedi sensuàli

Sintènzia, vedi sentènza

Sintimèntu, s. m. senso, sentimento, concetto, pensiero, intelletto, senno; per forma, disposizion di parti ed armonia di esse

Sintina, s. f. fondo della nave, sentina; per ricettacolo di brutture, sentina

Sintinèdda, s. f. sentinella

Sintinziàri, vedi sentenziàri

Sintiri, vedi sèntiri

Sintòmu, s. m. indizio di malattia o altro, sintomo; per sìncupa, vedi

Sintùri, vedi sentùri

Sintùtu, agg. sentito

Sìnu, prep. sino

Sinzàli, vedi sensàli

Sinzèru, agg. intero, integro

Sinzigghiu, agg. *intatto, intero*

Sipàla, s. f. chiudenda di prugni o altri sterpi per cingere i campi, *siepe, sepala*; fari na sipàla, *siepare*

Sipàriu, s. m. tenda dipinta che mettesi dinanti al palco scenico dei teatri, *sipario*

Sipilliri, vedi sepelliri

Sippiddizza, s. f. breve sopravveste di pannolino bianco increspato che portano i preti, *cotta*

Siquèla, vedi sequèla

Siquitàri, vedi siculàri

Sira, s. f. l'estrema parte del giorno e prima della notte, *sera*; per *notte*; di prima sira, vale in sul cominciar della sera; ultima sira, vale quella dell'ultimo giorno di carnevale; li còsi fatti di sira a jòrnu pàrinu, vale che i lavori eseguiti durante la sera riescono sempre imperfetti; bona sira, modo di salutare durante la sera; per esprimere una perduta speranza

Siràpica, vedi zappagghiùni

Siràta, vedi siritìna

Sirèna, s. f. mostro favoloso che i poeti facevano abitare nei mari, *sirena*; per donna allettatrice, *sirena*

Sirènu, s. m. *rugiada*; a lu sùli e lu sirènu, vale che sta notte e di allo scoperto; agg. *sereno, tranquillo*

Sirgènti, s. m. grado e nome di sotto-uffiziale nei reggimenti, *sergente*

Sirinàri, vedi serenàri

Sirinàta, s. f. canto accompagnato da vari strumenti che l'amante fa all'amata durante la notte, *serenata*

Siringa, s. f. strumento per dar serviziali, *schizzatojo, schizzetto*; per altro strumento chirurgico, *sciringa*

Siringàri e siringhiàri, v. a. far saltare fuori con violenza dallo schizzatojo l'acqua o simili liquori, *schizzare*

Siringàta, s. f. l'atto dello schizzare collo schizzatojo, *schizzo*

Siringùni, s. m. strumento dei li totomi, *sciringone*

Siritìna, s. f. *serata*; siritinùna accr. di siritina, e vale bel tempo nella sera

Sirpènti, s. m. *serpente*

Sirpiàri, v. n. il camminar della serpe, *serpeggiare*; per esser tortuoso, *serpeggiare*

Sirpiàta, s. f. l'andar serpendo, *serpeggiamento*

Sirpiàtu, agg. di più colori a guisa della serpe, *serpato, picchiettato*

Sirpintìnu, agg. di serpente, *serpentino*; s. m. per una specie di marmo finissimo di color nero o verde, *serpentino*

Sirpintùni, s. m. sorta di strumento da fiato di figura tortuosa, *serpentone*

Sirpùzza, dim. di sèrpi

Sirràculu, s. m. sorta di piccola sega

Sirràgghiu, s. m. luogo dove i principi barbari tengon chiuse le loro femmine, *serraglio*; per quello ove stan serrate le fiere, o i poveri; nell'armi da fuoco è il grilletto; 'nsirragghiu, vale quando le dette armi sono in punto di scaricarsi

Sirramèntu, s. m. *segamento*

Sirràri, v. a. *segare*; sirràri tàvuli, met. *russare*

Sirratizzàtu, s. m. *costruzione* fatta di stecconi

Sirratìzzu, s. m. palo diviso per lo lungo, che serve a far palancati, *steccone, palanca*; per sorta di vasi di legnami atti alla fabbricazione del vino o dell'olio

Sirràtu, agg. *segato*; per *denso, fitto, spesso*

Sirratùra, s. f. quella polvere che cade dal legno segandosi, *segatura*; per lo strumento che serra gli usci, le casse ec. *serrame, serratura*

Sirratùri, s. m. chi sega, *segatore*

Sirrètta e sirricèdda, dim. di sèrra, *seghetta*; per un istrumento che si pone in bocca a' cavalli per frenarli, *seghetta*; per quell'arnese che mettesi nelle candele di rame, e che fa salire e scendere il lucignolo delle stesse

Sirrùni, s. m. che chiamasi pure serra a pìcu, sega grande per recidere i legnami grossi, *segone*

Sirùsu, agg. *sieroso*

Sirviènti, agg. m. e f. *serviente*; nei monasteri son quelle donne che servono le monache al di fuori, *servigiana*

Sirvimèntu, s. m. *servimento*

Sìrviri, vedi sèrviri

Sirvitùri, s. m. *servidore*; sirvitùri biàncu, met. *cantero, pitale*

Sirvizzialàta, s. f. *adulazione, piaggiamento*

Sirvizzìàli, s. m. *clistere*

Sirviziànti, agg. che volentieri fa servizio, *serviziato*

Sirvìzziu, s. m. *faccenda, servizio*; per *beneficio, servigio*

Sirvìzzu, (colle zz dolci) s. m. *faccenda, servizio*; fàri un viàggiu e dui survìzza, dicesi di chi a risparmio di tempo adoperasi a far due cose contemporaneamente; fàri lu so sirvìzzu, vedi cacàri; vale ancora adoperarsi utilmente

Sissànta, nome numerale, *sessanta*

Sissantina, s. f. quantità di sessanta, *sessantina*

Sissantìnu, agg. uomo presso a sessant'anni, *sessagenario*

Sistiàri, v. a. *disporre, ordinare*

Sita, s. f. filo prezioso e lucente prodotto da' filugelli, *seta*; pel tessuto fatto con esso filo, *seta*

Sitarìa, s. m. mercanzie di seta, *seteria*

Sitària, s. f. pianta, *apocino*

Sìti, s. f. desiderio, appetito di bere, *sete*; per ardentissima brama di chicchessia, *sete*

Sittànta, s. f. nome numerale, *settanta*

Sittantina, s. f. quantità di settanta, *settantina*

Sittantìnu, agg. uomo presso a settant'anni, *settuagenario*

Sittèmbri e sittèmmiru, s. m. *settembre*; il nono mese dell'anno volgare

Sittimàna, vedi settimàna

Situ, s. f. positura di luogo, e il luogo stesso, *sito*

Situamèntu, vedi situaziòni

Situàri, v. a. *collocare, situare*

Situàtu, agg. *collocato*, *posto*; met. che abbia ottenuto impiego, uffìcio, o altro che dian lucri sufficienti

Situazioni, s. f. *situazione, collocamento*

Situliàri, v. a. pulire i caratteri da stampa con pennello di setole di porco, *setolare*

Sivarìa, vedi sivusaria

Sìvu, s. m. grasso d' alcuni animali che serve per far candele e per altri usi *sego, sevo*; met. sgraziataggine

Sivusaria, s. f. *sgraziataggine, smanceria*

Sivùsu, agg. *svenevole, sgraziato*

Sluggiàri, v. n. abbandonare un'abitazione, *diloggiare, sloggiare*

Smeccàri, v. a. *proverbiare, canzonare, svergognare, smaccare*

Smacchiàri, v. a. diradare il bosco, o sgombrare un terreno della macchia, *disboscare, smacchiare*

Smàecu, s. m. *uccisione, strage*; per *dileggiamento, beffa*

Smadunàri, v. a. tòrre i mattoni dal pavimento, *smattonare*

Smadunàtu, agg. da smadunari, *smattonato*; per solajo che abbia rotti o guasti i mattoni, *smattonato*

Smàfara, s. f. *sproposito, errore*; per *celia, facezia, burla*

Smafarùsu, agg. *spropositata*; per *iperbolico*

Smagghiàri, v. a. romper le maglie, *smagliare*

Smagghittàri, v.a. levar il puntale

Smagrìri, v.n. *dimagrare, smagrire*

Smagrùtu, agg. *dimagrato*

Smaltàri, v. a. coprir di smalto, *smaltare*

Smaltatùra, s. f. lo smaltare, *smaltatura*

Smaltìri, v. a. detto di mercanzie, *vendere, esitare, smaltire*

Smaltìtu e smaltimèntu, s. m. lo smaltire delle mercanzie, *smaltimento*

Smàltu, s. m. composto di più colori che si mette sull'orerie, *smalto*; per la superficie esteriore dei denti, *smalto*

Smaltùtu, agg. *smaltito*

Smammàri, v. a. allontanare i bambini dalle mammelle, *slattare, spoppare, divezzare*; detto di piante, vale diradarle; di persone, non avvicinarsi frequentemente, *allontanarsi*

Smanciàri, v. a. *corrodere, tórre, sottrarre*; n. pass. *mancare, venir meno*

Smanciàtu, agg. *corroso*; fig. *attenuato*

Smània, s. f. agitazion d'animo o di corpo, *smania*; met. *noja, fastidio, malessere*

Smaniàri, v.n. *infuriare, smaniare*; smaniàri pri qualcunu, vale amarlo perdutamente

Smanicàri, v. a. levar il manico

Smanicàtu, agg. senza manico

Smannàri, v. a. *annientare, disperdere*; per *allontanare, straniare*

Smannatizzu, agg. *fuggiasco*; per *scioperonè*

Smànnu, agg. *scomodo, disagiato*; detto di cosa, vale *pericolante*; avverbial. *disagiatamente*

Smantillàri, v. a. *diroccare, sfasciare, smantellare*; per *dissipare, sperperare*

Smarammàri. v. a. *confondere, tramescolare*

Smargiazzaria, s. f. *rodomontata, smargiasseria*

Smargiàzzu, agg. *spaccone, smargiasso*

Smaritàri, v.a. sciorre un matrimonio; n. pass. far divorzio

Smarmànicu, agg. *stravagante*

Smarràri, v. a. digrossar legni coll'ascia, *asciare*; per abbozzar opere manuali, *digrossare*

Smarràtu, s. m. grossa pietra quadrata alla quale siasi data la prima forma dell'intaglio; agg. *digrossato*

Smarratùra, s. f. *sgrossamento*

Smarriddàri, v. a. disfar la matassa e il gomitolo, *sgomitolare*

Smarruggiàri, v. a. sconficcare dal manico i ferri, come zappone, picone e simili; met. travagliar oltre misura, affaticarsi di soverchio, *arrabbattarsi*

Smarrùtu, agg. *smarrito*

Smascaràri, v.a. torre la maschera, *smascherare*; n. pass. per scoprire una trama, *smascherare*

Smasciddàri, v. n. rider forte, *smascellare, sganasciare*

Smatinàrisi, v.n. pass. levarsi da letto di buon'ora

Smazzàrisi, v.n. *affannarsi, arrabbattarsi*

Smazzunàri, v. a. slegare il mazzolino

Smeccalàmpi, agg. à sagrestano che abbia del maccianghero

Smeccalùmi, vedi smiccalòru

Smèrcia, s. f. *spaccio*

Smèusu, agg. *smilzo*; per uomo senza moneta, *scusso*

Smiccalòru, s. m. strumento col quale si smoccola, *smoccolatojo*

Smiccàri, v. a. *smoccolare*; n. *sbirciare*

Smiccatùra, s. f. *smoccolatura*

Smiccatùri, vedi smiccalòru

Smicciàri, v. n. socchiudere gli occhi per vedere cose minute e da lontano, *sbirciare*

Smiduddàri, vedi sfirniciàri

Smimmaru, s. m. piccolo calesse dove appena entrino due persone, *biroccino*

Sminnàri, v.a. *guastare, sconciare*; per *tartassare*

Sminnittiamèntu, s, m. *disordinamento, sconcio*

Sminnittiàri, vedi sminnàri

Sminuìri, v. a. *diminuire, sminuire*

Sminujùtu, agg. di sminuìri, vedi

Sminuzzàri, v. a. *stritolare, sminuzzare*

Sminzàri, v. a. *dimezzare*

Smirciàri, vedi smaltìri

Smirdàri, v.a. macchiare chicchessia con la merda, *smerdare*; per *tambussare*; per *sopraffare*, *canzonare*, *deridere*

Smiriàri, vedi spicchiàri

Smiriggghiu , s. m. sorta di minerale, *smeriglio*; per cannone di piccola portata, *smeriglio*

Smòrfia , s. f. lezia , *smorfia*; per persona malfatta ; per un libro ove s'interpretano i sogni traendovi alcuni numeri che giocansi al lotto

Smòrtu , agg. *pallidò*, *smorto*, *appassito*

Smòssa, s. f. *movimento*, *smossa*

Smòviri, v. a. *muovere*, *commuovere*, *persuadere*; smòviri lu corpu, cominciare a sciogliere il ventre

Smudàtu , agg. senza modo , *sgarbato*; malu smudàtu, *collerico*

Smuddicàri, v.a. torre la mollica dal pane; per ridurre in bricioli, *sbriciolare*

Smùnciri, v. a. *smugnere*; per *impoverire*; n. pass. *contorcersi*

Smuntàri , vedi scavarcàri ; smuntàri di culùri, *scolorirsi*; smuntàri la guàrdia, cambiar le sentinelle; term. delle arti, levare dal suo luogo le parti d'una macchina, *smontare*

Smuràri, vedi sfrabbicàri

Smuràtu, vedi sfabbricàtu

Smurfiàri, v.a. far delle smorfie; trovare nel libro della interpretazione dei sogni i numeri corrispondenti alle cose sognate

Smurfiùsu , agg. *smanceroso*, *smorfioso*

Smuzzàri, vedi scamuzzàri

Smuzzicàri, v.a. tagliare o levar via l'estremità , o qualche parte di chicchessia, *smozzicare*; per *smussare*

Smuzzatùri, s. m. plur. i primi polloni del cavolo verde che si tolgono alla pianta, per far che venga su altra volta e produca il così detto sparacèddu, vedi

Snaturòtu, agg. *crudele*, *snaturato*, *inumano*

Snèllu, agg. *agile*, *snello*, *destro*

So, pron. *suo*; in forza di sost. il suo avere , la sua roba ; nel plur. *parenti*, *congiunti*; mettiri di lu so , *scapitare*; lu so nun è so , vale esser generoso

Società, s.f. compagnia di più persone per un dato oggetto , *società* ; in comm. vale persone che faccian affari in comune; per *conversazione* , *conventicolo*; per l'uman genere che vive nelle città

Sòciu, agg. *compagno*, *socio*

Sòda , s. f. pianta detta spinèdda vedi, *riscolo*, *salsola*; per un alcali minerale che forma la base del sal marino

Sodàri, v. a. riunire le aperture o fessure di metalli, vasi, ferite ec. *saldare* ; per *consolidare*

Sodàtu, agg. *saldato*

Sodatùra , s. f. tanto la materia saldata, quanto quella che impiegasi a saldare, *saldatura*

Sodisfàri, v. a. appagare, con-
tentare, *sodisfare*; per *pa-
gare, piacere*

Sodisfazioni, s. f. *soddisfazione*;
per riparazione di torto ri-
cevuto, *soddisfazione*

Sodizza, s. f. qualità di ciò
che è sodo, *sodezza*

Sòdu, s. m. *sodo*; agg. *sodo,
durevole, fermo, gagliardo*;
jiri a lu sodu, star sul sodo;
aviri lu sòdu, vale esser
agiato, o con sufficienti mez-
zi di vivere

Sofà, s. f. sorta di masserizia
a foggia di letticciuolo per
sedervi o dormirvi, *sofà*

Sògghia e sogghiu, s. f. e m.
la parte inferiore dell'uscio
dove posan gli stipiti, *so-
glia*; per *trono, soglio*

Sòggira e nòra, s. f. pianta
che coltivasi per la bellezza
del fiore, *viola tricolore*

Sòggiru, s. m. padre della mo-
glie e del marito, *suocero*

Sòla, s. f. la parte della scar-
pa che posa in terra, *suolo*

Sòldu, s. m. *mercede, pagà, sol-
do*; per moneta piccola

Sòlfa, s. f. i caratteri e le no-
te musicali, *solfa*; fig. *busse*

Solichianèddu, s. m. quegli che
rattaccona e cuce le ciabatte
e scarpe rotte, *ciabattino*

Sòlu, s. m. superficie di ter-
reno o altro sulla quale si
cammina, *suolo*; per *serie,
ordine*; a solu a solu avv.
a piano a piano, a suolo a
suolo

Sònnu, s. m. sopore degli a-
nimali, *sonno*; per le cose
che l'immaginazione presen-
ta alla nostra mente durante
il sonno, *sogno*; per *tempia*;
fare un sònnu, dormir
lungamente; alligrizza 'nson-
nu, piacere non realizzato;
spartirisi lu sònnu, si dice
di due amici che si amano
assai; 'ntra lu sònnu, avv.
sonnacchioni

Sònnura, s. m. plur. *tempia*

Sontuùsu, agg. *splendido, ma-
gnifico*

Sònu, s. m. rumore gradevole
cagionato nello udito da per-
cossa di strumenti, voce, ec.
suono; per lo strumento che
si suona; per lo sonare; per
fama, grido; abballàri senza
sonu, vale aver tribolazioni,
sciagure, ec.

Sòrfa, vedi sòlfa

Sòrti, s. f. *ventura, fortuna,
sorte, condizione, stato*; per
capitale; per *ispecie, qualità,
modo, forma*; a sorti avv. a
caso, a sorte

Sòru, s. f. *sorella*; per mona-
ca conversa

Sosizza, s. f. carne di porco
minutamente tritata, ed ac-
conciata con sale ed aromi
la quale mettesi nelle budella
del detto animale, *salsiccia*; fa-
ri sosizza d'unu, vale mal-
menarlo; sempri sosizza
escl. per esprimer la noja di
cosa ripetuta

Sosizzàru, s. m. chi fa o ven-
de le salsicce, *salsicciajo*

Sosizzèdda, s. f. carne a fetta
battuta e condita con cacio
ed aromi, *maccatella*

Sosizzùni, s. m. grossa salsic-
cia salata, *salsiccotto, sal-*

siccione

Sotàri , v. n. spiccar salti , *saltare*; in senso att. trapassare chicchessia saltando ; per montare a cavallo, *ballare, sorvolare, dimenticare*; satàri di palu 'mpèrtica, saltare di palo in frasca; satàri 'ntra l'aria, *incollerire*

Sotariàri , v. n. fare spessi e moderati salti, *sallerellare*

Sotùni, s. m. salto grande

Sòzzu e sèzzu bònu , agg. di una qualità di pero

Spàcca e làssa , col verbo fàri, vale *smargiassare*

Spaccàri, v.a. *fendere, spaccare* ; spaccàri lu vùgghiu , vale cominciare a bollire , *grillare*; n. p. *fendersi*

Spaccàtu, agg. e s. m. *fesso, aperto, spaccato*

Spaccàzza, s. f. *spaccatura*; per l' apertura che han dinanzi le vesti, *spaccato*; spaccazza di la pinna, il taglio che divide in due l'estremità della penna da scrivere, *intaccatura*

Spacchimi, vedi spàcchiu; detto ad uomo, vale inetto

Spàcchiu , s. m. seme umano, *sperma*

Spacchiàri, v.n. gettar lo sperma nell'atto del coito

Spacciàri, v.a. *vendere, spacciare*

Spaccunaria, s.f. *bravata, smargiasseria*

Spaccùni, s.m. *spaccone, spaccamonti*

Spacinziàrisi, v. n. scappar la pazienza, *impazientirsi*

Spacinziùsu , agg. *impaziente, irascibile*

Spàdda, s. f. parte del busto dall'appiccatura del braccio al collo, *spalla*; per *dorso* : jittàri darreri li spaddi, vale non curare ; dari spadda , *ajutare, soccorrere* ; vinu di spadda, vale generoso; spadda di li viti, parte del sermento lesciato nelle viti dal potatore, affinchè mandi nuove messe, *capo*; nun putiri stàri a la spàdda, vale essere d'inferior condizione; arrunchiàrisi li spaddi, sottomettersi, cedere, acconsentire; vutàri li spàddi, fuggire, andarsene

Spaddàli, s.m. suolo che è dalla parte delle spalle degli animali

Spaddalòra, s. f. lista di panno a margini paralleli, la quale sta sulla spalla e va dal collo all'attaccatura delle maniche, *spalla* (V. Carena, diz. dom.)

Spaddàta, s. f. colpo dato colla spalla

Spaddàtu, agg. d'uomo che per debiti è ridotto al verde , *spallato*

Spaddèra, s. f. asse, cuoio o altra cosa alla quale sedendo si appoggiano le spalle, *spalliera* ; verzura artificiale che cuopre le mura de' giardini e degli orti

Spaddiàri, v.a. dicesi delle viti in rigoglio

Spaddùni, s. m. denominazione d'una parte della carne bovina, che si trae dalla spalla

Spaddùtu, agg. che ha larga schiena, *schienuto*

Spaddùzza, s. f. vedi spadda di viti ; per dim. di spadda ,

spalluccia; per parte di carne bovina che si trae dalla spalla

Spagalòru, s. m. pezzo di legno nel quale i bottai involgono lo spago per legare i cerchi

Spagghiàri, v. a. levar la paglia, *spagliare;* mannàri a spagghiari acqua, vale mandar a male

Spagghiàta, s. f. lo spagliare, *spagliamento*

Spaghèttu, s. m. dim. di spàgu, *spaghetto;* per una sorta di pasta sottile a similitudine dello spago

Spagnarè, voce che vale *alto! basta!*

Spagnàri, vedi scantàri

Spagnatùri, s. m. cencio o straccio che si mette nei campi sopra una mazza, o in su gli alberi per ispaventare gli uccelli, affinchè non calino a danneggiare i seminati e le frutta, *spauracchio, spaventacchio*

Spàgnu, vedi appàgnu

Spagnulàta, s. f. *millanteria, jattanza, spagnolata;* per cerimonia eccessiva, *spagnolismo*

Spagnùsu, vedi scantùsu

Spàgu, s. m. funicella sottile di canapa, *spago*

Spajamèntu, s. f. lo spaiàre, *spaiamento;* per staccare animali dal carro

Spajàri, v. a. staccare i buoi dal carro o i cavalli dal cocchio

Spàjulu, agg. *povero;* per sparu, vedi

Spalancàri, vedi sbalancàri

Spalàri, v. a. torre i pali che sostengono i frutti, *spalare*

Spallètta o spallìna, s. f. ornamento di varie maniere con frange d' oro o di lana, che portano i militari alle spalle, *spallino*

Spampinàri, v. a. levar via i pampàni, *spampanare;* per levar via le foglie dai rami, *sbrucare;* n. p. spogliarsi dei pampani, *sfrondarsi, spampanarsi*

Spampinàta, s. f. il tôrre i pampani, *spampanata;* per vanto, jattanza

Spangalòra, s. f. pietra tenera tagliata in forma quadrata della grossezza d'una spanna

Spangalòru, s. m. travicello riquadrato della misura d'una spanna

Spàngu, s. m. la lunghezza della mano aperta, presa dall' estremità del dito mignolo a quella del pollice, *spanna*

Spannènti, s. m. acqua che avanza da pila o fonte, e va a versarsi altrove

Spànniri, v. a. *spargere, versare, spandere;* parlando di liquidi, *traboccare;* spènniri e spànniri, vale *sperperare;* lu sàccu di chi è chinu spànni, vale che ogn' uomo opera secondo la ricevuta educazione

Spànu, agg. *rado;* detto di capelli vale che minacciano calvizie, e perciò diventan radi

Sparacèddu, s. m. pianta ortense, *cavolo verde, broccolo verde, broccolo*

Spàraciu, s. m. pianta nota, *sparagio;* di trònu, *alloro alessandrino;* spàraciu, per derisione si dice ad uomo lungo e smilzo, *spilungone*

Sparadràppu, s. m. tela spalmata di unguento che serve a riunire i bordi d'una ferita, *sparadrappo*

Sparagghiùni, s. m. pesce, *sparo*

Sparaggiàri, v. a. *scompagnare*; guastar il paio, *dispaiare*

Sparaggiàtu, agg. *dispaiato*

Sparàggiu, agg. *disuguale, dispari*

Sparagnàri, v. a. *risparmiare, sparagnare*; per *perdonare*

Sparagnatùri, s. m. che risparmia, *sparagnatore*; talora sta per avaro

Sparàgnu, s. m. *risparmio, sparagno*

Sparapàulu, vedi sfasulàtu

Sparàri, v. a. *spuntare, germogliare, pullulare, sbocciare*, detto di piante, fiori, ec.; scaricar arme da fuoco, *sparare*; sparàri a chiànciri, *prorompere, in pianto;scagliare, sparecchiare*; sparàricci 'ntra l'aria, *indovinare*

Sparàta, s. f. lo scaricar arme da fuoco, *sparata*; per riprensione, bravata

Sparatìna, vedi scupittàta, e propr. il rumore dello scoppiettare

Sparatùri, s.m. chi spara bene; per saittèra, vedi

Spàrgiri, v. a. *versare, spargere, spandere*; spàrgiri lu sàngu pri na pirsùna, vale amarla svisceratamente; per *divulgare*; n. p. andar qua e là, *spargersi*

Spargiùtu, agg. *sparso*

Sparicchiamèntu, s. m. lo sparecchiare, *sparecchio*

Sparicchiàri, v. a. contrario di apparicchiàri, *sparecchiare*; per scunsàri, vedi

Sparicchiu, vedi sparicchiamèntu

Sparigghiàri, v. a. scompagnare un cavallo da tiro, di cui si ha il simile nella statura e nel mantello, *sparigliare*

Sparìri, v. n. *sparire, svanire, scomparire*

Sparmacètu, s. m. composto di cera e altre sostanze, con che si fan candele, *stearina*

Sparmàri, v. a. *aprire, distendere*;sparmàri l'ali, *spiegare*; sparmàri una nave, una carrozza, ec. vale intrider di sego la carena della prima, o i mozzi delle ruote della seconda, *spalmare*

Sparmàtu, agg. di sparmàri; e vale anche attillato

Sparnuzzamèntu, s. m. *sparnicciamento, sparniccio*

Sparnuzzàri, v. a. *sparpagliare, sparnicciare*

Sparpagghiàri, v.a. *sparpagliare*; n. p. *disperdersi*

Sparpagghiàta, s. f. lo sparpagliare

Sparramèntu, s. m. *maldicenza, sparlamento*

Sparràri, v. a. *biasimare, sparlare*; per *farneticare, vaneggiare*

Sparrittèri, s. m. *sparlatore, maldicente*

Sparrittunarìa, s. f. *maldicenza*

Sparrittuniàri, v. n. vedi sparràri

Spartènza, s. f. *divisione, separazione*

Spàrti, avv. *oltre, inoltre, ancora, a parte*

Spartimèntu, s. m. *divisione, spartimento*; per *tramezzo*; per quel nastrino che si pone per segno nei libri, e serve anche ad altri usi

Spàrtiri, v. a. *dividere, separare, spartire, distribuire*; nun vuliri avìri chi spàrtiri cu qualcùnu, vale non voler aver che fare con qualcuno; n. p. *dividersi*; spartirisilli, detto di busse, vale darsene a vicenda; spartìrisi lu sonnu, *amarsi*; spartìrisi la tùrta, godere con altri del frutto delle proprie mal'arti

Spartìtu, s. m. esemplare d'una composizione musicale, *spartito*

Spartitùri, s. m. colui che divide; spartitùri di frumèntu, strumento per tenere diviso il grano misurato da quello che si sta misurando

Spàrtu, s. m. pianta, delle di cui foglie se ne fan cordami, *sparto*; e la corda, *bremo*

Spartùtu, agg. *diviso, separato, spartito*

Spàru, s. m. vedi sparàta; per lo sparo d'un cadavere; nei numeri vale *dispari*; jucàri a pàru e spàru, *giocare a pari o caffo*

Spàru, agg. *dispari*; per *scompagnato, solo*

Sparùtu, agg. *sparuto, gracile*; per *sparito*

Spàsa, s. f. *spandimento*; spàsa di sàngu, *flusso di sangue*; di

lu lèttu, pendio del letto, *declivio*

Spasimànti, agg. *spasimante*; per *innamorato*

Spasimàri, v. n. aver spasimo, *spasimare*; per desiderare ardentemente, essere fòrtemente innamorato

Spàsimu, s. m. *spasimo*

Spassàrisi, v. n. p. pigliare spasso, *spassarsi*; spassarisilla, *dondolarsela*

Spassiggiàri, v. n. perdere il tempo in baje, *ninnolare*

Spassiggiu, s. m. lo spasseggiare per ozio, *spasseggio*

Spassiunatamènti, avv. *candidamente, ingenuamente*

Spassiunàtu, agg. *ingenuo, schietto, spassionato*

Spàssu, s. m. *passatempo, spasso, trastullo*; jiri a spàssu, *spasseggiare*; èssiri a spassu, detto dei servitori o artigiani, vale senza lavoro; pigghiàrisi spàssu d'unu, vale divertirsi a spese altrui, *sojare*; pri spàssu, avv. *per giuoco, scherzevolmente*

Spastàri, v. a. *strigare*

Spasturàri, v. a. *spastojare*; n. p. *strigarsi*

Spàta, s. f. arme lunga e tagliente, *spada*; fìlu di spàta, taglio detto *filo della spada*; spàti, uno dei quattro semi delle carte da giuoco; term. degli stampatori, regoletti di ferro sui quali muovesi il carro del torchio; càppa e spàta, abbigliamento degli antichi magistrati; mèttiri in càppa e spàta, *burlare*; pigghiàri la spàta pri la punta,

difender a spada tratta; còr-
pu di spàta, *spadacciata*

Spatacchiàrisi , v. n. p., vedi
sbrugghiàrisi

Spataccinu , agg. che ben co-
nosce la scherma, *spadaccino*

Spatància , s. f. armatura tra
la spada e il cangiaro

Spatàru, s. m. chi fa le spade,
spadajo, armajuolo

Spatàtu, agg. *intemperante, smo-
deratissimo*

Spatiddàri , v. a. aprir gran-
demente , detto per lo più
degli occhi, *spalancare*

Spatigghia, s. f. l'asse di spa-
de o di picché che nel giuo-
co dell'ombre è invicibile ,
spadiglia

Spatinu, dim. di spàta, *spadino*

Spatriàri, v. n. uscir della pa-
tria, *spatriare*

Spatrunàtu, agg. senza padrone

Spattàri, v. n. *differire, discor-
dare, discrepare;* n. p. *inimicarsi*

Spàtu, o piscipàtu, s. m. sorta
di pesce, *pesce spada*

Spàtula, s. f. strumento di le-
gno o di ferro a guisa di
coltello senza taglio con cui
si batte il lino o la canapa,
scotola

Spatuliàri, v. a. battere colla
scotola il lino o la canapa,
scotolare

Spatuliàta, s. f. lo scotolare

Spatuliatùri, s. m. che scoto-
la, *scotolatore*

Spatulidda, s. f. pianta, *giag-
giuolo, ghiaggiuolo*

Spatùni , accr. di spàta, *spa-
done*

Spatùzza , s. f. sorta di stru-
mento d'argento, di tartaru-

ca, e simili, fatto ad arco ,
usato dalle contadine e dalle
educande de' monasteri per
involgervi i capelli

Spavèntu , s. m. *terrore, spa-
vento;* per *portento;* fari spa-
venti, *magnificare*

Spavintàri, v. a. metter pau-
ra, *spaventare*

Spavintàtu, agg. *spaventato;* fa-
ri lu spavintàtu di lu pir-
sopìu, vale fare il balocco

Spavintùsu , agg. *spaventoso ;*
per *eccedente , stragrande ;*
per *iperboleggiatore*

Spaziàri, v. n. andar attorno,
spaziare; per dilatarsi, *spa-
ziarsi ;* term. degli stampa-
tori , metter gli spazi nelle
lettere componendole , *spa-
zieggiare*

Spaziatùra, s. f. term. dei tip.
è lo spazio lasciato tra una
parola ed un'altra, *spazieg-
giatura*

Spàziu, s. m. *spazio*

Spaziùsu, agg. *spazioso*

Specchiàrisi, v. n. prender e-
sempio, specchiarsi in alcu-
no ; vedér la propria ima-
gine nello specchio

Spècchiu, s. m. lastra di cri-
stallo piombata da una par-
te solamente, *specchio*

Spècia , s. f. *idea, specie;* per
detto arguto, *concetto, frizzo,
bizzarria, piacevolezza*

Specifica, s. f. voce dell'uso ,
notamento di spesa e dritti
apposti sugli strumenti pub-
blici giusta la tariffa

Specificu , agg. *specifico ;* agg.
a medicamento, vale deter-
minato per la guarigione di

una malattia

Spècii, s. f. quell'aggregato di individui fornito di certe qualità comuni, *specie*; complesso d'individui che forma razza; per forma, apparenza; *bizzarria, facezia*; fari spèci, far meraviglia, *rilevare*

Speciùsu, agg. singolarmente bello, *specioso*; per *faceto, piacevole*

Spècula, s. f. osservatorio degli astronomi, *specola*

Speculàri, v. n. impiegar l'intelletto nella contemplazion delle cose, arrivare a conoscere, *specolare*; nel comm. trovar mezzi di guadagno

Speculativa, s. f. virtù e potenza di specolare, *specolativa*; per *ingegno, talento*

Speculaziòni, s. f. lo specolare, *specolazione*; per prontezza d'animo, immaginazione

Spèddiri, v. a. *finire, terminare, cessare, morire*

Speditizza, s. f. prontezza, *speditezza*

Spedìtu, agg. *sollecito, spedito*

Spediziunèri, s. m. nell'organamento del nostro sistema doganale è un impiegato che sovrintende alle spedizioni delle mercanzie, *spedizioniere*

Spedùtu, agg. *spedito*

Spènniri, v. a. *spendere, comprare, consumare*

Spènsaru, s. m. specie di vestimento che giugne alla cintura, usato oggi per lo più dalle donne del contado

Spèra, vedi sfèra

Spèrcia, s. f. comunicazione interna d'una casa con un'altra o d'un ediúcio con altro, *passatojo, tragetto*

Sperciagàja, s. f. uccelletto, *forasiepe*

Spèrdiri, v. a. *perdere, disperdere, smarrire, sperdere, distruggere*

Spermacèlu, vedi sparmacèlu

Spèrsu, agg. *sperso, disperso*; in forza di sost. alunno del conservatorio di musica in Palermo

Spèrtu, agg. *esperto, accorto, sagace, pronto*

Spettatùri, s. m. *spettatore*

Spettoràri, v. n. far forza alle fauci per trar fuori il catarro dal petto, *spurgare, scatarrare*

Spezzacòddu, agg. uomo di cattiva vita, *scavezzacollo*

Spèzziu, s. m. frutto che viene in commercio dalle Indie, *pepe*; èssiri còmu lu spèzziu, vale voler entrare in tutto, *fare il sermesta*; sèrviri pri carta di spezzii, vale non avere alcun valore

Spia, s. f. *delatore, spia*

Splaciribili, agg. che non contenta altrui, che non sa render favori

Spianàri, v. a. *spianare, pareggiare*; per dar la prima stiratura a' panni

Spiantàri, v. a. *spiantare, distruggere, diroccare, rovinare*

Spiantàtu, agg. *spiantato*; per *povero, scusso*

Spiàri, v. a. *spiare*; per *domandare*

Spiàzza, s. f. avvil. di spia, *spiaccia*

Spica, s. f. la parte superiore del gambo, *spica*; per quella pannocchia ove stanno racchiuse le granella del grano ed altre biade, *spiga*; spica di francia, sorta d'erba odorosa, *lavandula*; detto di tessuti, vedi a spica; spica di muru, *spigolo*

Spicaddòssu, s. m. pianta odorosa, *spigo*

Spicalòra, s. f. pianta spontanea, *orzo di muro*

Spicalòru, vedi spiculiatàri

Spicara, s. f. piccol pesce, *spigaro*

Spicàri, v. n. far la spiga, *spigare*; per *crescere*, *attecchire*; detto dei ragazzi quando giungono all' età pubere, *svilupparsi*; detto di ciàuru, vale *spandere*

Spicàtu, agg. *spigato*; per cresciuto di statura; pegg. spicatizzu, detto dell'erbe, vale non buone a mangiare per esser semute e dure

Spicchiàri, v. a. divider le frutta a spicchio con mani, *spiccare*; per cavar dal guscio, *sgusciare*; v. n. *fendersi*

Spicchïari, v. n. *risplendere*, *luccicare*

Spicchiàru, s. m. chi fa o racconcia gli specchi, *specchiajo*

Spicchiàtu, agg. *spiccato*; per *evidente*, *chiaro*

Spicchitèddu e spicchicèddu, dim. di spècchiu

Spicchiu, s. m. una delle particelle della melarancia, della cipolla, dell'aglio, e di qualunque frutto tagliato per lo lungo, *spicchio*; beddu spicchiu, detto iron. ad uomo maligno; vidirinni li spicchia, vederne il fine

Spicciàri, vedi allestiri; n. p. *spicciarsi*, *sbrigarsi*

Spiccicàri, vedi scuddàri; per arrispigghiàri, vedi; fig. *scostare*; n. pass. *partirsene*, *allontanarsi*; sintirisi spiccicàri l'arma, *struggersi di desiderio o di noja*

Spiccicàtu, agg. *scollato*, *staccato*, *allontanato*

Spicciu, agg. *spedito*, *sciolto*, *libero*, *agevole*; munita spiccia, vale minuta, *spicciolo*

Spicciulàri, v. a. far spendere o tòrre altrui con male arti o per mezzo del giuoco tutta la moneta da dosso, *sbusare*

Spicciulàtu, agg. di spicciulàri; per spòlisu vedi

Spiccu, s. m. far bella vista, *spicco*

Spiciàri, v. a. tòr via la pece, contrario di 'mpiciàri

Spiciùsu, vedi speciùsu

Spicu, s. m. canto vivo dei corpi solidi, *spigolo*; spicu di li rini, serie d'ossi detti vertebre che si estendono dal capo fino all'osso sacro, e formano ciò che si dice fil delle reni, *spina*

Spiculàri, vedi speculàri

Spiculiàri, v. n. raccogliere le spighe rimaste nei campi mietuti, *spigolare*

Spiculiatina, s. f. *spigolatura*

Spiculiatùri, s. m. *spigolatore*

Spicùni, s. m. *fusto*, *pollone*; per le tenere punte dell'erbe e dei ramoscelli, *pipita*; fig.

persona assai lunga , *spilungone*

Spidàri , v. a. vedi spiantàri; n. pass. il logorarsi degli ugnoni negli animali sferrati, *spedarsi*

Spidàtu, agg. *spedato*

Spiddàri, v.a. tòr via la pelle, *scorticare, dipellare*

Spiddizzàtu, agg. *poverello, tapinello*

Spiddùtu , agg. da spèddiri , *finito*

Spidicàri, vedi allèstiri; n. p. *affrettarsi, spedirsi*

Spidicinàtu, agg. *sparuto, mingherlino, tisicuccia*; detto di piante, *imbozzacchito*

Spidiènti, vedi espedienti

Spidiri, vedi spediri

Spiducchiàri , v. a. levar via i pidocchi, *spidocchiare*; n. pass. levar via i ramoscelli inutili e seccaginosi , *dibruscare*

Spiducchiata , s. f. lo spidocchiare

Spiducchiàtu, agg. *spidocchiato*

Spidugghiamèntu, s. f. *sviluppamento*

Spidugghiàri , v. a. *strigare, sviluppare*; detto di cappelli, matasse ec. *ravviare* ; per *liberare, distrigare*; n. pass. uscir d' intrigo , *spacciarsi , liberarsi*

Spidugghiàtu, agg. *sviluppato, spedito, spacciato*

Spièga, s.f. *dichiarazione, spiegazione* ; per traduzione in linguaggio volgare; per spiegazione del Vangelo, *spiega*

Spiegàri, v.a. *spiegare, distendere, allargare, manifestare ,*

tradurre; n. pass. dir la propria opinione, *spiegarsi*

Spignàri, v. a. torre il pegno al debitore, *pegnorare* ; per levare di pegno, *spegnare*; va spignati stu pignu , detto a chi capita male

Spijùni , accr. di spia , vedi spiùni

Spignàtu, agg. *spegnorato*

Spignuràri, v. a. torre in pegno al debitore quanto possiede per assicurare il pagamento del debito, *spegnorare*, per spignàri, vedi

Spilagàtti, agg. voce di dileggio, e vale *scioperone, miserello, pelapolli*

Spilàri, v. a. levare peli, *pelare, spelare*; n. pass. perdere i peli, *spelarsi*

Spilàtu, agg. *spelato*

Spilla, s. f. sottil filo d' oro fregiato alla sommità di cammei, gioje, perle ec. e che si appunta nelle camice , nei veli, nelle vesti ec. *spilletto, spillettino*

Spillacchiuni, vedi spilagàtti; per *poverello*

Spilòrciu, s. m. *avaro spilorcio*

Spilùnca, s. f. *caverna, spelonca*

Spilurciaria , s. f. *spilorceria, sordidezza*

Spina, s.f. stecco acuto, punta dei pruni e altre piante, ago della pecchia e simili insetti, lisca di pesce, *spina*; met. *angustia, cruccio, ostacolo , difficoltà* ; èssiri 'ntra li spini, vale in angustie; nun c'è nè ossu nè spina,

Spirànza, s. f. aspettazione di futuro e di desiderato bene, *speranza;* campàri di spiranza, *vivere in speranza;* nèsciri di spiranza , *perdere la speranza;* cui spiranza d'autru la pignàta metti, nun avi paura di lavàri piattà, chi per la man d'altri s' imbocca tardi si satolla

Spiranzàri, v. a. non dar altrui speranza, parlandosi anche di vita

Spiranzàtu, agg. dato per morto, per disperato

Spiràri , per speràri vedi; v. n. *soffiare,* proprio dei venti, *spirare;* per *morire, terminare, ispirare, esalare*

Spirciàri, v. a. *penetrare, traforare;* n. *importare, interessare;* nun spirciàri, vale aver noja, non aver interesse a fare

Spirdàri , v. n. esser invaso dallo spirito maligno, *spiritare;* per *evitare, scansare, fuggire, trasecolare*

Spirdàlu, agg. *spiritato, energumeno;* per *fanatico, bislacco, stravagante;* per *atterrito, spaventato*

Spirdìrisi, v. n. p. *smarrirsi, perdersi*

Spirdu , s. m. *demonio ;* per *fantasma ;* aviri setti spirdi comu li gatti , vale esser fortunato nei pericoli

Spirdùtu, agg. vedi spèrsu

Spirgiuràri, v. n. giurare sul falso, *spergiurare*

Spirgiùru , s. m. *spergiuro , e spergiuratore*

Spiricinàtu, agg. *tisicuccio*

Spiriènza, vedi speriènza

Spirimintari, vedi sperimentàri

Spiriri, v. n. *fuggire, svanire, sparire;* per perder di pregio nel paragone; spiriri lu latti, *cansarsi il latte;* parlando di posteme o altro , *tornare indietro*

Spìritu , s. m. sostanza o intelligenza incorporea , Dio, vita, vigor naturale, *spirito;* senso vitale , *anima ;* la facoltà di pensare; *vivacità , grazia , giudizio ;* per *inclinazione, angelo, demonio;* sostanza alcoolica che si trae da varie frutta dopo la fermentazione e per mezzo della distillazione, *spirito;* met. ragazzetto vivace, *frugolo*

Spìritu di vinu, s. m. sostanza spiritosa tratta dalla distillazione del vino, *alcool*

Spirituàli, agg. *incorporeo, spirituale;* patri spirituali, *confessore*

Spiritùsu, agg. *spiritoso, alcoolico;* met. *vivace, arguto*

Spirlacchiùni, vedi spillacchiùni

Spirlòngu , agg. *bislungo;* per piatto grande ed ovale, *fiamminga*

Spirlungàri, v. n. crescere in lunghezza

Spirnàri, v. n. levare, guastare il perno; n. pass. *lussarsi*

Spirnàtu, agg. di spirnàri, vedi

Spirtìzza , s. f. *accortezza, sagacità;* fari spirtizzi, vale *amplificare, iperboleggiare*

Spirtulìddu, dim. di spèrtu, vedi

Spirtusàri, v. a. *bucare, perforare*

Spirunàra, s. f. barca che pesca con una rele detta spigone, e che serve anche a trasportar mercanzie, *spigonara*

Spirunàri, v. à. punger collo sprone le bestie da cavalcare, *spronare*

Spirunàta, s. f. colpo di sprone, *spronata*

Spirùni, s. m. strumento che ha in cima una rotella dentata detta spronella, e si attacca al tacco dello stivale di chi cavalca per spronar le bestie, *sprone*; dàri di spirùni, vedi spirunàri; per quell' unghione del gallo o del cane che tiene al di sopra del piede, *sprone*; per la punta della prua dei navigli da rema, *sperone*; stidda o rutèdda di lu spirùni, è la stella dello sprone, *spronella*

Spirunjàri, vedi spirunàri

Spirùtu, agg. *sparito*; per *solo, occultato, scompariscente, smarrito*

Spìsa, s. f. il costo, *spesa*; per *vitto, alimento*; appizzàricci li spìsi, vale perder il tempo e la fatica; jucàrisi la spìsa, vale dissiparsi averi e vita licenziosamente; tratta cu li megghiu di tia e perdicci li spìsi, vale che lo star da presso a persone grandi è sempre giovevole; 'nsignàri a spisi d'autru, *imparare ad altrui spese*

Spisàri, v.a. *alimentare, spesare*

Spisàtu, s. m. il costo, *speseria*

Spisàtu, agg. *alimentato, spesato*

Spisciunàrisi di li risi, v. n. ridere smoderatamente, *scompisciarsi dalle risa*

Spissiàri, v. n. replicare spesse fiate, *spesseggiare*

Spissiàta, s. f. *spesseggiamento*

Spissizza, s. f. *densità, spessezza*

Spissu, agg. *spesso, denso*; avv. *sovente, spesso*

Spìsu, agg. *speso*

Spisùsu, agg. che porta dispendio, *dispendioso*

Spitalèri, s. m. prefetto o direttore d' uno spedale, *spedalingo, spedaliere*

Spitàli, s. m. luogo dove ricoveransi e si curano ammalati poveri, *spedale*

Spitalìscu, agg. di febbre che si contrae negli ospedali dai servienti per la dimora in essi

Spiticchiàri, v. n. amare ardentemente

Spitinu, s. m. dim. di spìtu; per una vivanda fatta di pane francese con cacio, carne o entragni di polli ec. e che s' infilza in uno schidione e si frigge con istrutto

Spitittàtu, agg. senza appetito, *svogliato*

Spitràri, v. n. purgar un campo dalle pietre; n. per contrario di 'mpetrare, *spetrare*

Spittàculu, vedi spettàculu

Spittaculùsu, agg. *grande, maestoso*; per *millantatore, magnificatore*

Spittàri, vedi spettàri

Spittinàri, v. a. disfare l' acconciatura de' capelli, *scapigliare, arruffare* così ha da essere; spina vintùsa, carie interna dell'ossa, *spina ventosa*

Spìna cervìna, s. f. arbusto, *spin cervino*

Spinàcia, s. f. pianta, *spinace*

Spinapóntica, s.f. pianta nota, *spina infettoria*

pinapùrci, s. f. pianta, *rusco, pugnilopo*.

Spinàrisi, v. n. p. trafiggersi con ispine, *spinarsi*

Spinasànta, o spincervìna, s. f. pianta, *ranno, susino selvatico*

Spincimèntu, vedi jisamèntu

Spìnciri, vedi jisàri; per indurre

Spinciùtu, agg. di spìnciri, vedi

Spinèdda, s.f. pianta che serve alle arti, *soda, salicornia, salsola spinosa*; per la carne del tonno ch'è nella schiena, *spinello*

Spinètta, s. f. spezie di strumento musicale, *spinetta*

Spìngula, s. f. sottil filo di rame corto ed acuto nell'estremità da un lato, dall'altro con un capo rotondo, che serve ad appuntare, *spilla, spillo, spilletto*

Spinnacchiàri, v. a. levare e guastare parte delle penne, *spennacchiare*

Spinnacchiàtu, agg. senza penne, *spennacchiato*

Spinnàgghi, s. f. plur. doni di confetti e altro che le persone volgari danno agli amici nelle solennità di matrimonio, battesimi ec.

Spinnàri v. a. *spennare*; n. p. *spennarsi*: desiderare ardentemente alcuna cosa, propriamente dei ragazzetti, *spirare*; n. aspettare con avidità, *ustolare*

Spinnìbili, agg. *spendibile*; spènniri lu spinnìbili, vale prodigare

Spinnitùri, s. m. che spende, *spenditore*; s'intende più comunemente pei provveditori di commestibili nei Monasteri o nei bastimenti, *spenditore*

Spìnnu, s. m. l'ustolare, brama intensa

Spinòccia, s. f. quel buco che si fa collo spillo nella botte

Spinsiràta, (a la) avv. *improvvisamente, di botto*

Spinsiratamènti, vedi spinsiràta

Spinsiràtu, agg. *negligente, spensierato, trascurato*

Spìnta, s. f. *spinta, urto*; dàri na spìnta, *muovere, spingere*

Spintulìddu, agg. grandicello, detto di fanciullo

Spìnu, vedi pòrcu

Spinucciàri, v. a. trar per lo spillo il vino dalle botti, *spillare*; per versar liquori da altri recipienti, *versare*

Spìnula, s. f. pesce, *spigola, ragno*

Spìnulu, agg. di pera dolce e sugosa

Spinùsu, agg. *spinoso*; met. *malagevole, difficile*

Spiràgghiu, s. m. quell'apertura che si lascia dagli usci socchiusi e per la quale entra la luce, *fessura, spiraglio*; met. *speranza, opportunità*

Spittinàtu , agg. *scapigliato* ; detto di botte, vale che manca d' incastratura

Spitturàri, vedi spetturàri

Spitturinàrisi v. n. pass. scoprirsi il petto, *spettorarsi*

Spitturinàtu agg. *spettorato*

Spìtu , s. m. arnese per lo più di ferro, lungo e sottile appuntato da un capo , nel quale s' infilzano carnaggi per cuocerli arrosto , *schidione* , *spiedo* ; 'nfìlatu cu lu spitu, detto a persona vale dritto come un camato, *incamatato*; fari firriàri lu spitu ad unu , vale vendicarsi di qualcuno raggirandolo ; putìricci firriàri lu spitu , parlando di casa, vale esser vuota

Spiunàggiu , s. m. lo spiare , *spiagione*

Spiunarìa, vedi spiunàggiu

Spiuncìnu, s. m. piccolo cannocchiale,vedi ucchialèttu

Spiùni, acc. di spìa

Spiziàli, s. m. colui che compone e spaccia le medicine, *speziale*, *farmacista*; così chi nun ànnu mancu li spiziàli 'ntra li burnì, vale cose strane ; mègghiu lu furnàru ca lu spiziàli , convien meglio che il danaro si spenda in cibi, che in medicamenti

Spiziarìa, s.f. bottega dello speziale, *spezieria*, *farmacia*, *farmacopea*

Spizzàri, v. a. ridurre in pezzi, *spezzare*; lu prèzzu, vale conchiudere, stabilire il prezzo ; spizzàrlla, *por fine*; spizzàri lu dijùnu, *sdigiunare*; 'nfacci, deporre ogni riguardo per rimproverare alcuno; la càrni, *ridurla in pezzi*

Spizzatèddu, s. m. manicaretto brodoso, *guazzetto*

Spizzàtu , agg. *spezzato*; jucatùri spizzàtu, vale giuocatore perduto

Spizzicàri , v. a. tòrre poca parte da alcuna cosa, *spilluzzicare*

Spizzicàtu, agg. *spilluzzicato*

Spizièddu, dim. di spèziu; per sorta di pasta simile al pepe ; èssiri comu spizzièddu 'ntra la 'nsalata , vale fare il sermesta

Spizzièra, s. f. vasetto da contener pepe pesto, *pepajuola*

Spizziùsu, agg. assai pepato

Spizzuliàri, v. a. mangiar poco alla volta, *spilluzzicare*

Spizzuliàta , s f. *spilluzzicamento*

Splèndidu, agg. *lucido*, *splendido*; per *generoso*

Spògghia , s. f. quello di che altri è spogliato, *spoglia*; per *buccia*, *scorza*; per quella dell'uva, *fiocine*; del frumento, *loppa* ; per quella del serpente, *scoglia*

Spogghiampìsi, agg. dispr. vile, *saccardello*

Spògghiu, s.m. preda, *spoglia*; per quei vestimenti che il padrone dà al servo ; per *spoliazione* ; per raccolta di notizie cavate dai libri, *florilegio*; per quel che ricade al governo secolare dopo la morte dei vescovi, *spoglio*

Spòla, vedi navètta

Spòlisu, agg. *scusso*, *spiantato*

Spònsa , s. f. pianta marina zoofita , *spugna , sponga* ; di gesuminu, pianta spontanea la cui spiga è ad ombrella, ed in essa s' infilzano i fiori del gelsomino; spònsa di rosi, pianta, *rosajo delle siepi*

Sponsali, s. m. promessa delle future nozze , *sponsalizio* ; per le convenzioni matrimoniali in iscritto, *sponsalia*

Sponsaliziu, s.m. solennità dello sposarsi, *sponsalizio, sponsalizie*

Spontànea, s. f. accusa del proprio fallo fatta spontaneamente dal reo innanzi al giudice

Spònza, vedi spònsa

Sporcificàrisi , v. n. condursi in maniera vile ed indegna, *svergognarsi* ; in senso att. *svergognare, viluperare*

Sporcificàtu, agg. *svergognato*

Spòrcu, agg. *schifo, lordo, sporco, disonesto*

Spòrgiri, v. n. *sporgere*

Spòrta, s. f. arnese tessuto di giunchi, paglia e simili, per trasportar robe o masserizie, *sporta*

Spòrtu , s. m. muraglia che sporge in fuori dalla dirittura della parte principale, *sporto*; per risalto; per mostro; per spurtatùra vedi

Spossàri, v. a. *infiacchire, infievolire, spossare*

Sposessàri, v.a. tòrre dal possesso, *spodestare, dispodestare*

Spraciribili, agg. che non contenta , o non rende favori; per *duro, intrattabile*

Spratticamènti, avv. *imperitamente*

Sprattichìzza, s. f. *ignoranza, imperizia, inesperienza*

Spràtticu, agg. *inesperto*

Sprèmiri, v. a. *spremere* ; per estrarre il succo di qualche vegetabile ; detto di uva , *pigiare*; n.p. sforzarsi a piangere, nun putiri sprèmiri la pètra, vale esser impossibile a farsi

Spreparàri, v. a. *sprovvedere* ; n. p. *sprovvedersi*

Spreparàta, (a la) posto avv. *impensatamente*

Spreparàtu, agg. *sprovveduto*

Spressiòni, s. f. *espressione*

Sprimintàri, vedi sperimentàri

Sprimitùra, s.f. lo spremere è la materia spremuta, *spremitura*

Sprimùta, s.f. *premitura, spremitura*

Sprimùtu, agg. *spremuto*

Sprisciàri, v. a. *affrettare, accelerare*

Sprivèri, s. m. uccello di rapina, *sparviere, sparviero*; per un' assicella quadrata con manico di sotto che serve a' muratori per tenervi calcina da arricciare o intonacare, *sparviere*

Sprigiunàri , v. a. *scarcerare , sprigionare*

Sprofunnàri, v. n. *sprofondare*; fig. per *annientare*

Sprôpia, s. f. *spropiazione*

Spropiàri, v. a. *privare, spropriare*; n. p. *spropiarsi*

Spropriàri, vedi spropiàri

Sprovvidìri, v.a. lasciare sprovveduto, *sprovvedere*

Sprovidùtu, vedi sprovistu

Sprovistu , agg. *sprovveduto, sprovvisto*

Sprucchiàri, v. n. il riaversi delle piante, *sbòzzacchire*; il venir su crescendo delle stesse, *allecchire*; dei ragazzi, *crescere*, *svilupparsi*

Sprucchiàtu, agg. *allecchito*

Sprufunnàri, vedi sprofunnàri

Sprunàri, v. a. *indurre*, *istigare*, *sforzare*

Sprupiàri, vedi spropiàri

Spruvidìri, vedi sprovidìri

Spruvista, (a la) p. avv. all'impensata

Spruvinnàtu, agg. animali senza profenda

Spruvuliàri, v. a. alzare in alto il grano, spandendolo al vento, *sciorinare*, *arieggiare*

Spruvuliatùra, s. f. quella farina che vola dal mulino macinante, *friscello*

Spruvulizzàri, v. a. *spolverare*; n. ridursi in polvere, *spolverizzarsi*

Spruvulizzu, s. m. boltone di cencio entro cui è legata polvere di gesso, carbone o altro per uso di spolverizzare, *spolverizzo*, *spolverezzo*

Sprùvulu, s. m. foglio contenente un disegno tutto trapuntato da spilli, sì che pei buchi di essi passando la polvere per mezzo dello spolverizzo, lasci le tracce del disegno su altro foglio, tela ec. su cui lo spolvero viene posto, *spolvero*

Spugghiàri, v. a. cavare i vestimenti di dosso, *spogliare*; per tòr via la spoglia, *predare*, *rubare*; per deporre l'abito di prete, *spretarsi*; per far spoglio di scrittura e simili, *spogliare*

Spugghiatina, s. f. *spogliamento*, *spogliagione*

Spulètta, s. f. il fuscello della spola in cui s'infila il cannello del ripieno per uso di tessere facendolo passare tra' fili dell'ordito, *spoletto*; per una foggia di anello di figura ovale; per quel cannello di legno ripieno di polvere che sta nella bocca della bomba per accenderla, *spoletta*; presso i droghieri la cannella di ultima qualità

Spulicàrisi, v. a. e n. pass. tòrsi via da dosso le pulci, *spulciare*, *spulciarsi*

Spulicàtu, agg. *spulciato*

Spulisàri, v. a. vincere altrui tutt'i danari, *sbusare*

Spulisàtu, agg. di ferro di cavallo *rotto* nelle punte

Spulviràri, v. a. levar la polvere, *spolverare*; n. per asperger di polvere, *spolverizzare*

Spulvirinu, s. m. sorta di soprabito leggiero che mettesi su altri abiti per difenderli dalla polvere, *spolverina*

Spulvirizzàri, v. a. vedi spulviràri

Spunsàli, vedi sponsàli

Spunsaliziu, vedi sponsaliziu

Spunsiàri, v. a. asciugar con ispugna l'umore rimasto in qualche oggetto

Spunsicèdda, dim. di spònsa, vedi

Spunsòlu, s. m. fili di calze di seta che pongonsi nel calamajo a bocca larga per inzupparlo d'inchiostro, *stoppaccio* (v. Carena diz. dom.)

Spunsùni, agg. *bevitore, beone, cinciglione*

Spunsùsu, agg. *spugnoso*; detto di altri oggetti porosi che s'imbevon facilmente dei liquidi

Spùnta, s. f. *spampanagione*

Spuntàri, v. a. guastare o levar via la punta, *spuntare*; n. *nascere, apparire, penetrare*; per togliersi da un impegno, da un appuntamento; per riuscire in qualche negozio; disfare il ritreppio, cancellar dal libro un ricordo, *spuntare*; nun ci putiri spuntàri, non poter giugnere allo intento; parlando di strada vale che abbia uscita; spuntàrisi li quasètti, vale rompersi le maglie delle calze, *ragnare*

Spuntàtu, agg. di spuntàri, *spuntato*; per *lacero, stracciato*

Spuntatùri, s. m. quello che si è tolto dalla parte spuntata, *spuntatura*; di sùrra, le estreme parti della sorra del tonno che s'insalano per conservarsi alcun tempo; di tunnìna, pezzetti di tonnina insalati; di sparacèddi, le sommità tenere del cavolo verde che mangiansi bollite

Spuntiddàri, v. a. levare i puntelli, *spuntellare*

Spuntiddàtu, agg. *spuntellato*

Spùntu, agg. di vino, *inacetito, incerconito*; per *corrotto*

Spuntuliddu, dim. di spùntu; per ragazzo alquanto cresciuto

Spuntunàta, s. f. colpo di spuntone, *spuntonata*

Spuntunàta, s. f. colpo dato col punteruolo

Spuntùni, s. m. arnese di ferro sottile con manico che serve a forar carte, cartoni ec. *punteruolo*; per lo stesso strumento, ma assai più lungo, che tengono i gabellieri per forare i carichi che passano dalle porte della città, e scovrire i contrabbandi; per le spine di talune piante, *aculeo*; dei pesci, *lisca*

Spuntuniàri, v. a. l'usar che fanno i custodi de' gabellieri del punteruolo, vedi spuntùni

Spunzùsu, vedi spunsùsu

Spupulamèntu, s. m. *spopolazione*

Spupulàri, v. a. *dipopolare, spopolare*

Spurcàri, v. a. intridere, bruttare, *sporcare, lordare*

Spurciàri, vedi spulciàri

Spurcificàri, n. p. condursi in modo sconvenevole ed incivile; per spurcàri, vedi

Spurcùni, acc. di spòrcu, *sporco, sudicio*

Spurgàri, v. n. trar fuori il catarro dal petto, *scatarrare*; per spampanare, *spollonare*

Spùrgu, s. m. il trar fuori il catarro dal petto, *scatarrata*; luogo dove si purgano le robbe infette da mali contagiosi, *spurgo*

Spùriu, agg. nato d'adulterio o d'incesto, *spurio*; per imperfetto, *mendoso*

Spurpàri, v. a. levar la polpa, *spolpare*; per *spogliare*; n. p.

perder la polpa, *spolparsi*; fig. *snervare*

Spurpàtu, agg. *spolpato*; per *macilente*, *sdutto*, *sdiridito*

Spurtàri, v. n. il produr delle frutta fuori tempo che fan taluni alberi

Spurtàtu, agg. maturato fuori tempo

Spurtatùra, s. f. il maturarsi delle frutta anzi tempo; met. cosa insolita, inaspettata, *novità*

Spurtèddu, s. m. piccolo uscio in porta grande, *sportello*; per l'entrata delle botteghe, e per l'apertura delle carrozze munita d'imposta, dalla quale si sale e scende, *sportello*

Spurtiddàri, v. a. levar lo sportello, *sportellare*; met. *spulcellare*, *sverginare*

Spurvulàri, v. a. scuoter la polvere, *spolverare*

Spurvulàta, s. f. lo spolverare, *spolveratura*

Spùsa, s. f. di fresco maritata, *sposa*; per *fidanzata*

Spusàri, v. n. pigliar moglie o marito, *sposare*; n. p. *sposarsi*; met. *congiungere*, *uccompagnare*, *combinare*, *concludere*

Spusàtu, vedi spunzaliziu; agg. *sposato*; per sost. l'atto dello sponsalizio;'nguaggiàtu e spusàtu, s'intende che prestato il consenso, abbia ricevuta indi la benedizione delle nozze nella messa

Spùsu, agg. di fresco ammogliato, *sposo*; per *marito*

Sputacchiàri, v. n. sputar sovente, *sputacchiare*

Spùta e jètta, diciamo di qual-

che vile pescetto pieno di minute lische

Sputàri, v. n. mandar fuori saliva dalla bocca, *sputare*; parlando di piante, indica la caduta di fiori o frutta pria che maturino; nun ci sputàri, vale gradire, e stare al paragone, *pareggiare*; per *dispregiare*; sputàri sintenzii, vale parlar con affettazione; per sputacchiàri, vedi

Sputarizzu, s. m. lo sputacchiare frequente

Sputasintènzii, agg. chi parla affettatamente, *spula sentenze*

Sputàtu, agg. *sputato*; met. *abbietto*, *vile*

Sputàzza, s. f. umore acqueo e viscoso che mandano dalla bocca gli animali, *saliva*, *sputo*; fàri sputàzza, parlare inutilmente; mèttiri la sputàzza a lu nàsu, *superare*; èssiri 'mpiccicàtu cu la sputàzza, vale fragile, debole, di poca durata

Sputazzàru, agg. che sputa sovente; per smargiasso

Sputazzàta, s. f. *sputo*, *sputacchio*; fig. un centellino

Sputèra, s. f. sorta di vaso da sputarvi dentro, *sputacchiera*

Sputràri, v. a. *ammansare*, detto di cavalli; met. *dirozzare*, *scaltrire*, *istruire*

Sputràtu, agg. di sputràri, vedi

Spùtu, s. m. la materia che si spula, *saliva*, *sputo*

Squacinàri, v. a. tòrre la calcina dai muri levando l'intonaco, *scalcinare*

Squacinàtu, agg. di squacinàri, *scalcinato*

Squacquaràtu, agg. soverchia-
mente largo; met. detto di
strumenti, *dissonante*

Squadàri, vedi squaràri

Squadàta, vedi squadatina

Squadatìna, s. f. l'atto dello squa-
dàri, *scaldamento*

Squadàtu, agg. di squadàri, vedi

Squadatùra, vedi squadatina ;
per quel rossore che viene
alle cosce per soverchia di-
mora dell'urina, del sudore
ec. *intertrigine*

Squagghiàri, v. a. contrario di
quagghiàri, *liquefare, stecchi-
re*; met. *consumare, morire*;
n. p. *liquefarsi*; lu talia e ci
squagghia, indica amor tene-
ro, *sviscerato*

Squagghiàtu , agg. *liquefatto ,
squagliato*; per *dimagrato*

Squàgghiu, s. m. cero o sego
che scola dalle candele acce-
se, *strutta*

Squagghiùmi, vedi squàgghiu

Squàma, s. f. scaglia di pesce o
di serpente, *squama*

Squamùsu, agg. *squamoso*; per
crostoso

Squaràri, v. a. cuocere in acqua
bollente; per indurre il caldo
in chicchessia, *scaldare*; per
scandalezzare, avvertire ; per
scorticarsi la pelle, prodotto
da umor acre , sudore ec.
scalfirsi

Squaràtu, agg. vedi squadàtu

Squàrciu, s. m. quaderno che
tengono i mercanti per ricor-
do delle partite, *stracciafo-
glio*

Squartàri , v. a. dividere in
quarti, *squartare*

Squartariàri, v. a. *lacerare*; per

rapire con violenza, *arraffare*;
per *consumare*

Squartariàtu , agg. *lacerato ,
squarciato, consumato*

Squartàtu, agg. *squartato*; per
fatto in brani, *squarciato*

Squasàri, v. a. trarre i calzari
dal piede, *scalzare*; per levar
la terra intorno alle barbe
degli alberi, *scalzare*

Squasàtu, agg. di squasàri, *scal-
zato*

Squasatùra, s. f. *scalzamento* ;
pei calzari usati, *ciabatta*

Squasùni, agg. persona abietta,
scalzo, poverone

Squàtra, s. f. strumento con cui
si formano e si riconoscono
gli angoli retti, *squadra*; per
schiera di soldati, moltitudi-
ne di persone, ronda di città,
e numero di legni da guerra,
squadra

Squatraciàri , v. a. slargare
sconciamente, *stiracchiare*

Squatraciàtu, agg. di squatra-
ciàri, *travollo*

Squatràri, v. a. render quadro,
squadrare; per descrivere o
misurare minutamente con la
squadra; fig. guardar atten-
tamente, *squadrare*

Squatràtu, agg. di squatràri ,
vedi

Squatratùra, s. f. lo squadrare,
squadrata

Squatrìgghia, s. f. piccola squa-
dra di soldati, *squadriglia*

Squàtru, s. m. pesce, la cui
pelle scabra e ruvida serve
a ripulire i legnami, *squadra*

Squatrunàri, v. a. ordinare a
squadroni, *squadronare*; n. p.
porsi in ordinanza, *schierarsi*

Squatrùni, s.m. parte d'un reggimeuto di cavalleria, *squadrone*; fári lu squatrùni cu la sciàbula, vale muoverla in cerchio; per squadra grande di legno, come il quartabuono, *squadrone*

Squìnci e linci, col verbo parràri, vale parlare con affettazione, *toscanizzare*

Squintirnàri, v. a. *scombussolare*, *squinternare*; fig. *disordinare*, *turbare*

Sradicàri, v. a. cavar di terra le piante colle radici, *diradicare*, *sradicare*; fig. *distruggere*

Ssa e ssu, pron. f. e m. *cotesto*, *cotesta*

Stabilimèntu, s. m. lo stabilire, *stabilimento*; per qualunque istituto di educazione, di beneficenza o d'industria

Stabilìri, v. a. *deliberare*, *assegnare*, *stabilire*

Stabilùtu, agg. *stabilito*

Stàcca (a la), avv. *alla stracca*, *prestamente*

Staccàri, v. a. *separare*, *staccare*; per spajàri vedi; n. p. *staccarsi*

Stàccia, s. f. asta di legno, *pertica*, *staggia*; dim. staccitèdda

Stacciùtu, agg. *robusto*, *gagliardo*

Staciunàri, v. n. parlando di legnami, di vino ec. migliorare pel tempo scorso di lor condizione, *stagionare*

Staciunàtu, agg. *stagionato*, *invecchiato*; per *stantio*

Staciùni, vedi stagiùni

Stàdda, s. f. stanza dove si tengon le bestie, *stalla*

Staddàggiu, s. m. quel che si paga per l'alloggio degli animali, *stallaggio*

Staddìzzu, agg. cavallo che è stato lungamente alla stalla, *stallio*, *stalliro*

Staddunàggiu, s. m. quel che si paga per la monta delle bestie

Staddunaria, s. f. lascivia brutale, *stallonaggine*

Staddùni, s. m. bestia da cavalcare, *stallone*; fig. *drudo*

Stadduniàri, v. n. far da stallone; fig. usar frequentemente con donne, *stalloneggiare*

Stàffa, s. f. strumento di ferro che pende con una cigna dalla sella, e dove pone il piede chi cavalca, *staffa*; per quel ferro che si pone a rinforzo di chicchessia, *staffa*, *staffetta*

Staffèri, s. m. *familiare*, *servidore*, *staffiere*

Staffèrmu, s. m. segno dove andavano a ferire i giostratori, *quintana*; stari o fari stari a lu staffèrmu, vale adempiere, o far adempiere altrui i propri doveri

Staffètta, s. f. uomo che porta lettere o avvisi a cavallo, *staffetta*; per quella strisciuola di panno o altro che si adatta alle estremità inferiori de' calzoni per fissarli alla scarpa, *staffe*, *cignoli* (V. Careua, diz. dom.); dim. d staffa, vedi

Staffiròttu dim. di staffèri, *valletto*

Stafisàgra, s. f. pianta, *stafisagria*

Stagghiafòcu, s. m. ostacolo per

impedire che il fuoco appiccato alle stoppie nei campi si propaghi altrove

Stagghiapàssu, col verbo jiri, vale *sorprendere, raggiungere*

Stagghiàri, v. a. cessar di gemere o di versare, *ristagnare*; per *terminare, intermettere*; stagghiàri lu parràri, vale troncare il discorso

Stagghiasàngu, s. m. sorta di pietra che rafferma il sangue

Stagghiàta, s. f. opera o lavoro assegnato altrui determinatamente, *còmpito*

Stagghiatèri, agg. chi lavora a còttimo, *cottimante*

Stagghiàtu, agg. di stagghiàri, vedi

Stàgghiu, s. m. lavoro dato e pagato a prezzo determinato, *còttimo*; parràri a lu stàgghiu, vale a riprese; fàri una cosa cu lu stagghiu, cioè, a poco alla volta

Stagiùni, s. m. *stagione*; per *tempo*

Stagnalòra, s. f. cilindretto di latta, che contiene una carica di fucile, usato dai soldati

Stagnàri, v. a. e n. coprir di stagno la superficie dei metalli, *stagnare*; per dare la invetriatura a' vasellami di terra cotta, *invetriare*; fermarsi l'acqua nel suo corso, *ristagnare*; detto di sangue, *stagnarsi*

Stagnàta, s. f. vaso di latta da conservar olio, *stagnata*

Stagnatàru, s. m. chi lavora di stagno e di latta, *stagnajo*

Stagnatèdda, s. f. dim. di sta-

gnàta vedi; fari stari lu mussu cemu na stagnatèdda, dar dei pugni sul muso finchè goccioli sangue

Stagnòlu, s. m. foglia di stagno battuto, *stagnuolo*

Stàgnu, s. m. metallo duttile di colore argenteo, *stagno*; per vasi o piatteria di stagno: per quella materia che si dà sopra i vasi, mattoni ec., *cetrina*; per palude, *stagno*

Stagnùni, s. m. stagno grande, *stagnone*; per ricetto d'acqua, *conserva*

Stallàri, v. a. metter nel luogo proprio, *collocare*

Stàllu, s. m. *stanza, dimora*, sedie vescovile, spartimento nel coro dei capitoli e conventi per ciascun canonico o religioso, *stallo*; stàri a lu sò stàllu, non s'ingerir dei fatti altrui

Stallùni, s. m. stalla pegli animali bovini, pecorini e cavallini, *stalla*

Stamìgna, s. f. tela fatta di stame o di pelo di capra, *stamigna*; per una specie di saja antica

Stamili di la stràgula, s. m. *pertica di treggia*

Stàmpa, s. f. impressione, *stampa, modello*; per macchia sulla pelle, *chiazza*; per piància vedi; cosi di jiri a li stàmpi, vale singolari, *curiose*

Stampachiaravàlli, agg. *menzogniero, furfante*

Stampàri, v. a. imprimere, effigiare, *stampare*; per pubblicare, imprimer nell'animo, imitare, inventar frottole, *frottolare*; compire un lavoro in brevissimo tempo; stampàri munìta, batter moneta

Stamparìa, s. f. bottega dello stampatore, *stamperia, tipografia*

Stampatèllu , s. m. carattere che imita quello da stampa, *stampatello*

Stampàtu, agg. di stampàri, vedi; per *somigliantissimo*

Stampatùri , s. m. *tipografo , stampatore*

Stampèlla, s. f. *gruccia, stampella*

Stampètta, s.f. strumento d'acciajo a guisa di grosso chiodo, con che i ferrai forano il ferro

Stampiàri, vedi macchiàri

Stampiàtu, agg. *macchiato*

Stampìgghia, s. f. imitazione in metallo del carattere manoscritto, *stampa*

Stanàri, v. n. uscir dalla tana, *stanare*

Stancàri, v. a. e n. *straccare, indebolire , stancare*; cessare dalla fatica, *riposare*; per dar noja, *infastidire*

Stàncu, agg. *stracco, stanco*

Stànga, s. f. pezzo di travicello che serve a diversi usi, *stanga*

Stangàri, v. a. puntellare, afforzar con stanga, *stangare*; n. p. serrarsi in casa, *asserragliarsi*

Stangàta, s. f. colpo di stanga, *stangata*

Stanghètta, vedi stanghìtta

Stanghìtta, dim. di stanga; per una forma di pane

Stangùni, s. m. persona troppo lunga, *spilungone*

Stanòtti, post. avv. *stanotte*

Stantalòru , s. m. travicello quadrato alquanto lungo

Stànti, s. m. *istante, momento;* 'ntra 'stu stànti, vale in questo mezzo; posto avv. *stante;* agg. che sta; benistànti, *benestante*

Stanticchì, part. *stantechè*

Stantùffu , s. m. quella parte della tromba d'acqua, che riempiendone la cavità attira e sospinge i liquidi, *stantuffe*

Stànza, s.f. luoghi della casa divisi per tramezzo del muro, *stanza*

Stanzicèdda, dim. di stanza, *stanzuccia*

Stanzùni, s. m. acc. di stanza, *stanzone*

Stanziàri, v. n. dimorare, *stanziare*

Stappàri, v. a. contrario d'attupàri, *sturare*

Stappariddàri, v. a. fendersi da sè, *scoppiare*

Stappariddàtu, agg. di stappariddàri, vedi

Stàri , v. n. *essere, stare, abitare, fermarsi, vivere, perseverare, contentarsi, costare, far silenzio;* per aver facoltà, *possanza; servire;* per essere in salute; lassàri stàri, *non toccare, non disturbare;* stari, per far buono effetto; tornar bene o a proposito, *calzare;* stàri cu l'ostia 'mmùcca, *non ingerirsi;* fàri stàri o stàri a lu versu, tenere o stare al dovere; stàri cu li paroli, *seguire, credere;* stàri all'erta, *spiare;* stàri a martèddu, travagliar di continuo;

stàri friscu , aver prossimi guai; stàri muru cu muru cu lu spitàli, vivere in istrettezze; stàri cu la manu a la mascidda, viver sicuro; stàri prinènti, vale esser per fare; stàri 'nfantasìa , *sospettare* ; stàri bonu cu qualcunu, *essere in grazia*; stàri a dabbanna lu munnu, vale lontano; comu lu vermi 'ntra lu furmàggiu, *stare a panciolle*; stàri in forsi, *dubbiare*

Stasira, avv. questa sera, *stasera*

Stàti, s.f. una delle quattro stagioni, *state*

Statia, s. f. strumento col quale si pesano oggetti assai gravi, *stadera*; asta di la statìa, *ago*, fusto della stadera; stàri in pèrnu la statìa, vale in bilico

Statiàru, agg. facitore o venditor di stadere, *staderajo*

Statinu, s. m. dim. di stàtu, in senso di piano

Statiùna, acc. di statia, *staderone*

Stàtu, s. m. *dominio, signoria, modo di vivere, grado, condizione, essere, stato*; pigghiàri statù, vale collocarsi in matrimonio; quadro dimostrativo scritto, *piano, esemplo*; statu maggiùri, ufficiali di diversa arme che compongono il così detto stato maggiore; cammiàri stàtu, mutar fortuna; stàtu discussu, ragione finanzièra di rendite e spese

Stàtua, s. f. figura di rilievo, o scolpita o di getto di sembianza umana, *statua*; fàri la stàtua, *star sodo*

Statuèdda e statuètta, dim. di statua, *statuetta*

Statujùtu, agg. di statuiri, *deliberato, statuito*

Statùra, s. f. grandezza o piccolezza del corpo umano, *statura*

Staziunàrisi, v. n. p. fermarsi lungamente in un luogo, *soggiornare*

Stazzunàru, agg. facitor di vasi di terra cotta, *vasellajo, stovigliajo, figulo*

Stazzùni, s. m. fabbrica di stoviglie, *officina da figulo*

Stèdda, s. f. la cassa di legno dello scoppio quando si lavora; èssiri comu na stèdda, vale *sdiridito*

Stènniri, v. a. *distendere, stendere, allargare*; per spiegare all'aria i panni umidi onde asciughino, *sciorinare* ; per *scrivere, comporre*; stènni pèdi quàntu linzòlu tèni, vale che deve ognuno spendere a seconda delle entrate; n. p. per *sdrajarsi*

Stèntu, s. m. patimento, difficoltà, *stento*

Stenuàtu, agg. *magro, macilente, stenuato*

Stercoràri, v.a. spargere il concime, *concimare, letaminare, stabbiare*

Stercorazioni, s. m. *letaminatura, calloria*

Stercòreu, agg. di sterco, *stercoreo*

Stèrcu, s. m. fecce che si mandano per le parti posteriori degli animali, *sterco*

Sterliniu, s. m. *esame, prova, esperimento*; fàri lu sterliniu,

39

saggiare ; esaminar diligentemente

Sterlinu, agg. di lira, moneta d'Inghilterra, *sterlino*

Sterminiu, s.m. *sterminio, desolazione*

Stèrru, s. m. terreno simile alla rena, *renaccio, renischio;* per *calcinaccio* ; per li rottami delle fabbriche, *macerie*

Stessiri, v. n. contrario di tessere, disfare il tessuto, *stessere*

Stèssu, agg. *stesso, medesimo* .

Stè stè, voce fanciullesca, e vale *asinello;* detto ad uomo, vale *stupidaccio*

Stiavucca, s. f. *tovagliolino, salvietta*

Sticca, s. f. legnetto con cui i calzolai lustrano le scarpe, *stecca;* per quel sostegno di legno o di ferro, o striscia di balena, che mettesi nei busti delle donne, *stecca;* per lo strumento da piegar carta adoperato dai librai, *stecca;* mittirisi a sticchi e nicchi, vale venire a contesa

Sticcàta, s. f. colpo di stocco, *stoccata*

Sticcàtu, s. m. riparo da legname degli eserciti, *steccato;* per chiusura fatta di stecconi, *steccato;* per piazza o luogo chiuso, *steccato*

Sticchèttu, s.m. piccolo stecco, *stecchetto*

Sticchiàri, v. n. detto di cavallo, *ricalcitrare;* n.p. sticchiàrisi, vale pigghiàrisi a sticchi e nicchi, vedi sticca

Sticchiu, s.m. orifizio della vulva, *potta;* dell'ano *sfintère*

Sticcùni, s. m. accr. di sticca, arnese di bosso con cui i calzolai lustrano le scarpe, *bussetto*

Stidda, s. f. uno dei corpi luminosi che sono sparsi nel firmamento, *stella;* per quel balocco di carta steso sopra cannucce che si manda in aria, raccomandandolo ad un filo, *aquilone , cometa ;* per uno strumento fatto a figura di stella che si adopera in diverse arti, *stella;* stidda, per *destino, occhio;* per quella macchia bianca che viene sulla testa a molti cavalli, *cometa;* stidda di mari , animaletto marino, *stella*

Stiddàtu, agg. pieno di stelle, *stellato*

Stiddiamèntu d'occhi, s. m. *abbagliamento*

Stiddiàri, v. n. apparire certi bagliori agli occhi, *abbagliare;* coprir di stelle, *stelleggiare*

Stiddiàtu, agg. *stelleggiato*

Stiddu, agg. di cavallo, *stellato*

Stifaniàri, v. n. parlar troppo, *cicalare*

Stifaniàta, s. f. *cicaleccio*

Stifizzàru, s. m. chi macella animali quadrupedi commestibili, *beccajo*

Stigghi, vedi stigghiu

Stigghiòla, s. f. budello attorcigliato coll'omento di capretti, agnelli, castrati e financo di polli; per cosa lunga oltre il giusto

Stigghiu, s. m. nome collettivo di arnesi, arredi, masserizie pertinenti a fabbriche, botteghe, macchine, supellettili, addobbi, fornimenti; di cucina, *stoviglie*; per gli strumenti di ciascun'arte, *ordegni*

Stilàri, v. n. *praticare, costumare*

Stìli, s. m. *costume, usanza, stile*; per *pugnale, stiletto, stile*; còrpu di stìli, *stillettata*; per l'ago degli oriuoli o stilo, *gnomone*; per uno strumento chirurgico o degl'incisori, *stile, stiletto*

Stillàrìa, s. f. pianta, *stellaria*

Stillètta, s. m. term. di stamperìa, *asterisco, steletta*; per la stelletta dello sprone, *spronella*

Stillèttu, vedi stìli

Stillittàta, s. f. colpo di stile, *stilettata*

Stillicidiu, s. m. lo stillar dell'acqua, e l'umore stesso che gocciola, *stillicidio*

Stillinchiu, s. m. *sincope, svenimento*; se fatto con finzione, *sdilinquimento*

Stìma, s. f. *pregio, conto, stima*; per estimazione, o esatta cognizione del vero prezzo delle cose, *stima*

Stimàri, v. a. *giudicare, pensare, immaginare, stimare*; per *apprezzare, valutare*

Stimatùri, s. m. che stima, *stimatore*

Stimpagnàri, v. a. rompere il fondo della botte, *sfondare*; per *sturare*

Stimpagnàtu, agg. *sfondato, sturato*

Stimpàri, v. n. lo scoscendere della terra in pendìo, *franare, smottare*

Stimpatùra, s. f. *frana, smotta*

Stimpiramèntu, s. m. lo stemperare, *stemperamento*

Stimpiràri, v. a. far divenire liquido, *stemperare*; per disfar la tempera a' metalli

Stimpuniàri, v. a. spianare, e stritolar la terra dei campi lavorati; n. *vivere in istenti*

Stimulàri, v. a. pugnere collo stimolo, *stimolare*

Stìmulu, s. m. *stimolo, incentivo*; per voglia di scaricare il ventre o la vescica; per puntarèddu, vedi

Stimuràtu, agg. senza timore, *disobbediente*

Stìncu, s. m. pianta da cui si cava il mastice, *lentischio, lentisco*

Stincùni, s. m. albero coi rami secchi senza fronde

Stinnardèri, s. m. colui che porta lo stendardo, *stendardiere*

Stinnàrdu, s. m. insegna o bandiera stesa in cima un'asta, che portano gli eserciti e le congregazioni, *gonfalone, stendardo*

Stinnicchiàri, v. a. *distendere*; per ammazzare, essere prolisso; n. pass. *prostendersi, sdrajarsi*; fig. *infingardire*

Stinnicchiu, s. m. lo stiracchiar le braccia, *il prostendersi*; fig. per finzione di malattia

Stinnicchiùsu, agg. *smorfioso*

Stinnitùri, s. m. luogo destinato ad asciugar panni umidi, *stenditojo*; per quello che serve ad asciugare i fogli di stampa, *spanditojo, stenditojo*

Stinnùtu, agg. di stènniri, vedi

Stintàri, v. n. aver con difficollà, *stentare;* per *indugiare, differire*

Stintàtu, agg. *stentato;* campàri stintàtu, vale in istrettezze; detto di calzare, veste ec. vale *stringato, stretto*

Stìntu, s. m. sentimento interno, in cui non ha parte la riflessione, a far qualche cosa, *inclinazione, instinto, istinto*

Stìpa, s. f. botte grande della capacità di più botti ordinarie

Stipàri, v. n. unire strettamente insieme, *stivare;* dei pescatori, vale mettere il pesce marinato o salato a suolo a suolo in alcun vaso, *stivare;* per mettere in serbo, *nascondere;* stipàri li ciàcchi, serrar le fessure, *intasare;* per *nascondere*

Stìpu, s. m. sorta d'armadio per conservar cose di poco pregio, commestibili ec. *stipo, armadio*

Stiracchiàri, v. a. tirar male e con istento, *stiracchiare;* per *allungare, indugiare, sofisticare, incaponire*

Stiracchiamèntu, vedi stiracchiatùra

Stiracchiatùra, s. f. lo stiracchiare, *stiracchiatura*

Stiràri, v. a. tirare distendendo, *stirare;* per lo spianare col ferro caldo le biancherie umide e insaldate, *stirare;* per stiracchiàri, vedi

Stiràta, s. f. lo stirare, *stiramento*

Stiratrìci, s. m. donna che spiana e liscia le biancherie umide col ferro caldo, *stiratora*

Stiratùra, s. f. *stiratura;* per stiracchiatùra, vedi

Stirlìniu, vedi sterlìniu

Stirpàmi, s. f. vacche che non rendon latte

Stirpàri, v. a. il mancar del latte alle capre, vacche ec.; n. *svellere, sterpare*

Stirpàru, agg. guardiano di vacche senza latte

Stirpàta, s. f. *gregge, mandria*

Stirpi, s. f. *stirpe, schiatta*

Stirpùni, vedi strippùni

Stirràri, v. a. sbassar la terra, *sterrare*

Stirratùra, s. f. quella parte di terra meschiata con rena rimasa in secco da fiumi

Stìsa, s. f. estensione, distendimento, *distesa;* stìsa di li vrazza, la lunghezza delle braccia

Stìssu, agg. *stesso, medesimo*

Stissùtu, agg. *stessuto*

Stìsu, agg. *disteso, steso;* vèntu stìsu, vale continuo ed eguale

Stitichìzza, s. f. qualità di ciò che è aspro, astringente, *stichezza;* per *avarizia;* per difficoltà nello sgravarsi degli escrementi, *stitichezza*

Stìticu, agg. *stitico;* per *avaro*

Stivàle, s. f. calzare di cuoio per difender la gamba dall'acqua o dal fango, *stivale;* stàri cu dui pèdi 'ntra na stivala, vale stare al dovere

Stivalètta, s. f. dim. di stivàla, *stivaletta*

Stivalùni, s. m. acer. di stivàla, *stivalone*

Stìzza, s. f. *goccia, stilla;* per collera, ira, *stizza*

Stizzàna, s. f. quel liquido che

gocciola da fessure, *gocciola*

Stizzàri, v. a. muovere a ira, provocare, *stizzare*; n. pass. *adirarsi*

Stizzàtu, agg. *stizzito*

Stizziàri, v. n. versar liquido a gocciole, *gocciolare*; per *piovigginare*; per *picchiettare*

Stizziàtu, agg. *brizzolato, picchiettato*

Stizzuniàri, v.a. *provocare, vessare, stizzire*

Stizzusaria, s. f. *dispetto, onta*

Stizzùsu, agg. provocatore, *dispettoso*

Stòccu, s. f. arma simile alla spada, nascosta entro bastone, *stocco*; per quel sermento della vite lasciato dal potatore per fruttificare, *tralcio*; stòccu d'omu , *omaccione* ; stòccu di cavaddu, *statura, tacca*

Stoccufìssu, s. m. sorta di pesce simile al baccalà, *stoccofisso*

Stòffa , s. f. pezzo di drappo di seta o di altra materia nobile, *stoffa*

Stòla , s. f. quella striscia di drappo che si pone il sacerdote al collo sopra il camice, *stola*

Stòlu, s. m. moltitudine, *stuolo*; per lungheria, *filastroeca*

Stòmacu, s. m. viscere a forma di sacco che serve a ricevere i cibi masticati, *stomaco*; dica di stomacu, sentimento penoso per fame, *picchierella*; se da altra causa, *penanza*; aviri tantu di stòmacu , vale aver sofferto

ingiurie e maltratti da scappar la sofferenza ; nun fari bònu stòmacu di na còsa , vale non soffrir bene; aviri màlu stòmacu, vale cattiva intenzione ; aviri bònu stòmacu, vale esser segreto, ec. anche mangiatore

Stomàticu, agg. che giova allo stomaco, *stomachico*

Stòrciri, v.n. contrario di torciri, *storcere*; per *disvolarsi*; travolgere il senso delle parole ; aver ritrosia

Stòria, s. f. narrazione di cose accadute, *storia*; per avvenimento , *leggenda* ; cosa lunga ed intralciata ; senza tanti storii, avv. *subito, tosto, orsù*

Stòrnu, s.m. lo stornare, *storno*; parràri a lu stornu, saltar di palo in frasca; stòrpi son detti anche que' numeri che giuocati al lotto dai prenditori, si vendono per conto proprio

Storopèu, agg. *scimunito, dappoco*

Stòrta, s. f. vaso da stillare , *storta*; sorta di carrozza; per un'arme detta *squarcina*

Stortèlli, s. m. plur. *raggiro, frode, inganno*

Strabiliàri, vedi abbiliàri

Stòzzu , s. m. strumento per fare il convesso ad un pezzo di metallo, *stozzo*

Stracanciàri, v. a. variar di forma, *straformare*; n.p. per divenir brutto, *contraffarsi*; per mutar di vesti, *travestirsi*

Stracanciàtu, agg. *straformato,*

contraffatto, travestito

Stracannàri, v.a. passare i fili dal naspo o dai gomitoli nei cannelli da preparare l'ordito

Stracàrricu, agg. carichissimo, stracarico

Stracàru, agg. carissimo, stracaro

Straccàri, v. a. torre o diminuire le forze, straccare; per nojare, infastidire; n.p. straccarsi

Stracchìzza, s. f. stanchezza

Stràccu, agg. stanco, stracco

Stracculìddu, dim. di stràccu, stracchiccio

Strachiòviri, v.a. piovere strabocchevolmente, strapiovere

Strachiummàri, v. n. detto di fabbrica , uscir dalla dirittura perpendicolare , inclinarsi

Stracòttu, agg. cotto eccedentemente, stracotto

Stracquàri, v. a. detto di volatili quando si sparpagliano, dispergere

Stracquìnu , s. m. così chiamavasi anticamente il sorbetto

Stràcquu , s. m. tre animali appajati insieme per trebbiare

Stracuràtu, agg. negligente, trascurato

Stradàri, v. a. far la strada , stradare ; per mettere nella buona strada

Strafalàriu , agg. grossolano , zotico, ciabattone, straccione ; mancator di fede ; detto a donna, vale sguardrinella

Strafàttu, agg. detto di frutta, stramaturo

Strafiguràri, v.a. e n. p. mutar forma o figura, straformare

Strafilàrisi, v. n. pass. il restar che fanno talune spighe sul terreno nell' atto della messe

Strafìnu, agg. finissimo

Strafòrmu ; agg. smoderato , eccedente, sformato

Strafurmàri , v. a. perder la forma, trasformare

Strafùttiri , v. a. tambussare , guastare, sconciare

Strafuttùtu, agg. di strafùttiri

Stràgalu, s. m. sorta d'albero, astragalo silvestre

Stràggi; s.f. macello, distruzione, strage

Stragrànni, agg. più che grande, stragrande

Stràgula, s. f. sorta di veicolo senza ruote tirato da' buoi ad uso di trebbiare, treggia; detto a donna, vale sciamannata

Stragulàta, s.f. treggiata

Straguliàri, v. n. tirar la treggia, trainare

Stràiri, v. a. avvolgere il filato in sul naspo per formare la matassa, annaspare

Strajùtu, agg. annaspato

Stràlciu, s. m. fine, stralcio; per accomodamento

Stralucènti, agg. lucente fuor di modo, stralucente

Stralùciri, v. n. rilucere fuor di modo, stralucere

Stralunàri, v. n. stravolgere in qua e in là gli occhi aperti più che si può, stralunare; per istordire, rimancre attonito

Stralunàtu, agg. confuso, attonito

Stramànu, agg. *remoto;* lungi dall'abitato, *fuor di mano*

Stramonnàri, v. a. *discacciare, rilegare;* per *straniare*

Stramazzàri, v.a. cadere impetuosamente a terra, *stramazzare*

Stramazzùni, s. m. caduta impetuosa, *stramazzone*

Straminchiulliàri, v. n. veder una cosa per un'altra, aver le traveggole, *travedere*

Strammàri, v. a. *disordinare, guastare;* per *strammiàri,* vedi

Strammaria, s.f. *inettezza, stravaganza*

Strammiàri, v. n. parlare fuor di proposito, *farneticare;* a. *disordinare, sconvolgere*

Strammiàta, s. f. *confusione, disordine*

Strammùni, accr. di stràmmu, *stranaccio, guastamestieri*

Strammòttu, s.m. sorta di poesia scherzevole, *strambotto*

Strammizza, vedi strummaria

Stràmmu, agg. *balzano, ciarpiere;* per *disadatto*

Strampallàri, v. a. *sconciare, stravolgere, spropositare*

Strampallàtu, agg. *strano, strampalato*

Stramutàri, v. a. mutar ordine, forma, colore ec., *trasmutare*

Strangùgghia, s. m. malattia che viene alla gola tanto degli uomini che dei cavalli, *stranguglione*

Strangulàri, vedi struzzàri

Stranguliàri, v.a. uccidere soffocando, *strangolare;* met. per *affliggere, molestare*

Strangùria, s. f. malattia che produce difficoltà nell'orinare, *stranguria*

Stràniu, agg. *straniero, stranio;* per non congiunto in parentado, *stranio*

Straniùni, accr.di stràniu, *stranaccio*

Stranizza, s. f. *angheria, stranezza*

Strantuliàri, v. a. agitar con violenza, *dimenare, scuotere*

Strantulùni, s.m. urto violento, *scossa*

Strànu, agg. *strano;* per *straordinario*

Stranutàri, v. n. mandar fuori lo starnuto, *starnutare, starnutire;* per dire senza riguardi, *sborrare, sbottoneggiare;* per *svillaneggiare*

Stranuttàtu, agg. di chi ha vegliato tutta la notte, *sonnacchioso*

Stranùtu, s. m. strepito che si fa nel mandar fuori per le narici e per la bocca l'aria inspirata, lo che viene da subito, veemente e convulsivo moto del petto, *sternuto, starnuto*

Strapagàri, v. a. pagare oltre il dovere, *strapagare*

Strapazzàri, v. a. *maltrattare, straziare, strapazzare;* per non curar la conservazione di taluni oggetti; n. pass. affaticarsi di soverchio, *strapazzarsi*

Strapàzzu, s. m. eccessiva fatica, *strapazzo;* per *maltratto, strapazzo;* così di strapàzzu, vale di continuo uso

Strapazzùsu, agg. che dà molta fatica, *penoso*

Strapèrdiri, v. a. perder molto, *straperdere;* mègghiu pèrdiri ca strapèrdiri, meglio perder poco che molto

Strapilàri, v. n. versar sudore in copia, *trafelare*

Strapilàtu, agg. *trafelante*

Strapòrtu, vedi traspòrtu

Strappàri, v. a. levar via con violenza, *svellere, schiantare, strappare;* per separare, ottener per forza; strappàri l'anima, *angustiare, tormentare, affliggere*

Straprigàri, v. a. pregare con molto calore, *strapregare*

Strapuntinu, s. m. picciole sottil materasso, *trapuntino*

Strapùntu, vedi trapuntìnu

Strapurtàri, vedi traspurtàri

Strarricchìri, v. a. e n. rendere o farsi strarícco, *straricchire*

Strarrìccu, agg. *ricchissimo, straricco*

Strasannàtu, agg. d'estrema vecchiezza, *decrepito*

Strasapùtu, agg. *vieto, ovvio*

Strasàtta (a la), p. avv. *improvvisamente, di botto*

Strasattàri, v. a. stabilire d'accordo il prezzo di una merce, *pattuire;* per acchetarsi; cci strasattiria, vale mi contenterei fosse così

Strasattàtu, agg. *convenuto, pattuito*

Strasàttu, s. m. *patto, convenzione;* per sorta d'aggiustamento in cui le parti litiganti convengono cedendo un poco alle loro pretese, *transazione*

Stràscicu, s. m. la parte posteriore delle vesti lunga in modo che trascichi a terra, *stra-*

scico; per lungheria, vedi stòlu

Strascinàri, v. a. portar dietro alcuna cosa che strisci sulla terra, *strascinare;* fig. indurre; n. p. *strascinarsi,* andar a stento; parlando di salute, vale essere infermiccia

Strascinatina, s. f. lo strascinare, *trascinamento*

Strascinatizzu, agg. *sciatto*

Strascinàtu, agg. *strascinato, trascurato*

Strascinatùni, accr. di strascinàtu, *sciamannato*

Stràscinu, s. m. il rumore che si fa nello strascinare, *strascinio;* per catùniu, vedi; per la parte deretana delle vesti che si trascina per terra, *strascico;* fari un stràscinu, mormorar lungo, *borbottare*

Strascinùni, avv. *strasciconi;* per scarcaguùni vedi; jiri cu la lingua a strascinùni appressu di nautru, vale sottomettersi assai

Strasèntiri, v. n. *frantendere, trasentire*

Strasiccàri, v. n. *disseccarsi troppo;* ch'è lavùri chi strasicca? detto a chi non vuol attendere per cosa che puossi preterire

Strasiccu, agg. secco all'ultimo grado

Strasiculàri, v. n. *meravigliarsi, stupire, trasecolare*

Stràta, s. f. spazio di terreno destinato al pubblico per andare da luogo a luogo, *strada;* quelle di città chiamansi *vie;* stràta màstra, strada principale; sularina, senza abitato; bona o mala strada, per condotta morale; carrozzàbili, dove puossi tragittare con carri e carrozze, *carrozzabile*; stràta di ferru, quella dove passano carri tirati da macchine a vapore, *ferrovia*; fàri strada, precedere per indicare la strada; dàri na stràta, indicare un mezzo per riuscire in un intento; agghiuttìri la strata, vale percorrerla in poco tempo

Stratagèmma, s.f. *inganno, astuzia, stratagemma*

Stratagghiàri, v. a. taglilare all'intorno al di fuori; per far dei lavorii di meccanica di carta o altro, adoperando forbici o ferruzzi taglienti di diversa forma; in senso n. detto di alcuni tessuti, che conservati si sfilacciano e sfragiano da sè

Stratagghiu, s. m. guarnizione per arricchire vesti ed altro, *fregiatura*

Strataàriu, agg. *assassino*

Stratùni, s. m. acc. di stràta sterrata di campagna; per una forma di pane

Stravagànti, agg. *fantastico, balzano, stravagante*

Stravasàri, v. n. uscire fuor del vaso, *stravasare*; n. p. detto di umori del corpo, *stravasarsi*

Stravàsu, s. m. l'uscir fuori dai vasi gli umori del corpo, *stravasamento*

Stravèntu, s. m. luogo difeso dal vento

Stravèriu, s. m. avvenimento straordinario ed incredibile

Straviàri, v.a. *allontanare, stra-* viare; n. pass. andare fuori strada; per *sollazzarsi*; straviàri lu sònnu, allontanare il sonno; detto a'bambini, vale andare o esser portati a diporto, *andare a mimmi* (V. Carena diz. dom.)

Stravìdiri, v. a. *travedere*; fàri stravidiri, empier altrui di stupore, far stupire

Stravintàtu, agg. sito difeso dal vento

Stravisàri, v.a. guastare il viso, sconciare, *bruttare*; per *corrompere, manomettere* ; per *zombare*

Straviu, s.m. *trastullo, sollazzo, passatempo*

Stràula, vedi **stràgula**

Stràzza, s. f. seta dei bozzoli o simili stracciata col pettine di ferro o in altro modo, *stracci*

Strazzàri, vedi **stracciàri**

Strazzàtu, agg. *stracciato*

Strazzatùra, s. f. lo stracciare, e la rottura che rimane nella cosa stracciata, *stracciatura*; pei resti del pascolo sul terreno dopo pasturato la prima volta, *stracciatura*

Stràzzi, s. m. plur. *cenci, stracci*

Strazziàri, v. a. *maltrattare, straziare*; per *dissipare*

Stràzzu, s.m. vestimento o qualsivoglia panno consumato o stracciato, *straccio*; per pezzo di cosa stracciata, *brandello*; carta di stràzzu, carta d'infima qualità; appizzàricci lu stràzzu, vale morire; li stràzzi vànnu pri l'aria, sono i cenci che volano in aria, cioè a dire che è sempre il debole che soccombe

Strazzùni, vedi sfardùni

Strèga, s. f. *maliarda, strega*

Strèmu, agg. *sottile, stremo*; per *eccessivo, ottimo, fisicoso, fantastico*

Stremunzìòni, vedi estremunzìòni

Strepitàri, v. n. fare strepito, *strepitare*; per *borbottare*

Strèpitu, s. m. *rumore, strepito*; per *lamèntu*, vedi

Strepitùsu, agg. *strepitoso*

Strèva, s. f. legame che si pone nella scarpa dalla parte del calcagno per tenerla ferma al piede, *stringa*

Stricamèntu, vedi stricàta

Stricàri, v. a. *fregare, stropicciare*; detto delle cose che si voglion ripulire, *strofinare*; per *strascinare*; n. pass. voltolarsi per terra; *stricàrisi 'ntra li linzòla, poltreggiare*; *stricàri 'ntra lu mùssu*, gettar sul viso

Stricàta, s. f. *stropicciata*; dim. stricatèdda

Stricatina, vedi stricàta

Stricàtu, agg. *stropicciato*

Stricùni, s. m. forte confricazione, *stropicciagione*; vedi stricàta

Stricuniàri, v. a. *insozzare*; n. p. *imbrattarsi*

Strifizzàru, vedi stifizzàru

Strìga, vedi strèga

Strigàri, v. a. *ammaliare, stregare*

Strigghia, s. f. strumento di ferro col quale si fregano e puliscono i cavalli, *streggbia, streglia*

Strigghiàri, v. a. ripulir colla streggbia, *strigliare, streggbiare*; per *raschiare*; per *aspreggiare*; n. p. strebbiarsi

Strigghiàta, s. f. *streggbiatura*; dàri na strigghiàta, dare un aspro rabbuffo; per acconciatura, *strebbiatezza*

Strigghiàtu, agg. *streggbiato*; per *azzimato*

Strigunarìa, s. f. *ammaliamento, stregoneria*

Strigùni, s. m. *stregone, maliardo*

Strimazzùni, vedi striminchiunàta

Strimiàrisi, v. n. p. usar parcità; per industriarsi, aguzzar l'ingegno

Striminchiuliàri, v. n. *travedere*

Striminchiunàta, s. f. caduta improvvisa a terra, *cimbotto, cimbottolo*

Strìnciri, v. a. comprimere una cosa con un'altra, *strignere*; per *accostare, sforzare, unire, costringere, violentare, serrare, assediare*; per *spremere*, detto di olive, uve, ec. che si mettono al torchio per cavarne il succo; strìnciri lu còri, essere in angustie; strincìrisi tra li spàddi, *sobbarcarsi, sottomettersi*; strìnciri, per *approssimarsi, avvicinarsi*; a lu strìnciri di la chiàvi, avv. al far dei conti; strìnciri li ciànchi, *impicciolire, stremare il cotto*; per trovarsi in un'opprimente calca di persone, *affollarsi*

Strincitùra, s. f. parte della pancia degli animali fra le estremità delle coste; pigghiàrisi tri ùnzi di strincitùra, *tacere, partire*

Strincitùri, s. m. strumento che per mezzo di una vite strigne e serve a spremere e pressar chicchessia, *strettoio*; per altro strumento in forma di tanaglia di cui si servono gli acquacedratai, *tanaglia, matricina*

Strinciùni, s. m. *stringitura*; per amplesso troppo affettuoso e goffo

Strinciùta, vedi strincitùra

Strinciùtu, agg. *stretto*

Stripitàri, v. n. fare strepito, *strepitare*; per far rumore, *sgridassare*

Strippa, agg. le femine delle bestie che non restano pregne alla monta; detto anche di donna che ha varcata l'età prolifica, *sterile*

Strippàmi, s. f. nome collettivo delle femine delle bestie che vanno alla monta, e non restano pregne

Strippàri, v. n. divenir senza latte, detto delle femine dei bestiami

Strippàta, s. f. *frotta; quantità*

Strippùmi, s. m. sterpo grande, *sterpone*

Striscia, s. f. pezzo di panno o d'altra materia che sia più lunga che larga, *striscia*; per segno, riga, *striscia*; nelle stamperie le prime bozze delle composizioni impresse in carta più lunga che larga

Strisciàri, v. n. muoversi come serpe, *strisciare*; per *piaggiare*; nel giuoco vale avvertire il compagno strisciando la carta

Strisciàta, s. f. lo strisciare, *strisciata*

Stritta, s. f. lo strignere, *stretta*; pel vino che si trae dall'uva dopo aver fermentata al torchio, *torchiatico*; fari na stritta di denti, fare uno sforzo; sapìri di stritta, detto di vino, vale aver dell'afro; mèttiri a li stritti, *importunare, costringere*; èssiri a li stritti, vale agli estremi; na stritta di acqua, di lignàti ec. vale quantità

Strittizza, s. f. *strettezza, familiarità, intimità*

Stritta, s. m. luogo angusto, *stretto*; per braccio di mare rinchiuso fra due coste e che mette a due mari, *stretto*; agg. stretto, angusto, serrato, chiuso, intrinseco, confidente; per avaro; avìri la mànica stritta, detto a confessore e vale severo

Stritta, avv. *strettamente*

Strittùra, vedi stritta

Strizzàri, v. a. sciorre i capelli, *scrinare, schiomare*; per disfar la treccia, *strecciare*

Stròfa, s. f. quella parte della canzone che più comunemente si dice stanza, *strofa, strofe*

Stròlagu, vedi astròlagu

Stròppu, s. m. tralcio o ritorta con che si legano legna ed altre cose, *stroppa, stroppia*

Strùcciuli, s. f. plur. *bagattelle, ciuffole, frascherie*; per *ciarle, fandonie*

Strucciuliàri, v. n. *boloccarsi, trastullarsi*

Strudimèntu, s. m. *rodimento, cruccio*

Strùdiri, v. a. *consumare;* n. p. rodersi di rabbia, *stizzarsi*

Strudùsu, agg. *seccatore, svenevole*

Struffàri , v. a. sgombrar la macchia, la boscaglia, la siepe ec. *disboscare, smacchiare*

Struiri, v. a. *ammaestrare, istruire*

Strullichiàri, v. n. esercitare il cervello e le mani in opere capricciose, *trastullarsi;* per dar spasso a' fanciullini

Strumèntu, s. m. quello arnese col quale o per mezzo del quale si opera , *strumento ;* per *macchina , ordegno;* per contratto o altra scrittura pubblica, *istrumento*

Strumintista, agg. che suona strumento, *sonatore*

Strummagghiùni, s. m. tozzetto, o materia che si fa entrare in bocca in mole maggiore d'una giusta boccata; detto di altre cose non da mangiare, *bahaffolo*

Strummatu, s. m. tetto o vòlta di scala

Strummintàri, v. a. corrotto da *sperimentàri* vedi , *ordire , macchinare*

Strùmmula, s. f. strumento col quale giuocano i fanciulli , composto d'una palla di legno che ha in punta un ferro aguzzo e che gira con una sferza, *palio , trottola ;* fari firriàri còmu na strùmmula, vale aggirare ; firriàrisi comu na strùmmula, di chi si affatica in qualche negozio

Strummulicchia, dim. di strummula, così chiamasi un fon-

dello al quale si sia posto un fuscelletto nel foro di centro, e che si fa girar colle dita

Strummuliùni e strummulùni, s. m. *stramazzone*

Strunàri, v. n. *fendersi, screpolare;* per rimanere attonito, *stordire*

Strunàtu, agg. *screpolato, stordito*

Struncàri, v. a. *troncare, stroncare*

Struncàta, s. f. *stroncamento*

Struncùni, s. m. pezzo di sterpo spiccato dal tronco, *stroncone*

Strunfari, v. n. dicesi nel giuoco delle carte dette tarocchi quando si gettano le carte di trionfo; per *svillaneggiare*

Strupfata, s. f. *riprensione*

Strùnzu, s. m. pezzo di sterco sodo e rotondo, *stronzo, strongolo;* per uomo dappoco, *taghero*

Struppiàri, v. a. *storpiare;* per guastare, *bastonare*

Struppiddàri, v. a. svellere con violenza; n. p. *scavezzarsi*

Strusciàri, v. a. disciorre lo involto, disfare il fagotto, *sfardellare ;* detto delle budella che servon per far la salsiccia, vale nettarle

Strùtta, s. f. *distruzione, moria*

Strùttu, agg. *dotto, sapiente;* per *ostruito*

Struzzàri , v. a. *strangolare , strozzare*

Strùzzu, s. m. uccello il più grande de' corridori che abita nell'Arabia, *struzzolo, struzzo;* stòmacu di strùzzu, detto ad uomo, vale *divoratore*

Stù, vedi chìstu

Stuccànti , agg. *nojoso , stucchevole*

Stuccàri , v. a. *rompere, spezzare, nojare, stuccare, persuadere, domare;* n. p. *acconsentire, rompersi, fendersi;* stuccàri 'mmènsu, *nuocere, mandar in rovina;* stuccàrisi lu còddu, andar via, *spulezzare;* per *scapigliarsi;* zòccu tòcca stòcca, vale che guasta tutto

Stuccàtu, agg. di stuccàri; per *inclinato, curvato, boccone*

Stucchïàri, v. a. lavorar con i- stucco , *stuccare ;* per raccogliere i sermenti petati , detti stòcchi, vedi; fig. *dimenarsi*

Stucchiatùri, s. m. arteflce che lavora di stucchi, *stuccatore*

Stucchïùsu, agg. che si dimena camminando

Stùcciu, s. m. cassettina in cui conservansi strumenti chirurgici, occhiali e cose simili, *astuccio*

Stùccu, s. m. composto di diverse materie per uso di turar fessure, o far figure a rilievo, *stucco;* per un impasto di gesso e colla, che solidificato forma un intonaco simile al marmo, *stucco*

Studènti agg. che studia; per giovine che frequenta le università per prender laurea dottorale, *studente*

Studiàri, v. n. applicarsi alle lettere o alle scienze, *studiare;* studiàri comu un càni, vale studiar molto; cu pocu nasca, *studiacchiare;* lu libru di quaranta fogghi, vale esser giuocatore spezzato; studiàri la

lèsina, *economizzare;* per *industriarsi*

Studiàta, s. f. *lo studiàre*

Studiàtu, agg. *ricercato, affettato, studiato;* per *imparato, appreso*

Stùdiu, s. m. attenzione flssa della mente su qualche cosa, *studio;* per arte o scienza ; stanza di studiu, *scrittojo;* per banco dei notai, avvocati ec., *studio;* per *diligenza, industria*

Studiùsu, agg. *studioso;* per *diligente*

Stùfa, s. f. stanza riscaldata dal fuoco, fornello da stillare, suffumigio, bagno caldo, *stufa;* luogo per custodir le piante , *stufa, calidario;* pel suffumigio che si fa alla botte onde purgarla da cattivi odori, *pampanata*

Stufàri, v. a. preparare e condir le carni a modo di stufato

Stufàru , s. m. maestro della stufa, *stufajuolo*

Stufatèddu, agg. vivande e particolarmente pesci , conditi con olio, vino o aceto, aglio e simili

Stufàtu, s. m. carne o altra vivanda cotta in tegame a fuoco lento e preparata con cipolle e sugo di pomidoro concentrato, *stufato;* agg. *stufato;* detto di persona, vale che abbia patito soverchio calore, *scottato*

Stuffàri , v. a. e n. venire a noja, *stuffare;* detto dei cibi, *stomacare;* n. p. *infastidirsi*

Stuffàtu, vedi stùffu

Stùffu, agg. *sazio, ristucco, in-*

40

fastidito; s.m. *svogliatezza, ritrosia*

Stuffùsu, agg. *rincrescevole, ritroso, nauseante*

Stujàri, v. a. *nettare, asciugare, tergere;* nun ci putìri stujari li scàrpi, non poter stare al paragone; stujàrisi lu mussu, *rimanere deluso*

Stujàta, s. f. *forbitura*

Stujàtu, agg. *pulito, asciugato*

Stujavùcca , s. f. *tovagliuolo, salvietta*

Stulitìzza , s. f. *stollizia;* per *sciocchezza*

Stulùni , s. m. vedi gassina ; per acc. di stòla, vedi

Stumacàli, s. m. medicamento esterno che si applica sullo stomaco

Stumacàri, v. n. commuoversi, perturbarsi lo stomaco , *stomacarsi;* met. *infastidire;* n. p. muoversi a nausea , *stomacarsi*

Stumacàta, s. f. male prodotto da indigestione per eccedente mangiata , *replezione*

Stumachèddu, dim. di stòmacu, vedi

Stumachiàri, vedi stumacàri

Stumacùni , acc. di stòmacu , vedi

Stumaeùsu, agg. *nauseoso*

Stunàri, v. n. uscir di tuono, *stonare;* fig. *assordare, cianciare*

Stunàtu, agg. *stonato*

Stuncùni, s.m. pezzo o scheggia di lancia, o di simil cosa spezzata, *troncone*

Stupènnu , agg. *meraviglioso, stupendo*

Stupidìri , v. n. divenir stupido, *stupidire*

Stupidìzza, s. f. *stupidità*

Stùpidu, agg. *stolido, sciocco , stupido*

Stupidùtu, agg. divenuto stupido, *stupidito*

Stupìrisi, v. n. empiersi di stupore, *stupirsi*

Stùppa , s. f. materia che si trae dopo il capecchio nel pettinare il lino o la canape, *stoppa;* faricci la vàrva di stùppa, *abbindolare, beffare*

Stuppàgghiu, s. m. quello con che si turano i vasi, *turaccio, turacciolo*

Stuppagghiùsu, agg. *alido, stopposo*

Stuppàri, v. a. torre il turacciolo da vasi, fiaschi e simili, *sturare*

Stuppiddàri , v. a. torre con violenza ciò che è attaccato tenacemente, *svellere*

Stuppìnu, vedi spunsòlu; per lucignolo di candela, o piccola miccia di fili di bambagia per innescare le artiglierie, *stoppino*

Stuppùsu, agg. *fibroso, tiglioso*

Stupùri , s. m. *stordimento, stupore*

Stupùtu, agg. di stupìri, vedi

Sturacciàri, v. n. tòrre il turacciolo da vasi , fiaschi e simili, *sturare*

Sturbàri, vedi disturbàri

Sturciunàri, vedi turciuniàri

Sturciùtu , agg. di stòrciri , *storto*

Stùrdiri , v. a. far rimanere attonito, *stordire;* n. *sbalor-*

dire; parlando di dolori, *sedarsi, allularsi*

Sturiùni , s. m pesce , delle cui uova si fa il caviale, e delle sue membrane la colla, *storione*

Sturnàri, v. n. lasciar un'abitazione per prenderne un'altra, *disalbergare , sloggiare* ; in senso a. nel giuoco del lotto, vale annullare la scommessa fatta , riprendendo il danaro

Sturnèddu, s.m. uccello, *storno, stornello*

Stùrnu, agg. a mantello di cavallo, e vale misto di bianco e nero, *stornello*

Sturpiàri, vedi struppiàri

Sturtigghiamèntu, s. m. *dislogamento, storcitura*

Sturtigghiàri, v. a. cavar dal suo luogo, detto di ossa, *dislogare, disovolare*

Sturtuliddu, dim. di stòrtu, v.

Stuzzicàri , v. a. *provocare , commuovere,irritare, stuzzicare*; stuzzicàri lu pitittu, provocar l'appetito

Stuzzicùsu, agg. *provocatore*

Sù, vale Signore

Suàvi, agg. *soave, dolce, piacente*; suàvi suavi , posto avv. *soavemente*

Subaffittàri, vedi sullocàri

Subastàri , v. a. vender sotto l'asta all'incanto, vendere a tromba, *subastare*

Subbiniri, vedi suvvìniri

Subbiri, v. n. *patire, soffrire, comportare, sostenere*

Subbissàri , v. a. mandar in rovina, *subbissare*; n. *sprofondarsi*

Subbissu, s.m. grande rovina, *subisso* ; per gran numero , *quantità, profondità*

Sùbbitu, avv. *subito, tosto*; all'improvviso

Subbitucchì, avv. *tostocchè*

Subbùtu, agg. *ingojato, patito, comportato*

Sucamèli, s. f. pianta, *cerinta*

Sucamèntu, s. m. *succiamento*

Sucàri, v. a. attrarre l'umore e il sugo colle labbra, *succiare*; per *riferire, sopportare , denunziare* ; sucàrisi la sàrda, *risparmiare*; sucàri lu sangu a li puvirèddi, *usureggiare*; cu l'occhi, *struggersi d'amore*

Sucasàrda, agg. *spilorcio, spizzeca*

Sucasùca, s. m. strumento di latta cilindrico e ricurvo che si pone sulle botti per far passare il liquore che vi sta dentro in altro recipiente , *sifone*

Sucàta, s. f. *succiamento* ; per *denunzia*

Sucàtu, agg. *succiato*; per *estenuato* ; sucàtu sucàtu , vale *stringato*; sucàtu di la baddottula, *smilzo*

Sucatùri , s. m. *denunziatore , spia*

Succànnu, s. m. velo o panno che per lo più le monache portano sotto la gola , *soggolo*

Succàru, s. m. canapo o fune per uso di tormentare, *colla* ; mèttiri a lu succàru , *collare*; fig. tenere con animo sospeso

Sùcchiaru, s. m. strumento di

ferro che si mette agli usci,
paletto; sùcchiaru a la spa-
gnuòla, *spagnoletta*

Succèssu, agg. *accaduto*; s. m.
avvenimento, seguito, continua-
zione

Sùccidu, agg. *sporco*; per *avaro*

Succidùmi, s. m. *sporcizia, lor-*
dura, sudiciume

Succùmbiri e succùmmiri, v.
n. *soccombere*

Succùrriri, v. a. *soccorrere*

Succùrsu, s.m. *ajuto, sussidio,*
soccorso; presso i fabbri vale
una parte di mercede che
loro si somministra ogni gior-
no

Sùcidu, vedi sùccidu

Sucidùmi, vedi succidùmi

Sùcu, s. m. umore proprio
delle piante che serve a nu-
drirle, e a farle crescere e
germogliare, *succhio, sugo,*
succo; per l'estratto delle fo-
glie di taluni vegetabili; fig.
l'essenziale

Sucùni, s. m. sorso fatto con
forza ed avidità

Sucùsu, agg. pien di suco, *su-*
goso; per *sostanzioso*

Sucuzzàta, vedi sucuzzùni

Sucuzzùni, s. m. colpo dato
altrui sotto il mento, *sorgoz-*
zone

Sudamèntu, vedi sudàta

Sudàri, v. n. mandar fuori il
sudore o qualunque altro u-
more, *sudare*; pel trapelar
dei liquidi da vasi, *gronda-*
re; per *stentare*; fari sudàri,
esser malagevole; nun è
santu chi suda, animo non
pieghevole; iu travàgghiu
ed autru sùda, vale che si

lamenta chi non soffre

Sudàta, s. f. *il sudare*

Sudàriu, s. m. *asciugatojo, su-*
dario; per quel panno in cui
restò effigiata l'imagine di
G. C., *sudario*

Sudatìzzu, agg. alquanto su-
dato, *sudaticcio*

Sudatùna, s. f. il sudar copio-
samente

Sùdda, s. f. pianta, *lupinella*

Sudisfàri, vedi sodisfàri

Sudorìficu, agg. *sodorifero*

Suduliddu, dim. di sòdu

Sudùri, s. m. quell'umore che
esce da dosso agli animali,
sudore; per mercede o pre-
mio di fatica

Sùfficia di firràru, s. f. arnese
cavato nel centro con che si
avviano i fori nei ferri

Suffìriri, vedi suffrìri

Suffìtta, s. f. palco che si fa
sotto al tetto delle stanze,
soppalco

Suffràggiu, s.m. voto dato nelle
elezioni, *suffragio*; per *soc-*
corso; per ciò che offrono i
fedeli a vantaggio delle ani-
me del purgatorio

Suffrìbili, agg. che può soffrirsi,
soffribile

Suffrijri, v.a. leggermente frig-
gere, *soffriggere*

Suffrijùtu, agg. *soffritto*

Suffrìri, v. a. *patire, tollerare,*
reggere, sostenere, soffrire

Suffrìttu, vedi suffrijùtu; per
vivanda soffritta

Suffrìziu, s. m. animaletto ve-
lenoso, *scorpione, scorpio*

Suffrùtu, agg. *sofferto*

Suffucàri, v. n. *impedire, soffo-*
care; per *opprimere*

Suffucazioni, s. f. *soffocamento, soffocazione*

Sufisticàri, vedi soûsticàri

Sufisticaria, s. f. *sofisticheria*

Sufisticu, agg. *sofistico*; per *stravagante, fantastico*

Suggerituri, s. m. chi suggerisce, e per lo più chi rammenta le parti agli attori nel teatro, *suggeritore*

Suggerùtu, agg. *suggerito*

Sugghiàta, s. f. carpiccio di busse, *zombatura*

Sugghiòccu, s. m. legno lungo e triangolare, su cui appoggiansi i libri grandi, *subbio*, (per sim.) ; met. membro virile, *cotale*

Sùgghiu, s. m. grosso cilindro di legno che serve per lo più a' tessitori ond'avvolgervi la tela tessuta, *subbio*

Sugghiunciri, v. a. *soggiungere*

Sugghiuzziàri, v. n. aver il singhiozzo, *singhiozzare*; per piangere dirottamente singhiozzando, *singhiozzire*

Sugghiùzzu, s. m. sospirare convulsivo con voce rotta per lo più dal dolore, *singhiozzo*

Sugghiàciri, v. n. esser soggetto, sottoposto, *soggiacere*

Suggittàri, v. a. far soggetto, *soggettare*

Suggittùsu, agg. sottoposto ad inconvenienti

Suggiugàri, v. a. *sottomettere, soggiogare*; per obbligare i propri immobili in sicurtà di rendita annua sul capitale ricevuto

Suggiugatàriu, s. m. chi sborsata una somma di denaro ricava un'annua rendita assicurata sopra immobili

Suggiugàtu, agg. *soggiogato*; per obbligato con ipoteca al soddisfacimento di annua prestazione

Suggiugazioni, s. f. *rendita, censo*

Suggizioni, s. f. *soggezione*; per *timidezza, servitù*

Sulacchiàta, vedi assulacchiàta

Sulalliùni, s. m. il tempo in cui il sole si trova nel segno del leone, *sollione*

Sulamàru, s. m. chi si adopera a raccor semonzolo, spazzando l'aja

Sulamènti, avv. *solamente*

Sulàini, s. m. grano che si raccoglie dal suolo ispazzando l'aja, *semonzolo*

Sulàna, vedi àstracu

Sularàtu, agg. di stanza superiore che sotto ne abbia un'altra

Sulàri, agg. di sole, *solare*

Sulàri, v. a. rimetter nuova suola, *risolare*

Sularìnu, agg. *solingo, solitario*

Sulàru, s. m. quel piano che serve di palco alla stanza inferiore, e di pavimento alla superiore, *solato*; fari casi a setti sulàra, vale far il diavolo in un canneto

Sulàtu, agg. *solato, risolato*

Sulatùra, s. f. il risolare

Sùlcu, vedi sùrcu

Sulètta, s. f. quella parte della scarpa che sta sotto al piede, *soletta*; nelle calze è anche la parte che è nella pianta del piede, *scappino* (V. Carena, diz. dom.)

Sulfàra, vedi surfàra

Sùlfaru, vedi sùrfaru

Sùli, s. m. il maggior pianeta che conduce il giorno, e colla sua luce misura il tempo, *sole*; òcchiu di sùli, vedi òcchiu; aviri robba a lu suli, vale posseder beni stabili; ammucciàri lu suli cu la riti, voler difendere cosa palesemente ingiusta; botta di suli, impressione violenta che fa il sole sopra il corpo umano per troppa esposizione a' suoi raggi, *solinata*

Sulicchialòra, s. f. parte che guarda il mezzodì, e gode più della luce del sole, *solatio*

Sulicchiàta, vedi assulacchiàta

Sulichianèddu, vedi solichianèddu

Suliddu, agg. tutto solo, *soletto*; sulu suliddu, avv. *solissimo*

Suliri, v. n. esser solito, *solere*

Sulità, s. f. qualità di ciò che è solo, *solità*; sulità santità, la compagnia di altri spesso produce dei vizi, e l'esser soli ce ne guarda

Sulitàriu, agg. *solitario*; per *anacoreta*; per una sorta di giuoco di carte; per una specie di passera

Sullènni, vedi sollènni

Sullèvu, s. m. *sollievo*

Sullicitàri, v. a. *stimolare, sollecitare*

Sullicitatùri, s. m. *sollecitatore*; per *procuratore*

Sullicitu, agg. *pronto, spedito, sollecito*

Sullivàri, v. a. *sollevare, aiutare, innalzare*

Sullivàtu, agg. *sollevato, ristorato*; per *migliorato in salute*

Sùlu, agg. *unico, solo*; di sulu e sulu, *di solo a solo*; sulu sulu, avv. *solissimo*; megghiu sulu ca malu accumpagnatu, *meglio solo che in cattiva compagnia*

Sumèri, s. m. animale che porta soma, e dicesi specialmente dell'asino, *somaro*; per *balordo, stupido*

Sumigghiànza, s. f. *somiglianza*

Sùmiri, v. a. (voce latina) *pigliare, prendere*; per *sofferire, inghiottire, ricevere*

Sùmma, s. f. quantità che risulta dall'addizione di più quantità o numeri presi insieme, o aggregazione di più cose insieme, *somma*; per conchiusione, *somma*; 'nsùmma, avv. *in somma*; la virità va 'nsùmma comu l'ogghiu, vale la verità non può rimaner lungamente occulta

Summàccu, s. m. pianta indigena, *sommacco*

Summàri, v. a. e n. raccorre i numeri portandoli ad unica somma, e far la somma, *sommare*

Summàta, s. f. il risultato dei numeri raccolti da un conto di più partite, *sommato*

Summissiòni, s. f. *obbedienza, sommessione*

Summissu, agg. *sommesso*; pirsuna summissa, persona che in un negozio dà il nome, detta nell'uso *presta nome*

Sùmmu, agg. *grandissimo, supremo, sommo*; a lu sùmmu, p. avv. *al più*

Sunagghièra, s. f. fascia di cuoio e d'altro pieno di sonagli che si mette al collo degli animali, *sonagliera*; per quantità di busse, *carpiccio*

Sunàri, v. n. e a. render suono , mandar suono, *sonare*; per *andare a' versi* , *gradire*, *piacere*; per *zombare*; sunàri all'armi, *a stormo*; a tocchi, *a martello*; li grastùddi, *beffare*; a martòriu, *a morto, a rintocco*; unni si tocca sona, vale esser istruito in più materie

Sunarìa, s. f. quelle parti dell' oriuolo che servono a sonare, *sonerìa*

Sunàta, s. f. il sonare, *sonata*; per *busse*

Sunatùri, s. m. maestro di suonare, *suonatore*

Sunèttu, s. m. specie di componimento poetico in rima , *sonetto*; fàri sunètti, *sonettare*

Sunnàcchiara, s. f. *sonnolenza, cascaggine*

Sunnàmbulu, s. m. chi esegue dormendo una gran parte delle operazioni che fa vegliando, *sonnambulo*

Sunnàri, v. a. e n. *sognare*; per *immaginare*; nun avirisi sunnàtu na còsa, non aver pensato di fare o di dire

Sunnicèddu, s. m. sonno leggiero, *sonnerello*

Suntuùsu, vedi sontuùsu

Suo , pron. *suo*; jìricci cu la sua, *condiscendere* , *piaggiare*

Supèrbia, s. f. *alterigia, superbia*; per *ira*

Supèrbu, agg. *altero, superbo, borioso*; per *eccellente*, *magnifico*

Supercessòria, s. f. ordine d'un

tribunale superiore di desistere da qualunque procedimento ed operazione, per esser pendente un nuovo esame; per supravèsti, vedi

Supèrchiu, vedi suvèrchiu

Superiùra, vedi superiùri

Superiuràtu, s. m. l'ufficio del superiore, *superioranza*

Superiùri , s. m. principale , capo, *superiore*; agg. contrario d' inferiùri, *superiore*

Supernaturàli , agg. *soprannaturale*

Supirchiàri, vedi suvirchiàri

Supirchiarìa, vedi suvirchiarìa

Supirchiùni, accr. di supèrchiu

Supirchiùsu, agg. che fa soperchierie, *soverchiante*; per eccessivo, *soprabbondante*

Sùppa, vedi minèstra; per pane intinto nel vino, *zuppa*; faricci sùppa, *osservare*, prender diletto in una cosa

Suppeditàri, v. a. *vincere, soperchiare* ; per sottomettere ingiustamente, *predominare*

Suppiàri, v. n. mangiar molto pane intinto in diversi liquidi

Suppiddìzza, vedi còtta

Suppìlu, s. m. *debolezza, fiacchezza, deliquio*; per *fastidio, ambascia* ; jirisinni suppìlu suppìlu, provar un grandissimo piacere, andare in brodetto, *solluccherare*; parlando di salute, *prostrarsi*

Suppòstu, s. m. medicamento solido fatto a guisa di candelotto, che si mette nel deretano , onde muovere gli escrementi, *supposta*

Supprèssa, s. f. strumento composto di due assi, tra i quali si pone la cosa che si vuol soppressare , caricandola o stringendola con vite , *soppressa*

Supprissàri , v. a. mettere in soppressa, *soppressare*

Supprissàta, s. f. spezie di salame di carne porcina pressata, *soppressata, soppressato*

Suppuràri, v. n. venire a suppurazione , detto di tumore e simili, *suppurare*

Suppurazioni, s. f. *suppurazione*

Supràbbitu, s. m. veste o abito che si mette sopra tutti gli altri, *soprabbito*

Suprabbuffètta, s. f. panno da covrir le mense, tavolini ec.

Supracàlaciu , s. m. velo col quale si copre il calice

Supracàrricu, s. m. quello che si mette oltre al carico nei navigli, *sopracarico*; pel soprappiù della soma, *soprassello*; fig. *aggravio*

Supracàrta, s. f. quello scritto che si pone sulle lettere contenente il nome della persona a cui si dirige, *soprascritta* ; per sopraccoperta delle lettere, *mansione*: per quello arnese con cui si tengon fermi i fogli sul tavolino acciò non isvolazzino, *gravafogli*

Supracchiù, s. m. il soverchio, *soprappiù*

Supracèlu, s. m. la parte superiore del cortinaggio da letto e simili, *sopraccielo*

Suprachinu, s. m. il soprappiù di materia che si pone per ricolmare una misura; met. *giunta, accrescimento*

Supracinga, s. f. cinghia che sta sopra altra cinghia, *sopraccinghia*

Supracòcu, s. m. colui che sovrintende ai cuochi, *sopracuoco*

Supracòri, avv. *a malincuore*

Supracrìvu, s. m. coperchio che si pone nel vaglio perchè non isvolazzi ciò che si staccia

Supracudèra, s. f. quel sovatto che per sostenere lo straccale s'infila nei buchi delle sue estremità , e si conficca nel basto, *posola*

Supradòta, s. f. giunta di dote recata dalla moglie al marito, *sopraddote, sopraddota*

Supradutàli, agg. *sopraddotale*

Suprafàri, v. a. *soperchiare, sopraffare*

Suprafàscia, s. f. fascia che sta sopra altra fascia, *sopraffascia*

Suprafòdaru, s. m. coperta del fodero, *sopraffodero*

Suprafòssu, s. m. ultima benedizione data dal sacerdote al cadavere poco prima di sotterrarsi

Supragghiùnciri , vedi *suprajùnciri*

Supraguàrdia, s. m. chi è incaricato d'invigilare su' contrabbandi di merci che son soggette a dazio nella loro immessione in città, *stradiere*

Suprajìnchiri , v. a. *colmare, ricolmare*

Suprajùnciri, v. n. arrivare improvvisamente, *sopraggiungere* ; a. *arrivare , supplire, aggiungere, aumentare*

Suprajunciùtu, agg. *sopraggiunto*

Suprajùnta, vedi *jùnta*

Supralèttu, s. m. panno tessuto a vergato, col quale si cuopre il letto, *celone*

Supralòcu, avv. co' verbi jiri, èssiri, ec. vale *visitare*, esser sopra luogo

Supramànica, s. f. manica ad altra soprapposta, *soprammanica*

Supramànu, agg. specie di cucitura che si fa unendo i bordi di due panni e passando di sopra il filo per mezzo dell' ago; s. m. il dorso della mano

Supramèttiri, v. a. porre sopra, *soprapporre*

Supramisu, agg. *soprapposto*; per *elevato*

Supràna, s. f. specie di sopravveste lunga, usata dai chierici regolari, *soprana*

Supranàsca, vedi capizzùni

Supraniàri, v. a. *vincere, superare, ingiuriare, soppiantare, soperchiare*

Supraniàtu, agg. *superato, vinto*

Supraniggiu, s. m. il far soperchierie, *soperchianza, superiorità*

Suprantènniri, v. n. aver la soprantendenza o la custodia di chicchessia, *soprantendere*

Suprantinnènti, s. m. *soprantendente*

Suprantinnènza, s. f. qualità del soprintendente e l' atto del soprantendere, *soprantendenza*

Suprànu, s. m. la voce più acuta della musica, *soprano*; per *sovrano, re, superiore*

Suprapigghiàri, v. a. *sorprendere, umiliare, reprimere, gar-rire, rimbrottare*

Suprapòrta, s. f. pittura che sta sulle porte delle stanze, *soprapporto*

Suprapòstu, agg. *soprapposto*; detto di canna d' archibugio, vale costrutta in modo che meglio regga alle scariche

Suprasàltu, s. m. eccessiva e subitanea paura, *battisoffia*

Suprasèdiri, v. n. *differire, soprassedere*

Suprasòldu, s. m. ciò che si dà a di più del soldo, *soprassoldo*

Suprastànti, s. m. chi ha cura delle altrui possessioni e sovrintende alla loro cultura, *castaldo, fattore, soprastante*

Sùpra sùpra, p. avv. *superficialmente, appena appena*

Supratàccu, s. m. il suolo che viene ne' calzari dopo il tacco, *sopratacco*

Supratàssa, s. f. imposizione al di là delle esistenti, *balzello*

Supratàvula, s. m. il servito delle frutta, dolciumi ec. che apprestansi in sul finir del desinare, o della cena

Supratùttu, avv. *primamente, sopratutto*

Supravànzu, s. m. il sopravanzare, *sopravanzo*

Supravèniri, v. n. *sopraggiungere, sopravvenire*

Supravèntu, s. m. dicesi dai marinai il vantaggio del vento che si gode rispetto a chi sta sotto vento, *sopravvento*; stàri supra vèntu, vale aver fortuna, favori e simili

Supravèsti, s. f. *sopravveste*

Supraviniri, vedi supravèniri

Supravinùta , s. f. *sopravve-gnenza, sopravvenuta*

Supravìviri, v. n. vivere più lungamente d'un altro, *so-pravvivere*

Supravivùtu , agg. *sopravvis-suto*

Supròssu, s. m. grossezza che apparisce ne' membri , per osso rotto e malcoucio, *so-prosso*; per un malore che viene a' cavalli, *soprosso*; fig. *fastidio, noia;* avìri pri su-pròssu , aver in dispetto

Surbàra, vedi zòrba

Surbèttu, s. m. bevanda dolce congelata, *sorbetto*

Surbìri, v. a. *inghiottire, sorbi-re*; per *dissimulare*

Surbitànti, agg. *eccessivo, esor-bitante*

Surbittaria, s. f. bottega ove si fanno de' sorbetti

Surbittèra, s. f. vaso per fare o conservare freddo il sorbet-to, *sorbettiera*

Surbittèri, s. m. chi manipola o vende i sorbetti, *sorbettiere*

Surcàri, v. a. far de' solchi sul campo per lo scorrimento del-le acque, *solcare*; detto di na-ve o altro legno simile, vale scorrere il mare, *solcare*

Sùrci, s.m. animaletto che vive nelle tane o fessure, *topo*; per una varietà dello stesso ge-nere detta *sorcio*; tàna di sùrci, vedi surciàra; gaggia di sùrci , *trappola* ; fari la morti di lu sùrci, vale non esser compianto; figghiàu la gàtta e fìci un sùrci , gran chiasso per cosa da nulla ; surci, in gergo vale *spia*

Surciàmi, s. m. quantità di sor-ci, *sorcime*

Surciàra, s. f. nido di topi, *to-paia*

Surciàri, v. n. operar da tristo, e più propriamente far cose da spia

Surciàzzu, s. m. accr. e pegg. di sùrci, *topaccio*

Surcìddu, dim. di sùrci, *tope-lino*

Surcìgnu, agg. simile a topo , *topaio*; di colore, *topino, sor-cigno*

Surcitèddn, vedi surcìddu

Surciùni, accr. di sùrci, *to-pone*

Sùrcu, s. m. quella fossetta che si lascia dietro l' aratro in fendendo e lavorando la ter-ra, *solco*; la traccia che fa la nave camminando nell' ac-qua, *solco*; per *grinza, ruga*; per rotaia, *solco*

Surdatària, s. f. *sgualdrinella*

Surdatèddu, dim. di surdàtu; di crita, s. m. figuretta di terra fatta a similitudine d'un soldato; in gergo, inesperto soldato

Surdàtu, agg. *soldato*; mègghiu porcu ca surdàtu, esprime la condizione sottomessa del soldato

Surdìa, s. f. *sordità*

Surdìnu , s. m. strumento a corda che manda poca voce, *sordina , sordino* ; per una specie di smorzatura negli strumenti ; fari lu surdìnu, fischiar sottilmente

Sùrdu, agg. *sordo*; fig. *ritroso*; dulùri sùrdu, dolore che si fa appena sentire; a la surda e a la muta, avv. *a chelichelli*, *quietamente, di nascosto*; surdu-mutu, chi è nato sordo-muto

Surèlla, vedi sòru; per monaca, vedi

Surfàra, s. f. miniera di zolfo, *solfaja, solfanaria*

Surfarèddu, s. m. fuscellino di gambo di canapa o d'altra materia intinto nello zolfo per uso d'accender fuoco o lumi, *zolfanello*; per fanciullo irrequieto, vedi frugarèddu

Sùrfaru, s. m. materia fossile molto abbondevole in Sicilia, *zolfo, solfo*

Surfiàri, v. n. *solfeggiare*; per *zombare*

Surfiàta, s. f. *solfeggio*; per *sferzata*

Sargènti, s. m. grado nella milizia, *sergente*

Surgènti, vedi surgiva

Sùrgiri, v.n. *sorgere, iscaturire, nascere, derivare, salire*

Surgiva, s. f. prima scaturigine dei fiumi, *sorgente*; per origine di chicchessia, *sorgente*

Suriàca, s. f. sorta di corda per legare i buoi nell'aja

Suriànu, agg. di color bigio e leonato, *soriano*

Surmuntàri, v. a. e n. *sormontare*

Surprènniri, v. a. cogliere allo improvviso, *sorprendere*

Surprisa, s. f. *sorpresa, meraviglia*

Sùrra, s. f. la pancia del tonno o di altri pesci, *sorra*; cu li sùrri, agg. e vale come superlativo; sùrra salàta, *tarantella*

Surràca, s. f. specie di piccola

apertura alta ad uso di ricever luce

Surruschiàri, v. n. *balenare*

Surruschiàta, s. f. *balenamento*

Surrùscu, s. m. quel chiaro e momentaneo mostrarsi della luce prodotta dal fluido elettrico che trapassa da una parte ad un'altra dell'atmosfera, *baleno*

Sursamèll, vedi sussamèli

Sùrsu, s. m. quantità di liquore che si beve in un tratto, *sorso*

Surtèri, s. m. avveniticcio, non stanziato, *passeggiere*

Surticèdda, dim. di sòrti, vedi

Surtìri, v. a. e n. *avvenire, accadere*; per *uscire*

Surùzza, dim. di sòru, *sorellina*

Sùsiri, v. a. e n. mettersi in piè, *rizzarsi*; per uscir da letto, *levarsi*

Suspènniri, v. a. *differire, prolungare, sospendere*

Suspensòriu, s. m. sacchetto che serve a tener sollevato lo scroto in alcune malattie, e mettesi anche per precauzione, *sospensòrio*

Suspèttu, s. m. *sospizione, sospetto*; per *dispetto, onta* (nel volgo)

Suspìnciri, v. a. *sollevare, innalzare*

Suspinsìvu, vedi suspinsìva

Suspiràri, v. n. *gemere, sospirare, bramare*

Suspìru, s. m. *sospiro*; per difficoltà di respiro, *affanno*; term. de' fabbri, e vale fune che tiene da un lato lontano dalle parti ove potrebbe ur-

tare un gran corpo nello ab-
bassarsi o nel tirarsi su colle
carrucole o argani; suspiru di
la serpi di lu cucchèri, *gruccia*

Suspittaria, s. f. *dispetto*

Suspittùsu, agg. *sospettoso*; per
dispettoso

Sussamèla, s. f. pastume dolce
fatto di farina, mandorle ed
aromi

Sussècula, s. m. *continuazione,
seguito*

Sussèguitu, vedi sussècutu

Sùsta, s. f. sinonimo di *mòdda*
vedi; per le molle dove son
situate le lenti degli occhiali,
susta

Sustànza, s. f. ciò che per sè
medesimo sussiste, *sostanza*;
per ciò ch'è reale, *essenza,
ristretto, averi, facoltà*; per
tutto ciò che può nudrire;
'nsustànza, avv. *in somma*

Sustanziùsu, agg. che ha, dà e
porta sostanza, *sostanzievole,
sostanzioso*

Sustàri, v. a. *importunare, in-
fastidire*

Sustègnu, s. m. *puntello, appog-
gio, sostegno*

Sustinlàri, v. a. *alimentare, so-
stenere, reggere, conservare,
sostentare*; n. p. *alimentarsi*

Sustintamèntu, s. m. *sostegno,
sostenimento, sofferenza*

Sustinìri, v. a. *reggere, sofferire,
compatire, conservare, proteg-
gere, aiutare, difendere, resi-
stere, sostenere*; per *durare,*
mantenersi con decoro

Sustinùtu, agg. *contegnoso*; per
sostenuto

Sustinutìzza, s. f. *sostenutezza*

Sùstu, s. m. *noia, fastidio*

Sustùsu, agg. *noioso, importuno*

Sùsu, avv. *suso*; pigghiàri di
sùsu, prevenire un rimpro-
vero che potrebbe meritarsi;
sùsu sùsu, troppo alto

Susùtu, agg. *rizzato*; per *uscito
da letto*

Sùtta, prep. dinota inferiorità
di sito, e talvolta di grado,
condizione, opposto di sopra,
sotto; aviri sutta l'occhi, vale
aver presente; ristari di sut-
ta, andar perditore; sùtta,
per prigione; èssiri sutta di
nàutru, vale esser inferiore,
soggetto; mittìrisi sùtta, *in-
debitarsi*; sutta manu, *di na-
scosto*; teniri sutta, *dominare,
reprimere*; sutt' acqua, detto
di piante che possono inaf-
fiarsi; jirisinni sùtta, *sommer-
gersi*; èssiri sutta vèntu, a-
vere il vento disfavorevole,
ed anche non godere i favori
d'alcuno; jiri a coddu sutta,
perdersi; sùtta, nel giuoco del
così detto tòccu, vale colui
che è uscito a sorte il secondo
e dopo il così detto padrone,
e che può invitare a bere
altri a suo piacimento

Suttacalzùni, s. m. calzoni che
portansi sotto gli altri, *mu-
tande*

Suttacappòttu, p. avv. di na-
scosto, *occultamente*

Suttacòcu, s. m. aiuto del cuo-
co, *sottocuoco*

Suttacòddu, s. m. arnese che si
appicca al collo de' buoi, e
lor pende sotto la giogaia,
sottogola

Suttacòppa, s. f. tazza sopra la
quale si postano i bicchieri

dando da bere , *sottocoppa*

Sutt'acqua, avv. *sott'acqua*

Suttacrìvu, s. m. mondiglia che si cava in vagliando, *vaglia-tura*

Suttacùda, s. f. arnese delle bestie da sòma che passa sotto la coda, *soccodagnolo*

Sùtta culùri, p. avv. sotto pretesto

Suttacuppìna, vedi mafaràta

Suttagùla, s. m. una delle parti della briglia, *soggolo*

Suttalùmi, s. m. pezzo di tela cerata, o tessuto di lana per posarvi sopra i lumi ad olio o i candelieri, *tondo, posalume, sottolume* (Vedi Carena, diz. dom.)

Suttamànu, avv. *sottomano, di nascosto, sottecchi, sottecco*

Suttamèttiri, v. a. e n. *sottomettere, sottoporre, assoggettare*

Suttamisu, agg. *sottomesso;* per situato in luogo basso

Suttàna, s. f. veste che si porta sotto altra veste, *sottana*

Sutta 'ncàpu, vedi suttasùpra

Suttantènniri, v. a. *sottintendere*

Suttànu, agg. *basso, sottano*

Suttapànza, vedi cinga

Suttapinnàta, s. f. *coperchiella*

Suttaspècchiu, s. m. masserizia di mogone sulla quale situasi uno specchio con cornice

Suttasùpra, avv. *capopiè, sossopra;* mèttiri suttasùpra, metter sossopra

Suttatèrra, avv. *sotterra*

Suttavèntu , s. m. *sottovento;* per fianco della nave opposto a quello donde soffia il vento; fig. *disgrazia*

Suttavùci, agg. *sottovoce;* avv. *pianissimo*

Suttigghìzza, s. f. *sottigliezza;* per *sofisma, cavillazione*

Suttìli, s. m. sorta di tabacco in polvere finissima; agg. *sottile;* per *meschino, acuto, ingegnoso;* per *delicato, magricciuolo;* filàri suttìli, fig. vale esser fisicoso; pisàri a la suttìli, vedi pisàri; a la suttìli, avv. *sottilmente;* avìri lu mali suttìli, valq patir tisicume

Suttirràri , vedi sipilliri ; per *opprimere*

Sutt'òcchiu, avv. *di nascosto, sott'occhio, sottecchi*

Suttràiri, v. a. *sottrarre, ritirare, liberare, cavare*

Suvarìnu, s. m. piccolo ramo di sughero, vestito della sua corteccia ; agg. che ha del sughero, o somigliante a sughero

Sùvaru, s. m. albero, *sughero, suvero;* per la corteccia dell'albero, *sughero;* sùvaru di bòzza, *cantinetta;* sùvari, dicono i tonnarotti que' fasci di sughero che si legano sopra a quelle paromelle che sostengono le reti, acciò tengano il di sopra delle tonnare notante sull'acqua, come le mazzerè lo tengono obbligato al fondo, *sugheri;* scarpi o tappini cu lu sùvaru, scarpe o ciabatte sugherate

Suvarùsu, agg. *sugheroso*

Suvàttu, s. m. specie di cuoio, del quale si fanno i guinzagli a' cani, le cavezze alle giumente ec., *sovatto, sovattolo;*

nome che si dà pure alle pelli con che si fanno i guanti

Suvèrchiu, s. m. che avanza, *soperchio*; per *oltraggio, soperchieria* ; agg. *soperchio* ; . avv. *troppo, eccessivo*

Suvirchiàri, v. n. *soperchiare, sopravanzare*; far soperchieria, *vincere, superare*; lu picca m'abbàsta, l'assai mi suvèrchia , detto di colui che si contenta di vivere con parsimonia

Suvirchiaria, s. f. *soperchieria*; per *superfluità, soperchianza*

Suvirchiùsu, agg. che fa soperchierie, *soperchiante*; per *eccessivo*

Sùvuli sùvuli, posto avv. *lievemente, appena, soavemente*

Suvvìniri, vedi subbiniri

Svacantàri, vedi sbacantàri

Svagàri, v. n. distorre da qualche opera, *svagare*; per prender sollievo, *svagarsi*

Svagàtu, agg. *svagato*; per *vagabondo*

Svampàri, vedi sbampàri

Svanìri, vedi sbanìri

Svantàggiu, vedi sbantàggiu

Svapuràri, vedi sbapuràri

Svariàri, vedi sbariàri

Svasciàri, vedi sbasciàri

Svelàri, vedi svilàri

Svència, s. f. *vendetta*

Sviàri, v. a. trarre dalla via, *sviare*; sviàrisi, n. p. *sviarsi*

Svicchiariàtu, vedi sbicchiariàtu

Svilàri, v. a. tor via il velo, *svelare*; per *manifestare, rivelare*

Svilùppu, s. m. *sviluppamento, sviluppo*; a lu svilùppu, posto avv. *alla conchiusione, alla fine*

Svinciàrisi, v. n. p. *vendicarsi, render la pariglia*

Svìnniri, vedi sbinniri

Svintàri, vedi sbintàri

Svintricàri, vedi sbintricàri

Svintuliàri, vedi sbintuliàri

Svintùra, vedi disgràzia

Svirginàri, vedi sbirginàri

Svirticchiàri, vedi sbirticchiàri

Svisazzàri, vedi sbisazzàri

Svisceràtu, agg. privo di viscere; per *appassionato, svisceralo*

Svisitàri, vedi sbisitàri

Svìsta, vedi sbista

Svitàri, vedi sbitàri

Svudiddàri, vedi sbùdiddàri

Svulazzàri, vedi sbulazzàri

Svummicàri, vedi sbummicàri

Svutàri, vedi sbutàri

T

T, diciannovesima lettera dello alfabeto nostro, quindicesima delle consonanti, e si 'pronunzia *te*; t a ta frittàta, o ficu fatta, esprime cosa che talun crede facile

Tabaccànti, agg. colui che usa del tabacco, *tabacchista*

Tabaccàru , s. m. venditor di tabacco, *tabaccaio*

Tabacchèra , s. f. scatola da tabacco, *tabacchiera*

Tabacchïàri , v. n. usare del tabacco, *tabaccare*

Tabacchirèdda e tabacchiricchia, dim. di tabacchéra

Tabàccu , s. m. pianta nota , *tabacco* ; tabàccu 'ncòrda , *masticatorio*; met. *silenzio*

Tabàli, s. m. specie di tamburo

alla moresca, *nacchera*, *taballo*

Tabàranu, agg. *stupido*, *mogio*

Tabarè,(franc.) vedi 'nguantèra

Tabàrru, s. m. *ferraiuolo*, *tabarro*

Tàbbia, s.f. muro di soli mattoni, *soprammattone*; per mediànti, vedi

Tabbùtu, vedi tabùtu

Tabèlla, s.f. vedi tavulètta; per iscrizione

Tabellionàtu, s. m. cifra di notaio di cui van muniti tutti gli atti da lui rogati, *tabellionato*

Tabelliùni, s. m. notaio presso gli antichi Romani, *tabellione*; oggi anche intendesi per notaio

Tabirnàculu, s. m. cappelletta che sta nel primo altare della chiesa ove si conserva l' Eucaristia, *ciborio*, *tabernacolo*

Tabòbbiu, agg. *balogio*, *scimunito*

Tabunèddu, s. m. intagliatura che si fa negli spigoli degli stipiti delle porte

Tabùtu , s. m. arnese in cui rinchiudonsi i corpi de'morti, *cassa*

Tàcca, s. f. *macchia*, *tacca*; per *ingiuria*, *vizio*, *infamia*, *disonore*

Taccagnùni, agg. *misero*, *avaro*, *taccagnone*

Taccariàri, v. a. *tartassare*

Tacchiàri , v. a. bruttar con macchie, *macchiare*; n. pass. *macchiarsi*

Tacchiàtu, agg. *macchiato*; fig. contaminato da vizi disonoranti, *contaminato*

Tàccia , s. f. piccolo chiodo a gran cappello, *bulletta* ; per colpa, imputazione di vizio, *taccia*

Tàccu, s. m. quella parte della scarpa che sta sotto il calcagno, fatto di suola a più doppi, e spesso imbullettata. *calcagnetto*, *tacco*; nel giuoco del trucco a tavola, ossia bigliardo, è quel bastone lungo che serve a dar alle palle , *pertica*; presso gli stampatori sono que' pezzi di carta che pongonsi nel timpano del torchio per rialzarlo, *tacco*

Taccuìnu, s. m. libretto di memorie, *taccuino*

Taccùni , vedi tàccu ; per la parte della scarpa che sta sotto il calcagno; per l'occhio che s'incastra nella tagliatura del nesto, *scudicciuolo*; per uno degli spazi quadri che si fanno negli orti , *quaderno* ; detto d' uomo, vale *rozzo*, *ignorantaccio*

Tacimàci (a), posto avv. parlando di denari, vale metter un tanto per uno in qualche brigata e poi goderselo in qualche spesa geniale, *metter a sovvallo*; e la parte di spesa che tocca a ciascuno , *stregua*

Tàciri, v. n. star cheto, non parlare, *tacere*

Taddarìta, s. f. animale volatile che esce coi crepuscoli vespertini, *pipistrello*, *nottola*

Taddèma, s. m. sorta di corona o cerchio luminoso che adorna il capo delle imagini sacre, *aureola*

Tàddu, s. m. quella costola che è nel mezzo delle foglie del cavolo, lattuga ec., *costola*; essiri un tàddu di Giuda, vale di perfetta sanità

Taddùni, s. m. accr. di tàddu; a pezzu ed a taddùni, detto di pagamento, vale fatto a grandi intervalli ed a stento

Tafanàriu, s. m. *culo*, *tafanario*

Tàfara, s. f. quella parte della bilancia, ove si pongono le cose da pesare, *guscio della bilancia*

Tafariari, v. a. *bastonare*, *far tiffe taffe*

Taffiari, v. n. mangiar bene, fare una corpacciata, *taffiare*

Taffità, s. m. tela di seta leggerissima, *taffetà*; per quella sorta di sparadrappo usato nelle piccole ferite, *taffetà*

Tàffiti, voce che esprime il suono delle percosse, *taffe*

Tàffiu, s. m. banchetto lauto, *taffio*

Taffùni, vedi timpùni

Tàgghia, s. f. legnetto o gambo secco di ferula diviso per lo lungo in due parti, sulle quali a rincontro si fanno certi piccoli segni per memoria e riprova di coloro che danno o tolgono roba a prestanza, *tacca*, *taglia*; per natura, qualità, grandezza, statura; di mènza tàgghia, vale tra grande e piccolo, ovvero tra nobile ed ignobile; per uno strumento atto a muovere pesi enormi, *taglia*

Tagghialìgna, s. m. chi fende legna con la scure, *spezzazocchi*, *taglialegna*

Tagghiàri, v. a. dividere con strumento tagliente, *separare*, *tagliare*; per l'opera del sarto che riduce una quantità di panno in pezzi adatti a farne un abito, *tagliare*; per *dividere*; tagghiàri a pezzi, *uccidere*; tagghiàri l'api, vedi sagnàri; tagghiàri e scùsiri, *sparlare*; tagghiàri li palòri, interrompere il ragionamento; detto di cadaveri, vale *sparare*; in alcuni giuochi tagghiàri, vale far banco; tagghia ch'è russu, *uccisione*, *macello*

Tagghiarìna, s. f. strisciuola che portano i sotto-uffiziali sulle maniche per distinzione di grado, *striscetta*

Tagghiarìni, s. f. plur. alcune paste sottili e spianate che adoperansi per minestre, *tagliolini*

Tagghiarìnu, s. m. verme che nutresi entro gl'intestini umani di lunghezza smisurata, *inea*

Tagghiàta, s. f. *tagliamento*, *tagliata*

Tagghiatèdda, s. f. sorta di pasta minutamente tagliuzzata, *tagliatelli*

Tagghiatìna vedi tagghiàta

Tagghiatìni, s. m. plur. sterpi tagliati o legname minuto da far fuoco, *stipa*

Tagghiàtu, agg. *tagliato*, *separato*, *diviso*, *amputato*; per accoscio, *proprio*

Tagghiatùri, s. m. che taglia; è anche nome di vari strumenti usati nelle arti, *tagliatoio*

Tagghiàzza, s. f. *tagliatura*, *taglio*

Tagghièti, agg. di sottil taglio, *tagliente*; lingua tagghièti, vale *pungente*, *maledica*

Tagghièri, s. m. legno piano e ritondo a foggia di piattello dove si tagliano le vivande, *tagliere*; per tàgghia, vedi

Tagghiètti, s. m. plur. piccole porzioni di cose

Tagghiòla, s. f. ordegno di ferro per prendere animali, *tagliuola*

Tàgghiu, s. m. parte tagliente della spada o strumento simile da tagliare, *taglio*; per incisione; per occasione, opportunità; per orlo, sponda; tàgghiu d'abitu, il panno necessario per farne un abito, *taglio d'abito*; dàri di tàgghiu, *ferir di taglio*; fàri un tagghiu, *stralciare*; avìri a tagghiu di lavànca, esser in procinto di perdere; nel giuoco del faraone, dicesi lo alzar le carte separandole in due parti, ed anche la parte che si è così separata, *taglia*

Tagghiùni, s. m. guiderdone che si promette a chi uccide o consegna alla giustizia alcun bandito, *taglia*

Tàju, s. m. terra inumidita, *luto*, *loto*

Talài, s. m. plur. luogo acconcio per osservare, *vedetta*; stàri a li talài, *stare alle vedette*

Tàlamu, s. m. edificio di legname dove si pone la bara del morto, *catafalco*; nel giuoco del faraone è il tavoliere dove stan fissate le carte che servono alla scommessa

Talè, o talè ocà, o talè talè, e significa, *guarda*, *ascolta*, *ve'*, *vedi*

Talèllu, vale *eccolo*

Talèntu, vedi 'ncègnu; per abilità, capacità

Tàli, pron. m. e f. *tale*; pri tali e quali, vale *certuni*; tal' e quali, avv. *parissimo*; per *certamente*; don tali di tali, *messer tale*

Taliamèntu, vedi taliàta

Taliànu, agg. voce tronca d'*Italiano*

Taliàri, v. a. e n. *guardare*, *osservare*, *fisare*; taliàri cu l'occhi tòrti, vale guardàr in cagnesco; sutt'òcchiu, *sogguardare*; cu l'òcchiu di lu còri, *vagheggiare*

Taliàta, s. f. *sguardo*; per *sguardatura*, *fissamentu*

Talòra, s. f. ulcere che viene per mal venereo sul membro virile, ed a preferenza sul glande o parte del pene ricoperta dal prepuzio, *ulcera*

Tàllaru, s. m. moneta di Germania del valore di due fiorini, *tallero*

Tàlpa, s. f. animale, *talpa*; met. *scimunito*

Tambùru, vedi tammùru

Tammurèddu, s. m. strumento composto d'un cerchio di legno coperto nel fondo di cartapecora, e munito di sonagli, *cembalo*; pùpa di tammurèddu, vale donna troppo attillata o civettuzza

Tammuriàri, v. n. suonare il tamburo, *tamburare*; per percuotere, bastonare, *tambussare*

Tammurinàru, s.m. suonator di tamburo, *tamburino*

Tammuriniàta, s.f. il suonar dei tamburi, *stamburata*

Tammurinu, s. m. strumento a guisa di cassa cilindrica coperta all' estremità da due pelli, e suonasi con due bacchette, *tamburo*

Tammùru, vedi tammurinu; per quel muro di legname che fabbricasi davanti le Chiese, *antiporto*; una delle parti interne dell'orecchio, *tamburo*; pisci tammùru, una sorta di pesce di figura quasi rotonda, *tamburo*; capu tammùru, negli eserciti chi dirige i tamburi nel suonare; fàri li cosi supra lu tammùru, vale su due piedi; per un cilindro che sta negli oriuoli, *tamburo*

Tammuscèddu e tammuscèttu, s. m. pianta, *pugnitopo, rusco, ruschia*

Tampasiàri, v. n. consumare il tempo senza far nulla, *dondolare*; per andar a zonzo, *zonzare*

Tampasiàta, s. f. *dondolamento*

Tàna, s. f. *caverna, tana*; di furmiculi, *formicajo*; di sùrci, *topaja*; di vèspi, *vespajo*; di vùlpi, *volpaja*; fàri nèsciri la sèrpi di la tàna, vale costringere alcuno suo malgrado

Tanarìzzu, s. m. luogo pieno di tane da conigli

Tànfu, s.m. fetore propriamente della muffa, *tanfo*

Tàngaru, agg. *grossolano, tanghero*

Tànna, s. f. *imposizione, gravezza, taglia*

Tànnu, avv. *allora*

Tannùra, s. f. vaso di ferro da tenervi entro della brace per iscaldar vivande, o i ferri da spianar biancherie, *braciere, fornello, focolare*; per quel fornello di ferro, dove adatasi l'abbrustatojo del caffè

Tantàri, vedi tintàri

Tantiàri, v. n. andar tentone; per *toccare, palpare, palpeggiare, brancicare, tastare*

Tanticchia, pron. *un tantinetto*; dim. tanticchièdda, *un pocolino*

Tàntu, agg. nome relativo e pron. *tanto*, èssiri 'ntra lu tantu e quantu, vale contender per il prezzo; diriccinni tanti, *svillaneggiare*; ogni tàntu, *alle volte*; dariccinni tanti, s'intende di busse

Tàntu, avv. dinotante lunghezza di tempo, grandezza di spazio, quantità di cosa, *tanto*; tant'è, *in somma*; tantu quantu, in modo plausibile, *tanto quanto*

Tantùni (a), col verbo jìri, avv. vale andar tentone

Tapizzàri, v.a. parar con tapezzerie, *tapezzare*

Tapizzaria, s. f. paramento di stanza, *tappezzeria*

Tapizzèri, agg. artefice di tappezzerie, paratore di stanze, *tappezziere*

Tàppa, s. f. *macchia, chiazza*; per luogo da riposarsi nei viaggi, *tappa*; per istatura o qualità d'uomo ec. *tacca*; tàppa di scèccu, cavàddu ec. vale *ignorantaccio, pascibietola*

Tappafùnni, s. m. plur. specie

di borse di suola che si attaccano alla sella per contenere le pistole, *fonde delle pistole*

Tapparèddu , s. m. *scheggia , stiappa;* per *tronconcello;* per l'uovolo che nasce sul pedale dell'ulivo, *uovolo*

Tappariddiàri, v.n. fare scheggie in alcun legno, *schiappare*

Tapparùtu, agg. vedi chiapparùtu; per *maccianghero, grossolano*

Tappàta, s. f. quantità di cosa tegnente, che insozza dov' è lanciata

Tappicèddu, dim. di tàppu, vedi

Tappìna, s. f. scarpa da casa senza o con il calcagno, *pianella* ; per scarpa logora e sdrucita, *ciabatta*

Tappitèddu, dim. di tappitu , *stoino*

Tàppiti, voce che denota il rumor di cosa che caschi, *tappete, tuffete;* tàppiti all'acqua, *pappacece, balordo*

Tappitu, s. m. panno grosso a vari colori per uso di coprir tavole e pavimenti di stanze, *tappeto;* pezzo di terra a prato, *tappeto;* per ogni cosa che ingombri il suolo, *tappeto*

Tàppu , s. m. turacciolo per botti, fiaschi e simili, *tappo;* presso gli artiglieri, istoppa o altra somigliante materia che si mette nella canna d'archibugio, o altro simile strumento, acciò la polvere e la munizione vi stiano dentro calcate, *stoppaccio, stoppacciolo;* tappu di li stipi , cocchiume della botte; chinu a tappu,

colmo; èssiri abbuttàtu comu un tappu di màsculu, vale *irato, sdegnato;* fari sotàri comu un tàppu di masculu, *scuotere*

Tàra, s. f. *defalco, tara;* quel tanto che si calcola doversi scemare dal peso, *diffalco;* per quel che danno di più i trafficanti a chi compera le loro merci in grosso, *sopraccollo;* livàri la tàra, *tarare*

Taràlli, s. m. plur. anelletti di pastume dolce, *bericuocolo, confortino*

Tarallùccia, s.f. piccolo confortino

Tarantèlla, s. f. danza napoletana, *tarantella*

Taràntula, s. f. insetto, *ragnatelo, ragno;* taràntula nacalòra, sorta di ragno velenosissimo della Puglia, *tarantola*

Tàrca, s. f. velo nero per lutto un tempo usato dalle nostre donne; per uomo dappoco , *mocceca*

Tàrchi, s. m. plur. parti della testa del tonno, e di altri pesci simili

Tardànza, s.f. *indugio, lentezza, tardanza*

Tardiòlu, agg. *tardivo;* per *pigro*

Tardìu, vedi tardiòlu

Tàrdu, agg. *pigro, lento, grossolano, serotino;* di corto intendimento, *tardo*

Tàrdu, avv. *tardi;* 'ntra lu tàrdu, *al tardi;* cui tàrdu jùnci tristu allòggia, chi non giugne a tempo nelle cose, difficilmente può trovarvi il suo pro; mègghiu tàrdu ca mai, *è meglio tardi che non mai*

Tarduliddu, dim. di tàrdu, tardetto; per infingardetto

Tàrga, s. f. specie di scudo di legno o di cuojo, targa

Tarì, s.m.-moneta di Sicilia che vale una mezza lira Toscana, -tari, tareno, teri

Tariffa, s. f. determinazione di prezzo, tariffa; pel libro che contiene le tariffe

Tariffàri, v. a. sottoporre a tariffa, o ridurre in tariffa

Tariulàta, s. f. porzione di cosa che valga un tari

Tariuòlu, vedi tari

Tarlàri, v. n. generar tarli, tarlure

Tàrlu, s. m. verme che ricovera nel legno e lo rode, taradore, tarlo

Taròcchi, s. m. plur. sorta di giuoco, tarocchi, tarocco; jittàri taròcchi, adirarsi, bestemmiare

Tartàgghia, s. m. e agg. che intoppa nel favellare, tartaglione, scilinguato, balbuziente

Tartagghiàri, v. n. pronunziar male e con difficoltà le parole, balbettare, scilinguare

Tartàna, s.f. sorta di bastimento, tartana

Tàrtaru, s. m. deposito che il vino lascia nelle botti, tartaro; per sporcizia, sudiciume; pel calcinaccio dei denti, tartaro

Tartarùni, s. m. rete simile alla sciabica usata dai marinai per prender piccoli pesci, tartanone

Tartarùca, vedi tartùca

Tartùca, s. f. animale coperto d'un guscio membranoso, la

di cui carne e le uova sono commestibili, testuggine, tartaruga; per la sostanza ossea cavata da' suoi gusci con che si fan pettini, stecche di ventagli, tabacchiere ec., tartaruga; tartùca di màri, simile al primo, ma ha i piedi in forma di alette, testuggine di mare

Tartùffu, s.m. pianta senza radici, buona a mangiare, tartufo

Tartùffulu, vedi tartùffu

Tarucchiàri, v. n. gridare, adirarsi, taroccare, bestemmiare

Tarùni, s. m. il riccio che è sulla cima e lungo il tralcio della vite, che inanellandosi s'avvoltiglia attorno al sostegno, viticcio

Taschèttu, vedi sciaccò

Tàscia, s. f. tassa, balzello

Tasciàri, v. a. tassare; tasciàri li spìsi, li nòti ec. vale ridurli al giusto

Tàscu, vedi sciaccò

Tassèdda, s.f. pezzo di terra destinato ad una cultura speciale, ajuola; per ferita larga e profonda, sfenditura

Tassèddu, s. m. pezzo di legno, pietra e simili che si commette dov' è guastamento o rottura, ed anche per ornamento, tassello; per piccola parte di chicchessia, tassello

Tàssia, s. f. erba che fa enfiar il corpo come di lebbra, tassia

Tassiddiàri, v. a. fare o metter tasselli, tassellare; per tagliare a tasselli, tagliuzzare

Tassidduzzu, dim. di tassèddu, tasselletto

Tàssu, s. m. albero suscettibile

di grande altezza, *tasso*; tassu barbàssu, pianta, *verbasco*

Tàssu, s. m. animale carnivoro della famiglia degli orsi, *tasso*

Tàssu, s.m. detto di acqua fredda o altro, vale *gelo*

Tastàri, v.a. gustare leggermente, *assaggiare*; cui tàsta arrèri ci tòrna, indica cosa assai gustosa

Tàsta tàsta, si dice invitando a gustar qualche cosa

Tastàta, s. f. *assaggiamento*

Tastèra, s.f. la parte degli strumenti da suono dove sono i tasti, *tastiera*

Tastiàri, v. a. toccare leggermente, *palpare, tastare*; per *riconoscere*; tastiàri l'acqui, cercar di scoprire, *tasteggiare*

Tàstu, s. m. l'assaggiare, *assaggio*; per tatto; per quei legnetti degli strumenti a corda, che si toccan per sonare, *tasti*; per una canna destinata ad attinger vino dal cocchiume della botte; tuccàri lu tastu, parlare di ciò che interessa

Tàta, s. m. *padre, babbo*

Tàttu, s.m. uno dei cinque sensi, *tatto*; per talento di osservare, *tatto*

Tàula, s. f. legno segato per lo lungo dell'albero, e nella grossezza di tre dita al più, *asse, tavola*

Taulinu, vedi tavulinu

Tauriàri, v.n. *infuriarsi, inflammarsi, assillare*

Tàuru, s. m. il maschio delle bestie vaccine, *toro*; stàri còmu un tàuru, vale esser torchiato, *robusto*

Tavàna, s. f. insetto nojosissi-

mo degli animali, più grosso e più lungo della mosca, *tafano*

Tavèdda, s. f. raddoppiamento di panni, drappi, ec. *piega*; per imbastitura fàtta a piè delle vesti, *sessilura, ritreppio*

Tavèrna, s. f. luogo dove bazzica la ciurmaglia, e vendesi vino a minuto e cose da mangiare, *bettola, taverna*; fàri pagàri la taverna, *far pagare il fio*

Tavirnàru, s.m. colui che tiene la bettola, *bettoliere, tavernajo*

Tavirnèri, agg. che frequenta le taverne, *taverniere*

Tàvula, s.f. asse, *tavola*; per un arnese di più assi orizzontali, retto da uno o più piedi; ve n'è di ferro, pietra ec., e serve per mangiare, scrivere, giuocare, *tavola*; per *mensa*; pel banco dei banchieri, *tavola*; per quadro di cose scritte, *piano*; mulùni di tavula, specie di popone; a tavula misa e pani minuzzàtu, *a tull'agio*; tavula tunna, negli alberghi è quella tavola dove si mangia in comunione con altri, *tavola rotonda*; arrigurdàri lu mortu 'ntàvula, *ragionar dei morti in tavola*

Tavulàta, s. f. l'aggregato di gente seduta a mensa, *tavolata*

Tavulàtu, vedi 'ntavulàtu

Tavulatùra, s.f. molti assi commessi insieme, *tavolato, assito*

Tavulàzzu, s. m. assito di tavole, su cui riposano i soldati del corpo di guardia, *tavolato, pancaccia*

Tavulèri, vedi scacchèri; per

quello arnese atto a pigiar le uve; per quella tavola che portano i muratori onde tenervi la calcina

Tavulinu, s. m. tavoletta per uso di giuoco o di studio, *tavolino, tavoliere*

Tavulòccia, s. f. quella sottile assicella usata dai pittori per tenervi i colori, *tavolozza*; per quella piccola tavola che sta nei tavolini al di sopra del cassetto, e che si tira in fuori per iscrivere, *tavoletta*

Tavulùni, s. m. legno segato per lo lungo dall'albero, e della grossezza di tre dita, *pancone, tavolone*; met. *tanghero*

Tàzza, s. f. vaso di forma piatta con manico e piede o senza, *tazza*; per quel vasetto ad uso di bere cioccolata, caffè ec. *chicchera*

Tè, sincopato di tieni; tè tè, vale *guarda! guarda!*, ed anche *busse*, detto a fanciulli

Tè, s. m. pianta della China, del Giappone e della Sira, *te, the*

Teatìni, s. m. plur. ordine religioso formato di preti regolari, derivato da *Teate*, oggi Chieti, paese d'Italia, *Teatini*

Teatrìnu, s. m. dim. di teàtru, dicesi de' piccoli teatri in case particolari, *teatrino*; per quello ove si fan rappresentare i burattini

Teàtru, s. m. edificio dove si rappresentano gli spettacoli, *teatro*

Tèca, s. f. scatoletta di metallo ad uso di riporvi reliquie di santi, *archetta, custodia*

Tèdiu, s. m. *noja, tedio*

Tedèu, s. m. inno della Chiesa con cui si suole ringraziare Iddio, *Te deum, tedeo*

Tediàri, v. n. tener a tedio, *tediare*

Tediùsu, agg. *nojoso, stucchevole, tedioso*

Tègula vedi canàli

Telègrafu, s. m. macchina collocata in luogo elevato per mezzo della quale fansi certi segnali, che vengono ripetuti da altre macchine simili collocate a certa distanza le une dalle altre, le quali trasmettono prestamente nuove o ordini a coloro che sono a gran lontananza, *telegrafo*; telègrafu elèttricu, invenzione de' tempi nostri, per la quale possonsi comunicar notizie a grandissime distanze per mezzo d'un filo metallico in pochi minuti, *telegrafo elettrico*; fàri lu telegrafu, *far segni*

Tematicaria, s. f. *caponaggine, ostinazione*

Temàticu, agg. *caparbio, testereccio*

Temeràriu, agg. *ardito, imprudente, temerario*; giudiziu temeràriu, non fondato

Tèmpira, s. f. consolidazione che si dà al ferro gettandolo infuocato nell'acqua o in altro liquido, *tempera, tempra*; per qualità, indole, disposizione; pel taglio che si fa alla penna affin di renderla atta allo scrivere, *tempera*; una tèmpira, è detta dal volgo una bibita di vino annacquato

Tèmpiu, s. m. edificio sacro a Dio, *tempio*; per quello degli antichi consacrato agli Dei profani, *tempio*

Temporàli, s. m. *tempesta, temporale*; agg. *mondano, caduco*; si può riferire anche a tempia, *temporale* .

Tèmpu, s. m. durata delle cose mutabili, misurata da certi periodi, ed in singolar modo dall'apparente rivoluzione del sole, *tempo*; il succedersi dei minuti, delle ore, de' giorni, delle settimane, de' mesi, degli anni, de' secoli, delle stagioni ec. *tempo*; per opportunità, tempo determinato, disposizione dell'aria, stato dell'atmosfera; omu 'ntra tempú, vale in età avanzata; a so tempu, a tempo opportuno; presso gli oriuolai è quella parte che ne regola con eguali vibrazioni il movimento, *tempo*; dàri tèmpu, *indugiare*; èssiri 'ntempu, vale aver l'opportunità di fare; acqua di tempu, vale non riscaldata o non rinfrescata; passàri tèmpu, *sollazzarsi*; avìri bon tempu, starsene allegramente; pigghiàri tèmpu, guadagnar tempo; tempu ruttu, vale povigginoso; fora tèmpu, detto di frutta che si producono fuori stagione; nn'àvi tèmpi, vale è un pezzo!; prima di lu tempu, *per tempo*; manciàrisi lu tèmpu, *presentire*; tèmpu pèrsu, speso indarno; a lu tempu di li canònici di lignu, per esprimere un tempo che non fu; a tempu di dillùviu tutti li strunza nàtanu, nei tempi cattivi i tristi predo-

minano

Tèmpula, s. f. parte della faccia tra l'occhio e l'orecchio, *tempia*

Tèmpura, vedi quàttru tèmpura

Tènchia, s. f. sorta di pesce fluviatile, *tinca*; sbàttiri còmu na tènchia, *stramazzare*; lassàri sbàttiri còmu na tènchia, *non ascoltare*

Tèniri, v. a. avere in sua mano o in suo potere, *tenere*; per trattenere, impedire, pigliare, stimare, giudicare, reputare; tèniri in frènu, *raffrenare*; tèniri a mènti, *rammentare*; a mòddu, vale immerso nell'acqua; annòrdini, in punto, in assetto; tinìrisi forti, esser costante; tèniri 'mpìntu, tener sospeso; nun tèniri 'ngrùppa, non sofferire; tèniri 'ntèsta pri curuna, avere in non cale; stènni pedi quantu linzòlu teni, vedi linzòlu; tèniri, detto di levatrici, vale lo assister che fanno esse le partorienti; nun tèniri, detto d'uomini, vale che facilmente s'infastidiscono; detto di cose, che si alterano presto nella loro qualità; nun putìrisi tèniri di li risi, sganasciarsi dalle risa; tèniri lu rinàli, *piaggiare*; tèniri lu cannilèri, restar deluso; a martèddu, *tormentare*

Tènna, s. f. tela che si distende in aria e allo scoperto per ripararsi dal sole, dalla pioggia e simili, *tenda*; a la calata di li tènni, posto avv. *alla fine* .

Tènniru, agg. di poco durezza,

tenero; per *delicato, non assodato, di fresca età*

Tentàri, v.a. far prova, cimentare, importunare, sollecitare, lusingare, allettare, *tentare*

Tentatìvu, s. m. prova, saggio, *tentativo*

Tentatùri, s. m. che tenta, *tentatore*; per diavolo

Tentazioni, s. f. *prova, cimento, tentazione*; per *lusinga, allettamento*

Tenùri, s. m. soggetto, contenuto; per forma, maniera, contesto, andamento del discorso, *tenore*; per una delle quattro parti della musica

Teriàca, vedi triaca

Terminàri, vedi tirminàri

Tèrmini, s. m. *confine, termine, fine, intenzione, convenienza, parola*

Tèrnu, s. m. nel giuoco del lotto la combinazione di tre numeri, *terno*; pigghiàri un tèrnu, uscire i tre numeri giuocati; e met. aver buona fortuna

Tèrra, s. f. il pianeta da noi abitato, *terra*; per quelle sostanze che formano la base di tutte le pietre; per lido, venendo dal mare; per terreno che si coltiva; per solajo; per città, provincia, paese ec.; terra terra, posto avv. vale rasente la terra; sbàttiri 'ntèrra, *cascare*; jittàri 'ntèrra, *svilire*; jittàri terra 'ntra na cosa, *dissimulare*; terra scàpula, non coltivata, lasciata soda; gèrba, incolta; fàri tèrra trimàri, *atterrire, spaventare*; nun pusàri 'ntèrra, vale esser amato; dàri lu mùssu 'ntèrra, *fallire*;

per pagar il fìo d'una malvagia azione; terra d'oca, *ocria*; terra lèggia, *terreno magro*; 'ntèrra, a vilissimo prezzo; a la tèrra di l'orvi miàtu c'àvi un occhiu, vedi òcchiu; circàri pri tèrra e pri màri, vale dovunque; èssiri di lu cèlu 'ntèrra, *dalle stelle alle stalle*

Terràzzu, vedi tirràzzu

Terremòtu, s. m. forte scotimento della terra, *tremuoto, terremoto*; fàri terremòti, met. *sgridassare*

Terrùri, s. m. *spavento, terrore*

Terrurìsimu, s. m. *terrore, terrorismo*

Tèrza, s. f. una delle ore canoniche che si canta o si recita nel terzo luogo, ed anche il tempo in che ella si canta, *terza*; t. di musica, *terza*

Terzèttu, s. m. componimento in terza rima; in musica, vale cantata a tre voci, o concerto di tre strumenti, *terzetto*

Tèrzu, s. m. *terzo*; agg. *terzo*

Tesorèri, s. m. *tesoriere*

Tèssiri, v. n. fabbricare la tela o comporre chicchessia a guisa di tessuto, *tessere*; per *compilare, ordire*; tèssiri na strata, *girandolare*

Tèsta, s. f. tutta la parte dello animale dal collo in su, *capo, testa*; per individuo di bestie; testa curunàta, *re, sovrano*; per *intelletto, ingegno*; testa di chiovu, *capocchia*; di spingula, *capocchiella*; testa d'agghia, cipudda ec. *capo*; per estremità di chicchessia, *testa*; fàri tèsta e tàrchi, *bravare*; rùsicu di tèsta, *fastidio, noja*;

avìri un purci 'ntèsta, avere qualche pensiero, o dei grilli; dàrisi la testa pri li mura, *dar nelle furie*, ed anche *sbigottirsi* ; lu pisci fèti di la tèsta, si dice che ne' nostri mali bisogna guardare alle cause ; solàri 'ntèsta, *rintuzzare*; cui fèti pr' un spìcchiu, fèti pri na tèsta, *tanto se ne fa a mangiarne uno spicchio, quanto un capo d' aglio*; testa e tistuni e diavulu chi ti porta, vale che i meriti propri sono un nulla, senza chi vi protegga; calàri la testa, *acconsentire*;testa sicca, *desto, vigilante*; munnàta, *calvo* ; fàusa, *strambo*; giusta, quatra, *esatto, esperto*; testa di màcciu, *testereccio*; lèggia, *smemorato*; càrrica, grave di sonno; fumàri la testa, *aver cruccia, o esser brillo*; la testa di l'acqua, *scaturigine*; met. l'origine delle cose, ed anche detto ad uomo, vale *primajo, principale* ; di una dui, di tri testi, detto di pentola, vale d'una capacità che possa entrarvi una, due o tre teste; testa di fèrru, nell'uso persona che agisca apparentemente nel nome proprio, mentre poi in effettivo lo è per altri; nun putìrisi arraspàri la tèsta , vale aver molti affari; livàri di tèsta, abbandonare il pensiero; firriu di tèsta, *vertigine*; tèsta còtta a lu sùli, *tanghero*; mittìrisi a la testa, *primeggiare*; 'ncasciàricci 'ntèsta, *ostinarsi*; a tèsta appuzzùni avv. a capo chino; jiricci la testa pri l'aria, vale essere agitatis-

simo; nun ci avìri tèsta, vale esser sbadato; mèttiri la testa ad unu unni avi li pedi, vale *umiliare*; rùmpiri la tèsta , *vessare, infastidire*

Tèsta di tùrcu, s. m. sorta di pasta tenera con zucchero fatta a foggia di turbante turchesco, ed è uno dei dolci soliti a farsi nel carnevale

Testagròssa, s. f. sorta d'uccello, *avelia, cazzavela*

Testìculu, s. m. parte genitale dell'animale maschio, *testicolo*

Testìculu di càni, s. m. pianta, *testicolo di cane*

Testìculu di vùrpi, s.m. pianta, *testicolo di volpe*

Tetè, s. m. pl. detto bambinesco, *busse*

Tèttu, s. m. coperta delle fabbriche, *letto*

Tì, pron. *a te*

Tìa, pron. *te*

Tìbbi, e dicesi, nè chi tìbbi nè chi tàbbi, e vale *nè punto nè poco, nè bene nè male*

Tìcchi tìcchi, imitazione del suono di diversi oggetti ripercòssi, *licche tocche*

Tìcchiu, s.'m. *capriccio, ghiribizo, ticchio*

Tièlla, vedi tigghia

Tiganàta, s.f. tanta materia che entra in un tegame, *tegamata*

Tiganèra, s. f. arnese per trasportar le vivande cotte, *virandiere*

Tigànu, s. m. vaso di terra o di rame per uso di cuocer vivande, *tegame*

Tigghia, s. f. vaso di rame stagnato dentro per cuocervi

42

torte, migliacci e simili, *teglia, tegghia*

Tigghiu, s. m. albero, *tiglio*

Tigna, s. f. sorta di malattia cutanea, *tigna*; fig. *noja*, *fastidio*

Tignitè, avv. (a) *a bizzeffe*

Tignùsu, s. m. animale simile allo scorpione, *tarantola*; agg. infetto da tigna, *tignoso*; per *calvo*

Tigri, s. f. animale noto per crudeltà e fierezza, *tigre*

Tila, s. f. lavoro di fila di lino, di canapa o cotone tessute insieme per mezzo d'un telajo, *tela*; le fila per lungo diconsi *ordito*, quelle che vi s'intromettono per traverso diconsi *ripieno*; di filu e cuttùni, *guarnello*; cruda, *grezza*; d'innia, *bombagino*; battista, tela finissima, *battista*; custanza, altra tela fine; ortèca, vedi lanchè; di casa, fabbricata in casa; tila, per *quadro*; è detto anche quel gran velo che mettesi nel cappellone delle chiese nella quadragesima, e si rimuove il sabato di resurrezione; nè fimmini nè tila a lu lùstru di la cannìla, vale che le cose debbonsi osservare in pieno giorno per conoscerne la qualità; 'ntila, *in mutande*

Tilàmi, s. f. quantità di tele, *telame*

Tilannàru, s. m. venditor di tele, *telajuolo*

Tilaria, s. f. quantità di tele, *teleria*

Tilàru, s. m. ordigno di legname per tessere tela, drappi o altro, *telajo*; per quel legname commesso in quadro, ove i dipintori attaccano la tela, *telajo*; per quello arnese ove gli stampatori serrano con viti le fòrme; tilàru d'arraccamàri, arnese formato da due travicelli, ove distendesi il drappo che vuolsi ricamare

Tilèri, s. m. tutta la cassa di legno dello scoppio, *cassa d'archibugio*

Tilètta, s. f. sorta di drappo tessuto con oro ed argento, *teletta*; per tela rada, d'infima qualità, *teletta*

Tilùni, s. m. tenda che si alza e si abbassa dinanti il palco scenico, *sipario, tenda*

Timiràriu, vedi temeràriu

Timiri, v. n. ed att. aver paura, *temere, sospettare, onorare*

Timmàla, s. f. vivanda di maccheroni conditi con cacio, burro, carne trita, frattaglie di pollo ec. chiuse in una cassa di pasta dolce

Timògna, s. f. monticello che si fa dei covoni del grano mietuto, *bica, barca*

Timpa, s. f. poggetto, *monterozzolo*; per nàtica vedi

Timpagnàri, vedi 'ntimpagnàri

Timpàgnu, s. m. fondo della botte

Timpanèddu, s. m. quel telajo de' torchi tipografici che si incastra nel timpano, *timpanello*

Timpanu, s. m. strumento sonoro, formato di una cassa circolare, che alle sue estremità tiene una pelle assai tirata agli orli, *timpano*; macchina in forma di ruota per tirar su acqua e muover pesi, *timpano*; per quella parte del carro del torchio di stampa coperta di cartapecora o seta, sopra la quale stanno appuntati i fogli da imprimersi distesi e serrati da un telajo di ferro detto la fraschetta, *timpano*; di l'oricchia, membrana interiore dell'orecchio, *timpano dell'orecchio*; per deretano

Timpàta, s. f. atto spregevole fatto altrui col culo

Timpèriu, s. m. cattivo tempo, *tempaccio*

Timpèsta, s. f. vento impetuoso con turbine, grandine e pioggia, *tempesta*; commozione impetuosa delle acque del mare prodotta da' venti, *tempesta, affanno, travaglio, tribolazione, distruzione*; còsi fatti a timpesta, vale in gran fretta

Timpiràri, v. n. dar la tempera, *temperare*; per *correggere, regolare, moderare*; detto della penna da scrivere, vale acconciarla nel modo che scriva, *temperare la penna*; timpiràri lu vinu, *annacquare*; detto di altri fluidi, *mescere*; li tèrri, vale prepararle alla coltura

Timpiratùra, vedi tèmpira

Timpirinàta, s. f. colpo dato col temperino, *temperinata*

Timpirinu, s. m. strumento per temperar le penne da scrivere, *temperino, temperatojo*; farì un timpirinu, espressione del volgo, vedi tèmpira

Timpistàri, v. a. arricchire, ricoprire di gemme, *tempestare*;

v. n. *affaticarsi*; vedi timpistiàri

Timpistiàri, v. n. aver con difficoltà, *stentare*

Timpistùsu, agg. *tempestoso*; fig. che porta inquietudine, *molesto*

Timpulàta, s. f. *schiaffo, ceffata, tempione*

Timpuliàri, v. n. *schiaffeggiare*

Timpulùni, vedi timpulàta

Timpùni, s. m. pezzo di terra spiccata da' campi lavorati, *zolla*; per timpa, vedi

Timpunùsu, agg. *zolloso*

Timu, s. m. pianta odorosa, *timo, pepolino*

Timunèra, s. f. posto dei timonieri sul cassero delle navi, *timoniera*

Timùni, s. m. legno mobile con cui governasi la nave, *timone*; per que' legni delle carrozze, carri ec. ove si attaccano le bestie che debbono tirarli, *timone*; met. *guida*

Timuràtu, agg. di buona coscenza, *timorato*

Timùri, s. m. *timore*; per sentimento di ossequio, *timore*

Timurùsu, agg. *timido, timoroso*

Timùtu, agg. *temuto*

Tina, s. f. vaso grande per pigiar l'uva, *tino*; per quello che si destina al bagno, *tinozza*; pel vaso in cui i tintori tingono i panni, *tino*

Tinàci, agg. *tenace*

Tinàgghia, s. f. strumento di ferro per uso di stringere e sconficcare, *tanaglia*; tinàgghia di pùnta, specie di tanaglia le cui estremità superiori sono acuminate, *tanaglia a punta*

Tinagghiàri, v. a. tormentare o stringere con tanaglie, *tanagliare, attanagliare*

Tinàta, s. f. quantità di materia che cape in un tino

Tincimèntu, s.m. *il tignere*; fig. soffrir frodi,furberie ec.,*giunteria*

Tinciri, v. a. dar colore, colorare, *tignere, tingere*; fig.*frodare, giuntare*

Tincitùra, s. f. il color della tinta, e l'azione del tignere, *tintura*

Tincitùri, s.m. *tintore*; per *truffatore*

Tincituria, s. f. officina o arte dei tintori, *tintoria*

Tinciùtu, agg. *tinto*

Tincu tincu, post. avv. *risolutamente*

Tincùni, s.m. postema nella anguinaja per mal venereo, *tincone*

Tinèddu, s. m. piccol tino, *tinello, truogolo*

Tiniri, vedi tèniri

Tinitùri, s. m. pezzetto di legno che si conficca in un dei capi del subbio, e serve a tener tesa la tela nel telajo, *ritenitojo*

Tinnàli, s. m. tenda con che copronsi le navi per ripararle dal sole, *tendale*

Tinnigghia, s. f. legnetto che si conficca nel timone dell' aratro, *caviglia*; per la caviglia del subbio, *cavigliuolo*

Tinnìna, s. f. dim. di tènna;per quella tendina che tiensi davanti gli sportelli delle car-

rozze, o delle finestre, ma dalla parte di dentro, perchè al di fuori non si veda l'interno delle stesse, *tendina*

Tinnirèddu, dim. di tènniru, *tenerello*

Tinnirina, s. f. dicesi madama tinnirina per esprimere una donna molle, leziosa

Tinirizza, s. f. *tenerezza*; per *morbidezza, freschezza, compassione*

Tinnirùmi, s. m. pipile tenere degli alberi, *tenerume*; per ramo tenero d'una pianta, *tenereto*; per *tenerezza, compassione*, in tuono beffardo

Tinta, s.f. materia o colore con cui si tigne, *tinta*; per tintùra vedi

Tintàri, vedi tentàri

Tintu, vedi tinciùtu; per malvagio, dappoco, pigro,guasto, inutile, infelice; in cattivo stato di salute; o tintu o pintu, avverbial. *per lo meno*; prestu e tintu, per sollecitar qualcuno infingardo a far presto anche inesattamente

Tintùra, vedi tinta; per superficiale cognizione, *tintura*

Tinturia, vedi tincituria

Tinùta, s. f. *tenuta, possessione*; per luogo serrato, *chiuso*; per *capacità*; in gràn tinuta, *in gran tenuta*

Tinùta, s. f. il prestarsi delle levatrici in ajuto delle partorienti

Tinùtu, agg. *occupato, tenuto*; per *obbligato, posseduto, coltivato, giudicato, reputato*; nel fem. l'assistenza della levatrice alla donna di parto

Tippiti, vedi tùppiti

Tipu, s. m. *idea, modello, tipo;* agg. *zeppo, satollo, ubbriaco;* per *grassottone*

Tirabusciò, s.m. arnese per cavare i turaccioli alle bottiglie, *cavaturaccioli*

Tirallènta, si dice fari lu tirallènta, e vale andar per le lunghe

Tiramàntici, s. m. persona addetta a rilevare i mantici dell'organo, *levamantici, tiramantici*

Tirannìa, s.f. dominio usurpato ed esercitato con violenza, e le azioni da tiranno, *tirannia*

Tirànnu, s. m. chi usurpa un dominio e lo tiene con violenza, *tiranno;* per *crudele*

Tirànti, s. f. fune o striscia di cuojo per tirar le carrozze e simili, *tirella;* per quelle strisce di cuojo che tengon su i calzoni, *stracche, cigne, bertelle;* per quel pezzo di legname che serve a tener saldi i puntoni del cavalletto di un tetto, *tirante*

Tirànti, agg. *teso;* detto di persona, vale che ha gran sussiego

Tirantùla, vedi taràntula

Tiràri, v. a. condurre a sè con forza, *tirare;* per *allettare, indurre, distendere, condurre, costruire;* nel giuoco, *vincere;* per *ottenere;* scaricar arma da fuoco; *tendere, inclinare;* parlandosi di tempo, *allungare;* di vini, *chiarire;* nun tiràri, detto d'infermi o vecchi, vale non aver lunga vita; pel giuocar della scherma, *schermire;* ti-

ràri la paga, riscuotere il salario; tiràri l'oricchi, *riprendere;* tiràri bracia a lu so cudduròni, far il suo pro; tiràri, per *cavar fuori, estrarre, ritrarre, ricevere;* tiràri la sita, trar la seta da' bozzoli; tiràri lu còddu a li gaddìni, *strozzare;* tiràri li pedi ad unu, *nuocere;* tiràri a la mèrca, *imberciare;* tiràri l'oru e l'argentu, vali ridurli in filo; tiràri cu li denti, *stentare;* tiràri li ponti, *terminare;* fari lu tira e allenta, *tentennare, titubare;* tiràri pr'una cosa. *agognare;* nun si tiràri, vale *propendere;* tiràri a la peddi, *odiare*

Tirastivàli, s. m. ganci di ferro per calzare gli stivali, *tirastivale;* per altre arnese con cui si cavano gli stivali, *cavastivali*

Tiràta, s. f. *tirata;* continuazione di chicchessia; per *bevuta;* tiràta di memòria, cosa fuori proposito

Tiratigghiu, s. m. filo di seta in cui è ravvolto oro o argento per uso di tessere o ricamare. *oro o argento riccio*

Tiràtu, agg. *tirato;* per *chiaro, limpido;* per *sostenuto*

Tiratùra, s. f. *tiratura;* per la stampa o impressione tipografica, *tiratura*

Tiratùri, s. m. vedi casciùni; per *schermidore;* per *torceliere;* per quella pietra usata da' tessitori onde tener tesa la massa dei fili

Tirdinàri, s. m. sorta di moneta di rame ch'è metà del grano siciliano; tirdinàri nun mi cci

'mmiscu, *soppottiere, presùn-*
tuoso

Tiriaca, vedi triaca

Tiripitirri, s. m. plur. *lusinghe,*
blandimenti

Tiritàppiti, vedi tàppiti

Tiritùffulu, vedi tartùffulu

Tiritùppiti, vedi tùppiti

Tirminàri, v. a. e n. *terminare,*
finire, esaurire

Tirmintìna, vedi trimintìna

Tirràgghia, s. f. terra da far vasi
un po' più fini dell'ordinario,
terraglia

Tirraggièri, s. m. colui che tiene
le altrui possessioni a fitto con
pagarne tanto frumento a sal-
ma dopo la messe, giusta la
convenzione

Tirraggiòlu, s. m. canone enfi-
teutico che si paga in derrata,
quando si semina la terra a
biada

Tirràggiu, s. m. affitto che si
riceve dalla terra, *terratico*

Tirralòru, agg. colui che tra-
sporta con carretta o bestie
da soma mattoni, arena, rot-
tami di fabbrica e simili

Tirrànu, agg. ch'è sulla piana
terra, *terragno*

Tirrazzànu, agg. natio o abita-
tore di terra murata o castel-
lo, *terrazzano*

Tirràzzu, s. m. parte alta della
casa scoperta, *terrazzo;* per
stèrru, vedi

Tirrènu, s. m. la terra, e propr.
quella che si coltiva, *terreno;*
per *superficie, territorio;* a tir-
rènu virgini, vale nell'igno-
ranza de' fatti, senza preven-
zione; tirrènu scàpulu, senza
cultura; gèrbu, *sodo;* stàncu ,

spossato da continue raccolte;
nugghiu, lasciato incolto per
un anno; lèggiu, *magro;* man-
càri lu tirrènu, mancare il
necessario

Tirri tirri, p. avv. *prestamente*

Tirribili, vedi terribili

Tirribìliu, s. m. *terribilità;* per
scompiglio

Tirrimòtu, vedi terremòtu

Tirripitirri , voce scherzevole
imitante alcun suono

Tirritòriu, s. m. contenuto di
dominio o di giurisdizione,
territorio

Tirròzzu, vedi tirrènu

Tirrunàru, s. m. venditore am-
bulante di torrone; per chi si
prende diletto di assistere ad
ogni festicciuola o passatempo

Tirruncìnu, s. m. confezione di
zucchero, pistacchi e man-
dorle; per una varietà di sor-
betto

Tirrùni, s. m. sorta di dolciume
duro fatto di mandorle miste
a miele o zucchero rappiglia-
to, *torrone, mandorlato;* per
similitudine dicesi di cose
che hanno le stesse qualità
del torrone

Tirrùri, vedi terrùri

Tirrùsu , agg. imbrattato di ·
terra, *terroso*

Tiru, s. m. specie di serpe a
guisa di ramarro, *tiro*

Tiru, s. m. distanza a cui può
ferire l'arma che si scarica,
tiro; un tiru di palla , per
indicare la distanza che per-
corre la palla dello schioppo:
mali di tiru, malattia de' ca-
valli, *tiro;* per imprecazione;
tiru a due, tri, quattru ec.,

dicesi di carrozza tirata da due, tre, quattro cavalli

Tirzalòra, s. f. sorta d'archibugio, *terzeruolo*; per la minor vela della nàve, *terzeruolo*; per una foggia di mattone grande

Tirzalòru, s. m. barileto , la terza parte di un barile, *terzaruola*

Tirzanà, s. m. luogo dove si fabbricano le navi, *cantiere*, *arsenale*, *terzanà*

Tirzàna, s. f. febbre intermittente, *terzana*

Tirzanèddu, s. m. seta soda o fatta di doppii, *terzanella*

Tirzaria, s. f. specie di cultura che si fa in Sicilia seminando ogn'anno una terza parte del campo, e lasciando il resto a pastura

Tirzèttu, s. m. sorta di componimento in terza rima, *ternario*, *torzetto*; pezzo musicale per tre óbbligate parti, *terzetto*

Tirziàri, vedi trizziàri; pagare una somma in tre epoche determinate, cioè una terza parte per volta; ovvero pigione che si paga in ogni quattro mesi

Tirziàtu, agg. pagamento fatto in tre paghe, o pigione pagata ad ogni quattro mesi dell'anno

Tirziatùri, s. m. *beffardo*; per mancator di fede, *trasgressore*

Tirzignu , agg. di animali col pie' fesso che han tre anni

Tirzìnu, vedi tirzuàriu

Tirzòla, vedi trizzòla

Tirzuàriu, agg. frate servente, *torzone*

Tisichìzza, s. f. malattia polmonare, *tisi*

Tìsicu, agg. che soffre la malattia detta tisi, *tisico*; per *magro*, *debole*

Tissitùra, s. f. atto, modo, effetto del tessere, *tessitura*; per intrecciatura

Tissitùri, s. m. che tesse, *tessitore*

Tissùtu, s. m. e agg. *tessuto*

Tistàli, s. m. quella fune con che si legano gli animali per la testa, *capestro*

Tistamèntu, s. m. ultima volontà nella quale l'uomo costituisce l'erede, *testamento*; per la sacra scrittura, *testamento*

Tistardàggini, s. f. *caparbietà*, *ostinazione*

Tistàrdu e tistarùtu, agg. *caparbio*, *ostinato*, *testardo*

Tistarèdda, s. f. uccello, *gheppio*, *acertello*

Tistàta, s. f. percossa che si dà col capo, *capata*

Tistàzza, pegg. di tèsta, *testaccia*; come acc. *testone*

Tistèra, s. f. la parte della briglia che sostiene il portamorso da una banda, e passando sulla testa del cavallo termina colla guancia, *testiera*; per un arnese di panno con cui copresi il capo per difenderlo dalla pioggia , *testiera*; per quella testa di legno usata dai parrucchieri per mettervi cuffie, parrucche e simili, *testiera*

Tistiamèntu, vedi tistiàta

Tistiàri, v. n. crollare il capo

Tistiàta, s. f. *minaccia*; per crollata di capo

Tisticèdda e tistùzza, dim. di tèsta, *testolina;* tisticèdda di mòrtu, pianta, *antirrino, ceffo di vitello*

Tistimòniu, vedi testimòniu

Tistinu, s. m. sorta di carattere fra il garamoncino e la nompariglia, *testino*

Tistùni e tistùna, acc. di tèsta, *testone*

Tìsu, agg. *teso;* per *vigoroso, insolente, impettorito*

Titìmalu, s.m. pianta, *tilimaglio*

Titulu , s. m. dignità, grado, denominazione , cognome , pretesto, motivo, *titolo;* per benefizio ecclesiastico, *titolo;* dàri li giusti tituli, *titoleggiare*

Tivìgghia, s. f. sorta di granata da spazzare l'aja

Tiurbinu, vedi spinètta

Tizzùni, s. m. pezzo di legno abbruciato da un lato, *tizzone, tizzo*

Tò, pron. *tuo;* nun c'essiri nè to nè meu, vale possedere in comune

Tòcca e nun tòcca, vale *prossimo, vicino*

Toccalàpis, s. m. sorta di matitatojo che serve a disegnare e a scrivere con una punta di lapis piombino, *toccalapis*

Tòccu, s. m. il toccare, *tocco;* per pezzo di chicchessia, come carne, cacio ec.; per statura vantaggiosa, *tacca;* per un giuoco che si fa gettando uno o più dita ad un tempo, e dichiarando vincente quello in cui finisce la contazione, o secondo il convegno quello che nell'alzare le dita disse

pari o dispari, *fare al tocco;* per mùrra, vedi; per branco d'animali; tòccu e tòccu, posto avv. vale nello stesso tempo

Tòdanu, s. m. sorta di seppia

Tòddari, s. m. plur. vale ricchezza

Tòddaru, s. m. pezzo di pasta non ben cotta; per rialto o mentuosità che osservasi su d'una superficie piana , *bitorzolo, bitorzo*

Tòffu, vedi tòccu

Tollamatòlla, vale *piglia piglia*

Tòllaru, vedi tòddari

Tòmita, vedi munzèddu

Tòmu, s. m. *volume, tomo;* agg. *silenzioso, scaltro, destro*

Tònica , s. f. quella veste che portano i religiosi claustrali, *tonica, tonaca;* nè tònica fa monacu, nè cricchia fa parrinu

Tòntu, vedi guardanfanti; aviri lu tontu, vale èsser borioso

Tònu, s.m. presso i musici sono i gradi per cui passano successivamente le voci e i suoni nel salire verso l'acuto e nello scendere verso il grave, *tuono;* stari a tònu , stare in termini; èssiri fora tonu, il contrario del precedente; rispùnniri a tonu, rispondere a proposito; per vigore, forza, energia ; omu di tonu, vale *reputato, prudente*

Topàziu, s. m. sorta di pietra preziosa, *topazio*

Tòppa, s. f. serrame di ferro con ingegni interni corrispondenti a quelli della chiave , che volgendosi in essi serve ad aprire ed a serrare, *toppa*

Tòppu, s. m. mucchio di cose, *massa*; per rilievo; tòppi tòppi, vale con ineguaglianze

Tòrbidu, vedi trùbbulu; per *aspro, brusco, torbido*

Tòrchiu, s. m. strumento da stampare, *torchio*; per stretteio, *torchio, torcolo*

Tòrcia, s. f. candela grande, *doppiere, torchio, torcia*; tòrcia a vèntu, composto di stoppa e bitume a similitudine di torcia, vèstita di calce, che si accende per far lume all'aria aperta, e soffiando vento non s'estingue

Tòrciri, v.a. avvoltare un corpo lungo e flessibile, come filo e simili, dalle due estremità in senso contrario, o tener ferma una estremità e avvoltar l'altra, *torcere*; piegare dalla drittezza; spremere i panni; per *castrare*; per prender cattive abitudini; tòrciri lu mùssu, accennar dispiacere, sdegno, ritrosia, *torcere il grifo*; tòrciri, detto di chiodo, vale *ribadire*; putiri tòrciri na cammisa, vale esser molle di sudore

Tòrmini, s. m. plur. dolori addominali, *tormini*

Tòrna, s. m. il voltar dell'aratro solcando la terra, e nelle arti dicesi di alcuni movimenti retrogradi necessari

Tòrnu, s. m. ordigno per tornire taluni oggetti di legno, corno, ossa, ec., *tornio*; per luogo dove si ammaestrano i cavalli, e giro che si fa loro eseguire, *maneggio, tornèo*

Torrènti, s. m. fiume che alimentasi colle piogge, *torrente*

Tòrtu, s. m. *ingiuria, torto*; agg. contrario di dritto, *torto*; per uomo tristo, o cosa illecita, ingiuriosa; per *castrato, bieco, stravolto*; tortu e minòrtu, vale *tortissimo*

Tòssicu, s. m. *veleno, tossico*

Tòstu, agg. *sfrontato, ardito, tosto*; per *duro, sodo*

Tòzzu, s. m. pezzo per lo più di pane, *tozzo*; per uomo malfatto, sproporzionato, *tozzo*

Tòzzula, si dice fari tòzzula, e vale capitar male

Trabàcca, s. f. specie di padiglione da letto, *trabacca*

Traballiàri, v. n. non reggersi bene in gambe, *barcollare, traballare*; per muoversi di cosa che non sia ben soda, *traballare*

Trabànti, s. m. così chiamavansi dal tedesco i lanzi o guardie dell'imperatore di Alemagna; fra noi intendonsi i soldati che non fan servizio militare, ma stanno addetti a quello particolare degli alti uffiziali, *trabante*

Trabbàculu, s. m. sorta di nave con vele quadre a più alberi, *trabaccolo*

Trabisìnu, s. m. cancello di stecconi che si fa all'imboccatura della scala che dal piano d'una stanza mette in una stanza sottoposta

Trabuccàri, v. a. versar fuori quantità di liquore o altro

che un recipiente non può capire , *traboccare* ; per *soprabbondare*; detto di fiumi, uscir dal loro letto , *traboccare*

Trabucchèttu, dim. di trabùccu, *trabocchetto*

Trabùccu, s. m. luogo fabbricato con insidie , dentro il quale si precipita a inganno, *trabocchello, trabocchetto*

Tràcchi e tràcchiti , voce che imita il suono delle parole

Tracchiggiàri, v. n. *affaccendarsi*; per *trafficare*; per usar di frequente in un luogo, *bazzicare*

Tracchiggiu, s. m. *traffico, maneggio, pratica, trattato, commercio, relazione*

Tràccia, s. f. pedata, orma di fiera, *traccia*; per *segno*, contrassegno; parlando di strade, indica la più breve e sicura

Tràcina, s. f. *carbonchio* , antrace; per una sorta di pesce, *ragàna, dragone marino*

Tracòddu, s.m. caduta, rovina, *tracollo* ; detto di sole o di luna, vale tramonto

Tracòlla, s. f. striscia di cuoio che gira sul collo e sostiene al fianco spada o altro, *tracolla*; per qualunque monile che appendesi al col'o, *tracolla*

Tracuddàri, vedi cuddàri; per *tramontare* , detto di sole , luna, ec.; pel dilungarsi di una persona sì che più non si scuopra

Tradènta, s. f. bastone che ha in punta tre rebbi, e che si adopera per rammontar pa-

glia e simili cose, *forca*

Tradìri, v. a. *tradire*

Traditùri, agg. *traditore, fellone*

Traditurisca (a la) avv. da traditore, *alla traditora*

Tradituriscu , agg. *traditoresco*

Tradùtu, agg. *tradito*

Traficànti, agg. *commerciante, trafficante*

Traficàri, v. n. negoziare, commerciare, *trafficare*; per affacendarsi

Trafichiàri, vedi tracchiggiàri

Trafichìnu, agg. *faccendone, abile, scaltro*

Tràficu, s. m. commercio, mercatura , *traffico* ; per opera laboriosa, ardua, *briga, travaglio*

Traficùsu, agg. *laborioso, arduo*

Trafila, s. f. pala di ferro bucherata, da dove si fan passare i metalli per ridurli in filo ed a sottigliezza, *trafila*; passàri pri la trafila , vale esser sottoposto a minuti esami

Trafitta, s. f. chiodo posto a ritegno, *ritenitoio*

Trafuràri, v. a. forare da una banda all' altra , *perforare, traforare*

Tragittàri, v. a. condurre da un luogo ad un altro , *traghettare* ; in senso n. *valicare, tragittare*

Traineddu, s. m. chi riporta e riferisce, *riportatore*

Tràinu, s. m. l' armatura della carrozza, del calesso, senza la cassa da sedere

Tràinu , s. m. andatura del cavallo ch'è tra l'ambio ed il galoppo, *tràino*; per *traditore*

Traìri, v. n. *agonizzare;* detto di lume, che va a spegnersi

Tràma, s. f. quella seta, o altro filo che serve per riempir le tele, *ripieno, trama;* met. maneggio occulto, ingannevole, *trama*

Tramàri, vedi 'ntramàri ; per *tramare*

Tramazzàri, colle zz aspre, v. a. far passare un liquido o altro da un vaso in altro, *travasare;* per far divenir torbido alcun liquore squassandolo, *intorbidare*

Tramàzzu, s. m. l' operazione che si fa passando il liquido da un vaso all'altro, *travasamento*

Tramènzu, s. m. tessuto fine che serve per guarnizione in camice, abiti, ec., *trina*

Tramiscàri, v. a. confondere mescolando, *tramescolare*

Tramuntàna, s. f. vento di settentrione, *tramontana ;* perdirsi la tramuntàna, *smarrirsi;* tramuntàna sicca, *siza*

Tramuntanàta, s.f. bufera tempestosa, *tramontanata*

Tramuntàri, v. n. detto di sole, luna ec., vale nascondersi sotto l'orizzonte, *tramontare;* per *morire*

Tramùntu, s. m. il tramontare, *tramonto*

Tramùta, vedi tramàzzu

Tramutamèntu, s. m. agitazione d'animo, *perturbamento;* sconcerto nelle funzioni vitali, *tramutamento*

Tramutàri, v.a. mutar di luogo, *tramutare;* detto di vino, *travasare;* n. pass. patir turbamento per accidente improvviso, *allibire*

Trantuliàri, v. a. e n. pass. agitar con violenza, *scuotere*

Tràntulu, s. m. *paura, tremito*

Trantulùni, s. m. *scuotimento*

Trapanàri, v. a. forar col trapano, *trapanare ;* per *foracchiare ;* n. detto di acqua, *penetrare ;* fig. *pugnere, trafiggere,* muover l'animo

Trapànu, s. m. strumento con punta di acciaio col quale si fora il ferro, la pietra e sim., *trapano;* per uno degli strumenti chirurgici a modo di piccola sega circolare, *trapano*

Trapassàri, v. n. passar oltre, *trapassare;* per penetrare, *morire*

Trapàssu, s. m. il trapassare, *trapasso;* per digiuno prolungato, *inedia*

Trapèdi, s. m. chiamano i calzolai quella striscia di cuoio con cui tengono fermo sulle ginocchia il loro lavoro, *pedale, capestro*

Trapilàri, vedi strapilàri

Trappìsu, s. m. la trentesima parte dell'oncia sottile

Trappitàru, s. m. chi lavora nel fattoio per estrarre l'olio dalle ulive, *fattoiano*

Trappìtu, s. m. luogo dove si tiene lo strettoio per estrarre l'olio dalle ulive, *fattoio, trappeto*

Tràppula, s. f. arnese da prender topi ed altri animali insidiosi, *trappola ;* per trappulùni, vedi

Trappularìa , s. f. *trappoleria, trufferia*

Trappulèri, s. m. *ingannatore, trappoliere*

Trappuliàri , v. a. *ingannare , trappolare*

Trappuliàta, vedi trappularìa

Trappulìnu, s. m. personaggio ridicolo da commedia, *trappolino* ; per quel ponticello nel giuoco del pallone, dove sale chi lo getta, *trappolino*

Trappulùni, s. m. *ingannatore, trafurello*

Tràpùnciri , v. a. lavorar di trapunto, *trapuntare*

Trapunciùtu, agg. *trapunto*

Trapùnta, vedi valdràppa

Trapùntu, s. m. sorta di ricamo, *trapunto*; per un tessuto gentile

Trascuràri, v. a. usar trascuraggine, *trascurare*

Trasfurmàri , v. a. cangiar in altra forma, *trasformare* ; n. p. mutar forma, *trasformarsi*

Tràsiri, v. n. andare o penetrar dentro, *entrare*; per cominciar a parlare, come trasiu lu discursu ; tràsiri 'ntra li fatti d'autru, entrare nei fatti altrui ; tràsiri 'ntra lu ciriveddu, *comprendere*; ddò- cu cci tràsi, *cader nel proposito*; fari tràsiri, *conficcare*; nun mi tràsi, *a me non calza*; tràsiri 'ntra lu carricàtu, parlar oscenamente, ovvero in modi offensivi; tràsiri cu la minutidda, vale a poco a poco, dolcemente ; nèsci Masi e tràsi Brasi , esprime una dannosa alternativa di suc- cedersi le stesse persone in

qualche posto, o altro inca- rico, non lasciando mai ca- pimento per altri

Traspiantàri, v. a. cavar una pianta da un luogo e pian- tarla in altro , *traspiantare* ; per *trasferire*

Traspirazìoni , s. f. il mandar piccole particelle di umore da' pori dei corpi degli ani- mali e de' vegetabili, *traspi- razione*

Traspòrtu , s. m. il trasferire un oggetto da un luogo ad altro, *trasporto*; per commo- zion d'animo, *trasporto*

Traspurtàri, v. a. portare da un luogo all' altro , *traspor- tare* ; per condurre , uscir da' limiti del dovere, *traspor- tare*; copiare un pezzo di mu- sica in tutt' altro tuono di quello in cui era scritto, *tra- sportare*

Trasùta, s. f. ingresso, *entrata*; met. *principio, introduzione*; aviri trasùti e nisciùti, vale vender chiacchiere; per *de- streggiare*

Trasùtu , agg. di tràsiri , *en- trato*

Tràtta, s. f. cambiale , *tratta*; per trasporto, *traffico*

Trattamèntu, s. m. maniera di portarsi, *trattamento*; per *ali- mento, mercede* ; per imban- digione di rinfreschi , dolci ec., *rinfrescamento*

Trattenimèntu , vedi diverti- mèntu

Trattèniri, v. a. tenere a bada, *trattenere, salariare, sostenere, sorreggere, conservare*; n. p. *indugiare, sollazzarsi*

Trattèttu (a), co' verbi stàri e mittìrisi, vale *stare alla veletta*

Tràttu, s. m. *spazio, distanza, tratto* ; per civiltà di modi, maniera di conversare; trattu cùrtu, *rozzezza* ; trattu di còrda, pena che si dà a' rei, *tratto di fune*; èssiri 'ntràttu, essere in fin di vita, *avere i tratti*

Travàgghia, s. f. ordigno composto di travi, ove si legano le bestie per medicarle o ferrarle, *travaglio*

Travagghiàri, v. n. *affliggere, travagliare, lavorare* ; n. p. *affaticarsi, durar fatica*

Travagghiàtu, agg. *travagliato, elaborato; affaticato, agitato*; per *logoro, frusto*

Travagghiatùri, s. m. *travagliatore*

Travàgghiu, s. m. *molestia, affanno, sollecitudine, travaglio, lavoro, fatica*

Travagghiùsu, agg. *travaglioso*

Travàta, s. f. unione di travi congegnate insieme per riparo, *travata*

Travatùra, s. f. gli ordini delle travi nelle impalcature, *travatura*

Travèrsa, s. f. *legno, sbarra, traversa*; per iscorciatoia, detto di strada, *tragetto, traversa*; per la traversa del timone delle navi, *mezzaluna*

Travèrsu, vedi scummissa

Travèttu, s. m. cordoncino che si appone a' vestiti nelle parti fesse, perchè non si strappino, *sostegno*

Tràvu, s. m. legno grosso e lungo che si adatta negli edificî per reggere i palchi e i tetti, *trave*

Trazzèra, s. f. via secondaria nei campi, *scorciatoia*

Trèmula, s. f. terra ammollata dall'acqua, *loto, fango, mota*; per una sorta di pesce, *tremola, torpiglia*

Trènta, n. num. *trenta*

Trènu, s. m. *seguito, equipaggio, treno* ; presso i militari è tutto ciò che si vettureggia di attrezzi ed arnesi, inclusi i carri, cavalli ec., *treno*

Trèssu, s. m. term. degli stampatori, pezzo di legno riquadrato e incavato in cui scorre liberamente il fusto della vite e lo tiene in guida, perchè cada a piombo sul dado del pirrone, *bussola*

Trèu, s. m. sorta di vela ritonda di naviglio ; sorta di pianta, vedi mellilòtu

Trì, n. num. *tre* ; pirchì dui nun fannu trì, ragione che non si vuol dire

Trìa, s. f. sorta di ordigno dei pastai che fa una pasta sottile, e la pasta stessa

Triàca, s. f. medicamento utile contro i veleni, *triaca* ; jiri la triàca càusi càusi, *sbigottirsi*

Triacàli, agg. di triàca, *teriacale* ; àcqua triacàli, acqua distillata di virtù vermifuga

Triàli, s. f. le sette stelle, chiamate *pleiadi, iadi*

Trianèdda, s. f. sega grande con manubri, *segone*

Tribòna, s. f. macchinetta a guisa di cupola che soprapponsi allo altare , standovi entro il SS. Sagramento

Tribòtu , s. m. sorta di uva nera

Tribùna, s. f. la parte principale degli edifici sacri , *tribuna* ; per quel luogo dove si aringa al pubblico, *tribuna*

Tribunàli, s. m. luogo dove i giudici seggono per render giustizia, *tribunale, corte*; met. *culo*

Tricchi e barràcchi , avv. tra uggiole e baruggiole

Trìcchiti, voce imitativa di certi piccoli rumori, *tricche tracche*

Tricchi-tràcchi, s. m. pezzo di carta ravvolta e strettamente legata, ove sta rinchiusa polvere d'archibugio, *salterello*

Trìddu , s. m. voglia , desio, *uzzolo, fregolo*; per *prurito*

Tridènti , s. m. ferro con tre rebbii, *forcone, tridente*

Trìdici, n. num. *tredici*; lassàri o arristàri 'ntrìdici , lasciar nel più bello

Tridicina, s. f. corso continuo di giorni tredìci , o unione di tredici cose

Tridicìnu, nome che vale, *affannone, accattabrighe*; essiri 'mmènzu comu tridicìnu, vale *importuno*

Tridiciùri, s. m. le ore tredici del giorno , contando dalla prima della notte; met. *monocolo*

Triddinàri, vedi tirdinàri; triddinàri nun mi cci 'mmiscu, *far il sermesta*

Trifogghiu , s. m. pianta, *trifoglio*

Trigghia , s. f. sorta di pesce di color rossiccio , *triglia*; detto ad uomo, vale *balordo*

Trillàri, v. n. risplendere, rilucere, far buona comparsa; per muovere con velocità , *trillare*

Trimintina, s. f. liquore viscoso e trasparente, che esce dal terebinto, dal larice, dal pino, dall'abete, *trementina*

Trimìla, n. num. *tremila*

Trimòja, s. f. cassetta quadrangolare in forma d'aguglia rovesciata che versa a poco a poco il grano sulla macina dei molini, *tramoggia*

Trimulina, s. f. insetto, *scolopendra*; avìri la trimulina, *patir gran freddo*

Trimulìzzu, vedi trimùri

Trimùri, s. m. *tremito, tremore*

Trìna , s. f. specie di guarnizione lavorata a traforo, *trina*

Trinàri, v. a. guernir di trina, *trinare*

Trìnca, s. f. parte dell'animale bovino, porcino o pecorino, che sta attaccata al lembo (filèttu), il quale trovasi in prossimità delle coste ; per solco profondo che si fa affin di staccare dalla massa le pietre lavorate, *tagliatura* ; sèrviri ad unu da la parti di la trìnca , *trattar male* ; ed anche *trar vendetta*

Trincàri, v. a. tagliar le pietre per ispiccarle dal masso; per bere assai, *picchiare, trincare*

Trincàta, s. f. una solenne bibita di vino, *strabevizione*

Trincatùri, s. m. *beone , trincone*

Trincèra, s. f. alzamento di terreno fatto a foggia di bastione per dimorarvi soldati con artiglierie e difendersi dallo inimico, *trincea, trincera*

Trincèttu, s. m. ferro con cui i calzolai trinciano la suola, *trincetto*; trincèttu pri lu fènu, *frullana*

Trinchèttu, s. m. sorta di vela triangolare; àlberu di trinchèttu, è il secondo per lunghezza e per grossezza posto sulla prua delle navi, *trinchetto*

Trincialàrdu, s. m. sorta di coltello grande per uso di cucina, *coltella*

Trinciànti, s. m. chi taglia le vivande, *trinciante*; per un coltello adatto a trinciar polli, càrni cotte ec., *trinciante*

Trinciàri, v. a. tagliar minutamente, detto di carni, polli, ec., *trinciare*

Trinchilàns, voce tedesca e significa: *bevi paesano*; fari trinchilans, *gozzovigliare*

Tringuli mìnguli, col verbo jìri, *barcollare, tentennare, dimenare*

Trintìnu, s. m. vaso di doghe della capacità di trenta quartucci

Trippa, s. f. pancia, ventre, *trippa*; per quel segno che lascia il vaiuolo, *buttero*; addivintàri quantu tirdinàri di trippa cotta, *rappicciinirsi per paura*

Trippalòru, s. m. chi vende trippe cotte o altro entragno delle bestie comestibili, *trippaiuolo*

Trippiàri, v. n. *salterellare*; per rallegrarsi, *galluzzare*

Trippiàta, s. f. *rumore, strepito, gavazza*

Trippiatùri, s. m. quell'aiuola ove saltellano e galluzzano i conigli, le lepri ec.

Trippòdu, s. m. strumento di ferro triangolare, usato nelle cucine, *treppiede, treppiè*

Trippu, s. m. *baldoria, tripudio*; per *ruzzo*

Trisca, s. f. compagnia, *tresca, criocca*

Trispìtu, s. m. arnese di ferro che sostiene le tavole da letto, *trespolo, cavalletto, trespido*

Trissètti, s. m. sorta di giuoco che si fa in tre o in quattro, e consiste nel corrispondere sempre alla merce data dal primo giuocatore, *tresetti, tresette*

Trisullìna, agg. *civettuzza, pettegola, squaldrinella*

Triunfàri, v. n. restar vittorioso, *trionfare*

Triùnfu, s. m. *trionfo*; per un arnese a più braccia dove si conficcano candele di cera per accenderle, *candelliere*

Triviàli, agg. ordinario, basso, *volgare, triviale*

Trivuliàri, v. n. piangere alquanto, *piagnolare, piagnucolare*; mègghiu picca gòdiri, ca assài trivuliàri, vale contentati del poco e non del molto, che può recarti lungo danno

Trìvulu, s. m. *travaglio; molestia, tribolazione, piagnisteo*; trìvulu vattùtu, *rompicapo*

Trizza , **s.** f. *treccia* , detto di capelli; per laccio di seta o altro trecciato; trizza d'àgghi, cipùddi ec., *resta*

Trizziàri, v. a. *uccellare, beffeggiare;* per *ingannare, truffare*

Trizziàta, s. f. *beffa, cilecca*

Trizziatùri, s. m. *beffardo, beffatore*

Trizzòla, s. f. specie d'anitra, *alzavola*

Tròccula , s. f. strumento di legno che si suona in luogo di campana nella settimana santa, *battola, crepitacolo*

Tròffa, s. f. mucchio d'erbe e virgulti , *cespo* ; per quelle piante che moltiplicano i figliolini in un mucchio, *cesto;* per uomo da nulla , *pascibietola*

Tròja, s. f. la femina del porco, *scrofa, troja;* per donna lasciva, *troja*

Trònu , s. m. seggio de' Re, *trono* ; per *folgore , tuono* ; pàriri un tronu di l' ària , vale cosa inaspettata ; ariu nèttu nun àvi paura di trona, vale a chi niente rimorde la coscenza non ha cosa a temere

Tròppu, s. m. *troppo, soverchio;* agg. *troppo;* avv. *molto, troppo*

Tròttu, s. m. uno degli andari del cavallo, *trotto*

Trubbiàri, v. n. tirar acqua con la tromba idraulica, *trombare*

Trubbulatina , s. f. torba dei fiumi

Trubbulàri, v. a. *torbidare*

Trùbbulu, agg. *torbido*

Trùccu, s. m. sorta di giuoco, trucco ; per la tavola sulla quale si giuoca, *trucco;* per altra sorta di giuoco detto palla a maglio; truccu e 'mmùccu, avv. di botto, a un tratto; per lusinga, inganno; dàri trùccu, *impastocchiare*

Trucculèri, s. m. *torcoliere*

Trucculiàri, v. a. scuotere leggermente, *agitare, dimenare*

Trùffa, s. f. *furberia, inganno, truffa*

Truffàri, v. a. *giuntare, truffare*

Truffùtu, agg. *fronduto, frenzuto*

Trùgghiu, agg. *grassotto, paffuto;* trùgghiu trùgghiu, *tarchiato;* fari li cosi a trùgghiu, vale alla carlona

Trujàca, vedi teriàca

Trùmma , s. f. strumento da fiato musicale e guerriero , *tromba* ; per un istrumento da tirar acqua, *tromba;* trùmma marina, turbine o vortice d'aria in tempo di burrasca, *tromba;* per un bocciuolo di canna che serve da trastullo a' fanciulli onde far uscir gli ossetti del loto (càccamu), soffiandovi dentro; pel suonator di tromba, *trombatore, trombetta, tromba;* fig. *cicalatore, ciarliero*

Trummiàri, vedi trubbiàri

Trummittèri, s. m. suonator di tromba o trombetta , *trombettiere;* per *cicalone*

Trummittiàri, v. a. *trombettare;* per *spargere, divulgare* ; per sim. bere lungamente ad un fiasco

Trummittiàta, s. f. *strombettata, trombettata*

Trummùni, s. m. sorta di strumento musicale, *trombone*; per un'arma da fuoco di canna corta, *trombone*, *spezzacampagne*; per suonatore di trombone, *trombone*

Trùncu, s. f. pedale dell'albero, *tronco*; per *stirpe*, *progenie*; met. agg. *incapace*, *inabile*

Truncùni, s. m. vedi trùncu

Trunfàri, vedi strunfàri

Trùnfu, s. m. nel giuoco delle minchiate s'intendono quelle carte che sono superiori a qualunque altra, *trionfo*; per persona cospicua che può proteggere

Truniàri, v. n. il rumore che fa il tuono quando scoppia nell'aere, *tonare*; truniànnu truniànnu chìoviri voli, fig. si dice quando da certi segni si prevedono tutte le conseguenze cattive di causa nota

Truniàta, s. f. *tonamento*

Trùnzu, s. m. fusto del cavolo, *torso*, *torsolo*; pàmpina assimigghia a trùnzu, la scheggia ritiene del ceppo; trùnzu trùnzu, avv. *audacemente*; met. trùnzu, detto ad uomo, vale *scimunito*

Trupiànu, s. m. specie di uva bianca, *trebbiano*

Trùppa, s. f. *frotta*, *branco*, *truppa*; per milizia in generale, *truppa*

Truppèddu, s. m. legno grosso e senza forma, *toppo*; a truppèddu, avv. *impensatamente*

Truppicàri, v. n. *inciampare*, *incespicare*; fig. *fallare*, *vacillare*

Truppicùni, s. m. *inciampo*, in-

toppo; met. *sbaglio*, *errore*

Truppicùsu, agg. di bestia solita ad inciampare

Truppiddàri, vedi struppiddàri

Trùscia, s. f. ravvolto di panni, *fardello*, *rinvolto*; per un ravvolto di panno a foggia di cerchio che si pone in testa di chi porta dei pesi, *cercine*; culu di truscia, detto a persona naticuta

Trusullìna, vedi trisullìna

Truttàri, v. n. andar di trotto, *trottare*; fari truttàri ad unu, costringere a fare

Truttàta, vedi tròttu; per gita a diporto in cocchio, *trotto*; detto a donna, vale *scaltra*

Truvàri, v. a. *rinvenire*, *conseguire*, *inventare*, *trovare*; per conoscere; nun truvàrisi na cosa, non possederla; cui cerca trova e cui secuta vinci, indica la necessità d'aver costanza nelle cose; truvarìsicci, esser di piacimento; colla neg. vale non comprendere

Truvatùra, s. f. tesoro occulto che si è rinvenuto; fig. avvenimento inaspettato

Truvatùri, s. m. chi trova, inventa, *poeta*, *compositore*

Truzzamèntu, s. m. *cozzata*

Truzzàri, v. a. il percuotersi e ferirsi che fanno gli animali cornuti colle corna, *cozzare*; per *percuotere*, *urtare*; truzzàri cu lu muru, indica cosa impossibile ad accadere; nun putiri truzzàri la petra cu la quartàra, il debole non può cozzar col potente

Truzzuliàri, vedi truzzàri

Truzzulùni, vedi truzzùni

Truzzùni, s. m. *cozzata, cozzo, urtata, percossa*; fig. *istigazione*

Tlaccàgghia, s. f. fettuccia di seta, cuoio e simili, con che si legan le calze, *becca, legaccio*

Tùbba, s. f. qualità di terreno detta *tufo*; per *fasto, orgoglio*; per uno strumento da fiato antico a guisa di tromba, *tuba*

Tubbacatùbba, toccata del tamburo, *tarappatà*

Tubbèrculu, s. m. ogni tumoretto del corpo o che formasi nel corpo, *tubercolo*; per ascessi nei polmoni, *tubercolo*

Tubberòsa, s. f. pianta della famiglia dei narcisi che porta fiori bianchi odorosi, *tuberosa*

Tubbèttu, s. m. quella capsula che serve d'esca per isparare arme da fuoco, *càpsula*

Tubbiàna, s. f. nome di mascherata plebea

Tùbu, s. m. cosa fatta a guisa di cilindro, cava ed aperta per la lunghezza dell'asse, *tubo*

Tuccàri, v. a. appressare una mano o altra parte del corpo ad una cosa, o una cosa all'altra sicchè si congiungano in tutto o in parte, o senza congiungersi l'una sia presso all'altra, *toccare*; per *pungere, mordere*; per *appartenere, discorrer brevemente, certificare, chiarirsi, commuovere, dilettare*; *tuccàri dinàri, guada-*

gnare; *lu pùsu*, tastare il polso, detto del medico; fig. vale scroccar danari; *lu còri*, dilettare e compungere; *tuccàri lu culu a la cicàla, toccar il tasto*; *vuliri vidiri e tuccàri cu li manu*, voler certificarsi; parlando di frutta, vale che cominciano a imputridirsi; *tuccàri*, per fare al tocco, vedi *tòccu*; parlando di bestie da soma, *ulcerarsi*

Tuccàta, s. f. *toccamento*; per sonata di cembalo ec.; term. dei cacciatori, luogo acconcio a far preda

Tuccàtu, agg. *toccato*

Tucchèttu, vedi *ticchèttu*

Tucculiàri, vedi *trucculiàri*

Tucculiàta, s. f. *dimenio*

Tuffàri, vedi 'ntuffàri; per sommergere

Tùffiti, voce che imita il suono delle percosse, *tuffete*

Tùffu, s. m. qualità di terreno detta *tufo*; per una sorta di lavoro fatto di tegole, mattoni ec. ad uso di pavimenti; per la parte più materiale e grossa di chicchessia, *grosso*; per *posatura*

Tuffùsu, agg. *tufaceo, tufoso*

Tulètta, s. f. (franc.) masserizia fornita di specchio, ove le nostre donne si acconciano, *toletta*; per quell'assortimento di cose che servono di acconciatura, *toletta*

Tulliggìa, s. m. in gergo, *sofisticheria, smanceria*

Tulliggiùsu, agg. *noioso, seccatore, smanceroso*

Tùllu, s. m. specie di tessuto rado e trasparente, di cui

ve n'ha bianco e nero, e serve per ornamento alle donne o per finimenti a mobili ed arredi sacri, *tull* (voce straniera)

Tùma, s. f. cacio fresco e non insalato, *cacio tenero*

Tumàzzu, s. m. latte cagliato e preparato nelle forme, perciò formaggio, *cacio*; *tumàzzu friscu*, *cacio fresco*; *primintiu*, *marzolino*; *squadàtu*, vedi 'ncannistràtu; *galèra*, di cattiva qualità ed assai insalato; *mittirisi a pani e tumàzzu*, vale *a tutt' agio*

Tumìa, s. f. arte di tagliare e scomporre le parti del corpo umano, *anatomia*; *fari d'unu tumìa*, fig. *tartassarlo*

Tummarèddu, s. m. specie di pesce; *fari tummarèddu*, far capitombolo

Tummàri, v. n. cader co' piedi all'ingiù, *tombolare*; per *tracannare*

Tummariàri, v. n. far cadere a terra stramazzone, *stramazzare*; n. *stramazzarsi*

Tumminia, s. f. frumento detto gran marzuolo, *marzatico*

Tumminiàri, v. n. vendere i cereali a minuto, quasi a tumolo

Tùmminu, s. m. sorta di misura degli aridi ch'è la 16ª parte della salma, e per l'orzo e l'avena la 20ª, *tumolo*; por sorta di misura di terra la 16ª della salma; in gergo, *cappello*

Tùmmula, s. f. sorta di giuoco che si fa con cartelle di 15 numeri presi dall'uno al no-

vanta, e vince quegli cui nell' estrarsi i numeri vengano primi i suoi quindici, *tombola*

Tummuliàri, v. n. cader col capo all'ingiù, *tombolare*

Tunicèdda, s. f. paramento del suddiacono che si pone sopra gli altri paramenti, *tonacella*; quella del diacono è detta *dalmatica*

Tùndiri, vedi tùnniri

Tùnna (a la), avv. senza riguardi, senza distinzione, *indistintamente*

Tunnacchiòlu e **tunnàcchiu**, dim. di tùnnu, tonno piccolo

Tunnàra, s. f. luogo dove si pescano i tonni, *tonnara*

Tunnarèdda, s. f. ordigno piccolo e spedito da pescare tonni

Tunnaròtu, s. m. marinaro o serviente di tonnara, *tonnarotto*

Tunnina, s. f. la carne del tonno, *tonno*; per la schiena del tonno salato, *tonnina*; *fari tunnina d'unu*, *malmenarlo*

Tùnniri, v. a. tosare la lana alle pecore, *tosare*; n. pass. farsi tosare i capelli

Tunnizza, s. f. *rotondità*, *tondezza*

Tùnnu, s. m. pesce di grossa mole comune in Sicilia, *tonno*; *stari quant' un tunnu*, vale assai pingue; per *globo*, *circuito*, *circonferenza*

Tùnnu, agg. *tondo*; *tùnnu di pàlla*, avv. *intieramente*; *firriàri 'ntùnnu*, vale esser libero d'impacci; *'ntùnnu 'atùnnu*, avv. *all'intorno*; *parràri chiàt-*

tu e tunnu, liberamente, *spiattellatamente*

Tunnulinu, s. m. anelletto o globetto, *tondellino*

Tunnùta, s. f. *tosatura*

Tunnùtu, agg. *tosato*

Tùppi tùppi, voce che denota il tuono del picchiamento alla porta, *toppa toppa*

Tuppicèdda, dim. di tòppa, v.

Tùppiti tàppiti, voce che indica il suono delle percosse, *tuppete tuppete*

Tùppu, s. m. nodo di capelli fatto nel di dietro del capo delle donne, *toppè*, *ciocca*; tuppu di cavàddu, *moccolo*

Tuppuliàri, v. n. picchiare all'uscio, *bussare*

Tuppuliàta, s. f. *picchiata*

Tuppùtu, agg. si dice di taluni uccelli che hanno un mucchio di piume sul capo

Turàcciu, vedi stuppàgghiu

Tùrba, s. f. nel passio son chiamate parti della turba le parole messe in bocca alla Sinagoga

Turbànti, s. m. arnese fatto di più fasce di tela o seta, avvolto in forma rotonda, con cui si coprono il capo i Maomettani ed altri popoli orientali, *turbante*

Turbàri, v. a. *affliggere*, *alterare*, *scompigliare*, *turbare*

Turcètta, dim. di tòrcia, *torchietto*

Turchina, s. f. gemma di color turchino o cilestre, *turchina*

Turchìnu, s. m. *azzurro*, *turchino*

Turchìnu, agg. di colore, *turchino*

Turchisca (a la), p. avv. alla maniera o al costume de' turchi, *alla turchesca*

Turciarìa, s. f. bottega o fabbrica da torchie, *cereria* (V. Carena, diz. d'arti e mest.)

Turciàru, agg. fabbricatore o venditore di candele di cera e torchie, *ceraiuolo*

Turcimèntu, vedi turciùtu

Turcìrisi, v. n. p. *ripugnare*, *ritrosire*; per far viso arcigno

Turcitùri, s. m. strumento per stringere il labbro del cavallo e tener ferma la sua testa, *morsa*

Turciùni, s. m. torchio grande che recasi nelle processioni, *torchione*

Turciuniàri, v. a. *attorcigliare*; n. p. *aggrovigliarsi*

Turciuniùni, s. m. l'atto del torcere con forza, *torcitura*

Turciùta, s. f. *torcimento*, *torcitura*

Turciùtu, agg. *torto*; per *spremuto*; detto di panni umettati, *spresso*; detto di filo vale attorcigliato in due o più fili addoppiati, *torto*

Tùrcu, agg. turco; per *crudele*; per uomo eccessivamente bruno; èssiri comu lu turcu a la prèdica, non comprendere; testa di tùrcu, dolce fatto di pasta tenera a foggia d'un turbante

Turculèri, agg. quelli che lavora nel torchio della stampa, *tiratore*, *torcoliere*

Tùrdu, s. m. uccello, *tordo*; fig. *drudo*; per un pesce del medesimo nome

Turdùni, agg. *inetto, incapace, lordo*

Turilta, s. f. neologismo plebeo, *appicco, pretesto*

Turinu, s. m. tessuto di lino o cotone per tovaglie da tavola, salviette e simili, *gremignola*

Turnàri, v. n. prendere, ricalcare la via fatta prima, *tornare;* per ricondurre, ritornare, rimettere ; per alloggiare in altra casa; per abitare; nun turnàri cuntu, vale non esser utile, non giovare

Turnàru, s. m. chi lavora al torno, *tornajo, tornitore, torniero*

Turnàta, s. f. *ritorno, tornata*

Turnialèttu, s. m. parte del cortinaggio che fascia il letto dai piedi, *tornaletto*

Turniàri, v. a. lavorare al tornio, *tornire*

Turniatùri, vedi turnàru

Tùrnu, s. m. *giro, torno, turno*

Turràru, agg. guardia, sentinella della torre, *torrigiano*

Tùrri, s. f. edificio quadrangolare eminente che sta a difesa di terre, palagi ec., *torre*

Turrigghiùni, s. m. torre grande, *torrione;* per veletta, *vedetta*

Turriòla, s. f. luogo eminente dove sta la guardia per iscoprir chi viene, *vedetta, veletta*

Tùrta, s. f. specie di vivanda dolce, che si cuoce in teglia o in tegame, *torta;* spartirisi la tùrta, godersi il mal tolto

Turtèra, vedi tigghia

Turtigghiùni, s. m. vivanda simile alla torta, ma in pezzi più piccoli, *tortello;* per una

specie di canna da schioppo

Turtizza, s. f. *tortezza;* fig. *petulanza* ; per la parte torta degli alberi, *tortiglione*

Turtizzu, agg. di filo non ben torto

Tùrtura, s. f. uccello simile al colombo, *tortora*

Turtùra, s. f. *tortuosità* ; per pena afflittiva che si dà a' rei per onde confessare i misfatti, *tortura*

Turturàri, v. a. dar la tortura, porre alla tortura, *torturare;* fig. tormentare, *cruciare, angariare*

Turùni, s. m. uccello simile al piccione comune, *palombo*

Tusèllu, s. m. arnese in forma quadra fatto di drappo che si tiene su le cose sacre, o sopra i seggi de' principi , *baldacchino*

Tùssi, s. f. espirazione veemente sonora ed interrotta, cagionata per lo più da irritazione ne' nervi del polmone , *tosse;* livàri la tùssi, togliere ad alcuno il pretesto di fare ; per *supposizione, credenza*

Tùssiri, v. n. *tossire*

Tusùni, s. m. segno che portano i cavalieri di S. Andrea, *tosone*

Tuttisànti, s. m. plur. giorno della solennità di tutt' i santi, *ognissanti*

Tutt'ora, avv. *tuttavia*

Tùttu, s. m. ogni cosa, ogni luogo ; agg. l'intero, *tutto;* èssiri lu tuttu, vale aver tutta l'autorità; tutt'unu, la stessa cosa; a tutt' uri, avv. vale di continuo; mittirisicci tuttu, vale agir con ogn' impegno; 'nfuttu e pri tuttu, interamente; tuttu 'ntra un bòttu, *di botto;* tuttu tèmpu, *sempre;* tuttu vista, vale che fa bella mostra, ma che non è buono a nulla, *bacheco*

Tutt' una, avv. *tutt' uno*

Tuttunsèmmula, avv. *di repente;* detto di persona, vale senza giudizio, di cervel buso

Tutù, voce che imita il suono della tromba

Tutùi, s. m. giuoco di burattini

Tuvàgghia, s. f. panno-lino bianco che serve ad apparecchiar la mensa, coprire altari ec., *tovaglia;* tuvàgghia di fàcci, *bandinella, tovagliuolo*

Tùzia, s. f. ossido di zinco

Tuzzarèddu o tuzzicèddu, dim. di tòzzu, *tozzeltino*

Tuzziàri, v. a. cavar tozzi, *tozzolare;* fig. stentare ad avere alcuna cosa, o ingegnarsi di ottenerla, *strappacchiare*

Tuzzuliàri, vedi stuzzicàri

Tuzzulunèddu, s.m. lieve moto comunicato ad un corpo; ogni tuzzulunèddu, avv. *sovente*

Tuzzulùni, s.m. scossa data con forza ad un corpo, *spintone;* per guadagno, mancia, civanzo

U

U, ventesima lettera dell' alfabeto nostro, quinta ed ultima delle vocali, nel nostro dialetto sta nelle parole in vece dell' o italiano, come dormire

durmiri, morire *muriri,* ordinario *urdinàriu*

Ubbidiri, v. n. adempiere ai voleri altrui, eseguire gli altrui comandamenti, *obbedire*

Uccèri, s.m. venditore di carne in piazza, *macellaio*

Ucciria, s. f. bottega da vender carne, *macelleria;* comunemente mercato di comestibili

Ucchialàru, s. m. quegli che fa gli occhiali e li vende, *occhialaro, occhialista*

Ucchialèra, s. f. custodia da occhiali, *busta*

Ucchialèttu, s.m. strumento con più cristalli che si porta in teatro per avvicinare alla nostra vista i personaggi che vi recitano, vedi spiunciu

Ucchiàli, s. m. strumento con uno o più cristalli che tenuto davanti gli occhi aggrandisce, diminuisce o rischiara gli oggetti ed è di grandissimo aiuto alla vista, *occhiale;* per un lividore che viene sotto gli occhi, *occhiaja, mascherizzo*

Ucchialùni, s. m. *telescopio, cannocchiale*

Ucchiaméntu, s.m. l'adocchiare

Ucchiàri, v. a. fissare l'occhio verso chicchessia, *occhiare, adocchiare;* per guardar con compiacenza, *occhieggiare*

Ucchiàta, s. f. l'occhiare; dàri un' ucchiàta, guardar di passaggio; ucchiàta di sùli, il percuoter de' raggi solari in alcun luogo; per sguardo veloce, *occhiata*

Ucchiàta, s.m. pesce del genere

delle razze, *occhiata*, *nerocchio*

Ucchiàzzi, accr. e pegg, di òcchi, *occhiacci*

Ucchiddu e ucchiùzzu, dim. di òcchiu; fari l'ucchiddu, *far d'occhio;* per piccolo forame, *forametto*

Ucchiètta, vedi occhiettu

Ucchittàra, vedi occhittàra

Ucchittèra, s. f. la parte del vestito che affibbia, *occhiellatura*

Ucòttu, s.m. oca giovane, *papero*

Udiènza, s.f. l'ascoltare, *udienza;* pel luogo dove le persone alte ascoltano le domande dei chiedenti, *udienza*

Ugghialòru, s. m. bollicina che viene tra' nepitelli degli occhi, *orzaiuolo*

Ugghialòru, s. m. vaso per tener olio, *orcia, orciuolo, utello, vellino;* a la casa di lu 'mpisu nun si pò appènniri l'ugghialòru, detto a chi si risente di cosa che senz'esser riferibile a lui, pure gli dispiaccia per rimordimento di coscienza

Ugghiàru, s. m. chi rivende olio a minuto, *oliandolo*

Ugghiùsu, agg. *oleoso;* per abbondante d'olio, *olioso*

Ugnàta, s.f. graffiamento, *ugnata;* per quell'intaccatura che sta ne' temperini o coltelli, per mezzo della quale si aprono, *ugnata*

Ugnatùra, s. f. taglio obliquo d'un corpo, *ugnatura*

Ugnu, s. m. lamina dura elastica, cornea e semitrasparente che ricopre la superficie dorsale dell'estremità di ciascun dito della mano e del piede umano, *ugna, unghia;* quella dell'animale è *ossea;* degli uccelli rapaci, *artiglio;* aviri 'ntra l'ugna, vale in potere; ùgnu 'ncarnatu, penetrato nella carne; nèsciri l'ùgna, *imbaldanzire;* ùgnu di lu cavàddu, *ugnone;* un ùgnu, parte piccolissima di chicchessia; jiri na cosa 'nsinu all'ugnu di lu pèdi, *dar sommo gusto*

Ugnu cavàddinu, s. m. pianta palustre, *farfaro, tussilaggine*

Uguagghiàri, v. a. *uguagliare*

Ugualàri, vedi uguagghiàri

'Ulcera, s. f. piaga cagionata da umor acre o maligno, *ulcera*

Ulivàstru, vedi olivàstru

Ulivìtu, vedi olivìtu

Ulmu, s. m. albero, *olmo*

'Ultimu, agg. *ultimo;* èssiri 'ntra l'ultimi, vale negli estremi; per supratàvula, vedi

Ultraggiàri, v. a. fare oltraggio, *oltraggiare*

Ultràggiu, s. m. *oltraggio*

Umacciùni, s. m. uomo di statura pressoché colossale, *uomaccione, bastracone*

Umanità, s. f. natura e condizione umana, *umanità;* per benignità, compassione

'Umbra, s. f. oscurità che fanno i corpi opachi dalla parte opposta all'illuminata, *ombra;* mittìri all'umbra, *meriare;* scantàrisi di l'umbra sua, vale avere gran paura; umbra, per sospetto, *somiglianza, apparenza, pretesto, colore, coperchiella;* màncu per umbra, dicesi per esprimere che una cosa nemmeno si è pensata

Umbrèlla, s. f. strumento con che riparandosi dal sole si fa ombra, *parasole, ombrello*; anche quello che ripara dal sole si dice ombrello, ma noi lo chiamiamo paràcqua, vedi; per quell' arnese che portasi sopra il 88. Sagramento quando è condotto a piedi dai prelati, *òmbrella*

Umbriàri, v. a. e n. far ombra, *ombreggiare*; in pitt. dare il rilievo alle ombre, *figurare, adombrare*

Umbriàta, s. f. leggiera macchia lasciata su qualche oggetto; per leggiera ombra

Umicèddu, dim. di òmu, *ometto*

Umùni, accr. di òmu, e si dice in senso di uomo di grande affare, capacé di molte imprese, *grand' uomo*

Umùri, s. m. materia liquida, *umore*; per temperamento, genio, inclinazione; bonu o mal' umuri, vale lieto o mesto

Un, accorc. di nun, part. neg. *non*

Una, pron. fem. *una*

Unca, avv. *dunque, adunque*

Una cà... espressione familiare, che vale: *per altro, del resto*, e sim.

Uncà, avv. *sicuramente, indubitatamente* (modo d' afferm.)

Uncachì, vedi uncà

Unciamèntu, s. m. il gonfiare, *gonflamento*; fig. *allerigia, superbia*; per dispetto, *cruccio*

Unciàri, v. a. empier di fiato o di vento chicchessia per cui

s'estende e ingrossa, *gonfiare*; per crescere, adulare, piaggiare, divenir vanaglorioso; detto ass. gonflar le gote per ricever giocando delle cesfate

Unciazzùmi, s. f. *enfiagione, gonfiore*

'Unciu, agg. *gonfio*

'Unna, s. f. parte dell'acqua che ondeggia, *onda*

Unguèntu, s. m. composto untuoso medicinale, *unguento*; per cosa untuosa in generale; unguèntu di la guàddara, *cosa inefficace*; unguèntu di la maddalèna, sorta d'unguento per le ferite, piaghe ec.; mèttiri là pezza e l'unguèntu, vale metter danari e fatica

Uniformi, s. m. nell' uso abito d'ugual forma, *uniforme*; pel vestito de' soldati, *montura, assisa*

'Unna, vedi ùnda; per quell'ondeggiamento che fa il legname ed anche quello ottenuto nelle stoffe, *marezzo*

'Unni, avv. *onde*; per avv. di luogo, *dove, ove*

Unniamèntu, vedi unniatùra

Unniàri, v. n. *ondeggiare*; per dar il marezzo alle stoffe, *marezzare*

Unniàtu, agg. *ondeggiato*; a somiglianza di onde, *marezzato*

Unniatùra, s. f. l'ondeggiamento dei drappi e simili

Unniatùri, vedi mànganu

'Unnici, num. *undici*

Untàri, v. a. aspergere, o impiastrare con grasso, olio ec. *ugnere, ungere, untàre*; untàri li mànu, vale corrompere alcuno con danari; lu mussu untàtu e la panza vacànti, molte promesse senza effetto

Untàtu, agg. *unto*

Untazióni, s. f. l'ugnere, *unzione*

'Unu, s. m. principio della quantità discreta e numerica, *uno*; per un solo; per la stessa cosa; ad una vuci, *concordemente*; una supra l'autra, *affollatamente*; fàrinni una, vàle fare una bravata

'Unza, s. f. peso ch'è la dodicesima parte di una libbra, *oncia*; per una misura presa dall'ultima falange del dito grosso; per una moneta siciliana che equivale a ducati tre di Napoli, *oncia*

Unzàta, s. f. tanta merce che valga un'oncia

Unzicèdda, dim. di unza

Unzióni, s. f. vedi untazióni; strem' unzióni, sagramento della Chiesa che si dà agli infermi negli estremi di lor vita, *estrema unzione, olio santo*

Unziunèdda, dim. d'unzióni, in senso d'ungimento

'Ura, s. f. una delle ventiquattro parti in cui è diviso il giorno, *ora*; all'ultima ura, all'estremo; di bon' ura, per tempo; nun vidìri l'ura, attender con ansietà; ad ura di gaddu mùnciri, *tardi*; a la bon'ura, *in buon ora*; a la mal' ura, *in rovina*

Urdìgnu, vedi ordìgnu

'Urdìri, v. a. metter le fila sull'orditoio, *ordire*; per *macchinare*

Urditùri, s. m. colui che ordisce o insidia, *orditore*; per lo strumento con che si ordisce, *orditoio*

Urfanàggiu, s. m. lo stato di chi è privo di genitori, *orfanezza, orfanità*

Urganèttu, s. m. piccolo organo portatile, *organetto*

Uricèdda, dim. di ura, *oretta*

Urìna, vedi orìna

Urinàri, vedi orinàri

Urlàri, v. n. mandar fuori urli, *urlare*

'Urlu, s. m. voce del lupo, o altra a simiglianza, *urlo*

'Urmu, vedi ùlmu; fig. ristàri ùrmu, vale *digiuno, privo*

'Urna, s. f. vaso da contener acqua, o da raccogliere i voti, *urna*; per cassa mortuaria, vedi càscia

Urpagghiùni, vedi vurpagghiùni

'Urpi, vedi vùrpi

Ursìgnu, agg. d'ùrsu, *orsino*

'Ursu, s. m. animale feroce, *orso*; fig. persona ritrosa; fari lu jòcu di l'ùrsu, *dimenarsi*; pigghiàri l'ùrsu, *ubbriacarsi*

Urtàggiu, s. m. orto e l'erbe che vi si collivano, *ortaggio*

Urtàri, v. a. spingere incontro con impeto e violenza, *urtare*; per *contraddire, seccare, stuccare*

Urtimàta (all'), avv. *finalmente, da ultimo*

'Urtimu, vedi ùltimu

'Urtu, s. m. *spinta, urto*

Urtulànu, s. m. che coltiva le ortaglie, *ortolano*

Urvacchiunarìa, s. f. stato di corta vista

44

Urvacchiùni, s. m. di corta vi-
sta, *balusante*

Urvicàri, vedi sipilliri

Urvisca (all'), posto avv. *alla
cieca*

Urvitùtini, s. f. *cecità*

Usànza, s. f. uso, costume, *u-
sanza*

Usàri, v. n. costumare, prati-
care, conversare; adoperare,
usare

Uscèri, s. m. chi ha la custodia
dell'uscio, *portinaio, usciere;*
per quel ministro subalterno
della giustizia che rilascia al-
le parti le intimazioni del
giudice, *usciere*

Urzàta, s. f. bevanda d' acqua
bollita coll' orzo, *tisàna*

'Usfaru, vedi càrtamu

Ussalòru, s. m. osso dei qua-
drupedi detto *tallone, aliosso*

Ussàmi, s. f. quantità d'ossi,
ossame

Ussatùra, vedi ossatùra

Ussìddu e ussitèddu , dim. di
òssu, vedi

Ussùtu , agg. chi ha ossa , o
grandi ossa, *ossuto, ossoso*

Ustiàriu, s. m. ferro circolare
tagliente acconcio a fare li
comunichìni

Ustièra, s. f. arnese per lo più
di cristallo per tenervi ostie
da lettere

'Usu, s.m. *usanza, consuetudine,
uso:* fari usu, *valersi, adoperare*

Usuàli, agg. *comune, ordinario,
usuale*

Usùra, s. f. interesse esorbi-
tante tratto da danaro dato
a prestito ; *usura ;* dari ad
usùra, *usureggiare*

Usuràriu, s. m. *usuraio, usurie-*

re; agg. *usuraio, usurario*

'Utru, s. m. pelle intiera d'ani-
male destinata a portarvi en-
tro olio o altri liquori, *otre,
otro;*per ventre (modo basso)

Uttàta, s. f. sorta di fico prima-
ticcia, *dottato*

Uttìbili, agg. detto delle cose
da mangiare e da bere, vale
che sono utili

'Uttuli, vedi uttìbili

Uttuliàrisi, v. n. p. mettere a
profitto

Uvèra, s. f. vasetto ove si pon-
gono le uova cotte intere ,
uovarolo

'Uzzu, vedi gùzzu; dim. uzzi-
tèddu

V

V, ventunesima lettera dell' al-
fabeto nostro , decimasesta
delle consonanti , e si pro-
nunzia *ve;* nel dialetto fa la
vece di *b,* come orvu *orbo,*
vràzzu *braccio,* àrvulu *albe-
ro* ec.

Vacabbunnaria, s. f. *vagabondi-
tà, scostumatezza*

Vacabbunniàri, v. n. andar va-
gabondo , *vagabondare ;* per
vivere da dissoluto, *poltro-
neggiare*

Vacabbùnnu, agg. che va er-
rando senza alcun fine, *va-
gabondo;* in forza di sostant.
birbo, ozioso, scioperone

Vacantaria, s. f. *vacuità ;* per
trascuraggine , disattenzione ;
per superfluità di cose super-
vacanee, *vacanteria*

Vacànti, agg. *vacante;* per di-
soccupato; pànza vacànti, vale

digiuna; 'nvacànti, avv. *in-darno*; testa vacànti, vale senza lettere; per mancante di sonno; 'ntra chinu e vacànti, *press' a poco*; vacànti pri chinu, detto di casa vale il prezzo d'affitto che se ne ritrae tra gli anni che resta vuota, e quelli in cui si appigiona

Vacantizzu, agg. alquanto vacuo, *vacuetto*

Vacantórvu, agg. mezzo vacuo

Vacànza, s. f. il vacare, *ca-canza*; per cessamento di lavoro, *riposo*

Vacàri, v. n. *vacare*; per man-*eare*, *finire*

Vacazìoni, s. f. propriamente il vacare; nell' uso ciò ch'è dovuto a' magistrati per funzioni straordinarie

Vàcca, s. f. la femina del toro, *vacca*; pisci vàcca, animale marino, *ferraccia*; stari quantu na vacca, detto a donna, vale assai pingue

Vaccarèddi, s. m. plur. diconsi le due canne, che dal medesimo cannocchio sorgono lunghe più d'un braccio, dove si mettono due fusi ripieni di filo per isgomitolarli; e parimenti nell'uso gli alliossi delle vacche

Vaccaria, s. f. bestiame vaccino adunato insieme

Vaccarizzu, s. m. tutta la mandra o armento di vacche col loro parti

Vaccàru, agg. guardiano delle vacche, *vaccaio*

Vacchètta, s. m. cuoio concio del bestiame vaccino, *vac-chetta*

Vaccina, s. f. malattia cutanea pustolosa che viene alle mammelle delle vacche, e il pus che n'esce, *vaccina*; per carne di vacca, *vaccina*; per bovina o sterco di bue, *vaccina*

Vaccinàri, v. a. comunicar la vaccina, *vaccinare*

Vaccinatùri, s. m. chirurgo che vaccina, *vaccinatore*

Vaccinazìoni, s. f. innesto vaccino, *vaccinazione*

Vaccinu, agg. di vacca, *vaccino*

Vacilàta, s. f. quanto cape in un bacile

Vacìli, s. m. vaso di forma rotonda per uso di lavar le mani e il viso, *bacino*, *bacile*, *vassoio*

Vaddàta, s.f. spazio d'una valle tra un capo e l'altro, *vallata*, *vallea*

Vàddi, s. f. quello spazio di terreno il più basso fra due monti o due fili di essi, *valle*

Vaddùni, s. m. luogo scosceso dove scorre acqua, *borro*; aviri passàtu vaddi e vaddùni, vale esser uomo sperimentato

Vadìli, s. m. luogo ove sta la pecora quando si mugne, e l'apertura per dove il pastore la fa uscire dopo munta, *gagno*

Vàdu, s. m. quella raunata che fanno i pesci nel tempo del gettar l'uova, fregandosi su pe' sassi, *fregola*, *fregoto*; fari vàdu, far debito, perdita; per fendimento

Vàgghia, s. f. *valore*, *vaglia*

Vagnamèntu, vedi vagnatina

Vagnàri, v. a. spargere liquore sopra chicchessia , *bagnare*; n. pass. *bagnarsi*; vagnàri li manu ad unu, corromper con denari, dare lo ingoffo

Vagnatìna, s. f. l'atto del bagnarsi, *bagnamento*; vagnatina di manu, *ingoffo*

Vagnatùra, vedi vagnatina

Vagnàtu, s. m. l'umore sparso su chicchessia, e il luogo che n' è asperso

Vàgni, vedi bàgni

Vagnòlu, s. m. lo bagnare a riprese qualche parte del nostro corpo con liquidi , *bagnuolo*

Vàgnu, vedi bàgnu

Vàja, avv. *orsù, via*

Vàju, prima persona del verbo jiri, *vo, vado*

Valànca, vedi lavànca

Valancàrisi, vedi allavancàrisi

Valànza , s. f. strumento che serve a conoscere l' uguaglianza e la differenza del peso dei corpi gravi, *bilancia*; linguèdda di la valànza, vedi linguèdda ; còppa di la valànza, vedi tàfara

Valanzòla , s. f. quella parte della carrozza ove s'attaccano le tirelle, *bilancino*

Valdràppa , s. f. coperta che stendesi per riparo od ornamento sulla groppa del cavallo, *gualdrappa*

Valènti, agg. *bravaccio*; per *savio, prudente, valente*

Valìa, s. f. *valore, potere, valentigia*; li cosi pri forza nun ànnu valia, ciò che non fassi volentieri non è gradito; nun avìri nè forza nè valìa, non aver possa alcuna

Valintizza, s. f. *prodezza , valentia, valore*; per *maestria, abilità*

Valìri, v. n. aver forza, potere, valore, merito; esser d' un prezzo, costare, *valere* ; per *giovare*; fàrisi valìri, non lasciarsi sopraffare; nun valìri un cornu, non valere affatto

Vàlitu, agg. *valido*

Valùri, s. m. *prezzo , bravura, forza, valore*

Valurùsu, agg. *eccellente, prode, valoroso*

Valùta, s. f. valsente, prezzo, *valore, forza, valuta*

Valòra e valòri, s. f. malattia cutanea pustolosa e contagiosa, *vajuolo*; valòri spùrii, *varicella*

Valòra, s. f. cerchietto di ferro e simili che si mette all'estremità o bocca di taluni strumenti, *ghiera*; per quel piccolo ferro che si pone in pie' del bastone , *gorbia , calza, calzuolo*

Valutantìsa, s. f. *accordo, patteggiamento*

Vàlvula, s. f. in fisica, animella che si apre al passar dei fluidi o dell'aria, *valvola*

Valzàri, v. n. danzare col movimento del valz

Vàlzi, s. m. notissima danza, *valz, valzer*

Vàmpa, s. f. vapore e ardore che esce da gran fiamma, *vampa, vampo*; met. ardente passione

Vampaciùscia, s. f. materia secca che facilmente si accende, *fuscello*; per *bazzecola* ; per una sorta di pasta

Vampuliàri, v. n. render vampa, *vampeggiare*

Vampuliàta, s. f. *ardore, calore*; per subitaneo spaccio di cose venali

Vancàta, vedi bancàta

Vancèlu, s. m. vangelo o scrittura del testamento nuovo , *evangelio*; met. *verità*

Vàncu, s. m. arnese di legno da sedere, *panca*; per quello arnese dove si posano le donne parturienti, *predella*; discùrriri a pèdi di vàncu, *spropositare* ; per quella panca ove i legnaiuoli lavorano il legname, *pancone*; scàrfa vàncu, *poltrone*

Vanèdda, s. f. *stradetta, ciottola, vicoletto* ; vanèdda chi nun spùnta, vedi curtigghiu

Vanìgghia, s. f. pianta odorosa, *vaniglia*

Vantàggiu , s. m. *superiorità, vantaggio* ; presso gli stampatori quell'asse che ha piccola sponda sul quale si posano i caratteri già scelti dal compositore, *vantaggio*

Vantaggiùsu , agg. *vantaggioso*; detto di statura, vale altissima; nèsciri vantaggiùsu di una cosa, vale con utile

Vantàri , v. a. esaltare , magnificare , *vantare* ; n. pass. *gloriarsi*

Vantàta, s. f. *millanteria*

Vàntu, s. m. *millanteria, vanto*

Vànu, s. m. *voto, vacuo, vano*; agg. *vóto, vanaglorioso, caduco* ; avv. invano , *indarno*

Vanuliddu, dim. di vànu, *vanerello*

Vàppari , s. f. plur. *valentie, prodezze*

Vapparia , s. f. *smargiasseria, rodomonteria*

Vappariàrisi, v. n. p. *gloriarsi, presumere, baldanzeggiare*

Vapparùsu, vedi vantatùri

Vàppu, agg. *smargiasso, tagliacantoni, spaccamontagne*

Vapùri, s. m. parte sottile dei corpi umidi che si solleva rarefatta dal calore, *vapore*; per esalazione, *nebbia* ; per nave posta in movimento dal vapore dell'acqua bollente, *piroscafo*

Vàra, s. f. macchina che serve a recare le sacre imagini , *barella*; mèttiri ad unu supra na vàra, *magnificare*

Varàri, v. a. tirar da terra in acqua una nave, *varare*; per *dirigere, prodigalizzare*; detto di giuoco, vale azzardar con cimento

Varàta , s. f. detto di nave , *varamento*

Varàtu, agg. *varato* ; truvàrisi varàtu, vale da non potere più indietreggiare

Vàrca, s. f. navilio di non molta grandezza, ad uso di pesca, *barca*; jìri tèrra tèrra comu li varchi di Cifalù, fig. mediocrissimamente ; vàrca di Greci, *chiucchiurlata*

Varcalòru, agg. conduttor della barca, *nocchiero, barcaiwolo*

Varcarizzu, s. m. quantità di bàrche, *barchereccio*

Varcàta, s. f. il carico di una barca, *barcata*

Varchiàri , v. n. andar a diporto sulla barca , *navigare;* per *lentennare, barcollare* .

Varchiàta , s. f. lo andare a diporto in barca , *veleggiamento;* per *barcollamento*

Varcòcu, s. m. albero, *albicocco,* e il frutto, *albicocca;* di riggìna , una specie d' albicocca assai grossa, *vagaloggìa*

Vàrda, s. f. quell'arnese che a guisa di sella senza arcioni portano le bestie da soma, *basto;* sèrviri pri vàrda e pri sèdda, vale ad ogni uso

Vardalòru , s. m. cavallo per uso di correre il palio, *barbero*

Vardàru, agg. facitor di basti, *bastaio*

Vardèdda, s. f. specie di sella senza arcioni, *bardella;* per quel ravvolto di panno a foggia di cerchio che recano sul capo i facchini quando sostengono de' pesi , *cercine*

Vàrra, s.f. bastone grosso e noderuto, *mazza*

Varràta, s.f. colpo dato con bastone sodo e pesante, *mazzata*

Varrìli, s. m. vaso di legno a doghe a guisa di botte, ma più piccolo e bislungo, *barile;* per la quantità di liquido che vi si può racchiudere; varrìli di salùmi, *bariglione;* gàmmi quant'un vàrrili, valè gonfie; per *èdema*

Vàrva, s. f. l'insieme dei peli che ha l'uomo nelle guance e nel mento,*varva;* met. *radici;* di vàrva e mustàzzu, prender vendetta o canzonare senza

che uno se ne avveda; fàri la vàrva di stùppa, vedi stùppa

Varvajànni, s. m. uccello notturno, *barbagianni;* per uomo sciocco e balordo.

Varvariscu, agg. propr. di lana delle pecore di Barberia

Varvaròttu, s.m. parte estrema del viso sotto la bocca, *mento*

Varvarùssa, s. f. spezie di vite, *barbarossa*

Varvasàpiu, s. m. uomo che affetta sobrietà e sapere, *bacalare, barbassoro*

Varvazzàli, s. f. catenella che va attaccata all'occhio dritto del morso della briglia, e si congiunge col rampino ch'è all'occhio sinistro, dietro alla barbozza del cavallo, *barbazzale*

Varvèri, agg. quegli che esercita il mestiere di tagliare e radere la barba , di tondere e tosare i capelli, *barbiere;* putìa di varvèri, *barberìa*

Varviricchiu, dim. e dispreg.di varvèri

Varvìtta, s. f. nell' uso quella parte della barba, che molti fan crescere a canto alle guance, *favorita* (voce d'uso in Italia)

Varvìtti, s. m. pesce di fiume, *barbio*

Varvòtta, s.f. ramicello di vite, o di altro albero che si pianta onde barbichi,per poscia trapiantarlo in altro sito, *barbatella*

Varvùtu, agg. che ha gran barba, *barbuto;* fig. *sapiente,barbassoro*

Varvùzza, dim. di vàrva; per

un pane di piccola forma dello stesso nome

Vàsa, s.f. term. dei giuocatori, *posta, invito, vada*

Vasamànu, s. m. atto di saluto in segno di rispetto baciando la mano, *baciamento;* per quella funzione che si fa nelle grandi gale di Corte, in cui i più distinti personaggi si presentano al re per baciargli la mano

Vasapèdi, s. m. pianta, *tribolo*

Vasàri, v. a. segno d'amore o di rispetto che si fa toccando colle labbra chiuse chicchessia, premendole più o meno, sì che nello staccarsi ne venga un suono leggiero, indistinto, *baciare;* n.p. darsi dei baci scambievolmente

Vasàta, s. f. l'atto del baciare, *bacio*

Vàsca, s.f. ricetto murato di acqua delle fontane, *vasca*

Vascèddu, vedi vascèllu; per una barca da tonnara

Vascèllu, s.m. bastimento maggiore da guerra, *vascello;* fig. *beone,* ed anche corpacciuto

Vàsciu, s. m. profondità, luogo basso; post. avv. *sommessamente*

Vàsciu, agg. profondo, inferiore chinato, piegato; casa vàscia, *terragna;* genti di bassa calàvria, *genterella;* a lu muru vàsciu tutti si cci appòjanu, il debole è esposto a tutt'i soprusi; èssiri vàsciu davànti, *balocco, badalone*

Vascìzza, s. f. astr. di vàsciu, *bassezza;* per cosa vile, *ignobile*

Vasèttu e vasittìnu, dim. di vàsu, *vasetto, vasettino*

Vassàllu, s. m. suddito, *vassallo*

Vassinnò, avv. *altrimenti, diversamente, in altro modo*

Vastasarìa, s. f. *scortesia, rustichezza, malacreanza*

Vastasàta, vedi vastasarìa; per rappresentazione teatrale di fatti popolari e ridicoli in dialetto

Vastasìscu, agg. *rustico, villanesco*

Vastàsu, s.m. *facchino, bastagio;* per rozzo, *zotico;* vastàsu di la tunnàra, colui che porta a spalle il tonno nelle tonnare

Vastunàca, s. f. pianta che ha la radice carnosa ed è buona a mangiare, *pastinaca*

Vastunàta, s. f. colpo o percossa di bastone o colla mano, *bastonata;* vastunàti d'òrvu, vale percosse date senza riguardi; e met. ingiurie senza buona ragione

Vastùni, s. m. fusto o ramo di albero rimondo, e della lunghezza da potersi maneggiare, *bastone;* per uno dei quattro semi delle carte da giuocare, *bastoni;* vastùni di picuràru, *pedo;* met. *sostegno, ajuto;* vastùni di scùpa, quella pertica che regge la granata; met. detto ad uomo, vale *allampanato, inutile*

Vastuniàri, v.a. percuotere con bastone, *bastonare;* fig. *maltrattare, sottomettere, umiliare*

Vastuniàta, s. f. il bastonare, *bastonatura*

Vastuniàtu, agg. *bastonato;* curnùtu e vastuniàtu, si dice di chi ha ricevuta ingiuria, ed invece di riparazioue riceve nuovo torto

Vàsu, s.m. nome generico d'ogni sorta d'arnese da contener qualche cosa e particolarmente liquidi, *vaso*; per cantero; vasu di ciùri, *testo*; per *bacio*

Vattàli, s. m. fossatello laterale nelle strade di campagna ove scorre l'acqua sia piovana, sia destinata ad inaffiare, *rigagno*; comunemente, *rivolo*

Vattènti, vedi battènti

Vattiàri, v. a. dare il battesimo, *battezzare*; detto di vino, vale annacquarlo

Vatticòri, vedi batticòri

Vàttiri, vedi vastuniàri; cui nun àvi figghi prestu li vàtti, e cui nun àvi mugghièri prèstu li vèsti, indica che chi non è esperto nelle cose, le crede facili ad eseguirsi

Vattitìna, s. f. il battere, *battitura*; vattitina di cori, *batticuore*

Vattitùri, s. m. *battitore*

Vattiu, s. m. *battezzamento*; per la pompa che si fa in occasione del battesimo

Vattuliàri, v.a. tagliar la canna per palare le vigne

Vattuliatùri, s. m. chi taglia la canna per le vigne

Vattùtu, agg. di vàttiri; trivulu vattùtu, discorso tribolante, *lungaja, tiritera*

Vàusu, s. m. rupe, sasso scosceso di monte o di scoglio, *balza*

Vàva, s. f. umor vischioso che esce dalla bocca agli animali, *bava*; voce con cui si chiamano tra loro i ragazzetti, *citto*

Vavarèdda, s. f. luce dell'occhio, *pupilla*

Vaviàri, v.n. imbrattarsi o tramandar bave; n. p. mandar bave, *sbavare*

Vaviàta, s. f. *sbavamento*

Vaviàtu, agg. *sbavato*

Vaviòla, s. f. arnese che ponesi intorno al collo dei bambini per guardare i panni dalle brutture, *bavaglio, bavaglino* (V. Carena, diz. dom.)

Vavùsa, s. f. pesciatello fluviatile e marino

Vavusarìa, s. f. *ragazzata, millanteria, scioccheria*

Vavusiàrisi, v. n. p. *gloriarsi, millantarsi*

Vavùsu, agg. che cola bava, *bavuso*; per *millantatore, fraschetta*

Vàzzi, agg. plur. carte da giuoco di minor conto, *cartacce*

Vècchia, agg. colei che trovasi nell'età avanzata, *vecchia*; fàcci di vècchia, specie di focaccia condita cou olio, acciughe ed origano, *schiacciata*

Vècchiu, agg. m. ch'è avanzato nell'età, *vecchio*; per *antico, vetusto*; lupu vècchiu, *astuto*; vècchiu all'arti, *peritissimo*

Vèci s. f. persona o cosa che sia invece di altra, *vece*; inveci, avv. *invece*

Vèla, s.f. quella tela ch'è legata e distesa sull'albero della nave, *vela*; per la nave stessa

Velàta, s. f. leggiera copertura alla superficie, *velatura, crosta*

Velina, agg. di carta, *velina*

Vèlu, s. m. tela finissima e rada, *velo*; fig. *pretesto, scusa*

Vèna, s. f. sorta di biada, *avena*

Vència, s. f. *onta, danno, ven-detta*

Veneziàna, s. f. bevanda d'acqua fredda, infusovi sugo di limone e giulebbe, *acqua cedrata*

Vèniri, v. n. appressarsi camminando da luogo lontano a quello ov'è chi ragiona, *venire*; per conseguire, ottenere, toccare, cominciare, accadere, derivare, nascere, aver origine, arrivare, pervenire; detto di piante, venir su, *attecchire*; per sopraggiungere; per costare, cosicchè dicesi: la tali cosa a quantu veni, per dire a quanto costa; vèniri a diri, *significare*; vèniri fattu, cader in accencio; chi vèni a diri, modo avverb. vale senza dubbio; vèniri a mènti, *ricordarsi*; vinirisinni, *rompersi, lacerarsi* ec.; parl. di membra storpiate, vale ritornare al pristino stato; vèniri a li lòrdi, *inimicarsi*, ed anche pettegoleggiare; vèniri, parlando di giorni, vale *accadere*; fari a don Japicu ora vègnu, promettere di ritornar subito a un luogo e tardare, o non ritornar affatto

Vènnari, s. m. *venerdi*; nàtu di vènnari, vale *sagacissimo*

Ventàgghiu, vedi muscalòru

Vèntu, s. m. aere dibattuto e mosso da un luogo all'altro con maggiore o minor impeto, *vento*; per vanità; per protezione; jiri comu lu vèntu, correre velocemente; vèntu d'acqua, *ventipiovolo*; rufu-liùni di vèntu, *refolo*; acqua davànti e vèntu darrèri, modo di congedar taluno bruscamente; spàrari a lu vèntu, vedi pavèntu; parràri a lu vèntu, vale *indarno*; aviri vèntu 'mpùppa, vale aver favori, fortuna ec.; chìnu di vèntu, detto a persona, vale *orgoglioso*

Verità, s. f. il vero, *verità*; la virità va'nsumma comu l'og-ghiu, *la verità sta sempre a galla*

Vèrmi, s. m. specie d'insetto genera in quasi tutt' i corpi, *verme*; vèrmi di sìta, *bigatto*, *filugello*; di vìti, *asuro*; di fru-mèntu, *punteruolo*; di tèrra, vedi casèntula; vèrmi di fava, vedi gaddinèdda; vèrmi sul-tàriu, *tenia*; fàri smòviri la cuddùra di li vermi, *annojare*; sta cosa mi ammàzza li ver-mi, vale mi dispiace; per *cura, angoscia*

Vèrnia, vedi sùstu

Vèrra, s. f. ira dei fanciulli con grida di pianto, *strillo*

Vèrru, s. m. porco non castrato, *verro*

Vèrsu, s. m. membro di scrittura poetica, compreso sotto certa misura di piedi e di sillabe, *verso*; per *modo, via, verso*; stàri a versu, vale a segno; dari vèrsu, dar sesto; tiniri a versu, vale a dovere; nun truvàri nè vèrsu nè cùda, non saper uscir da una faccenda

Vèrsu, prep. *verso*; e talora in favore, in servizio

Vèrtula, vedi visàzza; avirinni li vèrtuli chini, *conoscere appieno*

Vèru, s. m. verità, *vero*; agg. *vero*

Vèspa, s. f. insetto volatile simile alla pecchia, *vespa*; fàri cumu na vèspa, vale essere adiratissimo

Vespàiu, s. m. luogo dove abitano le vespe, *vespaio*; per un tumore che viene alle spalle

Vèspru, s. m. la sera e l' ora tarda verso la sera, *vespro*, *vespero*; per l'ora nella quale si dice il vespro, ch'è dopo mezzodì, *vespro*; vèspru siciliànu, famoso eccidio che i Siciliani fecero de' Francesi sotto Carlo d'Angiò nell' ora del vespo, *vespro siciliano*

Vèsta e vèsti, s. f. abito, vestimento, *veste*, *vesta*; sutta vèsti, met. *sotto pretesto*

Vèstia, s. f. cavallo o altra bestia da soma, *giumento*

Vèstiri, s. m. il vestire, *vestimento*

Vèstiri, v. a. mettere addosso il vestimento, *vestire*

Vèzzu, s. m. *delizia*, *vezzo*; per abitudine non buona; nel plur. *lezii, vezzi*

Vi, avv. *vi*; pron. *a voi*; per inter. *oh! ohi! poffare!*

Via, s. f. strada, *via*; per *viaggio, cammino*; mittìrisi la via 'ntra li pèdi, *prender la via*; per modo, forma, maniera

Via, nel moltiplicare si adopera come per altrettanto numero; così quattro *via* quattro, vale quattro per altret-

tanti quattro; avv. *orsù, molto, assai*; si adopera anche per affrettare o discacciare

Viàggiu, s. m. cammino per terra e per mare, *viaggio*; fàri un viàggiu e dui survizza, vale riuscir due negozi con una stessa operazione; bon viàggiu! modo di congedare

Viàli, s. m. *viottola, viale*; per istrada fra alberi ombrosa ed amena, *viale*

Viàticu, s. m. il Sacramento dell'altare che si dà a' moribondi, *viatico*

Vicaria, s. f. *carcere, prigione*

Vicchiàia, vedi vicchizza

Vicchiarèddu e vicchiòttu, dim. di vècchiu, *vecchiarello, vecchiotto*

Vicchiuliddu, agg. alquanto vecchio, *vecchiericcio*

Vicchiùmi, s. f. quantità di cose vecchie, *vecchiume*

Vicchizza, s. f. *vecchiaia, vecchiezza*; a vicchizzi valòri, per esprimere certe abitudini o certi desidéri che vengono in età avanzata, e perciò non propria a quelli

Vicènna, s. f. *contracambio, ricompensa, vicenda*; per *affare, faccenda*; per *vicissitudine*

Vicerrè, s. m. che tiene il luogo del re, *vicerè*

Vicinàli, agg. di strada che conduce a casa particolare, *vicinale*

Vicinànzu, s. m. abitatori del vicinato di presso a un luogo, *vicinato*

Vicinàtu, s. m. *vicinanza, vicinato*

Vicinèddu, avv. dim. di vicìnu, accosto, appresso

Vicìnu, s. m. colui che abita di presso, vicino; per consanguineo, prossimano

Vicìnu, agg. vicino

Vicìnu, avv. vicino

Vicìnu, prep. vicino; e talora intorno

Viculu, s. m. strada stretta, chiasso, chiassuolo, vico

Viddanaria, s. f. villania, scortesia, villananza

Viddaniscu, agg. villanesco; per rozzo, inculto

Viddànu, s. m. uomo della villa, contadino, villano; agg. zotico

Viddicàru, s. m. grossa e carnosa pancia, pancione

Viddicu, s. m. quella parte del corpo donde il feto nel ventre della madre riceve il nudrimento, bellico, umbellico, e ombelico; pirtùsu di lu viddicu, gangame; per il centro di chicchessia, ombelico; farisi la cruci a lu viddicu, trasecolare

Vidèmmi, avv. ancora, pure

Vidìri e vidiri, v. n. comprendere coll'occhio l'obbietto illuminato che ci si para davanti, vedere; per conoscere, comprendere, por mente; 'ntra un vidìri e svidiri, vale in un attimo; stari a lu vidìri, temporeggiare, procedere con circospezione; fari vidìri, vale operare in modo che altri vegga; come parola di minaccia, vale ti farò vedere qual vendetta ne prenderò; nun putìri vidìri, odiare; vidìri la cappa mala

tagghiàta, temere; occhiu chi nun vidi, cori chi nun doli, si dice per esprimer cosa che non vista, poco importa; vidìrisi li visti di luntànu, osservare con indifferenza senza impacciarsi; vidìri lu fùnnu d'una cosa, vale vederne il fine; fari vidìri e tuccàri cu li manu, provare; vidìri la vista, osservare; fari caru a vidìri, recarsi di rado a visitare altrui; comu mi viditi mi scrivìti, indica povertà; nun vidìri di l'occhi, significa esser adirato, o innamorato; fari vidìri la luna 'ntra lu puzzu, far vedere il nero sul bianco; vidìri li stiddi a menzu jornu, vale sentir grande ed improvviso dolore

Viduànza, s. f. stato vedovile, vedovanza

Vìduu, vedi cattivu

Viduvìli, agg. vedovile

Vigghìa, vedi vigilia

Vigghiànti, agg. che veglia, desto

Vigghiàri, v. n. star desto in tempo di notte, vegliare; dòrmi patèdda ca lu grànciu vigghia, detto di chi preparasi a qualche vendetta

Vigghiàta, s. f. spazio e tempo del vegliare, e l'atto stesso, veglia; alcuni operai così chiamano il lavorare dopo fatta notte, vegghia

Vigghièttu, s. m. lettera che si manda in luoghi vicini, viglietto, biglietto

Vigilànti, agg. sollecito, vigilante

Vigilàri, v. n. star desto, *vegliare, vigilare*; per *invigilare*

Vigìlia, s. f. il vegliare, *vigilia*; pel giorno avanti le feste solenni, *vigilia*; èssiri a la vigìlia di qualchi cosa, vale esser prossima ad accadere; èssiri vigìlia ammucciàta, vale *doppio, finto*

Vìgna, s. f. campo coltivato a viti, *vigna, vigneto*

Vignàli, s. m. luogo coltivato a vigna, *vigneto*

Vignalòru, s. m. coltivator della vigna, *vignaiuolo*

Vigùri, s. m. *vigore*

Vìla, s. f. *vela*

Vilènu, s. m. *veleno;* per rancore, odio

Vilèri, agg. di naviglio, che veleggia speditamente, *veliere*

Vìli, agg. *abbietto, vile;* per *timido, pauroso;* detto di prezzo, *tenue;* di persona, *malcostumata*

Villiggiàri, v. n. stare in villa a diporto, *villeggiare*

Villùtu, s. m. drappo di seta, cotone o lana con pelo, *velluto;* dim. villutìnu, velluto a guisa di nastro

Vìna, s. f. vaso o canale che porta il sangue al cuore, *vena;* per canaletto sotterraneo ove corre l'acqua, *vena;* met. *copia, abbondanza*

Vinalòru, s. m. chi trasporta vino alle case de' particolari per venderlo, *vinaiuolo, vinattiere*

Vinazzàta, s. f. quantità di vinaccia

Vinàzzu, s. m. pegg. di vìnu, *vinaccio;* detto degli acini dell'uva, spremuto li vinu, e del granelletto sodo che sta entro l'uva stessa, *vinaccia*

Vinciperdi (a), posto avv. vale negligentemente, senza cura

Vìnciri, v. a. riportar vittoria, guadagnar battaglie, *superare, vincere;* vìnciri dinàri, *guadagnare;* lu tèmpu va a vìnciri, indica lo approssimarsi della bella stagione; dàrila vinta e nun dàrila vìnta, consentire o dissentire

Vìncita, s. f. contrario di pèrdita, *vincita*

Vincitòria, s. f. lo stesso che vittoria; dàri o nun dàri vincitòria, vale cedere o ostinarsi

Vinciùtu, agg. *vinto*

Vindicàri, vedi vinnicàri

Vinèttu, s. m. vino di poco valore, *vinetto;* per acqua passata sulle vinacce, *vinello*

Vinìri, vedi vèniri

Vinnìbili, agg. *vendibile, venale*

Vinnicàri, v. a. far vendetta, prender vendetta, *vendicare*

Vinnicativu, agg. che è inclinato alla vendetta, *vendicativo*

Vinnìgna, s. f. il vendemmiare, e il tempo in che si vendemmia, *vendemmia*

Vinnignàri, v. n. raccor l'uva dalla vite, *vendemmiare;* fig. mandare a male; detto di persona, *affliggere, travagliare*

Vinnignatùri, s. m. *vendemmiatore, vendemmiante*

Vinnimèntu, vedi vìnnita

Vinnirèdda, vedi zevinnirèdda

Vinniri, v. a. cedere ad altri la cosa posseduta per un prezzo convenuto, *vendere*; per *ingannare*; vinniri a canniggiu, vale vendere misurando a canna, *vendere a ritaglio*; vinniri vissichi pri lantèrni, *ingannare*; vinniri la giustìzia, *lasciarsi corrompere*; vinniri cara la mircanzìa, *far caso di sè*; vinniri cannìstri vacànti, render servigi che non costan nulla; vinniri a prova, detto di poponi, vale dopo essersi tagliati per conoscerne la qualità; vinniri sirvìzi, *piaggiare*; vinniri la gatta 'ntra lu saccu, voler vendere un oggetto senza vedersi; vinniri chiàcchiari, *garabullare*; avìri ragiùni di vinniri, vale aver molta ragione; vinniri a spacca e pisa, fig. *tranellare*

Vinnirizzu, agg. da vendersi, *vendericcio*

Vinnita, s. f. il vendere, *vendita*

Vinnitùri, s. m. che vende, *venditore*

Vinnizìòni, vedi vinnita; per *inganno, furberia*

Vinnùtu, agg. *venduto*; carni vinnùta, detto ad uomo troppo ligio ad altro

Vintàgghiu, vedi muscalòru

Vintàzzu, pegg. di vèntu, *ventaccio*

Vinti, n. num. *venti*

Vintiàri, v. n. *soffiare, ventare, venteggiare*; att. veder alla sfuggiasca; non istar sodo; nun lassàri vintiàri ad unu, *sopraffare*

Vinticincu, n. num. *venticinque*

Vintidùi, n. num. *ventidue*

Vintilàtu, vedi ventilàtu

Vintina, quantità numerata che arriva alla somma di venti, *ventina*

Vintinòvi, n. num. *ventinove*

Vintiquàttru, n. num. *ventiquattro*

Vintisegràna lìsciu, in gergo, *furbo, maligno*

Vintisèi, n. num. *ventisei*

Vintisètti, n. num. *ventisette*

Vintitrì, n. num. *ventitre*; met. *deretano*; èssiri a vintitrì uri e tri quarti, vale *scusso, al verde*

Vintòttu, n. num. *ventotto*; chiantàrisi cu vintòttu, vale non far motto

Vintràta, s. f. percossa del ventre, *ventrata*; per gravidanza; 'ntra na vintràta, vale in un parto

Vintrèra, s. f. specie di tasca di cuoio, ove tengonsi cartucce di munizione a palla per archibuso

Vintrìsca, s. f. pancia, *ventresca*

Vintriscu, s. m. cuoio di bove e sim. dalla parte del ventre

Vintuliàri, n. spirare, soffiar vento, *ventare*

Vintuliàta, s. f. soffio impetuoso di vento, *folata*; 'ntra na vintuliàta, avv. rattissimamente

Vintuliatèdda, dim. di vintuliàta

Vintuliatùna, accr. di vintuliàta

Vintunùra (a) e tri quarti, modo di esprimere il digiuno

Vintùra, s. f. *sorte, ventura*; sedì sedi ca bona vintùra ti vèni, indica che spesso l'indugiare è utile pel meglio delle cose

Vinturèri, s. m. soldato di ventura, *venturiere*

Vinturina, s. f. gemma simile al lapislazzolo, *venturina*

Vinturùsu, agg. felice, fortunato, *venturoso*

Vintùsa, s. f. vasetto di vetro o d'altra materia che serve ad attrarre il sangue verso alcuna parte del corpo, *coppetta, ventosa*; mèttiri li vintùsi, *ventosare*; spina vintùsa, vedi spina

Vintusità, vedi pìditu

Vintùsu, agg. esposto al vento, che ha vento, *ventoso*; met. *altiero, gonfio*; per flatuoso

Vinu, s, m. bevanda tratta dal succo dell'uva fermentato, *vino*; vinu limpiràtu, vino annacquato; livàrisi di vinu, vale ubbriacarsi; màmma di lu vinu, vedi màmma; vinu còttu, mosto cotto, *sapa, caroeno*

Viòla, s. f. pianta, *viola*; per uno strumento musicale a corde; per. un nome di registro d'organo, *viola*

Violàci, agg. di colore, *violaceo*

Viòlu, s. m. piccola via, *viottolo, viottola*; per sim. riga che fa l'acqua o altro fluido scorrendo per chicchessia, *stroscia*

Vipara, s. f. spezie di serpe velenosissima, *vipera*; addivintàri na vipara, *inviperire*

Vippita, s. f. *bevuta, bibita, bevizione*

Virbèna, s. f. pianta, *verbena*

Virdàstru, agg. *verdiccio, verdastro*

Virdi, s. m. colore che han l'erbe e le foglie quando son fresche, *verde*; per *fresco*, contrario di *secco*; per *giovane*; per *acerbo, agro*; per *immaturo*; agg. *verde*; vidiri nà cosa vistùta di virdi, non sperarne buon esito

Virdi buttìgghia, colore notissimo, cioè quel verde scuro che han le bottiglie, comunemente chiamate *nere*

Virdinu, s. m. materia di color verde adoperato dai pittori, *verdetto*

Virdi pisèdda, s. m. il color del guscio de' piselli freschi

Virdi ràmu, s. m. quella gruma verde che si genera nel rame per l'azione dell'aria e per altre sostanze, *verderame*

Virdiscu, s. m. specie di mostro marino

Virdiscùru, s. m. *verdebruno*

Virdizza, s. f. *verdezza, verdore*

Virdòzzu, agg. *verdigno, verdognolo*; per immaturo, detto di posteme, frutta ec.

Virdulìdda (cantàri la), vegliare per molestia altrui

Virdulìdda, s. f. piccolo uccello, *lui verde*

Virdumàru, s. m. venditor di insalate, *insalataio*

Virdùmi, s. m. la parte verdeggiante delle piante, *verdume*; per verdezza in generale, *verdore, verdume*

Virdunèra, s. f. arnese di legno, dove situasi un piccolo specchio ed un veroncello, col quale si addestrano i verdoni a volarvi sopra

Virdùni, s. m. nome di un uccelle di color verde, *verdone*; agg. *verdone*

Virdùra, s. f. quatità d' erbe, *verzura*, *verdura* ; per ogni erba buona a mangiare, *erbaggio*

Virga, s. f. *bacchetta*, *verga*; pel membro virile; fig. disciplina; detto di metallo d' oro e d' argento , vale ridotto in verghe

Virgàta , s. f. colpo dato con verga, *vergata*

Virgàtu, agg. dicesi di panni, drappi ec., *vergato*

Virghiàri, v. a. percuotere con verga, *vergheggiare*

Virgini, s. e agg. detto di uomo o donna che non sian venuti alla copula, *vergine*; di qualunque cosa non adoperata, *vergine*;per un de' segni dello zodiaco ; per antonomasia la Madre di G. C.; meli vìrgini, vedi mèli; cira virgini, vedi cìra ; quacina vìrgini, sostanza bianca in cui convertesi la selce per l'azione del fuoco, *calcina*; tèsta vìrgini, vale inetto

Virgula, s. f. segno simile ad una *c* al rovescio, che si tramette nel discorso scritto per separarne i periodi, gl'incisi, le proposizioni accessorie ec., *virgola*; mèttiri li virguli, vale porre le virgole nella scrittura, e contrassegnare con due virgole al margine qualche squarcio di autore, *virgolare*; parràri cu li virguli e pùnti, vale *esattamente*

Virgunàta, vedi virgùni

Virgùni, s. m. accr. di virga;

nerezza che viene alla pelle per percossa, *lividura*

Virina, s. f. la parte spugnosa, che forma il corpo interiore delle mammelle, *glandula mammaria*

Virità e viritàti, s. f. il vero, *verità*; la virità va 'nsùmma comu l'ogghiu, vale che trionfa sempre

Viritèri, agg. che dice il vero, *veritiero*

Virmàzzu, pegg. di vèrmi

Virmicèddi, s. m. plur. sorta di pasta sottilissima, *vermicelli*; jittàri li virmicèddi, *svesciare*; virmicèddi filàti; vermicelli che condisconsi con cacio parmigiano,carne ed entragni di polli ec.

Virmiciddarìa, s. f. fabbrica di paste lavorate

Virmicèddu, vedi virmùzzu

Virmiciddàru, s. m. colui che fa paste lavorate, *pastaio*; cucùzza virmiciddàra , in forza d'agg. sorta di zucca gentile

Virmigghiu, agg. di colore rosso detto chermisino, *vermiglio*

Virmigghiùni, s. m. filo lungo di metallo fatto a forma di spira, e che serve a vari usi nelle arti, *saltaleone*

Virmillàta, vedi mirmillàta

Virminùsu, agg. che ha vermi, *verminoso*; lu medicu piatusu fa la chiàga virminùsa, dicesi per esprimere che non bisogna in certe cose aver riguardi, ove vogliansi evitar delle cattive conseguenze

Virmùzzu, dim. di vèrmi, *verminuzzo, verminetto*

Virnici, s. m. composto di varie sostanze che serve a dare il lustro, e ad altri usi, *vernice*; dàri la virnìci, *verniciare*, *inverniciare*; met. apparenza esteriore che illude e mal corrisponde alla sostanza

Virrìna, s. f. strumento di ferro fatto a vite con un de' capi appuntato, e l'altro fitto in un manico, *succhio*, *trivello*; met. detto a persona, vale insinuante

Virrinèdda, dim. di virrìna; met. *intrigante*

Virrinùni, s. m. trivello grande ad uso di piantar magliuoli, *trivellone*

Virrùggiu, s. m. ferro a guisa di punteruolo con cui si forano le botti per assaggiarne il vino, *spillo*

Virrùtu, agg. detto a' bambini, vale *rabbioso*, *iracondo*

Virsàna, s. f. quel volger che fa l'aratro in ripigliando un nuovo solco, e il luogo dove si fa questo rivolgimento

Virsèriu, vedi diàvulu; per *sagace*, *accorto*

Virticchiàru, agg. ad una qualità di melecotogne, migliori delle ordinarie

Virticchiu, s. m. piccolo strumento rotondo, bucato nel mezzo, che si mette nel fuso, *fusaiuolo*; màtri virtìcchia virtìcchia, quei lobi carnosi e spugnosi che sono appiccati alle matrici delle vacche, *cotiledoni*; nun è virticchiu chi arròzzula, vale cosa difficile ad aver esito secondo i nostri desideri

Virtiggini, s. f. offuscamento di cerebro, *capogiro*, *vertigine*

Virtù, s. f. disposizione naturale dell'anima che ci porta a seguire il bene e fuggire il male, *virtù*; di la nicissità farinni virtù, ceder per forza di necessità; per possanza, vigore

Virtulidda, dim. di vèrtula, vedi

Virtuùsu, agg. *valoroso*, *eccellente*, *virtuoso*

Visàzza, s. f. grandi tasche che mettonsi nell'arcione di dietro della sella per portar robe stando in viaggio, *bisacce*, *bisaccia*

Viscatèddu, dim. di viscàtu, vedi

Viscàtu, s. m. verga impaniata per uso di pigliar uccelli, *panione*, *vergone*

Viscitu, s. m. malattia per cui la saliva si separa in maggior quantità, *tialismo*

Viscòrnia, s. f. strumento degli stagnai e degli orefici a guisa d'incudine, *bicornia*

Viscòttu, s. m. pane cotto due volte, *biscotto*; per quei dolci di farina di grano impastati con zucchero ed aromi, *biscottini*

Viscu, s. m. pianta parassita che nasce su certi alberi e dà coccole, dalle quali s'estrae la pania, *visco*, *vischio*; per la pania stessa, *veschio*, *visco*; met. *inganno*, *impaccio*

Viscùsu, agg. *tenace*, *appicca-ticcio*, *vischioso*

Viscuttarìa, s. f. luogo ove fansi i biscotti, *biscotteria*

Viscuttàru, s. m. colui che fa

biscotti, *cantucciaio*

Viscuttèddu e viscuttìnu, dim. di viscòttu; tè ccà stu viscuttèddu, si dice a chi vuol affettare semplicità

Viscuvàtu, s. m. dignità, ufficio e giurisdizione del vescovo, *rescovado*; matrimonii e viscuvàti di lu celu su mannàti, detto assai chiaro

Viscuvu, s. m. prelato addetto al servizio di una diocesi, *vescovo*

Visèra, s. f. parte dell'elmo che cuopre il viso, *visiera*; per cappuccio di tela che copre il capo a' così detti babbuini, chiamati in Italia battùti

Visibiliu (jìri in), voce latina corrotta, andare in estasi, in visibilio

Visitu, s. m. vedi lùttu

Visitùsu, agg. vestito a bruno per morte de' congiunti

Visiunàriu, s. m. *immaginario*, *visionario*

Vispalòru e vispàru, s. m. fiale di vespi e calabroni, *vespaio*

Vissica, s. f. membrana o ricettacolo dell'orina nel ventre dell'animale, *vescica*; pel ricettacolo dell'aria in molti pesci; per gonfiamento di pelle cagionato da scottatura; vissichi di saìmi, vesciche degli animali bovini che si riempiono di sugna

Vissicànti, s. m. medicamento caustico, *vescicatorio*; fig. 'ncùttu, vedi

Vissicàri, v. a. il levar la vescica che fa la pelle per l'azione del vescicatorio

Vista, s. f. senso e atto del vedere, *vista*; per avvenimento curioso, *spettacolo*; per riguardo, apparenza, mira; a vista, che si vede; canùsciri di vista, conoscere solamente di persona; a la vista, *apparentemente*; mèttiri a vista, *esporre*; vulìrisi vidìri la vista, goder sul male altrui; vulìrisi vidìri beddi visti, lo stesso del precedente; pèrdiri la vista, *accecare*; vèniri la vista, riaver la luce degli occhi; per luggètta, vedi; vista cùrta, *miopia*; longa, *presbiopia*

Vistiamàru, s. m. chi ha cura del bestiame

Vistiàmi, s. m. e f. moltitudine di bestie, *bestiame*; vistiàmi grossa, detto di buoi, vacche ec.; minùta, capre, pecore ec.; vistiàmi purcìna, *bime*

Vistiòlu, s. m. toro giovane, *manzo*

Vistìri, vedi vèstiri

Vistìtu, s. m. *vestimento, vestito*; per la spesa e mantenimento del vestire, *vestito*

Vistu, s. m. il segno o la firma che appone alla scrittura chi ha dritto di testimoniare; agg. *veduto, visto*; cui è vistu e nun è pigghiàtu nun po' jìri carzaràtu, vedi pigghiàtu

Vistuàriu, s. m. abiti de' soldati, de' commedianti, ec., *vestimento*

Vistùtu, agg. *vestito*; sumèri quasàtu e vistùtu, *merlotto, incitrullito*; vidìri vistùtu di niuru, di virdi ec., prevedere l'esito infelice di qualche cosa

Vita , s. f. stato degli enti a-
nimati finchè è in essi il prin-
cipio della sensazione e del
moto, *vita*; per *sussistenza*;
per le opere di qualcuno ;
lèggiri la vita, *cantare vespro
e compieta*; per azioni; livàri
la vita, faticar molto, ed uc-
cidere ; per trafelare ; vita,
quella parte del corpo che
va dalle spalle ai fianchi

Vitalìziu , s. m. assegnamento
durante vita, *vitalizio*; agg.
vitalizio

Vitèddu, s. m. parto della vac-
ca, *vitello*; vitèdda di latti,
mongana ; per cuoio o pelle
di vitello ; gridàri comu un
vitèddu òrfanu, vale mettere
strilli acuti

Viti, s. f. pianta dal cui frutto
ricavasi il vino , *vite*; per
uno strumento meccanico a
forma di spira, *vite*

Vitiddàru, vedi vaccàru

Vitiddùzzu, dim. di vitèddu,
vitellino

Vitràmi, s. f. mercanzia minuta
di vetri, *vetrame*

Vitràru, s. m. quegli che fa va-
sella di vetro , o colui che
vende o che accomoda i vetri
per finestre, balconi ec. *vetraio*

Vitràta, vedi vitriàta

Vitrèra , s. f. fornace da vetri,
vetraia

Vitriàta, s. f. chiusura di vetri
che si fa all' apertura delle
finestre, *invetriata, vetrata*; in
gergo, fig. *occhiali*

Vitrìgnu , agg. di ciò che fa-
cilmente si frange , *vetrino*;
detto di persona , vale che
ha tutto a male e specialmen-
te gli scherzi, *permaloso*

Vitrìna, s. f. cassetta di vetri,
che tengono gli oreflci per
mettere in mostra i loro og-
getti, *bacheca*; per quella u-
sata da' mercanti, *vetrina*

Vitriòlu, s. m. solfato di zinco,
vitriolo, vetriuolo

Vitru, s. m. materia trasparente
ma fragile, *vetro*; èssiri comu
lu vitru, *frangibile*

Vitta, s. f. è un sol gambo del
cerfuglione

Vitti vitti, voce con cui chia-
mansi le colombe

Vittu, s. m. provvisione neces-
saria al vivere, *cibo, alimen-
to, vitto*

Vittùra, vedi vettùra

Vitturinu, s. m. chi guida be-
stie da vettura, *vetturino*

Vitùddu, vedi salaciùni

Viulèdda, s. f. dim. di viòla;
nome d' un pesciatello gen-
tile

Viulèddu, dim. di viòlu, *chias-
suolo*

Viuluncèlla, s. f. strumento a
corde, *violoncello*

Viulinìsta , s. m. suonator di
violino, *violinista*

Viulìnu, s. m. strumento mu-
sicale a quattro corde, il più
importante nella musica ad
orchestra, *violino*

Viva, voce d'applauso, *viva*

Vivàci, agg. *vivace, pronto, ri-
goglioso*

Viva diu, escl. *viva dio*

Vivannèri, s. m. così chiamansi
quegli ecclesiastici addetti a
cattedrale o collegiata, e che
tra noi han pure il nome di
beneficiali, *beneficiato*

Vivat, voce latina, vedi. viva

Viveri, vedi biveri

Vivibili, agg. *bevibile, bevereccio*

Viviraggiu, s. m. *bevanda, beveraggio*; per la mancia che si dà a chi ci rende un qualche servigio, *beveraggio*

Viviri, v. n. e a. prender per bocca alcun liquore ed inghiottirlo, *bere, bevere*; per stare in vita, *vivere*; per nutrirsi, cibarsi; in forza di sost. *il bere*

Vivirùni, s. m. bevanda composta d'acqua e farina che si dà a' cavalli per rinfrescarli, *beverone*; term. dei muratori, calcina intrisa con chicchessia e ridotta liquida; per nuova infausta, *battisoffia*

Vivitùri, s. m. vasetto ove nelle gabbie si pone l'acqua per gli uccelli, *abbeveratoio, abbeverino*; per *beone*

Vivizza, s. f. *vivezza*; per *freschezza*

Vivu, s. m. e agg. *vivo*; per brioso, destro, fiero; a lu vivu, al sommo, all'estremo; di colore, vale *acceso*

Vivuli, s. f. male che viene ai cavalli, cagionato dal gonfiar delle glandole che sono sotto le orecchie, *vivole*

Vivùla, vedi vippila

Vizza, s. f. spezie di legume di varie sorti, *veccia*

Vizziamèntu, s. m. alterazione negli umori, *vizio*

Vizziàri, v. a. *viziare, guastare, corrompere, magagnare*; n. p. *corrompersi*

Vizziu, s. m. abito di male, o di cosa mala o sconvenevole, *vizio*; per reo costume, abito malvagio, *vizio*; per difetto, disordine, cattiva configurazione

Vizziùsu, agg. che ha vizio, *vizioso*; per difettoso

Vòca, s. f. il vogare, *voga*; fig. impeto, ardore; per fama; vòca vòca, comando marinaresco, *batti la voga*; dàri la vòca di fòra, fig. *allontanare*; pigghiàri la vòca, cominciare un movimento per eseguire un'operazione bene e con forza

Vocansita, s. f. giuoco fanciullesco che si fa sopra una tavola sospesa da due lati e poggiante nel centro solamente, *altalena*

Vocavègna, s. m. termine del giuoco detto marrèdda, ed esprime un modo di situare i pezzi da vincere con sicurezza; per sim. l'andare e venire frequente

Vocazìòni, s. f. inclinazione, *vocazione*

Vògghia, s. f. *volere, desio, voglia*; a vògghia, avv. alla malora

Vòi, s. m. toro castrato, *bue*; voi marinu, *foca*; mèttiri lu carru avanti li voi, chi trova difficoltà pria che la cosa avvenga

Volontàriu, agg. *volontario*; in forza di sost. soldato che di propria volontà serve nella milizia, contrario di coscritto, *volontario*

Vòlta, s. f. coperta di stanza o di altri edifici, *volta*; vòlta finta, dicono i fabbri quella che non è di muraglia

Vòlu, s. m. il volare, *volo*; di primu volu, detto a' giovani, vale appena usciti dal giogo de' superiori; sparàri a lu volu, vale sparare seguendo il volo degli uccelli; di volu, avv. alla sfuggita

Volùmi, s. m. libro, o parte distinta di libro, *volume*; per mole o grossezza di un corpo, *volume*

Vòlvulu, s. m. sorta di malattia per la quale si rigettano le fecce per bocca, *volvolo*; per inguainamento di una porzione d'intestino dentro un'altra, *volvolo*

Vomitàri, v. a. e n. mandar fuori per bocca il cibo e gli umori che sono nello stomaco, *vomitare*; per riferire i fatti altrui, *sbrodellare*

Vomitìvu, agg. che ha virtù di promuovere il vomitivo, *vomitivo*; per discorso insulso

Vòmitu, s. m. il vomitare, *vomito*; per la materia vomitata, *vomito*; per cosa nauseante, stucchevole

Vòmmara, s. f. strumento di ferro concavo che s'incastra nell'aratro per fendere in arando la terra, *vomere, vomero*

Vòmmica, s. f. postema che viene a' polmoni, *vomica*; nuci vòmmica, noce velenosa a' cani, topi, ed alcuni animali, *noce vomica*

Vòpa, s. f. pesce che frequenta le spiagge, *boga*; vopi marini, in gergo è modo di ri-

cusare, *no, no certo*

Vòscu, s. m. luogo pieno d'alberi selvatici, *bosco*; per moltitudine, ammasso; isca di vòscu, fungo che nasce sulla quercia, e che si prepara per ricevere la scintilla della pietra focaia, *agarico di quercia*; omu di vòscu, *zotico*

Vossia, voce sincopata da Vostra Signoria, *Vossignoria*

Vòta, s. f. il voltare, *volta*; dàri di vòta, detto del vino, vale *incerconire*; detto del sole, quando scende verso l'orizzonte; della luna, passare il plenilunio; di febbre, vajuolo e sim., essere scorso il periodo della gagliardia; vòta, per vicenda, volta; una vota, vale un tempo

Vòzza, s. f. vescica a pie' del collo ove gli uccelli ripongono il mangiare, *gozzo*

Vòzzu, s. m. enfiato che fa la percossa *bernoccolo*; per tumore, enfiamento

Vràca, s. f. nel plur. vestimento che cuopre dalla cintura al ginocchio, *brache*; per un cavo grosso ad uso di legar pesi per trasportarli, *braca*

Vracalàru, s. m. facitor di brachieri, *bracheraio*

Vracàli, s. m. fasciatura di ferro o cuoio per reggere gli intestini caduti nella coglia per crepatura, *brachiere*

Vracàzza, pegg. di vràca; fig. detto ad uomo vale *istabile, vile, dappoco*

Vrachètta, dim. di vràca; vale anche lo sparato dinanzi ai

calzoni ch' è coperto dalla così detta 'nnàppa, *toppa*

Vràchi di cùcca, s.f. plur. sorta d' erba, *vilucchio maggiore*

Vrachittùni, s. m. term. d'arch. tutto quello che fascia un arco, e ne fa l'ornato, *brachettone* ; per ornamento di legname attorno le porte o finestre delle stanze , *stipite*

Vrancarussìna , s. f. pianta , *brancorsina*

Vrancàstru, agg. che tende al bianco, *biancastro*

Vranchinùsu, agg. *biancaccio*

Vranchìzza , s. f. astratto di bianco, *bianchezza*

Vràncu, s. m. uno degli estremi colori, *bianco*; vrancu d'òvu, *chiara, albume*; agg. *bianco*; per canuto ; farisi vràncu , *allibbire*; mèttiri lu vràncu sùpra lu nìuru, fig. *scrivere*

Vrancùra, s.f. *bianchezza, biancore*

Vrazzàli, s. m. parte dell' armatura antica che arma il braccio , *bracciale* ; per un arnese di legno che arma il braccio per giuocare al pallone, *bracciale*

Vrazzàta, s. f. colpo di braccio

Vrazzèttu (a), avv. col braccio dell' uno in quello dell'altro, *a braccetto*

Vrazziàri, v.n. dimenar le braccia

Vrazzòlu, s. m. ramicello d'un albero ; per que' sostegni a similitudine di teste di cui si servono i segatori per tener sollevato il legno che debbon segare, *piedica*

Vràzzu, s. m. membro dell'uomo che deriva dalla spalla e termina colla mano, *braccio* ; delle lumiere, *viticcio* ; per una delle parti della verga trasversale della bilancia, *braccio*; per ramo d'albero, *branca*; fig. *protezione*; vràzzu di màri, *faccendiere*; èssiri lu vràzzu drittu di qualcùnu,vale essergli assai utile; stuccàri li vràzza, fig. *affievolire*; dàri vràzzu, *porgere il braccio*; ammùddìri li vràzza, *scoraggirsi*

Vrigògna, s. f. *disonore, vitupero, vergogna*; per *modestia*

Vrigugnàrisi, v. n. pass. *vergognarsi*

Vrigugnùsu , agg. *vergognoso , ignominioso, vituperevole*

Vrisca, s. f. pezzo di cera lavorato a cellette, ove le api depositano il miele e le loro uova, *fiale, favo*; pirtùsu di la vrisca, *cella*

Vròcculu, s. m. pianta ortense, *broccolo*; pel tallo del cavolo, rapa ec., *broccolo*; nè 'nsùsu cu li càvuli, nè 'njùsu cu li vròcculi, *nè per dritto nè per rovescio* ; vròcculu biancu , detto càvulu ciùri, vedi

Vròdu, vedi bròdu

Vrùca, vedi brùca

Vrucculiàrisi, v.n.p. *burbanzare*

Vrucculùsu, agg. *vanitoso*

Vrùcu, agg. stato degl' insetti dalla nascita dell'incrisalidamento, *bruco*

Vrudacchiàrisi, v. n. p. *smargiassare*

Vrudacchiàta, s. f. vivanda liquida, *pappolata*

Vrudacchièri, s. m. chi porta e riporta nuove vere o false, *rinvocciardo*

Vrudacchiùsu, agg. *smargiasso, ampolloso*

Vrudùsu, agg. abbondante di brodo, *brodoso*

Vrunniàri, v. n. essere o apparir biondo, *biondeggiare*

Vrunnizza, s. f. *biondezza*

Vrùnnu, agg. color tra il bianco e il giallo, *biondo*

Vuàutri, voce composta da vui e autri, *voi altri*; ma si dice spesso per *voi* solamente

Vucàri, v. n. remare, remigare, *vogare*

Vucàta, s. f. *remata, vogata*

Vucatùri, s. m. che voga, *vogatore*

Vùcca, s. f. la parte della testa dell'animale per la quale si prende cibo e si respira, e dalla quale esce la voce, *bocca*; per gusto, sapore; per apertura di fiaschi, vasi ec.; vucca di lu stòmacu, la parte superiore dello stomaco; a vùcca, *a voce*; di vùcca a vùcca, *presenzialmente*; vùcca di vanèdda, strada, *imboccatura*; vucca di fava, fasòla ec., *nero della fava* ec.; arristàri a vucca apèrta, *trasecolare*; fàri la scùma a la vùcca, *elogiare*; fàri chiùiri la vùcca, *ridurre al silenzio*; sguazzàrisi la vucca, *spettegolare*; vucca a culu di gaddùzzu, *bocchin da sciorre aghetti*; vùcca quàntu un àciu, *bocca svivagnata*; a vucca china, vale *senza misura*; jinchìrisi la vùcca, parlar senza ritegno

Vuccàgghiu, s. m. ordigno di ferro o di cuoio, dove mettesi il muso degli animali a ciò non mordano, *frenello, museruola, musoliera*

Vuccàta, s. f. tanta materia che si può tenere in bocca, *boccata*; vuccàta di pàgghia, pregare indarno; di scupètta, colpo di bocca di fucile

Vuccàzza, pegg. di vùcca, *boccaccia*; met. agg. *maldicente*

Vuccèri, vedi uccèri

Vùcchi, s. f. la parte dinanti dell'anello della così detta ravògghia, vedi

Vucchïata, s. f. il mangiar svogliatamente di alcuni animali

Vucchïari, v. a. dar de' morsi; per addentar gli alimenti

Vucchìnu, agg. la parte degli strumenti da fiato da dove s'imboccano; di sicàrru, è un arnese di cocco, creta, o succino dove s'immette una delle estremità del sigaro per tenerlo in bocca

Vucciddàtu, vedi gucciddàtu

Vucciria, vedi ucciria

Vucunàta, s. f. donativo per sedurre, *ingoffo*; co' verbi dàri o pigghiàri, vale *subornare*

Vuccunèttu, s. m. sorta di dolciume, *bocca di dama*

Vuccùni, s. m. quantità di cibo o cosa liquida che si mette in bocca in una volta, *boccone*; bònu vuccùni, *guadagno*; vuccùni, chiocciola turbinata che si pesca in mare, e che vendesi bollita; manciàri cu dui vuccùna, vale voler guadagnar molto

Vùci, s. f. suono prodotto dall'animale colla bocca per manifestare qualche affetto, *voce*; suono di strumento da fiato; a vuci, *presenzialmente*; passàrisi la vuci, *intendersi*; vuci, per *fama, riputazione, parola, vocabolo*; su cchiù li vuci ca li nuci, *cose che si asagerano*; vuci squacquaràta, *vociaccia*; dàri vùci, *chiamare*; vuci Diu vuci pòpulu, ciò che dice la fama; vuci di la cuscènza, *rimorso*

Vucïàri, v. a. *gridare*; per palesar cose segrete, *bociare*

Vuciazzàru, vedi gridazzàru

Vucìdda, dim. di vuci, *vociolina*

Vuciùni, accr. di vùci, *vocione*

Vudèddu, s. m. canale interno dell'animale che serve a ricevere il cibo e rigettar gli escrementi, *budello*; vìdiri li so' vudèdda, conoscer l'intenzione; vudèddu di cùda, intestino retto degli animali bovini; arriminàrisi li vudèdda, *gorgogliare il corpo*; vudèddu pappùni, il più largo nella massa delle budella

Vudiddùmi, vedi mudiddùni

Vudiddùzzu, dim. di vudèddu, *budellino*

Vugghiènti, agg. che bolle, *cocente, bollente*

Vugghimèntu, vedi vugghiùta

Vùgghiri, v. n. dicesi de' liquori quando o per calore o per fermentazione levano bolle o s'increspano, *bollire, gorgogliare, barbottare*; fig. *soprabbondare*; detto del mosto, *fermentare*; vùgghiri li manu, esser in procinto di dar busse

Vùgghiu, s. m. veemente agitazione d'un fluido esposto all'azion del fuoco, *ebollizione*; per la materia cotta nell'acqua, *lesso, allesso*; spaccàri vùgghiu, principiare a bollire, *grillare*

Vugghiunèddu, agg. di fave, e vale lesse

Vugghiùta, s. f. bollimento; per per talune parti del tonno salate e lesse

Vugghiùtu, agg. *bollito*

Vùi, pron. *voi*

Vujàru, s. m. guardiano di buoi, *boaro, bifolco*

Vujàutri, vedi vuàtri

Vujàzzu, pegg. di vòi, *buaccio*

Vulànti, s. m. nome dato ad alcuni valletti di nobili personaggi, che precedeano un tempo a piedi le carrozze dei loro signori; fògghiu vulànti, vale non cucito con altri fogli

Vulàri, v. n. il trascorrere che fanno per l'aria gli uccelli agitando le ali, *volare*; per passare con gran velocità, *volare*; met. esser deposto da una carica; term. de' cacciatori, il partirsi a volo di taluni uccelli, *levarsi*

Vulàta, s. f. il volare, *volata*; fari la vulàta di l'àncili, vale caduta irreparabile

Vulatina, vedi vulàta

Vulatùri, s. m. *areonauta*

Vulcànu, s. m. montagna che ha in cima un cratere che manda fiamme, *vulcano*; èssiri un vulcànu, vale *iracondo*

Vulintirùsu, agg. *volentieroso*

Vuliri, v. a. dirizzare le operazioni della volontà a qualche oggetto, *volere*; per *ricercare, domandare, ubbisognare, reputare, stimare*; ccà ti vògghiu, vale questo è il punto; vulissi Diu, voglia Dio! vuliri picca, detto di cose che debbon ancora maturarsi o cuocere per poco ond'esser al giusto punto; vuliri màli, *odiare*; beni, *amare*

Vuliri, s. m. *volontà, desio, volere, appetito*

Vùltu, s. m. *volto, viso, faccia*

Vuluntàti, s. f. *volontà*

Vummicàri, v. a. *sbrodellare, rincesciare*; per sbummicàri, vedi

Vummicùsu, agg. *schizzinoso, insulso, sciocco*

Vurdunàru, s. m. ed agg. quegli che guida i muli, *mulattiere*; per sim. *zotico*

Vurrània, s. f. pianta, *borraggine, borrana*

Vùrza, s. f. sacchetto di varie fogge e maniere per tenervi danari, *borsa*; per *guaina*; per *coglia, scroto*; fari vùrza, detto di ferite che rinnovano i loro enfiati, *saccaja*; riunione de' mercanti, di negozianti per affari di commercio, e luogo dove si riuniscono; *borsa*; vurza stritta, *avaro*; vuliricci una vurza senza làzzu, indica bisogno di spender continuamente del denaro

Vurzìdda, vedi vurzitèdda

Vurzìgghiu, s. m. *peculio, borsino*

Vurzitèdda, dim. di vùrza, *borsetta, borsellino*

Vurzùni, s. m. borsa alquanto grande, *borsotto, borsone*; plur. quelle tasche che tengonsi unite alla cintola dei calzoni, *borsellini*

Vùsa, vedi 'mmerdavùsa

Vuscàgghia, s. f. falda sottile di legno levata colla pialla, *truciolo, bruciolo*

Vuscalòru, s. m. chi abita, o ha custodia di un bosco, *boscajuolo*

Vuscàri, v. n. guadagnare, *buscare, civanzare*

Vuscèttu, s. m. legnetto usato da' calzolai che serve a preservare il tomaio da qualche incisione di trincetto allorquando ritagliano e puliscono la suola, *bussetto*

Vuschìgnu, agg. *boschigno, boschereccio*

Vùsciu, s. m. pianta il di cui legno serve a far vari lavori al tornio ed a scultura, *bosso*

Vùsciula, s. f. cerchio di ferro o di bronzo, di cui si riveste l'interiore del mozzo delle ruote, *boccola, bronzina*; così chiamansi anche talune scatolette di bosso, *bossoletto, bossolino*

Vusciulàru, s. m. la pelle pendente dal collo de' buoi, *giogaia, soggiogaia*; detto dei galli, vale quella carne che lor pende sotto il becco, *bargiglione*; detto di uomo, vedi busciulàru

Vuscùsu, agg. *boscoso*

Vussica, vedi vissica

Vùssulu, s. m. vasetto di legno

per raccorre i partiti, *bossolo*; per qualunque vaso di legno, *bossolo*

Vutamèntu, s. m. *volgimento*; vutamèntu di midùdda, vedi sfirniciamèntu

Vutàri, v. n. *volgere, voltare, mutare, convertire, rivolgere*; per dar il voto, *votare*; vutàri fàcci, *fuggire*, e volgere il cammino per una parte; vutàri vanèdda, *piegare dietro un canto di casa*; vutàrisi di ccà e di ddà, *aggirarsi*; vutàrisi la midùdda, *discervellarsi*; vutàri un timpulùni, *schiaffeggiàre*; vutàri la ròta, *cambiar sorte*; comu un surrùscu, *spulezzare*; vutàrisi comu un cani arraggiàtu, vale *essere adirato*; vòtala ca s'ardi, si dice a chi cerca de' sotterfugi

Vutàta, s. f. il voltare, *voltata*; pigghiàri la vutàta làrga, *andar con cautela*; a la vutàta, luogo dove si giunge svoltando per qualche canto; per *cipiglio*

Vutàtu, agg. *voltato*; per *votato*, e vale promessa fatta ad un santo di portar vesti di quel colore che gli è proprio, o che gli s'attribuisce

Vutàzza (l'autra), avv. *un pezzo fa*

Vuttàru, agg. quegli che fa o racconcia le botti, *bottajo*

Vùtti, s. f. vaso cilindrico più corpacciuto nel mezzo che nelle teste, fatto di legname a doghe, in cui si conserva vino e simili, *botte*; per misura di liquidi che cape dodici barili; setti vutti fa la sua vigna, vale che pretende il suo, senza curarsi d'altri; vuliri la vutti chìna e la mugghièri 'mbriàca, voler le cose a tutt'agio; dàri un corpu a la vutti e n' autru a lu timpàgnu, chi alterna nella fatica facendo or una cosa ora un'altra

Vutticèdda, dim. di vùtti, *botticina*

Vùtu, s. m. imagine che si appende in segno di voto nelle chiese per ringraziamento di alcuna grazia, *voto*; per giuramento; per spontanea promissione; fari vùtu, *promettere*

Vutùru, s. m. uccello che si pasce di animali morti, *avoltoio, avoltore*

Vuzzicèdda, dim. di vòzza

Vuzzilèddu, dim. di vòzzu, *enfiatello*

X

X, consonante, un tempo in uso presso i nostri poeti, e si pronunzia *ichisi*; alla medesima oggi s' è sostituita la sci e ci, così: xacca, mutasi in *ciacca*; xancàtu in *sciancàtu*; xiurèttu in *ciurèttu*; xùri in *ciùri*; xùmi in *ciùmi*, ec.; testa ad ichisi, vale *cervel balzano*

Z

Z, ultima lettera dell' alfabeto nostro, e si pronuncia *'nzeta*; nel dialetto siciliano ha due suoni diversi, cioè uno aspro e l'altro dolce; p. e. *zagara*,

46

zorba ec. diverso da *serviziu, grazia* ec.

Zabbàra, s. f. pianta tessile comune in Sicilia, *aloe*

Zacatiàri, v. a. *dimenare, scuotere, guazzare;* n. p. *agitarsi*

Zacatiàta, s. f. *scuotimento, dimenio*

Zaccagninu, s. m. nome d'una maschera detta *arlecchino;* parlando d'abito, vale a più colori

Zaccanàri, vedi azzaccanàri

Zàccanu, s. m. luogo dove si ricoverano le bestie, *gagno;* per schizzo di fango, *zacchera;* per terra ammollata dall'acqua, *loja, mota;* per lo sterco che sta attaccato alla parte deretana delle pecore e capre, *zacchera, caccola*

Zaccarrùni, agg. *zotico, villano*

Zàcchia, s. f. spazio di terreno ne' campi cavato in lungo per ricever l'acqua, *fossa*

Zàcchiti, parola che vale *giunta, soprassello*

Zaccuràfa, s. f. ago grosso, *agone*

Zàfara, s. f. malattia detta *itterizia*

Zafaràna, s. f. pianta, i di cui organi sessuali danno un colore giallo, *zafferano, croco;* per quei filetti che danno il detto colore, *zafferano;* a culùri di zafaràna, *zafferanato*

Zafaranùni, vedi cartàmu

Zàgara, s. f. il fior degli agrumi e dell'ulivo, *fior d'arancio, limone, ulivo* ec.

Zagarèdda, s. f. tela di seta tessuta in guisa che non passi la larghezza d'una spanna, *nastro*

Zagariàri, v. n. lo sbocciar dei fiori negli alberi, *fiorire, germogliare;* degli ulivi, *mignolare*

Zagariddàru, agg. tessitore o venditore di nastri, *nastraio*

Zagatàru, agg. che vende salumi, cacio ed altri camangiari, *pizzicagnolo*

Zàgatu, s. m. bottega del pizzicagnolo

Zàinu, s. m. sorta di concio che si dà al tabacco per renderlo grato all'odore

Zammataria, s. f. luogo dove si tengono le vacche, e si fa anche burro e cacio, *cascina*

Zammatàru, s. m. che ha la custodia della cascina e fabbrica anche il burro e il cacio, *cascinaio*

Zammatiàri, v. a. guazzare in acqua torbida e fangosa

Zammatò, s. m. luogo pieno di fango, *fanghiglia;* fig. *guazzabuglio*

Zammù, s. m. spirito di vino con essenza di anice, *acquavite*

Zammucàru, s. m. che fa e vende acquavite, *acquavitaio*

Zàmpa, vedi ciàmpa

Zànca, vedi sciànca

Zancarrùni, vedi zaccarrùni

Zànnu, s. m. *ciarlatano, cantambanco*

Zàppa, s. f. strumento rustico per uso di rompere la terra non sassosa, *zappa;* per *zappatura;* dàri la zappa 'ntra li so pèdi, recarsi danno da sé; per una misura d'acqua che comprende un cerchio il di cui diametro è d'once quattro e dieci linee del palmo siciliano

Zappagghiunèra, s. f. cortinaggio di velo sottilissimo con cui si cigne il letto per difenderlo dalle zanzàre, *zanzariere*

Zappagghiùni, s. m. animaletto volatile molestissimo nella notte, *zanzàra*; zappagghiùni di lu vinu, *moscione*; muzzicùni di zappagghiùni , *coccicuola*; zappagghiùni d' òriu, furmèntu ec., *gorgoglione*

Zappamèntu, s. m. *zappatura*

Zappàri, v. a. lavorar la terra con la zappa, *zappare*; zappàri all'acqua e siminàri a lu ventu, affaticarsi invano

Zappàta, vedi zappatùra

Zappatùra , s. f. lo zappare , *zappatura*

Zappatùri, s. m. che zappa , *zappatore*; per villano zotico; per soldato addetto ai lavori di fortificazione, *zappadore*

Zappinu, s. m. specie di pino, *zappino*

Zappitèdda, dim. di zàppa, vedi zappùdda

Zappùdda, dim. di zàppa, *zappetta*

Zappuliàri, v. a. zappare leggermente, *zappettare*

Zappuliàta, s. f. lo zappettare, *sarchiamento*

Zappuliàtu, agg. ripulito dalle erbe selvatiche, *sarchiato*

Zappuliatùri , s. m. colui che sarchia

Zappunàta, s. f. colpo di zappone

Zappùni, s. m. sorta di zappa stretta e lunga, *zappone*

Zàra, s. f. giuoco con tre dadi, *zara*; zara a cui tocca, vale suo danno a chi tocca

Zarànnula, s. f. cosa frivola, *bagattella*, *bazzecola*

Zàrba, vedi sipàla

Zarbàta, vedi zàrba

Zàrcu, agg. *livido*, *smorto*

Zàsa, s. f. pianta, *timelea*

Zazzamita, vedi scrippiùni

Zàzzara, s. f. capellatura che scende sino alle spalle, *zazzera*

Zeciòlla, agg. *pettegola*

Zèlu, s. m. amore, affetto, desiderio, *zelo*

Zerbìnu, s. m. *damerino*, *zerbino*

Zevèttula, vedi zivìttula

Zevinnirèdda, agg. si dice la figghia di la zevinnirèdda , cioè colei che tutto domanda e desidera

Zia, fem. di zio, *zia*; in gergo vale *usuraja*, e mantenitrice di bordello

Ziànu, vedi ziu

Zibaldùpi, s. m. scritture messe alla rinfusa, *zibaldone*

Zibbèffu (a), posto avv. in gran copia, *a bizzeffe*

Zibìbu, s. m. specie d'uva buona a mangiare con granelli grossi, *zibibo*

Zicca, s. f. luogo da batter monete, *zecca*; per un animaletto che hanno addosso i cani, le volpi, ed altri animali simili, *acaro*, *zecca*

Ziccafrittula, agg. *avaro*, *spilorcio*

Zicchèri, s. m. chi soprintende o lavora alla zecca, *zecchiere*

Zicchèttu, s. m. nel giuoco del

trucco, è il colpo dato alla palla

Zicchinètta, s. f. sorta di giuoco detto d'azzardo

Zicchìnu, s. m. sorta di moneta d'oro, *zecchino* ·

Zicchittàta, s. f. colpo dato col dito, *buffetto*

Zicchittùni, vedi zicchittàta

Ziccùsu, agg. *spilorcio, taccagno*

Zichi zàchi, voce che denota l'andamento d'una linea, strada o altro ad angoli salienti e rientranti; e in generale tortuosità, serpeggiamento, *zig-zag*; per una specie d'insetto

Zichi zichi, s. m. voce stridula della cicala

Ziddaru, s. m. sterco de' topi, lepri, conigli ec., *cacherello, pillacola, caccola*

Ziddarùsu , agg. *sordido* ; per *inzaccherato*

Ziffiàri , v. a. dar la prima coperta di calcina alle muraglie, *rinzaffare*

Ziffiàtu, s. m. primo intonaco che dassi alle muraglie, *rinzaffo*

Zilànti, agg. che ha zelo, *zelante*

Zimàrra, s. f. sorta di sopravveste lunga con bavero, usata da' sacerdoti e da' chierici regolari, *zimarra*

Zimma, s. f. specie di tumore, *ateròma, cista*

Zimmèddu, s. m. uccello legato per allettare gli altri scapoli, *zimbello*; èssiri di zimmèddu, servir di trastullo

Zimmilàru, s. m. facitor di stoje o sporte di giunchi

Zimmìli, s. m. arnese di ampelodesmo a guisa di bisacce, per uso di someggiare, *sporta*; àsta di zimmili, v. bròcca

Zinèfa, s. f. parte del cortinaggio che pensi nelle portiere, carrozze, balconi ec., *balza*

Zinènu , s. m. il primo degli intestini tenui, *duodeno*; èssiri zinènu nèttu, vale *ignorante*

Zìngaru, agg. vile lavoratore di ferro, *chiodaiuolo, chiodaruolo* ; cacàzza di zingaru, *scea*

Zìppa, vedi zippula

Zippiàri, v. a. metter zeppe, *zeppare*

Zìppula , s. f. bietta o conio piccolo per serrare o stringere chicchessia, *zeppa*; per quel legnetto con cui si tura la cannella della botte, *zipolo*; per una sorta di vivanda di pasta molle con altri ingredienti, fritta nel grasso

Zirbinòttu, vedi zirbìnu

Zirrichiàri, vedi zurrichiàri

Zìta, s. f. promessa sposa, *fidanzata*; la zita majulìna nun si po' gòdiri la curtina, falsa credenza volgare , la quale stabilisce che la donna maritata in maggio , dee presto morire, o aver mala ventura; di jornu in jòrnu si 'nguàggia sta zita, differimento ad arte di qualche promessa

Zitàggiu, s.m. *maritaggio, nozze*; pel convito che si fa in occasione di nozze

Zitiddùzza, dim. e vezzegg. di zita

Zittìrisi, v. n. p. *tacersi, ammutolire*

Zittu, voce imperativa che impone silénzio, *zitto*; zittu zittu, avv. pian pianino; zittu tu e zittu iu, *celatamente*

Zitu, agg. *fidanzato*; per una sorta di pasta a forma di cannello bucato nel mezzo, *cannelloni*

Ziu, s. m. *zio*

Ziu ziu, s. m. voce del sorcio

Zivittula, s. f. *civettuola*

Zivula, s. f. uccelletto, *zivolo, zigolo*

Zizì, abbreviatura di ziu, detto da' fanciulli

Zizzània, s. f. pianta dannosa al grano, *loglio*; met. *discordia, zizzania*

Zizzaniùsu, agg. agg. che mette discordie, *zizzanioso*

Zizzu, agg. figurino, *sninfia*; zizzu zizzu, *ardito*

Zòccu, pron. *ciò che*

Zòcculu, s. m. calzare simile alla pianella, *zoccolo*; per quella fascia di color diverso dall'altro della parete che si fa a pie' di essa, *zoccolo*; term. d'archit. pietra quadrangolare dove posano stipiti, colonne ec., *dado, plinto*

Zòddari, s. m. plur. quantità di fango, sterco e sim., *zacchera, pillacchera, caccola*

Zòna, s. f. acciaio temperato, di cui si fan molle d' orologi, penne ec.

Zòppu, agg. chi ha storpiatura nelle gambe, *zoppo*; met. *difettoso*; cui pratica cu lu zòppu supra l'annu zuppichìa, la cattiva pratica fa i vizi

Zòrba, s. f. albero, *sorbo*; e il frutto, *sorba*; cu lu tempu e cu la pagghia si maturanu li zòrbi, vale che bisogna del tempo perchè le cose riescan perfette

Zòria, parola che sta in vece di proposito, intendimento ec.; livàri di zòria, *dissuadere*

Zoticaria, s. f. *zotichezza, rozzezza*

Zòticu, agg. *intrattabile, zotico*

Zòtta, s. f. sferza di canapo attaccata ad una verga per ispronare i cavalli, *frusta*; per piccola quantità di acqua stagnante, *lagume, guazzatoio*

Zu, lo stesso che ziu; nelle persone volgari è segno di rispetto verso chi ha maggior età

Zùbbiu, s. m. luogo di grande profondità, *voragine, baratro*; per sepoltura grandissima, *carnaio*

Zuccaràtu, agg. condito di zucchero, *dolce, inzuccherato*; fig. *aggradevole, grazioso*

Zuccaréddu, s. m. dim. di zùccaru, vedi; met. *grazioso, piacevole*

Zuccarèra, s. f. vaso di porcellana o di metallo da contener zucchero, *zuccheriera*

Zuccarìnu, agg. di una sorta di pera

Zùccaru, s. m. materia dolce cavata dalla cannamele, *zucchero*; zùccaru cànnitu, *zucchero candi*; di vìola, *violato*; met. agg. *elegante, grazioso, piacevole*; zùccaru nun guasta bivànna, significa che lo aggiunger fortuna a fortuna non può esser sgradevole

Zucchètta, s. f. zucca che serve di fiasco, *zucchetta*

Zuccòttu, s. m. zucchero di prima qualità che trovasi a gran pezzi, *zucchero in pani*

Zùccu, s. m. sostegno dell' albero, *ceppo*; e quando è reciso, *ciocco*; per la cavità interiore dell' orecchio, *timpano*

Zuccùni, s. m. base dell'albero piena di radici, *ceppaia*; vesti zuccùni ca pari barùni, dicesi che le cose per aver buona apparenza, bisogna adornarli

Zuddaràri, vedi azzuddaràri

Zuddaràtu, agg. *inzaccherato*

Zùffa, s. f. *baruffa*, *zuffa*

Zu nùddu, s. m. *inetto*, *incapace*

Zu piddizza, s. m. *stracciato*, *cencioso*

Zuìnu, s. m. uccelletto noto, *montanello*; per coloro che procurano avventori a' mercanti

Zuliàta, s. f. buon numero di busse, *carpiccio*

Zuppiàri, v. n. andar alquanto zoppo, *zoppicare*

Zuppichiàri, v. n. vedi zuppiàri; per prender in qualche vizio; per *errare*; per imbrogliarsi nel discorso, *frastagliare*

Zuppicùni (a), posto avv. *zoppicando*

Zuppìddu, agg. l'ultimo venerdì di carnevale

Zurbiàrisi, v. n. p. affaticarsi inutilmente in qualche cosa

Zurbinòttu, vedi zorbinòttu

Zurbùsu, agg. di sapore afro, astrignente, *lazzo*

Zurriàri, v. n. lo stridere dei vetri, o stoviglie quando si frangono, *cigolare*

Zurrichiàri, vedi zurriàri

Zùrru, agg. di superficie scabra, *ruvido*

Zuttiàta, s. f. colpo di frusta

Zuttiàri, v. a. far scoppiare la frusta, *schioccare*, *frustare*

Zuttàta, s. f. scoppio di frusta, *chiocco*

Zuzzàna, s. f. quantità che giugne a dodici, *dozzina*

Zuzzanàli, agg. da dozzina; met. *triviale*

Zuzzìna, vedi zuzzàna

Zuzzinàli, vedi zuzzanàli

Zuzzù, voce che imita il suono del violino, *ziro ziro*

NOMI PROPRJ SICILIANI

CO' LORO ABBREVIATIVI, VEZZEGGIATIVI EC.

A

Aatina, vezz. di 'Agata
Abràmu, Abramo
'Agata, Agata
Agislàu, Ageslao
Agustinèddu, vezz. di Agustinu
Agustinu, Agostino
Aitànu, vedi Gaitànu
Alfònsu, Alfonso
Alfunsinu, vezz. d' Alfonsu
Ambròsiu, Ambrogio
Amillu, Camillo
Ancilicchia, vezz. di 'Ancila
Ancilina, vedi Ancilicchia
'Ancilu, masch. di 'Ancila
Ancilùzza, vezz. di 'Ancila
'Anna, Anna
Annètta, vezz. di Anna
Annicchia, vedi Annètta
Anniria, vedi 'Nniria
Annùzza, avvil. di Anna
Anzèlmu, Anzelmo
Arcàncila, fem. di Arcancilu
Arcàncilu, Arcangelo
'Arfiu, Alfio
Atanàsiu, Atanasio

B

Bastiànu, Sebastiano
Batassàru, Baldassare
Battista, vedi Titta
Bètta, Elisabetta
Biddicchia, vezz. di Betta
Binnardinu, vezz. di Binnardu
Binnàrdu, Bernardo
Bittina e Bittidda, vezz. di Betta
Bittùzza, avvil. di Betta
Bràsi, Biagio
Brizzita, Brigida

C

Caliddu, vezz. di Caloriu
Calòriu, Calogero
Calùzzu, vedi Caliddu
Carmèla, Carmela
Carmèlu, masch. di Carmela
Carmilicchia, vezz. di Carmela
Carmilicchiu, vezz. di Carmelu
Càrmina, vedi Carmela
Carminèdda, vezz. di Carmina
Carminèddu, vezz. di Carminu
Càrminu, vedi Carmelu

α

Carminùzza, fem. di Carminùzzu
Carminùzzu, vezz. di Càrminu
Carricchiu, vedi Carrùzzu
Càrru, Carlo
Carrùzzu, vezz. di Càrru
Càstrenziu, Castrense
Catarina, Caterina
Cecè, abbr. di Vincenzo, di Concetta e di Francesco
Chiàra, Chiara
Chiarìna, vezz. di Chiara
Cicca e Ciccia, Francesca
Ciccìna e Cicciarèdda, dim. di Ciccia
Cicciarèddu, dim. di Ciccíu
Cicciu, Francesco
Ciccu, vedi Cicciu
Cicì, vezz. di Cicciu
Cicciddu, vedi Cicì
Ciociò, Corrado
Giùzza, vezz. di Vincènza
Ciùzzu, vezz. di Vincènzu
Cocò, vezz. di Còla
Còla, Niccolò
Còsimu, Cosmo
Cristòfaru, Cristoforo
Culicchia, vezz. di Còla
Cuncètta, Concetta
Cuncèllu, masch. di Cuncètta
Cuncittèdda, dim. di Cuncètta
Curnèliu, Cornelio

D

Ddècu, Diego
Ddèrfu, Filadelfio
Ddìa, Dorotea
Ddiùzza, vezz. di Ddia
Ddurìna, vezz. di Dorotea
Ddurùzza, vedi Ddurina
Dducicu, Lodovico
Domiànu, Damiano
Dumìnicu, vedi Minicu
Dunàtu, Donato

E

Eduàrdu, Eduardo
Èrculi, Ercole
Ermenegìrdu, Ermenegildo
Erricu, Enrigo
Èttari, Ettore
Eugèniu, vedi Gegè

F

Fania, Stefania, Epifania
Fànu, Epifanio, Stefano
Fidirìcu, Federico
Fifì, vezz. di Fidiricu e di Filippu
Filicètta, ved. di Felicia
Filici, Felice
Filìcia, fem. di Filici
Filicicchia, vezz. di Filicia
Filiciùzza, avvil. di Filicia
Filìppa, fem. di Filippu
Filìppu, Filippo
Fìna, vezz. di Serafina
Finu, masch. di Fina
Firdinànnu, Ferdinando
Fràncu, Franco
Fulìppu, vedi Filippu

G

Gabrièli, Gabriello
Gaspanèddu, vezz. di Gaspànu
Gaspànu, Gaspare
Gegè, Eugenio. Giosuè
Girdu, dim. di Ermenegìrdu
Giugiù, vezz. di Giuliu
Giùlia, fem. di Giuliu
Giulièddu, vezz. di Giuliu
Giuliètta, vezz. di Giulia
Giùliu, Giulio
Giuvànni, vedi Vanni
Giuvannina, fem. di Giuvanninu

Giovanninu, vezz. di Giuvanni
Gnàziu, Ignazio
Gnazziddu, vezz. di Gnaziu
Gràzia, Grazia
Grabièli, vedi Gabrieli
Grazièdda, vezz. di Grazia
Gugghièrmu, Guglielmo

J

Jachinèddu, vezz. di Jachinu
Jachinu, Gioacchino
Jacùzzu, dim. di Japicu
Jànu, Sebastiano, Adriano, Dà-
   miano
Japichinu, vezz. di Japicu
Jàpicu, Giacomo
Jejò, vedi Jòna
Jòna, fem. di Jòni
Jòni, vedi Mircioni
Junùzza, avvil. di Jona

L

Làlla, Laurea, Eulalia
Laurètta, vezz. di Lauria
Làuria, Laura
Lia, abbrev. di Rosalia
Dibèrtu, Alberto
Libòriu, Liborio
Lidda, vezz. di Vincenza e di
   Lauria
Liddu, masch. di Lidda, e dim.
   di Paulu, Vartulu, e di Ca-
   loriu
Lilli, vezz. di Litteria e di Sta-
   nislao
Lisa, vedi Luisa
Lisciandrèddu, vezz. di Liscian-
   dru
Lisciàndru, Alessandro
Lisi, vezz. di Luigi
Littèria, fem. di Litteriu e di
   Stanislao

Littèriu, Litterio
Littirina, vezz. di Litteria
Lollò, di Lorenzu e di Stanislao
Lorènzu, Lorenzo
Lùca, Luca
Lucia, Lucia
Luciànu e Luciu, masch. di Lucia
Luigi, Luigi
Luiginu, vezz. di Luigi
Lunàrdu, Leonardo

M

Màlia, Amalia
Màra, vedi Marana
Maraànna, vedi Marana
Maràna, Marianna
Maranèdda, vezz. di Marana
Màrcu, Marco
Margarita, Margherita
Marianèddu, vezz. di Marianu
Mariannina, vezz. di Maraànna
Mariànu, Mariano
Maricchia, Maria
Maricchièdda, vezz. di Maricchia
Marina, Marina
Martinu, Martino,
Marùzza, dim. di Mara
Marùzzu, dim. di Mariu
Màsi, Tommaso
Masùzzu e Masinu, vezz. di Masi
Mèna, Carmela, Filomena
Michèli, Michele
Michilina, fem. di Michilinu
Michilinu, vezz. di Micheli
Mica, Domenica
Micia, Remigia
Miciu, masch. di Micia
Micu, Domenico
Mimi, vezz. di Minicu
Minichèddu, vezz. di Minicu
Mircioni, Melchiore
Minicu, Domenico
Mita, abbr. di Margherita

Mòmma, Girolama
Mòmmu, Girolamo
Mùni, abbr. di Simuni

N

Nanètta, vezz. di Anna
Nàrdu, Leonardo
Natàli, Natale
Nèdda, fem. di Neddu, e abbr. di Carulina
Nèddu, vezz. di Bastianu, e di Alessandru
Nèla, fem. di Neli
Nèli, Emmanuele
Nenè, vezz. di Neli, e di Andria
Nina, fem. di Ninu
Ninètta, vezz. di Nina
Nini, vezz. di Ninu
Ninicchiu, vezz. di Ninu
Ninu, Antonino
Nittu, Benedetto
Nniria, Andrea
Nnuccènzu, Innocenzo
Nòfriu, Onofrio
Nonò, vezz. di Onofrio ed Eleonora
Nòra, Eleonora, Elena
Ntòni, Antonio
Ntònia, fem. di Antoni
Nurùzza, avvil. di Nora
Nùnzia, fem. di Nunzio
Nùnziu, Nunzio
Nùzzu, vezz. di Antonio
Nùzza, abbr. di Cristina e Faustina
Nzùla, fem. di Nzulu
Nzulìddu, vezz. di Nzulu
Nzùlu, Vincenzo

O

Onòfriu, vedi Nofriu
Oliva, fem. di Olivo

Onoràtu, Onorato
Oràziu, Orazio
Ottàviu, Ottavio

P

Pasquàli, Pasquale
Pàula, fem. di Paulu
Pàulu, Paolo
Pepè, vezz. di Piddu
Pèppa, f. di Peppi
Pèppi, vedi Piddu
Pètra, fem. di Petru
Pètru, Pietro
Piddu, Giuseppe
Piddùzzu, vezz. di Piddu
Pippa, Filippa
Pippina, fem. di Pippinu, e di Filippu
Pippinèdda, vezz. di Pippina
Pippinèddu, vezz. di Pippinu
Pippinu, Giuseppe
Pippu, vezz. di Filippu e di Pippinu
Piddu, vedi Pippinu
Pirica, vezz. di Petra
Piricu, vezz. di Petru
Pitricchiu, vedi Pitrinu
Pitrina, fem. di Pitrinu
Pitrìnu, vezz. di Petru
Pitrùzzu, vedi Pitricchiu
Poliddu, vezz. di Paulu
Polinu, Paolino
Popò, Leopoldo, Ippolito
Prazzitu, Placido
Pùddu, vedi Piddu

R

Ramùnnu, Raimondo
Ricu, vezz. di Erricu
Ròsa, Rosalia, e Rosa
Rusària, fem. di Rusariu
Rusàriu, Rosario

Rusidda, vedi Rusina
Rusina, vezz. di Rosa
Rusulia, vedi Rosa
Rusulina, vedi Rusulia
Rusulinu, masch. di Rusulina
Rusuzza, avvil. di Rosa

S

Sabbèdda, vedi Betta
Sabbiddicchia, vezz. di Sabed-da
Sabbidduzza, vedi Sabbiddicchia
Sànta, fem. di Santu
Sàntu, Santi
Santuzzu, vezz. di Santu
Sàra, fem. di Saru
Sarafinu, Serafino
Saridda, vezz. di Sara
Sariddu, vezz. di Saru
Sàru, Rosario
Sarvatùri, Salvatore
Sasà, vezz. di Saru, di Sara e di Santa
Sciavèriu, Saverio
Sidda e Sisi, vedi Rusidda
Sidòru, Isidoru
Silvèstru, Silvestro
Simùni, Simone
Sisidda, vedi Sidda
Stèfanu, Stefano
Stifaninu, vezz. di Stefanu
Stransillàu, Stanislao
Sulivèstru, vedi Silvestru

T

Tana, fem. di Tanu
Tanicchia, vezz. di Tana
Tanidda, vedi Tanicchia
Tànu, Gaetano

Tatà, vezz. di Tanu
Tetè, Teresa
Tidda, dim. di Agata
Tina, Caterina
Tinu, masch. di Tina, Agostino, Costantino, Agatino
Titì, vezz. di Tina e di Tinu
Titta, Giovambattista
Tòdaru, Teodoro
Tòfalu, Cristofaro
Tòlla, Antonia
Totò, vedi Ntòni e Sarvaturi
Trèsa, Teresa
Trisicchia, vezz. di Tresa
Trisina e Trisùdda, vezz. di Tresa
Tufània, Epifania
Tùri, vedi Sarvaturi
Turiddu, vezz. di Turi
Tùzza, fem. di Tuzzu, Agata, Margherita
Tuzzidda, dim. di Tuzza
Tùzzu, dim. di Petru, e di Prazzitu

U

Ustinu, Agostino

V

Vànna, fem. di Vanni
Vànni, Giovanni
Vannicchia, vezz. di Vanna
Vannùzzu, vezz. di Vanni
Vartùlu, Bartolomeo
Vicènza, fem. di Vincenzu
Vicènzu, Vincenzo
Vicinzina, vezz. di Vicenza
Vicinzinu, vezz. di Vicenzu

DIZIONARIO GEOGRAFICO

DELLE CITTA', DE' FIUMI, VILLAGGI ED ALTRI
LUOGHI RIMARCHEVOLI

della

SICILIA

A

Abàti, villaggio presso Palermo, *Abate*

Abbisu, fiume di Sicilia tre miglia distante da Noto, *Abiso*

Aci, vedi Jaci

Acqua di la Ficàrra, casale di Sicilia aggregato al Comune di Barcellona, provincia di Messina, *Acqua della Ficarra*

Acqua di li Cursàli, sorgente d'acqua presso Palermo, *Acqua de' Corsali*

Acqua santa, contrada nella riviera settentrionale di Palermo

Acqua viva, comune alle falde d'un monte in provincia, distretto e diocesi di Caltanissetta, popolaz. 1545

Acquidùci, villaggio aggregato a Sanfratello, provincia di Messina, *Acque dolci*

Adernò, città di Sicilia alle falde dell'Etna, prov. distr. e dioc. di Catania, pop. 12489; per un fiume che passa per detta città

Adràgnu, casale vicino Sambuca, *Adragno*

Agghiàstru, terra di Sicilia in provincia, diocesi e distr. di Palermo, popolaz. 1588, *Ogliastro*

Aggìra, vedi Aggirò

Aggirò, vedi San Filippo d'Argirò; pel monte di Sicilia così nominato

Agnùni, cala, promontorio e castello in un angolo del golfo di Catania

Agru, vedi Forza d'Agrò; per un fiume di tal nome

Agùsta, città marittima in provinc. di Noto, distr. e dioc. di Siracusa, pop. 10616, *Agosta*

Aibbiddìna, vedi Jibiddìna.

Aidùni, città di Sicilia in provincia di Caltanissetta, distr. e dioc. di Piazza, pop. 5191, *Aidone*

'Alcamu, città alle falde del monte Bonifato, capo distr., prov. di Trapani, diocesi di Mazzara, pop. 19360, *Alcamo*

Alcàra li friddi, città di Sicilia in provincia e diocesi di Palermo, distr. di Termini, pop. 6330, *Lercara*

Alcàra li fusa, città di Sicilia, in provincia di Messina, distretto e diocesi di Patti, pop. 2185, *Alcara dei Fusi*

Alessàndria, città di Sicilia, in provincia e diocesi di Girgenti, distr. di Bivona, pop. 4885, *Alessandria*

Alèssiu, monte ed isoletta vicino Mongibello, *Alessio*

Alfànu, monte di Sicilia, che sovrasta la spiaggia di Solanto vicino Palermo, *Alfano*

Alù, terra alle falde d'un monte in provincia e distretto di Messina, diocesi dell'Archimandrita, pop. 2194

Alia, capo circondario in provincia di Palermo, distretto di Termini, dioc. di Cefalù, pop. 4851

Alicàta, vedi Licàta

Alicùri, una delle sette isole Eolie, in provincia e distr. di Messina, *Alicuri*

Alimèna, città di Sicilia sulla sommità di un monte in provincia di Palermo, distretto e diocesi di Cefalù, popolaz. 5425

Aliminùsa, vedi Arminùsa

Attamìra, casale in Sicilia vicino Bavuso

Atarèddu, vedi Otarèddu

Altavìlla, isola tra Marsala e Trapani; per uno scoglio nella maremma di Siracusa; per Milicia vedi

Altumùnti, terra in provincia di Girgenti, *Altamonte*

Amurèddu, flume tra Caltanis-

setta e Petraperzia, *Amorello*

'Anapu, flume di Sicilia, che scaturisce nelle campagne di Gulfaro, accresciuto da vari fonti prende diversi nomi, finchè entra nel territorio di Siracusa, e prende il nome di *Anapo*

Annunciàta, casale di Messina

Annunziàta di Màscali, villaggio di Catania

Antèllu, comune in provincia di Messina, distretto di Castroreale, pop. 763, *Antelli*

Aragòna, città di Sicilia sul pendìo d'una collina, in provincia, dioc. e distr. di Girgenti, pop. 9339, *Aragona*

'Arcamu, vedi 'Alcamu

Arcàra, vedi Alcàra

Arèna, flume di Sicilia

Argirò, vedi San Filìppu d'Argirò

Aricùri, vedi Alicùri

Armellìnu, monte di Sicilia sul cui dorso è situata Piazza, *Armellino*

Arminùsa, terra di Sicilia alle falde d'un monte in provincia di Palermo, distretto di Termini, dioc. di Cefalù, pop. 1482, *Aliminusa*

'Asaru, terra di Sicilia, sita sopra un alto monte, in provincia di Catania, distretto e diocesi di Nicosia, popol. 5041, *Asaro, Assaro, Assero*

Asinèddu e Asnèllu, terra di Sicilia, in provincia di Palermo, distr. e dioc. di Cefalù, pop. 5195, *Isnello*; per un flume dello stesso nome; per una isoletta nelle marine di Trapani, *Asinello*

Asparanèddu, isola lungo la riviera di Siracusa , *Asparanello*

Asparànu, scoglio vicino Siracusa, *Asparano*

'Aspra, vedi Làspra

Atabìra, monte presso Girgenti

Auditùri, villaggio presso Palermo, *Uditore*

'Avula , città marittima di Sicilia, in provincia , distr. e dioc. di Noto, *Avola*, popol. 10127; per fiume dello stesso nome, che sbocca vicino la così detta balata di Noto

B

Baaria, vedi Bagarìa

Bàdia, vedi Bària

Bàfia, comune aggregato a Castroreale, provincia di Messina, pop. 1185

Bagaria, terra di Sicilia in provincia, distr. e dioc. di Palermo, pop. 9997, *Bagheria*

Bàgni Canicattini , comune di Sicilia in provincia di Noto, distr. e diocesi di Siracusa, popol. 4758

Balistrati, vedi Sicciàra

Ballèttu, fiume di Sicilia, *Balletto*

Bàllu, comune aggregato a Zafferana, in provincia e dioc. di Catania, *Ballo*

Barcellòna—*Pizzu di Gottu*, capo circondario, in provincia e dioc. di Messina, distretto di Castroreale, pop. 19004, *Barcellona*, Pozzo di Gotto

Bària, contrada vicino Palermo alle falde del monte detto Munticùcciu, *Baida*

Barrafrànca, circondario sopra una collina in provincia di Caltanissetta , distr. e dioc. di Piazza, pop. 8495 , *Barrafranca*

Basicò, casale aggregato a Melazzo, *Basicò*

Basilùzzu, una delle 12 isolette Eolie, *Basiluzzo*

Batia Vecchia, comune aggregato a Novara, provincia e diocesi di Messina, pop. 812, *Badia Vecchia*

Baudàri, villaggio aggregato a Pagliara in provincia di Messina

Bavùsu, terra di Sicilia, in provincia distr. e dioc. di Messina, pop. 380, *Bavuso*

Beddiciùri, villaggio aggregato ad Aci S. Antonio, in prov. di Catania, *Bellifiori*

Beddulàmpu, monte dalla parte di ponente vicino Palermo, *Belampo*

Beddupàssu, terra antica di Sicilia , alle falde dell' Etna, provincia e dioc. di Catania, pop. 7527, *Belpasso*

Bedduvidìri, monte di Sicilia, *Belvedere*; pel comune dello stesso nome in provincia di Noto , distretto e diocesi di Siracusa, pop. 728 , *Belvedere*

Belici, v. Bilici

Bellìa, fiume di Sicilia nel territorio della città di Pìazza

Belmùnti, v. Mizzàgnu

Belpàssu, v. Bèddu passu

Beneficiu, comune aggregato a Monforte in provincia di Messina, *Beneficio*

Biancavilla, capo Circondario

in prov. dioc. e distr. di Catania, pop. 11279, *Biancavilla*

Biddìa, v. Bellìa

Bifara, terra di Sicilia in provincia dioc. e distretto di Girgenti pop. 66, *Bifara*

Bilici, fiume di Sicilia che mette foce nel mare Africano, *Belice*; per altro fiume che ha la sua sorgente presso la piana de' Greci; per un monte dello stesso nome nella parte meridionale della Sicilia

Bimari, gioghi di monti che da Peloro si estendono sino alla piana di Melazzo

Bindicàri, isoletta nelle vicinanze di Noto

Birgi, fiume che nasce vicino Marsala

Biscari, terra in provincia di Noto distr. di Modica, dioc. di Siracusa pop. 1993

Biveri di Lintini, lago notissimo presso Lentini, *Biviere*

Bivona, città capo Distretto e diocesi nella provincia di Girgenti pop. 3421, *Bivona*

Bocina, città di Sicilia in provincia e dioc. di Palermo, pop. 2949, *Baucina*

Bonagìa, tonnara nel val di Mazzara

Boèu, v. Lilibeu

Bonfurnèddu, torre di guardia nella costiera di Termini, *Bonfornello*

Bonifàtu, monte di Sicilia, appiè del quale sorge Alcamo, *Bonifato*

Bonìta, v. Bonùra

Bonpètru, comune in provincia di Palermo, distr. di Cefalù, pop. 2226, *Bompietro*

Bonpinzèri naduri, terra di Sicilia in provincia distr. e dioc. di Caltanissetta pop. 530 *Bompensiere*

Bonvicinu, castello e fortezza di Sicilia in provincia di Noto distr. e diocesi di Siracusa

Bonùra, fiume che sorge nei contorni di Castroreale

Borrèllu, villaggio aggregato a Belpasso in provincia di Catania, *Borrello*

Bozzètta, borgo di Messina, *Bozzetta*

Brica, fiume e torrente di Sicilia presso Messina; per un casale di Messina

Bròlu, castello marittimo di Sicilia nella provincia di Messina pop. 1064, *Brolo*

B/ Brònti, città di Sicilia alle falde dell'Etna in prov. e dioc. di Catania, pop. 11079

Brùca, castello marittimo di Sicilia in provincia di Noto

Bucchèri, capo circondario in provincia, distretto e dioc. di Catania, pop. 4219, *Buccheri*; per un monte di Sicilia dello stesso comune

Burgèttu, comune su di un colle in provincia e distr. di Palermo, diocesi di Morreale, pop. 3939, *Borgetto*

Bùrgiu, capo circondario su di un monte in provinvia, dioc. e distr. di Bivona, pop. 5846 *Burgio*

Burrùni, isola di Sicilia nel mare tra Trapani e Marsala, *Borrone*

Busaechìnu, capo circondario nel mezzo di un Monte, in provincia di Palermo, distretto di Corleone, dioc. di Morreale, pop. 8877, *Bisacquino*

Busàmmara, monte di Sicilia tra Marineo e Corleone

Buscèmi, terra di Sicilia sopra un colle, in provincia distr. e diocesi di Noto, pop. 3140, *Buscemi*

Butèra, terra di Sicilia in provincia di Caltanissetta, distr. di Terranova, dioc. di Piazza pop. 4336, *Butera*

C

Càccamu, comune di Sicilia sopra un monte in provincia e dioc. di Palermo, distr. di Termini pop. 7095 *Caccamo*

Càla di S. Pàulu, luogo tra Messina e Taormina, *Cala di S. Paolo Samso*

Calamìgna, terra di Sicilia in provincia e dioc. di Palermo, distr. di Termini, pop. 4305, *Ventimiglia*

Calamònaci, terra di Sicilia in una pianura in provincia e diocesi di Girgenti, distr. di Bivona, pop. 755, *Calamonaci*

Calàuna, monte di Sicilia presso Alcara

Calapòrru, ridotto di navi tra la torre di S. Cataldo e capo Ramo, *Calaporro*

Calascibètta, città di Sicilia in prov. di Caltanissetta, distr. di Piazza, pop. 5032, *Calascibetta*

Calatabiànu, terra di Sicilia alle falde dell'Etna, prov. di Catania, distr. d'Acireale, diocesi di Messina, pop. 1900, *Calatabiano*

Calàtabillòtta, terra di Sicilia sopra un monte in provincia e dioc. di Girgenti, distr. di Sciacca, pop. 5444, *Caltabellotta*

Calatafìmi, terra di Sicilia in mezzo a due colli in provincia di Trapani, distretto di Alcamo, diocesi di Mazzara, pop. 9112, *Calatafimi*

Calatagirùni, città vescovile situata su d'un monte, capo distr. in prov. di Catania, pop. 22819, *Caltagirone*

Calatamùru, monte di Sicilia, *Calatamuro*

Calatavutùru, terra di Sicilia su d'un monte in provincia di Palermo, distr. di Termini, dioc. di Cefalù, pop. 4283, *Caltavuturo*

Calatràsi o Petralònga, fiume di Sicilia

Calatùbu, castello di Sicilia, *Calatubo*

Calàva, promontorio vicino la città di Patti

Calispèra, casale di Messina

Càllari, o fiume di San Leonardo

Caltanissètta, città Vescovile capo provincia in Sicilia, pop. 17906, *Caltanissetta*

Caltaràriu, fiume di Sicilia

Calvàriu, monte di Sicilia vicino Sutera, *Calvario*

Calvarùsu, terra in provincia dioc. distr. di Messina pop. 1191, *Calvaruso*

Calùra, scalo nel littorale di Pollina vicino Cefalù

Camaràna, fiume di Sicilia; per una torre dello stesso nome

Camàstra, terra di Sicilia in

provincia dioc. e distr. di Girgenti, pop. 1003, *Camastra*

Camisinu, fiume di Sicilia, *Camisino*

Cammaràta, terra di Sicilia alle falde di un monte in provincia e dioc. di Girgenti, distr. di Bivona, pop. 5100, *Cammarata*; per un monte di Sicilia dello stesso nome

Càmmari, casale di Messina; per un fiume dello stesso nome

Campubbèddu di Licàta, terra di Sicilia sulla pianura d'un Monte in provincia dioc. e distr. di Girgenti, pop. 4938, *Campobello di Licata*

Campubèddu di Mazzàra, terra in provincia di Trapani, distr. e dioc. di Mazzara, pop. 4015, *Campobello di Mazzara*

Campubiàncu, monte delle Isole Eolie, *Campobianco*

Campuciùritu, terra in provincia di Palermo, distr. di Corleone, dioc. di Morreale, pop. 1160, *Campofiorito*

Campufilìci, comune in provincia di Palermo, distr. e diocesi di Cefalù, pop. 448, *Campofelice*

Campufràncu, comune sito su d'un pendio in provinc. diocesi e distr. di Caltanissetta, pop. 2208, *Campofranco*

Campurcàli, comune sito sopra un colle in provincia di Trapani, distr. di Alcamo, dioc. di Morreale, pop. 5058, *Camporeale*

Campurotùnnu, terra di Sicilia sita alle falde dell'Etna in prov. dioc. e distr. di Catania, pop. 664, *Camporotondo*

Canalicchiu, villaggio aggregato a Tremistieri, provincia di Catania, *Canalicchio*

Càni, monte rimpetto Caccamo, *Cane*

Canicattì, terra di Sicilia alle falde di un monte in provincia dioc. e distr. di Girgenti, pop. 17889, *Canicatti*; vedi Bagni Canicattini

Cannistrà, casale di Castroreale, provincia di Messina, *Cannistra*

Cannizzàru, fiumicello presso Palermo, *Cannizzaro*

Càntara e Cantàra fiume di Sicilia

Capàci, terra di Sicilia in provincia e distr. di Palermo, dioc. di Morreale, pop. 4215 *Capace*; *Turri di Capaci*, torre tra quella dell'Orso e Sferracavallo

Caparrìna, famoso colle entro la città di Messina

Capìzzi, capo circondario sito sopra un monte, prov. di Messina, distr. di Mistretta, dioc. di Patti, pop. 3911, *Capizzi*

Càpri, comune sito in una valle in provinc. di Messina, distr. e dioc. di Patti, pop. 652, *Capizzi*

Càpu, villaggio aggregato all'isola di Lipari, *Capo*

Capu Boèu, uno dei tre promontori di Sicilia vicino Marsala, *Capo Boeo o Lilibeo*

Capu Bungiarbìnu, promontorio di Sicilia vicino Solanto, *Capo Bongerbino*

Capo d'Arsu, ponte del fiume Salso

Capu di Fàru, *Peloro*

Capu di Gaddu, promontorio di Sicilia, *Capo di Gallo*

Capu di la Ràma, vedi Rama

Capu di Massa d' Olivèri, vedi Massa d' Olivèri

Capu di Milazzu, *Capo di Milazzo*

Capu di li Mulìna, promontorio vicino le città di Jaci e di Catania, *Capo de' Molini*

Capu d' Orlànnu, villaggio aggregato a Naso, in Provincia di Messina, *Capo d' Orlando*

Capu di Sant' Alèssi, villaggio aggregato a Taormina, *Capo di s. Alessio*

Capu di santa Crùci, *Capo di s. Croce*

Capu di santu Vitu, *Capo di s. Vito*

Capu di Zafaràna, promontorio vicino Bagheria

Capu Pàssaru, uno dei promontori principali di Sicilia che guarda a Levante, *Capopassaro*

Capùta, monte di Sicilia nella - parte occidentale di Palermo, *Caputo*

Caràbi, fiume vicino la città di Sciacca

Càrcaci, terra di Sicilia in provincia di Catania, distr. e diocesi di Nicosia, pop. 191, *Carçaci*

Carcàra, isola fuor del porto di Trapani

Cardinàli, fiume di Sicilia 18 miglia distante da Siracusa, *Cardinale*

Cariddi, scoglio rimpetto Scilla all' entrar nel porto di Messina

Carini, comune sito sopra un colle in provincia e distretto di Palermo, dioc. di Morreale, pop. 10017, *Carini*

Carlentini, città di Sicilia in provincia di Noto, distr. e dioc. di Siracusa, pop. 4689, *Carlentini*

Carminèddu, villaggio di Catania

Carrapìpi, vedi Valguarnèra

Carunia, terra di Sicilia in provincia di Messina, distretto di Mistretta, diocesi di Patti, popolaz. 2363, *Caronia*; per un fiume dello stesso nome

Casalèddu, villaggio di Messina, *Casalello*

Casàli di li Greci, vedi Biancavìlla

Casalinòvu, terra in provincia e diocesi di Messina, distretto di Castroreale, popolazione 1528, *Casalnuovo*

Casàli vècchiu, terra di Sicilia in provincia di Messina, distretto di Castroreale, dioc. dell' Archimandrita, popol. 2035, *Casalvecchio*

Càssaru, comune in provincia distretto e diocesi di Noto, pop. 1727, *Cassaro*

Castania, comune in provincia di Messina, distretto e diocesi di Patti, pop. 2771, *Castania*

Casteddàmmàri, terra sulle sponde e sul littorale del mar Tirreno in provincia di Trapani, distr. di Alcamo, diocesi di Mazzara, pop. 11378, *Castellammare*

Castèddu a mari di Palèrmu,

b

castello nel cantone marittimo della città di Palermo, *Castello a mare*

Casteddubònu, terra alle falde orientali delle Madonie, in provincia di Palermo, distretto e dioc. di Cefalù, pop. 7133, *Castelbuono*

Castèddu di Jàci, terra con fortezza tra il seno di Lognina in Catania e la città di Aci, *Aci Castello*

Castedduvitrànu, città situata sopra una collina in provincia di Trapani, distr. e dioc. di Mazzara, popolaz. 13722, *Castelvetrano*

Castelnòvu, vedi Castrunòvo

Casteltèrmini, terra di Sicilia in provincia e dioc. di Girgenti, distretto di Bivona, popol. 6614, *Casteltermine*

Castiddàzzu, monte dopo la città d'Alicata; per un comune aggregato a Bagheria, *Castel d'Accia*; per la cima del monte Caputo

Castiddùzzu, terra di Sicilia in provincia di Messina, distretto di Mistretta, dioc. di Patti, pop. 2049, *Castelluccio*; per una rocca nella provincia di Noto

Castigghiùni, città di Sicilia in provinc. di Catania, distretto d'Acireale, dioc. di Messina, pop. 4360, *Castiglione*

Castrufilìppu, terra in provincia distr. e dioc. di Girgenti pop. 2394, *Castrofilippo*

Castrugiuvànni, città di Sicilia, in provincia di Caltanissetta, distr. e dioc. di Piazza, pop. 13338, *Castrogiovanni*

Castrunòvu, città di Sicilia sita sotto la pendice di alta montagna in provincia e diocesi di Palermo, distr. di Termini, pop. 3999, *Castronuovo*

Castruràu, comune aggregato a Castiglione, *Castrorao*

Castrurìali, città di Sicilia in provincia di Messina, capo distretto di tal nome, diocesi di Messina, pop. 7442, *Castroreale*

Catalfànu, montagna presso Palermo, *Catalfano*

Catalìmita, casale di Castroreale, *Catalimita*

Catània, città vescovile, capo provincia in Sicilia, popolaz. 62453, *Catania*

Catarràtti, comune aggregato a Messina

Catina, vedi Jàci s. Filìppu

Catinanòva, comune in provincia di Catania, distretto e diocesi di Nicosia, pop. 1564, *Catenanuova*

Catòlica, terra di Sicilia alle falde d'un colle, in provincia dioc. e distr. di Girgenti, pop. 6778, *Cattolica*

Cavalèri, villaggio in provincia di Messina, *Cavaliere*

Centinèu, villaggio in provincia di Messina, *Centineo*

Centòrbi, città di Sicilia, in provinc. di Catania, distretto e diocesi di Nicosia, l'antica *Centuripe*, pop. 7113, *Centorbi*

Ceràmi, comune in provincia di Catania, distretto e diocesi di Nicosia, pop. 5231, *Cerami*

Cèrda, comune in provincia di Palermo, distretto di Termini, dioc. di Palermo, popolaz. 2484, *Cerda* o *Villadoro*

Chiàna, terra di Sicilia, in provincia e distretto di Palermo, dioc. di Morreale, pop. 7751, *Piana de' Greci*

Chianèlla, villaggio aggregato a Petralia soprana, in provincia di Palermo

Chiaramùnti, comune di Sicilia, in provincia di Noto, distr. di Modica, dioc. di Siracusa, pop. 8616, *Chiaramonte*

Chiàzza, città vescovile in provincia di Caltanissetta, che è anche capo distretto, popol. 14100, *Piazza*

Chiùsa, città in provincia di Palermo, distretto di Corleone, dioc. di Morreale, popol. 6841, *Chiusa*

Ciambri, casale di Sicilia

Cianciàna, comune in provincia e dioc. di Girgenti, distr. di Bivona, pop. 5855, *Cianciana*

Ciccia, monte nella parte boreale di Messina

Cièra, casale posto fuori le mura di Messina, detto anche Zaera

Cifalà, colle sul quale sta il castello dello stesso nome

Cifalà Diàna, vedi Diàna

Cifalù, città vescovile, capo distretto in provincia di Palermo, pop. 10619, *Cefalù*

Ciminna, comune in provincia e dioc. di Palermo, distr. di Termini, pop. 4889, *Ciminna*

Cinisi, comune in provincia e distretto di Palermo, dioc. di Morreale, pop. 6089, *Cinisi*

Cisarò, comune in provincia di Messina, distr. di Mistretta, diocesi di Patti, pop. 4156, *Cesarò*

Citatèdda, principale fortezza in Messina, *Cittadella*

Citta, comune in provincia, distretto e diocesi di Trapani, pop. 929, *Citta*

Ciumidinìsi, comune in provincia, distretto e dioc. di Messina, pop. 2319, *Fiumedinisi*; per un fiume che sbocca nel mar Jonico

Ciumifrìddu, comune in provincia di Catania, distretto di Acireale, dioc. di Messina, pop. 624, *Fiumefreddo*; per un fiume che nasce dal Monte Etna; per altro fiume nel val di Mazara

Ciùmi di s. Paulu, vedi Gurnalònga

Ciùmi grànni, vedi Giarrètta

Ciùmi salatu, o Salsu, vedi Alicàta

Ciùmi tortu, fiume poco distante dalla città di Termini, *Fiumetorto*

Ciuriddìa, comune in provincia di Noto, distretto e dioc. di Siracusa, popolaz. 8352, *Floridia*

Còddi, villaggio ameno appartenente alla sezione Molo di Palermo, *Colli*

Còfanu, promontorio tra Monte s. Giuliano e s. Vito, *Cofane*

Còmisu, comune di Sicilia in prov. di Noto, distr. di Modica, dioc. di Siracusa, pop. 14501, *Comiso*

Comitini, comune in provincia distretto e diocesi di Girgenti, pop. 1081, *Comitini*

Condrò , cumune in provincia distretto e diocesi di Messina, pop. 953, *Condrò*

Còzzu di s. Maria di Fucàllu , colle tra Marza e Pozzallo, *Cozzo di s. Maria del Focallo*

Cràta, monte di Sicilia

Cùba, castello e palagio Arabo normanno presso Palermo , *Cuba*

Culummàra, isoletta presso Trapani, *Colombara*

Cumìa suprana , sotto-comune riunito di Messina, *Cumia superiore*

Cumìa suttàna, altro sotto-comune di Messina, *Cumia inferiore*

Cuniggbiùni, città di Sicilia in provincia di Palermo, capo distretto e dioc. di Morreale, pop. 12784, *Corleone*; per un fiume che nasce da questa città

Cuntìssa, comune in provincia di Palermo, distretto di Corleone, diocesi di Morreale, popolaz. 3510, *Contessa*

Cùrcuràci, casale di Messina

Currènti, isoletta nel littorale di Pachino, val di Noto, *Correnti*

Cutrànu, comune in provincia e diocesi di Palermo, distr. di Termini, pop. 799, *Godrano*

D

Dàgala, villaggio aggregato a Giarre in provincia di Catania, *Dagala*

Daidùni, vedi Aidùni

Danisìnni e Denisinni , fonte che scaturisce dietro le mura di Palermo

Dàttilu, isoletta presso Lipari, *Dattilo*

Dèlia, terra in provincia distr. e diocesi di Caltanissetta, popolaz. 3411, *Delia*

Dèmoni, nome di una delle tre valli ond' era anticamente divisa la Sicilia, *Demone*

Diàna, terra sopra un monte in provincia e dioc. di Palermo, distretto di Termini, pop. 665, *Diana*, *Cefalà Diana*; per un villaggio dello stesso nome aggregato al Comune di Fiumefreddo

Dilemìsu, fiume di Sicilia, *Dilemiso*

Dirìllu, vedi Drìllu

Dittàinu, fiume vicino Castrogiovanni, *Dittaino*

Diviètu, villaggio vicino Messina

Dràgu, fiume di Sicilia che nasce sulle colline di Raffadali, *Drago*

Drìllu, fiume di Sicilia che ha origine presso Vizzini, *Dirillo*

Dròmu , luogo ameno vicino Messina

Duifràti, scogli eminenti poco distanti da Siracusa

Duriddi, villaggio di Modica in provincia di Neto, *Dorilli*

Dutùrri, villaggio di Rametta in provincia di Messina, *Due torri di Rametta*

E

Elòru, vedi Abbìsu

Èrici, vedi Munti s. Giulianu

Ètna, vedi Muncibèddu

F

Falcunàra, castello eretto sulla maremma meridionale della isola, *Falconara*; per un fiume che nasce presso la città di Noto

Falcùni, monte nelle campagne di Palermo, *Falcone*

Faràgghiùni di Patti, scoglio nella maremma di Patti. — Faragghiùni di Jaci, tre scogli nella costa orientale della Sicilia, *Faraglioni di Aci*

Fàru, vedi Turri di Faru; per un casale di Messina; pel Capo Peloro; per lo stretto di mare tra Messina e Calabria, *Faro*

Favàra, comune in provincia, distretto e diocesi di Girgenti, pop. 11824; per un fiume dello stesso nome

Favaròtta, vedi Terrasìni

Favignàna, isola nella parte occidentale della Sicilia, provinc. distr. e diocesi di Trapani, pop. 3946, *Favignana*

Fèdu, promontorio vicino Mazara, *Fedo*

Fèrra, vedi 'Anapu; per un comune in provincia, distretto e diocesi di Noto, pop. 4038, *Ferla*

Fèrru, promontorio tra le città di Mazara e Marsala, *Ferro*

Ficarazzèddi, villaggio presso *Ficarazzi* vedi

Ficaràzzi, comune in provincia distretto e diocesi di Palermo, pop. 1543

Ficàrra, comune in prov. di Messina, distretto e diocesi di Patti, pop. 2340

Ficùzza, vedi Roccamèna

Filìcuri, isoletta nel mar Tirreno all'occidente di Lipari in provincia e distr. di Messina, dioc. di Lipari, popolaz. 630

Fìmmini, vedi Isula di li fimmini

Finàli, terra in provincia di Palermo, distretto e diocesi di Cefalù, *Finale*

Fitàlia, fiume di Sicilia che sbocca nel mar Tirreno

Florìdia, vedi Ciurìddia

Florèsta, casale a' piedi dell'Etna

Fòrza d'Agrò, comune in provincia di Messina, distretto di Castroreale, dioc. dell'Archimandrita, pop. 1837, *Forza d'Agrò*

Francavìgghia, comune in provincia e dioc. di Messina, distretto di Castroreale, popol. 2428, *Francavilla*

Francufònti, comune in Sicilia, provincia di Noto, distretto e diocesi di Siracusa, popol. 4361, *Francofonte*

Fraschiàri, fiume di Sicilia che termina nel mare Africano, *Frascolari*

Fràttina, fiume che nasce nel territorio di Corleone, *Fratina*

Frazzanò, comune in provincia di Messina, distretto e dioc. di Patti, pop. 1267, *Frazzanò*

Frundùni, fiumicello in Sicilia, tra' fiumi Oliveto e Nucito, *Frondone*

Fulchèru, monte vicino Patti, *Fulchiero*

Funnachèddi, piccolo villaggio

vicino Capo Zafarana, *Fondachelli*

Fùnnacu novu, vedi Cèrda

Fùnni mùschi, ridotto di navi presso il fiume Abiso, *Fundemosche*

Funtàna, villaggio dipendente da Aci s. Antonio, *Fontana*

Funtanafrìdda, rocca presso Sutèra, *Fontanafredda*

Funtànibianchi, scoglio nel mar di Siracusa; per un ridotto di navi presso la detta città, *Fontanebianche*

Furèsta, comune in prov. di Messina, distretto e dioc. di Patti, pop. 1212, *Floresta*

Furiànu, fiume di Sicilia, che sorge negli alti monti vicino Troina, e termina nel mar di Toscana, *Furiano*

Furii di Missina, casali sulle colline del Peloro, *Furie di Messina*

Furmìculi, scogli ed isolette fuori il porto di Trapani, *Formiche*

Fùrnari, comune in provincia e diocesi di Messina, distretto di Castroreale, pop. 1886, *Furnari*

Fùrnu, ridotto di barche in vicinanza della torre di guardia di Furnari, *Furno*

Fusàra, uno dei monti che formano il Mongibello, *Fusara*

G

Gabèlla, fiume che nasce nel monte Aidone, *Gabella*

Gabrièli, uno dei fiumi di Palermo, *Gabriele*

Gàddu o Munnèddu, monte nelle campagne di Palermo, *Gallo*; per un promontorio tra l'isola delle Femmine e la terra di Mondello; per un seno di mare o ridotto di navi vicino monte Pellegrino, *Gallo*

Gagghiànu, comune in prov. di Catania, distretto e dioc. di Nicosia, popol. 3697, *Gagliano*

Gàggi, comune in provincia e dioc. di Messina, distretto di Castroreale, pop. 405, *Gaggi*

Gàla, comune aggregato a Barcellona, in prov. e diocesi di Messina, distretto di Castroreale, popolazione 893, *Gala*

Galàti, comune in provincia di Messina, distretto e diocesi di Patti, pop. 2314, *Galati*; per un casale nella valle Demana; per un torrente presso Messina; per un fiume tra il capo Orlando e la terra di S. Marco

Galèrmu, vedi S. *Giuvànni di Galèrmu*

Galludòru, comune in provincia e dioc. di Messina, distretto di Castroreale, popol. 1155, *Gallodoro*

Gallùffi S. Vitu, comune aggregato a Roccalumera in provincia distretto e diocesi di Messina, pop. 500

Galòfaru di Missina, il centro del vortice apparente che si vede nel mar di Messina, *Galofaro di Messina*

Gànci, comune in provincia di Palermo, distretto e diocesi

di Cefalù, popolazione 9660, *Gangi*

Ganzìrri, comune aggregato a Messina, distr. e dioc. di Messina, pop. 1091, *Ganzirri*

Gàrbu, fiume vedi *Caràbi*

Garbulànci, nome d'una famosa spelonca nella piana di Carini, dov'era l'antica Iccara

Gàzzi, comune aggregato a Messina, pop. 1270

Genuàrdu, monte dopo Sambuca, *Genuardo*

Gerbinu, promontorio tra Palermo e Termini, *Gerbino*

Giampilèri, comune aggregato a Messina, *Giampileri*

Giandrùma, fiume che scorre tra Mineo e Palagonia, e poi entra nel fiume di Gurnalonga in Sicilia, *Giandruma*

Giardinèllu, vedi *Jardineddu*

Giardìni, vedi *Jardini*

Giarratàna, comune in provincia e diocesi di Noto, distr. di Modica, pop. 2383, *Giarratana*; porta lo stesso nome in Sicilia un *fiume* ed un *monte*

Giarrètta, fiume che divide il val Demona da quel di Noto, *Giarretta*

Giàrri, comune nel littorale di Catania, prov. di Catania, distretto d'Acireale, dioc. di Messina, pop. 17250, *Giarre*

Gibiddìna, vedi *Jibbiddina*

Gibilfùrnu, piccol monte poco distante da Palermo

Gibilrùssa, monte presso Ficarazzi, *Gibilrussa*

Gibìltu, monte presso Castellammare, *Gibilteo*

Gibilmànna, terra in provincia

di Palermo, distretto di Cefalù

Gigghiòttu, villaggio aggregato a S. Michele in provincia di Catania, distretto e diocesi di Caltagirone, *Gigliotto*

Giordànu, monte nel feudo della Accia presso Palermo, *Giordano*

Giòvi, monte presso l'antica Tindari, tra Patti e Melazzo, *Giove*

Girgènti, città Vescovile, capo provincia in Sicilia, popolaz. 16693, *Girgenti*; per un monte ed un fiume dello stesso nome

Gisìra, fiume presso il monte Diavolopri, *Gisira*

Giujùsa, comune in provincia di Messina, distretto e dioc. di Patti, pop. 4481, *Giojosa*

Giulìana, comune in provincia di Palermo, distretto di Corleone, dioc. di Morreale, popolaz. 3401, *Giuliana*

Giummàri, vedi S. *Caloriu*

Giurdànu, vedi *Giordanu*

Grangiàra, comune aggregato a Spatafora in provincia di Messina, distretto di Castroreale, pop. 1466

Granìti, comune in provincia e diocesi di Messina, distretto di Castroreale, popol. 1784, *Graniti*

Grammichèli, comune in provincia di Catania, distretto e diocesi di Caltagirone, popolaz. 9005, *Granmichele*

Grattèri, comune in provincia di Palermo, distretto e diocesi di Cefalù, pop. 2542, *Gratteri*

Gravina, comune in provincia
distretto e diocesi di Catania,
pop. 1375, *Gravina*

Grazia, comune aggregato a
Melazzo, provincia di Mes-
sina; per un villaggio vicino
Palermo

Grifuni, monte vicino-Palermo,
Grifone

Grutti, terra in provincia di-
stretto e diocesi di Messina,
Grotte; per un comune in pro-
vincia distretto e diocesi di
Girgenti, pop. 5762, *Grotte*

Gualteri Sicaminò, comune in
provincia e diocesi di Mes-
sina, pop. 2758, *Gualtieri*

Guidumàndri, comune in prov.
distr. e diocesi di Messina ,
pop. 813, *Guidomandri*

Gulfu d' Agusta, *Golfo d'Agosta*

Gulfu di Casteddammàri , il
maggior golfo di Sicilia tra
Palermo e Trapani, *Golfo di
Castellammare*

Gulfu di Catania, golfo dal ca-
po dei molini a Santa Croce,
Golfo di Catania

Gulfu di Cifalù, *Golfo di Cefalù*

Gulfu di Missina, vedi *Faru*

Gulfu di Milàzzu, *Golfo di Me-
lazzo*

Gulfu di Palèrmu , parte del
mar Tirreno che sta rimpetto
a Palermo, *Golfo di Palermo*

Gulfu di Pàtti, golfo tra' due
capi di Calara e Melazzo, *Gol-
fo di Patti*

Gulfu di S. Nicola, golfo tra il
il capo S. Alessio e Taormi-
na, *Golfo di S. Niccolò*

Gulfu di S. Tecla, golfo trai
capi Schisò e dei Molini ,
Golfo di S. Tecla

Gulisànu, comune in provincia
di Palermo, distretto e dioc.
di Cefalù, pop. 5723, *Colte-
sano*

Guràfi, comune aggregato a Bar-
cellona, provincia di Messina,
distretto di Castroreale, po-
pol. 102

Gurnalònga , fiume nel val di
Noto, *Gurga longa*

Gurrida , fiume che sorge vi-
cino la terra di Floresta, *Gor-
rida*

I

Jàci, vedi *Jacireàli*

Jàci, fiume celebre in Sicilia,
Aci

Jàci Bonaceùrsu, comune in pro-
vincia e diocesi di Catania ,
distretto di Acireale, popolaz.
1454, *Aci Bonaccorso*

Jàci Castèddu, comune in pro-
vincia e diocesi di Catania,
distretto di Aci-reale, popol.
1993, *Aci Castello*

Jàci Catina, vedi *Jaci S. Filippu
Catina*

Jàci reali, città capo distretto
in provincia e diocesi di Ca-
tania, pop. 23894, *Acireale*

Jàci S. Antòniu , comune in
provincia e dioc. di Catania,
distretto di Acireale, popol.
7210, *Aci S. Antonio*

Jàci S. Filippu Catina, comune
in provincia e diocesi di Ca-
tania , distretto d'Acireale,
pop. 5692, *Aci S. Filippo Ca-
tena*

Jàci Triazza, comune aggregato
ad Aci Castello

Jardinèddu, comune in provincia e distretto di Palermo, diocesi di Morreale, pop. 611, *Giardinelli*

Jardini, comune in provincia e diocesi di Messina, distretto di Castroreale, pop. 599, *Giardini*

Jascìbili, flume, vedi *Cassibili*

Jàti, vedi *Jatu*

Jàtu, monte alto e scosceso, *Jato*

Ibla, monte presso Melilli

Jibbiddìna, comune in provincia di Trapani, distr. di Alcamo, diocesi di Mazara, pop. 6161, *Gibellina*

Jibisu, terra aggregata a Messina, *Ibiso*, *Gesso*

Immàccari, comune in provincia di Catania, distretto e diocesi di Caltagirone, popolaz. 4485, *Mirabella*

Imèra, flume primario di Sicilia che la partiva in due, *Imera*

Jòppulu, comune in provincia diocesi e distretto di Girgenti, pop. 902, *Joppulo*

Jiràci, comune in provincia di Palermo, distretto e diocesi di Cefalù, pop. 5250, *Geraci*

Jissu, vedi Jibisu

Isnèllu, vedi Asihèddu

Isula di li Fimmini, isoletta in veduta di Carini e di Capaci presso Palermo

Isula di li Pàssari, scoglio isolato in mare nella riviera di Cefalù

Isula di li sùrci, vedi Altavilla

Itàla, comune in provincia e distretto di Messina, diocesi dell'Archimandrita, popolaz.

1405, *Itala*; per un flume che entra nel mar Jonio

L

Làgu di Castrugiuvànni, lago poco discosto dal comune di Castrogiovanni, *Pergusa*

Làgu di Lintìni, vedi Bivèri

Làgu Nàftia, famoso lago presso Mineo, *Lago Naftia*

Lampidùsa, una delle tre isole pelagie tra l'Africa e la Sicilia, *Lampedusa*

Làndru, comune aggregato a Barcellona poco distante da Messina, *Landro*

Larcàra, v. Alcàra di friddi

Lardarìa, sotto-comune aggregato a Messina, *Lardaria*

Làscari, comune in provincia di Palermo, distretto e diocesi di Cefalù, pop. 800, *Làscari*

Làspra, littorale nel golfo di Palermo, *Aspra*

Latarèddu di Bària, villaggio poco distante da Palermo, *Altarello di Baida*

Làuru, monte su cui è innalzato Bucchèri, *Lauro*

Lèvanzu, isoletta sulla costa meridionale della Sicilia, *Levanzo*

Librìzzi, comune in provincia di Messina, distretto e diocesi di Patti, pop. 1756

Licàta, città marittima in provincia distretto e diocesi di Girgenti, pop. 15166, *Licata*

Licudìa, comune in provincia di Catania, distretto e diocesi di Caltagirone, popol. 6130, *Licodia*

Licùdia di Paternò, comune aggregato à Paternò

Lilibèu, uno dei tre principali promontorii dell' isola, *Lilibeo*

Limina, comune in provincia e diocesi di Messina, distretto di Castroreale, pop. 1219

Linèra, comune aggregato ad Acireale

Lingua, comune aggregato a Lipari

Linguagròssa, comune in provincia di Catania, distretto d' Acireale, diocesi di Messina, pop. 4655, *Linguaglossa*

Lintini, città in provincia di Noto, distretto e diocesi di Siracusa, pop. 7594, *Lentini*; per un fiume dello stesso nome vicino il detto comune

Linùsa, isoletta presso Lampedusa, *Linosa*

Lipari, isola la maggiore tra le Eolie, città vescovile in provinc. e distr. di Messina, popol. 16569, *Lipari*

Liscabiànca o Isula bianca, una delle Eolie fra Stromboli e la Sicilia, *Isola Bianca*

Lisciàndria, vedi Alessandria

Ljunfòrti, comune in provincia di Catania, distretto e diocesi di Nicosia, pop. 11584, *Leonforte*

Livelò, comune aggregato a Rametta

Lòcadi, comune in provincia di Messina, distretto di Castroreale, diocesi dell'Archimandrita, pop. 445, *Locadi*

Lòguina, isoletta presso Catania — Loguina di Siracusa,

ridotto di navi tra il promontorio Massa Oliveri, e la bocca del fiume Cassibili

Lòngi, comune in provincia di Messina, distr. e diocesi di Patti, pop. 1850, *Longi*

Lorèdu, comune aggregato a Barcellona, *Loredo*

Lorèntu, comune aggregato a Rametta, *Loreno*

Lùcca, comune in provincia e diocesi di Girgenti, distretto di Bivona, pop. 1740, *Lucca*

Lùstrica vedi Ustica

M

Macalùbi, lago nel valle di Mazzara, *Mairuca*

Macasùli, fiume che nasce vicino s. Stefano, *Macasoli*

Macàudu, fiume che sorge nel basso d'una collina ov' è la terra di s. Anna, *Macaudo*

Màccari, vedi Immàccari

Màcchia, villaggio aggregato a Giarre, *Macchia*

Maciddàru, vedi Campuriàli

Màcinu, villaggio aggregato a Monforte, *Macino*

Maddalèna, penisola che sporge nel porto maggiore di Siracusa, *Maddalena*

Madiùni, fiume che scaturisce dal fonte Favara tra Partanna e Castelvetrano, *Madiuni*

Madunia, aggregato di montagne che si dilatano dal Settentrione al mezzogiorno e dal mar. Toscano all'Africano, da cui sgorgano i due fiumi Imera, oggi detti Fiume grande e fiume Salso, *Madonia*

Madunii, vedi Madunìa

Magnìsi, isoletta nella costiera d'Agosta, aggregata al Comune di Siracusa, *Magnisi*

Màgnu , fiume che nasce dal fonte Bufaro sopra la terra di Buscemi, e distendesi sino al territ. Siracusano, prendendo il nome di Anapo, *Magno*

Malatèsta , villaggio aggregato ad Antillo, *Malatesta*

Malèttu, comune in provincia distretto e diocesi di Catania, pop. 2899, *Maletto*

Màlfa, comune aggregato a Lipari, *Malfa*

Malò, casale aggregato a Naso *Malò*

Malpartìtu, fiume che entra nel mar Tirreno tra il capo Rasiculmo e la foce del fiume Nucito, *Malpartito;* per uno scoglio sott'acqua che reca il medesimo nome

Malpirtùsu, fiume che nasce nei monti vicini a Cefalù, *Malpirtusu*

Malvàgna, comune in provincia e diocesi di Messina, distretto di Castroreale, pop. 1258

Malvèllu, fiume che nasce in un feudo dello stesso nome, e che poscia prende quello di Calatrasi, *Malvello*

Maluvicìnu, casale aggregato a Naso, *Malvicino*

Mànchi vedi Marianòpoli

Mandanici, comune in provincia diocesi e distretto di Messina, pop. 990; per un fiume dello stesso nome nel lido di Messina, *Mandanici*

Màngani, villaggio aggregato ad Acireale

Manghìsi , fiume che trae origine vicino Palazzolo.—per una penisola nella città tra Siracusa ed Augusta , *Manghisi*

Mangùni, monte vicino Piazza, *Mangone*

Maniàci, castello sulla bocca del porto di Siracusa, *Maniace*

Mannèllu , comune aggregato ad Itala, *Mannello*

Maràusa, villaggio aggregato a Trapani, *Marausa*

Marcellìnu, fiume in Sicilia , *Marcellino*

Marchìsi, scoglio a fronte della penisola di Capo Passaro

Marètimu, isola a fronte della maremma di Trapani e di Marsala, *Marettimo*

Marianòpoli, comune in provincia distretto e diocesi di Caltanissetta, pop. 1594, *Marianopoli*

Marinèu, comune in provincia distretto e dioc. di Palermo, pop. 7762, *Marineo*

Marsàla, città marittima in provincia e distretto di Trapani, popolaz. 26354,—per un porto ed un *fiume* del medesimo nome

Martìni, comune in provincia di Messina, distr. e diocesi di Patti, pop. 534, *Martini*

Marùni, monte, *Marone*

Marza o Castiddùzzu, seno di mare tra Capo Passaro e Terranova in Sicilia, *Castelluccio*

Marzamèmi , ridotto di navi presso Capo Passaro — per due isolette nel porto del medesimo nome, *Marzamemi*

Màscali , città alle radici del

monte Etna, provincia di Catania, distretto d' Acireale, pop. 3051, *Mascali* — per un monte del medesimo nome

Mascalucia, comune in provinvia diocesi e distretto di Catania, pop. 3529, *Mascalucia*

Massa di la Nunziata, terra vicino Mongibello, *Massa dell' Annunziata*

Màssa di S. Giòrgi, casale presso Messina, *Massa di S. Giorgio*

Massa di S. Giuvànni, sottocomune riunito a Messina, *Massa S. Giovanni*

Massa di S. Grigòriu, casale presso Messina, *Massa di S. Gregorio*

Massa di S. Lucìa, casale presso Messina

Massa di S. Michèli, casale presso Messina, *Massa di S. Michele*

Màssa di S. Nicolàu, sottocomune riunito a Messina, *Massa di S. Nicolao*

Màssa Olivèri, vedi Maddalèna

Maucini, monte vicino al Parco presso Palèrmo

Maugèri, casale aggregato ad Aci S. Antonio

Maurojànni, vedi Valdina

Mazàra, città Vescovile marittima, capo distretto in provincia di Trapani, popolaz. 8308, *Mazzara*; per un fiume del medesimo nome

Mazzarèddi, villaggio dipendente da Ragusa; per un piccolo ridotto di navi poco distante dal medesimo comune di Ragusa, *Mazzarelli*

Mazzarìnu, comune in provincia di Caltanissetta, distretto di Terranova, diocesi di Piaz-

za, pop. 10610, *Mazzarino*

Mazzarrà, comune in provincia e diocesi di Messina, distretto di Castroreale, pop. 1203, *Mazzarrà*

Mazzarùni, fiume che trascorre la terra di Monterosso e si unisce a quello di Vizzini, *Mazzaruni*

Mèmfrici, comune in provincia e diocesi di Girgenti, distretto di Sciacca, popol. 9620, *Menfrice, Menfi*

Menzujùsu, comune in prov. e dioc. di Palermo, distretto di Termini, popolaz. 5427, *Mezzojuso*

Mèri, vedi Mìrii

Miccichè, vedi Villàlba

Micòniu, uno dei Monti che formano il Peloro, *Miconio*

Milàzzu, città marittima in provincia distretto e diocesi di Messina, pop. 11438, *Melazzo*;—Capu di Milazzu è una penisola nell'istmo della quale è fabbricata *Melazzo*; portu di Milàzzu, porto nel fianco orientale della penisola su la quale trovasi la città

Mìli, torrente presso Messina; supràna, casale, *Mili superiore*; suttàna, *Mile inferiore*

Milici, casale del comune di Castroreale

Mìlicia, comune sopra un colle in provincia di Palermo, distretto di Termini, pop. 2581, *Altavilla*; per un fiume presso Solanto

Milicùcchi, vedi Càccamu

Milìddi, comune in provincia di Noto, distretto e dioc. di Siracusa, pop. 4643, *Melilli*

Militèddu val di Noto , città in provincia di Catania , distr. e diocesi di Caltagirone, popolaz. 9124, *Militello*

Militèddu, comune nel Val Demone, *Militello*

Milòcca, seno del porto grande di Siracusa; — per due isolette dello stesso nome poco discoste da Siracusa

Milu, casale aggregato a Giarre, *Milo*

Minacu, torrente che si unisce alle acque del fiume Sanna tra Licodia e Militello

Minèu, comune in provincia di Catania, distretto e diocesi di Caltagirone, pop. 8458 , *Mineo*

Mirabèlla, vedi Immàccari

Miranda , fiume in Sicilia che scorre in mezzo a quelli detti Cassibali e Falconara , *Miranda*

Mirii, comune in prov. e diocesi di Messina, distretto di Castroreale, pop. 816, *Merii*

Mirtu, comune in provincia di Messina, distretto e diocesi di Patti, *Mirto*

Misiliandùni, monte nel territorio di Palermo dalla parte di ponente, *Milliandone*

Misilmèri, vedi Musulumèli

Missìna, una delle più illustri città di Sicilia, sede Arcivescovile, capo provincia, popol. 93074, *Messina*

Misterbiancu, comune in provincia, diocesi e distretto di Catania, pop. 4744, *Misterbianco*

Mistrètta, capo distretto in provincia di Messina, dioc. di

Patti, pop. 11511, *Mistretta*

Mizzàgnu, comune in provincia diocesi e distretto di Palermo, pop. 2572, *Belmonte*

Mòdica, capo distretto in provincia e dioc. di Noto, popolaz. 26999, *Modica*

Mogàsi, casale in Sicilia

Mòju, comune in provincia e diocesi di Messina, distretto di Castroreale, pop. 294 , *Mojo*

Mòla, terra e fortezza in provincia e diocesi di Messina, distretto di Castroreale, *Mola*

Mòlli, monte che co' suoi torrenti accresce il fiume delle Caronie, *Molle*

Menàlla, casale di Messina, *Monalle*

Monchilèbbi, comune in provincia e distretto di Palermo, diocesi di Morreale, popol. 7997, *Monchilebi*

Monfòrti, vedi Munfòrti

Mongellìnu, vedi Mungellìnu

Mongerbìnu, vedi Gerbìnu

Mòngi, vedi Munciùffi

Mongibellìsi, poggetto presso Siracusa

Mompilèri, uno dei monti che formano il Mongibello

Motta di Camàstra, comune in provincia e dioc. di Messina, distretto di Castroreale, popolaz. 1902

Motta di Fèrmu , comune in provincia di Messina, distr. di Mistretta, pop. 2328, *Motta d' Affermo*

Motta S. Anastasìa, comune in provincia, diocesi e distretto di Catania, pop. 2706

Mulìni, promontorio nel fianco

orientale della Sicilia, *Molini*

Mulìnu, casale presso Messina, *Molino*

Muncibèddu, monte vulcanico in Sicilia detto *Etna*, famoso sin dall' antichità, *Mongibello*

Muncilèbri, vedi Monchilèbi

Munciùffi, comune in provincia e dioc. di Messina, distretto di Castroreale, pop. 1829, *Mongiuffi*

Munfòrti, comune in provincia diocesi e distretto di Messina, pop. 3234, *Monforte*; per un fiume dello stesso nome che entra nel mar Tirreno, *Monforte*

Mungirbìnu, vedi Gerbìnu

Munjùffu, fiume che sbocca nel mare Jonio, tra il capo S. Alessio e la città di Taormina, *Monjuffo*

Munnèddu, monte nella campagna di Palermo, vedi Gaddu

Munnèddu e Pallavicìnu, comune riunito a Palermo

Muntàgna di Cani, vedi Cani

Muntagnafrìdda, monte fertile di grano nel territorio di Palermo, *Montagna fredda*

Muntagnariàli, comune in provincia di Messina, distretto e diocesi di Patti, popolaz. 2209, *Montagnareale*

Muntalbànu, comune in provincia e diocesi di Messina, distretto di Castroreale, popol. 4381, *Montalbano*; per un monte dello stesso nome

Muntallègru, comune in provincia diocesi e distretto di Girgenti, pop. 4381, *Montallegro*

Muntapèrtu, sotto comune aggregato a Girgenti, *Montapèrto*

Munticùcciu, monte presso Palermo, *Montecuccio*

Munti S. Giuliànu, vedi Munti di Trapani

Munti di Trapani, comune provincia diocesi e distretto di Trapani, pop. 12074, *Monte di Trapani*

Mùnti Falcùni, vedi Falcùni

Munti Girbìnu, vedi Mongerbì

Munti Grifùni, vedi Grifùni

Muntimajùri, comune in provincia di Palermo, distr. di Termini, diocesi di Cefalù, pop. 6685, *Montemaggiore*

Munti 'Oru, comune in provincia, diocesi e distretto di Caltanissetta, pop. 1916, *Montedoro*

Muntipiddirìnu, montagna a due miglia da Palermo, l' antica ERCTA, *Monte Pellegrino*

Muntiriàli, vedi Realmùnti

Muntirùssu, comune in provincia di Noto, distretto di Modica, diocesi di Siracusa popol. 6411, *Monterosso*; per un fiume dello stesso nome

Munti S. Giuliànu, vedi Munti di Trapani

Muntisciòru, monte da cui sgorgano due fiumare, che sono un braccio del fiume Giarretta, *Monte Scioro*

Muntisòri, catena di monti tra la città di Troina e S. Fratello

Muntivàgu, comune in provincia e diocesi di Girgenti, distretto di Sciacca, pop. 5470, *Montevago*

Murriàli, città arcivescovile a poca distanza da Palermo,

in provincia e distretto di Palermo, pop. 15000, *Morreale*; pel monte dello stesso nome

Murtiddi, vedi S. Giuseppi di di Murtiddi

usalumèli, comune in provincia, diocesi e distretto di Palermo, pop. 10500, *Misilmeri*

ussumèli, comune in provincia, diocesi e distretto di Caltanissetta, pop. 8543, *Mussomeli*

N

Nadùri, vedi Bompinsèri

Naru, comune in prov. diocesi e distretto di Girgenti, pop. 10260, *Naro*; per un fiume del medesimo nome, detto anche *S. Brasi*, ch'è unito col fiume *Drago*

Nasu, comune in provincia di Messina, distr. di Patti, popol. 7558, *Naso*; per un fiume dello stesso nome nel lato settentrionale dell'isola, tra la rocca di Brolo e il Capo d'Orlando

Nattico, casale aggregato a Fiumedinisi

Naùfriu, fiume che nasce sotto Butera, *Naufrio*

Nicòlòsi, comune alle falde dell'Etna in provincia, diocesi e distretto di Catania, pop. 3008

Nicucia, città vescovile sul dorso di due monti, capo distretto in provincia di Catania, pop. 13271, *Nicosia*

Niscèmi, comune in provincia di Caltanissetta, distretto di Terranova, diocesi di Piazza, pop. 8171, *Niscemi*

Nissuria, comune in provincia di Catania, distretto e diocesi di Nicosia, pop. 2022, *Nissoria*

Nòtu, città Vescovile, capo provincia in Sicilia, pop. 10875, *Noto*

Novàra, vedi Nuàra

Nuàra, comune alle falde dell'Etna in provincia e diocesi di Messina, distretto di Castroreale, pop. 7119, *Novara*

Nucìtu, fiume in Sicilia, *Nocito*

O

Occhialà vedi Grammichèli

'Ognina, vedi Lògnina

Olivèri, monte nella costa settentrionale di Sicilia; per un fiume ed un castello dello stesso nome

Olivètu, monte nella parte meridionale di Messina, *Oliveto*; per un fiumicello dello stesso nome

Olivùzza, villaggio ameno presso Palermo

Orètu, fiume vicino Palermo

Orlànnu, promontorio nella costa orientale di Sicilia, *Orlando*

Orsìnu, castello della città di Catania, *Orsino*

Otarèddu di Baria, v. Latarèddu

P

Pacècu, comune in provincia diocesi e distretto di Trapani, pop. 4319, *Paceco*

Pachìnu, comune in provincia diocesi e distretto di Noto, pop. 3783, *Pachino;* per uno dei tre promontori tra' mari Jonio ed Africano

Pàci, casale presso Messina , *Pace;* per un fiume dello stesso nome

Pagghiàra, comune in provincia e distretto di Messina , diocesi dell' Archimandrita, pop. 1888, *Pagliara*

Palagunìa, comune in provincia di Catania, distretto e diocesi di Caltagirone, pop. 4483, *Palagonia;* per un fiume dello stesso nome vicino il detto Comune

Palazzòlu, comune in provincia, diocesi e distretto di Noto, popolazione 9758, *Palazzolo*

Palàzzu Adriànu, comune in provincia di Palermo, distr. di Corleone, dioc. di Morreale, pop. 5382, *Palazzo Adriano*

Palèrmu, città principale della Sicilia, sede Arcivescovile, pop. 185814, *Palermo*

Pàli o Pàlu, portu poco distante da Capopassero, *Palo*

Palìci, vedi Lagu Naftia

Palìncicu, casale aggregato a Mandanici

Pàlma , comune in provincia diocesi e distretto di Girgenti, pop. 11186, *Palma*

Palmèri, casale aggregato a Mandanici

Palùmma, vedi Roccapalùmma

Palùmmu , isoletta e scoglio nella marina di Trapani, *Palombo*

Panagia, capo nel littorale di Siracusa e d' Agosta

Panarìa , isoletta aggregata a Lipari, *Panaria*

Panicàstru, casale aggregato a Patti

Pantiddarìa, isoletta nel mare che si frammette tra l' Africa e la costa meridionale della Sicilia, prov. distretto e dioc. di Trapani, pop. 7873, *Pantellaria*

Pàrcu, comune in provincia e distretto di Palermo, dioc. di Morreale, pop. 3230; per un monte dello stesso nome nelle campagne di Palermo, abbondante di acque, *Parco*

Partànna, comune in provincia di Trapani, distretto e diocesi di Mazara, pop. 11738, *Partanna*

Partìnicu, comune in provincia e distretto di Palermo, dioc. di Morreale, pop. 15273, *Partenico*

Passarèddu, vedi Spirlinga

Pàssaru, vedi Capupassaru

Pastorìa, villaggio aggregato a Calatabiano

Paternò , comune in provincia diocesi e distretto di Catania, pop. 14230, *Paternò;* per un fiume dello stesso nome vicino il detto comune

Pàtti, città Vescovile, càpo distretto in provincia di Messina, pop. 6681, *Patti*

Pedàra, comune in provincia, diocesi e distretto di Catania, pop. 2430, *Pedara*

Pedimùnti, comune in provincia di Catania, distretto di Acireale, diocesi di Messina, popolazione 4183, *Piedimonte*

Pelòru, uno dei tre promontori della Sicilia, *Peloro*

Petralònga, scoglio nella marina di Naso

Petraperzia, comune in provincia e diocesi di Caltanissetta, distretto di Piazza, popolaz. 9470, *Pietraperzia*

Petratagghiàta, villaggio presso Palermo, *Pietratagliata*

Pezzùlu, sotto-comune riunito a Messina, *Pezzolo*; per un torrente dello stesso nome tra Messina e Scaletta

Piàna, vedi Chiàna

Piàzza, vedi Chiàzza

Piràinu, comune in provin-di Messina, distretto e diocesi di Patti, popolaz. 3577, *Piraino*

Pitralìa Supràna, comune in provincia di Palermo, distr. e dioc. di Cefalù, popolaz. 5624, *Petralia Soprana*

Pitralìa Suttàna, comune in provincia di Palermo, distr. e dioc. di Cefalù, pop. 4920, *Petralia Sottana*

Pitralìa, fiume in Sicilia che si unisce col fiume Salso, *Petralia*

Pittinèo, comune in provincia di Messina, distretto di Mistretta, diocesi di Patti, pop. 1855, *Pettineo*

Pizzòlu, villaggio aggregato a Messina, *Pezzolo*

Pizzu di Gottu, vedi Barcellona

Pizzùta, monte che sovrasta nella parte occidentale della terra detta la Piana dei Greci

Plàca, vedi Gravina

Platanè, villaggio aggregato ad Acireale

Plàtani, fiume la cui foce è sulla costiera di Siracusa

Pòddina, vedi Pòllina

Poggiuriàli, comune in provincia di Trapani, distr. di Alcamo, dioc. di Mazara, pop. 3514, *Poggioreale*

Pollàra, villaggio aggregato a Lipari

Pòllina, comune in provincia di Palermo, distretto e dioc. di Cefalù, pop. 1916; per un fiume dello stesso nome che nasce nel monte Madonia in Sicilia

Pòrri, piccola isola all'ostro di Noto, *Porri*

Portupàlu, vedi Pàli

Portusàlvu, casale aggregato a Barcellona, *Portosalvo*

Priòlu, sotto-comune aggregato a Siracusa; per un villaggio dello stesso nome aggregato a Villarosa, *Priolo*

Prìzzi, comune in provincia di Palermo, distretto di Corleone, diocesi di Morreale, pop. 9448

Protunotàru, comune aggregato a Castroreale, *Protonotaro*

Pulìzzi, comune in provincia di Palermo, distretto e diocesi di Cefalù, pop. 6036, *Polizzi*

Purràzzi, villaggio presso Palermo

Purtèdda di mari, villaggio presso Palermo

Purticèddu, villaggio presso Palermo, *Porticello*

Puzzàddu, comune in provincia e diocesi di Noto, distr. di

Modica, pop. 2726, *Pozzallo*
Puzziddu , villaggio aggregato
ad Acireale

Q

Quisquina, monte distante 40
miglia da Palermo, ove abitò
la protettrice palermitana S.
Rosalia, *Quisquina*

R

Racalmùtu, vedi Ragalmùtu
Raccalicèusi, monte presso Pa-
lermo, *Casalnoci*
Raccùgghia, comune in provin-
cia di Messina, distretto e
diocesi di Patti, popol. 2130,
Raccuja
Radalì, vedi Refadàli
Raddùsa, comune aggregato a
Rammacca
Ragalbùtu, comune in provin-
cia di Catania , distretto e
diocesi di Nicosia, pop. 8493,
Regalbuto; per un flume dello
stesso nome
Ràgali, vedi Valguarnèra
Ragalmùtu, comune in provin-
cia dioc. e distr. di Girgen-
ti, pop. 9176, *Racalmuto*
Ragàlna, comune aggregato a
Paternò
Ragùsa , comune in provincia
di Noto, distretto di Modica,
dioc. di Siracusa, pop. 23694;
per un flume dello stesso no-
me
Ràma , promontorio che con
quello di Santo Vito stringo-
no il golfo di Castellammare
Ramètta, comune in provincia

diocesi e distr. di **Messina** ,
pop. 3840, *Rametta*
Rammàcca, comune in provin-
cia di Catania, distr. e dioc.
di Caltagirone, pop. 2125
Rannàzzu, comune in provincia
di Catania, distr. di Acireale,
dioc. di Messina, pop. 5930,
Randazzo
Ravanùsa, comune in provinc.
dioc. e distretto di Girgenti,
pop. 7565, *Ravanusa*
Realmùnti, comune in provin-
cia diocesi e distr. di Gir-
genti, pop. 1730, *Realmonte*
Refadàli, comune in provincia
diocesi e distr. di Girgenti,
pop. 5578, *Raffadali*
Regalbùtu, vedi Ragalbùtu
Rejitànu, comune in provincia
di Messina, distr. di Mistret-
ta, dioc. di Patti, pop. 875,
Reitano
Resuttàna, comune in provin-
cia diocesi e distr. di Calta-
nissetta, pop. 3538 , *Resut-
tano*
Ribèra, comune in provincia e
diocesi di Girgenti, distr. di
Bivona, pop. 5878, *Ribera*
Rièsi, comune in prov. di Cal-
tanissetta , distr. di Terra-
nova, dioc. di Piazza , pop.
7955
Ripòstu, comune in provincia
di Catania, distr. d'Acireale,
dioc. di Messina, pop. 5692,
Riposto
Risalàimi, flume che ha la sua
origine da un fonte che sca-
turisce dentro un antro dello
stesso nome e mette foce nel
mar Tirreno, *Resalaimi*
Ritùnnu , monte di figura ro-

tonda presso Caccamo , *Ritondo*

Ròcca, comune in prov. dioc. e distr. di Messina, pop. 2627

Roccaciurìta, comune in prov. e dioc. di Messina, distretto di Castroreale , popol. 534, *Roccafiorita*

Roccalumèra, comune in prov. dioc. e distretto di Messina, pop. 1212, *Roccalumera*

Roccamèna , comune in prov. di Palermo, distr. di Corleone, pop. 1075 , *Roccamena*

Roccapalùmma, comune in provincia e dioc. di Palermo , distr. di Termini, pop. 1969, *Roccapalumba*

Rocchimuri, villaggio aggregato a Pagliara

Ròdì, villaggio aggregato a Castroreale

Rosi Mùnti, vedi Quisquina

Ruccèdda, comune in provincia e dioc. di Messina, distr. di Castroreale, pop. 2949 , *Roccella*; — per una fortezza nella riva del mare tra Termini e Cefalù; — per un fiume del Val Demone; vedi anche Campufilici

Rusulini, comune in provincia distr. e dioc. di Noto, pop. 5615, *Rosolini*

S

Sàgana, monte presso Palermo, e villaggio aggregato a Montelepre, *Sagana*

Sala di Partinìcu , vedi Partinìcu

Sala di Parùta, comune in provincia di Trapani , distretto

di Alcamo, diocesi di Mazara, pop. 5791, *Salaparuta*

Salaparùta , vedi Sala di Parùta

Salazàra , uno dei monti che formano il Monte Etna

Salèmi, comune in provincia di Trapani, distretto e dioc. di Mazara, pop. 13029

Salìni, isoletta tra le Eolie poco distante da Lipari, *Saline*

Sàlsu, vedi Ciùmi Sàlsu

Salvatùri, comune presso Messina, *Salvatore*

Sammùca, comune in prov. e dioc. di Girgenti , distr. di Sciacca, pop. 8167, *Sambuca*

Sampèri di Munforti , comune in prov. diocesi e distr. di Messina, pop. 3234, *S. Pietro di Monforte*

Sampèri supra Patti , comune in prov. di Messina, distr. e dioc. di Patti, pop. 5211, *S. Pietro sopra Patti*

Sant'Agata li Battiàti, comune in prov. diocesi e distr. di Catania, pop. 525, *S. Agata*

Sant'Agata di Militèddu, comune in provincia di Messina, distr. e dioc. di Patti, pop. 3380, *Sant'Agata di Militello*

Sant'Alèssi, vedi S. Alèssiu

Sant'Alèssiu, castello, *Santo Alessio*; — per un promontorio tra Capo Grosso e la città di Taormina

Sant'Alfiu , villaggio aggregato a Giarre

Sant'Anastasìa, vedi Motta S. Anastasia

Sant'Ancilu di Bròlu, comune in prov. di Messina , distr. di Patti, diocesi dell'Archimandridato, pop. 5107, S. *Angelo di Brolo*

Sant'Ancilu Muciàru, comune 'in provincia diocesi e distr. di Girgenti, popolaz. 984, S. *Angelo lo Muxaro*

Sant'Ancilu, fiume in Sicilia

Sant'Anna, comune in provincia e dioc. di Girgenti, distretto di Sciacca, pop. 571; —vedi anche Turri di Sant'Anna

Sant'Anna di Niscèmi, vedi Niscèmi

Sant'Antòniu Jaci, vedi Casalòttu

San Bartulumèu, fiume che imbocca nel mar Toscano, *San Bartolomeo*

San Basìliu, piccolo fiume vicino S. Lucia; per un comune aggregato a Piedimonte

San Biàggiu, vedi Nàru, fiume

San Bràsi, comune in provincia e dioc. di Girgenti, distr. di Bivona, pop. 2107, *San Biagio*

San Calòjaru, castello nel golfo di Catania, S. *Calogero*

San Càrru, comune in provincia di Palermo, distretto di Corleone, dioc. di Morreale, pop. 184, S. *Carlo*

San Catàldu, comune in prov. diocesi e distr. di Caltanissetta, pop. 9128, S. *Cataldo*; —per un fiume dello stesso nome

Santa Catarìna, comune in provincia dioc. e distr. di Caltanissetta, pop. 6188, *Santa Caterina*

San Climènti o Carrubbàra, casale fuori le mura di Messina, S. *Clemente*

Santa Crùci, comune in prov. di Noto, distretto di Modica, diocesi di Siracusa, popolaz. 3261, *Santa Croce*; per un promontorio dello stesso nome tra la città di Catania e d'Augusta; per un fiume così nominato

Sant'Elia, vedi Purticèddu

San Filadèlfiu, vedi Sanfratèddu; per un fiume dello stesso nome

San Filìppu d'Argirò, comune in prov. di Catania, distretto e diocesi di Nicosia, popol. 7725, *Aggira*

San Filìppu Jaci, vedi Jaci S. Filìppu

San Filìppu lu Picciùlu, sottocomune riunito a Messina, S. *Filippo lo Piccolo*

Santa Flavia, villaggio riunito a Solanto

San Fratèddu, comune in provincia di Messina, distr. di Mistretta, dioc. di Patti, pop. 6492, S. *Fratello*

San Giòrgiu, vedi Turri di S. Giorgiu

San Giusèppi Murtìddi, comune in provincia e distr. di Palermo, dioc. di Morreale, pop. 4850, *San Giuseppe Mortilli*

San Giuvànni di Cammaràta, comune in prov. e diocesi di Girgenti, distr. di Bivona, pop. 5154, S. *Giovanni*

San Giuvànni di Galèrmu, comune in prov. diocesi e distretto di Catania, popolaz. 1104, *San Giovanni di Galermo*

San Giuvanni la Punta, comune in prov. distr. e diocesi di Catania, pop. 4933 , *San Giovanni la Punta*

San Giuliànu, vedi Munti San Giuliano

San Gregòriu, comune in provincia dioc. e distr. di Catania, popol. 1943, *S. Gregorio*

Santa Gristìna, comune in provincia dioc. e distr. di Palermo, pop. 1091, *Santa Cristina*

San Lorènzu la Xitta, vedi Citta

Santa Lucia, comune in prov. e distr. di Messina, diocesi della prelatura di Santa Lucia, pop. 7910; vedi Mascalucia, e Massa di S. Lucia

San Lunardèddu, casale aggregato a Giarre

San Màrcu , comune in prov. di Messina , distr. e diocesi di Patti, pop. 1704, S. *Marco*; —per un casale presso Messina

Santa Margarìta , comune in prov. e diocesi di Girgenti , distr. di Sciacca, pop. 8863, *Santa Margherita*

Santa Maria Altu Fonti , vedi Pàrcu

Santa Maria di Gesù, casale di Messina, e villaggio di Palermo

Santa Maria di Licudìa, comune in prov. dioc. e distretto di Catania, pop. 2423, *Santa Maria di Licodia*

Santa Maria di Niscèmi , vedi Niscèmi

Santa Maria di Rièsi, vedi Rièsi

Santa Maria di Valvirdi, terra poco distante di Aci, *S. Maria di Valverde*

San Màuru , comune in prov. di Palermo, distr. e diocesi di Cefalù, popolaz. 4958, S. *Mauro*

San Michèli, comune in prov. di Catania , distr. e diocesi di Caltagirone, popol. 3623, *S. Michele*; — per un monte vicino Termini

San Nicòla, castello tra Solanto e Termini, *S. Nicolò* ; vedi Massa di S. Niculàu

Santa Nìnfa, comune in prov. di Noto, distr. e dioc. di Siracusa, pop. 6198

San Paulu Sularìnu, comune in provincia di Noto, distretto e dioc. di Siracusa, popolaz. 2511, *S. Paolo*

San Pètru Clarènza , comune in prov. diocesi e distr. di Catania, pop. 1056, *S. Pietro Clarenza*

San Pètru o Sampèri, villaggio aggregato a Saponara , *San Pietro*

San Pètru di Munfòrti , vedi Sampèri di Munfòrti

San Petru di Patti, vedi Samperi supra Patti

San Petru Spatafòra, vedi Spatafòra S. Petru

SS. Salvatùri, comune in provincia di Messina , distr. e dioc. di Patti, pop. 4356, *Ss. Salvatore*

Santu Stèfanu di Brìga, comune in prov. dioc. e distr. di Messina, pop. 1230, *S. Stefano*

Santu Stèfanu di Bivòna , comune in prov. e diocesi di

Girgenti, distretto di Bivona, pop. 5878, *S. Stefano di Bivona*

Santu Stèfanu di Camàstra o di Mistrètta , comune in prov. di Messina, dist. di Mistretta, dioc. di Patti, pop. 3635, *S. Stefano di Mistretta*

S. Tecla, comune aggregato ad Acireale

S. Teodòru , comune in prov. di Messina, distr. di Mistretta, dioc. di Patti, pop. 1579

Santa Vènera, casale aggregato a Barcellona ; per altro aggregato ad Acireale

Santu Vitu, comune aggregato a Monte S. Giuliano, *S. Vito;* per altro aggregato a Roccalumera

Sapunàra, comune in provincia dioc. e distr. di Messina, pop. 3531, *Saponara*

Saragùsa, vedi Siragùsa

Sàrru, comune aggregato a Zafarana in Sicilia

Sàvuca , comune in provincia di Messina, distr. di Castroreale , dioc. dell' Archimandrita, pop. 3742, *Savoca;* — per un fiume che nasce dove è un castello di tal nome

Scàla, castello presso Messina

Scàla di Carìni , salita di un monte tra Monte Cuccio e Bello Lampo

Scala di Climàci , costiera di monte tra' feudi di Castelluccio e Sanguigno

Scala di la Cùrti , stretto che apre la scala tra' Monti sopra la città di Morreale , *Scala della Corte*

Scala di li Dammùsi, stretto di terra che dà la via sopra Mor reale, *Scala delli Dammusi*

Scala di li Mònachi, stretto terra presso il Monte Amble ri, *Scala delle monache*

Scala di li Mùli, via angusta n Monte della Medaglia, *Scal delli muli*

Scala di Pàtti, comune aggrega to a Patti

Scaldàra, comune aggregato Rametta

Scalètta, comune in provinc dioc. e distretto di Messin pop. 1040; per un fiume nel marina di Messina

Scàrpa , monte presso Pelor *Calpa*

Schisò , villaggio aggregato Taormina

Sciàcca, città marittima, ca distr. in provincia e dioc. Girgenti, popolazione 1368 *Sciacca*

Sciàra, comune in prov. e dio di Palermo, distr. di Termin pop. 1290, *Sciara*

Scìcli, comune in prov. e dio di Noto , distr. di Modica pop. 11012 ; per un fium che nasce sopra la città Modica

Sciddàtu , casale aggregato Casalnuovo

Scìddi, scoglio nel mare di Me sina, *Scilla*

Sciurtìnu, vedi Surtìnu; per u fiume dello stesso nome

Sclàfani, comune in provinci di Palermo, distretto di Ter mini, pop. 618

Scudèri, monte che fa parte d Peloro

Scugghìtti, casale aggregato

Vittoria in provincia di Noto, distr. di Modica

...upèddu, territorio sulla maremma del golfo di Castellammare, Scopello

...rdia, comune in provincia e distretto di Catania, dioc. di Caltagirone, popol. 6210, Scordia

...gèsta, città celebre nell'antichità, di cui non restano oggidì che le reliquie di un tempio, Segesta

...radifalcu, comune in prov. dioc. e distr. di Caltanissetta, pop. 6097, Serradifalco

...ravàddi, fiume che sbocca nel mar Tirreno, Serravalle

...tifràti, sette scogli isolati nel mar di Cefalù

...rracavàddu, Torre di Sferravallo

...aminò, vedi Gualtèri

...ciàra, comune in provincia e distretto di Palermo, dioc. di Morreale, pop. 1437, Balestrate

...uliàna, comune in provincia diocesi e distr. di Girgenti, pop. 5616, Siculiana

...ètu, fiume Simeto

...agra, comune in provincia di Messina, distr. e diocesi di Patti, pop. 1948

...nùra, vedi Cèrda

...agùsa, città arcivescovile, capo distretto in provincia di Noto, pop. 18813, Siracusa

...antu, comune in prov. dioc. e distr. di Palermo, popolaz. 5579, Solanto

...accafùrnu, comune in prov. e dioc. di Noto, distr. di Mo-

dica, pop. 8449, Spaccaforno

Spatafòra S. Martìnu, comune in prov. diocesi e distr. di Messina, pop. 3005, Spadafora S. Martino

Spatafòra S. Pètru, comune in prov. dioc. e distr. di Messina, popol. 576, Spatafora S. Pietro

Spirlìnga, comune in provincia di Catania, distr. e dioc. di Nicosia, pop. 1906, Sperlinga

Spirùni, monte presso Palermo, Sperone

Strònguli, una delle isole Eolie rimpetto la città di Melazzo, Strongoli

Sularìnu, vedi S. Paulu Sularinu

Summatìnu, comune in prov. dioc. e distretto di Caltanissetta, pop. 3646, Sommatino

Surrintìnu, comune in provincia di Messina, distr. e dioc. di Patti, pop. 411, Sorrentini

Surtìnu, comune in provincia di Noto, distr. e dioc. di Siracusa, pop. 8688, Sorlino

Sutèra, comune in prov. dioc. e distr. di Caltanissetta, popol. 2674, Sutera

T

Tàvi, vedi Dittàinu

Taurmìna, comune in provincia e dioc. di Messina, distretto di Castroreale, popol. 2958, Taormina; per un monte del medesimo nome

Tàuru, monte non lungi di Gallidoro, Tauro

Tèrmini, città capo distretto in

prov. e diocesi di Palermo, pop. 22046, *Termini;* per un fiume dello stesso nome

Terranòva, città marittima, capo distretto in prov. di Caltanissetta, dioc. di Piazza, pop. 10745, *Terranova;* per un fiume dello stesso nome detto anche *Dissuteri*

Terrasini, comune in provincia e distr. di Palermo, dioc. di Morreale, pop. 4483, *Terrasini, Favarotta*

Trabìa, comune in prov. e dioc. di Palermo, distr. di Termini, pop. 5570, *Trabia*

Tracòcciu, casale aggregato a Valdina

Traìna, comune in provincia di Catania, distretto e diocesi di Nicosia, popolazione 9598, *Troina*

Tràpani, città vescovile, capo provincia, pop. 28140, *Trapani*

Trappìtu, casale aggregato a S. Giovanni la Punta, *Trappeto*

Tricastàgni, comune in prov. distretto e dioc. di Catania, pop. 5562, *Trecastagne*

Trifuntàni, promontorio nel fianco merid. dell'isola, *Trefontane*

Trimistèri, comune in provincia distr. e dioc. di Catania, pop. 1124, *Tremestieri*

Trìpi, comune in prov. e dioc. di Messina, distr. di Castroreale, pop. 1797, *Tripi*

Turrètta, comune in provincia e distr. di Palermo, diocesi di Morreale, pop. 5281, *Torretta*

Tùrri d'Avula, fortezza sulla

imboccatura del fiume d'Agosta, *Torre di Avalos*

Turri di Fàru, vedi Pelòru

Turri di la Gruttàzza, torre nella riviera del golfo di Castellammare, *Torre della Balata o della Grottazza*

Turri di Bruccàtu, vicino Termini, *Torre di Broccato*

Turri di Fàru, sottocomune unito a Messina, *Torre di Faro*

Turri di Munnèddu, vedi Gàddu

Turri di Mùnti Piddirìnu, torre sull'altura del Pellegrino, *Torre di Monte Pellegrino*

Turrimùzza, villaggio aggregato a Motta d'Affermo, *Torremuzza*

Turrinòva casale aggregato S. Marco, *Torrenuova*

Turturici, comune in provincia di Messina, distr. e dioc. di Patti, pop. 6790, *Tortorici*

Tùsa, comune in provincia di Messina, distr. di Mistretta, dioc. di Patti, popol. 4156, *Tusa;* per un fiume dello stesso nome

U

Ucrìa, comune in prov. di Messina, distr. e dioc. di Patti, popol. 3068, *Ucria;* per un fiume dello stesso nome

Uditùri, villaggio aggregato Palermo, *Uditore*

Ustica, isola in prov. distretto e dioc. di Palermo, popolaz. 3662, *Ustica*

Vaddi di la ficu, tratto tra i monti che stanno in mezzo il Parco e la Piana de' Greci

Vaddi di l'Urmu, comune in provincia di Palermo, distr. di Termini, dioc. di Cefalù, pop. 5669, *Valle d'Olmo*

Vaddilònga, comune in prov. dioc. e distr. di Caltanissetta, pop. 4097, *Vallelunga*

Valaguarnèra Ràgali, comune aggregato a Partenico, *Valguarnera*

Valdina, comune in provincia, dioc. e distr. di Messina

Valguarnèra Carrapìpi, comune in provincia di Caltanissetta, distr. e dioc. di Piazza, pop. 7340, *Valguarnera Caropepe*

Vatticàni, fiume che incomincia tra Corleone e Bisacquino, ed entra nel fiume Belici, *Vatticani*

Veneràta, monte presso Taormina

Veneticu, comune in provincia dioc. e distr. di Messina, popol. 961, *Venetico*

Vèrgini Marìa, tonnara alla parte occident. di Palermo

Viagrànni, comune in provinc. dioc. e distr. di Catania, pop. 2736, *Viagrande*

Vicari, comune in prov. e dioc. di Palermo, distr. di Termini, pop. 3939, *Vicari*; per un fiume dello stesso nome vicino Termini

Villàlba, comune in prov. dioc. e distr. di Caltanissetta, pop. 2906, *Villalba*

Villa d'òru, villaggio aggregato a Nicosia, *Villadoro*

Villafrànca, comune in prov. e dioc. di Girgenti, distr. di Bivona, pop. 2598, *Villefranca*

Villafràti, comune in prov. e dioc. di Palermo, distr. di Termini, pop. 2397, *Villafrati*

Villaròsa, comune in provincia di Caltanissetta, distr. e dioc. di Piazza, pop. 3535, *Villarosa*

Villasmùndu, sotto-comune riunito a Melilli, *Villasmundo*

Villàura, vedi Cèrda

Vintimigghia, comune in prov. e dioc. di Palermo, distr. di Termini, pop. 4305, *Ventimiglia*

Vita, comune in prov. di Trapani, distr. d'Alcamo, dioc. di Mazara, pop. 4212, *Vita*

Vittòria, comune in prov. di Noto, distr. di Modica, dioc. di Siracusa, popol. 11741, *Vittoria*

Vizzìni, comune in prov. di Catania, distr. e dioc. di Caltagirone, pop. 12908, *Vizzini*

Vucca di Fàrcu, monte presso Palermo; per un villaggio distante poche miglia dalla capitale, *Boccadifalco*

Vulcànu, comune aggregato a Lipari, *Vulcano*; per una delle Isole Eolie

Z

Zafaràna, capo promontorio tra Palermo e Termini, *Capo di Zafarana*

Zafaràna Etnèa, comune in provincia, dioc. e distr. di Catania, pop. 3332, *Zafferana Etnea*

Zafaria, sottocomune aggregato a Messina, *Zaffaria*

Zisa, sottocomune aggregato a Palermo, dipendente dalla sezione Molo

FINE

Lightning Source UK Ltd.
Milton Keynes UK
UKOW05f2156030118
315510UK00006B/349/P